O Novo Processo Civil Brasileiro

O GEN | Grupo Editorial Nacional – maior plataforma editorial brasileira no segmento científico, técnico e profissional – publica conteúdos nas áreas de concursos, ciências jurídicas, humanas, exatas, da saúde e sociais aplicadas, além de prover serviços direcionados à educação continuada.

As editoras que integram o GEN, das mais respeitadas no mercado editorial, construíram catálogos inigualáveis, com obras decisivas para a formação acadêmica e o aperfeiçoamento de várias gerações de profissionais e estudantes, tendo se tornado sinônimo de qualidade e seriedade.

A missão do GEN e dos núcleos de conteúdo que o compõem é prover a melhor informação científica e distribuí-la de maneira flexível e conveniente, a preços justos, gerando benefícios e servindo a autores, docentes, livreiros, funcionários, colaboradores e acionistas.

Nosso comportamento ético incondicional e nossa responsabilidade social e ambiental são reforçados pela natureza educacional de nossa atividade e dão sustentabilidade ao crescimento contínuo e à rentabilidade do grupo.

ALEXANDRE FREITAS CÂMARA

O Novo Processo Civil Brasileiro

8.ª Edição
Revista e atualizada

- O autor deste livro e a editora empenharam seus melhores esforços para assegurar que as informações e os procedimentos apresentados no texto estejam em acordo com os padrões aceitos à época da publicação, e todos os dados foram atualizados pelo autor até a data de fechamento do livro. Entretanto, tendo em conta a evolução das ciências, as atualizações legislativas, as mudanças regulamentares governamentais e o constante fluxo de novas informações sobre os temas que constam do livro, recomendamos enfaticamente que os leitores consultem sempre outras fontes fidedignas, de modo a se certificarem de que as informações contidas no texto estão corretas e de que não houve alterações nas recomendações ou na legislação regulamentadora.

- Fechamento desta edição: 13.01.2022

- O Autor e a editora se empenharam para citar adequadamente e dar o devido crédito a todos os detentores de direitos autorais de qualquer material utilizado neste livro, dispondo-se a possíveis acertos posteriores caso, inadvertida e involuntariamente, a identificação de algum deles tenha sido omitida.

- **Atendimento ao cliente:** (11) 5080-0751 | faleconosco@grupogen.com.br

- Direitos exclusivos para a língua portuguesa
  Copyright © 2022 by
  Editora Atlas Ltda.
  Uma editora integrante do GEN | Grupo Editorial Nacional
  Travessa do Ouvidor, 11 – Térreo e 6º andar
  Rio de Janeiro – RJ – 20040-040
  www.grupogen.com.br

- Reservados todos os direitos. É proibida a duplicação ou reprodução deste volume, no todo ou em parte, em quaisquer formas ou por quaisquer meios (eletrônico, mecânico, gravação, fotocópia, distribuição pela Internet ou outros), sem permissão, por escrito, da Editora Atlas Ltda.

- Capa: Danilo Oliveira

- **CIP – BRASIL. CATALOGAÇÃO NA FONTE.**
  SINDICATO NACIONAL DOS EDITORES DE LIVROS, RJ.

C172n
8. ed.

Câmara, Alexandre Freitas, 1970-
O novo processo civil brasileiro / Alexandre Freitas Câmara. – 8. ed., rev. e atual.
– Barueri [SP]:Atlas, 2022.
600 p.; 24 cm.

Inclui bibliografia
ISBN 978-65-5977-219-3

1. Processo civil – Brasil. 2. Direito processual civil – Brasil. I. Título.

22-75558 CDU: 347.91/.95(81)

Camila Donis Hartmann – Bibliotecária – CRB-7/6472

"Cesse tudo o que a Musa antiga canta,
Que outro valor mais alto se alevanta."
Luís de Camões, *Os Lusíadas*, Canto I

"According to Darwin's Origin of Species, it is not the
most intellectual of the species that survives; it is not
the strongest that survives; but the species that survives
is the one that is able best to adapt and adjust to the
changing environment in which it finds itself."
Leon C. Megginson, Lessons from Europe for
American Business. In: *Southwestern Social Science
Quarterly* (1963) 44 (1), p. 4

Este livro é dedicado a Janaina, Rodrigo e Guilherme. A eles tenho dedicado não só meus trabalhos, mas minha vida. A eles agradeço por compreenderem todo o sacrifício, todas as privações, todo o esforço necessário para bem realizar meus afazeres como professor, estudioso e magistrado. A eles dedico não só este livro, mas meu amor. É dedicado, também, a José Carlos Barbosa Moreira, por tudo que fez pelo direito processual brasileiro.

SOBRE O AUTOR

Doutor em Direito Processual Civil (PUC-Minas). Desembargador no TJ-RJ, oriundo do Quinto Constitucional da Advocacia. Professor adjunto de Direito Processual Civil da Escola de Direito do Rio de Janeiro da Fundação Getulio Vargas (FGV-RJ). Professor emérito e coordenador de Direito Processual Civil da Escola da Magistratura do Estado do Rio de Janeiro (EMERJ) e de diversos cursos de pós-graduação. Presidente do Instituto Carioca de Processo Civil (ICPC). Membro do Instituto Brasileiro de Direito Processual (IBDP), da Academia Brasileira de Direito Processual Civil (ABDPC), do Instituto Ibero-americano de Direito Processual e da International Association of Procedural Law. Autor de diversos livros de Direito Processual, entre os quais *Levando os padrões decisórios a sério: formação e aplicação de precedentes e enunciados de súmula*.

PREFÁCIO

Marco Aurélio Mello[1]

No ano seguinte à entrada em vigor do Código de Processo Civil de 1973, o "Código Buzaid", foram publicadas duas obras que afirmaram o autor como um dos mais importantes – senão o mais importante – processualistas brasileiros. As obras foram *O novo processo civil brasileiro* e o volume V dos *Comentários ao Código de Processo Civil*, da Editora Forense. O autor é o Professor José Carlos Barbosa Moreira.

Costumo relembrar que, na década de setenta, quando era aluno da Nacional, saía da Praça da República em direção à Rua do Catete, apenas para assistir às aulas do Mestre Barbosa Moreira na antiga sede da Faculdade de Direito da Universidade do Estado da Guanabara, atual Universidade do Estado do Rio de Janeiro. A admiração do aluno de ontem é a mesma do juiz constitucional de hoje.

O novo processo civil brasileiro, atualmente na 29ª edição, cumpriu e ainda cumpre papel fundamental em favor da compreensão dos conceitos e institutos do Código de 1973. O Mestre tijucano procurou, com o estilo elegante, simples e objetivo de sempre, descrever os novos procedimentos que seriam adotados a partir de então. Assim, influenciou diversas gerações de acadêmicos, juízes, advogados, promotores e estudiosos em geral sobre como melhor realizar os propósitos e ritos do Código e do Direito Processual Civil. Não é exagero dizer que a longevidade do Código decorre, parcialmente, das lições de Barbosa Moreira. Sem elas, entender o processo civil teria sido algo bem mais difícil.

Eis que se aproxima a vigência de um novo Código de Processo Civil, o da Lei nº 13.105, de 16 de março de 2015. O estatuto deverá ser aplicado a partir de um ano contado da publicação. Data marcada para o surgimento de mais perplexidades, dúvidas, angústias a serem compartilhadas por todos aqueles que precisam lidar diariamente com a legislação instrumental a encerrar liberdade em sentido maior – saber

---

[1] Ministro aposentado do Supremo Tribunal Federal. Presidente do Supremo Tribunal Federal de maio de 2001 a maio de 2003 e do Tribunal Superior Eleitoral de maio de 1996 a junho de 1997, de maio de 2006 a maio de 2008 e de novembro de 2013 a abril de 2014.

o que pode ocorrer na tramitação de um processo. Sem dúvida, os artífices jurídicos necessitarão, também agora, de lições que sistematizem e esclareçam as recentes regras processuais, como devem ser observadas. É chegada a hora de renovar os ensinamentos.

Confessadamente inspirado no Mestre Barbosa Moreira, o Professor e Desembargador Alexandre Freitas Câmara, estudioso e expoente do processo civil brasileiro contemporâneo, traz obra, que tenho a honra de prefaciar, voltada a cumprir o mesmo papel realizado há mais de quarenta anos pelo "Novo Processo Civil Brasileiro" de Barbosa Moreira. Câmara, em referência ao livro que o inspirou, consigna:

> Assim como se via naquela obra-prima, o que se pretende aqui é a descrição do sistema estabelecido a partir do novo Código. Não se trata de uma obra destinada ao exame aprofundado dos conceitos e institutos do direito processual civil. O que se busca é, fundamentalmente, a descrição do modo como o processo civil passa a funcionar no Brasil a partir da vigência do novo sistema.

O autor, já no décimo quinto livro de uma brilhante carreira acadêmica iniciada há vinte anos, é um dos mais admirados processualistas da atualidade. Desembargador no Tribunal de Justiça do Estado do Rio de Janeiro, posto ao qual chegou vindo da advocacia, Câmara se destaca pela atuação independente, bem como pelos votos técnicos, corajosos e atentos às leis brasileiras, principalmente à Constituição. Tais circunstâncias demonstram não se limitarem as coincidências com Barbosa Moreira ao brilhantismo acadêmico e ao livro ora prefaciado. O Mestre também foi Desembargador, no mesmo Tribunal, vindo da advocacia. Sem dúvida alguma, a coincidência continuará com o sucesso da obra que se anuncia.

O autor fez questão, não como plágio, muito longe disso, e sim como homenagem merecida, conforme frisa na Introdução, de intitular a obra de *O novo processo civil brasileiro*, o que se revela mais do que adequado ante o propósito de descrever o sistema inaugurado com a nova disciplina. Câmara afirma não possuir a pretensão de produzir obra qualitativamente equiparada à fonte inspiradora, que chama de "obra-prima". Digo não ser isso mesmo relevante. Não cabe ao jurista contemporâneo buscar superar os professores que hajam servido de incentivo e inspiração, e sim dar continuidade, cada um de forma própria, ao legado de ensinamentos e compromissos acadêmicos dos Mestres do passado. Essa missão é muito bem cumprida nesta obra.

Diante de Código formulado em meio a uma visão do processo, como ressalta o autor, "completamente diferente daquela que se tinha no início dos anos 1970, quando foi aprovado o Código anterior", desafios vêm a tona, a exigirem dos processualistas articulações inovadoras. A influência da Constituição, diversamente do que ocorria com a Carta pretérita, implica atenção diferenciada ao que se pode denominar de "constitucionalização do processo civil". Comentaristas devem manter um olho no Código, outro na Carta da República, sob pena de criar um mundo à parte para o processo. Pior ainda: um mundo sem correspondência com princípios constitucionais fundamentais da República, como o devido processo legal, a segurança jurídica, a igualdade de chances e a efetividade da prestação jurisdicional.

Dividido em duas partes, Geral e Especial, e em 23 capítulos, o livro esgota a matéria processual sob o ângulo do Novo Código e dos comandos fundamentais da Constituição de 1988, alcançando o autor sucesso em sistematizar os conceitos, institutos e procedimentos por meio da interação equilibrada e objetiva entre o Diploma e a Lei Maior. O "Novo Processo Civil Brasileiro", certamente, servirá de fonte inesgotável para a reflexão crítica e construtiva sobre os desafios lançados pela Nova Lei dos Ritos.

Parabéns ao Professor e Desembargador Alexandre Antônio Franco Freitas Câmara e, em especial, ao Mestre Barbosa Moreira, fonte de inspiração inexcedível! Ganham o mundo acadêmico, o meio jurídico e todos aqueles cujo trabalho diário envolve a aplicação das leis brasileiras.

NOTA EXPLICATIVA

Todas as referências a dispositivos legais em que não haja a indicação do diploma normativo a que pertençam significa que tais dispositivos integram o Código de Processo Civil de 2015.

O Fórum Permanente de Processualistas Civis, cujos enunciados foram citados ao longo da obra, é sempre citado pela sigla FPPC.

SUMÁRIO

Introdução	1
Parte Geral	5
1 Normas fundamentais do processo civil	7
2 Aplicação das normas processuais	21
3 Institutos fundamentais do direito processual	25
3.1 Processo	25
3.2 Jurisdição	32
3.3 Ação	36
4 Limites da jurisdição nacional e cooperação judiciária internacional	43
4.1 Competência Internacional	43
4.2 Cooperação Internacional	45
5 Competência	49
6 Cooperação nacional	59
7 Sujeitos do processo	63
7.1 Partes e Procuradores	63
7.1.1 Capacidade Processual	63
7.1.2 Deveres das Partes e dos Procuradores	67
7.1.2.1 Responsabilidade processual civil	68
7.1.2.2 Despesas processuais, honorários advocatícios e multas	69
7.1.2.3 Gratuidade de justiça	76
7.2 Procuradores	79
7.3 Sucessão das Partes e dos Procuradores	81
7.4 Litisconsórcio	82
7.5 Intervenção de Terceiros	89
7.5.1 Assistência	89

	7.5.2	Denunciação da Lide	92
	7.5.3	Chamamento ao Processo	96
	7.5.4	Incidente de Desconsideração da Personalidade Jurídica	97
	7.5.5	Intervenção do *Amicus Curiae*	108
7.6	Juiz e Auxiliares da Justiça		111
	7.6.1	Poderes, Deveres e Responsabilidade do Juiz	111
	7.6.2	Impedimento e Suspeição	115
	7.6.3	Auxiliares da Justiça	118
7.7	Ministério Público		124
7.8	Advocacia Pública		125
7.9	Defensoria Pública		126

8 Dos atos processuais **127**

8.1	Atos e Negócios Processuais em Geral	127
8.2	Atos das Partes	134
8.3	Pronunciamentos do Juiz	135
8.4	Atos do Escrivão ou Chefe de Secretaria	137
8.5	Tempo e Lugar dos Atos Processuais	138
8.6	Prazos Processuais	139
8.7	Comunicação dos Atos Processuais	144
	8.7.1 Citação	144
	8.7.2 Intimações	151
	8.7.3 Cartas	153
8.8	Invalidade do Ato Processual	154
8.9	Distribuição e Registro	158
8.10	Valor da Causa	159

9 Tutela provisória **161**

9.1	Tutela de Urgência	162
9.2	Tutela da Evidência	174

10 Formação, suspensão e extinção do processo **179**

10.1	Formação do Processo	179
10.2	Suspensão do Processo	181
10.3	Extinção do Processo	188

Parte especial **191**

11 Procedimento comum do processo de conhecimento **193**

11.1	Considerações Iniciais	193
11.2	Petição Inicial	198
	11.2.1 Pedido	200
	11.2.2 Indeferimento da Petição Inicial	205
	11.2.3 Improcedência Liminar do Pedido	207

11.3	Audiência de Conciliação ou de Mediação	209
11.4	Resposta do Réu	211
	11.4.1 Contestação e Revelia	211
	11.4.2 Reconvenção	217
11.5	Providências Preliminares	219
	11.5.1 Especificação de Provas	219
	11.5.2 Réplica	220
11.6	Julgamento conforme o Estado do Processo	221
	11.6.1 Extinção do Processo	221
	11.6.2 Julgamento Antecipado (Total ou Parcial) do Mérito	222
	11.6.3 Saneamento e Organização do Processo	223

12 Audiência de instrução e julgamento **227**

13 Direito probatório **231**

13.1	Teoria Geral da Prova	231
	13.1.1 Conceito de Prova	231
	13.1.2 Objeto da Prova	233
	13.1.3 Destinatários da Prova	235
	13.1.4 Ônus da Prova	239
	13.1.5 Meios de Prova	244
	13.1.6 Prova Emprestada	246
13.2	Demandas Probatórias Autônomas	247
13.3	Ata Notarial	250
13.4	Depoimento Pessoal	251
13.5	Confissão	252
13.6	Exibição de Documento ou Coisa	254
13.7	Prova Documental	256
	13.7.1 Documentos Eletrônicos	261
13.8	Prova Testemunhal	262
13.9	Prova Pericial	267
13.10	Inspeção Judicial	271

14 Sentença **273**

14.1	Conceito	273
14.2	Sentenças Terminativas e Definitivas	275
14.3	Elementos	283
	14.3.1 Relatório	284
	14.3.2 Fundamentação	284
	14.3.3 Dispositivo	293
14.4	Interpretação da Sentença	294
14.5	Classificação da Sentença Definitiva	296

15 Remessa necessária **305**

XX O NOVO PROCESSO CIVIL BRASILEIRO • Câmara

16 Estabilização, preclusão e coisa julgada 309
16.1 Estabilização 309
16.2 Preclusão 311
16.3 Coisa Julgada 313
    16.3.1 Coisa Julgada Formal e Coisa Julgada Material 314
    16.3.2 Limites Objetivos da Coisa Julgada 316
    16.3.3 Limites Subjetivos da Coisa Julgada 320
    16.3.4 Coisa Julgada nas Sentenças Determinativas 322

17 Teoria geral da execução 325
17.1 Execução em Geral 325
17.2 Partes no Procedimento Executivo 329
17.3 Competência 329
17.4 Requisitos Necessários para Realizar Qualquer Execução 331
    17.4.1 Título Executivo 332
        17.4.1.1 Títulos executivos judiciais 334
        17.4.1.2 Títulos executivos extrajudiciais 340
17.5 Responsabilidade Patrimonial 347
    17.5.1 Alienações Fraudulentas 349
    17.5.2 Bens Impenhoráveis 355

18 Liquidação de sentença 361

19 Cumprimento de sentença 367
19.1 Disposições Gerais 367
19.2 Cumprimento de Sentença no Caso de Obrigação Pecuniária..... 369
    19.2.1 Cumprimento Provisório 369
    19.2.2 Cumprimento Definitivo 371
    19.2.3 Cumprimento da Sentença no Caso de
        Prestação Alimentícia 374
    19.2.4 Cumprimento de Sentença contra a Fazenda Pública.... 376
19.3 Cumprimento da Sentença no Caso de Obrigação de Fazer,
    Não Fazer ou Entregar Coisa 377

20 Espécies de execução fundadas em título extrajudicial 381
20.1 Disposições Gerais 381
20.2 Execução para Entrega de Coisa 383
20.3 Execução das Obrigações de Fazer e de Não Fazer 385
20.4 Execução por Quantia Certa 387
    20.4.1 Disposições Gerais 387
    20.4.2 Citação e Arresto 388
    20.4.3 Penhora, Depósito e Avaliação 389
        20.4.3.1 Modificações da penhora................................ 393
        20.4.3.2 Penhora de dinheiro....................................... 394

	20.4.3.3	Penhora de créditos	395
	20.4.3.4	Penhora de quotas ou ações de sociedades personificadas	396
	20.4.3.5	Penhora de empresa, de outros estabelecimentos e de semoventes	397
	20.4.3.6	Penhora de percentual de faturamento de empresa	398
	20.4.3.7	Penhora de frutos e rendimentos de bens	398
	20.4.3.8	Avaliação	399
20.4.4	Expropriação de Bens		401
	20.4.4.1	Adjudicação	401
	20.4.4.2	Alienação	404
20.4.5	Satisfação do Crédito		411
20.5	Execução Contra a Fazenda Pública		413
20.6	Execução de Alimentos		413

21 Defesas do executado 415
21.1 Impugnação ao Cumprimento de Sentença 415
21.2 Embargos do Executado 421

22 Suspensão e extinção do processo de execução 429
22.1 Suspensão 429
22.2 Extinção 432

23 Processos nos tribunais e meios de impugnação das decisões judiciais 435
23.1 Padrões Decisórios 435
23.2 Ordem dos Processos nos Tribunais 453
    23.2.1 Poderes do Relator 459
23.3 Incidente de Assunção de Competência 463
23.4 Incidente de Arguição de Inconstitucionalidade 465
23.5 Conflito de Competência 467
23.6 Homologação de Decisão Estrangeira e Concessão de *Exequatur* à Carta Rogatória 470
23.7 Ação Rescisória 474
23.8 Incidente de Resolução de Demandas Repetitivas 487
23.9 Reclamação 497
23.10 Recursos 500
    23.10.1 Teoria Geral dos Recursos 501
    23.10.2 Recursos em Espécie 520
        23.10.2.1 Apelação 520
        23.10.2.2 Agravo de instrumento 532
        23.10.2.3 Agravo interno 542

23.10.2.4	Embargos de declaração	543
23.10.2.5	Recursos para o STF e para o STJ	549
23.10.2.5.1	Recurso ordinário constitucional..	549
23.10.2.5.2	Recurso extraordinário e recurso especial	552
23.10.2.5.2.1	Julgamento de recursos extraordinário e especial repetitivos	565
23.10.2.5.3	Agravo em recurso especial e em recurso extraordinário	572
23.10.2.5.4	Embargos de divergência	574

INTRODUÇÃO

Este livro tem uma razão de ser e uma inspiração. A razão de ser é a recente edição de um novo Código de Processo Civil, o qual vem substituir o anterior, editado em 1973, e que vigorou por mais de quarenta anos. Sobre este novo Código, falarei um pouco mais adiante.

Antes de falar do novo Código de Processo Civil como razão de ser deste livro, porém, não posso deixar de tecer algumas breves palavras acerca da inspiração. Este livro é inspirado na clássica obra de José Carlos Barbosa Moreira, também chamada *O novo processo civil brasileiro*. Trata-se do livro escrito por Barbosa Moreira logo após a edição do CPC de 1973. Assim como se via naquela obra-prima, o que se pretende aqui é a descrição do sistema estabelecido a partir do novo Código. Não se trata de uma obra destinada ao exame aprofundado dos conceitos e institutos do direito processual civil. O que se busca é, fundamentalmente, a descrição do modo como o processo civil passa a funcionar no Brasil a partir da vigência do novo sistema. Como no modelo em que se inspira, neste livro não há citações ou notas de rodapé. Tampouco há notícia de divergências doutrinárias ou jurisprudenciais. Aqui há, tão somente, a visão do autor do livro. Há, ainda, referências no livro aos enunciados aprovados pelo Fórum Permanente de Processualistas Civis (FPPC), o mais democrático dos movimentos destinados ao estudo do direito processual civil brasileiro, em que se reúnem, periodicamente, centenas de processualistas civis, de todos os lugares, de todas as correntes de pensamento e de todas as gerações, para, com base em muito debate e muita reflexão, aprovar enunciados – sempre por unanimidade, o que lhes confere gigantesca legitimidade – que representam um consenso mínimo acerca da interpretação das normas processuais brasileiras. Evidentemente, sempre poderá haver divergência do autor em relação a algum enunciado, mas esta será respeitosamente apresentada e fundamentada.

Evidentemente não será este livro capaz de se equiparar em qualidade à obra de Barbosa Moreira. O livro que inspirou este trabalho, como disse linhas acima, é uma obra-prima. E José Carlos Barbosa Moreira, o maior dentre os processualistas brasileiros de todos os tempos. A ele todas as homenagens devem ser sempre feitas. A ciência processual brasileira não seria tão adiantada como é, nem respeitada no exterior como é, se não fosse pela figura maiúscula daquele que toda a comunidade jurídica chama de Barbosa Moreira, e que nós, cariocas orgulhosos do notável conterrâneo, nos acostumamos a chamar de José Carlos. Este livro propõe-se a ser mais uma homenagem a ele.

Volto, porém, a falar sobre a razão de ser deste livro: a edição do novo Código de Processo Civil. Trata-se de um Código elaborado a partir de uma visão do processo civil completamente diferente daquela que se tinha no início dos anos 1970, quando foi aprovado o Código anterior. E logo nesta introdução já é importante deixar isso claro.

Em primeiro lugar, a nova legislação processual foi elaborada a partir da firme consciência de que o processo deve ser pensado a partir da Constituição da República. É que impende reconhecer a existência de um *modelo constitucional de direito processual* (e, para o que a este livro mais diretamente interessa, um modelo constitucional de direito processual civil) estabelecido a partir dos princípios constitucionais que estabelecem o modo como o processo civil deve se desenvolver.

O processo civil brasileiro é um procedimento em *contraditório*, que se desenvolve de forma *isonômica* perante o *juiz natural*, destinado a permitir a construção de decisões *fundamentadas* em *tempo razoável* sobre qualquer pretensão que se deduza em juízo (já que é garantido o *acesso universal à justiça*). É, enfim, um devido processo legal (entendido como *devido processo constitucional*).

Pois é a partir desse modelo constitucional de processo que foi construído o Código de Processo Civil. E alguns dispositivos do Código mostram isso muito claramente, como é o caso dos que tratam do princípio do contraditório (arts. 9º e 10), compreendido como garantia de participação com influência e não surpresa, e do que estabelece os casos em que se considera haver vício de fundamentação na decisão judicial (art. 489, § 1º).

O modelo constitucional de processo civil brasileiro tem, entre seus princípios integrantes, o da *segurança jurídica*. Pois não há segurança jurídica sem previsibilidade das decisões judiciais, o que exige uma estabilidade decisória que só se consegue com a construção de um sistema de precedentes judiciais vinculantes que vai muito além da eficácia meramente persuasiva que os precedentes tradicionalmente tiveram no Brasil. Esses precedentes estabelecem uma padronização decisória que impede a formação de uma esquizofrenia jurisprudencial, decorrente da existência de uma miríade de decisões divergentes proferidas em casos iguais. É fundamental, para preservar-se a segurança jurídica e a isonomia, que casos iguais recebam decisões iguais. E isso só se consegue quando os juízes e tribunais respeitam não só as decisões dos tribunais que lhes sejam superiores (eficácia vertical dos precedentes), mas também as suas próprias decisões (eficácia horizontal dos precedentes). Pois o Código de Processo Civil busca regulamentar o modo como os precedentes exercerão essa eficácia vinculante, o que se impõe na busca por um processo mais isonômico e, por isso mesmo, mais democrático.

Uma última observação: sob a égide do CPC de 1973 escrevi uma obra de exposição sistemática do direito processual civil brasileiro, a que dei o título de *Lições de direito processual civil*. Essa obra recebeu uma acolhida da comunidade jurídica que sempre me surpreendeu. Foram mais de duas dezenas de edições de cada um de seus três volumes, além de incontáveis citações dela em trabalhos acadêmicos brasileiros e estrangeiros, além de inúmeras menções a ela em petições, arrazoados diversos e decisões judiciais, especialmente do STJ e do STF. Sempre serei muito grato aos juristas brasileiros, acadêmicos e práticos, por isso. Mas aquela obra não será mais publicada. Estou convicto de que ela cumpriu seu ciclo, e este se encerrou com o advento de um novo Código de Processo Civil. Atualizá-la não seria adequado, pois não se trataria de simplesmente reescrever trechos, mas de repensar todos os institutos do direito processual civil. Além disso, é preciso ter claro que aquele trabalho foi escrito no final dos anos 1990, e em muitos pontos já não representava meu pensamento atual sobre os temas ali versados. Afinal, depois desse tempo todo, sem jamais ter parado de estudar e de refletir sobre os temas do Direito, e tendo somado à minha experiência de vinte anos como advogado as reflexões hauridas de minha vivência como magistrado (nomeado que fui, em 2008, para integrar, pelo Quinto Constitucional da Advocacia, o Egrégio Tribunal de Justiça do Estado do Rio de Janeiro), é evidente que meu pensamento evoluiu, buscando atualizar-se e avançar na defesa de um sistema de prestação de justiça civil consentâneo com o Estado Democrático de Direito, cada vez mais consolidado no Brasil.

Assim, encerrado o ciclo de vida útil das *Lições de direito processual civil*, apresento à comunidade jurídica este novo livro, bem mais simples e despretensioso. Espero, porém, que posteriormente tenha forças para elaborar outra obra, de mais fôlego, com estrutura semelhante à das *Lições*, para contribuir com a compreensão do sistema processual civil brasileiro. Oxalá tenha eu vida e saúde para fazê-lo.

Este livro se propõe, como dito, a apresentar o sistema processual estabelecido a partir da Constituição da República e do Código de Processo Civil, descrevendo o modo como ele deverá ser atuado na prática forense. Espera-se, com esta exposição, contribuir para a construção de um processo civil democrático, capaz de permitir a elaboração de decisões judiciais compatíveis com o ordenamento jurídico brasileiro.

PARTE GERAL

1

NORMAS FUNDAMENTAIS DO PROCESSO CIVIL

O processo civil brasileiro é construído a partir de um modelo estabelecido pela Constituição da República. É o chamado *modelo constitucional de processo civil*, expressão que designa o conjunto de princípios constitucionais destinados a disciplinar o processo civil (e não só o civil, mas todo e qualquer tipo de processo) que se desenvolve no Brasil. Começando pelo princípio que a Constituição da República chama de *devido processo legal* (mas que deveria ser chamado de devido processo constitucional), o modelo constitucional de processo é composto também pelos princípios da isonomia, do juiz natural, da inafastabilidade da jurisdição, do contraditório, da motivação das decisões judiciais e da duração razoável do processo.

Todos esses princípios são implementados mediante as normas (princípios e regras) estabelecidas no Código de Processo Civil. O primeiro capítulo do Código destina-se, exatamente, a tratar dessas normas fundamentais do processo civil. Esta é, portanto, a sede em que se poderá encontrar o modo como o Código trata desses princípios. Registre-se, porém, que o rol de normas fundamentais encontrado neste primeiro capítulo do CPC não é exaustivo (FPPC, enunciado 369), bastando recordar do princípio constitucional do juiz natural, que ali não é mencionado.

Impende então dizer, de início, que o Código de Processo Civil afirma expressamente o princípio da inafastabilidade da jurisdição, isto é, o princípio que assegura o amplo e universal acesso ao Judiciário (art. 3º do CPC; art. 5º, XXXV, da Constituição da República), estabelecendo que "não se excluirá da apreciação jurisdicional ameaça ou lesão a direito", reconhecendo se, porém, que isso é compatível com a utilização da arbitragem (art. 3º, § 1º), bem assim com a busca da solução consensual dos conflitos (art. 3º, § 2º).

Os métodos consensuais, de que são exemplos a conciliação e a mediação, deverão ser estimulados por todos os profissionais do Direito que atuam no processo, inclusive durante seu curso (art. 3º, § 3º). É que as soluções consensuais são, muitas vezes, mais adequadas do que a imposição jurisdicional de uma decisão, ainda que esta seja construída democraticamente através de um procedimento em contraditório, com efetiva participação dos interessados. E é fundamental que se busquem soluções adequadas, constitucionalmente legítimas, para os conflitos, soluções estas que muitas vezes deverão ser consensuais. Basta ver o que se passa, por exemplo, nos conflitos

de família. A solução consensual é certamente muito mais adequada, já que os vínculos intersubjetivos existentes entre os sujeitos em conflito (e também entre pessoas
estranhas ao litígio, mas por ele afetadas, como se dá com filhos nos conflitos que se
estabelecem entre seus pais) permanecerão mesmo depois de definida a solução da
causa. Daí a importância da valorização da busca de soluções adequadas (sejam elas
jurisdicionais ou parajurisdicionais) para os litígios. Admite-se a solução consensual
do conflito não só antes da instauração do processo ou no curso de procedimentos
cognitivos. Também no curso da execução se admite a realização de audiência de conciliação ou de mediação (FPPC, enunciado 485).

A solução da causa deve ser obtida em tempo razoável (art. 4º do CPC; art. 5º,
LXXVIII, da Constituição da República), aí incluída a atividade necessária à satisfação
prática do direito (o que significa dizer que não basta obter-se a sentença em tempo
razoável, devendo ser tempestiva também a entrega do resultado de eventual atividade executiva). A garantia de duração razoável do processo deve ser compreendida,
então, de forma panorâmica, pensando-se na duração total do processo, e não só no
tempo necessário para se produzir a sentença do processo de conhecimento.

Busca-se, então, assegurar a duração razoável do processo, sendo relevante destacar o compromisso do Código de Processo Civil com esse princípio constitucional.
Há uma nítida opção do ordenamento pela construção de um sistema destinado a
permitir a produção do resultado do processo sem dilações indevidas. Vale destacar,
porém, que se todos têm direito a um processo sem dilações *indevidas*, daí se extrai
que ninguém tem direito a um processo sem as dilações *devidas*. Em outros termos, o
sistema é comprometido com a duração razoável do processo, sem que isso implique
uma busca desenfreada pela celeridade processual a qualquer preço. E isto porque um
processo que respeita as garantias fundamentais é, necessariamente, um processo que
demora algum tempo. O amplo debate que deve existir entre os sujeitos do procedimento em contraditório exige tempo. A adequada dilação probatória também exige
tempo. A fixação de prazos razoáveis para a prática de atos relevantes para a defesa
dos interesses em juízo, como a contestação e os recursos, faz com que o processo
demore algum tempo. Mas estas são dilações *devidas*, compatíveis com as garantias
constitucionais do processo.

A observância de um sistema de vinculação a precedentes, especialmente no que
concerne às causas repetitivas; a construção de mecanismos de antecipação de tutela,
tanto para situações de urgência como para casos em que a antecipação se funda na
evidência; a melhoria do sistema recursal, com diminuição de oportunidades recursais; tudo isso contribui para a duração mais razoável do processo. É, porém, sempre
importante ter claro que só se pode cogitar de duração razoável do processo quando
este é capaz de produzir os resultados a que se dirige. E estes são resultados que necessariamente têm de ser constitucionalmente legítimos, pois resultados constitucionalmente legítimos exigem algum tempo para serem alcançados.

Um processo rápido e que não produz resultados constitucionalmente adequados não é eficiente. E a eficiência é também um princípio do processo civil (art. 8º). Impõe-se, assim, a busca do equilíbrio, evitando-se demoras desnecessárias, punindo-se aqueles que busquem protelar o processo (e daí a legitimidade de multas e da antecipação de tutela quando haja propósito protelatório), mas assegurando-se que o processo demore todo o tempo necessário para a produção de resultados legítimos.

Vale destacar que do art. 4º do CPC (e de uma grande série de outros dispositivos, como o art. 317 e o art. 488, entre muitos outros exemplos que poderiam ser indicados) se extrai um outro princípio – infraconstitucional – fundamental para o sistema processual brasileiro: o *princípio da primazia da resolução do mérito*. É que, como se vê pela leitura do art. 4º, "as partes têm o direito de obter [a] solução integral do mérito". O processo é um *método de resolução do caso concreto*, e não um mecanismo destinado a impedir que o caso concreto seja solucionado. Assim, deve-se privilegiar, sempre, a resolução do mérito da causa. Extinguir o processo sem resolução do mérito (assim como decretar a nulidade de um ato processual ou não conhecer de um recurso) é algo que só pode ser admitido quando se estiver diante de vício que não se consiga sanar, ou por ser por natureza insanável, ou por se ter aberto a oportunidade para que o mesmo fosse sanado e isso não tenha acontecido. Deve haver, então, sempre que possível, a realização de um esforço para que sejam superados os obstáculos e se desenvolva atividade tendente a permitir a resolução do mérito da causa. É por isso, por exemplo, que se estabelece que no caso de se interpor recurso sem comprovação de recolhimento das custas devidas deve haver a intimação para efetivar o depósito (em dobro, para que não se estimule a prática apenas como mecanismo protelatório) do valor das custas, viabilizando-se deste modo o exame do mérito (art. 1.007, § 4º), ou se afirma que "[d]esde que possível, o juiz resolverá o mérito sempre que a decisão for favorável à parte a quem aproveitaria eventual pronunciamento nos termos do art. 485". Há, pois, no moderno direito processual civil brasileiro, um *princípio da primazia da resolução do mérito*, o qual, espera-se, seja capaz de produzir resultados bastante positivos no funcionamento do sistema de prestação de justiça civil.

Outro princípio fundamental do processo é o da boa-fé objetiva (art. 5º; FPPC, enunciado 374: "O art. 5º prevê a boa-fé objetiva"). Não se trata, pois, apenas de se exigir dos sujeitos do processo que atuem com boa-fé subjetiva (assim entendida a ausência de má-fé), mas com boa-fé objetiva, comportando-se da maneira como geralmente se espera que tais sujeitos se conduzam. A vedação de comportamentos contraditórios (*nemo venire contra factum proprium*), a segurança resultante de comportamentos duradouros (*supressio* e *surrectio*), entre outros corolários da boa-fé objetiva, são expressamente reconhecidos como fundamentais para o desenvolvimento do processo civil. A boa-fé processual orienta a interpretação da postulação e da sentença, permite a imposição de sanção ao abuso de direitos processuais e às condutas dolosas de todos os sujeitos do processo, e veda seus comportamentos contraditórios (FPPC, enunciado 378).

Pense-se, por exemplo, no caso de o juiz ter indeferido a produção de uma prova requerida pelo demandante, ao fundamento de que tal prova se destinaria a demonstrar um fato que já estaria comprovado. Posteriormente, o pedido é julgado improcedente, ao fundamento de que aquele mesmo fato não estaria provado, sendo do autor o ônus probatório. Essas são condutas contraditórias e, por isso mesmo, contrárias ao princípio da boa-fé objetiva. Não se admite que o juiz assim proceda (FPPC, enunciado 375: "O órgão jurisdicional também deve comportar-se de acordo com a boa-fé objetiva"). Em casos assim, ou realmente o fato está provado e, por conseguinte, a sentença de improcedência por falta da prova está errada, ou o fato não está provado, e nesse caso seria imperioso reabrir-se a atividade probatória para não surpreender-se a parte que originariamente tivera aquela prova indeferida (FPPC, enunciado 376: "A vedação do comportamento contraditório aplica-se ao órgão jurisdicional").

Também decorre da boa-fé objetiva o reconhecimento de que comportamentos produzem legítimas expectativas. Figure-se um exemplo: intimado um devedor a cumprir uma decisão judicial em certo prazo sob pena de multa, este deixa transcorrer o prazo sem praticar os atos necessários à realização do direito do credor. Este, então, fica inerte, não toma qualquer iniciativa, e permite que os autos sejam arquivados. Passados alguns anos, o credor desarquiva os autos e postula a execução da multa vencida por esses anos de atraso no cumprimento da decisão. Em um caso assim, deve-se considerar que o comportamento do credor, que não tomou qualquer providência para evitar o arquivamento dos autos por tão prolongado tempo, gerou no devedor a legítima confiança em que não seria executado, daí resultando a perda do direito do credor à multa já vencida (*supressio*). Isso não implica, porém, dizer que o credor não tenha direito à satisfação do seu direito já reconhecido. Será preciso, porém, novamente intimar o devedor para cumprir a decisão no prazo que lhe fora assinado, sob pena de tornar a incidir a multa. Mas a multa pelo decurso dos anos anteriores não será mais devida por força da violação da boa-fé objetiva.

Outro exemplo se tem nos casos em que se manifesta a assim chamada "nulidade de algibeira". Essa é expressão que tem sido empregada para fazer referência a nulidades que a parte deixa de arguir, guardando-a, como um trunfo, para alegar em momento posterior, quando considere mais conveniente. Pense-se, por exemplo, no caso em que a parte requer que as intimações a ela dirigidas sejam feitas no nome de um determinado advogado. O juízo, por engano, faz as intimações em nome de outro advogado, que também é procurador daquela parte, e todas as intimações são atendidas normalmente. Quando, porém, é proferida uma decisão que é desfavorável a essa parte, e – mais uma vez – a intimação é feita em nome de advogado distinto daquele indicado no requerimento inicial, a parte não atende à intimação nem impugna a decisão proferida para, tempos depois, com o nítido propósito de ganhar tempo, alega a nulidade da intimação. Tem-se considerado, porém, e acertadamente, que nesses casos, o fato de a parte ter atendido às intimações anteriores gerou a legítima expectativa de que aquela forma de intimar deveria ser reputada correta, de modo que viola a boa-fé "guardar" a alegação de nulidade da intimação para o momento mais conveniente.

A boa-fé objetiva também impede que o julgador profira, sem motivar de forma específica a alteração, decisões diferentes sobre uma mesma questão de direito aplicável a situações de fato análogas, ainda que em processos distintos (FPPC, enunciado 377).

Em seguida, impende tratar do *princípio do contraditório* (art. 5º, LV, da CRFB). Este é, dos princípios fundamentais do processo, o que se revela como sua *nota essencial*. Em outros termos, o que se quer dizer com isso é que o contraditório é a característica fundamental do processo.

Mais adiante se verá – quando do trato deste instituto fundamental do direito processual – que o processo deve ser entendido como *procedimento em contraditório*. Assim é que, para o Estado Constitucional Brasileiro, a construção da decisão judicial deve dar-se através de um procedimento que se realiza com plena observância de um contraditório efetivo (qualificação do contraditório que se encontra expressa na parte final do art. 7º).

O princípio do contraditório deve ser compreendido como uma dupla garantia (sendo que esses dois aspectos do contraditório se implicam mutuamente): a de participação com influência na formação do resultado e a de não surpresa.

Em primeiro lugar, o contraditório deve ser compreendido como a garantia que têm as partes de que participarão do procedimento destinado a produzir decisões que as afetem. Em outras palavras, o resultado do processo deve ser fruto de intenso debate e da efetiva participação dos interessados, não podendo ser produzido de forma solitária pelo juiz. Não se admite que o resultado do processo seja fruto do solipsismo do juiz. Dito de outro modo: não é compatível com o modelo constitucional do processo que o juiz produza uma decisão que não seja o resultado do debate efetivado no processo. Não é por outra razão que, nos termos do art. 10, "o juiz não pode decidir, em grau algum de jurisdição, com base em fundamento a respeito do qual não se tenha dado às partes oportunidade de se manifestar, ainda que se trate de matéria sobre a qual deva decidir de ofício".

A decisão judicial, portanto, precisa ser construída a partir de um debate travado entre os sujeitos participantes do processo. Qualquer fundamento de decisão precisa ser submetido ao crivo do contraditório, sendo assegurada oportunidade para que as partes se manifestem sobre todo e qualquer possível fundamento. Isso se aplica, inclusive, às matérias cognoscíveis de ofício (como, por exemplo, a falta de legitimidade ou de interesse). Ser de ordem pública alguma matéria significa que pode ela ser apreciada de ofício, isto é, independentemente de ter sido suscitada por alguma das partes. Quer isto dizer, porém, que essas são matérias que o juiz está autorizado a suscitar, trazer para o debate.

Autorização para conhecer de ofício, porém, não é autorização para decidir sem prévio contraditório. As questões de ordem pública, quando não deduzidas pelas partes, devem ser suscitadas pelo juiz, que não poderá sobre elas pronunciar-se sem antes dar oportunidade às partes para que se manifestem sobre elas.

O modelo constitucional de processo impõe, assim, um processo comparticipativo, policêntrico, não mais centrado na pessoa do juiz, mas que é conduzido por diversos sujeitos (partes, juiz, Ministério Público), todos eles igualmente importantes na construção do resultado da atividade processual. Consequência disso é o assim chamado *princípio da cooperação*, consagrado no art. 6º: "Todos os sujeitos do processo devem cooperar entre si para que se obtenha, em tempo razoável, decisão de mérito justa e efetiva."

Seria evidentemente uma ingenuidade acreditar que os sujeitos do processo vão se ajudar mutuamente. Afinal, litigantes são adversários, buscam resultados antagônicos, e seria absurdo acreditar que o demandante vai ajudar o demandado a obter um resultado que lhe interesse (ou vice-versa). Mas não é disso que se trata. O princípio da cooperação deve ser compreendido no sentido de que os sujeitos do processo vão "co-operar", operar juntos, trabalhar juntos na construção do resultado do processo. Em outros termos, os sujeitos do processo vão, todos, em conjunto, atuar ao longo do processo para que, com sua participação, legitimem o resultado que através dele será alcançado. Só decisões judiciais construídas de forma comparticipativa por todos os sujeitos do contraditório são constitucionalmente legítimas e, por conseguinte, compatíveis com o Estado Democrático de Direito.

O modelo de processo cooperativo, comparticipativo, exige de todos os seus sujeitos que atuem de forma ética e leal, agindo de modo a evitar vícios capazes de levar à extinção do processo sem resolução do mérito, além de caber-lhes cumprir todos os deveres mútuos de esclarecimento e transparência (FPPC, enunciado 373). Em outras palavras, é preciso ver, no processo, uma *comunidade de trabalho* em que todos os seus sujeitos atuam da melhor maneira possível para a construção do resultado final da atividade processual.

Sendo o contraditório uma garantia de participação com influência, decisões judiciais contrárias a alguma das partes só são legítimas se produzidas com respeito a um contraditório prévio, efetivo e dinâmico. Não é por outra razão que o art. 9º expressamente dispõe que "[n]ão se proferirá decisão contra uma das partes sem que ela seja previamente ouvida". Evidentemente, porém, é legítimo decidir *a favor* de uma das partes sem ouvi-la previamente, pois aí não haverá violação ao contraditório. Daí a legitimidade constitucional de se julgar improcedente o pedido liminarmente, sem prévia citação (art. 332). É que nesse caso se decidirá *a favor* do réu sem ouvi-lo previamente; mas o autor, *contra quem* se decide, terá sido ouvido anteriormente à prolação da sentença de improcedência liminar.

O parágrafo único do art. 9º, porém, prevê três exceções à exigência de oitiva prévia da parte contra quem se decide. A primeira exceção é a *tutela provisória de urgência*. Neste caso tem-se uma exceção legitimada pelo princípio constitucional do acesso à justiça, já que a urgência na obtenção da medida exige que esta seja deferida *inaudita altera parte*, sem oitiva da parte contrária, sob pena de, respeitada a exigência de oitiva prévia da parte contra quem se decide, não ter a decisão qualquer efetividade. De todo modo, e por força do princípio da proporcionalidade, a exceção ao contraditório é estabelecida de forma a causar o menor prejuízo possível. Daí por que a decisão concessiva de tutela de urgência que se profere *inaudita altera parte* é provisória, podendo ser modificada ou revogada a qualquer tempo, após a efetivação do contraditório (art. 297). Não há, pois, uma supressão completa do contraditório, mas apenas sua *postecipação*, isto é, sua postergação para momento posterior.

Há exceção à exigência de prévia oitiva da parte contra quem se decide também nos casos de tutela da evidência previstas no art. 311, incisos II e III. O primeiro desses casos é o de demanda repetitiva, em que já há tese firmada em precedente vinculante em favor da pretensão deduzida pelo demandante, sendo suas alegações de fato comprováveis através de prova exclusivamente documental preconstituída. Trata-se, neste caso, de uma técnica de aceleração do resultado do processo, compatível com o princípio da duração razoável do processo, em casos em que já existe uma tese firmada em um precedente judicial que vincula o juízo competente para conhecer da causa. Mais uma vez, porém, é preciso ter claro que não se trata de uma decisão definitiva. O caráter provisório da decisão proferida *inaudita altera parte*, neste caso, é uma exigência do princípio do contraditório, uma vez que ao demandado, contra quem se terá proferido aquela decisão concessiva da tutela da evidência, deve ser assegurada a possibilidade de promover o *distinguishing*, isto é, de demonstrar que o caso submetido a julgamento é diferente daquele que gerou o precedente e, por isso, nele a tese firmada não deve ser aplicada (ou que é caso de operar-se o *overruling*, a superação do precedente).

A segunda hipótese em que se admite a concessão *inaudita altera parte* da tutela da evidência é a da demanda fundada em contrato de depósito, estando este comprovado documentalmente, caso em que será desde logo determinada a entrega da coisa, sob cominação de multa. Este é o caso em que o demandado é apontado como sendo *depositário infiel*, assim entendido o depositário que descumpre sua obrigação de restituir a coisa, com todos os seus frutos e acrescidos, quando o exija o depositante (art. 629 do Código Civil). Ora, se a lei civil impõe a devolução da coisa depositada tanto que o depositante a exija, não haveria sentido em que o direito processual civil não fosse capaz de prever mecanismos para a pronta restituição da coisa depositada, sob pena de frustrar-se o próprio direito material. Uma vez mais, porém, tem-se aí uma decisão provisória, sempre sendo possível ao demandado, após regular contraditório, demonstrar que não era caso de devolução do bem.

O último caso em que se admite a prolação de decisão judicial *inaudita altera parte* é o da decisão que determina a expedição do mandado monitório (art. 701). Trata-se de decisão que integra, necessariamente, a estrutura do procedimento monitório, que tem entre suas características fundamentais o que se costuma chamar de *inversão de iniciativa do contraditório*, já que neste caso só haverá contraditório pleno se o demandado optar por oferecer embargos (art. 702), sem os quais constituir-se-á de pleno direito o título executivo judicial (art. 701, § 2º).

Consequência dessa percepção do contraditório como garantia de participação com influência é que deve ser ele, também, compreendido como uma *garantia de não surpresa*. Significa isto dizer que o resultado do processo não pode ser tal que surpreenda qualquer dos seus participantes. É o que ocorre, por exemplo, quando se profere decisão acerca de uma questão de ordem pública suscitada de ofício sem que sobre ela se tenha garantido às partes oportunidade para prévia manifestação. Do mesmo modo, tem-se decisão surpresa naqueles casos em que o juiz emite pronunciamento valendo-se de fundamento (de fato ou de direito) que não tenha sido submetido ao debate entre os participantes do processo.

Sempre foi da cultura do processo civil brasileiro admitir-se a prolação de decisões fundadas em argumentos de direito que não tivessem sido submetidos a debate prévio. Era o que se extraía da clássica parêmia *da mihi factum, dabo tibi ius* ("dá-me os fatos que te darei o direito"). É que tradicionalmente se acreditou que a incumbência das partes era apresentar ao juízo os fatos da causa, cabendo ao órgão jurisdicional estabelecer o direito aplicável. Ocorre que esta é uma forma de atuar incompatível com o Estado Constitucional, já que presa à ultrapassada ideia de que o processo serve apenas para que o Estado dê solução às causas que lhe são submetidas, construindo os resultados de forma solipsista. Este juiz solipsista, egoísta, que constrói a decisão judicial sozinho, é incompatível com o Estado Democrático de Direito, o qual exige que o exercício do poder estatal se dê de forma comparticipativa, já que a participação da sociedade é um dos elementos integrantes dessa forma de Estado expressamente estabelecida pela Constituição da República. Assim, só é constitucionalmente legítima (ou, dito de outro modo, só é democrática) a decisão judicial construída em contraditório por todos os participantes do processo, aos quais incumbe debater todo e qualquer possível fundamento da decisão judicial. Não se admitem, portanto, as decisões chamadas "de terceira via", ou seja, as decisões baseadas em fundamento que o juiz tenha "tirado da cartola", invocando-o de forma surpreendente, sem submetê-lo a prévio debate.

Além do princípio do contraditório, incumbe também ao juiz assegurar a observância do princípio da isonomia (art. 5º, *caput* e inciso I, da CRFB). É que o art. 7º estabelece que "[é] assegurada às partes paridade de tratamento em relação ao exercício de direitos e faculdades processuais, aos meios de defesa, aos ônus, aos deveres e à aplicação de sanções processuais, competindo ao juiz zelar pelo efetivo contraditório". Isonomia, como provém de clássica lição, ainda aceita pela maior parte da doutrina brasileira, é tratar igualmente os iguais e desigualmente os desiguais, nos limites da desigualdade. Essa é, porém, uma ideia imprecisa (já que não é possível "medir" a desigualdade entre pessoas). Resulta daí a necessidade de que se compreenda o princípio da igualdade como um dever, normativamente imposto, de que a todos se trate com igual respeito e consideração, promovendo-se um processo equilibrado. E consequência disso é que a igualdade, no plano processual, deve ser compreendida como um complexo formado por três elementos: igualdade de equipamentos, igualdade de procedimentos e igualdade de resultados. Disso resulta que as partes devem ter acesso a meios equivalentes para exercer seus direitos e faculdades processuais e, quando o emprego dos mesmos meios gerar resultados desequilibrados será preciso que elas recebam tratamentos diferenciados, a fim de assegurar que pessoas em situações jurídicas substancialmente idênticas obtenham, do processo, resultados idênticos. Evita-se, assim, que partes vulneráveis saiam vencidas do processo não por não terem razão, mas pela circunstância de serem mais fracas. O mais forte não pode se sagrar vencedor por ser mais forte. Este não seria um resultado conforme o Direito. Justifica-se, pois, a existência de tratamentos diferenciados no processo como forma de assegurar um processo equilibrado.

Pois do princípio da isonomia devem ser extraídas duas ideias: primeiro, que as partes devem atuar no processo com *paridade de armas* (*par conditio*); segundo, que casos iguais devem ser tratados igualmente (*to treat like cases alike*).

A paridade de armas garantida pelo princípio da isonomia implica dizer que no processo deve haver equilíbrio de forças entre as partes, de modo a evitar que uma delas se sagre vencedora no processo por ser mais forte do que a outra. Assim, no caso de partes que tenham forças equilibradas, deve o tratamento a elas dispensado ser igual. De outro lado, porém, partes desequilibradas não podem ser tratadas igualmente, exigindo-se um tratamento diferenciado como forma de equilibrar as forças entre elas. É isso que justifica, por exemplo, a concessão do benefício da gratuidade de justiça aos que não podem arcar com o custo do processo (arts. 98 e seguintes); a redistribuição do ônus da prova nos casos em que haja dificuldade excessiva, impossibilidade de sua produção ou maior facilidade na obtenção da prova do fato contrário (art. 373, § 1º); do benefício de prazo em dobro para os entes públicos (art. 183) *etc.*

Já a exigência de que casos iguais recebam decisões iguais nada mais é do que aplicação da norma constitucional que afirma a igualdade de todos perante a lei (art. 5º, *caput*, da Constituição da República). Ora, se todos são iguais perante a lei, então casos iguais devem receber soluções iguais. E este é um dos fundamentos a estabelecer a exigência de construção de um sistema em que se reconhece a eficácia vinculante de precedentes judiciais. Afinal, definida pelo tribunal competente qual é a norma jurídica aplicável a determinado tipo de situação (e por determinação da norma deve-se entender, evidentemente, a determinação da interpretação atribuída ao[s] texto[s] normativo[s], já que não se confunde o texto com a norma, e esta é a interpretação atribuída ao texto), impende que casos iguais recebam a aplicação da *mesma norma* (ou seja, da mesma interpretação), sob pena de se ter soluções anti-isonômicas, com casos iguais sendo resolvidos diferentemente. Fosse isso legítimo e não se poderia dizer que são *todos iguais perante a lei*.

Outros princípios que são expressamente referidos como *normas fundamentais* do processo civil são os da *dignidade da pessoa humana, proporcionalidade, razoabilidade, legalidade, publicidade* e *eficiência* (art. 8º).

O princípio da dignidade da pessoa humana está posto no art. 1º, III, da CRFB. Deve-se entender por dignidade da pessoa humana a garantia de que cada pessoa natural será tratada como algo insubstituível, que deve ser reputada como um fim em si mesmo, tendo cada pessoa responsabilidade pelo sucesso de sua própria vida. Incumbe ao juiz – e aos demais sujeitos do processo – garantir respeito à dignidade humana, assegurando o valor intrínseco de cada vida que é trazida ao processo. Daí se infere, necessariamente, que aos sujeitos do processo é preciso sempre ter claro que os titulares dos interesses em conflito são pessoas reais, cujas vidas serão afetadas pelo resultado do processo e que, por isso mesmo, têm o direito de estabelecer suas estratégias processuais de acordo com aquilo que lhes pareça melhor para suas próprias vidas. É inadmissível tratar as partes como se não fossem pessoas reais, meros dados estatísticos. Afinal, se para o Judiciário cada processo pode parecer apenas *mais um processo*, para as partes cada processo pode ser o único, o mais relevante, aquele em que sua vida será decidida. E é dever do juiz assegurar que isto seja respeitado.

Também se faz expressa referência no art. 8º aos princípios da razoabilidade e proporcionalidade. Estes são princípios cujo conteúdo ainda gera, na doutrina constitucional, tremenda controvérsia, sequer havendo consenso acerca de serem os termos razoabilidade e proporcionalidade sinônimos ou não. O STF tem invocado a razoabilidade e a proporcionalidade em diversas decisões, usualmente fazendo referência a eles como projeções, no plano substancial, do princípio do devido processo legal (*substantive due process*). Deve-se entender o princípio da proporcionalidade (ou razoabilidade, entendidos os termos, portanto, como sinônimos) como uma proteção contra excessos ou deficiências. Em outros termos, do princípio da proporcionalidade resulta uma garantia de que não haverá proteção excessiva (como se daria, por exemplo, no caso de se criar um benefício de prazo para a Fazenda Pública que decuplicasse seus prazos), assim como não haverá proteção deficiente (como se daria, por exemplo, no caso de se estabelecer que o benefício de prazo para a Fazenda Pública se manifestar no processo consistiria, tão somente, em aumentar em um dia os prazos para ela, o que não teria qualquer efeito prático na sua proteção). A proporcionalidade, pois, permite dimensionar a aplicação dos outros princípios e regras do ordenamento brasileiro.

O princípio da legalidade deve ser entendido como uma exigência de que as decisões sejam tomadas com apoio no ordenamento jurídico. Não incumbe ao Judiciário *fazer* a lei, mas interpretar e aplicar a lei que é democraticamente aprovada pelo Legislativo. Quem vai ao Judiciário busca ver seu caso solucionado de acordo com o que consta do ordenamento jurídico, não tendo os juízes legitimidade para criar soluções, segundo sua consciência ou seus valores pessoais, para os casos que lhes são submetidos. O papel criativo do juiz se limita à interpretação, a qual é evidentemente limitada por textos que ele não está legitimado a criar. Deve-se, pois, julgar cada causa submetida ao Judiciário conforme o ordenamento jurídico vigente. A Constituição e a lei não são meras sugestões.

Este, aliás, é um ponto que merece ser destacado. Não cabe a juízes e tribunais "reescrever" a lei conforme seus valores ou preferências. Leis que não sejam inconstitucionais devem ser aplicadas, ainda quando o juiz não goste delas. Leis ruins existem, claro, mas o local apropriado para modificá-las ou revogá-las é o Legislativo, e não o Judiciário. Nem se pode admitir que, sob o disfarce de uma suposta "interpretação" se deixe, simplesmente, de aplicar a lei sem que se realize seu controle de constitucionalidade, o que viola não só o princípio da legalidade mas também o enunciado da Súmula Vinculante n° 10 e o art. 927, II, do Código de Processo Civil.

De sua vez, o princípio da publicidade exige que os atos processuais sejam praticados publicamente, sendo livre e universal o acesso ao local em que são praticados e aos autos onde estão documentados seus conteúdos. Esta é uma garantia de controlabilidade do processo, já que permite que toda a sociedade exerça um controle difuso sobre o conteúdo dos atos processuais. Excepciona-se, porém, esta publicidade naqueles casos em que o processo tramita (ou algum ato processual tem de ser praticado) em *segredo de justiça* (art. 189), em que é possível limitar-se o acesso ao ato processual às partes e seus procuradores e ao Ministério Público (art. 11, parágrafo único). O art. 11 volta a fazer alusão ao princípio da publicidade ao afirmar que todos os julgamentos serão públicos. No Direito brasileiro há uma ampla publicidade do ato de julgar. Basta ver que são públicas as sessões de julgamento dos tribunais (algumas delas até transmitidas por via televisiva ou pela Internet), sendo permitido a qualquer pessoa presenciar o momento em que os juízes proferem seus votos. Esta é uma peculiaridade do Direito brasileiro, não se encontrando equivalente no Direito comparado. De um modo geral, em outros lugares, o ato de julgar é sigiloso, posteriormente dando-se publicidade à decisão já proferida. De outro lado, no Brasil o próprio ato de decidir é público.

Por fim, o art. 8º faz menção ao princípio da eficiência. Este é princípio que tradicionalmente era conhecido como *princípio da economia processual*, e sua incidência no sistema processual decorre do art. 37 da CRFB. Pode-se compreender a economia processual como a exigência de que o processo produza o máximo de resultado com o mínimo de esforço. É este o princípio que legitima institutos processuais como o litisconsórcio facultativo, a cumulação objetiva de demandas, a denunciação da lide *etc*. É que se deve entender por eficiência a razão entre o resultado do processo e os meios empregados para sua obtenção. Quanto menos onerosos (em tempo e energias) os meios empregados para a produção do resultado (e desde que seja alcançado o resultado constitucionalmente legítimo), mais eficiente terá sido o processo.

O art. 11 (já mencionado por conta do princípio da publicidade) faz também alusão ao *princípio da fundamentação das decisões judiciais*, que está consagrado no art. 93, IX, da Constituição. Todas as decisões judiciais devem ser fundamentadas, sob pena de nulidade.

O CPC exige, concretizando o princípio constitucional, uma fundamentação substancial das decisões. Não se admite a prolação de decisões falsamente motivadas ou com "simulacro de fundamentação". É o que se dá nos casos arrolados no § 1º do art. 489, o qual enumera uma série de casos de falsa fundamentação, as quais são expressamente equiparadas às decisões não fundamentadas (FPPC, enunciado 303: "As hipóteses descritas nos incisos do § 1º do art. 489 são exemplificativas"). Assim, não se considera fundamentada a decisão que "se limitar à indicação, à reprodução ou à paráfrase de ato normativo, sem explicar sua relação com a causa ou a questão decidida". Deste modo, não são aceitas, por falsamente fundamentadas, decisões que digam algo como "presentes os requisitos, defiro", ou "sendo provável a existência do direito alegado e havendo fundado receio de dano irreparável, defiro a tutela de urgência", ou qualquer outra a estas assemelhada.

Do mesmo modo, é falsamente fundamentada a decisão que "empregar conceitos jurídicos indeterminados" (como razoável, proporcional ou interesse público) "sem explicar o motivo concreto de sua incidência no caso".

Também é nula por vício de fundamentação a decisão que "invocar motivos que se prestariam a justificar qualquer outra decisão". Assim, por exemplo, é nula a decisão que, ao receber a petição inicial de uma demanda de improbidade administrativa, o faz com apoio no "fundamento" segundo o qual tal recebimento deve se dar em defesa dos interesses da sociedade, não tendo o demandado demonstrado de forma definitiva que não ocorreu qualquer ato ímprobo, motivo pelo qual deve incidir o "princípio" *in dubio pro societate*. Decisão como esta, a rigor, poderia ser utilizada em qualquer caso. E decisão que serve para qualquer caso, na verdade, não serve para caso algum.

É nula, também, a decisão que "não enfrentar todos os argumentos deduzidos no processo capazes de, em tese, infirmar a conclusão adotada pelo julgador" (art. 489, § 1º, IV). Este caso de vício de fundamentação demonstra, de modo muito claro, a intrínseca ligação existente entre o princípio da fundamentação das decisões e o princípio do contraditório. É que este princípio assegura aos sujeitos do processo participação ampla no debate destinado a construir a decisão. Daí se precisa extrair, então, que o princípio do contraditório não garante às partes só o *direito de falar*, mas também o *direito de ser ouvido*. Ora, não haverá contraditório efetivo e dinâmico se os argumentos deduzidos pelas partes não forem levados em consideração na decisão judicial. Impende, então, que o órgão jurisdicional leve em conta todos os argumentos suscitados pelas partes e que sejam capazes, em tese, de levar a uma decisão favorável.

Isto combate o vício de muitos tribunais brasileiros de afirmar algo como "o juiz não está obrigado a examinar todos os fundamentos suscitados pelas partes, bastando encontrar um fundamento suficiente para justificar a decisão". Esta é postura que claramente viola o princípio do contraditório e, portanto, é frontalmente contrária ao modelo constitucional de processo civil brasileiro. É claro que tendo o órgão jurisdicional encontrado um fundamento suficiente para decidir favoravelmente a uma das partes, não há qualquer utilidade (e, portanto, não há interesse) em que sejam examinados outros fundamentos deduzidos pela parte e que também levariam a um resultado a ela favorável. Afinal, estes outros fundamentos não poderiam levar a um resultado distinto do já alcançado. Há, porém, necessidade de exame de todos os fundamentos deduzidos pela parte contrária e que, em tese, seriam capazes de levar a um resultado distinto. Em outros termos, é direito da parte ver na decisão que lhe é desfavorável a exposição dos motivos que levaram à rejeição de todos os fundamentos que suscitou em seu favor. Só assim se poderá afirmar que sua participação no processo de formação da decisão foi relevante, que ela foi ouvida (ainda que não tenha sido atendida) e, portanto, que foi plenamente respeitada sua participação em contraditório.

Também há vício de fundamentação na decisão judicial que "se limitar a invocar precedente ou enunciado de súmula, sem identificar seus fundamentos determinantes nem demonstrar que o caso sob julgamento se ajusta àqueles fundamentos". Este é tema a que se voltará mais cuidadosamente adiante, no capítulo dedicado ao estudo dos precedentes judiciais. De todo modo, não se pode agora deixar de dizer que o princípio da fundamentação das decisões é afrontado em casos nos quais o órgão jurisdicional se limita a indicar ementas de outros acórdãos em que teriam sido decididos casos iguais ou análogos. A mera indicação de ementas não é correta invocação de precedentes. Impõe-se a precisa indicação dos fundamentos determinantes (*rationes decidendi*) da decisão invocada como precedente, com a precisa demonstração de que os casos (o precedente e o agora decidido) guardam identidade que justifique a aplicação do precedente.

Há, por fim, vício de fundamentação na decisão judicial que "deixar de seguir enunciado de súmula, jurisprudência ou precedente invocado pela parte, sem demonstrar a existência de distinção no caso em julgamento ou a superação do entendimento". Mais uma vez se tem aqui uma hipótese cujo exame aprofundado deve dar-se no capítulo dedicado ao estudo dos precedentes. De toda maneira, impende agora deixar claro que não estará legitimamente (constitucionalmente) fundamentada a decisão judicial que, em caso no qual a parte tenha invocado algum precedente (ou enunciado de súmula, ou jurisprudência predominante) que lhe favoreça, deixe de indicar os motivos pelos quais dele se afasta, apontando a distinção entre o precedente e o caso agora examinado (*distinguishing*) ou a superação do entendimento adotado no precedente (*overruling*).

Conclui-se o capítulo das *normas fundamentais do processo civil* com um dispositivo (art. 12, na redação da Lei nº 13256/2016) destinado a estabelecer a exigência de que os órgãos jurisdicionais profiram suas sentenças e acórdãos obedecendo, preferencialmente, a uma *ordem cronológica de conclusão*. A fim de assegurar o respeito a essa exigência, dispõe o § 1º que a secretaria do órgão jurisdicional elaborará uma lista de processos aptos a julgamento (o que, na linguagem forense, sempre se chamou de "processos conclusos para sentença"), a qual deverá estar disponível para consulta pública em cartório e na Internet.

Assim, incumbe ao juiz ou tribunal proferir suas sentenças (mas não necessariamente as decisões interlocutórias) ou acórdãos, preferencialmente segundo a ordem cronológica em que os autos tenham sido enviados à conclusão. Ficam excluídos dessa regra, porém (art. 12, § 2º), as sentenças proferidas em audiência, homologatórias de acordo ou de improcedência liminar do pedido; o julgamento de processos em bloco para aplicação de tese jurídica firmada em julgamento de casos repetitivos; o próprio julgamento de casos repetitivos; as decisões de extinção do processo sem resolução do mérito (art. 485); as decisões monocráticas proferidas nos tribunais pelo relator (art. 932); o julgamento de embargos de declaração e de agravo interno; as preferências legais (como é o caso do processo em que é parte o idoso, ou os processos de *habeas corpus*) e os casos em que haja meta, estabelecida pelo CNJ, a cumprir; os processos criminais (quando o órgão jurisdicional tiver competência cível e criminal); e as causas que exijam urgência na prolação da decisão, assim reconhecida expressamente por decisão fundamentada. Para estas, sequer preferencial a ordem cronológica é.

Vale apenas referir, com relação a uma dessas exceções (a das decisões monocráticas proferidas pelo relator nos tribunais), que esta deve ser entendida *modus in rebus*. Quer-se com isto dizer que devem existir duas ordens cronológicas distintas de conclusão (isto é, duas *filas* a serem observadas): uma para as decisões monocráticas (que devem preferencialmente ser proferidas em ordem cronológica de conclusão, observadas as demais exceções previstas no § 2º do art. 12); outra para os acórdãos, devendo os processos ser incluídos na pauta de julgamento para apreciação pelo colegiado observando-se preferencialmente a ordem cronológica de conclusão ao relator (sempre observadas as exceções expressamente previstas).

O nítido objetivo aqui é evitar favorecimentos, de modo que um processo, por qualquer razão, tenha andamento mais rápido que outro, sendo decidido primeiro, não obstante tenham os autos ido posteriormente à conclusão.

Impende ter claro, porém, que apenas a decisão final do procedimento (tanto na primeira instância como nos tribunais) se submete à regra preferencial da ordem cronológica. Decisões interlocutórias (mesmo nos tribunais, como é o caso da decisão do relator que atribui efeito suspensivo a um recurso) não "entram na fila", bastando nesses casos a observância dos prazos estabelecidos pela lei processual para que as decisões sejam proferidas.

2

APLICAÇÃO DAS NORMAS PROCESSUAIS

Os arts. 13 a 15 do CPC tratam de três temas distintos, reunidos sob a epígrafe "da aplicação das normas processuais". Em primeiro lugar, regula-se a aplicação da norma processual no espaço (art. 13). Em seguida, trata-se da aplicação da norma processual no tempo (art. 14) e, por fim, da aplicação subsidiária do Código de Processo Civil a outras leis processuais.

Estabelece o art. 13 que "a jurisdição civil será regida pelas normas processuais brasileiras, ressalvadas as disposições específicas previstas em tratados, convenções ou acordos internacionais de que o Brasil seja parte". Há, pois, aqui a previsão, como regra geral, de que a lei processual aplicável será a lei vigente no foro onde tramita o processo (*lex fori*). Significa isto dizer que, ao menos como regra geral, quando o processo tramitar no Brasil será observada a legislação processual brasileira. E assim será mesmo naqueles casos em que, por qualquer motivo, a lei substancial aplicável seja estrangeira.

Pense-se, por exemplo, em um processo de inventário e partilha de bens situados no Brasil em caso no qual o autor da herança teve seu último domicílio em Estado estrangeiro. Neste caso, por força do disposto no art. 10 da LINDB (ressalvado o caso em que a lei brasileira seja mais favorável aos herdeiros brasileiros, conforme determinam o art. 10, § 1º, da própria LINDB e o art. 5º, XXXI, da CRFB), a sucessão será disciplinada conforme a lei do Estado onde se estabelecera o último domicílio do finado. A lei processual, porém, será a brasileira.

O próprio art. 13, porém, abre uma exceção à regra geral. Será afastada a incidência da lei processual brasileira sempre que haja previsão em sentido diverso em tratado internacional de que o Brasil seja parte. Há, pois, prevalência da norma processual convencional sobre a norma processual legal.

Esta expressa previsão da prevalência da norma convencional sobre a norma processual tem uma grande utilidade: facilita a adoção, pelo Direito brasileiro, de normas destinadas a regular *processos transnacionais* (assim entendidos os processos em que pelo menos uma das partes tenha nacionalidade ou domicílio de Estado distinto daquele em que tramita o processo). Tem havido, inclusive, um movimento doutrinário (a partir do *American Law Institute* e da UNIDROIT) destinado a estabelecer princípios do processo civil transnacional, os quais se propõem a servir de modelo a ser observado em futuras e eventuais proposições legislativas ou convencionais.

Em qualquer caso, porém, em que haja algum tratado, convenção ou acordo internacional ratificado pelo Brasil a que se possa atribuir alguma norma processual, esta prevalecerá sobre as normas legais internas brasileiras. Tem-se aí, pois, uma supremacia da norma internacional sobre a interna, estabelecida pela própria norma interna.

Não havendo norma convencional, porém, incidirá, nos processos que tramitam perante o Judiciário brasileiro, a lei processual brasileira (*lex fori*).

Por sua vez, o art. 14 trata da aplicação da norma processual no tempo, ao estabelecer que "a norma processual não retroagirá e será aplicável imediatamente aos processos em curso, respeitados os atos processuais praticados e as situações jurídicas consolidadas sob a vigência da norma revogada". Adota-se, expressamente, pois, a chamada *teoria do isolamento dos atos processuais*.

Significa isto dizer que a lei processual aplicável a cada ato processual é a lei vigente ao tempo em que o ato processual é praticado (*tempus regit actum*). A lei processual nova entra em vigor imediatamente, alcançando os processos em curso no momento de sua entrada em vigor. Coerentemente com isso, estabelece o art. 1.046 que "[a]o entrar em vigor este Código, suas disposições se aplicarão desde logo aos processos pendentes, ficando revogada a Lei nº 5.869, de 11 de janeiro de 1973" (o anterior Código de Processo Civil).

Assim, então, a entrada em vigor de uma lei processual nova gera sua incidência imediata, não só aos processos que se instaurem daí por diante, mas também aos processos em curso. Não há, porém, retroatividade da lei processual, de modo que não se pode admitir que a lei processual nova se aplique a fatos anteriores à sua vigência ou que desrespeite as situações processuais consolidadas sob a égide da norma anterior. É por isso que, por exemplo, no caso de processos instaurados antes da vigência do CPC em que se determinara a observância do procedimento sumário (previsto nos arts. 275 e seguintes do CPC de 1973, mas que não encontra similar no Código vigente) este continua a ser observado até a prolação da sentença (art. 1.046, § 1º). Aliás, o inciso II do art. 275 do Código de 1973 permanece em vigor para o fim de estabelecer um rol de causas de competência dos Juizados Especiais Cíveis (art. 1.063).

Do mesmo modo, é preciso considerar que a lei que rege o recurso é a lei vigente ao tempo da publicação da decisão contra a qual se pretende recorrer. Afinal, uma vez publicada a decisão judicial nasce, para os prejudicados, o *direito de recorrer* contra aquela decisão (se, evidentemente, tratar-se de uma decisão recorrível). Isto é especialmente importante quando se pensa que o CPC trata como irrecorríveis de forma autônoma algumas decisões interlocutórias que, ao tempo da legislação processual anterior, eram impugnáveis por agravo. É o caso, por exemplo, da decisão que indeferir a produção de prova testemunhal. Ao tempo do CPC de 1973 esta decisão era impugnável por agravo de instrumento e, com a vigência do novo Código, passou ela a ser irrecorrível em separado. Ora, publicada a decisão que indeferiu a prova testemunhal ainda ao tempo em que vigente o Código anterior, será admissível o recurso (no prazo e preenchidos os requisitos estabelecidos pela legislação anterior), já que esta situação processual (a recorribilidade por agravo daquela decisão interlocutória) já se havia consolidado. Já no caso de vir a mesma decisão a ser publicada sob a égide do Código atual a mesma decisão será irrecorrível em separado. No caso das decisões colegiadas, o direito ao recurso nasce na data em que proclamado o resultado da sessão de julgamento – pois nesse momento já é pública a decisão –, e não na data em que as partes sejam intimadas do teor do acórdão, ou na data em que esse inteiro teor é disponibilizado nos autos (FPPC, enunciado 616).

A adoção da *teoria do isolamento dos atos processuais* leva a que, necessariamente, seja preciso examinar, caso a caso, se a lei processual nova incide ou não, isto é, se há ou não uma *situação processual consolidada* sob a égide da lei processual anterior a ser respeitada, o que produzirá uma ultra-atividade da lei processual revogada. Seria impossível, nos estreitos limites deste trabalho, tentar-se examinar todas as (ou mesmo muitas das) situações que poderiam vir a ser encontradas na prática, já que a nova lei processual pode encontrar processos judiciais nas mais diversas fases de sua tramitação. Algumas disposições expressas existem no CPC, porém, e merecem ser examinadas.

É o caso do direito probatório, já que o Código vigente só se aplica aos processos pendentes quando se trate de prova *requerida* ou *determinada de ofício* após sua entrada em vigor (art. 1.047).

As disposições do CPC de 1973 permanecem aplicáveis aos processos de execução por quantia certa contra devedor insolvente (art. 1.052), matéria não regulada expressamente pelo vigente Código de Processo Civil.

Também em relação aos limites objetivos da coisa julgada é preciso observar que, por força do art. 1.054, o disposto no art. 503, § 1º, só se aplica a processos instaurados sob a égide do vigente CPC (por força do qual a resolução de questão prejudicial pode, desde que observadas algumas exigências, ser alcançada pela coisa julgada material). No caso de processo instaurado ainda ao tempo da vigência do Código anterior a resolução da questão prejudicial não é alcançada pela coisa julgada, salvo se tiver sido proposta uma "ação declaratória incidental" (arts. 5º, 325, 469, III, e 470 do Código de 1973).

Outro caso de ultra-atividade de dispositivos do Código de 1973 resulta do art. 1.057, por força do qual "o disposto nos arts. 525, §§ 14 e 15, e no art. 535, §§ 7º e 8º, aplica-se às decisões transitadas em julgado após a entrada em vigor deste Código, e, às decisões transitadas anteriormente, aplica-se o disposto nos arts. 475-L, § 1º, e 741, parágrafo único, da Lei nº 5.869, de 11 de janeiro de 1973" (o Código de 1973). Todos esses dispositivos tratam do mesmo tema: a desconsideração da coisa julgada nos casos em que a decisão judicial tenha sido baseada em lei (ou ato normativo) declarada inconstitucional pelo STF, ou em interpretação de lei (ou ato normativo) tida, pelo STF, como incompatível com a Constituição.

Por fim, trata-se, no art. 15, da aplicação subsidiária do CPC às demais leis processuais. É que o Código de Processo Civil é a *lei processual comum*, assim entendida a lei processual básica, que rege os processos em geral (e não só os processos civis). Assim é que o referido dispositivo legal estabelece, expressamente, que "[n]a ausência de normas que regulem processos eleitorais, trabalhistas ou administrativos, as disposições deste Código lhes serão aplicadas supletiva e subsidiariamente".

Nos processos eleitorais, o Código de Processo Civil será aplicável subsidiariamente, salvo quando se trate de processo penal (dos crimes eleitorais e dos crimes comuns que lhes são conexos), caso em que se aplica subsidiariamente o Código de Processo Penal (art. 364 do Código Eleitoral).

Nos processos trabalhistas a aplicação subsidiária do Código de Processo Civil é estabelecida também pelo 769 da CLT, por força do qual "nos casos omissos, o direito processual comum será fonte subsidiária do direito processual do trabalho, exceto naquilo em que for incompatível com as normas deste Título [do processo trabalhista]".

Já no que concerne ao processo administrativo, a aplicação subsidiária do CPC resulta expressamente deste art. 15, não havendo outro dispositivo específico a estabelecer tal aplicabilidade.

A aplicabilidade subsidiária do Código de Processo Civil vai muito além do que consta expressamente do texto do art. 15, porém. Em primeiro lugar, é preciso recordar a aplicação subsidiária do CPC ao processo penal, como expressamente tem reconhecido a jurisprudência do STJ. Além disso, o CPC é subsidiariamente aplicável a outras leis processuais, como é o caso da Lei de Locações (art. 79 da Lei nº 8.245/1991) e de outras leis que sequer fazem expressa alusão ao ponto (como é o caso da Lei do mandado de segurança). Vale, aliás, frisar que o art. 1.046, § 2º, expressamente estabelece que o Código de Processo Civil é subsidiariamente aplicável aos procedimentos regulados em outras leis, o que afasta por completo qualquer risco de que se venha a sustentar (como tanto já se sustentou em relação a leis que não o estabelecem expressamente, como é o caso das leis que regula(ra)m o mandado de segurança e os Juizados Especiais Cíveis) a impossibilidade de aplicação subsidiária do CPC.

Certo é que o Código de Processo Civil veicula a lei processual comum, a ser aplicada como regra geral a todos os processos judiciais ou administrativos em curso no Brasil, ressalvada apenas a existência de lei específica (como é o caso do Código de Processo Penal, da Consolidação das Leis do Trabalho ou da Lei de Processos Administrativos Federais) ou, no caso de omissão da lei específica, de incompatibilidade entre esta e a lei geral (caso em que se fala de aplicação subsidiária do CPC). Além disso, o Código de Processo Civil se aplica aos processos eleitorais, trabalhistas e administrativos em caráter *supletivo*.

Aplicação supletiva não se confunde com aplicação subsidiária. Esta se dá na ausência de disposição normativa específica. Já quando se fala em aplicação supletiva, o que se tem é uma *interação* entre a lei específica e a lei geral (que, no caso em exame, é o CPC), de modo que será necessário interpretar a lei específica levando-se em consideração o que consta da lei geral. Não será possível, portanto, interpretar as disposições processuais da legislação eleitoral ou da Consolidação das Leis do Trabalho sem levar em consideração o Código de Processo Civil.

3

INSTITUTOS FUNDAMENTAIS DO DIREITO PROCESSUAL

3.1 Processo

O direito processual é construído sobre uma estrutura composta por três institutos fundamentais: processo, jurisdição e ação. Devem eles ser examinados exatamente nesta ordem. O processo é o instrumento pelo qual a Democracia é exercida e, em um Estado Democrático de Direito, todo e qualquer ato estatal de poder (e não só os estatais, mas aqui apenas estes são objeto de consideração) deve ser construído através de processos, sob pena de não ter legitimidade democrática e, por conseguinte, ser incompatível com o Estado Constitucional.

O processo é mecanismo de exercício do poder democrático estatal, e é através dele que são construídos os atos jurisdicionais. Assim, após o exame do processo, impende examinar a jurisdição, uma das funções estatais. Por fim, dada a inércia característica da jurisdição, é preciso examinar a ação, fenômeno que permite provocar sua atuação.

Inicia-se, assim, o exame dos institutos fundamentais do direito processual pelo processo.

Pois este precisa ser compreendido segundo o paradigma do Estado Democrático de Direito. Assim, é preciso buscar determinar o que seja o processo no Estado Constitucional. Por conta disso, impõe-se ter claro que no Estado Democrático de Direito o exercício do poder estatal só é legítimo se os atos de poder (provimentos ou pronunciamentos) forem construídos através de procedimentos que se desenvolvam em contraditório.

Explique-se o ponto um pouco melhor: a construção dos provimentos estatais exige o desenvolvimento de um procedimento, isto é, de uma sequência ordenada de atos logicamente encadeados e destinados à produção de um resultado final. Cada um desses atos que compõem o procedimento é regido por alguma norma jurídica, a qual confere legitimidade ao ato a que se refere. Há, pois, uma sequência de normas jurídicas a regular uma sequência de atos que, logicamente encadeados, compõem o procedimento.

O encadeamento lógico a que se fez referência significa que cada um dos atos componentes do procedimento se vincula ao seu antecedente e ao ato seguinte, exatamente como os elos de uma corrente (com a evidente ressalva do primeiro ato – que não se liga a nenhum ato antecedente – e do último – que não se liga a nenhum ato seguinte). Os atos precisam, então, ser praticados observando-se a ordem previamente estabelecida para que o resultado final possa ser alcançado. A ordem não é necessariamente rigorosa a ponto de jamais poder ser alterada. Evidentemente há casos em que se pode modificar esta ordem, sem prejuízo (e muitas vezes com evidente vantagem) para a produção do resultado final. Assim é que, por exemplo, é possível inverter-se a ordem dos atos probatórios (o que é expressamente autorizado pelo art. 139, VI), sempre que isso for capaz de tornar o processo mais eficiente (pense-se, por exemplo, em um processo que tenha por objeto uma pretensão de reparação de dano, no qual que se pretenda produzir prova testemunhal para demonstrar que o réu foi o agente da conduta geradora do dano, e prova pericial para comprovar a extensão do dano: é perfeitamente possível inverter a ordem dos atos do procedimento, colhendo-se primeiro a prova testemunhal, uma vez que não tendo sido o réu o responsável pela conduta ensejadora do dano não há sequer razão para colher-se a prova pericial). Ressalvada a possibilidade de flexibilização procedimental, portanto, a qual é limitada (jamais seria possível, por exemplo, realizar-se a audiência de instrução e julgamento antes da citação do demandado, ou abrir vista dos autos ao demandante para falar em réplica antes do oferecimento pelo demandado da contestação), o procedimento deve observar uma ordem predeterminada dos atos que o compõem, os quais são, como dito, logicamente encadeados.

Pois esse procedimento de construção do provimento estatal precisa desenvolver-se com observância do princípio, já examinado, do contraditório. É que este, compreendido como garantia de participação com influência e de não surpresa, permite a participação efetiva dos interessados no resultado em sua construção. Pois essa participação com influência é o que confere legitimidade democrática ao provimento estatal, tornando-o constitucionalmente legítimo. O contraditório é, pois, fator de legitimação democrática dos atos de poder estatais (entre os quais, evidentemente, se encontram os resultados dos processos judiciais). Por conta disso, impõe-se conceituar processo como um *procedimento em contraditório*.

É importante observar que esta concepção sobre o conceito de processo é incompatível com a teoria, majoritariamente aceita na doutrina brasileira, acerca da existência de uma *relação jurídica processual*. É que a relação processual (entendida como relação jurídica de direito público, composta minimamente por três sujeitos – Estado-Juiz, demandante e demandado – e distinta da relação jurídica de direito material deduzida no processo) revela uma ultrapassada concepção acerca do processo como mecanismo de construção de decisões (e outros atos de poder) a ser conduzido pelo Estado, através de seus agentes políticos (como, por exemplo, o juiz), em busca de um resultado que por este seja construído na realização dos seus próprios escopos, o que põe a participação das partes, titulares dos interesses a serem alcançados pelo provimento, em uma posição menor, de inferioridade. A teoria da relação processual pressupõe uma superioridade estatal na condução do processo que é incompatível com a mais moderna concepção de Estado Constitucional. O processo não pode mais ser compreendido como um mecanismo a ser conduzido pelo juiz como seu sujeito mais importante. É preciso ter do processo uma visão participativa, policêntrica, por força da qual juiz e partes constroem, juntos, seu resultado final. Não existe, pois, uma relação processual entre Estado-Juiz e partes, com o Estado em posição de superioridade. O que existe é um *procedimento em contraditório destinado à construção dos provimentos estatais*, em que todos os sujeitos interessados participam, em igualdade de condições, na produção do resultado. Este procedimento comparticipativo, policêntrico, que se desenvolve em contraditório é, precisamente, o *processo*.

A instauração e regular desenvolvimento do processo dependem do preenchimento de alguns requisitos, conhecidos como *pressupostos processuais*. Estes se dividem em duas categorias: pressupostos *de existência* e pressupostos *de validade*.

A ausência de algum pressuposto de existência implica a própria inexistência jurídica do processo. Dito de outro modo, faltando algum pressuposto de existência não se estará diante de um verdadeiro processo. Neste caso, deve o juízo, por ato meramente administrativo, determinar o cancelamento da distribuição e de todos os registros referentes àquele "processo" (que não é verdadeiramente um processo). Perceba-se que neste caso não se pode cogitar de uma sentença de extinção do processo, pois não se pode extinguir o que não existe.

Presentes todos os pressupostos de existência, haverá processo. Neste caso, então, será preciso verificar se foram preenchidos os pressupostos de validade. A ausência de pressuposto de validade implica a extinção do processo (existente) sem resolução do mérito, nos termos do art. 485, IV.

Impende ter claro, porém, que, verificada a ausência de pressuposto de validade, sempre será preciso apurar a possibilidade de correção do vício. Sanado este, o processo poderá seguir regularmente em direção ao provimento de mérito. Apenas no caso de não vir a ser sanado o vício é que o processo deverá ser extinto.

São pressupostos processuais um *juízo investido de jurisdição*, *partes capazes* e uma *demanda regularmente formulada*.

É preciso, porém, ter claro que são pressupostos de existência um *juízo*, *partes* e uma *demanda*. Sem algum destes não haverá processo. Presentes esses pressupostos de existência, o desenvolvimento válido e regular do processo exigirá a *investidura* do juízo, a *capacidade processual* e a *regularidade formal* da demanda.

O primeiro pressuposto processual é um *juízo investido de jurisdição*. Antes de tudo, exige-se que o processo instaure-se perante um *juízo*, isto é, perante um órgão jurisdicional do Estado. Evidentemente, este pressuposto só é exigido porque se está a estudar o processo jurisdicional. Processos outros, de naturezas distintas, têm seus próprios pressupostos de existência e de validade. Mas para que exista processo jurisdicional é preciso que ele se instaure perante um órgão jurisdicional do Estado. Assim, por exemplo, no caso de se ajuizar demanda perante um órgão administrativo (como seria, por exemplo, a Corregedoria de Justiça de um tribunal, ou uma Delegacia de Polícia), não haverá processo jurisdicional.

Instaurado o processo perante um juízo, porém, sua validade dependerá da *investidura do órgão jurisdicional*. Entenda-se: a Constituição da República estabelece a estrutura do Judiciário brasileiro, dividindo-o em diversos segmentos (Supremo Tribunal Federal, Superior Tribunal de Justiça, Justiça Militar, Justiça Eleitoral, Justiça do Trabalho, Justiça Federal e Justiça Estadual, ficando de fora desta lista o Conselho Nacional de Justiça porque, não obstante integre o Judiciário, não é órgão jurisdicional, mas meramente administrativo). A própria Constituição da República estabelece, entre esses órgãos jurisdicionais, uma divisão de trabalho, fixando os casos em que cada um desses segmentos do Judiciário poderá atuar. Assim, por exemplo, incumbe ao Supremo Tribunal Federal conhecer de mandados de segurança que impugnem atos praticados pelo Presidente da República; incumbe à Justiça Federal conhecer dos processos em que a União seja demandante, demandada, assistente ou oponente; incumbe à Justiça Estadual conhecer de causas relativas a Direito de Família, e assim por diante.

A essa "área de atuação" de cada um dos organismos jurisdicionais constitucionalmente previstos dá-se o nome de *investidura* (embora haja quem prefira denominá-la "competência constitucional"). Investidura, e não competência, pois este é termo que deve ser reservado para designar a área de atuação de cada um dos órgãos jurisdicionais. Assim, por exemplo, deve-se falar em *investidura da Justiça Estadual* e em *competência da Vara de Família* (ou da Vara Empresarial, ou da Vara Cível), assim como se deve falar em *investidura da Justiça Federal* e em *competência das Varas Previdenciárias*.

A investidura de cada uma das Justiças é pressuposto processual de validade, pois corresponde à exigência de que o processo tramite perante o *juiz natural*, o qual deve corresponder ao juízo com "competência constitucional" preconstituída. Em outros termos, o juiz natural da causa é o juízo com investidura para atuar naquele tipo de causa.

Este é ponto relevante, e que precisa ser mencionado (máxime pelo fato de que o CPC não faz menção ao princípio do juiz natural quando apresenta as normas fundamentais do processo civil, embora tal princípio integre o modelo constitucional de processo civil brasileiro).

Todo processo deve desenvolver-se perante seu juiz natural. Por juiz natural deve-se entender o *juízo constitucional*, isto é, o juízo com "competência constitucional" (*rectius*, investidura de jurisdição) para a causa. Assim, por exemplo, o juiz natural de um processo que tenha a União como demandante é a Justiça Federal; o juiz natural das causas trabalhistas é a Justiça do Trabalho; o juiz natural das causas de família é a Justiça Estadual, e assim por diante.

Perceba-se que a competência (fenômeno de que se tratará adiante) não está vinculada ao princípio do juiz natural. Assim, no caso de o processo instaurar-se na "Justiça certa", mas na "Vara errada" (pense-se, por exemplo, no caso de um processo de divórcio que se instaure perante uma Vara Cível, e não perante Vara de Família), estar-se-á diante de um caso de incompetência, mas não faltará pressuposto de validade do processo, já que o juízo cível, por integrar a Justiça Estadual (a mesma a que pertence o juízo de família), pertence ao juiz natural da causa. Neste caso há um vício menos grave, de falta de competência, sem qualquer afronta às normas constitucionais (mas com violação de norma infraconstitucional). Como se verá adiante, isto terá consequências relevantes.

É que a Constituição da República veda a existência de juízo ou tribunal de exceção (art. 5º, XXXVII). Daí se extrai a exigência de que o juiz natural seja um juízo com investidura preconstituída. Em outros termos, quando uma causa é levada ao Judiciário, impõe a norma constitucional que ela seja submetida à apreciação de órgão jurisdicional que tinha, à época em que ocorreram os fatos que serão debatidos, "competência constitucional" para dela conhecer. Eventuais mudanças de investidura (as quais podem ocorrer por Emenda Constitucional) só podem alcançar fatos posteriores, não podendo retroagir para alcançar fatos a ela anteriores, sob pena de violar-se a garantia do juiz natural. Figure-se um exemplo: imagine-se um ato ilegal praticado por Presidente da República, contra o qual se pretenda impetrar mandado de segurança. Estabelece a Constituição da República que o conhecimento dessa causa cabe ao Supremo Tribunal Federal. Pense-se, agora, na possibilidade de vir a ser aprovada uma Emenda Constitucional transferindo o conhecimento dessa causa para o Superior Tribunal de Justiça. Pois bem: a Emenda só se aplicaria a mandados de segurança destinados a impugnar atos praticados pelo Presidente da República após sua vigência. Um mandado de segurança impetrado após a vigência da Emenda mas que se destine a impugnar ato praticado antes dela deverá ser apreciado pelo Supremo Tribunal Federal, juiz natural da causa.

Imagine-se, agora, que, em vez da mencionada (e hipotética) Emenda Constitucional, tivesse sido aprovada apenas uma emenda regimental ao Regimento Interno do STF, alterando a competência para conhecer de mandado de segurança contra ato do Presidente da República, de modo a transferi-la do Plenário da Corte para as suas Turmas. Neste caso não haveria mudança do órgão constitucionalmente investido de jurisdição (que continuaria a ser o STF, seu juiz natural), mas se teria modificado a competência. Esta nova regra se aplicaria imediatamente, não só aos processos instaurados posteriormente à alteração que se referissem a fatos anteriores, mas até mesmo aos processos pendentes no momento do início da vigência da nova regra, a qual alcançaria os processos em curso.

Em outros termos: mudanças que afetem o juiz natural só alcançam processos que se refiram a fatos ocorridos depois da alteração; mudanças que afetem a competência (mantido o juiz natural da causa) podem alcançar até mesmo processos pendentes.

A instauração de processo perante juízo sem investidura de jurisdição, não obstante implique a ausência de pressuposto processual de validade, é vício sanável, devendo ser o processo encaminhado ao seu juiz natural, para que ali tenha curso regular. Respeita-se, assim, o *princípio da primazia da resolução do mérito*, consagrado pelo CPC.

O segundo pressuposto processual é que o processo tenha *partes capazes*. E aqui, uma vez mais, é preciso examinar separadamente o que se apresenta como pressuposto *de existência* e o que é pressuposto *de validade* do processo.

Para que exista processo é preciso que ele tenha *partes* (pelo menos duas). É que não se admite que alguém vá a juízo "contra si mesmo". O processo exige que alguém demande em face de outrem, formulando uma pretensão que, se acolhida, irá beneficiá-lo, alcançando de forma negativa a esfera jurídica de outrem. Aquele que pretende o resultado benéfico e aquele que será alcançado por eventual resultado desfavorável, então, precisam participar (em contraditório) do processo de construção do resultado. Sem a presença de pelo menos duas partes, portanto, não existe processo.

Vale registrar, aqui, porém, a excepcional possibilidade de haver processo com uma parte só (isto é, processo sem demandado), em casos expressamente previstos. É o que se tem, por exemplo, no processo instaurado pelo pedido de autofalência, em que um empresário (ou uma sociedade empresária) vai a juízo pedindo a decretação de sua própria quebra. Este é processo que se instaura sem demandado, já que o demandante postula uma providência que, se deferida, alcançará a sua própria esfera jurídica individual. Este é um exemplo de "processo sem réu". Mas são raros os casos em que isso é possível. A regra é que haja sempre pelo menos duas partes, uma que demanda e outra que é demandada.

O regular desenvolvimento do processo exige que as partes tenham *capacidade processual*. Esta é, portanto, pressuposto de validade do processo. E a capacidade processual é uma tríplice capacidade (capacidade *de ser parte*, capacidade *para estar em juízo*, capacidade *postulatória*).

Têm capacidade de ser parte todas as pessoas naturais e jurídicas e, além delas, os chamados "entes formais", assim entendidos os entes despersonalizados que recebem da lei capacidade de ser parte, como é o caso do espólio, da massa falida e do condomínio edilício, entre outros. No caso de instaurar-se processo que tenha como demandante ou demandado uma parte desprovida de tal capacidade, será preciso extinguir o processo sem resolução do mérito (não sem antes abrir-se oportunidade para correção do vício).

Tendo demandante e demandado capacidade de ser parte, é preciso verificar se está presente a *capacidade para estar em juízo*. É que, na forma do disposto no art. 70, "[t]oda pessoa que se encontre no exercício de seus direitos tem capacidade para estar em juízo", complementando esta ideia o art. 71 ao afirmar que "[o] incapaz será representado ou assistido por seus pais, por tutor ou por curador, na forma da lei". Assim, aqueles que, nos termos da lei substancial, sejam relativamente incapazes, terão de ser assistidos, enquanto os absolutamente incapazes serão representados.

Verificada a incapacidade para ser parte, deverá o juízo, suspendendo o processo, designar prazo razoável para que seja sanado o vício. Não sendo corrigido o defeito, e estando o processo na instância originária, o processo será extinto se faltar capacidade para estar em juízo ao demandante (art. 76, § 1º, I); se for o demandado a não ter corrigido o vício, será considerado revel (art. 76, § 1º, II), prosseguindo o processo em direção ao provimento de mérito.

Daí se extrai que, na verdade, apenas a capacidade para estar em juízo do demandante é verdadeiramente um pressuposto de validade do processo. Regularmente citado o demandado e não comparecendo este a juízo de forma regular (isto é, caso ele seja incapaz terá de ser representado ou assistido), o processo poderá seguir normalmente, embora o demandado seja considerado revel.

Por fim, exige-se das partes *capacidade postulatória*, assim entendida a aptidão para dirigir petições ao órgão jurisdicional. Estabelece o art. 103 que "[a] parte será representada em juízo por advogado regularmente inscrito na Ordem dos Advogados do Brasil". Assim, como regra geral exige-se que a parte se faça representar em juízo por advogado. Casos há, porém, em que é possível postular em causa própria, ainda que não se tenha habilitação para advogar. É o que se dá, por exemplo, no processo do habeas corpus ou nos Juizados Especiais Cíveis Estaduais se o valor da causa não ultrapassar o equivalente a vinte salários mínimos. Além disso, há profissionais que têm capacidade postulatória limitada ao exercício de suas funções, como é o caso dos membros do Ministério Público, que podem atuar, nos processos para os quais tenham atribuição, sem necessidade de constituir advogado.

Para o caso de falta de capacidade postulatória aplica-se tudo quanto foi dito anteriormente acerca da falta de capacidade para estar em juízo. Verificando o juízo (de ofício ou por provocação da outra parte) que alguma das partes não está representada em juízo por quem tenha capacidade postulatória, deverá ser suspenso o processo para sanar-se o vício (art. 76), sob pena de extinguir-se o processo se faltar capacidade postulatória ao demandante, ou de seguir o processo à revelia, se ao demandado faltar quem o represente adequadamente (art. 76, § 1º).

Por fim, o terceiro pressuposto processual é uma *demanda regularmente formulada*.

A existência do processo exige que se tenha proposto uma *demanda*. Por demanda deve-se entender o ato inicial de exercício da ação. É que, sendo inerte a jurisdição (a qual não pode ser exercida, ao menos como regra geral, de ofício), só poderá haver processo se ocorrer uma provocação (art. 2º). "Processo" que se instaure de ofício (ressalvados os excepcionalíssimos casos em que isto é expressamente permitido, como se dá no caso do processo de restauração de autos, nos termos do art. 712) é, na verdade, processo inexistente, devendo o órgão jurisdicional determinar, *por ato administrativo*, o cancelamento de sua distribuição e de todos os seus registros.

Sem demanda, portanto, não pode haver processo. E é este o momento adequado para se recordar que toda demanda é identificada por três elementos (os elementos identificadores ou constitutivos da demanda): partes, causa de pedir e pedido.

Partes da demanda são aquele que a propõe (demandante) e aquele em face de quem ela é proposta (demandado). Quando a demanda instaura um processo cognitivo o demandante costuma ser chamado de autor e o demandado de réu. No processo de execução usa-se falar em exequente e executado.

Causa de pedir é o conjunto de fatos em que se funda a pretensão deduzida em juízo pelo demandante. Observe-se que a causa de pedir é formada exclusivamente por fatos (já que o direito processual civil brasileiro adota, a respeito da causa de pedir, a chamada *teoria da substanciação*). Pode-se dividir a causa de pedir em *remota* (o fato ou conjunto de fatos constitutivo do direito alegado pelo demandante) e *próxima* (o fato ou conjunto de fatos de que resulta o interesse de agir). Assim, por exemplo, quando alguém vai a juízo cobrar uma dívida resultante de um contrato de mútuo, a causa de pedir remota é o contrato e a próxima o inadimplemento da obrigação.

Por fim, pedido é a manifestação processual de uma pretensão (assim entendida a intenção de submeter o interesse alheio ao próprio). Não há demanda sem pedido, e este se divide em *imediato* e *mediato*. Pedido imediato é o provimento jurisdicional postulado; pedido mediato o bem da vida pretendido. Assim é que, no caso de alguém ir a juízo para postular a condenação do demandado a pagar uma quantia em dinheiro, o pedido imediato é a sentença e pedido mediato o dinheiro que se pretende receber.

Sem demanda, como dito, não há processo. E para que o processo possa desenvolver-se regularmente é preciso que a demanda tenha sido *regularmente formulada*. É que a demanda é ato que se pratica através de um instrumento denominado *petição inicial*, e a lei processual exige que toda petição inicial preencha uma série de requisitos indispensáveis (como se pode ver, por exemplo, no art. 319, que enumera os requisitos da petição inicial do procedimento comum do processo de conhecimento). A falta de algum requisito implica a irregularidade formal da demanda. Quando isso ocorre, é preciso dar ao demandante oportunidade para sanar o vício (emendando a petição inicial). Não sendo sanado o defeito, porém, deve a petição inicial ser indeferida, extinguindo-se o processo sem resolução do mérito (art. 485, I).

3.2 Jurisdição

Como sabido, jurisdição é uma das três funções classicamente atribuídas ao Estado, ao lado da função legislativa e da administrativa. É função estatal por definição e, portanto, não se pode aceitar a tese da natureza jurisdicional de outros mecanismos de resolução de conflitos, como é o caso da arbitragem. Equivalentes da jurisdição não têm natureza verdadeiramente jurisdicional. Só pode ser jurisdição o que provenha do Estado.

Para buscar definir jurisdição, é preciso, em primeiro lugar, dizer o que ela não é. A jurisdição não é uma função estatal de composição de lides. Em primeiro lugar, porque nem sempre existe uma lide (assim entendido o conflito de interesses qualificado por uma pretensão resistida) para compor. A lide não é elemento essencial à jurisdição, mas um elemento que lhe é meramente acidental. Em outras palavras, até pode haver uma lide subjacente ao processo, mas não é essencial que isto ocorra. É que existem casos de jurisdição sem lide, como se dá, por exemplo, quando é proposta uma "demanda necessária" (assim entendida aquela demanda que se propõe nos casos em que o direito só pode ser efetivado através do processo jurisdicional, como por exemplo no caso de anulação de casamento, em que o resultado só pode ser produzido através de um processo jurisdicional, mesmo que não exista uma lide entre os interessados). Além disso, através da jurisdição não se *compõe* a lide (ou seja, não se põem juntos [compor é *com + por*, isto é, por junto] os interesses em conflito, como acontece nos casos em que a solução do litígio se dá por algum meio consensual), mas se *impõe* uma solução, que é o resultado adjudicado, por força do qual se reconhece o direito de alguém em detrimento de outrem.

Tampouco se pode definir jurisdição como uma função estatal de atuação da vontade da lei. E isto por não se poder acreditar na existência de algo como uma "vontade da lei" (ou em uma "vontade do legislador"). A lei, que não é um ser, não é dotada de vontade própria. E a vontade do legislador é algo que, a rigor, não existe (e se existisse seria irrelevante). Qual a relevância de se determinar por que uma lei foi feita com o texto que tem? Qual terá sido a vontade dos autores da lei? Será que a lei foi aprovada pelo Legislativo por unanimidade? O que terá levado os integrantes do Legislativo a votar por sua aprovação? Será que todos o fizeram pelo mesmo motivo? E qual a importância disso? Isso demonstra a irrelevância de se perquirir a vontade do legislador (ou da lei).

Jurisdição é a *função estatal de solucionar as causas que são submetidas ao Estado, através do processo, aplicando a solução juridicamente correta*. Trata-se, como já dito, de uma função estatal, exercida diante de causas, isto é, de casos concretos. O Judiciário não julga teses, julga causas. E o ato jurisdicional que dá solução à causa precisa ser construído através do processo, entendido como procedimento em contraditório.

A jurisdição é, em outros termos, a *"jurisconstrução"* (perdoe-se o neologismo) de um resultado juridicamente correto para a causa submetida ao processo. E o resultado precisa ser juridicamente legítimo. Não pode o juiz "inventar" a solução da causa. Ninguém vai ao Judiciário em busca de uma solução a ser inventada pelo juiz. O que se busca é o reconhecimento de um direito que já se tem (e daí a natureza declaratória da jurisdição, de que se tratará adiante). E cabe ao juiz, então, dar à causa uma solução conforme ao Direito. O papel do juiz, como intérprete, não é inventar uma norma jurídica para solucionar a causa, mas aplicar a norma jurídica adequada no caso concreto. E deve fazê-lo sem exercer qualquer tipo de poder discricionário. A discricionariedade judicial é absolutamente incompatível com o Estado Democrático de Direito. Isso porque falar de discricionariedade é falar de "indiferentes jurídicos". Afinal, quando se reconhece um poder discricionário o que se faz é reconhecer que, diante de duas ou mais respostas possíveis, *todas legítimas*, pode o titular do poder de decidir *escolher qualquer delas* (sendo, pois, juridicamente indiferente qual das alternativas é a escolhida). Ora, no Estado Democrático de Direito não se pode admitir que uma causa seja submetida ao Judiciário e sua solução seja indiferente, podendo o juiz livremente escolher entre diversas decisões possíveis, todas corretas. Existe, para cada causa, *uma resposta correta*, uma decisão constitucionalmente legítima, e só ela pode ser a proferida em cada caso concreto.

Incumbe ao Judiciário identificar, através de um processo de que participam, cooperativamente, todos os interessados, a solução correta da causa que lhe foi apresentada. E dar ao processo essa solução correta. Este resultado juridicamente correto, constitucionalmente legítimo, do processo, é o resultado da atividade jurisdicional.

A jurisdição tem três características essenciais: *inércia, substitutividade* e *natureza declaratória*.

Por inércia da jurisdição entende-se a exigência, estabelecida pelo ordenamento jurídico, de que o Estado só exerça função jurisdicional mediante provocação (art. 2º). Ressalvados os casos expressamente previstos, em que se admite a instauração do processo de ofício pelo juiz (como no exemplo do processo de restauração de autos, nos termos do art. 712), o processo jurisdicional só se instaura quando protocolada uma petição inicial (art. 312).

Consequência da inércia da jurisdição é a necessidade de congruência entre a demanda e o resultado do processo. Dito de outra forma, não pode o resultado do processo ser mais amplo, objetiva ou subjetivamente, do que a demanda proposta.

Assim, por exemplo, em um processo instaurado por demanda proposta por A, que pede a condenação de B ao cumprimento de uma obrigação, não pode a sentença condenar B em favor de C (que não é demandante), ou condenar D (que não é demandado) em favor de A.

Do mesmo modo, não pode o juiz proferir sentença fundada em fatos que não integram a causa de pedir, ou decidir sem respeitar os estritos limites do pedido formulado (deixando de examinar algo que tenha sido postulado, concedendo mais do que foi pedido ou concedendo resultado distinto daquele que tenha sido pretendido). Têm-se, nesses casos, sentenças que são chamadas de *citra petita* (a que fica aquém da demanda), *ultra petita* (a que concede mais do que se pediu) e *extra petita* (a que concede algo diverso daquilo que foi postulado).

A segunda característica é a substitutividade. É que a jurisdição é uma função estatal exercida em razão da vedação da autotutela. Não sendo autorizado que cada pessoa pratique, de mão própria, os atos necessários à satisfação de seus interesses (com a ressalva dos casos em que isso é expressamente autorizado, como se dá no caso de autotutela da posse), incumbe ao Estado exercer a jurisdição e praticar os atos necessários à satisfação do direito que por autotutela não se pode proteger. A atuação jurisdicional, porém, não se limita a substituir a atuação do que tem razão e não pode agir de mão própria. O Estado, ao exercer jurisdição, substitui também aquele que não tem razão. Basta pensar no caso de uma obrigação pecuniária que não tenha sido cumprida. Nesse caso, o Estado-Juiz não só substitui o agir do credor (buscando no patrimônio do devedor os meios necessários para a satisfação do crédito), mas também substitui a atuação do devedor (usando bens deste para pagar a dívida).

A substitutividade inerente à função jurisdicional permite que através do processo sejam produzidos resultados que tornam dispensável a atuação das partes. É o que se dá, por exemplo, naqueles casos em que a parte estava obrigada a celebrar um contrato e não cumpre sua obrigação. Nesta hipótese, é possível a prolação de uma sentença que substitua o contrato que deveria ter sido celebrado (art. 501).

A terceira e última característica essencial da jurisdição é sua natureza declaratória. É que através da jurisdição o Estado não cria direitos subjetivos, mas reconhece direitos preexistentes. Este é ponto relevante: ninguém vai ao Judiciário em busca de um direito que lhe seja atribuído pelo juiz. Busca-se o reconhecimento e a atuação prática de um direito que já se tem, mas não foi reconhecido. A atividade jurisdicional é essencialmente declaratória de direitos, reconhecendo e atuando posições jurídicas de vantagem preexistentes.

Não se pode encerrar esta brevíssima exposição acerca da jurisdição sem recordar que ela se classifica em duas categorias fundamentais: *jurisdição contenciosa* e *jurisdição voluntária*.

É relevante mencionar aqui essa classificação pelo fato de que ela é reconhecida pelo Código de Processo Civil, o qual estabelece uma separação entre os procedimentos contenciosos e os voluntários (sendo estes tratados nos arts. 734 a 786).

Chama-se jurisdição voluntária à atividade de natureza jurisdicional exercida em processos cujo objeto seja uma pretensão à integração de um negócio jurídico. Explique-se: há negócios jurídicos cujas validade e eficácia dependem de um ato judicial que o complemente, aperfeiçoando-o. É o que se dá, por exemplo, no caso de um divórcio consensual de um casal que tenha filhos incapazes. Neste caso (diferentemente do que se dá quando o casal não tem filhos incapazes, hipótese em que o negócio jurídico por eles celebrado, observados os requisitos formais estabelecidos em lei, é válido e eficaz independentemente de participação do Estado-Juiz) o negócio jurídico só é válido e eficaz se aprovado judicialmente. É preciso, então, que em casos assim se instaure um processo em que se veiculará pedido de integração (isto é, de complementação) do negócio jurídico. A atividade jurisdicional desenvolvida em casos assim é conhecida como *jurisdição voluntária*.

Já a assim chamada *jurisdição contenciosa* é, na verdade, a "jurisdição não voluntária". O que se quer dizer com isso é que, qualquer outra que seja a pretensão veiculada, o processo a ser instaurado será *contencioso*, e não voluntário. Dito de outro modo: formulado qualquer pedido que não seja de mera integração de negócio jurídico, instaurar-se-á um processo de jurisdição contenciosa.

A jurisdição voluntária é verdadeira atividade jurisdicional (jurisdição *stricto sensu*), devendo o provimento de jurisdição voluntária ser produzido por meio de um verdadeiro *processo*, em que sejam respeitadas todas as garantias inerentes ao modelo constitucional do direito processual civil brasileiro. Haverá aí, e este é um aspecto fundamental, um *procedimento em contraditório*. Mas há diferenças (além das evidentes semelhanças) entre a jurisdição contenciosa e a jurisdição voluntária. Pense-se, por exemplo, no fato de que aos processos de jurisdição voluntária aplicam-se as disposições gerais previstas nos arts. 719 a 725, inaplicáveis aos processos de jurisdição contenciosa (entre as quais

3.3 Ação

Sendo inerte a jurisdição, impende examinar o fenômeno que permite a movimentação do aparelho judiciário. E este fenômeno é tradicionalmente chamado de *ação* (sendo conhecidas, com o mesmo sentido, expressões como "direito de ação", "poder de ação" ou "direito de agir", entre outras semelhantes).

Dá-se o nome de ação ao direito (empregada a palavra aqui em sentido amplo, designando uma *posição jurídica de vantagem*), a todos assegurado, de atuar em juízo, exercendo posições ativas ao longo de todo o processo, a fim de postular tutela jurisdicional.

Desta definição se extrai uma evidente ligação entre *ação* e *processo*. É que o direito de ação se exerce *no processo*, atuando neste em contraditório, de modo a buscar influir na formação do resultado da atividade processual. Pode-se mesmo dizer que o direito de ação é o direito de participar, em contraditório, do processo. Esta forma de compreender a ação, perceba-se, a afasta da visão – *data venia* equivocada – de que a ação seria uma espécie de "direito de dar início ao processo", o que se esgotaria com o ajuizamento da petição inicial. Em verdade, o direito de ação é exercido por ambas as partes e ao longo de todo o processo. Sempre que alguém atua no processo ocupando uma posição ativa, buscando influenciar na formação do seu resultado, estar-se-á diante de um ato de exercício do direito de ação.

Vale perceber, então, que a ação não é apenas um direito do demandante, daquele que provoca a instauração do processo. Também o demandado exerce direito de ação. Afinal, o demandado tem tanto direito quanto o demandante de participar do processo e buscar um resultado que lhe favoreça. Isto permite compreender, por exemplo, por que a desistência da ação manifestada pelo demandante depois da contestação só acarreta a extinção do processo se com ela o demandado concordar (art. 485, § 4º). É que no caso da desistência da ação, o autor afirma expressamente sua vontade de não continuar a exercer o direito de ação, de modo a não mais participar do processo. Ora, se o demandado já ofereceu contestação, extrai-se daí que também ele está a exercer de forma ativa, nesse processo, seu direito de participar em contraditório e, caso também ele pretenda não mais exercer tal direito (concordando com a desistência), outra solução não haverá a não ser a extinção do processo. Afinal, nesse caso nenhuma das partes quer continuar a atuar no processo. De outro lado, caso o réu não concorde com a desistência manifestada pelo autor, o processo deverá prosseguir, eis que o demandado tem tanto direito quanto o demandante de atuar no processo em busca de uma decisão que o favoreça.

Além disso, precisa ficar claro que o direito de ação não se esgota no momento em que a parte pratica seu primeiro ato destinado a postular tutela jurisdicional (seja a petição inicial ou o primeiro ato de defesa). Exerce-se o direito de ação ao longo de todo o processo, através da prática de atos (como produzir prova ou interpor recursos) destinados a influir na formação do resultado do processo, buscando influir na construção de um resultado favorável ao que tenha praticado.

O direito de ação – que encontra previsão constitucional no inciso XXXV do art. 5º da Constituição da República, por força do qual não se pode excluir de quem quer que seja o acesso ao Judiciário em busca de tutela para posições jurídicas de vantagem – é, então, o direito de, participando do processo em contraditório, buscar obter um resultado jurisdicional favorável. Esse direito, porém, existe mesmo que seu titular não tenha, efetivamente, o direito material alegado (e é isto que se chama de *abstração* do direito de ação). Também aquele que não tem o direito material que alegue possuir será titular do direito de ação. Afinal, aquele que não tem razão também tem o direito, constitucionalmente assegurado, de participar do processo e influir na formação do seu resultado. E nisso nada há de estranho. É que aquele que, no plano do direito material, não tem razão também tem o direito de obter tutela jurisdicional. Basta perceber que aquele que não tem razão tem o direito de ficar vencido no estrito limite daquilo em que não tenha razão.

O que se quer dizer com isso é que aquele que fique vencido no processo tem o direito de não ser vencido além dos limites do direito de que o vencedor é titular. Um exemplo demonstrará o que se quer dizer: imagine-se que alguém é devedor de certa quantia em dinheiro. Pois tem ele o direito de ver reconhecida em juízo a existência de sua obrigação de pagar exatamente a quantia devida, e nem um centavo a mais. Caso o processo levasse a um provimento que afirmasse ser a dívida maior do que realmente é, estar-se-ia a violar o direito do vencido de ver reconhecida sua obrigação no estrito limite de sua existência.

O exercício do direito de ação será regular se preenchidos dois requisitos, tradicionalmente conhecidos como "condições da ação": *legitimidade* e *interesse* (art. 17).

Legitimidade é a aptidão para ocupar, em um certo caso concreto, uma posição processual ativa. Exige-se tal requisito não só para demandar (aquilo a que se costuma referir como "legitimidade para agir"), mas para praticar qualquer ato de exercício do direito de ação. Assim, exige-se legitimidade para demandar, para contestar, para requerer a produção de uma prova, para recorrer *etc*. Um ato processual só pode ser praticado validamente por quem esteja legitimado a fazê-lo. Faltando legitimidade, o ato deve ser considerado inadmissível (e, no caso de a demanda ter sido ajuizada por quem não esteja legitimado a fazê-lo, o processo deverá ser extinto sem resolução do mérito, nos termos do art. 485, VI).

Importa, aqui, fazer breves considerações acerca da legitimidade para a demanda (tanto no que diz respeito à posição ativa, de demandante, quanto à posição passiva, de demandado). Esta, ordinariamente, é atribuída aos sujeitos da relação jurídica deduzida no processo. Assim, aquele que afirma, na petição inicial, ser o titular do direito material que pretende fazer valer em juízo, é o *legitimado ativo ordinário* para a demanda. De outro lado, aquele que é indicado, na petição inicial, como sendo o sujeito passivo da relação posta em juízo será o *legitimado passivo ordinário*. À guisa de exemplo, pode-se pensar em uma demanda cujo objeto seja a cobrança de uma dívida, caso em que a legitimidade ordinária ativa será daquele que afirme, na petição inicial, ser o credor da obrigação cujo cumprimento se exige; e legitimado ordinário passivo será aquele a quem se imputa, na petição inicial, a posição de devedor.

Não se pode, porém, deixar de fazer referência à *legitimidade extraordinária*, assim entendida a legitimidade atribuída *pelo ordenamento jurídico* a quem não é sujeito da relação jurídica deduzida no processo (art. 18). Significa isto dizer que a lei – e também a Constituição da República – pode atribuir legitimidade a alguém que, não sendo (e nem sequer afirmando ser) sujeito da relação jurídica deduzida no processo, fica autorizado a ocupar uma posição processual ativa ou passiva. É o que se dá, por exemplo, no caso estabelecido no art. 5º, LXX, *b*, da Constituição, que atribui legitimidade às entidades de classe, organizações sindicais e associações legalmente constituídas e em funcionamento há pelo menos um ano para impetrar, em nome próprio, mandado de segurança coletivo em defesa de interesses de seus membros ou associados. Também se admite a atribuição de legitimidade extraordinária por negócio processual (*legitimidade extraordinária negocial*). Imagine-se, por exemplo, a seguinte hipótese: uma pessoa jurídica celebra, com uma operadora de planos de saúde, contrato cujo objeto é assegurar assistência médica e hospitalar a seus empregados e dependentes, e se inclui, no contrato, cláusula que autoriza a pessoa jurídica contratante a demandar, em nome próprio, na defesa dos direitos dos seus empregados e dependentes. Neste caso, a pessoa jurídica contratante poderia, graças à legitimidade extraordinária negocial, ajuizar demanda em face da operadora do plano para, por exemplo, exigir desta que custeie um tratamento ou uma intervenção a que o beneficiário faria jus.

O legitimado extraordinário atua, pois, *em nome próprio*, mas defende interesse que não integra sua esfera jurídica individual.

Sempre que um legitimado extraordinário *está em juízo*, ocupando um lugar que normalmente seria ocupado pelo legitimado ordinário, ocorre o fenômeno chamado *substituição processual*. Neste caso, estabelece o parágrafo único do art. 18 que o substituído (isto é, aquele que é titular da posição jurídica que está a ser defendida no processo pelo substituto processual, dotado este de legitimidade extraordinária) poderá intervir no processo, na qualidade de *assistente litisconsorcial*, para ajudá-lo a obter resultado favorável.

Além da legitimidade, o regular exercício do direito de ação exige a presença de outro requisito, o *interesse*, que pode ser definido como a utilidade da tutela jurisdicional postulada. Significa isto dizer que só se pode praticar um ato de exercício do direito de ação (como demandar, contestar, recorrer *etc.*) quando o resultado que com ele se busca é útil. Dito de outro modo, só se pode praticar ato de exercício do direito de ação quando através dele busca-se uma melhoria de situação jurídica.

Deste modo, aquele que vai a juízo em busca de providência inútil não tem interesse de agir e, por isso, verá o processo extinto sem resolução do mérito (uma vez mais, nos termos do art. 485, VI). É o que se daria se, por exemplo, alguém fosse a juízo postulando a mera declaração da existência de seu direito de divorciar-se de seu cônjuge, sem que o divórcio fosse efetivamente decretado. Esta providência (a mera declaração do direito) não produziria, no caso concreto, qualquer modificação na situação jurídica do demandante, sendo despida de qualquer utilidade, por mínima que seja. Faltaria, então, interesse de agir.

A aferição do interesse de agir se dá pela verificação da presença de dois elementos: *necessidade da tutela jurisdicional* (também chamada de "interesse-necessidade") e *adequação da via processual* (ou "interesse-adequação").

Haverá interesse-necessidade quando a realização do direito material afirmado pelo demandante não puder se dar independentemente do processo. É por esta razão que faltaria interesse de agir quando se pretendesse demandar em juízo a cobrança de dívida ainda não vencida. Como neste caso seria possível a realização do direito material independentemente de processo (já que a dívida poderia ser espontaneamente paga até a data do vencimento), o processo judicial não é necessário e, pois, faltaria interesse de agir.

Além disso, impõe-se o uso de via processual adequada para a produção do resultado postulado. Assim, por exemplo, aquele que não dispõe de título executivo não tem interesse em demandar a execução forçada de seu crédito, pois não é esta a via processual adequada para aqueles que não apresentem um título hábil a servir de base à execução (arts. 783 e 803, I). Vale observar, porém, que o contrário não é verdadeiro, isto é, aquele que dispõe de título executivo (extrajudicial) pode, ainda assim, propor demanda cognitiva, a fim de obter um título executivo judicial (art. 785), presente deste modo o interesse-adequação.

Do mesmo modo, aquele que pretende fazer valer em juízo um direito (oponível contra o Poder Público) resultante de fatos demonstráveis por prova documental pré-constituída ("direito líquido e certo"), poderá valer-se da via processual do mandado de segurança. Caso, porém, o demandante postule em juízo afirmando, já na sua petição inicial, que pretende produzir outros meios de prova, como a testemunhal ou a pericial, o mandado de segurança não será via processual adequada e, portanto, faltará interesse de agir.

A aferição das "condições da ação" se faz através de uma técnica conhecida como *teoria da asserção*. Não obstante este nome, de uso consagrado, não se está aí diante de uma verdadeira teoria, mas de uma técnica para verificação da presença das "condições da ação". Asserção, como cediço, significa *afirmação*, e daí vem o nome desta técnica, por força da qual as "condições da ação" devem ser examinadas *in statu assertionis*, isto é, no estado das afirmações feitas pela parte em sua petição.

Consiste a técnica no seguinte: ao receber a petição inicial, o juiz se deparará com uma série de alegações ali deduzidas as quais não sabe ele (com a única ressalva dos fatos notórios) se são ou não verdadeiras. Vale, aqui, observar que o juiz – sempre ressalvados os fatos notórios, que são de conhecimento geral da sociedade, e isto evidentemente inclui o juiz – não pode ter conhecimento privado acerca dos fatos da causa que terá de apreciar. É que seu conhecimento dos fatos precisa ser *construído processualmente*, o que se dá através da participação das partes em contraditório. Deste modo, admitir um juiz que conheça os fatos da causa por conta de elementos que lhe tenham sido apresentados *antes e fora do processo* viola a garantia constitucional do contraditório e, por conseguinte, leva ao desenvolvimento de um processo que não está afinado com o modelo constitucional estabelecido para o direito processual civil brasileiro.

O juiz, então, ao receber a petição inicial, depara-se com uma série de alegações que não sabe se são ou não verdadeiras. Pois para a aferição das "condições da ação" ele deve estabelecer um juízo hipotético de veracidade dessas alegações. Em outras palavras, significa isto dizer que o juiz deverá admitir essas alegações *como se fossem verdadeiras*.

Estabelecido o juízo hipotético de veracidade das alegações contidas na petição inicial, incumbe ao juiz verificar se, admitidas elas como verdadeiras, seria caso de acolher a pretensão deduzida. Caso a resposta seja afirmativa, estão presentes as "condições da ação". De outro lado, verificando-se que não se poderia acolher a pretensão deduzida em juízo, mesmo que fossem verdadeiras todas as alegações deduzidas na petição inicial, estará a faltar alguma "condição da ação" e, por conseguinte, deverá o processo ser extinto sem resolução do mérito (art. 485, VI).

Imagine-se o seguinte exemplo: A vai a juízo em face de B, afirmando ser o réu seu pai biológico que sempre se recusou a reconhecer a paternidade. Postula, então, a declaração da relação familiar existente entre eles. Admitidas como verdadeiras as alegações feitas pelo demandante (de que B é seu pai e que jamais o reconheceu como filho), será o caso de acolher sua pretensão. Significa isto dizer que as "condições da ação" estão presentes. A partir daí, então, o processo poderá desenvolver-se, realizando-se a instrução probatória. Caso se confirme que B é mesmo pai biológico de A, o pedido será julgado procedente. De outro lado, verificando-se pela prova produzida que A não é filho biológico de B, o pedido será julgado improcedente.

Agora, figure-se este outro exemplo: A vai a juízo em face de B alegando que é irmão de C, que por sua vez é credor de B. Afirma que a dívida se vencerá dentro de um ano, mas que o devedor já anda a dizer que não pagará o que deve. Em função disso, postula a condenação do réu a pagar a dívida. Ora, ainda que todas essas alegações sejam verdadeiras, a pretensão de A não poderia ser acolhida. Afinal, A não pode postular em nome próprio na defesa de interesse alheio (art. 18), sendo certo que não existe qualquer lei ou negócio processual a autorizar que as pessoas demandem na defesa dos direitos de seus irmãos. Falta, no caso, uma das "condições da ação", a legitimidade ativa, devendo o processo ser extinto sem resolução do mérito (art. 485, VI).

Um dado importante é que as "condições da ação" podem ser objeto de controle, de ofício ou por provocação das partes, em qualquer tempo e grau de jurisdição (art. 485, § 3º). Assim, o exame de sua presença não se realiza, necessariamente, no momento em que se ajuíza a petição inicial (embora o ideal fosse que esse controle se realizasse sempre *ab initio*, de modo a evitar-se a prática de atividade processual inútil). O exame das "condições da ação" pode se realizar a qualquer tempo, inclusive após a produção de prova, e até mesmo em grau de recurso. O que define se a decisão proferida pelo órgão jurisdicional tem por objeto as "condições da ação" (afirmando sua presença ou ausência) ou sobre o mérito da causa (declarando procedente ou improcedente o pedido) não é o momento em que é prolatada, mas a técnica empregada para proferi-la. Caso se trate de uma decisão que se limitou ao exame, *in statu assertionis*, das alegações contidas na petição inicial, estar-se-á diante de um pronunciamento sobre as "condições da ação". De outro lado, se tiver havido exame de material probatório, a fim de se verificar se as alegações contidas na petição inicial eram mesmo verdadeiras ou não, estar-se-á diante de um provimento de mérito (de procedência ou de improcedência do pedido).

4

LIMITES DA JURISDIÇÃO NACIONAL E COOPERAÇÃO JUDICIÁRIA INTERNACIONAL

4.1 Competência Internacional

Trata o CPC, em seus arts. 21 a 25, de dois temas distintos que se reúnem sob a rubrica "limites da jurisdição nacional": *competência internacional* e *litispendência internacional*.

Chama-se "competência internacional" à determinação das hipóteses em que o Judiciário brasileiro está autorizado a exercer função jurisdicional, sendo, portanto, legítima a instauração, no Brasil, do processo judicial. É preciso ter claro, aqui, que – não obstante a universalidade do acesso ao Judiciário, afirmada pelo inciso XXXV do art. 5º da Constituição da República – todos os Estados soberanos, de forma a preservar a boa relação entre eles, estabelecem limites ao exercício de suas funções, inclusive a jurisdicional, de forma a reconhecer a existência de um espaço para que outros Estados também exerçam jurisdição.

Assim é que incumbe à lei estabelecer em que casos cada Estado exercerá a função jurisdicional e, ajuizada demanda perante o Judiciário de um Estado que não se enquadre nos casos em que esteja ele autorizado a exercer jurisdição, ter-se-á de extinguir o processo sem resolução do mérito.

Os casos em que o Estado brasileiro exerce jurisdição (ou, dito de outro modo, os casos para os quais o Brasil tem *competência internacional*) estão enumerados nos arts. 21 a 23 do CPC. É preciso, porém, dividir estes casos em dois grupos. O primeiro grupo é formado pelos casos em que o Estado brasileiro tem *competência internacional concorrente*. Nesses casos – previstos nos arts. 21 e 22 – o processo judicial pode instaurar-se perante o Judiciário brasileiro, mas não repugna ao ordenamento brasileiro que o processo se instaure perante órgão jurisdicional estrangeiro e, caso isto ocorra, a sentença estrangeira poderá produzir efeitos no Brasil (dependendo, se for o caso, para que isto ocorra, apenas de homologação). Já nos casos, previstos no art. 23, de *competência internacional exclusiva*, o processo judicial só pode instaurar-se perante órgão jurisdicional brasileiro, e eventual sentença estrangeira não poderá produzir efeitos no Brasil, devendo-se inclusive negar homologação a eventual provimento oriundo de Estado estrangeiro que se pretenda ver reconhecido no Brasil (art. 964).

O Judiciário brasileiro detém competência internacional concorrente, em primeiro lugar, para as causas em que o demandado, qualquer que seja sua nacionalidade, estiver domiciliado no Brasil (art. 21, I). Incluem-se aí os casos em que o demandado é pessoa jurídica e tenha, no Brasil, agência, filial ou sucursal (art. 21, parágrafo único). Assim, será possível ao Judiciário brasileiro conhecer de causas em que o demandado seja domiciliado no Brasil, qualquer que seja sua nacionalidade, e pouco importando o domicílio ou a nacionalidade do demandante.

Os órgãos jurisdicionais brasileiros também têm competência internacional concorrente para as causas cujo objeto seja o cumprimento de uma obrigação se o lugar do pagamento for o Brasil (art. 21, II). Nesta hipótese, é bom que se registre, o Judiciário brasileiro tem competência internacional concorrente ainda que o demandado não seja domiciliado no Brasil.

É, também, da competência internacional concorrente do Judiciário brasileiro conhecer de demandas que tenham por fundamento fato ocorrido ou ato praticado no Brasil (art. 21, III), também aqui pouco importando se o demandado tem ou não domicílio em terras brasileiras.

O Judiciário brasileiro também tem competência internacional concorrente para os processos que tenham por objeto a prestação de alimentos, quando o alimentando (credor dos alimentos) tiver domicílio ou residência no Brasil ou quando o alimentante (devedor dos alimentos) mantiver vínculos no Brasil, tais como posse ou propriedade de bens, recebimento de renda ou obtenção de benefícios econômicos (art. 22, I, *a* e *b*). Perceba-se que a previsão da alínea *b* deste art. 22, I, é especialmente importante para os casos em que nenhuma das partes tenha domicílio no Brasil. Afinal, se o alimentando for domiciliado no País o Judiciário brasileiro será competente por força da alínea *a* do mesmo dispositivo; e se o alimentante for aqui domiciliado, a competência internacional do Judiciário brasileiro decorrerá do previsto no art. 21, I.

É, ainda, da competência internacional concorrente do Judiciário brasileiro conhecer de demandas decorrentes de relações de consumo, quando o consumidor tiver domicílio ou residência no Brasil (art. 22, II). Trata-se de disposição da maior importância, especialmente quando se considera o grande número de relações consumeristas estabelecidas por brasileiros no exterior, seja quando viajam para países estrangeiros, seja quando estabelecem essas relações desde aqui, como se dá em casos de celebração de contratos eletrônicos.

Por fim, estabelece o art. 22, III, a competência internacional concorrente do Judiciário brasileiro nos casos em que as partes, expressa ou tacitamente, se submetam à jurisdição nacional. A submissão expressa se dará quando tiver sido celebrada cláusula de eleição de foro que eleja um foro brasileiro como competente para conhecer de determinada causa. A submissão tácita, por sua vez, ocorrerá sempre que, instaurado um processo no Brasil, não houver, por parte do demandado, a alegação de não ter o Judiciário brasileiro competência internacional para conhece da causa. Extrai-se daí, então, que não se pode conhecer *de ofício* da ausência de competência internacional, só podendo ser a matéria apreciada mediante provocação das partes.

Em todos esses casos em que o Judiciário brasileiro tem *competência internacional concorrente*, tal competência pode ser excluída pela vontade das partes, que poderão livremente eleger um foro exclusivo estrangeiro, na forma do art. 25. A eleição de foro estrangeiro, porém, só é admitida em contratos internacionais e levará, se válida e eficaz, à extinção do processo sem resolução do mérito se for arguida pelo réu em sua contestação, não se admitindo seja a mesma apreciada *ex officio*.

No art. 23 encontram-se os casos de *competência internacional exclusiva*. O primeiro desses casos é o do processo que seja relativo a imóveis situados no Brasil (art. 23, I). Só se aplica essa regra aos processos em que o objeto mediato da demanda (isto é, o bem jurídico pretendido pelo demandante) seja o próprio bem imóvel, como se dá em demandas possessórias ou reivindicatórias. Não, porém, quando a demanda tenha por objeto alguma prestação relacionada ao imóvel, como por exemplo a cobrança de aluguéis.

Também é da competência internacional exclusiva do Judiciário brasileiro processar, em matéria de sucessão hereditária, a confirmação de testamento particular e o inventário e partilha dos bens situados no Brasil, ainda que o autor da herança fosse estrangeiro ou, sendo brasileiro, seu último domicílio tenha sido fixado fora do território nacional (art. 23, II). O Judiciário brasileiro, é bom que se tenha isso claro, só atua quando houver bens integrantes do espólio que estejam situados no Brasil, e exclusivamente em relação a esses bens. Assim, tendo o falecido deixado bens no Brasil e no exterior, será preciso promover aqui o processo de inventário e partilha dos bens aqui localizados e, de outra parte, no Estado estrangeiro se processará o inventário e partilha dos bens que lá estejam situados.

Por fim, é da competência internacional do Judiciário brasileiro, em casos de divórcio, separação judicial ou dissolução de união estável, proceder à partilha dos bens situados no Brasil, ainda que o titular do bem (ex-cônjuge ou ex-companheiro) seja estrangeiro ou tenha domicílio fora do Brasil. Uma vez mais, o que importa para a fixação da competência internacional exclusiva do Judiciário brasileiro é o lugar onde localizados os bens.

Vale recordar que em todos os casos de competência internacional exclusiva o Direito brasileiro não admite o reconhecimento e homologação de sentenças estrangeiras que eventualmente tenham sido proferidas em outros Estados, nos termos do art. 964.

4.2 Cooperação Internacional

É cada vez mais frequente haver necessidade de que órgãos jurisdicionais (ou não jurisdicionais, como o Ministério Público) de Estados soberanos distintos cooperem entre si. Basta pensar no caso de tramitar um processo perante o Judiciário de um país e haver necessidade de colher provas em outro. Para casos assim é que o Código de Processo Civil regula a *cooperação internacional*.

Esta é regida, em primeiro lugar, por tratado internacional de que o Brasil seja parte. E é bom frisar que o Brasil já internalizou tratados internacionais sobre cooperação judiciária com diversos países, dentre os quais se destacam os integrantes do MERCOSUL (Uruguai, Paraguai, Argentina e Venezuela), o Chile, a Bolívia, a França e a Itália. Não havendo tratado, a cooperação se fará com base em reciprocidade manifestada por via diplomática (art. 26, § 1º), salvo para homologação de sentença estrangeira, para a qual o Direito brasileiro dispensa a exigência de reciprocidade (art. 26, § 2º).

A cooperação judiciária internacional deve observar o respeito às garantias do devido processo legal no Estado requerente (art. 26, I); a igualdade de tratamento entre nacionais e estrangeiros, residentes ou não no Brasil, em relação ao acesso à justiça e à tramitação dos processos, assegurando-se assistência jurídica aos necessitados (art. 26, II); a publicidade processual, exceto nas hipóteses de sigilo previstas na legislação brasileira ou na do Estado requerente (art. 26, III); a existência de autoridade central para recepção e transmissão dos pedidos de cooperação (art. 26, IV), que será – na falta de designação específica no tratado – o Ministério da Justiça (art. 26, § 4º); a espontaneidade na transmissão de informações a autoridades estrangeiras (art. 26, V).

Na cooperação judiciária internacional não se admite a prática de atos que contrariem ou produzam resultados incompatíveis com as normas fundamentais que regem o Estado brasileiro (art. 26, § 3º), como seria, por exemplo, a colheita de meios de prova que, para o Direito brasileiro, sejam ilícitas (ainda que tidas como lícitas no Estado requerente).

A cooperação judiciária terá por objeto a citação, intimação e notificação judicial ou extrajudicial (art. 27, I); a colheita de provas e a obtenção de informações (art. 27, II), a homologação e cumprimento de decisão (art. 27, III); a concessão de medida judicial de urgência (art. 27, IV); a assistência jurídica internacional (art. 27, V); ou qualquer outra medida, judicial ou extrajudicial, que não seja proibida pela lei brasileira (art. 27, VI).

Os meios de cooperação judiciária mais importantes são o *auxílio direto* (arts. 28 a 34); a *carta rogatória* (arts. 35 e 36) e a *homologação de decisão estrangeira* (arts. 960 a 965). Da homologação de decisão estrangeira e do processo de concessão de *exequatur* às cartas rogatórias se tratará mais adiante, em item a isso especificamente dedicado.

Cabe o *auxílio direto* quando a medida não decorrer diretamente de decisão de autoridade jurisdicional estrangeira a ser submetida a juízo de delibação (homologação de decisão estrangeira ou concessão de *exequatur* a carta rogatória) no Brasil. Nesses casos, então, o que há é um ato não jurisdicional do Estado requerente destinado a postular um ato jurisdicional do Estado requerido (ou um ato jurisdicional para o qual se dispensa, por força de tratado internacional, o juízo de delibação). Pense-se, por exemplo, no caso de o Ministério Público de um Estado estrangeiro postular a colheita de certa prova no Brasil (caso em que caberá ao Judiciário brasileiro proferir a decisão acerca da admissibilidade da prova). Figure-se, a título exemplificativo, o disposto na Convenção sobre os Aspectos Civis do Sequestro Internacional de Crianças, concluído na cidade da Haia em 1980, e promulgado no Brasil através do Decreto nº 3.413/2000. Estabelece o art. 9º da aludida convenção que, sempre que a autoridade central de um Estado receber pedido de retorno, ao Estado de origem, de criança que tenha sido alvo de sequestro internacional, deverá transmitir o pedido "diretamente e sem demora" à autoridade central do Estado para onde se acredita que a criança tenha sido levada, a fim de que sejam tomadas medidas para o retorno da criança. Estabelece ainda a convenção que as autoridades (judiciais ou administrativas) do Estado requerido deverão tomar medidas de urgência com vistas ao retorno da criança (art. 11). Assim, vindo o pedido diretamente da autoridade central de um Estado estrangeiro para a autoridade central brasileira, esta deverá, imediatamente, postular a medida judicial adequada ao órgão jurisdicional brasileiro competente (que, na hipótese, é a Justiça Federal de primeira instância, por força do disposto no art. 109, III, da Constituição da República e do art. 34 do CPC).

O pedido de auxílio direto será encaminhado pelo órgão estrangeiro interessado à autoridade central brasileira, na forma estabelecida no tratado, cabendo ao Estado requerente assegurar a autenticidade e a clareza do pedido (art. 29).

Admite-se o pedido de auxílio direto, além dos casos previstos nos tratados internacionais de que o Brasil seja parte, para os seguintes fins: obtenção e prestação de informações sobre o ordenamento jurídico e sobre processos administrativos ou jurisdicionais findos ou em curso (art. 30, I); colheita de provas, salvo se a medida for adotada em processo, em curso no estrangeiro, de competência exclusiva de autoridade judiciária brasileira (art. 30, II); ou qualquer outra medida judicial ou extrajudicial não proibida pela lei brasileira (art. 30, III).

Sendo o Brasil o Estado requerente, a autoridade central brasileira se comunicará diretamente com suas congêneres e, se necessário, com outros órgãos estrangeiros responsáveis pela tramitação e pela execução dos pedidos de cooperação enviados e recebidos pelo Estado brasileiro, respeitadas as disposições específicas constantes de tratado entre o Brasil e o Estado requerido (art. 31). No caso de auxílio direto para a prática de atos que, segundo a lei brasileira, não necessitem de atividade jurisdicional, a autoridade central adotará as medidas que, conforme a legislação brasileira, sejam necessárias para seu cumprimento (art. 32).

Recebido um pedido, pela autoridade central brasileira, de auxílio direto passivo (isto é, um pedido de auxílio direto em que o Brasil é o Estado requerido, sendo ativo aquele em que o Brasil é o Estado requerente), a autoridade central o encaminhará à Advocacia-Geral da União, a quem incumbe formular ao Judiciário o pedido destinado à obtenção da medida solicitada (art. 33). Caso seja autoridade central o Ministério Público (como se dá, por exemplo, nos casos de auxílio direto passivo provenientes de Portugal – art. 14, 4, do Decreto nº 1.320/1994, que promulga o Tratado de Auxílio

Mútuo em Matéria Penal, entre o Governo da República Federativa do Brasil e o Governo da República Portuguesa, celebrado em Brasília em 07.05.1991 – e do Canadá – art. 11 do Decreto nº 6.747/2009, que promulga o Tratado de Assistência Mútua em Matéria Penal entre o Governo da República Federativa do Brasil e o Governo do Canadá, celebrado em Brasília, em 27.01.1995), a este caberá formular diretamente o pedido ao órgão jurisdicional (art. 33, parágrafo único).

De outro lado, será feito por *carta rogatória* o pedido de cooperação entre órgão jurisdicional brasileiro e órgão jurisdicional estrangeiro para prática de ato de citação, intimação, notificação judicial, colheita de provas, obtenção de informações e de cumprimento de decisão interlocutória, sempre que o ato estrangeiro constituir decisão a ser executada no Brasil (art. 35, que trata especificamente da *carta rogatória passiva*, em que o Brasil é o Estado rogado).

O procedimento para concessão do *exequatur* à carta rogatória passiva desenvolve-se perante o Superior Tribunal de Justiça (art. 105, I, *i*, da Constituição da República), é de jurisdição contenciosa e deve respeitar as garantias do devido processo legal (art. 36). A defesa que se pode oferecer ao pedido de concessão do *exequatur* restringe-se à discussão quanto ao atendimento dos requisitos para que o pronunciamento judicial estrangeiro produza efeitos no Brasil (art. 36, § 1º) e, em qualquer hipótese, é vedada a revisão do mérito do pronunciamento judicial estrangeiro pela autoridade jurisdicional brasileira (art. 36, § 2º), motivo pelo qual o processo de concessão de *exequatur* constitui mero "juízo de delibação".

Nos casos de pedido de cooperação judiciária internacional ativa (isto é, pedido formulado pelo Brasil como Estado requerente), este deverá ser encaminhado à autoridade central brasileira, para que a encaminhe ao Estado estrangeiro (art. 37). Esse pedido, assim como os documentos que lhe sejam anexados, devem estar traduzidos para a língua oficial do Estado requerido (art. 38).

O pedido de cooperação judiciária passiva será recusado se configurar manifesta ofensa à ordem pública brasileira (art. 39).

Quando se trate de pedido de cooperação judiciária internacional destinada a promover a execução, no Brasil, de sentença estrangeira, este deve se dar por meio de carta rogatória ou de homologação de sentença estrangeira (art. 40).

O documento que instrua pedido de cooperação passiva, inclusive a tradução para a Língua Portuguesa, será considerado autêntico quando encaminhado ao Brasil pela autoridade central do Estado estrangeiro ou por via diplomática, dispensando-se a juramentação, autenticação ou qualquer outro procedimento de legalização (art. 41), mas isto não impede a aplicação das exigências dispensadas pela lei por força de reciprocidade de tratamento (art. 41, parágrafo único). Assim, quando em um Estado estrangeiro se exigir algum procedimento de legalização dos documentos oriundos do Brasil (como, por exemplo, a autenticação consular), idêntico tratamento será dispensado, no Brasil, aos documentos oriundos daquele Estado.

5

COMPETÊNCIA

O Código de Processo Civil regula, em seus arts. 42 a 66, a "competência interna". Trata-se, porém, de regular naqueles dispositivos a *competência* (já que a expressão usada na lei, embora tradicional, é pleonástica, eis que toda competência é interna, não sendo verdadeiramente competência a "competência internacional", de que se tratou no capítulo anterior deste trabalho).

Competência são os limites dentro dos quais cada juízo pode, legitimamente, exercer a função jurisdicional. É, em outros termos, a legitimidade do órgão jurisdicional para atuar em um processo, devendo ser compreendida como sua específica aptidão para exercer função jurisdicional naquele processo específico que perante ele se tenha instaurado.

Explique-se melhor o ponto: a jurisdição é exercida, no Brasil, por diversos órgãos (os *juízos* ou *órgãos jurisdicionais*). Entre eles há uma divisão de trabalho, estabelecida a partir de critérios definidos em lei (como a matéria e o território, por exemplo). Registre-se que se fala em lei, aqui, em sentido amplo, podendo as normas de competência ser encontradas na Constituição da República, em leis federais (inclusive – e principalmente – no CPC), nas leis estaduais de organização judiciária e nas Constituições dos Estados (art. 44). A partir desses critérios é possível estabelecer uma "área de atuação" de cada órgão jurisdicional, o qual só exercerá de forma legítima a jurisdição nos processos que estejam dentro dessa "área", cujos limites estão definidos em lei. Sempre que um processo se instaure perante um juízo, será preciso verificar, então, se tal juízo está legitimado a atuar naquela causa, ou seja, se aquela causa encontra-se dentro de sua "área de atuação". Caso a resposta a essa questão seja positiva, o juízo será *competente* para a causa. No caso contrário, o juízo será *incompetente*.

É exatamente por isso que o art. 42 estabelece que "[a]s causas cíveis serão processadas e decididas pelo [juízo] nos limites de sua competência" (ressalvado às partes o direito de instituir, na forma da lei, o juízo arbitral). A competência é manifestação do modelo constitucional de processo, já que, nos termos do art. 5º, LIII, da Constituição da República, "ninguém será processado nem sentenciado senão pela autoridade competente".

Nos termos do art. 43, a competência é determinada no momento da propositura da demanda, sendo irrelevantes as modificações do estado de fato ou de direito ocorridas posteriormente. Trata-se da regra da perpetuação da competência (*perpetuatio iurisdictionis*). Significa isto dizer que a competência deve ser aferida pelas normas vigentes ao tempo do ajuizamento da demanda que sejam aplicáveis ao caso concreto. Modificações posteriores à propositura da demanda (como, por exemplo, a alteração do domicílio do demandado nos casos em que este seja o critério de determinação da competência) são irrelevantes, preservada (ou, como se costuma dizer, perpetuada) a competência do juízo perante o qual se instaurou o processo. Excetua-se a regra da perpetuação da competência, porém, quando o órgão jurisdicional em que tramitava originariamente o processo for suprimido ou quando se alterarem as regras de "competência absoluta" (fenômeno de que se tratará adiante). Assim, por exemplo, se um processo que versa sobre matéria de família (como um divórcio litigioso) instaurou-se perante uma Vara Cível em comarca que não dispunha, ao tempo do ajuizamento da demanda, de Vara de Família, a criação desta após a instauração daquele processo implicará o deslocamento do processo para o novo órgão jurisdicional, posteriormente criado, e que é competente em razão da matéria para conhecer da causa (sendo a competência em razão da matéria, como se verá adiante, uma "competência absoluta").

Um dos casos em que se admite a modificação da competência no curso do processo é retratado no art. 45. Trata-se da hipótese em que o processo se instaura originariamente perante um juízo estadual e nele, posteriormente, intervém a União, uma empresa pública federal, uma entidade autárquica federal (entre as quais se encontram os conselhos de fiscalização profissional) ou uma fundação pública federal, como parte ou terceiro interveniente (ressalvados, expressamente, os processos de recuperação judicial, falência ou insolvência civil, nos termos do art. 45, I, o qual decorre diretamente do que dispõe a parte final do art. 109, I, da Constituição da República).

O inciso II do art. 45 estabelece a impossibilidade de modificação da competência da Justiça Eleitoral ou da Justiça do Trabalho para a Justiça Federal. O mesmo raciocínio se aplica aos processos que versam sobre acidentes de trabalho (previstos no inciso I do art. 45, já que os processos que versam sobre reparação de danos resultantes de acidentes de trabalho são da competência dos juízos trabalhistas, nos termos do enunciado de súmula vinculante 22, do STF). Pois é exatamente por este motivo que se afirmou que o art. 45 trata do caso em que o processo tem de ser remetido de *juízo estadual* para *juízo federal*.

Havendo tal intervenção, o juízo estadual deve verificar se há algum pedido, formulado naquele processo, cujo conhecimento lhe caiba. Neste caso os autos não serão remetidos ao juízo federal (art. 45, § 1º), não se admitindo a cumulação de pedidos e não podendo, por conta disso, o juízo estadual conhecer do pedido em relação ao qual exista interesse da entidade federal (art. 45, § 2º).

Não sendo o caso de manter o processo com o juízo estadual, porém, serão os autos remetidos para o juízo federal, único competente para dizer se o ente federal deverá ou não ser admitido no processo (enunciado 150 da súmula do STJ). Admitido o ente federal no processo, este terá a competência alterada, passando a desenvolver-se perante o juízo federal. Não admitido o ente federal, serão os autos restituídos ao juízo estadual de origem (art. 45, § 3º).

Também haverá modificação da competência na hipótese inversa: instaurado originariamente um processo perante juízo federal (em razão da presença, como parte, de um ente federal), pode ocorrer de tal ente ser excluído do processo (o que pode dar-se, por exemplo, por ilegitimidade). Nesta hipótese, não sendo caso de extinção do processo sem resolução do mérito (bastando pensar na possibilidade de haver um litisconsórcio entre o ente federal e outra parte, só sendo reconhecida a ilegitimidade do ente federal), o processo deverá ser remetido para um juízo estadual, onde passará a tramitar.

A competência é fixada através de três critérios: *competência territorial, competência funcional e competência objetiva*. O Código de Processo Civil, porém, só trata expressamente, no capítulo "da competência", do primeiro desses critérios. Os demais, todavia, também integram o sistema processual, como se poderá ver adiante.

O primeiro critério de fixação da competência interna, o territorial, permite determinar o lugar em que o processo deverá instaurar-se e se desenvolver. A regra geral acerca deste critério é a que resulta da interpretação do art. 46, por força do qual demandas fundadas em direito pessoal ou em direito real sobre bens móveis deverão ser propostas, em regra, no foro de domicílio do réu. Se forem dois ou mais os réus, tendo eles domicílios diferentes, podem ser demandados no foro de qualquer deles, à escolha do autor (art. 46, § 4º). Sendo incapaz o réu, a competência será do foro do domicílio de seu representante ou assistente (art. 50), o que nada mais significa do que afirmar que ao réu incapaz se aplica a regra geral da competência do foro do domicílio do demandado, por força do que dispõe o art. 76, parágrafo único, do Código Civil.

Sendo ré uma pessoa jurídica, a competência territorial será do foro de sua sede (art. 53, III, *a*) e, versando a causa sobre obrigações contraídas por agências ou sucursais, o foro de onde estas se acham localizadas (art. 53, III, *b*). Já no caso de ser demandada sociedade ou associação sem personalidade jurídica, a demanda será proposta no lugar onde ela exerça suas atividades (art. 53, III, *c*). E na hipótese de demanda em que se postula reparação de dano praticado em razão do ofício notarial ou registral, a competência será do foro da sede da serventia (art. 53, III, *f*).

Caso o demandado tenha mais de um domicílio, poderá o demandante livremente escolher entre os foros concorrentemente competentes (art. 46, § 1º). E no caso de ser incerto ou desconhecido o domicílio do réu, poderá a demanda ser proposta onde quer que ele seja encontrado ou no foro de domicílio do autor (art. 46, § 2º).

Quando o demandado não tiver domicílio ou residência no Brasil, a demanda deverá ser proposta no domicílio do autor. E se ambas as partes residirem fora do País, todos os foros brasileiros serão concorrentemente competentes para a causa (art. 46, § 3º).

No caso de processo de execução fiscal, são concorrentemente competentes o foro do domicílio do executado, o de sua residência e o do lugar em que for encontrado (art. 46, § 5º).

A regra geral (do foro do domicílio), porém, comporta exceções. De todas, a mais importante é a que vem do disposto no art. 47, por força do qual "[p]ara as ações fundadas em direito real sobre imóveis, é competente o foro de situação da coisa", isto é, o foro onde esteja situado o imóvel. Pode o autor, todavia, optar pelo foro do domicílio do réu ou por foro de eleição se a causa não versar sobre propriedade, vizinhança, servidão, divisão e demarcação de terras ou nunciação de obra nova. Assim, por exemplo, em um processo no qual se controverta acerca dos limites do exercício de um direito real de superfície, serão concorrentemente competentes os foros da situação da coisa, do domicílio do réu e o foro que tenha sido eleito pelas partes (art. 47, § 1º).

A competência para conhecer das demandas possessórias relativas a bens imóveis também é do foro da situação da coisa (art. 47, § 2º).

A competência territorial para os processos relacionados à sucessão *mortis causa* (inventário e partilha, arrecadação, cumprimento de disposições de última vontade, impugnação ou anulação de partilha extrajudicial) e para todos os processos em que o espólio é demandado é do último domicílio do autor da herança, pouco importando o lugar em que se tenha dado o falecimento (art. 48). No caso em que o autor da herança não tinha domicílio certo, a competência é do foro da situação dos bens imóveis (e se houver imóveis localizados em diferentes foros, qualquer deles é competente). Por fim, no caso de não haver imóveis no espólio, os processos poderão instaurar-se em qualquer foro em que sejam localizados bens (móveis) que integrem o monte (art. 48, parágrafo único).

Demandas propostas em face do ausente devem ser propostas no lugar em que ele teve seu último domicílio conhecido, foro este também competente para a arrecadação, o inventário e partilha e para o cumprimento de suas disposições testamentárias (art. 49).

Nos processos instaurados por demanda proposta pela União, por Estado ou pelo Distrito Federal, a competência é do foro do domicílio do demandado (arts. 51 e 52). Sendo ela, porém, a demandada, o processo poderá instaurar-se no foro do domicílio do autor, no de ocorrência do ato ou fato que originou a demanda, no de situação da coisa ou no do Distrito Federal ou da capital do ente federado (arts. 51, parte final e 52, parte final).

Por fim, o art. 53 traz (além das já examinadas) uma série de disposições relevantes acerca da fixação de competência territorial. Assim é que será competente o foro do domicílio do guardião do filho incapaz para os processos de divórcio, separação, anulação de casamento e reconhecimento ou dissolução de união estável (art. 53, I, *a*). Caso não haja filho incapaz, a competência será do foro do último domicílio do casal e, se nenhuma das partes residir no lugar do último domicílio comum, aplicar-se-á a regra geral e será competente o foro do domicílio do demandado (art. 53, I, *b* e *c*).

Além disso, será competente o foro do domicílio da vítima de violência doméstica e familiar, nos termos da Lei nº 11.340/2006, conhecida como "Lei Maria da Penha" (art. 53, I, *d*, acrescentado ao CPC pela Lei nº 13.894/2019).

Quanto a esta última hipótese, acrescida posteriormente ao texto normativo do CPC, surge uma questão interessante: é que passa a ser possível que um mesmo caso se enquadre em duas das alíneas deste art. 53, I. Basta pensar no caso de um divórcio em que a mulher é vítima de violência doméstica (o que atrai a alínea *d*, sendo competente o foro do domicílio dela), havendo filho incapaz do casal que esteja sob a guarda do pai (a atrair a incidência da alínea *a*, sendo então competente o foro do marido). Neste caso, deve-se considerar haver uma concorrência de foros competentes, podendo o processo tramitar em qualquer desses foros.

Havendo, portanto, filho incapaz, a competência para os aludidos processos será do foro do genitor que tenha a guarda. Nos casos de guarda compartilhada (e é sempre bom recordar que, nos termos do art. 1.584, § 2º, do CC, esta é a regra geral acerca da guarda de filhos incapazes), e vivendo os genitores em lugares diferentes, ambos os foros serão concorrentemente competentes. O mesmo se aplicará aos casos em que, havendo mais de um filho incapaz, cada genitor tenha a guarda unilateral de pelo menos um desses filhos.

Não havendo filhos incapazes (ou no caso, excepcional mas possível, de nenhum dos genitores ter a guarda de qualquer dos filhos), será competente o foro do último domicílio do casal se lá ainda residir pelo menos um dos cônjuges. Na hipótese de não haver filhos incapazes (ou de nenhuma das partes ter guarda de qualquer filho incapaz) e nenhum deles residir mais no último domicílio comum, será competente o foro do domicílio do réu.

De outro lado, será competente o foro do domicílio ou da residência do alimentando para o processo em que se pede alimentos (art. 53, II).

Nos processos que tenham por objeto o cumprimento de obrigações, a competência territorial é do foro do pagamento (art. 53, III, *d*). Já nos processos que versem sobre direitos previstos no Estatuto do Idoso (Lei nº 10.741/2003), é competente o foro da residência do idoso (pouco importando saber qual a posição ocupada pelo idoso no processo), nos termos do art. 53, III, *e*, disposição esta que derroga (isto é, revoga parcialmente) o disposto no art. 80 do Estatuto do Idoso, que fixava a competência do foro do domicílio (e não o da residência) do idoso para tais causas.

Para o processo que tenha por objeto reparação de danos é competente o foro do lugar do ato ou fato (art. 53, IV, *a*). Tratando-se de reparação de dano sofrido em razão de delito (assim entendido o fato que seja tipificado como ilícito penal) ou de acidente de veículos, são concorrentemente competentes o foro onde tenha ocorrido o evento e o do domicílio do autor (art. 53, V). E é também da competência do foro do lugar do ato ou fato conhecer de causas em que seja réu administrador ou gestor de negócios alheios (art. 53, IV, *b*).

Em todos os casos previstos no art. 53, porém, será possível também demandar-se no foro do domicílio do réu, o qual deve ser considerado concorrentemente competente para conhecer de tais causas.

Como dito anteriormente, o Código de Processo Civil só trata expressamente, no capítulo da competência, do critério territorial de sua fixação. Outros dois critérios há, porém, que precisam ser levados em conta na determinação do juízo competente para cada causa: o *funcional* e o *objetivo*.

Pelo critério *funcional* a competência interna é fixada levando-se em conta uma divisão de *funções* a ser exercida, por mais de um juízo, dentro do mesmo processo, ou ainda o fato de incumbir a um só juízo, por conta da *função* exercida em um determinado processo, atuar também em outro, que àquele seja ligado.

Explique-se um pouco melhor: há duas situações distintas a que se chama de *competência funcional*. Na primeira delas, instaurado um processo perante um determinado órgão jurisdicional (competente para dele conhecer), atribui-se a outro órgão, distinto do primeiro, a competência para, *dentro do mesmo processo*, exercer uma determinada *função*. É o que acontece, por exemplo, no caso em que, tramitando um processo em determinada comarca, atribui-se a juízo de outra comarca a função de colher uma prova. Neste caso, diz-se que é *funcional* a competência do juízo da outra comarca para a colheita daquela prova (e se fala em *competência funcional no plano horizontal*, dado que ambos os juízos estão no mesmo plano hierárquico). É também o que ocorre quando, instaurado um processo perante certo órgão judiciário, a outro, hierarquicamente superior, incumbe exercer a função de conhecer dos recursos que nesse processo venham a ser interpostos (e aí se fala em *competência funcional no plano vertical* ou *competência hierárquica*).

De outro lado, existe *competência funcional entre processos* nos casos em que a competência para conhecer de um determinado processo é fixada em razão do fato de que certo órgão jurisdicional já tenha atuado em outro processo. É o que se dá, por exemplo, no caso previsto no art. 914, § 1º, que estabelece a competência do juízo da execução para conhecer dos embargos do executado. Nesses casos, diz-se que o juízo do processo A é competente para conhecer do processo B (e essa competência, fixada *automaticamente* de um processo para outro, é também competência funcional).

Por fim, o *critério objetivo* de fixação da competência interna permite que esta seja fixada em razão do *valor da causa*, da *pessoa* ou da *matéria*. O modo como estas competências são fixadas, porém, é determinado pelas leis de organização judiciária, variando – no caso das Justiças Estaduais – de um ente federado para outro.

Os critérios de fixação da competência interna são tradicionalmente classificados em duas espécies: critérios *absolutos* e *relativos*.

Chamam-se *absolutos* os critérios criados para proteger interesses públicos (ou interesses privados especialmente relevantes); e critérios *relativos* são aqueles criados para a tutela de interesses particulares. A diferença é relevante, como se passa a ver.

Os critérios absolutos, uma vez descumpridos, levam a que se considere o juízo *absolutamente incompetente*, fato que pode ser verificado de ofício e pode ser alegado em qualquer tempo e grau de jurisdição (art. 64, § 1º). Já a inobservância dos critérios relativos acarreta a *incompetência relativa*, fenômeno que não pode ser declarado de ofício, dependendo de alegação na primeira oportunidade em que o interessado em seu reconhecimento tenha para manifestar-se nos autos para ser conhecido (art. 65). Não havendo tal alegação, prorroga-se a competência, de modo que o juízo que originariamente era relativamente incompetente *passa a ser competente* para a causa.

São absolutos os critérios da competência objetiva em razão da matéria, da pessoa, e o critério funcional. De outro lado, são relativos os critérios da competência objetiva em razão do valor da causa e o da competência territorial.

Este último critério (o territorial), porém, é absoluto em alguns casos excepcionais. É o que se dá – em enumeração exemplificativa, limitadamente a situações previstas no CPC – no caso da competência territorial do foro da situação do imóvel para as demandas fundadas em direito real imobiliário (art. 47, § 1º, *in fine* e § 2º e no caso da competência do foro de residência do idoso para as causas que versem sobre direitos assegurados pelo Estatuto do Idoso (art. 53, III, *e*, combinado com o art. 80 da Lei nº 10741/2003, na parte em que permanece vigente).

Os critérios relativos de determinação da competência interna (valor da causa e território) podem, exatamente por serem estabelecidos em função de interesses particulares, ser modificados. E tais modificações podem se dar por conta dos interesses das próprias partes ou de interesses públicos superiores. Assim, por exemplo, podem as partes convencionar foro diverso (eleição de foro), assim como, para evitar decisões conflitantes (e, portanto, para salvaguarda de um interesse público), pode haver modificação de competência em razão de conexão. É das causas de modificação da competência (que só alcança, como dito, os critérios relativos de fixação da competência, nos exatos termos do art. 54) que se passa a tratar.

A primeira causa de modificação da competência é a *conexão*, definida no art. 55 como a *identidade de objeto ou de causa de pedir entre duas ou mais demandas*. Estando em curso processos instaurados por demandas conexas – e ainda não tendo sido proferida sentença em qualquer deles (art. 55, § 1º) – serão eles reunidos para julgamento conjunto. A reunião se dará no juízo prevento (art. 58), que as decidirá simultaneamente. A prevenção do juízo é fixada pelo primeiro registro ou pela primeira distribuição de petição inicial (art. 59).

A reunião de causas conexas deverá ocorrer sempre que haja risco de decisões contraditórias (como se dá, por exemplo, no caso de dois acionistas de uma companhia terem ido a juízo para demandar a anulação de uma assembleia geral, caso em que as demandas são conexas por terem o mesmo objeto). Não havendo risco de decisões contraditórias (como se daria, por exemplo, no caso de demandas fundadas em uma mesma violação de cláusula contratual, tendo uma por objeto a reparação de danos materiais e outra visando à compensação de danos morais, já que um desses tipos de dano pode ser reconhecido sem que o outro tenha ocorrido), não há motivo para reunirem-se os processos e se modificar a competência previamente estabelecida.

De outro lado, deverá haver a reunião de processos para julgamento conjunto mesmo em casos nos quais, não existindo formalmente uma conexão de causas (isto é, não havendo *comunhão de objetos ou de causas de pedir*), haja o risco de decisões contraditórias (art. 55, § 3º). É o que se dá, por exemplo, quando são propostas uma demanda de despejo por falta de pagamento e uma demanda de consignação de aluguéis e acessórios da locação. Mesmo não sendo comuns o objeto ou a causa de pedir, o risco de decisões contraditórias existe e faz com que haja necessidade de reunião dos processos em razão do interesse público em evitar julgamentos conflitantes.

A segunda causa de modificação da competência é a continência, um tipo especial de conexão. Nos termos do art. 56, "[d]á-se a continência entre [duas] ou mais [demandas] quando houver identidade quanto às partes e à causa de pedir, mas o pedido de uma, por ser mais amplo, abrange o das demais".

É o que se dá, por exemplo, quando há em curso, simultaneamente, um processo que tenha por objeto demanda de mera declaração da existência de certa obrigação e outro cujo objeto seja uma demanda de condenação ao cumprimento da mesma obrigação (já que em toda demanda de condenação está contida a pretensão à declaração da existência da obrigação). Há, na hipótese, continência entre as demandas, sendo a mais ampla a demanda *continente* e a mais restrita chamada de demanda *contida*.

Vale registrar, aliás, que a continência entre demandas só é verdadeira causa de modificação da competência quando a demanda continente tenha sido proposta posteriormente à demanda contida, caso em que a reunião dos processos será sempre obrigatória. Caso a demanda continente tenha sido proposta anteriormente, o processo da demanda contida deverá ser extinto sem resolução do mérito (art. 57), por absoluta ausência de interesse de agir.

Outra causa de modificação da competência (e que, por óbvio, também só pode alcançar os critérios relativos de fixação da competência) é a existência de uma *convenção de eleição de foro* (arts. 62 e 63). Podem as partes, então, eleger um foro que lhes pareça mais conveniente, o qual passa a ser competente para conhecer das causas entre elas. A eleição de foro exige forma escrita e tem de referir-se especificamente a um determinado negócio jurídico (não se admitindo eleições de foro genéricas, do tipo "fica eleito o foro X para toda e qualquer causa que venha a surgir entre as partes A e B").

Proposta a demanda perante foro cuja competência deriva de uma cláusula de eleição, incumbe ao juízo, antes de determinar a citação, verificar a validade da convenção. Caso esta seja, de ofício, reputada abusiva, o juiz pronunciará sua ineficácia e determinará a remessa dos autos ao juízo do foro do domicílio do réu. Aponte-se para o fato de que só será abusiva a cláusula de eleição de foro quando criar obstáculos que tornem muito difícil ou impossível o exercício do direito de defesa (como se daria, por exemplo, se em um contrato de adesão celebrado entre uma sociedade empresária com sede em São Paulo e um aderente domiciliado no Acre se elegesse o foro da capital paulista, o que poderia dificultar sobremaneira o exercício do direito de defesa; mas se deve perceber que a mesma cláusula inserida entre as cláusulas gerais de um contrato de adesão talvez não fosse ineficaz se o aderente residisse em comarca localizada na Região Metropolitana de São Paulo). Não havendo, porém, o controle de ofício da cláusula de eleição de foro antes da citação, e efetivada esta, o vício da cláusula não poderá mais ser controlado sem iniciativa do interessado, que deverá arguir o vício da eleição de foro na contestação, sob pena de não mais poder fazê-lo.

Por fim, prorroga-se a competência do juízo relativamente incompetente no caso de não arguir o réu a incompetência na primeira oportunidade de que disponha para se pronunciar nos autos (art. 65), resultando a prorrogação da *inércia*, última das causas de modificação da competência interna.

Encerra-se este capítulo com uma referência ao fenômeno conhecido por *conflito de competência* (art. 66), cujo julgamento será objeto de análise adiante (em item próprio). Mas não se pode agora deixar de dizer que haverá conflito de competência sempre que dois ou mais juízos se declarem competentes para o mesmo processo (conflito positivo, art. 66, I); quando dois ou mais juízos se declarem incompetentes, atribuindo um ao outro a competência (conflito negativo, art. 66, II); ou quando surgir, entre dois ou mais juízos, controvérsia acerca da reunião ou de separação de processos (art. 66, III).

6

COOPERAÇÃO NACIONAL

O Código de Processo Civil trata, nos arts. 67 a 69, da cooperação judiciária nacional, isto é, dos meios pelos quais distintos órgãos jurisdicionais brasileiros cooperam entre si. É que existe, entre todos os órgãos do Judiciário nacional, um dever de cooperação recíproca, a ser desenvolvida por magistrados e servidores (art. 67), podendo a cooperação dar-se entre órgãos jurisdicionais de ramos distintos do Poder Judiciário (art. 69, § 3º), como seria, por exemplo, o caso de uma cooperação entre um juízo trabalhista e um juízo estadual. A cooperação deve acontecer inclusive entre órgãos de distintas hierarquias, inclusive os tribunais de superposição, todos devendo – como já dito – cooperar entre si. Existe, ainda, um dever de cooperação entre órgãos jurisdicionais e arbitrais, já que fala a lei processual da "carta arbitral" (art. 69, § 1º; art. 22-C da Lei de Arbitragem).

A cooperação judiciária nacional é objeto, ainda, da Resolução n. 350/2020, do Conselho Nacional de Justiça, que trata tanto da cooperação entre juízos como da competência interinstitucional, entre órgãos do Poder Judiciário e outras instituições ou entidades, integrantes ou não do sistema de justiça, que possam contribuir para a administração da justiça (Resolução n. 350 do CNJ, art. 1º, II).

A cooperação de um juízo pode ser pedida por outro órgão jurisdicional para a prática de qualquer ato processual (art. 68), devendo ser o pedido prontamente atendido (art. 69, *caput*). Sempre que requisitada a prática de um ato de cooperação, porém, deverão ser intimadas as partes, a fim de que tomem conhecimento (Resolução n. 350 do CNJ, art. 3º), o que resulta diretamente do princípio constitucional do contraditório.

Não existe forma específica para que um juízo formule pedido de cooperação a outro, sendo certo que a lei processual prevê várias formas de se executar este trabalho conjunto entre órgãos jurisdicionais (art. 69). A ausência de forma específica, porém, não dispensa a necessidade de documentação do teor dos atos de cooperação, os quais devem ser registrados nos autos do processo (Resolução n. 350 do CNJ, art. 5º, III), a fim de assegurar não só o conhecimento das partes, mas que se realize controle sobre a forma e o conteúdo da cooperação judiciária.

Os atos de cooperação devem ser informados pelos princípios da celeridade, da concisão, da instrumentalidade das formas e da unidade da jurisdição nacional, observando-se preferencialmente o emprego de meios eletrônicos (Resolução n. 350 do CNJ, art. 8º, § 1º). Podem as partes, por outro lado, solicitar ajustes ou esclarecimentos acerca dos atos de cooperação (Resolução n. 350 do CNJ, art. 8º, § 3º).

A primeira forma de cooperação nacional é o *auxílio direto* (art. 69, I). Este ocorrerá quando se pedir a um órgão jurisdicional a prática de um ato não jurisdicional (como se daria, por exemplo, no caso de um órgão jurisdicional estadual localizado em uma comarca pedir a órgão localizado em comarca distinta informações acerca do teor e vigência de lei municipal vigente nessa última).

Outra forma de cooperação se dá pela "reunião ou apensamento de processos" (art. 69, II), o que poderá ocorrer quando for caso de modificação de competência por conexão ou continência. É possível, porém, o apensamento temporário de processos distribuídos a juízos distintos em casos nos quais estes juízos tenham de cooperar (por exemplo, para a colheita de uma prova pericial que seja comum a ambos os processos).

Uma terceira forma de cooperação judiciária nacional é a *prestação de informações* (art. 69, III). Esta pode ser solicitada por um órgão jurisdicional a outro sempre que o órgão requerente precisar de algum dado para poder exercer suas funções. É comum, por exemplo, que o relator de um recurso solicite alguma informação ao juízo inferior, prolator da decisão recorrida, que se revele necessária para o julgamento. Pense-se, por exemplo, no caso de se ter interposto agravo de instrumento contra uma decisão interlocutória e ao relator pareça necessário obter alguma informação relevante (como por exemplo o teor de determinada certidão ou a data em que certo ato tenha sido praticado) que não consta dos autos do agravo de instrumento. Pois é perfeitamente possível, então, que o relator peça tal informação ao juízo de primeiro grau.

Vale, porém, registrar que com muita frequência esses pedidos de informação são feitos, na prática, de forma absolutamente inútil. É que muitas vezes o magistrado se limita a "pedir informações" a outro juízo, sem dizer exatamente qual é a informação de que necessita. Ora, como seria possível a alguém prestar a outrem uma informação que não sabe qual é? Perdoe-se a comparação, mas seria como ir a um balcão de informações de um aeroporto e dizer ao atendente que se precisa de uma informação, sem especificá-la. Haveria utilidade em prestar o atendente uma informação qualquer, que a ele parecesse útil, mas que ao cliente não interessa? Certamente não. Aquele que pede informações precisa – perdoe-se a obviedade – dizer qual a informação de que necessita.

Há uma quarta forma de cooperação judiciária nacional, consistente na prática de "atos concertados entre os juiz[o]s cooperantes" (art. 69, IV). Estes, nos termos do § 2º deste mesmo artigo 69, podem consistir em "prática de citação, intimação ou notificação de ato" (inciso I); "obtenção e apresentação de provas e a coleta de depoimentos" (inciso II); "efetivação de tutela provisória" (inciso III); "efetivação de medidas e providências para recuperação e preservação de empresas" (inciso IV); "facilitação de habilitação de créditos na falência e na recuperação judicial" (inciso V); "centralização de processos repetitivos" (inciso VI) ou "execução de decisão jurisdicional" (inciso VII). Vale a pena examinar cada uma dessas hipóteses.

É possível, então, que dois ou mais órgãos jurisdicionais cooperem entre si de modo a facilitar a realização de citações, intimações ou notificações (art. 69, § 2º, I). Basta pensar em uma comarca com vinte varas cíveis, tendo todas elas recebido, em um determinado período, demandas propostas em face de certa pessoa jurídica. Imagine-se agora que, por força da organização judiciária local, os oficiais de justiça da comarca sejam lotados nas varas. Consequência disso seria que haveria a necessidade de vinte oficiais de justiça, um de cada vara, se dirigirem à sede da pessoa jurídica para promover as citações. Ora, é perfeitamente possível que os juízos combinem entre si que, em casos assim, um só oficial de justiça, atuando por todos os órgãos jurisdicionais, promova todas as citações.

Também pode haver concerto entre órgãos jurisdicionais para a apresentação de provas e coleta de depoimentos (art. 69, § 2º, II). Imagine-se, por exemplo, que tenha ocorrido um acidente de trânsito, consistente em uma colisão envolvendo dois ônibus. Figure-se, agora, a possibilidade de cada vítima (e podem ter sido dezenas delas) ter ajuizado uma demanda para reparação do dano, tendo sido os diversos processos distribuídos a juízos diferentes. Ora, parece perfeitamente possível que se combine que apenas um dos juízos colherá o depoimento de determinada testemunha, posteriormente se juntando cópia do termo de depoimentos aos autos de todos os processos (e, evidentemente, tendo sido permitido a todas as partes, de todos os processos, participar da colheita dessa prova, sob pena de ofender-se o princípio do contraditório). Será muito mais eficiente colher-se de uma só vez um depoimento que será útil a vários processos do que se forçar essa testemunha a comparecer em juízo tantas vezes quantos sejam os processos, e isto para prestar depoimentos absolutamente idênticos.

A cooperação pode se dar para "efetivação da tutela provisória" (art. 69, § 2º, III). É o que se dá, por exemplo, no caso em que uma tutela de urgência é deferida por juízo localizado em certa comarca e precisa ser efetivada em comarca diferente. Pense-se, por exemplo, no caso em que se postula, em uma comarca, a apreensão urgente de um bem móvel fácil de ser transportado e que esteja localizado em outra comarca. Será preciso que os órgãos jurisdicionais do lugar em que deferida a medida de urgência e do local onde se encontra o bem cooperem entre si para efetivar a providência urgente, sob pena de se inviabilizar sua apreensão, já que existe o risco de o mesmo desaparecer antes de ser apreendido.

Outra hipótese de concerto de atos consiste na efetivação de medidas e providências para recuperação e preservação de empresas (art. 69, § 2º, IV). É o que se tem, por exemplo, no caso de o juízo do processo de recuperação judicial ter determinado que se realize em outra comarca uma assembleia-geral de credores e solicitar ao juízo do local em que a assembleia se realizará que nomeie algum auxiliar seu para comparecer àquela reunião. Há, ainda, a possibilidade de concerto de atos para facilitar a habilitação de créditos na falência e na recuperação judicial (art. 69, § 2º, V), como se terá, por exemplo, no caso de haver a necessidade de realização, em uma comarca distinta daquela em que instaurado o processo, de perícia destinada a apurar o valor total de um crédito que esteja sendo habilitado perante o juízo da falência.

Permite, ainda, a lei que os juízos ajustem entre si "a centralização de processos repetitivos". Tem-se, aí, uma regra especial de modificação da competência, destinada a permitir a reunião de processos repetitivos, centralizando-os em um só juízo, o que se justifica pelo risco de decisões diferentes em casos iguais. Esta possibilidade encontra amparo no disposto no art. 55, § 3º, já que o risco de decisões divergentes em casos idênticos é verdadeiro risco de decisões contraditórias. Neste caso, evidentemente, não será possível escolher-se discricionariamente em qual juízo as causas repetitivas seriam reunidas, só sendo admissível a reunião perante o juízo prevento (art. 58).

Questão relevante é a de saber em que casos se centralizam processos repetitivos em um mesmo juízo e em que outros casos essa centralização não deve ocorrer. É que só faz sentido admitir o emprego das técnicas por meio das quais os tribunais julgam casos repetitivos (mediante incidente de resolução de demandas repetitivas, por exemplo) quando há risco para a isonomia, o que só acontece, evidentemente, quando há juízos distintos julgando, de modos diferentes, casos idênticos. É preciso, portanto, estabelecer critérios para definir quando deverá haver a centralização de processos repetitivos em um só juízo e quando eles serão atribuídos a juízos diferentes (ainda que da mesma comarca ou no mesmo tribunal).

O único método adequado para resolver essa questão é o que resulta de uma característica essencial dos incidentes de resolução de demandas repetitivas e do julgamento de recursos excepcionais repetitivos: é que a utilização desses mecanismos só é adequada quando a controvérsia envolve, apenas, questões de direito. Há casos repetitivos, porém, que envolvem controvérsias sobre distintas matérias fáticas. Pense-se, por exemplo, em um imenso desastre ambiental resultante de um vazamento de óleo de uma indústria que tenha afetado a vida de grande número de pessoas moradoras de determinada região. Além do risco de que questões jurídicas sejam resolvidas de maneiras diferentes (por exemplo, com um juízo ou tribunal considerando tratar-se o caso de responsabilidade objetiva, enquanto outro juízo ou tribunal entender ser hipótese de responsabilidade subjetiva e não ter havido culpa da pessoa jurídica de cujas instalações proveio o vazamento), há uma série de questões fáticas a serem levadas em conta, como a circunstância de que a falta de energia nas residências atingidas pelo desastre atinge de modos distintos, por exemplo, aquele que tem em casa uma pessoa que exige o emprego de equipamentos de *home care* e outra pessoa que ficou sem conseguir usar um computador que utilizava para fins profissionais. Essas grandes diferenças fáticas entre os casos faz com que as técnicas de julgamento dos casos repetitivos não revelem grande eficiência, sendo adequado, então, centralizar os processos repetitivos em um só órgão jurisdicional, a fim de que as decisões sejam todas coerentes entre si.

Por fim, prevê a lei que sejam realizados atos concertados destinados à execução de atos jurisdicionais. Pense-se, por exemplo, na existência de várias execuções contra um mesmo devedor, tendo havido em todos esses processos a penhora de um mesmo bem. É perfeitamente possível que os juízos ajustem entre si que um deles realizará a hasta pública do bem penhorado e promoverá, em seguida, a distribuição entre os credores do dinheiro arrecadado com a expropriação do bem, de modo a facilitar a satisfação de todos os créditos.

É preciso ter claro que a enumeração que acaba de ser examinada, constante do art. 69, § 2º, é meramente exemplificativa, o que se extrai da expressão "além de outros", encontrada no texto do dispositivo.

Cada Tribunal deve ter um (ou mais de um) *juiz de cooperação*, devendo os diversos magistrados encarregados dessa função atuar como pontos de contato entre os distintos órgãos jurisdicionais, facilitando a prática dos atos de cooperação (Resolução n. 350 do CNJ, arts. 12 e 13).

7

SUJEITOS DO PROCESSO

7.1 Partes e Procuradores

Trata o CPC, a partir do art. 70, dos sujeitos do processo. E inicia essa regulamentação tratando das partes e de seus advogados.

Partes são os sujeitos parciais do processo. São aqueles que participam em contraditório da formação do resultado do processo. Tal conceito é amplo o suficiente para englobar não só as *partes da demanda* (demandante e demandado), mas todos os demais atores do contraditório (como, por exemplo, os terceiros intervenientes). São as partes que, junto com o juiz, e de forma equilibrada com este, conduzem o processo até a formação de um resultado constitucionalmente legítimo. Perceba-se aqui um dado importante: as partes não devem ser vistas como sujeitos subordinados ao juiz, como se costuma pensar quando se adota a teoria da relação processual, aqui expressamente repudiada. Partes e juiz são, todos eles, atores igualmente importantes de um processo que tem vários centros de controle (daí falar-se do processo moderno como um processo *policêntrico*). E devem participar juntos (daí a expressão processo *comparticipativo*) da construção do resultado do processo. Volta-se, então, a um ponto que já foi anteriormente afirmado: o processo só pode ser visto, no Estado Democrático de Direito, como um *procedimento em contraditório*, em que as partes e o juiz, de forma comparticipativa, e atuando com equilíbrio de forças, constroem juntos o resultado do processo.

Fazem as partes representar-se em juízo por intermédio de advogados (públicos ou privados). O advogado, como afirma o art. 133 da Constituição da República, é essencial à administração de justiça, o que deve ser lido como uma exigência constitucional de participação do advogado como representante das partes no desenvolvimento do processo, de modo a assegurar-se um contraditório efetivo e equilibrado.

Pois tudo isso justifica a existência, no CPC, de todo um título destinado a tratar desses importantíssimos sujeitos.

7.1.1 Capacidade Processual

A capacidade processual, como já visto, é um dos pressupostos processuais de validade. A ela o CPC dedica um capítulo (formado pelos arts. 70 a 76). Ocorre que nesses capítulos não se encontram apenas disposições sobre capacidade, mas também sobre outros temas ligados à atuação das partes no processo.

Inicia-se o capítulo, porém, com a regulamentação da *capacidade para estar em juízo*. Assim é que, nos termos do art. 70, todo aquele que tenha capacidade de exercício (o que, em regra, se tem a partir dos dezoito anos de idade, nos termos do art. 5º do Código Civil) terá também capacidade para estar em juízo. Evidentemente, as pessoas jurídicas e os entes formais também têm essa capacidade. Pessoas naturais incapazes (arts. 3º e 4º do CC), porém, deverão ser representadas ou assistidas por seus pais, tutor ou curador, como dispõe o art. 71.

Caso o incapaz não tenha quem o represente ou assista (ou se os interesses do pai, tutor ou curador forem colidentes com o do incapaz), o juiz deverá nomear um *curador especial* (art. 72, I). A função de curador especial incumbe – ao menos como regra geral – ao Defensor Público, nos termos do art. 4º, XVI, da Lei Complementar nº 80/1994, que organiza a Defensoria Pública da União, do Distrito Federal e Territórios e prescreve normas gerais para sua organização nos Estados, e do parágrafo único do art. 72 do CPC.

Também se dará curador especial ao réu preso revel, bem como ao réu revel citado de forma ficta (por edital ou com hora certa), enquanto não for constituído advogado (art. 72, II). Evita-se, assim, que esses réus cuja revelia se tenha constatado fiquem indefesos. Uma vez mais, evidentemente, será do Defensor Público a atribuição de atuar como curador especial.

Disposição relacionada à legitimidade da parte (e não à sua capacidade) é a encontrada no art. 73, segundo o qual "[o] cônjuge necessitará do consentimento do outro para propor ação que verse sobre direito real imobiliário, salvo quando casados sob o regime de separação absoluta de bens". Essa regra, é bom que se diga logo, é aplicável não só aos cônjuges, mas também aos companheiros, por força do § 3º desse mesmo art. 73 ("Aplica-se o disposto neste artigo à união estável comprovada nos autos").

O CPC, sem ingressar na antiga divergência existente na doutrina do Direito Civil acerca da natureza jurídica da posse, estabeleceu, em dispositivo próprio, que a exigência de autorização conjugal se fará também nas demandas possessórias nos casos de composse.

Assim, para propor essas demandas (de que seriam exemplos uma "ação reivindicatória" de imóvel e uma "ação de usucapião"), o demandante casado (salvo pelo regime da separação absoluta de bens) só terá legitimidade se obtiver o consentimento. O mesmo se diga quando o demandante tiver formado sua entidade familiar através de união estável (estando esta união comprovada nos autos). E que fique claro que não se trata, aqui, de um *litisconsórcio necessário ativo*. Não se exige que ambos os cônjuges ou companheiros sejam demandantes juntos. Tudo o que se exige é que um deles, ao demandar, esteja autorizado pelo outro.

A ausência de autorização do cônjuge ou companheiro é um obstáculo à apreciação do mérito da causa. Não se trata, porém, de vício insanável. Verificando o juiz – de ofício ou por provocação do demandado – que o demandante não apresentou a autorização necessária, será perfeitamente possível fixar-se prazo para que a mesma seja trazida aos autos. Além disso, prevê o art. 74 a possibilidade de suprimento judicial do consentimento do cônjuge ou companheiro, quando este seja negado sem justo motivo ou quando lhe seja impossível concedê-lo (por estar incapacitado, por exemplo). O suprimento do consentimento deverá ser postulado em processo autônomo, a desenvolver-se conforme as disposições gerais dos procedimentos de jurisdição voluntária (art. 719). Não havendo consentimento do cônjuge ou companheiro, porém, e não tendo sido a falta suprida judicialmente, o processo é inválido (art. 74, parágrafo único), e deverá ser extinto sem resolução do mérito.

Disposições análogas a estas existem para o caso de a parte casada (ou que tenha constituído entidade familiar através de união estável) ser a demandada. Estabelece o art. 73, § 1º, que serão necessariamente citados ambos os cônjuges (e também os companheiros, por força do § 3º do mesmo artigo) quando a causa versar sobre direito real imobiliário, salvo quando casados sob o regime de separação absoluta de bens; resultante de fato que diga respeito a ambos os cônjuges ou de ato praticado por eles; se fundar em dívida contraída por um dos cônjuges a bem da família; ou que tenha por objeto o reconhecimento, constituição ou extinção de ônus sobre imóvel de um ou de ambos os cônjuges.

Tem-se, aí, casos de *litisconsórcio passivo necessário*. Em outras palavras, nos casos aí previstos ambos os cônjuges (ou companheiros, se a união estável estiver devidamente comprovada nos autos) serão réus. E o mesmo se dará nas demandas possessórias se ambos os cônjuges ou companheiros forem responsáveis pelo esbulho, turbação ou ameaça à posse.

Uma observação importante se impõe: nos casos previstos no art. 73, § 1º, haverá litisconsórcio necessário entre os cônjuges (ou companheiros) qualquer que seja o regime de bens, ainda que de separação absoluta. A única exceção a esta regra é a prevista no inciso I do aludido art. 73, § 1º (demanda que verse sobre direito real imobiliário, como é o caso de uma "ação reivindicatória"), já que ali expressamente se excluem os casos de pessoas casadas pelo regime da separação absoluta de bens. Um exemplo mostrará a importância do que acaba de ser dito: proposta uma "ação confessória" (nome tradicionalmente dado à demanda que tem por objeto o reconhecimento de uma servidão de passagem) em face de pessoa casada em cujo nome esteja registrado o imóvel serviente, será também citado seu cônjuge, qualquer que seja o regime de bens (mesmo que o da separação absoluta). É que, na hipótese, trata-se de demanda que tem por objeto o reconhecimento de ônus real sobre imóvel de um dos cônjuges, incidindo o disposto no inciso IV do art. 73, § 1º.

Volta a tratar o CPC da capacidade processual em seu art. 75, o qual dispõe sobre a representação em juízo das pessoas jurídicas e dos entes formais (isto é, dos entes despersonalizados que têm capacidade para estar em juízo).

Assim é que a União é representada em juízo pela Advocacia-Geral da União, diretamente ou mediante órgão a ela vinculado. Os Estados e o Distrito Federal, por sua vez, são representados judicialmente por seus procuradores (art. 75, I e II), sendo possível a celebração de acordo entre eles para que o procurador de um Estado (ou do Distrito Federal) represente outro em juízo (art. 75, § 4º). De outro lado, os Municípios são representados em juízo pelo Prefeito ou por seus procuradores (art. 75, III).

Autarquias e fundações de direito público são representadas em juízo por quem a lei do ente federado a que estejam vinculadas designar (art. 75, IV). A massa falida, por sua vez, se faz presente em juízo através do administrador judicial (art. 75, V; art. 22, III, *n*, da Lei nº 11.101/2005). A herança jacente ou vacante é representada em juízo por seu curador (art. 75, VI e art. 739, § 1º, I).

O espólio é representado em juízo pelo inventariante (arts. 75, VII, e 618, I). Sendo dativo o inventariante (isto é, sendo ele alguém que não guarde qualquer vínculo com a sucessão, como é o caso do inventariante judicial), porém, será obrigatória a intimação de todos os sucessores nos processos em que o espólio seja parte (art. 75, § 1º).

Pessoas jurídicas de direito privado serão representadas em juízo, ativa e passivamente, por quem os respectivos atos constitutivos designarem ou, não havendo essa designação, por seus diretores (art. 75, VIII). Já as sociedades e associações irregulares, assim como os demais entes despersonalizados, serão representados em juízo pela pessoa a quem couber a administração de seus bens (art. 75, IX). Vale destacar, aqui, que as sociedades e associações sem personalidade jurídica não podem, quando demandadas, opor ao demandante a irregularidade de sua constituição (art. 75, § 2º).

A pessoa jurídica estrangeira será representada em juízo pelo gerente, representante ou administrador de sua filial, agência ou sucursal aberta ou instalada no Brasil (art. 75, X). No caso de ser a demandada, presume-se que o gerente de filial ou agência esteja autorizado a receber citação para qualquer processo (art. 75, § 3º).

Por fim, o condomínio é representado em juízo por seu administrador ou síndico (art. 75, XI; art. 1.348, II, do CC).

Verificando o juiz a incapacidade processual ou a irregularidade na representação da parte, deverá suspender-se o processo, fixando-se prazo razoável para que seja sanado o vício. Cumprida a determinação, o processo seguirá normalmente.

De outro lado, não sendo regularizado o vício, a consequência varia conforme o sujeito que não seja plenamente capaz ou que esteja representado de forma irregular. Sendo o autor incapaz ou irregularmente representado, o processo deverá ser extinto sem resolução do mérito (art. 76, § 1º, I). Caso seja o réu, o processo seguirá à sua revelia (art. 76, § 1º, II). E no caso de ser um terceiro, será ele considerado revel ou excluído do processo, dependendo da posição que ocupe no processo (art. 76, § 1º, III). Assim é que, por exemplo, no caso de ser um terceiro que pretenda ser assistente, deverá ele ser excluído do processo se não cumprir a providência que lhe tenha sido determinada. Mas se for um terceiro citado para defender-se em um incidente de desconsideração da personalidade jurídica, ou se o terceiro interveniente for um litisdenunciado (entre outras possibilidades), seguirá o processo à sua revelia.

7.1.2 Deveres das Partes e dos Procuradores

Há, no art. 77 do CPC, uma enumeração de deveres jurídicos das partes, seus advogados, e de todos aqueles que *de qualquer forma* participem do processo. Incluem-se, pois, entre os sujeitos aos deveres ali enumerados pessoas tão diferentes como os auxiliares da justiça, o representante legal da parte, o ocupante de cargo público que tenha atribuição para cumprir determinado preceito judicial e o empregado de pessoa jurídica de direito privado que tenha de dar cumprimento a uma decisão judicial (como, por exemplo, promovendo o desconto em folha de pagamento de uma pensão alimentícia). Não se pode, porém, impor multa a representante legal de pessoa jurídica como forma de fazer com que seja ele pessoalmente compelido a cumprir decisão judicial no lugar da pessoa jurídica de que é órgão (art. 77, § 8º).

Os deveres enumerados no art. 77 não compõem uma lista completa e exaustiva, o que é anunciado logo pelo *caput* do dispositivo, que se refere a "outros [deveres] previstos neste Código". A título de exemplo, pode-se lembrar aqui do dever da parte de colaborar com o juízo na realização da inspeção judicial (art. 379, II) e o dever do terceiro de exibir coisa ou documento que esteja em seu poder (art. 380, II).

É, pois, dever das partes, de seus procuradores e de todos aqueles que de qualquer forma participam do processo *expor os fatos em juízo conforme a verdade, não formular pretensão ou apresentar defesa quando cientes de que são destituídas de fundamento, não produzir provas e não praticar atos inúteis ou desnecessários à declaração ou à defesa do direito, cumprir com exatidão as decisões jurisdicionais, de natureza provisória ou final, e não criar embaraços à sua efetivação, declinar o endereço, residencial ou profissional, onde receberão intimações no primeiro momento que lhes couber falar nos autos, atualizando essa informação sempre que ocorrer qualquer modificação temporária ou definitiva, não praticar inovação ilegal no estado de fato de bem ou direito litigioso e informar e manter atualizados seus dados cadastrais perante os órgãos do Poder Judiciário e, no caso do art. 246, § 6º, da Administração Tributária, para recebimento de citações e intimações.*

Dentre todos esses deveres enumerados no art. 77, dois têm tratamento diferenciado. São eles o dever de cumprir com exatidão as decisões jurisdicionais, de natureza antecipada ou final, e não criar embaraços à sua efetivação (inciso IV), e o dever de não praticar inovação ilegal no estado de fato de bem ou direito litigioso (inciso VI). Em ambos esses casos, descumprido o dever, deverá o juiz advertir quem o tenha violado de que sua conduta poderá ser punida como *ato atentatório à dignidade da justiça* (art. 76, § 1º).

Prevê o CPC como sanção para quem comete ato atentatório à dignidade da justiça uma sanção pecuniária (art. 76, § 2º), consistente em multa de até vinte por cento sobre o valor da causa (ou, sendo este irrisório, em até dez vezes o valor do salário mínimo, nos termos do art. 76, § 5º), a ser fixada de acordo com a gravidade da conduta. Tal multa não exclui, porém, a incidência de outras sanções criminais, civis ou processuais (como seria, por exemplo, a sanção por litigância de má-fé). Também se pode cumular esta multa com outras, que incidem sempre que, no cumprimento de sentença, o devedor não cumpre voluntariamente a decisão judicial no prazo (arts. 523, § 1º, e 536, § 1º), como expressamente prevê o § 4º do art. 77.

Imposta a multa, e estabelecido um prazo para seu pagamento, deverá o punido quitá-la, sob pena de ver a mesma inscrita como dívida ativa da União ou do Estado (conforme o processo tramite na Justiça Federal ou na Estadual), o que só poderá ocorrer após o trânsito em julgado da decisão que a tenha fixado. Sua execução se fará pelo procedimento da execução fiscal, e o valor pago a título de multa reverterá para o *fundo de modernização do Poder Judiciário* de que trata o art. 97.

Essa multa por ato atentatório à dignidade da justiça não pode ser imposta aos advogados das partes (públicos ou privados), aos Defensores Públicos e aos membros do Ministério Público. A responsabilidade destes será apurada pelos órgãos de classe ou corregedorias respectivas, a quem o juiz, por ofício, comunicará o ocorrido (art. 76, § 6º).

No caso específico de violação do dever previsto no inciso VI deste art. 77 (dever de não praticar inovação ilegal no estado de fato de bem ou direito litigioso, como se dá, por exemplo, no caso em que o demandado prossegue em obra embargada ou promove a deterioração de bem arrestado ou penhorado, condutas que no jargão processual são conhecidas como *atentado*), o juiz determinará o restabelecimento do estado de fato anterior, proibindo-se – como sanção que se cumula à multa – o responsável de falar nos autos até que promova a reposição das coisas no estado anterior (ou, como se costuma dizer, e está no § 7º do art. 77, até que *purgue o atentado*).

Outro dever há, porém, além desses já examinados, que precisa ser conhecido. Trata-se do dever de *tratar com urbanidade* os demais sujeitos do processo.

O art. 78 do CPC, por exemplo, veda às partes, a seus advogados, aos juízes, aos membros do Ministério Público e da Defensoria Pública, e a qualquer outra pessoa que participe do processo, o emprego de expressões ofensivas em seus escritos. No caso de expressões ou condutas ofensivas manifestadas oral ou presencialmente, o juiz advertirá o ofensor de que não as deve usar ou repetir, sob pena de lhe ser cassada a palavra (art. 78, § 1º). No caso do uso escrito de expressões ofensivas, incumbe ao juiz – de ofício ou mediante requerimento – determinar que as mesmas sejam riscadas e, a requerimento do ofendido, determinar a expedição de certidão com o inteiro teor das expressões ofensivas para ser entregue ao interessado (que poderá com ela produzir prova da ofensa que sofreu).

7.1.2.1 *Responsabilidade processual civil*

Responsabilidade processual civil é a obrigação de reparar danos provocados pela má conduta processual. É que no processo, como consequência do dever de atuar com lealdade e boa-fé, devem ser punidas as condutas processuais ímprobas. Pois é exatamente por isso que, nos termos do art. 79, "[r]esponde por perdas e danos aquele que litigar de má-fé como autor, réu ou interveniente". É o *improbus litigator*, o litigante de má-fé, a quem algumas sanções podem ser impostas.

A lei processual tipifica as condutas ímprobas, que caracterizam a litigância de má-fé (art. 80). Assim é que responde por perdas e danos aquele que: (i) deduzir pretensão ou defesa contra texto expresso de lei ou fato incontroverso; (ii) alterar a verdade dos fatos; (iii) usar do processo para conseguir objetivo ilegal; (iv) opuser resistência injustificada ao andamento do processo; (v) proceder de modo temerário em qualquer incidente ou ato do processo; (vi) provocar incidente manifestamente infundado; e (vii) interpuser recurso com intuito manifestamente protelatório.

Impende ter claro que a responsabilidade processual por litigância de má-fé é uma responsabilidade *subjetiva*. Em outros termos, deve haver aqui não só a verificação da conduta, do dano e do nexo de causalidade (como em qualquer outro caso de responsabilidade civil), mas também de um elemento subjetivo por parte do causador do dano. É que a boa-fé que aqui se viola é a subjetiva, e não a objetiva. Daí por que, aliás, falar-se em litigante *de má-fé*. É que, como notório, a violação da boa-fé objetiva leva a que se possa falar, tão somente, em *ausência de boa-fé*, enquanto a violação da boa-fé subjetiva se caracteriza como *má-fé*. Assim, ao falar a lei processual em litigância de má-fé, muito claramente se verifica que a obrigação de pagar a multa e indenizar os danos causados pela conduta processual ímproba exige a presença de um elemento subjetivo: a má-fé.

Caracterizada qualquer uma dessas condutas ímprobas, o juiz – de ofício ou mediante requerimento da parte interessada – condenará o litigante de má-fé a pagar multa, a qual deverá ser superior a um por cento e inferior a dez por cento do valor corrigido da causa (ou, no caso de ser irrisório ou inestimável o valor da causa, em até dez vezes o valor do salário mínimo, nos termos do art. 81, § 2º). Além da multa, deverá o litigante de má-fé indenizar a parte contrária pelos danos que tenha sofrido, além de ressarci-lo por honorários de advogado e de todas as despesas processuais que tenha efetuado (art. 81).

Sendo dois ou mais os litigantes de má-fé, cada um será condenado na proporção de seu respectivo interesse na causa, devendo ser solidária a condenação no caso de terem eles se coligado para lesar a parte contrária (art. 81, § 1º).

O valor da indenização será fixado pelo juiz de plano ou, caso não seja possível mensurar o prejuízo, liquidado (por arbitramento ou pelo procedimento comum), devendo a liquidação realizar-se nos próprios autos (e a execução se fará pelo procedimento adequado para o cumprimento de sentença).

O valor das sanções impostas ao litigante de má-fé reverte em benefício da parte contrária. Já o valor de sanções impostas a serventuários do Judiciário pertence ao Estado ou à União (conforme o processo tramite na Justiça Estadual ou Federal), tudo nos termos do art. 96.

7.1.2.2 *Despesas processuais, honorários advocatícios e multas*

Além de tratar da responsabilidade por danos processuais, o CPC regula a responsabilidade pelas despesas do processo, pelos honorários advocatícios e por multas.

Por despesas, é bom que se tenha claro desde logo, não se compreendem só as custas processuais. O conceito de despesas é mais amplo, incluindo – além das custas – a indenização de viagem, a remuneração do assistente técnico e a diária de testemunha (art. 84), além de quaisquer outros valores devidos em razão do processo.

No que concerne às despesas processuais, estabelece o art. 82 um ônus para as partes de adiantar as despesas dos atos que realizarem ou requererem no processo. Caso o ato tenha sido determinado de ofício ou por requerimento do Ministério Público quando atua como fiscal da ordem jurídica (*custos legis*), o ônus do adiantamento será do demandante (art. 82, § 1º).

Não se confunde, porém, o ônus de adiantar com a obrigação de pagar. Esta é imposta, em regra, ao vencido na causa (art. 82, § 2º), a quem incumbirá ressarcir o vencedor das despesas que tenha adiantado. É o que se costuma chamar de "princípio" (mas na verdade é a regra) da sucumbência.

A rigor, porém, a regra aplicável é a da *causalidade*, de que a sucumbência é, tão somente, o retrato daquilo que costumeiramente acontece (*id quod plerumque accidit*). É que, na verdade, a obrigação de arcar com o custo econômico do processo, pagando as despesas processuais e os honorários advocatícios, deve recair sobre aquele que *deu causa* ao processo (e que, na maioria das vezes – mas nem sempre – sai vencido). Casos há em que o causador do processo sai, afinal, vencedor na causa. É o que se dá, por exemplo, no caso em que é proposta uma "ação de consignação em pagamento" e o réu contesta alegando insuficiência do depósito. Valendo-se o autor de sua prerrogativa de complementar o depósito (art. 545), seu pedido de declaração da extinção da obrigação pelo depósito será julgado procedente, mas a ele, autor, será imposta a obrigação de pagar as despesas processuais e os honorários advocatícios (afinal, como facilmente se percebe, foi o autor – que a princípio não queria pagar o valor efetivamente devido – quem deu causa indevidamente à instauração do processo).

Incumbe, pois, ao juiz verificar, no momento de proferir a sentença, quem deu causa ao processo, e a ele impor a obrigação de arcar com o custo econômico do processo (pagando as despesas processuais e os honorários advocatícios).

Ao lado do ônus de adiantar o valor necessário para o custeio das despesas processuais, que a lei atribui a todas as partes (menos às que sejam beneficiárias da gratuidade de justiça, tema que se abordará em seguida, e a entes públicos), estabelece o art. 83 que o autor que resida fora do Brasil, pouco importando sua nacionalidade, ou que ao longo da tramitação do processo deixe de residir no país, deverá prestar caução suficiente do pagamento das custas e dos honorários advocatícios da parte contrária. Fica, porém, dispensado desta caução o autor que tenha, no Brasil, bens imóveis suficientes para lhes assegurar o pagamento.

Não se exige essa caução, também, e por força do que dispõe o art. 83, § 1º, I, quando haja dispensa prevista em tratado ou acordo internacional de que o Brasil seja parte (como é o caso, por exemplo, de tratados neste sentido existentes entre Brasil e Itália – Decreto nº 1.476/1995 – e Brasil e França – Decreto nº 3.598/2000). Também não é exigida a caução na execução fundada em título extrajudicial e no cumprimento de sentença (art. 83, § 1º, II) e na reconvenção (art. 83, § 1º, III).

Prestada a caução, pode ocorrer de no curso do processo ser ela desfalcada (por exemplo, em razão da desvalorização dos bens dados em caução). Neste caso, poderá o interessado exigir o reforço da garantia, justificando seu requerimento com a indicação da depreciação do bem dado em caução e a importância do reforço que pretende obter (art. 83, § 2º).

Parte importantíssima do estudo desta matéria é a fixação de honorários advocatícios, regida pelo CPC a partir do art. 85. Estabelece este dispositivo que "[a] sentença condenará o vencido a pagar honorários ao advogado do vencedor". Fala-se, aqui mais uma vez, em vencido e vencedor, mas – como visto anteriormente – o dever de pagar deve ser imposto a quem tenha dado causa ao processo (e que, *quase sempre*, sai vencido na causa). Basta ver o que consta do art. 85, § 10, por força do qual "[n]os casos de perda do objeto (*rectius*, perda do interesse de agir), os honorários serão devidos por quem deu causa ao processo".

Os honorários não são devidos apenas em relação à demanda principal, mas também na reconvenção, no cumprimento de sentença (provisório ou definitivo), na execução – resistida ou não – e nos recursos interpostos, cumulativamente (art. 85, § 1º).

Os honorários advocatícios (conhecidos como "honorários de sucumbência, para distinguirem-se dos honorários contratuais, ajustados entre cada advogado e seu cliente) devem ser fixados entre o mínimo de dez e o máximo de vinte por cento sobre o valor da condenação, do proveito econômico obtido com o processo ou, não sendo possível mensurá-lo, sobre o valor atualizado da causa (art. 85, § 2º). Na fixação dos honorários, respeitados os limites mencionados, o juiz deverá levar em consideração o grau de zelo do profissional; o lugar de prestação do serviço; a natureza e a importância da causa; o trabalho realizado e o tempo exigido para seu serviço. Sendo o proveito econômico inestimável ou irrisório, ou quando o valor da causa for muito baixo, o juiz fixará o valor dos honorários, sempre observando o disposto no § 2º do art. 85, "por apreciação equitativa" (art. 85, § 8º), o que significa dizer que ele deverá levar em conta o valor fixado em casos análogos, assegurando assim tratamento isonômico (tratar casos iguais de modo igual).

Quando o processo tiver por objeto a indenização por ato ilícito a uma pessoa, o percentual dos honorários incidirá sobre a soma das prestações vencidas com mais doze vincendas (art. 85, § 9º).

Esses limites e critérios devem ser observados qualquer que seja o conteúdo da sentença, inclusive nos casos de improcedência e de extinção do processo sem resolução do mérito (art. 85, § 6º). Há, porém, um tratamento especial para as causas em que a Fazenda Pública é parte, hipótese em que há regras específicas para a obrigação de pagar honorários advocatícios.

Em primeiro lugar, é preciso destacar que não haverá condenação ao pagamento de honorários nos cumprimentos de sentença contra a Fazenda Pública que ensejem expedição de precatório, desde que não tenha havido qualquer impugnação à execução. Oferecida a impugnação, porém, haverá a condenação ao pagamento de honorários.

Além disso, é fundamental observar, na condenação da Fazenda a pagar honorários, o disposto no art. 85, §§ 3º e 4º. Assim é que, ao condenar a Fazenda Pública a pagar honorários, o juiz deverá observar os critérios estabelecidos nos incisos I a IV do § 2º deste mesmo art. 85, mas com limites percentuais distintos.

Quando o valor da condenação ou do proveito econômico não exceder de duzentos salários mínimos, os honorários deverão ser fixados entre o mínimo de dez e o máximo de vinte por cento (art. 85, § 3º, I). Já se a condenação ou o proveito econômico for superior a duzentos salários mínimos mas não exceder de dois mil salários mínimos, os honorários serão fixados entre oito e dez por cento (art. 85, § 3º, II). No caso de a condenação ou o proveito econômico ser maior do que dois mil salários mínimos, mas não superior a vinte mil salários mínimos, os honorários serão fixados entre cinco e oito por cento (art. 85, § 3º, III). Na hipótese de condenação ou proveito econômico superior a vinte mil salários mínimos, mas não excedente de cem mil salários mínimos, os honorários ficarão entre três e cinco por cento (art. 85, § 3º, IV). Por fim, no caso de a condenação ou o proveito econômico ultrapassar cem mil salários mínimos, os honorários serão fixados entre um e três por cento (art. 85, § 3º, V).

Sendo líquida a obrigação reconhecida na sentença, os honorários contra a Fazenda Pública deverão ser fixados desde logo (art. 85, § 4º, I). No caso de ser ilíquida a obrigação, a definição do percentual só ocorrerá quando realizada a liquidação da sentença (art. 85, § 4º, II).

Não havendo condenação, ou não sendo possível mensurar o proveito econômico obtido, os honorários contra a Fazenda Pública serão calculados sobre o valor atualizado da causa (art. 85, § 4º, III).

Fundamental, porém, é perceber que, nos termos do § 5º do art. 85, "[q]uando, conforme o caso, a condenação contra a Fazenda Pública ou o benefício econômico obtido pelo vencedor ou o valor da causa for superior ao valor previsto no inciso I do § 3º, a fixação do percentual de honorários deve observar a faixa inicial e, naquilo que a exceder, a faixa subsequente, e assim sucessivamente". O que há, aí, pois, é uma fixação "regressiva" do percentual de honorários, que diminui à medida que aumenta a base de cálculo. Seja permitido um exemplo para que se tenha claro o alcance da regra.

Imagine-se que a Fazenda Pública tenha sido condenada a pagar a alguém valor equivalente a duzentos salários mínimos. Neste caso, por força do disposto no inciso I do art. 85, § 3º, os honorários seriam fixados entre dez e vinte por cento do valor da condenação (isto é, entre vinte e quarenta salários mínimos).

Figure-se, agora, a hipótese de condenação da Fazenda a pagar o equivalente a duzentos e um salários mínimos. Neste caso, incidiria o disposto no inciso II do art. 85, § 3º, de modo que os honorários seriam fixados entre oito e dez por cento (isto é, entre 16,08 e 20,1 salários mínimos). Perceba-se, aqui, que o valor máximo dos honorários seria 0,1 salário mínimo superior ao valor mínimo dos honorários fixados segundo a regra anterior. Facilmente se percebe que seria mais vantajoso para o advogado da parte vencedora que seu cliente obtivesse um proveito econômico menor. Isto, à toda evidência, não faz sentido.

Não é assim, porém, que se promove o cálculo dos honorários. Diante da regressividade dos percentuais, o juiz deverá, na sentença, estabelecer que o advogado receberá (no mínimo) dez por cento de duzentos salários mínimos mais oito por cento do salário mínimo excedente. Significa isto dizer que o valor mínimo dos honorários, nesse caso, será de 20,08 salários mínimos. Caso os honorários sejam fixados segundo o limite máximo, o advogado receberá vinte por cento de duzentos salários mínimos mais 10% do salário mínimo excedente (o que corresponde a 40,1 salários mínimos).

Pois assim é, e sucessivamente. Imagine-se, então, que a Fazenda Pública tenha sido condenada a pagar ao vencedor o equivalente a duzentos mil salários mínimos. Neste caso o valor mínimo de honorários seria calculado da seguinte forma: 10% de 200 salários mínimos + 8% de 1.800 salários mínimos + 5% de 18.000 salários mínimos + 3% de 80.000 salários mínimos + 1% de 100.000 salários mínimos. Significa isto dizer que o advogado receberia (de acordo com as faixas sucessivas) 20 + 144 + 900 + 2.400 + 1.000 salários mínimos, ou seja, 4.464 salários mínimos. Nessa mesma hipótese, o valor máximo de honorários seria de 8.660 salários mínimos (40 + 180 + 1.440 + 4.000 + 3.000).

Tudo isso, que fique claro, se aplica tanto aos casos em que a Fazenda Pública é devedora dos honorários como naqueles em que, tendo sido vencedora a Fazenda Pública, a parte contrária terá de pagar honorários advocatícios, caso em que o direito dos advogados públicos aos honorários depende de lei específica (art. 85, § 19), a qual não poderá suprimir a titularidade e o direito à percepção dos honorários por esses profissionais (FPPC, enunciado 384).

Fixados os honorários na sentença, pode haver um aumento da verba em grau de recurso. É o instituto dos *honorários de sucumbência recursal*, de que trata o § 11 do art. 85.

Incumbe ao Tribunal, ao julgar o recurso, majorar os honorários advocatícios fixados no grau inferior, levando em conta o trabalho adicional realizado pelo advogado em grau de recurso. O aumento ocorrerá tanto nos casos em que o recurso seja julgado pelo relator, monocraticamente, como nas hipóteses de julgamento colegiado (FPPC, enunciado 242). No caso de ser provido o recurso e reformada a decisão recorrida, o tribunal deverá redistribuir os honorários advocatícios fixados em primeiro grau e, além disso, fixar os honorários de sucumbência recursal (FPPC, enunciado 243).

Importante observar que a soma dos honorários anteriormente fixados com os de sucumbência recursal não pode ultrapassar os limites máximos estabelecidos para a verba honorária na fase de conhecimento (art. 85, § 11, *in fine*). De outro lado, ainda que fixados no importe máximo, será possível a posterior fixação de novos honorários na fase de cumprimento de sentença.

Pode, então, acontecer de o juízo de primeiro grau ter fixados honorários no importe mínimo (10%) e, em grau de recurso este percentual ser aumentado para até 20%. Nada impede, porém, que em grau de apelação os honorários sejam fixados, por exemplo, em 15%, permitindo-se que em grau de recurso especial haja nova majoração (para 17%, por exemplo) e em sede de recurso extraordinário mais uma majoração (chegando-se, por exemplo, ao limite máximo de 20%).

Os honorários de sucumbência recursal não têm natureza de sanção, mas visam tão somente remunerar adequadamente o trabalho realizado pelo advogado da parte vencedora, de modo que sua fixação não inibe a imposição de multas ou outras sanções processuais (art. 85, § 12).

Importante dizer que os honorários advocatícios, com a afirmação de que essa verba pertence ao advogado (art. 85, § 14; art. 23 da Lei nº 8.906/1994), têm natureza alimentar e os mesmos privilégios dos créditos trabalhistas. Pode, ainda, o advogado requerer que os honorários sejam fixados em favor da sociedade de advogados que integre, o que não altera a natureza alimentar da verba (art. 85, § 15). Os honorários também são devidos no caso em que o advogado atue em causa própria (art. 85, § 17).

Sendo os honorários fixados em valor certo, os juros moratórios serão devidos a partir da data do trânsito em julgado da decisão (art. 85, § 16). Na hipótese de serem eles fixados sobre o valor da condenação, do proveito econômico ou do valor da causa, os juros incidirão na forma da lei civil.

Deixando a decisão de fixar os honorários advocatícios, poderão eles ser fixados e cobrados em processo autônomo, nos termos do § 18 do art. 85, que provoca o cancelamento do enunciado 453 da Súmula do STJ.

Havendo sucumbência recíproca (isto é, sendo demandante e demandado, em parte, vencedores e vencidos, como se dá no caso de o pedido formulado pelo autor ser julgado parcialmente procedente), as despesas processuais serão proporcionalmente distribuídas entre eles (art. 86) sendo vedada a compensação dos honorários (art. 85, § 14). Caso uma das partes sucumba em parte mínima, porém, o outro responderá por inteiro pelas despesas e honorários (art. 86, parágrafo único).

Havendo litisconsórcio entre os que tenham sido condenados a arcar com o custo econômico do processo, respondem eles proporcionalmente pelas despesas e honorários, devendo a sentença distribuir entre eles, expressamente, a responsabilidade proporcional pelo pagamento (art. 87, *caput* e § 1º). Silente a sentença, os vencidos responderão solidariamente (art. 87, § 2º), caso em que o devedor que efetue o pagamento poderá cobrar de seus codevedores suas quotas-parte, em frações iguais (art. 283 do CC).

Nos processos de jurisdição voluntária, as despesas deverão ser adiantadas pelo requerente e posteriormente rateadas pelos interessados (art. 88). Já nos juízos divisórios ("ação de divisão de terras", "ação de demarcação de terras" e inventário e partilha), não havendo litígio, as despesas serão pagas pelos interessados na proporção de seus quinhões (art. 89).

Encerrando-se o processo por desistência, renúncia ou reconhecimento do pedido, as despesas e os honorários serão pagos pela parte que tenha desistido, renunciado ou reconhecido (art. 90). Tendo sido este ato dispositivo parcial, a responsabilidade pelas despesas e pelos honorários será proporcional à parcela reconhecida, renunciada ou de que se desistiu (art. 90, § 1º).

Caso o réu reconheça a procedência do pedido e, simultaneamente, cumpra de forma integral a prestação que lhe é exigida, os honorários deverão ser reduzidos à metade (art. 90, § 4º).

No caso de transação, as partes são livres para dispor sobre a responsabilidade pelas despesas e honorários como lhes aprouver. Nada dispondo elas, porém, serão as despesas divididas igualmente (art. 90, § 2º), arcando cada uma das partes com os honorários de seu advogado. Tendo a transação ocorrido antes da sentença, ficam as partes dispensadas do pagamento de eventuais custas remanescentes (o que é um estímulo à autocomposição), nos termos do art. 90, § 3º.

A Fazenda Pública e o Ministério Público (este quando atua na qualidade de parte, e não como fiscal da ordem jurídica) estão dispensados do ônus de adiantar despesas processuais. Nesses casos, tais despesas serão pagas ao final do processo, pelo vencido (art. 91). No caso de ser o Ministério Público fiscal da ordem jurídica, como já visto, a despesas dos atos por ele requeridos deverão ser adiantadas pelo autor (art. 82, § 1º).

As perícias requeridas pela Fazenda Pública, pelo Ministério Público ou pela Defensoria Pública poderão ser realizadas por entidade pública (se houver) ou, existindo previsão orçamentária, ter os valores adiantados por aquele que requerer a prova (art. 91, § 1º). Não havendo previsão orçamentária no exercício financeiro para adiantamento dos honorários periciais, serão eles depositados no exercício seguinte, ou ao final pelo vencido (caso o processo se encerre antes do adiantamento a ser feito pelo ente público), nos termos do art. 91, § 2º.

As despesas de atos adiados ou que tenham de ser repetidos ficarão a cargo daquele (parte, auxiliar da justiça, órgão do Ministério Público ou da Defensoria Pública ou juiz) que, sem justo motivo, tenha dado causa ao adiamento ou à repetição (art. 93).

Caso tenha havido no processo intervenção de assistente e ficar vencido o assistido, o assistente também será condenado a pagar despesas processuais e honorários, proporcionalmente à atividade que houver exercido no processo (art. 94). Perceba-se que, não obstante fale o texto da lei em "custas", o dispositivo deve ser interpretado de forma a incluir todas as despesas e os honorários. Pense-se, por exemplo, na hipótese de, vencido o assistido, optar este por não interpor recurso, tendo apenas o assistente apelado. Neste caso, a condenação ao pagamento de honorários de sucumbência recursal deverá incidir apenas sobre o assistente, não onerando o assistido.

No caso de ter sido requerida a produção de prova pericial, incumbe à parte que a requereu adiantar os honorários do perito. Determinada a produção da prova de ofício, ou tendo sido ela requerida por ambas as partes, deverá o depósito prévio dos honorários ser rateado entre as partes (art. 95), podendo o juiz determinar que a parte responsável deposite em juízo o valor correspondente à remuneração do *expert* (art. 95, § 1º). Esta, registre-se, não é uma boa disposição. É que pode acontecer de o juízo determinar de ofício a produção de uma prova pericial em caso em que o ônus da prova incumba a uma das partes, somente. Pois neste caso nada haverá – muito ao contrário – que estimule a parte contrária a participar do rateio dos honorários do perito. Afinal, a ausência da prova a beneficiará. Muito mais correto teria sido, *data venia*, impor o ônus de adiantar os honorários periciais àquele que tenha o ônus da prova daquilo que com a perícia se pretende demonstrar.

Depositados os honorários periciais, poderá ser autorizado desde logo o levantamento, pelo *expert*, de metade do depósito, só se liberando a outra metade após a apresentação do laudo e da prestação de todos os esclarecimentos que sejam solicitados (art. 465, § 4º).

Incumbindo o adiantamento dos honorários periciais a beneficiário de gratuidade de justiça, poderá o custeio da prova fazer-se com recursos alocados ao orçamento do ente público e realizada por servidor do Judiciário ou por órgão público conveniado. Realizada a perícia por particular, o valor será fixado conforme tabela do tribunal ou, inexistente esta, pelo Conselho Nacional de Justiça, devendo ser pagos os honorários com recursos alocados ao orçamento da União, do Estado ou do Distrito Federal (art. 95, § 3º). Este pagamento, porém, jamais poderá ser realizado com dinheiro do fundo de custeio da Defensoria Pública (art. 95, § 5º).

Por fim, é de se dizer que, extinto o processo sem resolução do mérito *a requerimento do réu*, o autor só poderá propor novamente a demanda (e desde que não haja obstáculo a tal propositura) depois de pagar ou depositar em cartório (*rectius*, à disposição do juízo) as despesas e honorários a que tenha sido condenado.

7.1.2.3 Gratuidade de justiça

Constitucionalmente assegurada (art. 5º, LXXIV) "aos que comprovarem insuficiência de recursos", e ainda regulada, em suas linhas gerais, pela Lei nº 1.060/1950, a *gratuidade de justiça* (ou benefício de justiça gratuita) é uma garantia que, por força de disposição infraconstitucional tem sido tradicionalmente ampliada no Direito brasileiro. Diz-se *ampliada* a garantia por uma razão: não obstante o texto constitucional afirme que a assistência jurídica integral e gratuita (que inclui, evidentemente, a gratuidade no acesso ao Judiciário, embora não a esgote) seja assegurada a quem *comprovar* insuficiência de recursos, as pessoas naturais a ela fazem jus independentemente de produção de qualquer prova. Assim já era ao tempo da vigência do art. 4º da Lei nº 1.060/1950 (agora expressamente revogado), e assim é por força do art. 99, § 3º, cujo texto estabelece que se presume "verdadeira a alegação de insuficiência [de recursos] deduzida exclusivamente por pessoa natural". Trata-se, evidentemente, de uma presunção relativa, *iuris tantum*, que pode ser afastada por prova *em contrário* (mas é importante notar o seguinte: ao juiz não é dado determinar à pessoa natural que produza prova que confirme a presunção, determinação esta que contrariaria o disposto no art. 374, IV). Admite-se, apenas, que *a parte contrária* produza prova capaz de afastar a presunção relativa, o que dependerá do oferecimento de impugnação à gratuidade de justiça.

A presunção, porém, só beneficia pessoas naturais. As pessoas jurídicas e os entes formais, como os condomínios, têm o ônus de provar que não têm condições de arcar com o custo econômico do processo para que o benefício lhes seja deferido.

A gratuidade de justiça compreende, na forma do disposto no art. 98, § 1º, as taxas ou custas judiciais; os selos postais; as despesas com publicação na imprensa oficial, dispensando-se a publicação em outros meios; a indenização devida à testemunha que, quando empregada, receberá do empregador salário integral, como se em serviço estivesse; as despesas com a realização de exame de código genético (DNA, na sigla em inglês que se tornou de uso tradicional no Brasil não obstante a existência da sigla ADN, adequada para designar em português o ácido desoxirribonucleico) e de outros exames considerados essenciais; os honorários do advogado e do perito, e a remuneração do intérprete ou do tradutor nomeado para apresentação de versão em português de documento redigido em língua estrangeira; o custo com a elaboração de memória de cálculo, quando exigida para instauração da execução; os depósitos previstos em lei para interposição de recurso, propositura de demandas e para a prática de outros atos processuais inerentes ao exercício da ampla defesa e do contraditório; e os emolumentos devidos a notários ou registradores em decorrência da prática de registro, averbação ou qualquer outro ato notarial necessário à efetivação da decisão judicial ou à continuidade de processo judicial no qual o benefício tenha sido concedido.

A concessão da gratuidade afasta, então, o ônus do beneficiário de adiantar todas essas despesas, mas não o livra da obrigação de, *ao final do processo*, pagar as multas que lhe tenham sido impostas (art. 98, § 4º).

A concessão do benefício pode ser total ou parcial. Assim, permite a lei expressamente que se conceda o direito ao parcelamento de despesas processuais que o beneficiário tenha de adiantar no curso do processo (art. 98, § 6º), bem como a concessão de gratuidade apenas em relação a alguns atos processuais ou a redução percentual ("desconto") naquilo que tenha de ser adiantado pelo beneficiário (art. 98, § 5º).

O requerimento de concessão do benefício pode ser formulado a qualquer tempo (art. 99). Não tendo sido formulado na primeira oportunidade em que o requerente tenha se manifestado nos autos, nao suspenderá o andamento do processo (art. 99, *caput* e § 1º).

Formulado o requerimento por pessoa natural, o juiz só poderá indeferi-lo "se houver nos autos elementos que evidenciem a falta dos pressupostos legais para a concessão da gratuidade", mas não sem antes "determinar à parte a comprovação do preenchimento dos pressupostos para a concessão" (art. 99, § 2º). Significa isto dizer que, não obstante a existência de presunção legal de hipossuficiência econômica em favor da pessoa natural que afirme não ter condições de arcar com o custo do processo, pode haver nos autos elementos que afastem tal presunção *iuris tantum*, relativa.

Bom exemplo disso se tem em casos nos quais o autor postula a concessão da gratuidade de justiça em processo em que se pretende discutir contratos cujos valores são elevados, especialmente aqueles em que tenha havido financiamento de parcelas de valor elevado por instituições financeiras (afinal, é notório que as instituições financeiras fazem diversas exigências para conceder crédito). Nesses casos, porém, não poderá o juiz indeferir de plano o benefício, devendo – justificadamente – determinar ao requerente que comprove, já que afastada a presunção, não ser capaz de arcar com o custo do processo.

Já no caso de pessoas jurídicas e entes formais, em cujo favor não milita qualquer presunção, é ônus do requerente produzir a prova de que preenche os requisitos para a concessão do benefício.

Seja como for, não se pode usar como fundamento para indeferir o benefício o fato de a parte estar assistida por advogado particular, cujo trabalho é presumidamente remunerado (art. 99, § 4º; art. 658 do CC, por força do qual se presume oneroso o mandato outorgado a mandatário para exercício de atividade que constitua seu ofício ou profissão lucrativa). Neste caso, porém, a gratuidade de justiça deferida à parte não alcança a isenção de preparo do recurso formulado com o único objetivo de discutir a fixação dos honorários de sucumbência devidos ao advogado, salvo se este próprio fizer jus ao benefício (art. 99, § 5º).

O direito à gratuidade de justiça é personalíssimo, não se estendendo a litisconsortes ou sucessores do beneficiário, salvo se estes tiverem formulado requerimento e vejam o benefício lhes ser pessoalmente concedido (art. 99, § 6º).

Requerida a concessão de gratuidade em recurso, o recorrente não precisa comprovar o recolhimento do preparo, cabendo ao relator apreciar o requerimento. Indeferido este, será fixado prazo para recolhimento das custas (art. 99, § 7º).

Deferido o benefício, poderá a parte contrária oferecer *impugnação* (na contestação, na réplica, nas contrarrazões de recurso ou, em caso de ter sido o requerimento formulado por terceiro, por meio de petição simples, a ser apresentada no prazo de quinze dias). A impugnação será processada nos próprios autos e não suspende o andamento do processo (art. 100). Incumbe ao impugnante o ônus da prova de que o beneficiário não faz jus ao benefício da gratuidade, não sendo possível revogar-se benefício já concedido ao argumento de que não há provas suficientes de que a gratuidade deveria ter sido deferida.

Revogado o benefício, a parte arcará com as despesas processuais que tenha deixado de adiantar e, caso constatada sua má-fé, pagará multa a ser fixada pelo juiz, cujo valor poderá ser de até o décuplo do valor dessas mesmas despesas, em benefício da Fazenda Pública federal ou estadual (conforme o processo tramite na Justiça Federal ou na Justiça Estadual). O adiantamento das despesas deverá ser promovido, neste caso, em prazo a ser fixado pelo juiz, a contar do trânsito em julgado da decisão que tenha revogado o benefício (art. 102). Não efetuado o recolhimento, o processo será extinto sem resolução do mérito se era o demandante o beneficiário, ou, nos demais casos, não se deferirá a realização de qualquer ato ou diligência requerida enquanto não efetuado o depósito (art. 102, parágrafo único).

A decisão que indefere o benefício de gratuidade de justiça e a que a revoga são impugnáveis por agravo de instrumento (art. 101), salvo no caso de constituir capítulo de sentença (caso em que caberá apelação). Tendo sido deferido o benefício apenas parcialmente (como se dá, por exemplo, no caso de se ter requerido a isenção total do ônus de adiantar as despesas e ter sido deferido tão somente uma redução percentual), também se deve admitir o agravo de instrumento contra o pronunciamento judicial em relação à parte não deferida. O recurso contra a decisão não está sujeito a preparo até decisão do relator sobre a questão, preliminarmente ao julgamento do recurso (art. 101, § 1º). Confirmada a denegação ou revogação da gratuidade, o relator ou órgão colegiado determinará ao recorrente o recolhimento das custas em cinco dias, sob pena de não conhecimento do recurso.

Vencido, ao final do processo, aquele que era beneficiário da gratuidade de justiça, será ele condenado a pagar as despesas processuais (reconhecendo-se, inclusive, seu dever de ressarcir as despesas adiantadas pela parte vencedora) e os honorários de sucumbência (art. 98, § 2º). O cumprimento dessa condenação, todavia, fica sujeito a condição suspensiva, só podendo ela ser executada se, no prazo de cinco anos a contar do trânsito em julgado da decisão que tenha reconhecido essa obrigação, a situação de insuficiência de recursos tiver deixado de existir (sendo ônus da parte contrária demonstrá-lo). Passado este prazo, as obrigações do beneficiário da gratuidade se extinguem (art. 98, § 3º).

7.2 Procuradores

A fim de dar efetividade ao disposto no art. 133 da Constituição da República, estabelece o art. 103 do CPC que "[a] parte será representada em juízo por advogado regularmente inscrito na Ordem dos Advogados do Brasil". A rigor, o texto legal é pleonástico, pois só é advogado quem estiver inscrito na Ordem dos Advogado do Brasil (art. 3º da Lei nº 8.906/1994). De toda sorte, a parte só poderá estar presente em juízo se representada por quem tenha capacidade postulatória, admitida a postulação em causa própria apenas se a parte tiver habilitação legal para tanto (art. 103, parágrafo único).

A participação do advogado como mandatário da parte é essencial para um contraditório efetivo, substancial, que verdadeiramente permita à parte influir na formação do resultado do processo. Afinal, é o advogado o profissional habilitado a tratar das questões jurídicas (não só das questões de direito, mas também do trato jurídico das questões fáticas, sendo certo que fato e direito são absolutamente indissociáveis) de forma adequada. Sem advogado a participação da parte seria meramente formal, incapaz de consistir numa atuação juridicamente adequada.

O advogado só pode postular em juízo em nome da parte se estiver habilitado por procuração (art. 104), que é o instrumento do mandato (art. 653 do CC). Admite-se, porém, a atuação sem procuração do advogado para evitar preclusão, decadência ou prescrição, ou para a prática de atos urgentes (art. 104, *in fine*). Nestes casos, o advogado deverá exibir a procuração no prazo de quinze dias, prorrogável por igual período. Não exibida a procuração, nem ratificado o ato por outro advogado regularmente constituído nesse mesmo prazo, ter-se-á o ato por ineficaz, respondendo o advogado por perdas e danos.

A procuração outorgada ao advogado confere-lhe poderes gerais para atuar em juízo (é a chamada "procuração geral para o foro" ou "procuração *ad judicia*"). Há, porém, atos processuais que só podem ser praticados pelo advogado se tiver poderes especiais para tanto: receber citação, confessar, reconhecer a procedência do pedido, transigir, desistir, renunciar, receber, dar quitação, firmar compromisso e assinar declaração de hipossuficiência econômica (art. 105).

A procuração deverá conter, na forma do art. 105, § 2º, o nome do advogado, seu número de inscrição na OAB e seu endereço completo (o que inclui o endereço eletrônico). Caso o advogado integre sociedade de advogados, a procuração também deverá conter o nome desta, seu número de registro na Ordem dos Advogados e seu endereço completo (art. 105, § 3º). Deverá, ainda, estar assinada pelo outorgante, podendo a assinatura ser digital (art. 105, § 1º).

Salvo disposição expressa em sentido contrário, a procuração é eficaz para todas as fases do processo, inclusive para o cumprimento de sentença (art. 105, § 4º).

No caso de o advogado postular em causa própria, incumbe-lhe declarar, na petição inicial ou na contestação, seu endereço, número de inscrição na OAB e o nome da sociedade de advogados de que participa, tendo ainda o ônus de comunicar ao juízo qualquer mudança de endereço (art. 106). A falta de indicação do endereço, do número de inscrição na Ordem dos Advogados ou da sociedade de advogados levará o juiz a fixar prazo de cinco dias para correção do vício, sob pena de indeferimento da petição (art. 106, § 1º). Caso o advogado não se desincumba do ônus de informar mudanças de endereço, ter-se-á por válida qualquer intimação encaminhada ao endereço constante dos autos (art. 106, § 2º).

São direitos do advogado (além de outros previstos expressamente na Lei nº 8.906/1994), nos termos do art. 107: examinar, em cartório de fórum ou secretaria de tribunal, *mesmo sem procuração*, autos de qualquer processo, independentemente da fase de tramitação, assegurados a obtenção de cópias e o registro de anotações, salvo na hipótese de segredo de justiça (em que só o advogado constituído tem direito de acesso aos autos); requerer, como procurador, vista dos autos de qualquer processo, pelo prazo de cinco dias; retirar os autos do cartório ou secretaria, pelo prazo legal, sempre que neles lhe couber falar por determinação do juiz, nos casos previstos em lei.

Ao receber os autos (impressos, pois os eletrônicos ficam sempre à sua disposição pela rede mundial de computadores), o advogado assinará carga em livro ou documento próprio (art. 107, § 1º). Sendo, porém, o prazo comum às partes, os advogados só podem retirar de cartório os autos impressos em conjunto ou mediante prévio ajuste por petição nos autos (art. 107, § 2º). Nesse caso, porém, o advogado pode retirar os autos para obtenção de cópias, pelo prazo de duas a seis horas, independentemente de ajuste e sem prejuízo da continuidade do prazo (art. 107, § 3º). O advogado, porém, perderá o direito de tirar os autos de cartório para cópias se não os devolver tempestivamente, ressalvada a possibilidade de prorrogação do prazo pelo juiz (art. 107, § 4º).

Vale registrar que a Lei nº 13.793/2019 incluiu no art. 107 um § 5º que não serve para absolutamente nada. Esse dispositivo estabelece que o disposto no inciso I do *caput* do art. 107 (ou seja, que é direito do advogado examinar, mesmo sem procuração, autos de qualquer processo, independentemente da fase de tramitação, assegurados a obtenção de cópias e o registro de anotações, salvo na hipótese de segredo de justiça, em que apenas o advogado constituído tem acesso aos autos) se aplica a "processos eletrônicos". Ora, mas se o inciso I do art. 107 não fez qualquer tipo de distinção entre processos que tramitam em autos eletrônicos e aqueles que tramitam em autos não eletrônicos, então não há qualquer necessidade de se afirmar o que consta desse § 5º. Afinal, se a lei não estabeleceu qualquer distinção, não poderia o intérprete distinguir. Para piorar, ainda falou o texto inserido no CPC em "processos eletrônicos", quando eletrônicos são os autos, e não o processo. Este § 5º, portanto, vale-se de terminologia errada, distinta da que é empregada em todo o restante do CPC, para dizer o que não precisava ser dito. Uma perda de tempo, portanto.

7.3 Sucessão das Partes e dos Procuradores

Pode ocorrer de, no curso do processo, a parte originariamente participante seja sucedida por outra. Pode a sucessão ser voluntária, resultante de ato *inter vivos*, ou decorrer da sua morte.

A sucessão voluntária só pode ocorrer nos casos expressamente autorizados por lei (art. 108). Dentre esses casos sem dúvida o mais importante é o que resulta da alienação da coisa ou direito litigioso por ato entre vivos a título particular (art. 109). Neste caso a parte alienante permanece legitimada a figurar como sujeito da demanda (demandante ou demandado). Não estará em juízo mais, porém, para defesa de seu próprio interesse. O alienante passará a atuar, em nome próprio, na defesa do interesse do adquirente, exercendo uma legitimidade extraordinária que lhe fará agir como substituto processual do adquirente.

Havendo a alienação do direito litigioso, então, não ocorrerá a sucessão processual, salvo se o adversário do alienante consentir com a sucessão (art. 109, § 1º). Não havendo tal consentimento, prosseguirá no processo o alienante, como substituto processual do adquirente, a este só sendo permitido intervir no processo como *assistente litisconsorcial* do alienante (art. 109, § 2º).

Haja ou não a intervenção do adquirente como assistente do alienante, no caso de prosseguir este no processo a sentença produzirá efeitos que alcançarão o adquirente (art. 109, § 3º), ficando este sujeito, portanto, à eficácia da decisão.

Já no caso de morte da parte, dar-se-á sua sucessão pelo espólio ou pelos sucessores, devendo-se observar o disposto no art. 313, §§ 1º e 2º (art. 110). Aplica-se esta regra, por analogia, aos casos de extinção da pessoa jurídica, a qual será sucedida por quem tenha assumido sua posição jurídica (como se dá, por exemplo, nos casos de fusão e incorporação de sociedades).

Pode também haver, no curso do processo, sucessão entre advogados. Pode, por exemplo, a parte exercer seu direito potestativo de revogar o mandato outorgado ao advogado, caso em que deverá, no mesmo ato, constituir novo procurador (art. 111). Não sendo constituído novo mandatário no mesmo ato, deverá ser observado o disposto no art. 76, fixando o juiz prazo para a nomeação de novo procurador (art. 111, parágrafo único).

Pode, também, ocorrer de o advogado renunciar ao mandato que lhe foi outorgado. Nesta hipótese, deverá o profissional comprovar que comunicou a renúncia ao seu cliente, a fim de que este possa nomear sucessor (art. 112). Fica o advogado renunciante obrigado a representar seu cliente ainda pelo prazo de dez dias, desde que necessário para lhe evitar prejuízo (art. 112, § 1º). Nada disso se aplica, porém, se há vários advogados conjuntamente constituídos e só um (ou alguns) deixam de representar o constituinte, caso em que os demais advogados regularmente nomeados continuarão a atuar em nome da parte.

7.4 Litisconsórcio

Litisconsórcio é a pluralidade de demandantes ou de demandados em um mesmo processo. Assim, sempre que em um processo houver mais de um demandante ou mais de um demandado, ter-se-á um *processo litisconsorcial.*

Pode formar-se o litisconsórcio por três diferentes razões (tendo-se, aí, as chamadas *três figuras do litisconsórcio*): por comunhão de direitos ou obrigações; por conexão de causas; por afinidade de questões (art. 113).

Haverá litisconsórcio por comunhão de direitos ou obrigações quando os demandantes ou demandados forem titulares do *mesmo* direito ou devedores da *mesma* obrigação. É o que se dá, por exemplo, quando cônjuges, casados pelo regime da comunhão de bens e, por isso, cotitulares da propriedade de um imóvel, o reivindicam de outrem.

Existirá litisconsórcio por conexão de causas quando os litisconsortes cumularem (ou quando em face deles forem cumuladas) demandas conexas pelo objeto ou pela causa de pedir. Figure-se o seguinte exemplo: dois acionistas de uma companhia, por motivos diferentes, pretendem a anulação de uma assembleia geral de acionistas, e formulam suas demandas em um só processo (conexão pelo pedido).

Por fim, haverá litisconsórcio por afinidade de questões quando duas ou mais pessoas se litisconsorciarem para ajuizar demandas cumuladas (ou quando em face delas forem ajuizadas tais demandas cumuladas) com base em um elemento de fato ou de direito que lhes seja afim (como, por exemplo, se tem na hipótese de servidores públicos que, em litisconsórcio, postulam a inclusão em suas remunerações de certa gratificação devida em função de alguma atividade que exercem – as chamadas gratificações *pro labore faciendo* – tendo por fundamento um mesmo dispositivo legal que prevê tal verba).

Pode o litisconsórcio classificar-se por diversos critérios distintos.

Uma primeira forma de classificar o litisconsórcio se faz *quanto à posição em que o mesmo se forma*. Por este critério, o litisconsórcio pode ser *ativo, passivo* ou *misto*.

Haverá litisconsórcio ativo quando houver no processo mais de um demandante. O litisconsórcio será passivo quando houver mais de um demandado. E será misto (também chamado recíproco) quando houver, simultaneamente, pluralidade de demandantes e de demandados.

Outro critério de classificação do litisconsórcio leva em consideração a *força aglutinadora da causa de sua formação*. Explique-se: todo litisconsórcio se forma por algum motivo (como, *e.g.*, uma determinação legal). Tal motivo que leva à formação do litisconsórcio é a *causa de sua formação*.

Pois em algumas hipóteses a causa de formação do litisconsórcio tem uma *força aglutinadora* muito intensa, capaz de fazer com que a constituição de um processo litisconsorcial seja inevitável. Nesses casos, o processo só pode desenvolver-se até seu desfecho normal, com a produção de um resultado final de mérito, se o litisconsórcio estiver formado. Em outros casos, a força aglutinadora da causa de formação do litisconsórcio não é tão intensa, sendo apenas possível que o litisconsórcio se forme, mas nada impedindo que o processo se desenvolva sem ter caráter litisconsorcial.

Pois na primeira hipótese ter-se-á *litisconsórcio necessário*; na segunda, *litisconsórcio facultativo*.

O litisconsórcio é necessário quando sua formação é essencial para que o processo atinja seu fim normal. Resulta a necessariedade do litisconsórcio do fato de em alguns casos a legitimidade *ad causam* ser plúrima, isto é, pertencer a um grupo de pessoas, de modo tal que só estará presente no processo a parte legítima se todo o grupo, com todos os seus integrantes, estiver reunido no processo. Pense-se, por exemplo, no caso de o Ministério Público ajuizar demanda que tenha por objeto a anulação de um casamento (art. 1.549 do CC). Pois neste caso a legitimidade passiva é do *casal*. Perceba-se: nenhum dos cônjuges *sozinho* é parte legítima para figurar no polo passivo da demanda de anulação de casamento proposta pelo Ministério Público. Só é parte legítima, neste caso, o *casal*. Impõe-se, então, a presença de ambos os cônjuges no processo, sob pena de faltar uma das "condições da ação", não sendo possível chegar-se ao exame do mérito da causa se o vício não for corrigido.

O litisconsórcio necessário é, via de regra, passivo. Não existe, em regra, litisconsórcio necessário ativo, por ser esta uma figura que atenta contra a lógica do sistema processual brasileiro. Isto se diz porque o direito processual civil brasileiro está construído sobre dois pilares de sustentação: o direito de acesso ao Judiciário e a garantia da liberdade de demandar. Em outras palavras, a base do direito processual civil brasileiro está construída sobre estas duas ideias fundamentais: (a) ninguém é obrigado a demandar; mas (b) é livre o acesso ao Judiciário àqueles que pretendem ajuizar demandas. Pois a admissão de um litisconsórcio necessário ativo desequilibraria este sistema. É que se fosse admitida a existência de algum caso de litisconsórcio ativo necessário, sempre se poderia encontrar algum caso em que um dos litisconsortes necessários quisesse demandar e outro não, e neste caso se teria de admitir uma das duas seguintes hipóteses: (i) ou seria possível obrigar-se alguém a demandar contra sua vontade (o que contraria a garantia da liberdade de demandar); ou (ii) ficaria o outro impedido de demandar sozinho em busca da satisfação de seus interesses (o que contraria o direito de acesso ao Judiciário). Pois a única forma de evitar isso é afirmar-se que o litisconsórcio ativo, em regra, não é necessário, mas facultativo. A única exceção a essa norma é a do litisconsórcio necessário ativo que resulta de negócio processual celebrado entre as partes. Como se terá oportunidade de examinar melhor adiante, é admissível que as partes celebrem negócios jurídicos que têm por objeto o próprio processo. São os negócios processuais (ou convenções processuais). Com uma convenção dessas, é possível que as próprias partes criem um caso de litisconsórcio necessário ativo. A esse ponto se voltará logo a seguir.

São três as causas da necessariedade (duas delas previstas no art. 114): a existência de expressa determinação legal no sentido de sua formação (*litisconsórcio necessário por disposição de lei*); a natureza incindível da relação jurídica substancial controvertida no processo (*litisconsórcio necessário pela natureza da relação jurídica*); e a existência de negócio jurídico processual que crie um litisconsórcio necessário.

No litisconsórcio necessário por disposição de lei o que torna necessário o litisconsórcio é a existência de uma expressa determinação legal no sentido de que se forme o litisconsórcio. É o que se tem, por exemplo, no caso de "ação de usucapião de imóvel", em que a lei exige expressamente a citação daquele em cujo nome esteja registrada a área de terra usucapienda e também a dos proprietários dos imóveis confinantes (art. 246, § 3º, com a expressa ressalva do caso em que a "ação de usucapião de imóvel" tem por objeto unidade autônoma de prédio em condomínio, caso em que não há litisconsórcio necessário a se formar). Em casos assim, a revogação do dispositivo legal que torna necessário o litisconsórcio faz com que este deixe de ser necessário, passando a ser facultativo.

Já no litisconsórcio necessário pela natureza da relação jurídica pouco importa se há (e pode até mesmo haver, mas – como dito – isto será irrelevante) alguma disposição legal determinando a formação necessária do litisconsórcio. Nesta hipótese, o que torna necessária a formação do litisconsórcio é a natureza incindível da relação jurídica substancial deduzida no processo. É que há processos em que se controverte acerca de uma relação jurídica que se caracteriza por conduzir a decisões judiciais que atingirão, inevitavelmente, a todos os seus sujeitos, não sendo possível cindir-se tal relação de modo que a decisão judicial alcance um sujeito e não o outro. É o que se dá, por exemplo, quando o Ministério Público postula a anulação de um casamento. Evidentemente, não é possível anular-se o casamento para um dos cônjuges sem que tal anulação alcance também o outro. É necessária, então, a presença de ambos no processo.

O mesmo se dá, *e.g.*, quando um imóvel tenha sido alugado a dois colocatários, tendo um deles (ainda que sem o conhecimento do outro) cometido uma infração contratual. Neste caso, proposta pelo locador uma "ação de despejo", a sentença que decreta a desocupação do imóvel alcançará, de forma incindível, ambos os locatários. Necessária, pois, a presença de ambos no processo. Nestes dois casos – e em quaisquer outros nos quais se verifique ser incindível a relação jurídica substancial – será necessário o litisconsórcio. Neste caso (e já adiantando o que à frente se falará acerca de outro critério de classificação do litisconsórcio), haverá litisconsórcio *necessário e unitário*.

Por fim, o litisconsórcio pode ser necessário por força de uma convenção processual. E este é, como dito há pouco, o único caso em que se pode ter litisconsórcio necessário ativo (sendo certo que o litisconsórcio necessário por convenção das partes também pode ser passivo). Pense-se, por exemplo, no caso de três pessoas celebrarem um contrato de sociedade e nele estabelecerem uma cláusula dizendo que nenhum sócio, sozinho, poderia demandar contra outro, exigindo-se a presença de pelo menos dois deles como autores da demanda que versasse sobre questões atinentes à sociedade. Ou algum caso em que se estabeleça que, sempre que um sócio pretender demandar em face de outro, a própria sociedade será parte em litisconsórcio necessário passivo com o sócio demandado.

Por dizer respeito às "condições da ação" (mais especificamente à legitimidade *ad causam*), incumbe ao juiz verificar de ofício se estão ou não presentes no processo todos aqueles que nele devem figurar como litisconsortes necessários. Ausente algum, o juiz determinará ao demandante que requeira a citação de todos os que ainda não integram o processo, dentro do prazo que lhe assinar, sob pena de extinção do processo (art. 115, parágrafo único).

Pode ocorrer, porém, de não se perceber que um litisconsórcio necessário que deveria ter sido formado não se constituiu, vindo-se a proferir sentença de mérito. Neste caso, sempre será possível a invalidação da sentença em grau de recurso (já que é possível conhecer-se da questão relativa à ausência, no processo, da parte legítima de ofício, em qualquer tempo e grau de jurisdição, nos termos do disposto no art. 482, § 3º). Transitada em julgado a sentença, porém, deve-se ter por sanada a nulidade da sentença (em razão da assim chamada *eficácia sanatória geral da coisa julgada*).

A sentença de mérito transitada em julgado que tenha sido proferida em processo no qual não tenha sido citado alguém que deveria dele ter participado como litisconsorte necessário, porém, é *ineficaz*. Trata-se de uma sentença absolutamente incapaz de produzir efeitos (ineficácia absoluta), tendo sido prolatada inutilmente. Daí falar-se em sentença *inutiliter data*. Há, porém, de fazer-se uma distinção: no caso de litisconsórcio necessário pela natureza da relação jurídica haverá mesmo uma ineficácia absoluta de todo o decidido (art. 115, I, que fala em sentença nula, em caso que na verdade é de ineficácia, como, aliás, resulta do art. 114, que muito claramente afirma que nesses casos "a eficácia da sentença" depende da citação de todos que devem ser litisconsortes). Já no caso de litisconsórcio necessário por disposição de lei a ineficácia é subjetivamente relativa, mera *inoponibilidade*, não podendo a sentença produzir efeitos que alcancem aqueles que não foram citados (art. 115, II).

Exemplos permitirão ver melhor a diferença. No caso de o Ministério Público propor demanda cujo objeto seja a anulação de um casamento, haverá litisconsórcio necessário pela natureza da relação jurídica entre os cônjuges. Pois se um deles não tiver sido citado, a sentença que anule o casamento é absolutamente ineficaz, e o casamento não terá sido desconstituído. Já no caso de uma "ação de usucapião de imóvel" há litisconsórcio necessário entre aquele em cujo nome estiver registrada a área usucapienda e os proprietários dos imóveis confinantes. Pois se algum dos proprietários dos imóveis vizinhos não tiver sido citado, a sentença que reconheça a aquisição da propriedade por usucapião e fixe os limites da área adquirida não será oponível ao vizinho não citado, que poderá – em processo distinto – litigar sobre os limites existentes entre sua área e a que foi usucapida.

Visto o litisconsórcio necessário, é tempo de tratar do *litisconsórcio facultativo* (que, evidentemente, pode ser ativo ou passivo). Pois o litisconsórcio é facultativo quando sua formação depende da vontade de quem demanda. Em outras palavras, quando a formação do litisconsórcio é facultativa (o que se dará em qualquer caso de comunhão, conexão ou afinidade em que não haja determinação legal no sentido de sua formação necessária, nem seja incindível a relação jurídica substancial), só haverá processo litisconsorcial se o(s) demandante(s) quiser(em).

Pense-se, por exemplo, no caso de haver um acidente com um ônibus, em que vários passageiros se ferem. Pois neste caso é perfeitamente possível que as vítimas se litisconsorciem para demandar em face da transportadora a reparação dos danos sofridos. Evidentemente seria possível que cada uma das vítimas desse início a um processo distinto. É, porém, possível o litisconsórcio ativo (facultativo) neste caso, que se formará se assim o quiserem as vítimas que pretendam demandar em um mesmo processo.

Pode acontecer de formar-se um litisconsórcio facultativo com um número excessivamente grande de participantes, capaz de comprometer a duração razoável do processo ou o exercício do direito de defesa. É o fenômeno conhecido como *litisconsórcio multitudinário*. Neste caso, deverá haver a limitação do número de litisconsortes, de ofício ou a requerimento do interessado (art. 113, §§ 1º e 2º). Esta limitação pode ocorrer na fase de conhecimento, na liquidação de sentença ou em sede executiva (seja no caso de processo de execução, seja em sede de cumprimento de sentença).

O requerimento de limitação deve ser formulado pelo demandado no prazo para oferecimento de resposta e provoca a interrupção deste prazo (que voltará a correr – por inteiro – a partir da intimação da decisão que defira ou indefira a limitação).

Determinada a limitação do litisconsórcio multitudinário, o processo deverá ser desmembrado em tantos processos quantos se façam necessários para acomodar adequadamente todos os demandantes (FPPC, enunciado 386), sendo certo que nenhum deles poderá ser prejudicado por eventual demora resultante do desmembramento. Por tal razão, considera-se que a interrupção da prescrição retroage à data da propositura da demanda original (FPPC, enunciado 10). Admite-se, porém, que em vez de limitar o número de litisconsortes quando este trouxer prejuízo ao direito de defesa, o juízo decida pela ampliação de prazos, de forma a assegurar o amplo exercício da defesa e, se for o caso, o desmembramento pode ser deixado para a fase de cumprimento de sentença (FPPC, enunciado 116).

Terceiro critério de classificação do litisconsórcio é o que permite analisar o fenômeno *quanto ao regime de tratamento dos litisconsortes*. Segundo este critério o litisconsórcio pode ser *unitário* e *simples* (ou comum).

O litisconsórcio é unitário quando todos os litisconsortes têm, obrigatoriamente, de obter o mesmo resultado no processo (art. 116, que fala em decidir-se o mérito de modo uniforme para todos os litisconsortes). Ou todos ganham (o *mesmo* bem jurídico), ou todos perdem (e, neste caso, ficam privados do *mesmo* bem jurídico). É o que se dá quando, por exemplo, o Ministério Público demanda, em face de um casal, a invalidação do casamento. Neste caso, ou o casamento é invalidado ou não é. De qualquer modo, o resultado para os litisconsortes será sempre *o mesmo*. Os litisconsortes, neste caso, embora sejam diversos, são tratados no processo como se fossem *uma só parte* (o que justifica a nomenclatura adotada: litisconsórcio *unitário*). E não é por outra razão que, nos termos do art. 117, havendo litisconsórcio unitário os litisconsortes não são tratados em suas relações com a parte adversa "como litigantes distintos". Devem eles ser tratados "como se fossem uma só parte". Assim, por exemplo, o recurso por um interposto a todos aproveita (art. 1.005). Do mesmo modo, sendo unitário o litisconsórcio, a contestação por um apresentada a todos beneficia. Os atos e omissões de um litisconsorte, porém (tratando-se de litisconsórcio unitário, claro), não poderão prejudicar os demais. Deste modo, a revelia de um litisconsorte unitário nao prejudica os demais, assim como não haverá prejuízo para os outros se algum litisconsorte unitário deixar de efetuar algum recolhimento de custas ou deixar de interpor recurso contra alguma decisão (tudo nos termos do mesmo art. 117).

A unitariedade do litisconsórcio deriva, sempre, da natureza incindível da relação jurídica substancial deduzida no processo. Tal incindibilidade, então, é causa de dois fenômenos distintos e inconfundíveis: ela faz com que o litisconsórcio seja *necessário* e, também, *unitário*. Os dois fenômenos, porém, não se confundem. Afirmar que um litisconsórcio é *necessário* é dizer que só será possível resolver-se o mérito da causa se todos os litisconsortes estiverem regularmente presentes no processo (sem pronunciar-

-se, com isto, uma só palavra acerca do modo como a causa será julgada). De outro lado, dizer que um litisconsórcio é *unitário* é dizer que para os litisconsortes presentes ao processo (e sem afirmar se tal presença era ou não necessária) o julgamento será uniforme.

Não é difícil perceber que nem todo litisconsórcio necessário é unitário. É que o litisconsórcio pode ser necessário por disposição de lei, caso em que, apesar de sua necessariedade, não será unitário. Sendo, porém, o litisconsórcio necessário pela natureza da relação jurídica, ele será necessário e unitário.

De outro lado (e aí talvez já não seja tão fácil perceber-se o fato), nem todo litisconsórcio unitário é necessário. E isto não obstante o fato de ser incindível a relação jurídica substancial. É que existem casos em que ocorre aquilo que se pode chamar de *dispensa da necessariedade*. São as situações em que, embora incindível a relação jurídica substancial (e, por conseguinte, unitário o litisconsórcio que se forme entre seus sujeitos), o ordenamento jurídico dispensa a formação necessária do litisconsórcio, admitindo a resolução do mérito ainda que o processo não seja litisconsorcial. É o que se tem, por exemplo, no caso de litisconsórcio unitário ativo (já que, como visto, é incompatível com o ordenamento jurídico brasileiro a existência de um litisconsórcio ativo necessário, mas nada impede que haja um litisconsórcio ativo unitário, como se dá, *e.g.*, no caso de diversos condôminos litisconsorciarem-se para postular a anulação de uma deliberação de assembleia de condôminos).

De outro lado, o litisconsórcio é *simples* (ou comum) quando os litisconsortes são partes realmente distintas, e o destino de cada um é independente do destino dos demais (como se dá no exemplo, anteriormente citado, das vítimas do acidente com o ônibus que demandam a reparação dos danos sofridos em face da transportadora). Em casos assim, incumbe ao juiz, ao julgar a causa, examinar separadamente a situação de cada um dos litisconsortes, e a sentença terá diversos capítulos, tratando isoladamente das demandas de cada um deles.

Seja, porém, unitário ou simples o litisconsórcio, todos os litisconsortes têm o direito de promover sozinhos o andamento do processo, assim como fazem jus a intimações individualizadas dos atos do processo (art. 118).

Por fim, há um último critério de classificação do litisconsórcio, *quanto ao momento de sua formação*. Pois o litisconsórcio pode ser *inicial* (ou originário) e *ulterior* (ou superveniente). Os nomes, aqui, dizem tudo. O litisconsórcio é originário quando existe desde a formação do processo (e é isto que mais frequentemente acontece). E é superveniente quando sua formação se dá com o processo já em curso, em razão de um fato ulteriormente ocorrido (como, por exemplo, no caso de uma "ação de investigação de paternidade" ser proposta e, no curso do processo, morrer o réu, caso em que deverá ele ser sucedido por seus herdeiros, nos termos do art. 1.601, parágrafo único, do CC).

7.5 Intervenção de Terceiros

Chama-se *intervenção de terceiro* ao ingresso de um terceiro em um processo em curso. Terceiro – frise-se – é todo aquele que não é sujeito de um processo. Assim, sempre que alguém que não participa de um processo nele ingressa e dele começa a participar tem-se uma intervenção de terceiro.

É importante ter claro que *o terceiro só é terceiro antes da intervenção*. A partir do momento em que ingressa no processo ele passa a ser um de seus sujeitos e, portanto, adquire a qualidade de parte. Afinal, é parte do processo todo aquele que se apresenta como um sujeito do contraditório, podendo atuar de forma a exercer influência na formação do resultado do processo. E é exatamente assim que atua o terceiro interveniente, qualquer que seja a modalidade de intervenção.

O terceiro, pois, ao intervir, torna-se *parte do processo*. Nem sempre, porém, será ele *parte da demanda*. É que em algumas modalidades de intervenção de terceiro o interveniente não assume nem a posição de demandante nem a de demandado (como se dá, por exemplo, nas assistências). Em outros casos, porém, o terceiro interveniente se torna parte da demanda, como acontece no chamamento ao processo, em que o chamado vira réu, assumindo uma posição passiva na demanda que deu origem ao processo (e, assim, se litisconsorciando ao demandado original).

A intervenção do terceiro pode ser voluntária ou forçada. É voluntária naqueles casos em que o terceiro, espontaneamente, vai ao processo e postula sua intervenção. De outro lado, é forçada quando o terceiro ingressa no processo independentemente de sua vontade (e até mesmo contra ela), sendo *citado*.

São intervenções voluntárias a *assistência*, o *recurso de terceiro* (que, porém, não será examinado aqui, mas na parte deste trabalho dedicada ao estudo dos recursos) e a intervenção do *amicus curiae*. São intervenções forçadas a *denunciação da lide*, o *chamamento ao processo, a intervenção resultante do incidente de desconsideração da personalidade jurídica*.

7.5.1 Assistência

Intervenção de terceiro voluntária por excelência, a assistência permite ao terceiro interveniente (chamado *assistente*) ingressar no processo para ajudar uma das partes da demanda (o *assistido*) a obter sentença favorável (art. 119). Trata-se de modalidade de intervenção típica dos processos cognitivos – já que tem por objetivo permitir que o assistente auxilie o assistido na busca de uma *sentença favorável*, o que implica dizer que não será a mesma admitida nos processos executivos (ou na fase de cumprimento de sentença).

A assistência é admissível em qualquer procedimento cognitivo, podendo ocorrer em qualquer grau de jurisdição, recebendo o assistente o processo no estado em que se encontra (art. 119, parágrafo único). Consequência disto é que o assistente poderá auxiliar o assistido a partir do momento em que seja admitido no processo, não lhe sendo possível praticar atos relativos a estágios anteriores do processo, que para o assistido já estariam preclusos. Pense-se, por exemplo, no caso de ser admitido um assistente para o réu após o saneamento do processo. Não poderá o assistente, neste caso, impugnar o valor atribuído à causa pelo autor, questão que só poderia ter sido suscitada no prazo da contestação (art. 293).

Formulado pelo terceiro interessado em intervir o requerimento de sua admissão no processo como assistente, deverá o juiz ouvir as partes no prazo de quinze dias. Não havendo impugnação de qualquer das partes, o requerimento será deferido, salvo se for caso de rejeição liminar (art. 120), ou seja, se for evidente que não estão presentes os requisitos para a intervenção. Havendo impugnação, o juiz decidirá o incidente sem suspensão do processo (art. 120, parágrafo único, *in fine*).

Requisito essencial para a admissão do terceiro como assistente é que tenha ele *interesse jurídico* na causa (art. 119). Não é, pois, qualquer interesse que legitima a intervenção do assistente, mas apenas o interesse *jurídico*.

Duas são as situações em que o interesse do terceiro na causa pode ser qualificado como jurídico. E exatamente por conta desta dualidade é que se reconhece a existência de duas modalidades de assistência: a *simples* (arts. 121 a 123) e a *litisconsorcial* ou *qualificada* (art. 124).

A primeira situação em que se considera haver interesse jurídico é aquela em que o terceiro que pretende intervir no processo é titular da própria relação jurídica substancial deduzida no processo. É o caso, por exemplo, do substituído processual. Pense-se na hipótese de ter o Ministério Público ajuizado, na qualidade de substituto processual de um menor, demanda de investigação de paternidade em face de seu suposto pai. O menor, substituído processual, não é parte na demanda e, portanto, é – a princípio, pelo menos – terceiro. É ele, porém, o titular da relação jurídica controvertida. Isto faz com que se considere ter ele interesse jurídico no resultado do processo, podendo intervir como assistente do Ministério Público.

Outro exemplo que pode ser figurado é o da demanda proposta por credor em face de um dos devedores solidários para dele cobrar a integralidade da dívida. O codevedor solidário que não tenha sido demandado (e que, portanto, é terceiro), sendo cotitular da posição jurídica passiva na relação obrigacional, tem interesse jurídico no resultado do processo.

Pois nesses casos em que o terceiro tem interesse jurídico por ser titular da própria relação jurídica deduzida no processo poderá ele intervir como *assistente litisconsorcial* ou *qualificado*.

De outro lado, há casos em que o terceiro é juridicamente interessado no resultado do processo não obstante o fato de não ser ele titular da própria relação jurídica deduzida em juízo. É o que se dá nas hipóteses em que o terceiro é titular de outra relação jurídica, distinta mas vinculada (subordinada, dependente ou conexa) à relação deduzida no processo. Pense-se, por exemplo, no caso de ter o locador de um imóvel proposto em face do locatário demanda de despejo. Pois um sublocatário, que mantém relação jurídica com o locatário (mas não com o locador), a qual é subordinada à relação locatícia deduzida no processo, tem interesse jurídico em que o locatário obtenha sentença favorável (desde que a sublocação tenha sido autorizada pelo locador, pois do contrário não lhe seria oponível, nos termos do art. 13 da Lei nº 8.245/1991). Outro caso que pode ser lembrado é o do fiador, juridicamente interessado no resultado do processo em que o afiançado e o credor discutem a validade do contrato que gerou a obrigação assegurada pela fiança. Sendo o contrato de fiança (celebrado entre fiador e credor) acessório do contrato principal, gerador da obrigação afiançada, terá o fiador interesse jurídico em que a sentença seja favorável ao afiançado (afinal, inválido o contrato principal, inválida é, também, a fiança, nos termos do art. 184 do CC).

Pois nestes casos em que o terceiro juridicamente interessado não é titular da própria relação jurídica deduzida no processo, mas de outra relação, subordinada, dependente ou conexa à relação controvertida, poderá ele intervir como *assistente simples*.

O assistente (seja ele litisconsorcial ou simples) é, então, sujeito que intervém no processo, tornando-se parte e, por isso, passando a atuar em contraditório, assegurado seu poder de influência sobre o resultado do processo, não podendo ser surpreendido pelas decisões que venham a ser proferidas. E atuará ele no processo com o fim de auxiliar o assistido a obter resultado favorável.

A respeito do assistente simples, afirma a lei processual que atuará como auxiliar do assistido, exercendo os mesmos poderes e se sujeitando aos mesmos ônus processuais (art. 121). Significa isto dizer que o assistente simples pode praticar qualquer ato processual que ao assistido também seria legítimo praticar. O assistente simples pode produzir alegações e provas, interpor recursos, impugnar atos praticados pela parte adversa, enfim, pode praticar todos os atos que ao assistido também seria lícito praticar. Fica ele, porém, sujeito aos mesmos ônus processuais, o que implica dizer que terá de observar todas as exigências que ao assistido são impostas para que seus atos sejam admitidos no processo, como a tempestividade e o recolhimento das custas, por exemplo.

Caso o assistido seja omisso no processo (como se dá, por exemplo, no caso de o assistido ser o réu e se consumar sua revelia), o assistente passa a atuar como seu substituto processual, agindo em nome próprio na defesa de interesse alheio no exercício de uma legitimidade extraordinária (art. 121, parágrafo único).

De outro lado, a assistência simples não obsta a que a parte principal pratique atos dispositivos, como o reconhecimento da procedência do pedido a desistência da ação, a renúncia à pretensão ou a transação (art. 122). Afinal, não seria legítimo considerar que o assistente simples – que não é titular da relação jurídica deduzida no processo – estivesse autorizado a impedir seu titular de dispor sobre seus próprios interesses.

Tendo o assistente simples intervindo no processo e nele sido proferida sentença de mérito, o trânsito em julgado desta implicará a produção de um efeito conhecido como *eficácia da intervenção* (art. 123). Significa isto dizer que, a partir do momento em que a sentença de mérito se torne irrecorrível, não poderá o assistente simples, em processo posterior, tornar a discutir a justiça da decisão. Fica ele, pois, alcançado por uma *eficácia preclusiva da coisa julgada*, que impede que, em processo futuro, se volte a discutir não só o que foi efetivamente decidido mas, também, os fundamentos da sentença. Não se produz a eficácia da intervenção, porém, se o assistente demonstrar (no processo posterior) que (i) pelo estado em que recebeu o processo ou pelas declarações e atos do assistido, foi impedido de produzir provas suscetíveis de influir na sentença; ou (ii) desconhecia a existência de alegações ou de provas das quais o assistido, por dolo ou culpa, não se valeu (*exceptio male gesti processus*).

De outro lado, o assistente litisconsorcial (ou qualificado), embora não seja litisconsorte do assistido (já que não é demandante nem demandado), é tratado como se fosse litisconsorte (art. 124). Significa isto dizer que o assistente litisconsorcial é tratado, ao longo do processo, do mesmo modo como se trataria um litisconsorte. Assim, por exemplo, no caso de uma das partes da demanda ter um assistente litisconsorcial, sendo eles representados por advogados distintos (de diferentes escritórios de advocacia), seus prazos processuais serão dobrados (art. 229), salvo se o processo tramitar em autos eletrônicos (art. 227, § 2º). Do mesmo modo, no caso de pretenderem o demandante e o demandado estabelecer uma solução consensual para a causa, será preciso que com ela concorde o assistente litisconsorcial (que é, afinal de contas, titular da posição jurídica de direito material sobre a qual se busca estabelecer o acordo). Quanto ao mais, porém, a ele se aplicam as disposições acerca da assistência simples (podendo o assistente litisconsorcial exercer os mesmos poderes que o assistido, sujeitando-se aos mesmos ônus, além de ser alcançado pela eficácia da intervenção).

7.5.2 Denunciação da Lide

A denunciação da lide, modalidade de intervenção forçada de terceiro, pode ser provocada por qualquer das partes da demanda, e é admissível nos casos previstos no art. 125. Através da denunciação da lide, ajuíza-se uma demanda regressiva condicional, destinada a permitir que o denunciante exerça, perante o denunciado, no mesmo processo, um direito de regresso que tenha na eventualidade de vir a sucumbir na demanda principal.

Afirma o *caput* do art. 125 que a denunciação da lide é, nos casos ali previstos, *admissível*. Esta redação é perfeitamente compatível com o disposto no § 1º do art. 125, que deixa claro que o direito de regresso não exercido através da denunciação poderá ser atuado em processo autônomo sempre que a denunciação for indeferida, deixar de ser promovida ou não for permitida (como se dá, por exemplo, nos processos que tramitam perante os Juizados Especiais, em que é vedada qualquer modalidade de intervenção de terceiros). (FPPC, enunciado 120: "A ausência de denunciação da lide gera apenas a preclusão do direito de a parte promovê-la, sendo possível ação autônoma de regresso").

A primeira hipótese em que a denunciação da lide é admissível é aquela em que a demanda regressiva é dirigida ao *alienante imediato*, no processo relativo à coisa cujo domínio foi transferido ao denunciante, a fim de que possa exercer os direitos que da evicção lhe resultam, o que remete diretamente ao disposto no art. 450 do CC. Do texto do Código fica claro que só se admite a denunciação da lide, neste caso, ao alienante imediato, não sendo possível realizar-se a denunciação *per saltum* diretamente em face de algum alienante anterior.

Além deste, o outro caso é aquele em que o terceiro está obrigado, por lei ou pelo contrato, a indenizar, por força de direito de regresso, o prejuízo do que for vencido no processo. É o que se dá, por exemplo, no processo em que o demandante postula reparação de danos causados em acidente de trânsito, sendo admissível que o demandado denuncie a lide à sua seguradora (a qual, por força de contrato, tem o dever de indenizar o segurado se este sucumbir na causa).

Feita a denunciação da lide, poderá o denunciado promover uma denunciação sucessiva, contra quem o anteceda na cadeia dominial (art. 125, I) ou quem seja responsável por indenizá-lo (art. 125, II). Apenas uma denunciação sucessiva é admissível, e o denunciado sucessivo não poderá promover nova denunciação, só podendo exercer eventual direito de regresso perante outrem através de demanda própria, em processo autônomo (art. 125, § 2º).

A denunciação da lide pode ser promovida tanto pelo autor como pelo réu. Caso seja promovida pelo autor, deverá ser requerida desde logo na petição inicial; caso seja promovida pelo réu, deverá ser formulada na contestação (art. 126).

A denunciação da lide requerida pelo autor não é, verdadeiramente, uma intervenção de terceiro. É que a demanda já é originariamente dirigida em face dele, que está no processo originariamente e, por isso, não é terceiro. Afinal, como sabido, o terceiro interveniente é definido através de um critério cronológico, considerando-se terceiro aquele que não é parte, motivo pelo qual se deve definir a *intervenção do terceiro* como o ingresso, em um processo, de alguém que dele não é parte. Deste modo, sendo a demanda regressiva condicional proposta desde a petição inicial em face do denunciado, não se pode verdadeiramente falar aqui em intervenção de terceiro. O que se tem é um *litisconsórcio passivo originário eventual*.

Já a denunciação promovida pelo réu é verdadeira e propriamente uma *intervenção de terceiro* (já que, originariamente, o denunciado é terceiro em relação ao processo). Neste caso, a denunciação da lide deve ser requerida na contestação.

Requerida a citação do denunciado pelo réu, deverá a diligência citatória ser promovida no prazo de trinta dias ou em dois meses, conforme o caso, sob pena de ficar sem efeito a denunciação (art. 131, *caput* e parágrafo único, a que remete a parte final deste art. 126). Significa isto dizer que incumbirá ao réu-denunciante fornecer, no prazo de trinta dias, os elementos necessários para que a citação do denunciado ocorra (como, por exemplo, o comprovante de recolhimento de custas, a indicação do endereço em que a diligência de citação deverá ser realizada *etc.*).

Diz o art. 127 que, feita a denunciação pelo autor, o denunciado se torna seu litisconsorte. Isto, porém, não é exato. Na verdade, o denunciado e o denunciante não são litisconsortes, pelo simples fato de que o denunciado não terá demandado nada em seu favor. Como sabido, há litisconsórcio nos casos em que existe *pluralidade de demandantes ou de demandados*. No caso em exame há apenas um demandante (o autor-denunciante), e o denunciado, nada tendo demandado para si, não é litisconsorte ativo.

Sendo a denunciação da lide uma demanda regressiva condicional que, no caso em exame, só será julgada se o autor-denunciante ficar vencido na demanda principal, ao denunciado interessa auxiliar o denunciante a obter sentença favorável. Atuará ele, portanto, na qualidade de *assistente* do denunciante (e não de seu litisconsorte), na forma prevista no art. 119. E o caso é de assistência simples, já que não há relação jurídica direta entre o denunciado e o adversário do assistido (ou, dito de outro modo, porque o denunciado não é um dos sujeitos participantes da relação jurídica deduzida no processo e sobre a qual litigam autor e réu).

Na qualidade de assistente simples do denunciante, poderá o denunciado agregar fundamentos aos trazidos na petição inicial, auxiliando assim o autor a obter sentença favorável na demanda principal, o que terá a consequência de tornar prejudicada a denunciação da lide.

Deve-se, então, ter claro que há dois diferentes vínculos entre denunciante e denunciado: em relação à demanda principal, o denunciado atua como assistente do denunciante. Na demanda regressiva o denunciado é o demandado (e o denunciante, por óbvio, é o demandante).

Ultrapassada a oportunidade para que o denunciado acrescente argumentos à petição inicial, deverá ser efetivada a citação do réu, que terá então oportunidade para oferecer sua resposta à demanda do autor já acrescida dos argumentos que o denunciado tenha apresentado (art. 127). Observe-se, então, que, havendo denunciação da lide feita pelo autor, deverá ser citado primeiro o litisdenunciado e só depois de decorrido o prazo para que este ofereça resposta é que se poderá promover a citação do réu da demanda principal.

Já no caso da denunciação da lide provocada pelo réu (art. 128), existem três distintas possibilidades previstas na lei: pode o denunciado, uma vez citado, oferecer contestação (art. 128, I); ficar revel (art. 128, II); ou confessar (art. 128, III).

Caso o denunciado ofereça contestação à demanda principal, afirma o texto legal que o processo seguirá com a formação de um litisconsórcio passivo entre denunciante e denunciado. Valem aqui, porém, as observações feitas acerca da relação que se estabelece entre denunciante e denunciado quando a denunciação é feita pelo autor: na verdade, o denunciado será *assistente simples* do denunciante, atuando no processo com o objetivo de auxiliá-lo a obter sentença favorável na demanda principal (o que implicará tornar prejudicada a denunciação). Aqui, pois, também se pode afirmar a existência de dois distintos vínculos entre denunciante e denunciado, atuando este como assistente daquele em relação à demanda principal, e sendo o denunciado demandado pelo denunciante na demanda regressiva.

Na hipótese de o denunciado permanecer revel, não oferecendo qualquer tipo de resposta, ao réu-denunciante é dado não mais praticar qualquer ato relacionado à demanda principal, não prosseguindo no exercício de sua defesa, e limitando sua atuação à demanda regressiva. Poderá o réu-denunciante, porém, optar por prosseguir em sua defesa, buscando obter uma sentença que lhe seja favorável.

Pode ocorrer, por fim, de o denunciado confessar os fatos narrados pelo demandante na petição inicial. Neste caso, poderá o réu-denunciante prosseguir com sua defesa, buscando obter resultado favorável, ou poderá ele optar por aderir à confissão, admitindo como verdadeiros os fatos que lhe sejam desfavoráveis, limitando-se a postular a procedência do pedido regressivo que formulou.

Por fim, o parágrafo único deste art. 128 prevê a possibilidade de o autor promover a execução diretamente em favor do denunciado (nos casos de denunciação da lide feita pelo réu), o que conta com o apoio do enunciado 121 do Fórum Permanente de Processualistas Civis ("O cumprimento da sentença diretamente contra o denunciado é admissível em qualquer hipótese de denunciação fundada no inciso II do art. 125"). A hipótese é a seguinte: julgado procedente o pedido formulado pelo autor em face do réu, passa o juízo a apreciar a demanda regressiva deduzida através da denunciação da lide feita pelo demandado. Caso esta seja também procedente, haverá duas condenações: a do réu em favor do autor e a do denunciado em favor do denunciante. Nesta hipótese, e dentro dos estritos limites da condenação do denunciado, poderá o autor promover uma execução *per saltum*, demandando o cumprimento da sentença diretamente em face dele, sozinho ou em litisconsórcio passivo com o réu. Frise-se, porém, que a execução direta do denunciado promovida pelo autor deverá respeitar os estritos limites da sua condenação. Caso o autor tenha mais a receber, o excedente terá de ser exigido do réu, nos termos da condenação contida no julgamento da demanda principal.

Como vem sendo dito desde o início deste tópico, a denunciação da lide é uma demanda regressiva condicional. Significa isto dizer que o denunciante – seja ele o autor ou o réu –, através da denunciação da lide, ajuíza uma demanda através da qual busca exercer um direito de regresso em face de um terceiro, demanda esta que só será julgada na eventualidade de o denunciante ficar vencido na demanda principal. Há, aí, pois, a subordinação do julgamento da demanda regressiva a uma condição (empregado o termo no sentido que ordinariamente lhe dá a linguagem jurídica, de evento futuro e incerto a que se subordina a eficácia do ato jurídico): só será ela julgada *se* o denunciante vier a sucumbir na demanda principal.

Deste modo, tendo sido julgada a demanda principal de modo desfavorável ao denunciante, deverá o órgão jurisdicional, *na mesma sentença*, passar ao julgamento da demanda regressiva. Haverá, então, distintos capítulos de sentença: um para apreciação do mérito da causa principal; outro para apreciação do mérito da demanda regressiva (FPPC, enunciado 122: "Vencido o denunciante na ação principal e não tendo havido resistência à denunciação da lide, não cabe a condenação do denunciado nas verbas de sucumbência").

De outro lado, caso o denunciante seja vencedor na causa principal, não se examinará o pedido formulado na demanda regressiva (para usar aqui uma expressão consagrada, dir-se-á que a denunciação da lide está *prejudicada*). Também aqui haverá dois distintos capítulos de sentença: um com o julgamento da demanda principal (favorável ao denunciante); outro com a declaração de que a denunciação da lide não será apreciada.

Mesmo neste caso em que a denunciação da lide fica prejudicada pelo fato de ter o denunciante saído vencedor na causa principal, porém, é preciso que – em outro capítulo de sentença – o juízo se manifeste sobre o custo econômico referente à denunciação da lide, condenando o denunciante a pagar ao denunciado as assim chamadas "verbas de sucumbência". Em outros termos, deverá haver a condenação do denunciante a pagar as despesas processuais adiantadas pelo denunciado, além de honorários advocatícios em favor de seu patrono.

7.5.3 Chamamento ao Processo

Denomina-se chamamento ao processo a intervenção forçada de terceiro que, provocada pelo réu, acarreta a formação de litisconsórcio passivo superveniente entre o demandado original (*chamante*) e aquele que é convocado a participar do processo (*chamado*). É admissível em processos cognitivos, nas hipóteses previstas no art. 130.

Em primeiro lugar, admite-se o chamamento ao processo do afiançado, no processo em que réu é o fiador (art. 130, I). Trata-se do caso em que o credor de uma obrigação garantida por fiança cobra o valor que lhe é devido diretamente do fiador. Este, tendo sido demandado, pode chamar ao processo o afiançado, devedor da obrigação. O chamamento ao processo é admissível ainda que o fiador tenha renunciado ao benefício de ordem (art. 828, I, CC), caso em que se estabelece, entre fiador e afiançado, solidariedade. Não tendo havido renúncia ao benefício de ordem e tendo sido demandado apenas o fiador, o chamamento ao processo se torna (para o fiador) ainda mais importante, já que será essencial para que se forme título executivo em face de ambos (fiador-chamante e afiançado-chamado). Só assim será viável ao fiador, executado, invocar em seu favor o benefício de ordem e exigir que a execução incida primeiro sobre os bens do afiançado (art. 827, CC). É que se o chamamento ao processo não tiver sido feito não haverá título executivo contra o afiançado, motivo pelo qual não será possível que sobre seu patrimônio incida qualquer atividade executiva.

Admite-se também o chamamento ao processo no caso em que, havendo vários fiadores da mesma obrigação, tenha sido a demanda de cobrança proposta em face de um (ou alguns) deles (art. 130, II). Nesse caso (de confiança), existe solidariedade entre os cofiadores (art. 829, CC), ressalvada a possibilidade de que tenham expressamente se reservado o *benefício de divisão*. Trata-se, a rigor, de hipótese que sequer precisaria estar expressamente prevista, já que se inclui na previsão contida no art. 130, III.

Por fim, admite-se o chamamento ao processo dos demais devedores solidários quando o credor exigir de um (ou alguns) deles o pagamento da dívida comum (art. 130, III). Como sabido, no caso de haver solidariedade passiva, fica o credor autorizado a escolher um dos codevedores e dele cobrar a integralidade da dívida (art. 275, CC), e a propositura da demanda pelo credor em face de apenas um ou alguns dos codevedores não implica renúncia à solidariedade (art. 275, parágrafo único, CC). Uma vez promovida pelo credor a escolha do devedor de quem pretende cobrar a integralidade da dívida, porém, fica o escolhido autorizado a chamar ao processo os demais codevedores (o que, a rigor, pode fazer com que a escolha nenhuma vantagem traga ao credor, a quem o instituto da solidariedade passiva busca proteger). Efetivado pelo réu o chamamento ao processo, os demais codevedores solidários passarão a integrar o processo como litisconsortes passivos.

Vale registrar que, não obstante afirme o texto legal que é possível chamar ao processo "[os] demais devedores solidários", nada impede que o demandado promova o chamamento não de todos, mas de apenas alguns dos demais codevedores.

Pois nos casos previstos no art. 130 poderá o demandado promover o chamamento ao processo a fim de que se forme um litisconsórcio passivo. A citação do(s) chamado(s) deve ser requerida na contestação, devendo ser promovida pelo chamante no prazo de trinta dias, sob pena de ser considerada ineficaz (art. 131). Caso o chamado resida em outra comarca, seção ou subseção judiciária, ou em lugar incerto, o prazo para que o chamante promova a citação do chamado será contado de dois meses (art. 131, parágrafo único).

Formado o litisconsórcio passivo através do chamamento ao processo, o processo continuará a desenvolver-se em direção à sentença. Sendo esta de procedência do pedido formulado pelo autor, valerá ela como título executivo em favor do réu que satisfizer a dívida, a fim de que possa exigi-la por inteiro do devedor principal, ou a quota de cada um dos codevedores (art. 132). Significa isto dizer que, procedente o pedido, e tendo um dos réus (seja ele chamante ou chamado) efetuado o pagamento integral da dívida, poderá ele – valendo-se desta mesma sentença como título executivo – buscar a satisfação do seu direito perante seu litisconsorte. Tendo sido o direito do autor satisfeito pelo fiador da obrigação principal (na hipótese prevista no art. 130, I), poderá ele exigir do afiançado o pagamento integral (mas evidentemente a recíproca não é verdadeira, e se o pagamento já tiver sido originariamente feito pelo afiançado nada poderá ele exigir de seu fiador). Nas hipóteses previstas nos incisos II e III do art. 130, aquele que pagou poderá exigir dos demais o pagamento de suas quotas-partes.

7.5.4 Incidente de Desconsideração da Personalidade Jurídica

O Código de Processo Civil inclui, entre as modalidades de intervenção de terceiro, o incidente de desconsideração da personalidade jurídica. Trata-se, na verdade, de um incidente processual que provoca uma intervenção forçada de terceiro (já que alguém estranho ao processo – o sócio ou a sociedade, conforme o caso – será citado e passará a ser parte no processo, ao menos até que seja resolvido o incidente). Caso se decida por não ser caso de desconsideração, aquele que foi citado por força do incidente será excluído do processo, encerrando-se assim sua participação. De outro lado, caso se decida pela desconsideração, o sujeito que ingressou no processo passará a ocupar a posição de demandado, em litisconsórcio com o demandado original.

O incidente de desconsideração da personalidade jurídica, então, pode acarretar uma ampliação subjetiva da demanda, formando-se, por força do resultado nele produzido, um litisconsórcio passivo facultativo.

Importante, ainda, é registrar que este incidente vem assegurar o pleno respeito ao contraditório e ao devido processo legal no que diz respeito à desconsideração da personalidade jurídica. É que sem a realização desse incidente o que se via era a apreensão de bens de sócios (ou da sociedade, no caso de desconsideração inversa) sem que fossem eles chamados a participar, em contraditório, do processo de formação da decisão que define sua responsabilidade patrimonial, o que contraria frontalmente o modelo constitucional de processo brasileiro, já que admite a produção de uma decisão que afeta diretamente os interesses de alguém sem que lhe seja assegurada a possibilidade de participar com influência na formação do aludido pronunciamento judicial (o que só seria admitido, em caráter absolutamente excepcional, nas hipóteses em que se profere decisão concessiva de tutela provisória, e mesmo assim somente nos casos nos quais não se pode aguardar pelo pronunciamento prévio do demandado). Ora, se ninguém será privado de seus bens sem o devido processo legal, então é absolutamente essencial que se permita àquele que está na iminência de ser privado de um bem que seja chamado a debater no processo se é ou não legítimo que seu patrimônio seja alcançado por força da desconsideração da personalidade jurídica.

Sempre se poderia objetar ao que aqui se sustenta com a afirmação de que, necessário o contraditório prévio, quando se decidir pela desconsideração da personalidade jurídica já não se encontrará mais qualquer bem no patrimônio do sócio (ou da sociedade) que permita a satisfação do crédito da contraparte. Assim não é, porém. Como se verá adiante, qualquer alienação ou oneração de bens feita após a instauração do incidente será ineficaz em relação ao requerente do incidente. Ademais, sempre é possível a concessão de uma medida cautelar destinada a apreender bens do sócio (ou da sociedade, nos casos de desconsideração inversa) para assegurar sua futura utilização em sede executiva.

O incidente de desconsideração da personalidade jurídica não pode ser instaurado de ofício, dependendo sempre de provocação da parte interessada ou, quando atue no processo, do Ministério Público (art. 133). Isso está em plena consonância com o que dispõe o art. 50 do Código Civil, que expressamente exige provocação da parte (ou do Ministério Público) para a desconsideração da personalidade jurídica, mas vem eliminar o risco de que, nas causas regidas pela legislação consumerista, se desse ao art. 28 do CDC (que é silente sobre o ponto) interpretação no sentido de que ali seria possível desconsiderar-se *ex officio* a personalidade jurídica. Fica claro, então, que a desconsideração da personalidade jurídica *jamais* poderá ser decretada de ofício, dependendo, sempre, de provocação.

Sendo o Código de Processo Civil o natural repositório das normas gerais do direito processual civil, andou bem o texto legal em evitar que para ele se trouxessem disposições que, na verdade, dizem respeito a outras áreas do conhecimento jurídico (art. 133, § 1º). É que os pressupostos da desconsideração da personalidade jurídica devem ser estabelecidos pelo Direito Material, e não pelo Direito Processual, cabendo a este, tão somente, regular o procedimento necessário para que se possa verificar – após amplo contraditório – se é ou não o caso de desconsiderar-se a personalidade jurídica, tendo-a por ineficaz.

Respeita-se, assim, o fato de que os diversos ramos do Direito Material estabelecem requisitos distintos para que se desconsidere a personalidade jurídica, cabendo verificar, em cada caso concreto, qual o ramo do Direito Material que rege a causa.

Assim é, por exemplo, que nas causas que versem sobre relações de consumo incidirá o disposto no art. 28 do CDC, por força do qual a desconsideração é cabível quando se verificar, em detrimento do consumidor, abuso de direito, excesso de poder, infração da lei, fato ou ato ilícito ou violação dos estatutos ou do contrato social. Haverá, ainda, desconsideração nessas causas se for verificada a falência, o estado de insolvência o encerramento ou a inatividade da pessoa jurídica, desde que provocados por má administração.

De outro lado, nas causas em que a relação jurídica subjacente ao processo for regida pelo Código Civil, incidirá o art. 50 deste diploma, por força do qual a desconsideração da personalidade jurídica é cabível quando houver abuso da personalidade jurídica, caracterizado por desvio de finalidade ou pela confusão patrimonial. Veja-se, pois, que a falência por má administração é causa suficiente para a desconsideração quando se trate de uma causa fundada em relação de consumo, mas não o é se a causa for daquelas regidas pelo Código Civil.

Nas causas regidas pelo Direito Ambiental, de outro lado, incidirá a norma extraída do art. 4º da Lei nº 9.605/1998, por força do qual "[p]oderá ser desconsiderada a pessoa jurídica sempre que sua personalidade for obstáculo ao ressarcimento de prejuízos causados à qualidade do meio ambiente". Significa isto dizer que nos processos que versem sobre matéria ambiental o único requisito para a desconsideração da personalidade jurídica é que a sociedade não tenha patrimônio suficiente para assegurar a reparação do dano ambiental que tenha causado, permitida, assim, a extensão da responsabilidade patrimonial ao sócio (ou vice-versa, no caso de desconsideração inversa), pouco importando se houve dolo, culpa, fraude, má-fé ou qualquer outra forma de se qualificar a intenção de quem praticou o ato poluidor.

O mesmo poderia ser dito a respeito de causas diversas, como as trabalhistas ou aquelas em que se discute matéria tributária, entre muitas outras. Mas o quanto até aqui se disse é suficiente para demonstrar o que se sustenta: os requisitos da desconsideração variarão conforme a natureza da causa, devendo ser apurados nos termos da legislação própria. Ao Código de Processo Civil incumbe, tão somente, regular o procedimento do incidente de desconsideração da personalidade jurídica (o qual será sempre o mesmo, qualquer que seja a natureza da relação jurídica de direito substancial deduzida no processo).

O regramento estabelecido pelo CPC para o incidente de desconsideração da personalidade jurídica não se aplica apenas aos casos em que se pretenda desconsiderar a separação entre a personalidade da sociedade e a do sócio a fim de alcançar os bens deste para garantir o pagamento de dívidas daquela. Também o contrário é possível, buscando-se a desconsideração para viabilizar a extensão da responsabilidade patrimonial de modo a viabilizar que se alcancem os bens da sociedade para garantir o pagamento das dívidas do sócio. É a chamada "desconsideração inversa da personalidade jurídica", que há muito é acolhida no Direito brasileiro. Assim, seja diante de um requerimento de desconsideração da personalidade jurídica propriamente dita, seja no caso de se ter requerido a desconsideração inversa da personalidade jurídica, aplicar-se-ão as regras extraídas dos arts. 133 a 137 do CPC.

O incidente de desconsideração da personalidade jurídica pode instaurar-se em qualquer tipo de processo, cognitivo ou executivo, seja qual for o procedimento observado, comum ou especial. Pode, ainda, instaurar-se em qualquer fase do desenvolvimento processual, inclusive na fase executiva que o processo civil brasileiro designa por "cumprimento de sentença" (art. 134).

É possível, inclusive, que o incidente se instaure perante os tribunais, seja nos processos de competência originária, seja em grau de recurso, como se extrai do disposto no parágrafo único do art. 136, que prevê a possibilidade de decisão do incidente por relator.

Caso o incidente se instaure no curso de um processo cognitivo (ou na fase de conhecimento de um processo "sincrético"), e vindo a ser proferida decisão que desconsidere a personalidade jurídica, o sócio (ou a sociedade, no caso de desconsideração inversa) passará a integrar o processo como demandado. Consequência disso é que a sentença poderá afirmar sua condição de responsável pela obrigação, o que tornará possível fazer com que a execução atinja seu patrimônio, nos termos do art. 790, VI.

De outro lado, não tendo sido instaurado o incidente durante o processo de conhecimento, sempre será possível postular a desconsideração da personalidade jurídica na fase de cumprimento da sentença. Neste caso, assim como ocorrerá quando o incidente for instaurado no curso de execução fundada em título extrajudicial, sendo proferida a decisão que desconsidera a personalidade jurídica, o sócio (ou a sociedade, no caso de desconsideração inversa) assumirá a posição de executado, de modo que sobre seu patrimônio passará a ser possível incidir a atividade executiva.

Uma vez instaurado o incidente, deverá o juiz determinar a anotação, no cartório do distribuidor, dos dados relativos não só ao fato de que o incidente foi instaurado mas, também, o registro de quem são o requerente e o requerido (art. 134, § 1º).

Impende determinar, em primeiro lugar, qual o momento em que se deve considerar instaurado o incidente. É que poderia parecer, numa interpretação apressada, que bastaria a parte (ou o Ministério Público) peticionar requerendo a instauração do incidente que já se poderia considerar o mesmo instaurado. Assim não é, porém. É que a petição pela qual se requer a instauração do incidente precisará necessariamente preencher alguns requisitos (art. 134, § 4º). Assim, vindo a petição a juízo, deverá ser realizado um juízo de sua admissibilidade e, caso seja o mesmo negativo, não se instaurará o incidente.

Assim, deve-se considerar instaurado o incidente apenas a partir do momento em que se profira decisão admitindo-o. Neste pronunciamento, então, incumbirá ao juiz determinar a expedição de ofício dirigido ao distribuidor, para que ali promova as necessárias anotações.

Essas anotações têm por fim permitir que terceiros, estranhos ao processo, tomem conhecimento do fato de que está pendente o incidente, o que poderá levar ao reconhecimento da responsabilidade patrimonial do requerido (seja ele o sócio, no processo em que a sociedade é demandada, seja a sociedade, no caso de desconsideração inversa). Só assim se poderá viabilizar a incidência da regra extraída do art. 137, por força da qual as alienações ou onerações de bens realizadas pelo requerido já poderão ser consideradas em fraude de execução após a instauração do incidente. É que não se pode considerar fraudulento o ato se seu beneficiário não tinha ao menos a capacidade de saber que o incidente estava instaurado. Preserva-se, assim, um entendimento que já há muito consolidado, no sentido de que só se pode cogitar de fraude de execução se o adquirente do bem (ou o beneficiário da oneração) tinha conhecimento da pendência do processo judicial contra o responsável. Pois o mesmo raciocínio deverá prevalecer com relação ao necessário conhecimento, pelo terceiro estranho ao processo, de que está pendente o incidente de desconsideração da personalidade jurídica. E isto só se poderá assegurar se o incidente – que traz para o processo um terceiro, a ele originariamente estranho – estiver devidamente anotado junto ao distribuidor, de modo que será possível a expedição de certidões com tal informação sempre que solicitado, de forma que será possível ampliar a segurança jurídica quando da realização dos negócios jurídicos de alienação ou oneração de bens.

Há casos em que o demandante, já na petição inicial (de processo cognitivo ou executivo) postula a desconsideração da personalidade jurídica. Nesse caso, a citação do sócio ou da sociedade (esta no caso de desconsideração inversa) já será requerida originariamente. Ocorrendo esse requerimento originário, a demanda terá sido proposta em face do indigitado devedor da obrigação (seja a sociedade, seja o sócio) e, também, em face de terceiro (o sócio ou a sociedade, conforme o caso) que, não obstante estranho à relação obrigacional deduzida no processo, pode ser considerado também responsável pelo pagamento. Formar-se-á, aí, então, um litisconsórcio passivo originário entre a sociedade e o sócio. E em razão desse litisconsórcio originário não haverá qualquer motivo para a instauração do incidente (art. 134, § 2º). Afinal, nesse feito a pretensão à desconsideração integrará o próprio objeto do processo, cabendo ao juiz, ao proferir decisão sobre o ponto, acolher ou rejeitar tal pretensão.

Sendo originário o litisconsórcio entre sociedade e sócio, não haveria como tratar o indigitado responsável (não devedor), seja ele o sócio, seja a sociedade (no caso de desconsideração inversa), como terceiro, motivo pelo qual não haveria qualquer sentido em instaurar-se um incidente que tem por fim promover uma intervenção de terceiro. Ressalvado este caso, porém, a instauração do incidente é obrigatória para que se possa ampliar subjetivamente o processo e, com isso, legitimar-se a decisão que determina que a execução contra a sociedade atinja o patrimônio do sócio (ou vice-versa). Não é por outra razão, aliás, que o art. 795, § 4º, vai estabelecer que "para a desconsideração da personalidade jurídica é obrigatória a observância do incidente previsto neste Código".

Uma vez instaurado o incidente (o que, como já se afirmou, ocorre com o pronunciamento judicial que contém juízo positivo de admissibilidade do requerimento), suspende-se o processo até sua resolução. Ressalva o § 3º do art. 134 a hipótese prevista no § 2º, mas essa ressalva é absolutamente desnecessária. É que, como já visto, no caso previsto no § 2º não se instaura o incidente. Ora, se a causa da suspensão é a instauração do incidente, evidentemente não se suspenderá o curso do processo quando o incidente não for instaurado. De todo modo, o texto do dispositivo tem a vantagem de deixar claro que no caso de pretensão à desconsideração deduzida originariamente, na petição inicial, seu exame se dará juntamente com o das demais pretensões, sem necessidade de se resolver esta questão primeiro para que só depois seja possível tratar-se das demais questões suscitadas no processo.

Afirma o texto do art. 134, § 3º, que a instauração do incidente de desconsideração da personalidade jurídica implica a suspensão do processo. Trata-se, porém, de *suspensão imprópria*. É que, por definição, a suspensão do processo é a sua *paralisação total e temporária*. Significa isto dizer que, suspenso o processo, neste não será possível praticar-se qualquer ato processual (com a única ressalva dos atos urgentes, necessários para evitar dano irreparável), como se extrai do disposto no art. 314. Ora, se o incidente de desconsideração da personalidade jurídica implicasse mesmo a suspensão do processo, ter-se-ia um paradoxo: o processo ficaria suspenso até a resolução do incidente mas, de outro lado, não se poderia resolver o incidente porque o processo estaria suspenso.

Fica claro, então, que não se está diante de verdadeira e própria suspensão do processo. O que se tem é, apenas, a vedação à prática de certos atos do processo (aqueles que não integram o procedimento do incidente), o que perdurará até que o incidente de desconsideração seja decidido. Há, pois, apenas uma *suspensão imprópria*, assim considerada a vedação temporária à prática de alguns atos do processo, permitida a prática de outros (no caso, é permitida apenas a prática dos atos processuais referentes ao processamento do incidente de desconsideração da personalidade jurídica).

Enquanto pendente o incidente, então, os atos que não lhe digam respeito não poderão ser praticados. Fica, de todo modo, ressalvada a possibilidade de prática de atos urgentes, destinados a impedir a consumação de algum dano irreparável, nos estritos termos do disposto no art. 314.

Cessa a suspensão imprópria a que se refere este dispositivo quando o incidente for decidido, ainda que tal decisão esteja sujeita a recurso. É que o agravo de instrumento, recurso cabível na hipótese, não é – ao menos em regra – dotado de efeito suspensivo (art. 995).

No ato de requerimento de desconsideração da personalidade jurídica, incumbirá ao requerente apresentar elementos mínimos de prova de que estão presentes os requisitos para a desconsideração (os quais, como visto, serão os estabelecidos na lei substancial). É preciso, então, que sejam fornecidos elementos de prova que permitam ao juiz a formação de um juízo de probabilidade acerca da presença de tais requisitos.

Incumbirá ao juiz, pois, exercer cognição sumária, a fim de afirmar se é ou não *provável* a existência dos requisitos da desconsideração. Não estando presentes tais elementos, e não se podendo sequer afirmar que é provável o preenchimento dos requisitos da desconsideração, deverá o juiz indeferir liminarmente o incidente, não chegando o mesmo a instaurar-se.

Tal decisão de rejeição liminar, porém, não pode ser proferida sem que se observe, em relação ao requerente, e de forma plena, o princípio do contraditório, cuja observância é essencial para que se respeite o modelo constitucional do processo civil brasileiro e, por conseguinte, se assegure a legitimidade democrática da decisão judicial. Assim sendo, caso o juiz receba a petição de requerimento de desconsideração da personalidade jurídica e não consiga, desde logo, formar esse juízo de probabilidade, deverá dar ao requerente oportunidade para manifestar-se especificamente sobre a possibilidade de vir o requerimento a ser liminarmente indeferido para, só depois, proferir sua decisão. Isto é o que decorre dos arts. 9º e 10 do CPC, dispositivos responsáveis por veicular a regra que exige necessária observância do contraditório pleno e efetivo, a qual decorre logicamente do princípio constitucional do contraditório.

Assim, formulada a petição de requerimento de desconsideração da personalidade jurídica, e não encontrando o juiz elementos que lhe permitam formar juízo de probabilidade acerca da presença dos requisitos da desconsideração, deverá dar vista ao requerente, de modo que este tenha a chance de demonstrar ao juiz que tais requisitos estão presentes. E ao juiz caberá, após este diálogo com o requerente, proferir decisão acerca da admissibilidade ou não do incidente. Só assim se terá pleno respeito ao princípio do contraditório, o qual é a nota essencial de caracterização do processo.

Sendo positivo o juízo de admissibilidade (o que pode decorrer de decisão proferida de plano pelo juiz ou após a oitiva do requerente para demonstrar ao juiz que há elementos que permitem a formação de juízo de probabilidade acerca dos requisitos da desconsideração), deverá o juiz determinar a suspensão (imprópria) do processo até que o incidente seja resolvido. No mesmo ato, como já visto, deverá determinar a expedição de ofício dirigido ao cartório de distribuição, para que ali sejam providenciadas as anotações devidas acerca do incidente. Por fim, deverá o ato de deferimento da instauração do incidente determinar a citação do requerido (o sócio ou a sociedade, conforme o caso), nos termos do art. 135.

A petição de requerimento de instauração do incidente deverá conter, também, a indicação das provas que o requerente eventualmente pretenda produzir, caso suas alegações sobre fatos se tornem controvertidas após a manifestação do requerido. Tal exigência resulta do necessário tratamento isonômico entre as partes, já que o art. 135 estabelece análoga exigência para o requerido.

Uma vez instaurado o incidente de desconsideração da personalidade jurídica, como visto, o juiz emitirá um pronunciamento que determinará a anotação da existência do mesmo nos registros do distribuidor e decretará a suspensão (imprópria) do processo. No mesmo ato, deverá ser determinada a *citação* daquele cujo patrimônio se pretende ver alcançado (art. 135). Citação, registre-se, e não mera intimação.

A intimação, evidentemente, não é suficiente para assegurar-se ao sócio (ou à sociedade), cujo patrimônio se pretende alcançar, o pleno contraditório. É que só pela citação se adquire a posição de parte no processo (deixadas de lado, aqui, a aquisição da posição de parte pelo ajuizamento da demanda, pela sucessão processual e pela intervenção voluntária, irrelevantes para o quanto neste ponto se examina), não sendo a intimação ato capaz de tornar alguém – independentemente de sua vontade – sujeito do processo.

Impõe-se, pois, a citação daquele cujo patrimônio se pretende, com a desconsideração, alcançar, de forma a viabilizar sua efetiva participação, em contraditório, no procedimento de produção da decisão acerca da desconsideração da personalidade jurídica. É que sem esse pleno contraditório a decisão que se venha a produzir será ilegítima se examinada à luz do modelo constitucional de processo civil, o que implica dizer que a mesma será absolutamente nula.

Regularmente citado o requerido, terá ele o prazo de quinze dias para se manifestar, apresentando sua defesa (art. 135). O decurso do prazo sem apresentação de defesa implica revelia, e daí resultará a presunção (relativa) de veracidade das alegações do requerente a respeito dos fatos (art. 344). A presunção, porém – e como não poderia deixar de ser –, só alcança as alegações sobre fatos, motivo pelo qual daí não resulta automaticamente o reconhecimento de que o requerente tem direito à desconsideração da personalidade jurídica. De toda sorte, revel o requerido, ficará o requerente isento do ônus de provar que suas alegações acerca da presença dos requisitos da desconsideração são verdadeiras.

Apresentada a manifestação do requerido no prazo de quinze dias, será preciso verificar quais alegações terão se tornado controvertidas, pois constituirão elas objeto de atividade probatória, a qual terá lugar no próprio procedimento do incidente. Nesta manifestação, aliás, incumbirá ao requerido indicar as provas que pretende produzir no incidente. Tendo sido oferecida resposta pelo requerido, as alegações sobre fatos formuladas pelo requerente podem ter se tornado controvertidas, o que faz delas objeto de prova. Poderá, então, haver necessidade de instrução probatória, a qual se desenvolverá no próprio procedimento do incidente de desconsideração da personalidade jurídica.

Todos os meios de prova, típicos ou atípicos (desde que moralmente legítimos), poderão ser produzidos, já que a decisão acerca da desconsideração deve basear-se em cognição exauriente. Em outros termos, deverá o juiz proferir sua decisão com base em juízo de certeza, de modo a afirmar se estão ou não presentes os requisitos da desconsideração da personalidade jurídica e, por consequência, permitir que se estenda a atividade executiva (já iniciada ou ainda por iniciar-se) ao patrimônio do sócio ou da sociedade, conforme o caso.

A decisão de mérito proferida no incidente (assim entendida a decisão que resolve o mérito próprio do incidente, isto é, que acolhe ou rejeita a pretensão de desconsideração da personalidade jurídica) é apta a alcançar a autoridade de coisa julgada material, tornando-se imutável a indiscutível. Após seu trânsito em julgado só será possível desconstituí-la por meio de ação rescisória, nos casos previstos no art. 966 do CPC.

O pronunciamento judicial que resolve o incidente tem natureza de decisão interlocutória, já que não põe termo ao processo ou a qualquer de suas fases (cognitiva ou executiva). Assim, não sendo este provimento judicial capaz de enquadrar-se no disposto no art. 203, § 1º, deve ser ele classificado como decisão interlocutória, nos precisos termos do § 2º desse mesmo art. 203. E sendo este ato uma decisão interlocutória, o recurso admissível só pode ser o agravo de instrumento.

Vale ressaltar, porém, a importância de a lei expressamente afirmar o cabimento do agravo de instrumento, já que pelo sistema recursal inaugurado pelo Código de Processo Civil só são agraváveis as decisões interlocutórias expressamente indicadas por lei (art. 1.015). Pois o cabimento de agravo de instrumento contra a decisão que resolve o incidente de desconsideração da personalidade jurídica vem expressamente afirmado no art. 1.015, IV.

É agravável não só a decisão *de meritis* proferida no incidente, mas também a que o declara inadmissível (liminarmente ou após a manifestação do requerido). Eventuais outras decisões interlocutórias proferidas no curso do incidente, porém (como seria o caso de alguma decisão que indeferisse a produção de certa prova), serão irrecorríveis, só podendo ser impugnadas juntamente com a decisão final do incidente (aplicando-se, por analogia, o disposto nos §§ 1º e 2º do art. 1.009 do CPC).

Pode ocorrer de o incidente de desconsideração da personalidade jurídica instaurar-se originariamente em um tribunal. Isso pode ocorrer tanto nos processos que estejam no tribunal em grau de apelação como naqueles para os quais o tribunal é originariamente competente. Não parece possível, porém, seja o incidente instaurado em grau de recurso especial ou extraordinário. É que a competência do Superior Tribunal de Justiça e do Supremo Tribunal Federal é estabelecida exclusivamente por normas constitucionais (arts. 105 e 102 da Constituição da República, respectivamente), e não há, entre elas, qualquer disposição que atribua a esses tribunais de superposição competência para conhecer originariamente deste incidente processual. Assim, em grau de recurso só será possível a instauração do incidente em grau recursal quando se esteja nas instâncias ordinárias, o que limita o cabimento do recurso, na hipótese, ao grau da apelação (ou de recurso ordinário constitucional, caso em que será possível instaurá-lo perante o STJ ou o STF, sendo certo que essas Cortes também poderão processar o incidente nos processos de sua competência originária).

Instaurando-se o incidente originariamente perante um tribunal, incumbirá ao relator processá-lo e decidi-lo monocraticamente. Há, aliás, expressa disposição neste sentido (art. 932, VI). Atuará, pois, o relator, nesses casos, exatamente como o faria um juiz singular de primeira instância, a ele cabendo exercer o juízo preliminar de admissibilidade do incidente e, caso seja este positivo, determinar sua anotação nos registros do distribuidor, declarar (impropriamente) suspenso o processo e ordenar a citação do requerido. Caberá, ainda, ao relator conduzir toda a instrução probatória (art. 932, I), não obstante seja possível a expedição de carta de ordem para que um juízo de primeira instância colha alguma prova (art. 69, IV, combinado com o art. 69, § 2º, II, do CPC).

Concluída a instrução probatória que se faça necessária, incumbirá ao relator decidir, monocraticamente, o incidente de desconsideração da personalidade jurídica. De tal decisão caberá agravo interno (art. 136, parágrafo único, combinado com o art. 1.021).

Pode ocorrer de, no curso do incidente, alguma outra decisão ser proferida pelo relator. Neste caso, não obstante a literalidade do texto do art. 1.021, essas decisões deverão ser consideradas irrecorríveis por agravo interno. É que não seria coerente admitir recurso autônomo contra tais decisões se nos casos em que o incidente se instaura originariamente perante órgão judicial de primeira instância decisões equivalentes seriam irrecorríveis em separado. Assim, por uma questão de coerência interna do sistema, é preciso considerar irrecorríveis em separado as decisões interlocutórias proferidas pelo relator no curso do incidente de desconsideração da personalidade jurídica instaurado originariamente perante o tribunal sempre que decisão equivalente não seria impugnável por agravo de instrumento quando proferida por juízo de primeira instância. Apenas a decisão final do incidente, portanto, é impugnável por agravo interno, neste sendo também possível impugnar-se decisões interlocutórias anteriormente proferidas pelo relator e contra as quais não se admita recurso em separado. Também a parte contrária poderá, em suas contrarrazões ao agravo interno, impugnar aquelas decisões que não admitem recurso em separado (art. 1.009, § 2º, aplicável aqui por analogia).

A decisão que acolhe o incidente decreta a desconsideração da personalidade jurídica e, pois, produz o efeito de permitir a extensão da responsabilidade patrimonial de modo a atingir os bens do sócio pelas dívidas da sociedade (ou, ao contrário, permite atingir os bens da sociedade pelas dívidas do sócio, nos casos de desconsideração inversa).

Não é o caso de examinarem-se, nesta sede, os efeitos substanciais da decisão que decreta a desconsideração (como, por exemplo, a decretação da ineficácia da distinção entre a personalidade do sócio e a da sociedade, que se dá exclusivamente para o caso concreto). Impende, porém, examinar os efeitos processuais de tal decisão, um dos quais é tratado expressamente no art. 137.

A decisão que acolhe a pretensão de desconsideração da personalidade jurídica produz dois efeitos processuais. O primeiro deles, mencionado pouco acima, é a extensão da responsabilidade patrimonial a um responsável não devedor (o sócio ou, nos casos de desconsideração inversa, a sociedade). O segundo efeito processual dessa decisão é a ineficácia, em relação ao requerente, de atos de alienação ou oneração de bens realizada pelo requerido, desde que presentes os demais requisitos para a configuração da fraude de execução. É desses efeitos que se passa a tratar.

Assim, em primeiro lugar, a decisão que desconsidera a personalidade jurídica permite que a atividade executiva alcance, também, o patrimônio do sócio (ou da sociedade, no caso de desconsideração inversa), viabilizando-se a penhora dos seus bens (penhoráveis). Incide, pois, neste caso, o disposto no art. 790, II, do CPC, por força do qual "[s]ão sujeitos à execução os bens do sócio, nos termos da lei", assim como o previsto no inciso VII desse mesmo art. 790, segundo o qual "[s]ão sujeitos à execução os bens do responsável, nos casos de desconsideração da personalidade jurídica".

A isso se combina o art. 795 do Código, que estipula que "os bens particulares dos sócios não respondem pelas dívidas da sociedade, senão nos casos previstos em lei", podendo o sócio exigir que a execução incida, primeiro, sobre os bens da sociedade (§ 1º do art. 795), o que exigirá, evidentemente, que o sócio os indique, na medida em que a desconsideração terá tido por pressuposto o fato de não terem sido encontrados bens da sociedade capazes de assegurar a satisfação do crédito. Daí por que o § 2º do art. 795 estabelece, expressamente, que "incumbe ao sócio que alegar o benefício do § 1º nomear quantos bens da sociedade situados na mesma comarca, livres e desembargados, bastem para pagar o débito".

Fica claro, assim, que, com a decisão que desconsidera a personalidade jurídica, haverá uma extensão da responsabilidade patrimonial aos demais responsáveis pelo cumprimento da obrigação, cujos patrimônios poderão ser alvo da execução.

Há, porém, um segundo efeito dessa decisão. É que, desconsiderada a personalidade jurídica, ter-se-ão por ineficazes os atos de alienação ou oneração de bens praticados pelo sócio (ou pela sociedade, nos casos de desconsideração inversa) após sua citação para participar do incidente. É o que estabelece o art. 137, o qual deve ser interpretado de forma harmônica com o art. 792, § 3º, segundo o qual "nos casos de desconsideração da personalidade jurídica, a fraude à execução verifica-se a partir da citação da parte cuja personalidade se pretende desconsiderar". Assim, o momento a partir do qual se considerará em fraude de execução a alienação ou oneração de bens pelo sócio (ou pela sociedade, no caso de desconsideração inversa) não é propriamente o momento da instauração do incidente (que é, como visto anteriormente, o momento em que proferida a decisão que o admite), mas o momento da citação do responsável. A partir daí, qualquer ato de alienação ou oneração de seus bens será tida como fraude à execução se estiverem presentes os requisitos estabelecidos pelo art. 792 do CPC.

Este efeito da decisão que desconsidera a personalidade jurídica não inibe, porém, a utilização de outros mecanismos que podem coibir a própria prática dos atos de alienação ou oneração de bens. Assim é que, por exemplo, nada impede (desde que presentes os requisitos, evidentemente) a decretação de uma medida cautelar de apreensão de bens do sócio (ou da sociedade) com o fim de assegurar a efetividade da futura execução. Ter-se-ia, aí, então, um arresto de bens, medida destinada a assegurar a efetividade de futura execução por quantia certa (e aqui vale notar que, não obstante o fato de que o Código não preveja medidas cautelares típicas, há disposições legais fazendo expressa alusão ao arresto como medida cautelar, como é o caso do disposto no art. 301). Haveria, assim, uma apreensão cautelar de bens que serviria para garantir que, no futuro, uma vez desconsiderada a personalidade jurídica, encontrem-se no patrimônio do responsável bens livres e desembaraçados que permitam a satisfação do crédito exequendo, evitando-se deste modo o risco de que tais bens viessem a ser alienados ou gravados fraudulentamente.

7.5.5   Intervenção do *Amicus Curiae*

Modalidade de intervenção que nunca havia recebido, antes do CPC de 2015, regulamentação adequada é a do *amicus curiae* (embora já houvesse previsão de sua participação no processo em algumas hipóteses, como era o caso dos processos de controle de constitucionalidade, por exemplo). Esta expressão latina, que pode ser traduzida por "amigo da Corte", designa um terceiro que já foi até mesmo chamado de "enigmático".

O *amicus curiae* é um terceiro que ingressa no processo para fornecer subsídios ao órgão jurisdicional para o julgamento da causa. Pode ser pessoa natural ou jurídica, e até mesmo um órgão ou entidade sem personalidade jurídica (art. 138). Exige a lei, para que se possa intervir como *amicus curiae*, que esteja presente a *representatividade adequada*, isto é, deve o *amicus curiae* ser alguém capaz de representar, de forma adequada, o interesse que busca ver protegido no processo (FPPC, enunciado 127: "A representatividade adequada exigida do *amicus curiae* não pressupõe a concordância unânime daqueles a quem representa"). É que essa representatividade adequada, na verdade, é uma "contributividade adequada", ou seja, o que se exige é a verificação de que aquele terceiro está capacitado para contribuir adequadamente para a construção do resultado do processo.

Registre-se, aqui, então, um ponto relevante: o *amicus curiae* não é um "terceiro imparcial", como é o Ministério Público que intervém como fiscal da ordem jurídica. O *amicus curiae* é um sujeito parcial, que tem por objetivo ver um interesse (que sustenta) tutelado. Dito de outro modo, ao *amicus curiae* interessa que uma das partes saia vencedora na causa, e fornecerá ao órgão jurisdicional elementos que evidentemente

Parte Geral • Cap. 7 • Sujeitos do processo **109**

se destinam a ver essa parte obter resultado favorável. O que o distingue do assistente (que também intervém por ter interesse em que uma das partes obtenha sentença favorável) é a natureza do interesse que legitima a intervenção.

Como já se teve oportunidade de examinar anteriormente, o assistente é titular da própria relação jurídica deduzida no processo ou de uma relação jurídica a ela vinculada. O *amicus curiae* não é sujeito de qualquer dessas relações jurídicas (e, por isso, não pode ser assistente). O que legitima a intervenção do *amicus curiae* é um interesse que se pode qualificar como *institucional*. Explique-se: há pessoas e entidades que defendem institucionalmente certos interesses. É o caso, por exemplo, da Ordem dos Advogados do Brasil (que defende os interesses institucionais da Advocacia), da Associação dos Magistrados Brasileiros (que defende os interesses institucionais da Magistratura), das Igrejas, de entidades científicas (como a Sociedade Brasileira para o Progresso da Ciência, SBPC, que defende o avanço científico e tecnológico e o desenvolvimento social e cultural, ou o Instituto Brasileiro de Direito Processual, IBDP, que tem entre suas finalidades promover o aprimoramento do direito processual em todo o país). Pode-se pensar ainda em cientistas, professores, pesquisadores, sacerdotes, entre outras pessoas naturais que se dedicam à defesa de certos interesses institucionais. Pois pessoas assim – que não estariam legitimadas a intervir como assistentes – têm muito a contribuir para o debate que se trava no processo. Devem, então, ser admitidas como *amici curiae*.

Pense-se, por exemplo, em um processo em que são partes um advogado e um ex-cliente, no qual se discuta a legitimidade de uma cláusula contratual na qual se tenham fixado honorários advocatícios de êxito em um percentual daquilo que o cliente teria a receber. Este, porém, sustenta que a cláusula é abusiva por que o percentual seria exageradamente alto. Pois em um caso assim é de todo recomendável admitir-se a intervenção, no processo, de uma entidade como a OAB (e não só ela, evidentemente), que pode ser capaz de fornecer elementos de grande relevância para a formação da decisão judicial. Pode-se recordar, ainda, o conhecido caso da ação direta de inconstitucionalidade em que se discutiu, no STF, a constitucionalidade da realização de pesquisas científicas com o emprego de células-tronco embrionárias (ADI 3510). Pois nesse processo foram admitidos como *amici curiae*, entre outros, a Conferência Nacional dos Bispos do Brasil (CNBB), o ANIS – Instituto de Bioética, Direitos Humanos e Gênero e o MOVITAE – Movimento em prol da Vida.

Muito já se discutiu acerca do *amicus curiae* e de sua intervenção. Seria mesmo seu ingresso no processo uma intervenção de terceiro? Ou seria o *amicus curiae* um auxiliar da justiça? O CPC trata de seu ingresso no processo como intervenção de terceiro, e isto se justifica em razão do perfil que o *amicus curiae* veio, ao longo do tempo, passando a ter no direito brasileiro.

Trata-se de uma intervenção voluntária (já que, nos termos do art. 138, aquele que pretenda manifestar-se como *amicus curiae* pode requerer seu ingresso no processo) mas não necessariamente espontânea (já que pode se dar por requerimento das partes, inclusive do assistente – FPPC, enunciado 388 –, podendo também ser o terceiro convidado a participar de ofício pelo juiz ou relator). Isto, por si só, já é suficiente para diferenciá-la de todas as demais modalidades de intervenção de terceiros. É preciso, então, ter este ponto bem claro: só intervém como *amicus curiae* quem quer (e, por isso, a intervenção é voluntária), mas nessa modalidade de intervenção se permite, expressamente, que seja dirigido ao terceiro um convite (de ofício ou mediante requerimento de alguma das partes), sendo o terceiro, porém, livre para aceitá-lo (e intervir como *amicus curiae*) ou não.

A intervenção não pode se dar em qualquer processo. Estabelece a lei processual que, para ser deferida a intervenção do *amicus curiae*, é preciso que haja "relevância da matéria, [especificidade] do tema objeto da demanda ou [repercussão] social da controvérsia", requisitos objetivos estes que devem ser reputados alternativos (FPPC, enunciado 395).

Uma vez deferida a intervenção do *amicus curiae*, deverá o interveniente ser intimado para manifestar-se no prazo de quinze dias (art. 138). Essa intervenção não implica alteração de competência (o que significa dizer, por exemplo, que a intervenção da União como *amicus curiae* em um processo que tramite perante a Justiça Estadual não o transfere para a Justiça Federal) nem autoriza a interposição, pelo *amicus curiae*, de recursos (ressalvados os embargos de declaração e o recurso contra a decisão que julga o incidente de resolução de demandas repetitivas, nos termos do art. 138, §§ 1º e 3º, bem assim da decisão que julga recursos repetitivos: FPPC, enunciado 391).

É recorrível, porém, a decisão que indefere a intervenção do *amicus curiae* (art. 1.015, IX), caso em que caberá agravo de instrumento (mas não a que a defere ou determina, nos termos expressos no *caput* do art. 138). Assim, o terceiro que requer sua admissão no processo como *amicus curiae* poderá recorrer da decisão que indefere seu ingresso (assim como poderia recorrer a parte que tivesse requerido a intervenção do *amicus curiae*), mas, uma vez tendo ele intervindo no processo, não poderá mais interpor qualquer recurso contra as decisões judiciais que venham a ser proferidas, com as ressalvas, já indicadas, dos embargos de declaração (contra qualquer decisão), da decisão que julga o incidente de resolução de demandas repetitivas e da decisão proferida no julgamento de recursos excepcionais repetitivos.

É irrecorrível a decisão que *defere ou determina* a intervenção do *amicus curiae*, como dito, já que o art. 138 expressamente a declara irrecorrível. Da decisão que indefere sua intervenção, porém, deve admitir-se recurso. É que, na forma do art. 1.015, IX, é recorrível por agravo de instrumento a decisão que admite ou inadmite intervenção de terceiro. Verifica-se, assim, que a disposição do art. 138, a estabelecer a irrecorribilidade da decisão que admite a intervenção do *amicus curiae*, deve ser interpretada de modo estrito, como se faz com toda e qualquer exceção que se impõe a uma regra geral. Em síntese, a decisão que admite a intervenção do *amicus curiae* é irrecorrível, mas a decisão que a indefere pode ser impugnada por recurso.

Incumbe ao juiz ou relator, na decisão que admitir ou determinar a intervenção do *amicus curiae*, definir quais serão seus poderes processuais. Cabe ao magistrado, então, a decisão acerca da possibilidade de o *amicus curiae* ir além da mera apresentação de uma petição com os elementos que possa oferecer ao juízo (que, na tradição do direito norte-americano, onde o *amicus curiae* é há muito admitido, se chama *amicus curiae brief*). É possível, por exemplo, o magistrado estabelecer que o *amicus curiae* poderá juntar documentos, elaborar quesitos para serem respondidos por peritos, fazer sustentação oral perante o tribunal, participar de audiências públicas *etc.*

Veem-se, então, duas grandes diferenças entre a atuação do assistente e a do *amicus curiae*: enquanto o assistente pode recorrer de todas as decisões judiciais, o *amicus curiae* tem severas limitações recursais. Além disso, o assistente tem os mesmos poderes processuais que o assistido, enquanto o *amicus curiae* só tem os poderes que a decisão que admite sua intervenção lhe outorgar.

Não se pode deixar de destacar a relevância da intervenção do *amicus curiae* para a ampliação do contraditório, o que é especialmente relevante naqueles processos em que são apreciadas demandas massificadas, repetitivas, ou em qualquer outro caso de que possa provir uma decisão que tenha eficácia de precedente vinculante. Pois é exatamente por isso que o próprio CPC prevê a atuação de *amici curiae* no incidente de arguição de inconstitucionalidade (art. 947), no incidente de resolução de demandas repetitivas (art. 980) e nos recursos especiais e extraordinários repetitivos (art. 1.035, § 2º). É que em todos esses casos a decisão a ser proferida terá eficácia vinculante, o que exige – como requisito da legitimação constitucional de tais decisões e de sua eficácia – um contraditório ampliado, fruto da possível participação de todos os setores da sociedade e do Estado que podem vir a ser alcançados. Pois o instrumento capaz de viabilizar essa ampliação do contraditório é, precisamente, o *amicus curiae*.

7.6 Juiz e Auxiliares da Justiça

7.6.1 Poderes, Deveres e Responsabilidade do Juiz

Estabelece o art. 139 que ao juiz cabe "dirigir" o processo. O verbo aí empregado certamente é um resquício da ideologia do protagonismo judicial, consagrada na (aqui repudiada) teoria da relação processual. Na verdade ao juiz não cabe dirigir o processo, como se fosse um seu timoneiro. O juiz não é – e isto vem sendo dito insistentemente ao longo deste trabalho – o polo central do processo, em torno do qual orbitam os demais sujeitos. Na verdade, deve-se ver o processo como um fenômeno *policêntrico*, em que juiz e partes têm a mesma relevância e juntos constroem, com a necessária observância do princípio constitucional do contraditório, seu resultado.

Incumbe, pois, ao juiz observar o disposto no art. 139 do CPC, o qual é responsável por estabelecer as diretrizes gerais de sua atuação. E ao juiz incumbe, antes de tudo, assegurar às partes tratamento isonômico, fazendo com que se observe o disposto no art. 5º, *caput* e inciso I, da Constituição da República. Daí resulta, por exemplo, o poder-dever do juiz de redistribuir o ônus da prova (art. 373, § 1º).

Também é um poder-dever do juiz velar pela duração razoável do processo, evitando que este sofra dilações indevidas.

Cabe também ao juiz prevenir ou reprimir qualquer ato atentatório à dignidade da justiça e indeferir postulações meramente protelatórias (o que também se liga à garantia de duração razoável do processo).

É dever do juiz determinar todas as medidas (fala a lei processual em medidas indutivas, coercitivas, mandamentais ou sub-rogatórias) necessárias para assegurar o cumprimento de ordem judicial, inclusive nos processos que tenham por objeto o cumprimento de prestação pecuniária. Estas medidas podem ser aplicadas seja qual for a natureza da obrigação, mas apenas no procedimento destinado ao cumprimento das sentenças e decisões interlocutórias, mas são subsidiárias às medidas executivas típicas, e sua aplicação depende da observância do princípio do contraditório (FPPC, enunciado 12). Além disso, é preciso ter claro que a aplicação dessas medidas não pode ser vista como uma punição ao devedor inadimplente. São elas mecanismos destinados a viabilizar a satisfação do direito do credor, e nada mais. Por isso são inaceitáveis decisões que determinam a apreensão de passaporte do devedor (que ficaria, com isto, impedido de viajar a trabalho) ou a suspensão da inscrição do devedor no cadastro de pessoas físicas – CPF –, o que impediria o devedor de praticar atos corriqueiros no cotidiano das pessoas, como se inscrever em um concurso público ou fazer a declaração de imposto de renda. Estes são exemplos de decisões que foram proferidas (de verdade) nos primeiros meses de vigência do CPC/2015, e que mostram a importância de serem bem fixados os limites – e os objetivos – do poder do juiz que está previsto no inciso IV do art. 139. É preciso, então, recordar que o devedor responde pelo cumprimento de suas obrigações com *os seus bens* (como expressamente estabelece o art. 789), de modo que as medidas atípicas devem incidir sobre o patrimônio (e não sobre a pessoa) do devedor. Assim, pode-se cogitar, por exemplo, da imposição de multa diária a um devedor renitente que não cumpre obrigação pecuniária a que foi condenado. A única exceção de que se pode cogitar é o da execução de alimentos, em que se admite como medida executiva típica a prisão do devedor, o que legitima o emprego de medidas executivas atípicas menos gravosas do que a prisão (como seria a, neste caso admissível, retenção do passaporte do devedor, pois se é legítimo confiná-lo em uma cela, não há razão para não se admitir que ele seja proibido de sair do Brasil). Como regra geral, porém, as medidas executivas atípicas devem ser patrimoniais, e só podem incidir sobre quem tenha bens, já que, como dito, não são um castigo, mas um mecanismo de ampliação da eficiência da execução.

Incumbe ao juiz, também, promover a autocomposição, preferencialmente com o auxílio de profissionais capacitados: os conciliadores e mediadores.

Atribui a lei processual ao juiz o poder-dever de dilatar os prazos processuais (o qual só pode ser exercido antes do término do prazo a ser dilatado, nos termos do parágrafo único do art. 139) e alterar a ordem da produção dos meios de prova (determinando, por exemplo, que se ouçam as testemunhas antes da realização da prova pericial), flexibilizando o procedimento para adequá-lo às necessidades do caso concreto e, com isso, assegurar uma mais efetiva proteção aos direitos (FPPC, enunciado 107: "O juiz pode, de ofício, dilatar o prazo para a parte se manifestar sobre a prova documental produzida").

É também dever do juiz exercer o poder de polícia processual, requisitando, sempre que necessário, força policial, além de poder valer-se da força de segurança interna dos fóruns e tribunais (bastando pensar na hipótese em que se faça necessário retirar de uma sala de audiências alguém que tenha comportamento inconveniente).

Tem o juiz, também, o poder de determinar, a qualquer tempo, a intimação da parte para comparecer a fim de ser inquirida sobre os fatos da causa (caso em que não incidirá a assim chamada "pena de confesso", da qual só se pode cogitar quando se trata da colheita do depoimento pessoal a que se referem os arts. 385 e seguintes).

Atribui a lei ao juiz (art. 139, IX) o dever de determinar o suprimento dos pressupostos processuais e o saneamento de outros vícios do processo. Extrai-se daí a inegável existência de uma preferência do sistema pela resolução do mérito (podendo-se falar em um princípio da primazia da resolução do mérito), só sendo possível a extinção do processo sem sua resolução nos casos em que haja vício insanável ou em que o vício sanável não tenha sido sanado não obstante isto tenha sido possibilitado.

Por fim, estabelece o inciso X do art. 139 que incumbe ao juiz – verificando a existência de diversas demandas individuais repetitivas, determinar a expedição de ofícios aos legitimados ativos para o ajuizamento de demanda coletiva, a fim de facilitar a propositura desta.

Além disso tudo, é do juiz o poder-dever de julgar a causa. E deste não poderá ele se eximir alegando a existência de obscuridade ou lacuna no ordenamento jurídico (art. 140). Incumbe ao juiz dar à causa a solução prevista no ordenamento jurídico, aplicando as regras e os princípios adequados para a solução da causa. Não pode o juiz decidir *contra legem*, de forma contrária ao direito vigente. Impende, porém, observar o disposto no parágrafo único do art. 140 (segundo o qual ao juiz seria autorizado decidir *por equidade* nos casos previstos em lei). O CPC só prevê expressamente a possibilidade de um julgamento que se dê "fora dos limites da legalidade estrita" nos procedimentos de jurisdição voluntária (art. 723, parágrafo único). Em outras leis, porém, há a previsão de outras hipóteses de julgamento por equidade (como se dá, por exemplo, no art. 928 do CC). É, porém, inadmissível que o juiz assim decida.

Isto se diz porque julgar "por equidade" implica admitir a possibilidade de o juiz decidir segundo seus próprios critérios de conveniência (como, aliás, consta expressamente do art. 723, parágrafo único, por força do qual incumbiria ao juiz, nos processos de jurisdição voluntária, dar à causa a solução "que considerar mais conveniente ou oportuna"). Daí resultaria, então, um poder de julgar discricionariamente, o que é

– como visto em passagem anterior deste trabalho – incompatível com o Estado Constitucional. Deve a decisão, pois, ser *sempre* proferida com respeito à legalidade (ou, se se preferir, com respeito ao *princípio da juridicidade*). Em outros termos, incumbe ao juiz buscar (com auxílio das partes, que atuam em contraditório) a *decisão correta* para o caso que lhe é submetido, assim entendida a decisão constitucionalmente legítima, isto é, a decisão que está em conformidade com o direito vigente.

O juiz deverá, então, julgar a causa em conformidade com o ordenamento jurídico. E terá de fazê-lo "nos limites propostos pelas partes, sendo-lhe vedado conhecer de questões não suscitadas a cujo respeito a lei exige iniciativa da parte" (art. 141). Fica, então, o juiz limitado pelo poder que têm as partes de estabelecer os limites da controvérsia (*princípio dispositivo*), só podendo proferir decisões acerca daquilo que tenha sido por elas deduzido no processo (com a expressa ressalva das questões de ordem pública, assim entendidas aquelas que ao juiz é dado conhecer de ofício, suscitando seu debate independentemente de provocação das partes).

Caso o juiz se dê conta de que as partes tenham praticado uma *colusão processual*, isto é, que, de comum acordo, valeram-se do processo para praticar ato simulado ou para conseguir um resultado proibido pelo ordenamento (pense-se, por exemplo, no caso de uma pessoa casada simular um litígio com o cúmplice do adultério a respeito da propriedade de um bem com o único objetivo de conseguir transferir para seu cúmplice a propriedade do mesmo e, assim, violar a vedação de doação ao cúmplice do adultério constante do art. 550 do CC), incumbe-lhe proferir decisão "que impeça os objetivos das partes" (em outros termos, incumbe ao juiz extinguir o processo sem resolução do mérito), aplicando de ofício as sanções resultantes da litigância de má-fé (art. 142).

Responde o juiz por perdas e danos que cause aos demais sujeitos do processo (art. 143) quando exercer suas funções com dolo ou fraude (art. 143, I) ou quando recusar, omitir ou retardar, sem justo motivo, providência que deva ordenar de ofício ou a requerimento da parte (art. 143, II). Nos casos previstos no inciso II do art. 143, o juiz só responderá se, antes, a parte requerer expressamente que determine a providência e seu requerimento não for apreciado no prazo de dez dias (art. 143, parágrafo único). É preciso, então, que – uma vez ultrapassado o prazo legal para que o juiz determine a providência que lhe incumbia ordenar – o interessado formule um novo requerimento, específico, para ser apreciado no prazo de dez dias e, então, após o decurso do decêndio, poder-se-á considerar responsável o juiz pelos danos resultantes da demora.

Em qualquer hipótese, porém, a responsabilidade civil do juiz deverá ser apurada em processo autônomo, em que o juiz será a parte demandada e, por isso, lhe será assegurada ampla participação em contraditório na formação do resultado do processo.

7.6.2 Impedimento e Suspeição

Do juiz exige-se imparcialidade. Não pode ele ter interesse na causa, nem ligações pessoais com os demais sujeitos do processo. Por conta disso, enumera o CPC uma série de situações em que se considera haver algum tipo de parcialidade que macula a participação do magistrado no processo.

Dividem-se as causas de afastamento do juiz por vício de parcialidade em dois grupos: *impedimento* e *suspeição*. A distinção se justifica porque o impedimento é considerado um vício mais grave do que a suspeição. Basta dizer que o pronunciamento de mérito transitado em julgado que tenha sido proferido por juiz impedido pode ser impugnado por ação rescisória (art. 966, II), o que não acontece com o pronunciamento emanado de juiz suspeito.

Os casos de impedimento do juiz estão enumerados no art. 144 do CPC. Pois o juiz estará, em primeiro lugar, impedido de atuar no processo em que tenha intervindo como mandatário da parte, oficiado como perito, funcionado como membro do Ministério Público ou prestado depoimento como testemunha.

Estará também impedido de atuar no processo aquele magistrado que nele já tenha atuado em outro grau de jurisdição. Pense-se, por exemplo, no juiz que, em primeira instância, tenha atuado na causa e, posteriormente, promovido à segunda instância, nela não poderá atuar novamente. Pode-se cogitar, ainda, da hipótese inversa: figure-se a hipótese de um juiz que, convocado para exercer funções no tribunal de segunda instância (como costuma ocorrer em diversos tribunais do país), participa do julgamento de um recurso e, posteriormente, já de volta à sua atuação em primeira instância, não poderá mais exercer suas funções naquele processo de que já conhecera no órgão superior.

Fica ainda impedido o juiz de atuar no processo em que funciona, como advogado, Defensor público ou membro do Ministério Público seu cônjuge ou companheiro, ou qualquer parente seu, consanguíneo ou afim, em linha reta, ou na colateral até o terceiro grau (desde que o advogado, Defensor público ou promotor de justiça já atuasse no processo antes do magistrado). O impedimento existirá, inclusive, em casos nos quais seja parte algum cliente do escritório de advocacia em que atua o parente do juiz, mesmo quando representado por escritório de advocacia distinto.

Não se pode deixar de registrar aqui o exagero desta situação de impedimento. Em primeiro lugar, é preciso considerar a existência de grandes firmas de advocacia, com atuação em número muito grande de lugares, tendo em alguns casos filiais em diversos Estados da Federação. Imagine-se, então, o caso de um juiz estadual do Rio Grande do Sul que tenha um sobrinho advogado que atue em um escritório de advocacia no Amazonas (do qual sequer é um dos sócios). Considere-se, agora, que o sobrinho do juiz seja um advogado especializado em tributos federais, só atuando perante a Justiça Federal. Pois se o escritório em que atua o sobrinho do juiz tiver, no Mato Grosso, entre seus clientes, uma instituição financeira (como um Banco, por exemplo), ficará aquele juiz do Rio Grande do Sul impedido de atuar nos processos em que aquele mesmo Banco é parte. Haveria aí alguma ligação entre o juiz e a parte capaz de causar sua parcialidade? Certamente não!

Há, ainda, outro ponto a considerar. Como poderá o juiz saber quem são todos os clientes do escritório dos seus parentes? Terá ele de exigir de todos os seus parentes advogados uma relação completa dos clientes de seus escritórios? Haverá um dever dos advogados de manter atualizadas essas relações entregues aos seus parentes juízes? Evidentemente não!

É, pois, completamente desarrazoada a hipótese prevista na lei, não fazendo sentido estabelecer-se o impedimento do juiz de atuar em processos em que seus parentes não atuam, nem (através de outros advogados) seus escritórios de advocacia, neles sendo parte algum cliente do escritório do parente quando patrocinado por advogados de escritório distinto.

Há impedimento do juiz quando é parte no processo ele próprio, seu cônjuge ou companheiro, ou algum parente seu, consanguíneo ou afim, em linha reta ou na colateral até o terceiro grau. E também há impedimento quando o juiz for sócio ou membro de direção ou administração de pessoa jurídica parte na causa.

É impedido o juiz que seja herdeiro presuntivo, donatário ou empregador de quem é parte na causa. Também é impedido o juiz quando figura como parte no processo uma instituição de ensino com a qual tenha relação de emprego ou resultante de um contrato de prestação de serviços. É, ainda, impedido o juiz quando seja ele, em processo distinto, parte adversa de quem é parte ou de seu advogado (e não só quando é o juiz quem "promov[e] a ação", como estabelece o inciso IX do art. 144, mas também quando o juiz é, no outro processo, o demandado).

Por fim, há impedimento à atuação, no processo, de juiz que seja parente de outro magistrado que já tenha atuado na mesma causa (sendo o parentesco por consanguinidade ou afinidade, em linha reta ou na colateral até o terceiro grau).

Não se admite a criação proposital de fato superveniente que produza impedimento, como se daria, por exemplo, no caso de uma instituição de ensino querer contratar um magistrado para seu corpo docente com o intuito de torná-lo impedido para uma causa.

Vistos os casos de impedimento, deve-se passar à análise das causas de suspeição de parcialidade do juiz (art. 145). Em primeiro lugar, o juiz é suspeito de parcialidade quando amigo íntimo ou inimigo de alguma das partes. Também é suspeito o juiz que receber presentes de pessoas que tiverem interesse na causa, antes ou depois de iniciado o processo, aconselhar alguma das partes acerca do objeto da causa ou subministrar meios para atender às despesas do processo.

Reconhece-se a suspeição do juiz quando for parte no processo algum credor ou devedor dele, de seu cônjuge ou companheiro, ou de parentes destes, em linha reta até o terceiro grau. Por fim, é também suspeito o juiz que de alguma forma seja interessado no resultado do processo em favor de alguma das partes.

Além de todas essas hipóteses, autoriza-se o juiz a declarar-se suspeito por motivo de foro íntimo, sem necessidade de declarar suas razões para tê-lo feito (art. 145, § 1º).

Não se admite que alegue suspeição do juiz aquele que lhe tenha dado causa (assim, por exemplo, a parte que, no curso do processo, manda um presente para o gabinete do juiz e em seguida alega sua suspeição). Tampouco pode alegar a suspeição aquele que já tenha praticado no processo algum ato que significa manifesta aceitação do magistrado (tudo conforme o art. 145, § 2º).

Impedimento e suspeição do juiz podem ser declarados de ofício pelo magistrado. É permitido também às partes que aleguem o vício. A arguição do impedimento ou da suspeição deve ser feita no prazo de quinze dias a contar da ciência do fato, em petição específica dirigida ao próprio juiz da causa, em que se indicará especificamente o motivo da recusa, sendo possível a indicação de testemunhas e a juntada de documentos (art. 146).

Arguido o vício, pode ocorrer de o juiz, desde logo, reconhecer o impedimento ou a suspeição, caso em que remeterá os autos ao seu substituto legal. Não sendo este o caso, porém, deverá o juiz determinar a autuação em apartado do incidente e, no prazo de quinze dias, apresentar suas razões (acompanhadas de documentos e rol de testemunhas, se houver), ordenando em seguida a remessa dos autos ao tribunal (art. 146, § 1º).

O incidente de arguição de impedimento ou suspeição será, no tribunal, distribuído a um relator, que deverá declarar se atribui ou não efeito suspensivo ao incidente. Caso o efeito suspensivo não seja atribuído, o processo continuará a tramitar normalmente (art. 146, § 2º, I). Atribuído o efeito suspensivo, porém, o processo ficará paralisado até o julgamento do incidente (art. 146, § 2º, II). Enquanto não houver este pronunciamento inicial do relator ou no caso de ser o incidente recebido com efeito suspensivo, eventual requerimento de tutela de urgência deverá ser dirigido diretamente ao substituto legal do juiz cujo impedimento ou suspeição se tenha arguido (art. 146, § 3º).

Verificando o tribunal que a arguição é improcedente, a rejeitará e determinará o arquivamento do incidente. Acolhida a alegação, determinará que o processo siga com o substituto legal do magistrado, condenando o arguido a pagar as custas do incidente (art. 146, § 5º). Neste caso, permite-se ao juiz recorrer contra a decisão (o que exigirá a representação do juiz por advogado, já que o magistrado não tem capacidade postulatória).

Reconhecido o impedimento ou a suspeição, deve o tribunal fixar o momento a partir do qual o juiz não poderia ter atuado, decretando a nulidade dos atos que o juiz impedido ou suspeito não poderia ter praticado (art. 146, § 6º).

118 O NOVO PROCESSO CIVIL BRASILEIRO • Câmara

Tudo isto se aplica, no que couber, aos membros do Ministério Público, auxiliares da justiça e demais sujeitos imparciais do processo (art. 148), mas não às testemunhas (art. 148, § 4º), devendo o juiz da causa decidir o incidente, sem suspensão do processo (art. 148, § 2º). O impedimento e a suspeição das testemunhas se submete a regime próprio (arts. 447 e 457, § 1º). No caso de impedimento ou suspeição de peritos, nas hipóteses em que se tenha nomeado um órgão especializado, este indicará o nome e a qualificação dos profissionais que participarão da atividade (art. 156, § 4º).

7.6.3   Auxiliares da Justiça

São auxiliares da justiça aqueles que atuam no processo subordinados ao juiz. Dividem-se em auxiliares permanentes (aqueles que são servidores do Judiciário, tradicionalmente chamados *serventuários*, como o oficial de justiça) e eventuais (os que, não sendo servidores do Judiciário, são chamados pelo juiz a lhe prestar auxílio em caráter excepcional, como muitas vezes se dá com peritos e intérpretes). O art. 149, em enumeração evidentemente exemplificativa, indica os seguintes auxiliares: escrivão, chefe de secretaria, oficial de justiça, perito, depositário, administrador, intérprete, tradutor, mediador, conciliador judicial, partidor, distribuidor, contabilista e regulador de avarias.

Incumbe ao escrivão ou chefe de secretaria (art. 152): redigir, na forma legal, os ofícios, mandados, cartas precatórias e demais atos que integrem seu ofício; efetivar as ordens judiciais, realizar citações e intimações, bem como praticar todos os demais atos que lhes sejam atribuídos pelas leis de organização judiciária; comparecer às audiências ou designar um servidor para fazê-lo; manter, sob sua guarda, os autos dos processos, não permitindo que saiam de cartório (o que, evidentemente, só faz sentido quando se trata de autos não eletrônicos), salvo quando tenham de ir à conclusão do juiz, com vista a advogado, à Defensoria Pública, ao Ministério Público ou à Fazenda Pública, quando devam ser encaminhados a algum outro auxiliar da justiça ou quando tiverem de ser remetidos a outro juízo em razão da modificação da competência; fornecer certidão de qualquer ato ou termo do processo, independentemente de despacho, observadas as disposições relativas ao segredo de justiça; e praticar de ofício os atos meramente ordinatórios (dependendo, esta última atribuição, de regulamentação por ato administrativo do juiz).

Incumbe ao escrivão ou chefe de secretaria obedecer preferencialmente à ordem cronológica de recebimento para publicação e efetivação dos pronunciamentos judiciais (art. 153, na redação da Lei nº 13.256/2016), salvo no que concerne aos atos urgentes, assim reconhecidos pelo juiz no pronunciamento a ser efetivado e com relação às preferências legais (art. 153, § 2º). Entre os atos urgentes e as preferências legais, porém, deve-se preferencialmente respeitar a ordem cronológica de recebimento (art. 153, § 3º).

A lista dos processos recebidos pelo escrivão ou chefe de secretaria para praticar os atos que lhe incumbem deverá estar à disposição do público de forma permanente (art. 153, § 1º). A parte que se considerar preterida na ordem cronológica poderá reclamar ao juiz, nos próprios autos, devendo o escrivão ou chefe de secretaria prestar informações em dois dias (art. 153, § 4º). Constatada a preterição, deverá o juiz determinar a imediata prática do ato preterido e a instauração de processo administrativo disciplinar contra o servidor responsável (art. 153, § 5º).

Incumbe ao oficial de justiça (art. 154) fazer pessoalmente as citações, prisões, penhoras, arrestos e demais diligências de seu ofício, certificando no mandado o ocorrido, com menção ao lugar, dia e hora, devendo tais atos, sempre que possível, serem realizados diante de duas testemunhas; executar as ordens do juiz a que se subordinam; entregar o mandado em cartório após seu cumprimento; auxiliar o juiz na manutenção da ordem; efetuar avaliações, se for o caso; certificar, em mandado, proposta de autocomposição apresentada por qualquer das partes por ocasião da realização de atos de comunicação que tenha praticado. Certificada a proposta de autocomposição, deverá o juiz determinar a intimação da outra parte para manifestar-se em cinco dias, sem prejuízo do regular andamento do processo, entendendo-se o silêncio como recusa (art. 154, parágrafo único).

Escrivão, chefe de secretaria e oficial de justiça são civilmente responsáveis, em caráter regressivo, quando sem justo motivo se recusarem a cumprir, no prazo legal, os atos impostos por lei ou pelo juiz a que estejam subordinados; ou quando praticarem ato nulo com dolo ou culpa (art. 155). Perceba-se que, por ser regressiva sua responsabilidade, o prejudicado deverá demandar a reparação do dano em face da União ou do Estado (conforme se trate de processo que tramita perante a Justiça Federal ou Estadual), e a Fazenda Pública terá direito de regresso contra o serventuário.

Deverá o juiz ser assistido por perito quando a prova do fato depender de conhecimentos técnicos ou científicos (art. 156). Deve-se nomear o perito entre profissionais legalmente habilitados e os órgãos técnicos ou científicos devidamente inscritos em cadastro a ser mantido pelo tribunal a que o juiz está vinculado (art. 156, § 1º). Para a formação do cadastro, o tribunal deverá realizar consulta pública, por meio de divulgação na rede mundial de computadores ou em jornais de grande circulação, além da consulta direta a universidades, a conselhos de classe, ao Ministério Público, à Defensoria Pública e à Ordem dos Advogados do Brasil, para a indicação de profissionais ou órgãos técnicos interessados (art. 156, § 2º).

Incumbe aos tribunais realizar avaliações e reavaliações periódicas para manutenção do cadastro, considerando a formação profissional, a atualização do conhecimento e a experiência dos peritos interessados (art. 156, § 3º). Em todas as varas e secretarias deverá haver uma lista de peritos, com disponibilização dos documentos exigidos para a habilitação, a fim de permitir a consulta pelos interessados. A nomeação deverá ser por distribuição equitativa, observadas a capacidade técnica e a área do conhecimento (art. 157, § 2º). O perito deverá ser especializado no objeto da perícia (art. 465). Extrai-se daí a necessidade de que se observe a especialização do perito, não sendo suficiente sua formação acadêmica básica. Assim, por exemplo, em um caso em que se precise de um perito que verifique se houve ou não erro em um procedimento cirúrgico, não bastará que o perito seja médico, mas é essencial que tenha ele especialização em cirurgia.

Não havendo profissional cadastrado junto ao tribunal, a nomeação do perito será de livre escolha do juiz, devendo recair necessariamente sobre profissional ou órgão técnico ou científico especializado (art. 156, § 5º).

Incumbe ao perito cumprir seu ofício no prazo que lhe tiver sido assinado pelo juiz, só se podendo escusar se alegar motivo legítimo (art. 157).

O perito que, dolosa ou culposamente, prestar informações inverídicas, responderá pelos prejuízos que causar à parte e ficará inabilitado para atuar em outras perícias pelo prazo de dois a cinco anos, independentemente de outras sanções, devendo o juiz comunicar o fato ao respectivo órgão de classe para que tome as medidas cabíveis (art. 158).

A guarda e conservação de bens judicialmente apreendidos cabe a depositário ou administrador, salvo quando a lei dispuser de modo diverso (art. 159). Depositário e administrador terão remuneração a ser fixada pelo juiz (art. 160), que também poderá nomear um ou mais prepostos, por indicação do depositário ou do administrador (art. 160, parágrafo único).

Depositário e administrador respondem pelos prejuízos que, dolosa ou culposamente, causem às partes, perdendo o direito à remuneração, mas têm o direito de haver aquilo que legitimamente tenham despendido no exercício do encargo (art. 161). O depositário infiel, além disso, responde civilmente e suporta as sanções pela prática de ato atentatório à dignidade da justiça, sem prejuízo de sanção penal que se revele adequada (art. 161, parágrafo único).

Será nomeado intérprete ou tradutor (art. 162) para traduzir documento redigido em língua estrangeira; verter para o português as declarações das partes e testemunhas que não conheçam o vernáculo; realizar a interpretação simultânea dos depoimentos das partes e testemunhas com deficiência auditiva que se comuniquem pela Língua Brasileira de Sinais (Libras) ou equivalente.

Não pode ser intérprete ou tradutor quem não tenha a livre administração de seus bens; quem for arrolado como testemunha ou atuar como perito no mesmo processo; ou quem estiver inabilitado para o exercício da profissão por sentença penal condenatória, enquanto durarem seus efeitos (art. 163). As varas e secretarias terão listas de intérpretes e tradutores análogas às que manterão para os peritos, e a eles se aplicam as disposições acerca da responsabilidade destes (art. 164).

O CPC dá especial destaque, entre os auxiliares da justiça, aos conciliadores e mediadores. E isto é resultado do fato de que há, no sistema codificado, uma especial preocupação com a valorização dos meios consensuais de resolução de conflitos.

Mediação e conciliação são meios adequados de resolução de litígios, os quais devem ser cada vez mais valorizados pelo Estado e pela sociedade, já que contribuem para a diminuição da litigiosidade, permitindo a produção de resultados que satisfazem a todos os interessados.

Ao Código de Processo Civil incumbe regular o modo como a conciliação e a mediação se desenvolvem dentro de processos judiciais já instaurados (conciliação e mediação endoprocessuais). Evidentemente, não é preciso que haja processo instaurado para que se promova a solução consensual do conflito, mas da conciliação e da mediação pré-processuais não deve tratar a lei processual.

A mediação extrajudicial é regulada pela Lei nº 13.140/2015, a qual trata, também, de alguns aspectos da mediação judicial, razão pela qual este diploma precisa ser interpretado em conjunto com o CPC.

Incumbe, pois, aos tribunais criar centros judiciários de solução consensual de conflitos, os quais devem ser os responsáveis pela realização dos procedimentos de mediação e de conciliação e pelo desenvolvimento de programas destinados a auxiliar, orientar e estimular a autocomposição (art. 165; art. 24 da Lei nº 13.140/2015). A composição e organização destes centros deve ser feita pelos tribunais, respeitadas as disposições estabelecidas pelo Conselho Nacional de Justiça (art. 165, § 1º; art. 24, parágrafo único, da Lei nº 13.140/2015).

Nesses centros, porém, será respeitada a distinção entre conciliação e mediação. A conciliação é o mecanismo de solução consensual indicado para conflitos surgidos em casos nos quais não haja vínculos intersubjetivos entre os litigantes (como se dá, por exemplo, na relação entre o comprador de um produto e a loja em que o mesmo tenha sido adquirido). Neste caso, atua o *conciliador*, a quem incumbe propor soluções possíveis para o litígio, sendo vedada a utilização de qualquer constrangimento ou intimidação (art. 165, § 2º).

De outro lado, é adequada a utilização da mediação em casos nos quais exista vínculo intersubjetivo entre os litigantes, como se dá em conflitos de família ou em litígios societários. Nestes casos, atuará o *mediador*, a quem incumbe auxiliar os interessados a compreender as questões e os interesses em conflito, de modo que possam eles restabelecer suas comunicações e identificar, por si próprios, soluções consensuais (art. 165, § 3º). É que, conforme definição legal, mediação é "a atividade técnica exercida pelo terceiro imparcial sem poder decisório, que, escolhido ou aceito pelas partes, as auxilia e estimula a identificar ou desenvolver soluções consensuais para a controvérsia" (art. 1º, parágrafo único, da Lei nº 13.140/2015).

Perceba-se, então, uma diferença fundamental entre a atuação do conciliador e a do mediador. É que aquele deve propor soluções possíveis para o conflito, enquanto a este não é dado fazê-lo, cabendo-lhe tão somente auxiliar as partes a identificar, por si próprias, as possíveis soluções consensuais para o litígio. Conciliador e mediador, portanto, devem ser treinados para atuar de formas distintas, exigindo-se por conta disso uma capacitação específica para cada um desses auxiliares. Tanto o conciliador como o mediador, porém, podem valer-se de técnicas negociais para produzir ambiente favorável à autocomposição (art. 166, § 3º). O procedimento a ser observado para a conciliação ou a mediação, porém, será regido pela livre autonomia dos interessados, que podem dispor sobre o modo como a autocomposição será tentada conforme sua própria conveniência (art. 166, § 4º).

Há, todavia, algumas normas de observância obrigatória no procedimento de mediação. Assim é que, logo na primeira reunião de mediação – e também em outras ocasiões em que repute necessário – o mediador deverá alertar as partes acerca das regras de confidencialidade aplicáveis ao procedimento (art. 14 da Lei nº 13.140/2015). O procedimento poderá contar com a participação de mais de um mediador quando isto for recomendável em razão da natureza e da complexidade do conflito (art. 15 da Lei nº 13.140/2015). Considera-se instituída a mediação na data para a qual tenha sido marcada a primeira reunião (art. 17 da Lei nº 13.140/2015). Iniciado o procedimento de mediação, as reuniões posteriores com a presença das partes só podem ser marcadas com sua anuência (art. 18 da Lei nº 13.140/2015). O mediador pode, no exercício de suas funções, reunir-se com as partes, em conjunto ou separadamente, bem como solicitar das partes as informações que repute necessárias para facilitar o entendimento (art. 19 da Lei nº 13.140/2015). Encerra-se o procedimento de mediação com a lavratura de seu termo final, tanto no caso de ser alcançada a autocomposição como quando não se justificarem novos esforços para obtenção de consenso (art. 20 da Lei nº 13.140/2015).

Tanto a conciliação como a mediação são informadas por alguns princípios: independência, imparcialidade, isonomia, autonomia da vontade, busca do consenso, confidencialidade, oralidade, informalidade e decisão informada (art. 166; art. 2º da Lei nº 13.140/2015). Também se deve observar o princípio da voluntariedade, por força do qual ninguém pode ser obrigado a participar do procedimento de mediação ou conciliação (art. 2º, § 2º, da Lei nº 13.140/2015). Além disso, evidentemente, devem ser observados os princípios constitucionais que compõem o modelo constitucional do processo brasileiro.

A confidencialidade estende-se a todas as informações produzidas ao longo do procedimento da mediação ou conciliação, não podendo seu teor ser utilizado para fim diverso daquele expressamente deliberado pelas partes (art. 166, § 1º). Resulta daí, diretamente, a vedação de se convocar o conciliador, mediador ou membros de suas equipes para depor acerca de fatos que lhes tenham sido revelados ao longo do procedimento, não podendo eles também divulgar tais fatos (art. 166, § 2º; art. 7º da Lei nº 13.140/2015). Todas as informações relativas ao procedimento de mediação serão confidenciais em relação a terceiros, não podendo ser reveladas sequer em processo judicial ou arbitral, salvo se as partes expressamente decidirem de forma diversa ou quando sua divulgação for exigida por lei ou necessária para cumprimento do acordo alcançado através da mediação (art. 30 da Lei nº 13.140/2015). O dever de confidencialidade alcança não só as partes e o mediador, mas também os prepostos das partes, seus advogados, assessores técnicos e outras pessoas de sua confiança que tenham, direta ou indiretamente, participado do procedimento de mediação, e alcançam declarações, opiniões, sugestões, promessas ou propostas formuladas por uma parte à outra na busca do entendimento; reconhecimento de fato por qualquer das partes no curso do procedimento de mediação; manifestação de aceitação de proposta de acordo; ou documento preparado unicamente para os fins do procedimento de mediação (art. 30, § 1º, da Lei nº 13.140/2015).

Conciliadores, mediadores e câmaras privadas de conciliação e mediação deverão ser inscritos em cadastro nacional (a ser mantido pelo CNJ) e em cadastros mantidos pelos Tribunais de Justiça ou Regionais Federais, devendo estes manter registro de profissionais capacitados, com a indicação da respectiva área de atuação de cada um deles (art. 167; art. 12 da Lei nº 13.140/2015). Conciliadores e mediadores só poderão requerer sua inscrição nesses registros depois de capacitados através de cursos que observem o currículo definido pelo CNJ em conjunto com o Ministério da Justiça (art. 167, § 1º). Além disso, mediadores judiciais devem ter concluído há pelo menos dois anos curso de ensino superior em instituição reconhecida pelo Ministério da Educação e, ainda, ter obtido capacitação em escola ou instituição de formação de mediadores, reconhecida pela Escola Nacional de Formação e Aperfeiçoamento de Magistrados (ENFAM) ou pelos tribunais, observados os requisitos mínimos estabelecidos pelo CNJ em conjunto com o Ministério da Justiça (art. 11 da Lei nº 13.140/2015).

Efetivado o registro, que poderá ser precedido de concurso público, o tribunal remeterá ao diretor do foro onde atuará o conciliador ou mediador os dados necessários para que seu nome passe a constar da respectiva lista, para efeito de distribuição alternada e aleatória, observado o princípio da igualdade dentro da mesma área de atuação profissional (art. 167, § 2º).

Do credenciamento das câmaras privadas e do registro de conciliadores e mediadores constarão todos os dados relevantes para sua atuação, tais como o número de causas em que atuou, o sucesso ou insucesso de sua atividade, a matéria sobre a qual versou a controvérsia, além de outros dados que o tribunal repute relevantes (art. 167, § 3º). Estes dados deverão ser classificados pelos tribunais, que os publicarão, ao menos anualmente, para conhecimento da população e para fins estatísticos, e para o fim de viabilizar a avaliação da conciliação, da mediação e dos profissionais que nelas atuam (art. 167, § 4º). Além disso, conciliadores e mediadores ficam impedidos, pelo prazo de um ano (contado do término da última audiência em que tenham atuado) de assessorar, representar ou patrocinar qualquer das partes (art. 172; art. 6º da Lei nº 13.140/2015).

Conciliadores e mediadores, quando advogados, ficam impedidos de exercer a advocacia junto aos juízos em que atuem (art. 167, § 5º). Assim, por exemplo, um mediador especializado em causas de família não poderá atuar nos juízos especializados em Direito de Família junto aos quais exerça suas funções de mediador.

As partes podem escolher, de comum acordo, o conciliador, o mediador ou a câmara privada especializada que atuará no processo (art. 168). Neste caso, não é preciso que o escolhido esteja cadastrado junto ao tribunal (art. 168, § 1º). Não havendo escolha por acordo entre as partes, haverá uma distribuição entre aqueles cadastrados no tribunal, respeitada a área de atuação especializada de cada um deles (art. 168, § 2º), caso em que o mediador não estará sujeito à prévia aceitação das partes (art. 25 da Lei nº 13.140/2015). Se recomendável, haverá a indicação de mais de um conciliador ou mediador (art. 168, § 3º; art. 15 da Lei nº 13.140/2015).

Conciliadores e mediadores serão remunerados conforme parâmetros estabelecidos pelo CNJ, salvo no caso de o tribunal criar um quadro específico de conciliadores e mediadores, selecionados por concurso público específico (arts. 169 e 167, § 6º; art. 13 da Lei nº 13.140/2015). Admite-se, também, que conciliação e mediação sejam exercidas como trabalho voluntário (art. 169, § 1º).

Os tribunais estabelecerão um percentual de audiências que as câmaras privadas deverão realizar gratuitamente para atender aos processos em que haja sido deferido o benefício de gratuidade de justiça, como contrapartida pelo seu credenciamento (art. 169, § 2º).

Será excluído do cadastro de conciliadores e mediadores (art. 173) aquele que agir com dolo ou culpa na condução da conciliação ou mediação ou violar qualquer dos seus deveres; ou atuar em procedimento de conciliação ou mediação mesmo sendo impedido ou suspeito. A apuração dessas hipóteses dependerá de processo administrativo (art. 173, § 1º). Pode, ainda, acontecer de o juiz da causa ou o juiz coordenador do centro de soluções consensuais afastar o mediador ou conciliador, se verificar sua atuação inadequada, pelo prazo de cento e oitenta dias, informando o fato imediatamente ao tribunal para a instauração de processo administrativo disciplinar (art. 173, § 2º).

7.7 Ministério Público

A intervenção do Ministério Público no processo civil se dá nos termos do disposto na Constituição da República e nos arts. 176 a 181 do CPC. Instituição essencial para a administração da justiça, o MP atua na defesa da ordem jurídica, do regime democrático e dos direitos sociais e individuais indisponíveis (art. 176). Atua ele no processo civil de duas maneiras: como parte da demanda (demandante ou, o que é mais raro, demandado) e como "fiscal da ordem jurídica" (*custos legis*).

Quando atua como demandante, no exercício de suas atribuições constitucionais (art. 177) e legais, o Ministério Público é um demandante como outro qualquer. Será ele, porém, intimado para intervir como fiscal da ordem jurídica (art. 178) nas causas que envolvam interesse público ou social (não sendo suficiente para justificar a

Parte Geral • Cap. 7 • Sujeitos do processo **125**

intervenção do MP o mero fato de a Fazenda Pública ser parte, nos termos do parágrafo único do art. 178); naquelas que envolvam interesse de incapaz; nas que envolvam litígios coletivos pela posse da terra; além de outros casos expressamente previstos na Constituição da República ou em lei (como se dá, *e.g.*, no processo do mandado de segurança, nos termos do art. 12 da Lei nº 12.016/2009).

Nos casos em que intervém como fiscal da ordem jurídica, o MP terá vista dos autos depois das partes, devendo ser intimado de todos os atos do processo (art. 179, I), podendo produzir provas, requerer as medidas processuais que considere pertinentes e recorrer (art. 179, II). O Ministério Público tem prazo em dobro para a prática de atos processuais, que corre a partir de sua intimação pessoal (art. 180), que se dá por carga, remessa ou meio eletrônico (art. 183, § 1º, aplicável ao MP por expressa determinação do art. 180, *in fine*). Não será duplicado o prazo, porém, nos casos em que haja expressa previsão de um prazo para a manifestação do MP (art. 180, § 2º).

Findo o prazo para sua manifestação, com ou sem ela, o processo terá andamento (art. 180, § 1º), o que mostra que o andamento válido do processo depende, nos casos de intervenção obrigatória do Ministério Público, de sua intimação, mas não de sua manifestação.

Responde o membro do Ministério Público – civil e regressivamente – quando agir com dolo ou fraude no exercício de suas funções (art. 181). Também aqui, portanto, o prejudicado deverá demandar em face da União ou do Estado (conforme tenha sido lesado por ato de membro do Ministério Público da União ou do Estado), e a Fazenda Pública terá direito de regresso contra o membro do Ministério Público.

7.8 Advocacia Pública

Incumbe aos órgãos da Advocacia Pública (de que são exemplos a Advocacia Geral da União – AGU, as Procuradorias dos Estados e as Procuradorias dos Municípios), na forma da lei, defender e promover os interesses públicos da União, dos Estados, do Distrito Federal e dos Municípios, por meio da representação judicial, em todos os âmbitos federativos, das pessoas jurídicas de direito público que integram a administração pública direta ou indireta (art. 182).

O membro da Advocacia Pública é responsável – civil e regressivamente – quando agir no exercício de suas funções com dolo ou fraude (art. 184). Aplica-se, aqui, pois, o sistema por força do qual o lesado pela atuação do advogado público deve demandar a reparação do dano em face da pessoa jurídica a que o profissional se vincula, e esta, por sua vez, terá direito de regresso em face do advogado.

As pessoas jurídicas de direito público têm prazo em dobro para se manifestar no processo, tendo início o prazo de sua intimação pessoal (art. 183), que se fará por carga, remessa ou meio eletrônico (art. 183, § 1º). Não se aplica, porém, o benefício de prazo para a Fazenda Pública naqueles casos em que haja expressa previsão legal de um prazo para sua manifestação (art. 183, § 2º).

7.9 Defensoria Pública

A Defensoria Pública é uma instituição extremamente relevante para a defesa dos economicamente necessitados, e fundamental para que a implementação da garantia constitucional de assistência jurídica integral e gratuita aos hipossuficientes econômicos. A ela incumbe, nos termos do art. 185, exercer a orientação jurídica, a promoção dos direitos humanos e a defesa dos direitos (individuais e supraindividuais) dos necessitados, em todos os graus de jurisdição, de forma integral e gratuita.

A Defensoria Pública tem prazo em dobro para manifestar-se no processo (art. 186), o que se dá não só nos casos em que atue na representação processual de parte economicamente necessitada mas, também, quando a própria Defensoria Pública é parte (o que pode se dar, por exemplo, quando a Defensoria propõe "ação civil pública", exercendo a legitimidade que lhe é conferida pelo art. 5º, II, da Lei nº 7.347/1985). O prazo para a Defensoria tem início com a intimação pessoal do Defensor Público, que pode se dar por carga, remessa ou meio eletrônico (art. 186, § 1º, c/c art. 183, § 1º). Não haverá, porém, prazo em dobro naqueles casos em que a lei prevê expressamente um prazo próprio para a Defensoria Pública (art. 186, § 4º).

Também terão prazo em dobro os escritórios de prática jurídica das Faculdades de Direito reconhecidas na forma da lei e as entidades que prestam assistência judiciária gratuita em razão de convênios firmados com a própria Defensoria Pública (art. 186, § 3º).

Muitas vezes é difícil o contato pessoal entre o Defensor Público e seu assistido. Por conta disso, prevê o art. 186, § 2º, a possibilidade de que o Defensor requeira ao juiz que determine a intimação pessoal da parte assistida quando o ato processual depender de providência ou informação que somente por ela pode ser realizada ou prestada.

Responde o Defensor Público – civil e regressivamente – quando agir com dolo ou fraude no exercício de suas funções (art. 187). Também aqui, portanto, incumbirá ao lesado demandar em face da União ou do Estado (conforme se trate de Defensor Público da União ou de Estado), e o Poder Público terá direito de regresso contra o Defensor.

8

DOS ATOS PROCESSUAIS

8.1 Atos e Negócios Processuais em Geral

Sendo o processo um *procedimento em contraditório*, não é difícil perceber que se manifesta ele, exteriormente, através de um conjunto de atos jurídicos (empregada a expressão, aqui, em seu sentido amplo): os atos processuais. Pode-se, então, definir *atos processuais* como os atos jurídicos, praticados pelos sujeitos do processo, que se destinam a produzir efeitos no processo em relação ao qual são praticados.

Todo ato processual é, pois, praticado por algum dos sujeitos do processo (órgão jurisdicional e partes, aqui incluídos não só o demandante e o demandado, mas todos os sujeitos do contraditório).

É possível promover-se uma classificação dos atos processuais, a qual certamente poderá ser didaticamente útil para a compreensão das várias distintas modalidades de ato que se praticam ao longo do trâmite processual. Assim é que, por um critério subjetivo, os atos processuais classificam-se em *atos do órgão jurisdicional* e *atos das partes*. Os atos do órgão jurisdicional, por sua vez, dividem-se em *atos do juiz* e *atos dos auxiliares da justiça*.

Os atos das partes podem ser: (a) atos postulatórios; (b) atos instrutórios; (c) atos dispositivos (negócios processuais); (d) atos reais.

Atos postulatórios são aqueles através dos quais as partes manifestam suas pretensões em juízo. Dividem-se em *pedido* (a postulação principal, de mérito) e *requerimento* (qualquer outra postulação distinta do pedido). É por conta disso que, ao tratar da demanda, afirma-se que um de seus elementos constitutivos é o *pedido* (ou seja, a postulação principal, de mérito). E exatamente por isso afirma o art. 319, IV, que a petição inicial indicará "o pedido" (assim compreendida a postulação principal, de mérito). Qualquer outra postulação deduzida no processo será considerada mero *requerimento* (como, por exemplo, o requerimento de produção de provas a que se refere o art. 370). Vale dizer, porém, que o Código de Processo Civil não é sempre fiel à terminologia adequada, fazendo uso dos termos pedido e requerimento muitas vezes de forma inadequada. É o que se dá, por exemplo, no art. 565, que chama de pedido o que na verdade é o *requerimento de concessão de medida liminar*.

128 O NOVO PROCESSO CIVIL BRASILEIRO • Câmara

Atos instrutórios das partes são aqueles destinados a influir na formação do resultado do processo. São, portanto, atos através dos quais as partes fazem valer seu direito ao contraditório. Dividem-se em *alegações* (como os fundamentos contidos na petição inicial, as razões ou contrarrazões de recurso e as sustentações orais feitas perante os tribunais) e *atos probatórios* (como a juntada de um documento ou o depoimento pessoal).

Atos dispositivos (também chamados *negócios processuais*) são os atos pelos quais as partes livremente regulam suas posições jurídicas no processo. Podem ser *unilaterais* (como a renúncia à pretensão ou o reconhecimento jurídico do pedido) ou *bilaterais* (também chamados *concordantes*), como a transação ou a eleição de foro.

O CPC traz, em seu art. 190, uma *cláusula geral de negócios processuais*. Trata-se da genérica afirmação da possibilidade de que as partes, dentro de certos limites estabelecidos pela própria lei, celebrem negócios através dos quais dispõem de suas posições processuais.

Estabelece o art. 190 que nas causas que versam sobre "direitos que admitam autocomposição" partes capazes podem "estipular mudanças no procedimento para ajustá-lo às especificidades da causa e convencionar sobre os seus ônus, poderes, faculdades e deveres processuais, antes ou durante o processo". Fica claro, pela leitura do dispositivo, que apenas partes *capazes* podem celebrar negócios processuais, não sendo válida sua celebração por incapazes, ainda que representados ou assistidos. O Ministério Público pode celebrar negócios processuais destinados a produzir efeitos nos processos em que atua como parte, e não como mero fiscal da ordem jurídica (FPPC, enunciado 253). Também a Fazenda Pública pode celebrar negócios processuais (FPPC, enunciado 256).

Além disso, a lei limita a validade dos negócios processuais, restringindo-a às causas que versem sobre direitos que admitem autocomposição. Não fala a lei, corretamente, em "direitos indisponíveis", mas em direitos que admitem autocomposição. É que há casos em que, não obstante a indisponibilidade do direito material, há aspectos que admitem autocomposição, como se dá em matéria de alimentos, por exemplo. Pois nestes casos os negócios processuais são admissíveis (FPPC, enunciado 135: "A indisponibilidade do direito material não impede, por si só, a celebração de negócio jurídico processual").

Em outros termos, apenas naqueles casos em que seja possível a realização de negócios jurídicos de disposição sobre o direito material é que se poderá, também, celebrar negócios processuais. Seria, por exemplo, vedada a celebração de negócios processuais em um processo cujo objeto seja o reconhecimento da prática de ato de improbidade administrativa. O negócio jurídico processual também não pode afastar posições jurídicas que sejam inerentes ao modelo processual adotado no Brasil, como se daria, por exemplo, com um negócio processual que dispensasse o contraditório ou a boa-fé (FPPC, enunciado 6: "O negócio processual não pode afastar os deveres inerentes à boa-fé e à cooperação"). Do mesmo modo, não se admite negócio processual destinado a excluir a intervenção obrigatória do Ministério Público no processo (FPPC, enunciado 254), ou a intervenção do *amicus curiae* (FPPC, enunciado 392).

O negócio processual pode ser celebrado no curso do processo, mas pode também ser realizado em caráter pré-processual. Imagine-se, por exemplo, um contrato celebrado entre duas empresas no qual se insira uma cláusula em que se prevê que na eventualidade de instaurar-se processo judicial entre os contratantes, para dirimir litígio que venha a surgir entre as partes em razão do aludido contrato, todos os prazos processuais serão computados em dobro. Admite-se, ainda, negócio processual celebrado em pacto antenupcial ou no "contrato de convivência" (FPPC, enunciado 492).

Estabelece a lei que os negócios processuais celebrados pelas partes podem versar sobre "seus ônus, poderes, faculdades e deveres processuais". Têm as partes, então, autorização da lei para dispor sobre suas próprias posições processuais, não podendo o negócio alcançar as posições processuais do juiz. Assim, por exemplo, é lícito celebrar negócio processual que retire das partes a faculdade de recorrer (*pacto de não recorrer*), mas não é lícito às partes proibir o juiz de controlar de ofício o valor dado à causa nos casos em que este seja estabelecido por um critério prefixado em lei (art. 292).

Poder-se-ia, então, afirmar a validade de um negócio processual em que as partes tenham convencionado a inadmissibilidade de um determinado meio de prova? Afinal, o juiz tem o poder de determinar, *ex officio*, as provas que entenda necessárias para o julgamento da causa. A resposta, porém, é inegavelmente positiva. Em primeiro lugar, é preciso perceber que se, de um lado, é do juiz o poder de determinar a produção de provas, de outro lado é das partes o ônus da prova, além de terem elas o ônus de praticar atos necessários à produção das provas. Assim, por exemplo, de nada adiantaria o juiz determinar, de ofício, a produção de prova pericial se as partes convencionaram que não haveria pagamento de honorários ao perito. Do mesmo modo, de nada adiantaria determinar *ex officio* a produção de prova testemunhal se as partes convencionaram não arrolar qualquer testemunha. Há, ainda, outro aspecto a considerar. O art. 190 expressamente afirma que as partes podem celebrar negócio processual parar ajustar o procedimento. Ocorre que o poder do juiz de determinar a produção de provas é limitado pela espécie de procedimento. Assim, por exemplo, em um procedimento como o do mandado de segurança (que só admite a produção de prova documental preconstituída), não pode o juiz determinar – nem de ofício, nem a requerimento de parte – a produção de prova testemunhal ou pericial. Do mesmo modo, não pode o juiz, no procedimento de inventário e partilha de bens, determinar a produção de provas outras que não a meramente documental. É, pois, perfeitamente legítima a celebração de negócio em que as partes estabeleçam limites à instrução probatória (claro que daí poderia surgir uma dúvida: como fazer naqueles casos em que, tendo as partes celebrado negócio processual que veda a produção de certo meio de prova, o juiz considere o material probatório deficiente para o julgamento da causa? Pois nestes casos deverá o juiz decidir com apoio nas regras de distribuição do ônus da prova, decidindo contrariamente àquele sobre quem incidia o ônus da produção da prova não produzida).

A validade dos negócios processuais se sujeita a controle judicial (art. 190, parágrafo único). Incumbe ao juiz, de ofício ou a requerimento do interessado, controlar a validade do negócio processual, recusando-lhe aplicação nos casos de nulidade (FPPC, enunciado 403: "A validade do negócio jurídico processual requer agente capaz, objeto lícito, possível, determinado ou determinável e forma prescrita ou não defesa em lei") e anulabilidade (previstos na lei civil para os negócios jurídicos em geral; FPPC, enunciado 132: "Além dos defeitos processuais, os vícios da vontade e os vícios sociais podem dar ensejo à invalidação dos negócios jurídicos atípicos do art. 190"), quando se verificar que a convenção tenha sido inserida de forma abusiva em contrato de adesão ou em qualquer caso no qual se verifique que uma das partes se encontra, perante a outra, em *manifesta situação de vulnerabilidade*. Dito de outro modo, o negócio processual só é válido se celebrado *entre iguais*, assim entendidas as partes que tenham igualdade de forças.

Não se poderia, então, admitir a celebração válida de negócio processual em uma causa em que são partes, de um lado, um poderoso fornecedor de serviços ou produtos (como um banco ou uma operadora de planos de saúde) e, de outro, um consumidor vulnerável. Os negócios processuais serão, porém, válidos quando celebrados entre sócios de uma sociedade (e é perfeitamente possível inseri-los em um contrato social ou no estatuto de uma sociedade anônima), ou entre duas grandes pessoas jurídicas transnacionais. Haverá indício de vulnerabilidade quando a parte tiver celebrado negócio processual sem assistência de advogado (FPPC, enunciado 18: "Há indício de vulnerabilidade quando a parte celebra acordo de procedimento sem assistência técnico-jurídica").

Existem negócios processuais típicos (como a eleição de foro) e atípicos (como seria, por exemplo, um negócio processual através do qual as partes convencionassem que só se admitirá o depoimento de testemunhas que jamais tenham sido empregadas de qualquer das empresas celebrantes do negócio).

Existe enunciado do Fórum Permanente de Processualistas Civis (n° 490) que apresenta um rol exemplificativo de negócios processuais admissíveis: "pacto de inexecução parcial ou total de multa coercitiva; pacto de alteração de ordem de penhora; pré-indicação de bem penhorável (art. 848, II); prefixação de indenização por dano processual prevista nos arts. 81, § 3°, 520, I, 297, parágrafo único (cláusula penal processual); negócio de anuência prévia para aditamento ou alteração do pedido ou da causa de pedir até o saneamento (art. 329, inc. II)". Também se admite negócio processual que estipule mudanças no procedimento das intervenções de terceiros, observada a necessidade de anuência do terceiro quando lhe puder causar prejuízo (FPPC, enunciado 491), ou que estabeleça que os prazos das partes que celebraram a convenção sejam contados em dias corridos (FPPC, enunciado 579).

Alguns exemplos de negócio processual podem ser aqui indicados: (a) eleição de foro; (b) nomeação convencional de perito; (c) pacto de não nomeação de assistente técnico; (d) pacto de não recorrer; (e) convenção para ampliação dos prazos; (f) convenção para redução de prazos; (g) convenção para determinar número de testemunhas que cada parte pode arrolar; (h) pacto de não produzir prova testemunhal; (i) convenção para exigir notificação prévia ao ajuizamento de qualquer demanda entre as partes; (j) convenção sobre distribuição do ônus da prova; (k) convenção para substituir alegações finais orais por memoriais escritos. De outro lado, não são admissíveis negócios processuais que tenham por fim modificar ou afastar a incidência de normas cogentes (FPPC, enunciado 20: "Não são admissíveis os seguintes negócios bilaterais, dentre outros: acordo para modificação da competência absoluta, acordo para supressão da primeira instância, acordo para afastar motivos de impedimento do juiz, acordo para criação de novas espécies recursais, acordo para ampliação das hipóteses de cabimento de recursos").

O descumprimento, pela parte, de negócio processual válido é matéria que não pode ser conhecida de ofício (FPPC, enunciado 252). É que, do mesmo modo como as partes podem ter celebrado o negócio processual, podem elas optar por sua resilição (FPPC, enunciado 411). Ora, se uma das partes descumpre o negócio processual e a outra parte não reclama, daí resulta uma resilição bilateral do negócio, que estará extinto.

Vale registrar, por fim, que os negócios processuais vinculam não só as partes que o tenham celebrado, mas também seus sucessores (FPPC, enunciado 115).

Não é propriamente um negócio processual (por não ser ato celebrado apenas entre as partes, exigindo-se aqui a concordância do juiz), o *calendário processual* (previsto no art. 191) trata-se de ato processual celebrado pelas partes *em comum acordo com o juiz* (o qual figura, pois, como um dos celebrantes do ato). Por meio do calendário processual as partes e o juiz fixam – perdoe-se o truísmo – um calendário para a prática dos atos processuais. Figure-se um exemplo: imagine que em um determinado processo as partes e o juiz tenham fixado o seguinte calendário: a partir da data da celebração do negócio processual, as partes terão dias para juntar documentos; em seguida, disporão do prazo comum de dez dias para que cada uma se manifeste sobre os documentos juntados pela parte adversária; a seguir, o perito terá dias para apresentar seu laudo e, imediatamente depois, os assistentes técnicos das partes disporão do prazo comum de quinze dias para a apresentação de seus pareceres críticos ao laudo. Trinta dias depois do término do prazo para apresentação dos pareceres dos assistentes técnicos será realizada uma audiência de instrução e julgamento e, em seguida, o juiz terá quarenta e cinco dias para proferir sentença.

Definido o calendário processual (que vincula as partes e o juízo, nos termos do art. 191, § 1º, e do enunciado 414 do FPPC, e pode ser celebrado inclusive em processos que versem sobre direitos que não admitem autocomposição, conforme o enunciado 494 do FPPC), os prazos nele previstos só poderão ser modificados em casos excepcionais, devidamente justificados. Por conta disso, fica dispensada a intimação das partes para a prática de ato processual ou para a realização de audiências cujas datas tenham sido designadas no calendário (art. 191, § 2º). Não é difícil entender a razão disso. É que, se ficou acertado entre o juiz e as partes, por exemplo, a data em que a sentença seria proferida, já ficam cientes todos os sujeitos do processo da data em que começará a correr o prazo recursal. Assim, desnecessária a intimação das partes (e esse mesmo raciocínio, evidentemente, se aplica aos demais casos).

Além dos atos postulatórios, instrutórios e dispositivos (negócios processuais), as partes também praticam *atos reais*. Estes são atos processuais que são praticados por intermédio de outros meios de manifestação da vontade que não seja o uso da palavra. Pense-se, por exemplo, no ato do réu de uma "ação de reintegração de posse" que desocupa o imóvel que invadira. Sem apresentar petição (ou sem emprego da palavra falada), terá o réu, neste caso, *reconhecido a procedência do pedido* por ato real. Também são atos reais o depósito que se realiza na "ação de consignação em pagamento" e o recolhimento de custas.

Os atos do juiz, por sua vez, dividem-se em *pronunciamentos* (também chamados *provimentos*) e os atos materiais. Estes, por sua vez, dividem-se em *atos instrutórios* e *atos de documentação*.

Pronunciamentos do juiz são atos pelos quais se manifesta a autoridade jurisdicional: a *sentença*, a *decisão interlocutória* e o *despacho* (e sobre estes conceitos se tratará adiante).

Atos instrutórios são os atos do juiz que se destinam a preparar o resultado final do processo, como é o caso da colheita do depoimento de uma testemunha ou a realização de uma inspeção judicial.

Há, também, atos de documentação, aqueles que o juiz pratica para registrar ou autenticar outros atos processuais (como assinar uma decisão ou o termo de audiência).

Por fim, os atos dos auxiliares da justiça podem ser *atos de movimentação* (como a remessa dos autos à conclusão do juiz); *atos de documentação* (como a elaboração de uma certidão) e *atos de execução* (também chamados de *diligências*), como a realização de uma citação ou de uma penhora.

Vista a classificação dos atos processuais, é preciso tecer algumas considerações de ordem formal. Assim é que, por força do que dispõe o art. 192, todos os atos do processo devem ser praticados em língua portuguesa (o que atende ao disposto no art. 13 da Constituição da República). Documentos redigidos em língua estrangeira só terão eficácia no processo quando acompanhados de versão para a língua portuguesa tramitada por via diplomática ou pela autoridade central, ou quando firmada por tradutor juramentado.

Também é importante destacar que os atos processuais são, em regra, públicos (art. 189 do CPC e art. 5º, LX, da Constituição da República). Haverá, porém, *publicidade restrita* (ou, como se costuma dizer na prática forense, em expressão que o CPC acolhe, *segredo de justiça*) nas causas em que o exija o interesse público ou social; que versem sobre casamento, separação de corpos, divórcio, separação, união estável, filiação, alimentos e guarda de crianças e adolescentes; em que constem dados protegidos pelo direito constitucional à intimidade (como se dá, por exemplo, em um processo executivo em que, para localizar bens penhoráveis, tenha havido necessidade de se solicitar à Receita Federal a declaração de bens e rendimentos do executado); ou que versem sobre arbitragem, inclusive sobre cumprimento de carta arbitral, desde que a confidencialidade da arbitragem seja comprovada em juízo (art. 22-C, parágrafo único, da Lei de Arbitragem). Em todos esses casos de publicidade restrita o direito de consultar os autos e de obter certidões dos atos e termos do processo é limitado às partes e seus advogados (art. 189, § 1º). Terceiros que demonstrem interesse jurídico poderão requerer ao juiz certidão do dispositivo da sentença, bem assim de inventário e partilha resultante de separação ou divórcio (art. 189, § 2º).

Os atos processuais podem ser praticados por meios eletrônicos (art. 193). Admite-se que o ato processual seja *total ou parcialmente* digital, admitindo a lei que sejam eles produzidos, comunicados, armazenados e validados por meios eletrônicos. Aplica-se esta regra, também, aos atos notariais e de registro (art. 193, parágrafo único).

Os sistemas de automação processual deverão respeitar a publicidade dos atos do processo, o acesso e a participação das partes e de seus procuradores (inclusive nas audiências e sessões de julgamento), observadas as garantias da disponibilidade, independência da plataforma computacional, acessibilidade e interoperabilidade dos sistemas, serviços, dados e informações administradas pelo Judiciário (art. 194).

Determina o art. 195 que o registro dos atos processuais eletrônicos se dê em programas de padrão aberto (aqueles cujo uso é gratuito), que atenderão aos requisitos de autenticidade, integridade, temporalidade, não repúdio, conservação e, nos casos que tramitam em segredo de justiça (*rectius*, publicidade restrita), confidencialidade, observada a infraestrutura de chaves públicas unificada nacionalmente (ICP-Brasil).

Diante dos avanços tecnológicos já ocorridos, determina o CPC a todos os tribunais que divulguem as informações constantes de seus sistemas de automação em página própria na Internet (art. 197). Em outros termos, significa isto que deve ser possível acompanhar, pelos *sites* dos tribunais, o andamento dos processos. E fica expresso que as informações ali constantes gozam de presunção de veracidade e confiabilidade (art. 197, *in fine*). Este é um dado extremamente relevante. Frequentemente ocorre na prática de se encontrar no sistema de automação do tribunal alguma informação equivocada (por exemplo, uma informação errada acerca da data da juntada aos autos de um mandado de citação). Impõe-se, então, reconhecer a validade e eficácia dessas informações, sob pena de se causar tremendo prejuízo (pense-se na perda de um prazo, por exemplo) a quem nelas confiar. A presunção que resulta dali, porém, é relativa, admitindo prova que a afaste. Figure-se a hipótese de o mandado ter sido juntado aos autos em uma determinada data e no sistema de automação constar, erradamente, que a juntada se deu no dia seguinte. Presume-se confiável tal informação e, portanto, se a parte tomar como termo inicial do prazo a data indicada no sistema de automação não se poderá ter seu ato por intempestivo. Afasta-se tal presunção, porém, se o advogado compareceu pessoalmente à secretaria do juízo e teve acesso aos autos (nos quais se encontra a data correta da juntada), o que deve ser certificado pelo escrivão. À medida que se tornam cada vez mais comuns os autos eletrônicos, porém, o risco de divergência entre o que consta dos autos e o que é acessível pela Internet se torna cada vez menor, beirando as raias do desprezível.

Os sistemas eletrônicos dos tribunais, por mais confiáveis que sejam, estão sujeitos a falhas técnicas. Por conta disso, estabelece o parágrafo único do art. 197 que "[n] os casos de problema técnico do sistema e de erro ou omissão do auxiliar da justiça responsável pelo registro dos andamentos, poderá ser configurada a justa causa" que afasta os efeitos da perda de prazos processuais (preclusão temporal).

Incumbe, ainda, ao Judiciário manter à disposição dos interessados, em suas unidades, e para utilização gratuita, os equipamentos necessários à prática de atos processuais por meios eletrônicos e à consulta e acesso ao sistema de automação e aos documentos nele constantes (art. 198). Não havendo esses equipamentos, será permitida a prática de atos por meio não eletrônico, ainda que sejam eletrônicos os autos do processo.

8.2   Atos das Partes

Sob a epígrafe "atos das partes", o art. 200 regula o momento a partir do qual se tornam eficazes os atos que, praticados pelas partes, consistam em declarações de vontade (o que, evidentemente, inclui os negócios processuais). Tais declarações de vontade (como a transação, a renúncia ao direito de recorrer, a desistência do recurso, o reconhecimento da procedência do pedido, entre outros) produzem efeitos, em regra, de imediato, não dependendo de homologação judicial ou qualquer outro tipo de ratificação para que se tornem eficazes (FPPC, enunciado 133: "Salvo nos casos expressamente previstos em lei, os negócios processuais do art. 190 não dependem de homologação judicial").

Afasta-se desta regra a *desistência da ação*, a qual só se torna eficaz após a homologação judicial. É que a desistência da ação manifestada após a contestação só pode produzir efeitos se o demandado com ela consentir (art. 485, § 4º). Depende a desistência da ação, pois, para produzir seu efeito, de acontecimentos a ela posteriores (a manifestação, pelo réu, de seu consentimento e a verificação, pelo juiz, de que tal consentimento era desnecessário ou foi validamente manifestado). Só após a verificação de todos esses dados é que poderá ela ser homologada e, a partir daí, tornar-se eficaz.

Quanto às demais declarações de vontade das partes, sejam elas unilaterais ou bilaterais, produzem seus efeitos desde logo. Vale recordar, porém, que no caso dos negócios processuais incumbe ao juiz o controle de sua validade (art. 190, parágrafo único) e, no caso de ser inválido o negócio, a ele se recusará aplicação, cessando sua eficácia.

Muitos atos das partes são praticados através de petição. Pois é lícito à parte obter um recibo das petições que oferte e dos outros documentos que apresente à secretaria do órgão jurisdicional (art. 201), não sendo lícita a recusa. Com o peticionamento eletrônico, porém, muito dessa burocracia se torna desprovida de sentido.

Não pode a parte lançar, na documentação já acostada aos autos, cotas marginais ou interlineares. Assim, não é possível (mesmo em processos de autos eletrônicos) a inserção, pela parte, de comentários ou observações à margem do que lá já consta ou entre linhas já escritas. Incumbe ao juiz mandar riscar tais cotas e multar quem as tenha escrito em metade do salário mínimo (art. 202).

8.3   Pronunciamentos do Juiz

Os atos do juiz, como já se viu, são *pronunciamentos* (também chamados provimentos) e *atos materiais*. Pois os pronunciamentos do juiz, segundo o disposto no art. 203, seriam a *sentença*, a *decisão interlocutória* e o *despacho* (dando cada um dos três primeiros parágrafos do aludido artigo uma definição de cada um desses pronunciamentos). É necessário, porém, buscar critérios mais precisos para promover-se esta classificação dos pronunciamentos judiciais, o que muito poderá contribuir para a compreensão de diversos dispositivos do CPC.

Em primeiro lugar, impõe-se classificar o pronunciamento jurisdicional *quanto ao número de magistrados que participam da produção do ato*. É que existem pronunciamentos emanados de um juiz singular e outros que emanam de órgãos colegiados.

O pronunciamento emanado de um juiz singular é o *pronunciamento monocrático* ou *unipessoal*. É o que se tem nos juízos de primeira instância e, nos tribunais, naqueles casos em que ao relator ou ao Presidente (ou Vice-Presidente) do tribunal incumbe, sozinho, proferir o pronunciamento.

De outro lado, há pronunciamentos emanados de órgãos colegiados (como os tribunais ou as turmas recursais dos Juizados Especiais), os quais são chamados de *acórdãos* (art. 204).

Outro critério de classificação, absolutamente independente do anterior, distingue os pronunciamentos em duas grandes categorias: os *pronunciamentos decisórios* e os *pronunciamentos não decisórios*. É que há pronunciamentos judiciais que contêm alguma decisão, isto é, contêm a resolução de alguma questão que tenha sido suscitada (de ofício ou por provocação de qualquer das partes). Pois é isto que se tem em casos como o do pronunciamento que defere ou indefere a produção de uma prova que alguma das partes pretendesse produzir; do que cassa, por inválido, um negócio processual, retirando sua eficácia; do que defere ou indefere a gratuidade de justiça; ou do pronunciamento que resolve o mérito da causa. De outro lado, são pronunciamentos não decisórios aqueles que, sem resolver qualquer questão, limitam-se a promover o andamento do processo, como se tem, por exemplo, no caso em que se determina a oitiva de uma das partes sobre documento que a outra tenha juntado; ou quando se determina a ambas as partes que se manifestem sobre o laudo pericial.

Tanto os pronunciamentos decisórios como os não decisórios podem ser, pelo critério de classificação anteriormente apresentado, *monocráticos* ou *acórdãos*. Assim, há *decisões monocráticas* (como a sentença proferida pelo juízo de primeira instância ou o julgamento de um recurso pelo relator) e *acórdãos decisórios* (como o que julga o incidente de resolução de demandas repetitivas). Do mesmo modo, há *pronunciamentos monocráticos não decisórios* e *acórdãos não decisórios*.

Dividem-se os pronunciamentos decisórios em *sentenças* e *decisões interlocutórias*.

Não é este, ainda, o momento adequado para aprofundar-se o estudo do conceito de sentença, o que se dará em item próprio deste trabalho. Pode-se, por ora, afirmar, com apoio no disposto no art. 203, § 1º, que sentença é o pronunciamento decisório que, com a ressalva do que se preveja especificamente para algum procedimento especial, "põe fim à fase cognitiva do procedimento comum, bem como extingue a execução". Assim, sentença seria o pronunciamento decisório capaz de dar por encerrada a fase cognitiva ou executiva que se desenvolva em um processo. Fica, porém, ressalvada a possibilidade de, em algum procedimento especial, haver pronunciamento judicial que, mesmo não se enquadrando nesta definição legal, seja expressamente tratado como sentença. É o que se dá, por exemplo, no procedimento especial da "ação de demarcação de terras", em que se prevê a prolação de duas sentenças na fase cognitiva do processo. A primeira dessas sentenças, julgando o pedido de demarcação, determina o traçado da linha demarcanda (art. 581). A segunda sentença homologa a demarcação feita pelo perito nos termos determinados na primeira sentença (art. 587).

Decisão interlocutória, de outro lado, é o pronunciamento decisório que não se enquadre na definição de sentença (art. 203, § 2º). É o que se dá, por exemplo, quando o juiz, logo ao início do processo, defere tutela provisória (de urgência ou de evidência), ou quando determina a produção de uma prova.

Os pronunciamentos judiciais não decisórios são chamados de *despachos* (art. 203, § 3º).

Importa ter claro, neste ponto, que os critérios até aqui apresentados são distintos e podem ser combinados. Assim, como já se pôde ver, há *sentenças monocráticas* e *sentenças colegiadas* (acórdãos); *decisões monocráticas interlocutórias* e *acórdãos interlocutórios*; e, por fim, *despachos monocráticos* e *acórdãos não decisórios* (ou despachos colegiados).

Isto permite compreender melhor, por exemplo, o disposto no art. 504, I, do CPC, por força do qual "[n]ão fazem coisa julgada [os] motivos, ainda que importantes para determinar o alcance da parte dispositiva da sentença" (o que inclui não só sentenças monocráticas mas também as oriundas de órgãos colegiados), ou o art. 506, segundo o qual "[a] sentença faz coisa julgada às partes entre as quais é dada, não prejudicando terceiros", o que alcança não só as sentenças monocráticas mas também as que são proferidas sob a forma de acórdão.

O CPC, porém, nem sempre é fiel a estas classificações, de modo que muitas vezes chama de sentença o que, na verdade, é a sentença monocrática proferida por órgão jurisdicional de primeira instância. É o que se dá, por exemplo, no art. 493, por força do qual certas sentenças (monocráticas e proferidas por juízos de primeira instância) se sujeitam a um reexame necessário pelo tribunal de segundo grau. Tal disposição é inaplicável a pronunciamentos emanados dos tribunais (seja um pronunciamento unipessoal do relator, seja um acórdão).

Todos os pronunciamentos judiciais, decisórios ou não, devem ser redigidos, datados e assinados pelos juízes (art. 205). Quando proferidos oralmente, incumbe a um auxiliar da justiça sua transcrição, cabendo ao juiz promover a revisão e assinatura (art. 205, § 1º). Em qualquer caso, a assinatura pode ser eletrônica (art. 205, § 2º).

Despachos e decisões interlocutórias devem ser divulgados, na íntegra, no diário oficial, onde também deverão ser divulgados o dispositivo das sentenças monocráticas e as ementas dos acórdãos (art. 205, § 3º).

8.4 Atos do Escrivão ou Chefe de Secretaria

Dentre os auxiliares da justiça merece especial destaque o *escrivão* (também chamado *chefe de secretaria*). Trata-se do responsável pelo expediente do cartório que atua como serventia do juízo. A ele (ajudado por seus auxiliares, chamados de *escreventes*) incumbe, em primeiro lugar, receber a petição inicial dos processos, promover sua autuação – mencionando o juízo perante o qual o processo tramitará, a natureza da causa, seu número de registro, os nomes das partes e a data do seu início –, procedendo do mesmo modo em relação aos demais volumes dos autos que venham a ser formados (art. 206). Também é do escrivão a incumbência de numerar e rubricar todas as folhas dos autos (art. 207), sendo lícito a todos aqueles que de algum ato processual participarem rubricar as folhas correspondentes a tais atos (art. 207, parágrafo único).

É, também, do escrivão a incumbência de inserir nos autos os termos de juntada, vista, conclusão e outros semelhantes (art. 208).

Todos os atos e termos do processo devem ser assinados pelos que neles tenham intervindo. Quando estes não puderem ou não quiserem assinar, caberá ao escrivão ou chefe de secretaria certificar o ocorrido (art. 209). Nesses termos processuais não se admitem espaços em branco, salvo os que forem inutilizados, assim como entrelinhas, emendas ou rasuras (exceto quando expressamente ressalvadas), na forma do art. 211.

Tratando-se de ato processual a ser documentado em autos eletrônicos e que tenha sido praticado na presença do juiz (como se dá, por exemplo, na audiência de instrução e julgamento), será ele produzido e armazenado de modo digital em arquivo eletrônico, o qual será assinado digitalmente pelo juiz e pelo escrivão, bem como pelos advogados das partes (art. 209, § 1º), caso em que eventuais contradições na transcrição deverão ser suscitadas oralmente no próprio ato, sob pena de preclusão (isto é, de perda da possibilidade de impugnar tais contradições), devendo o juiz decidir de plano (art. 209, § 2º). Esses atos, que são praticados diante do juiz, devem ser documentados por qualquer meio idôneo (art. 210).

Por fim, incumbe ao escrivão ou chefe de secretaria a prática de atos meramente ordinatórios, como a juntada obrigatória ou a vista obrigatória, os quais independem de despacho e ficam submetidos ao controle do juiz (art. 203, § 4º).

8.5 Tempo e Lugar dos Atos Processuais

A validade dos atos processuais depende de serem eles praticados no tempo certo e no lugar adequado. Por esta razão, o CPC regula o *tempo* e o *lugar dos atos processuais*.

Examine-se, em primeiro lugar, o *tempo dos atos processuais*.

Realizam-se os atos processuais, em regra, nos dias úteis, entre seis e vinte horas (art. 212). Reputam-se dias úteis todos os dias que não são feriados (assim compreendidos todos os dias que a lei declare feriados e, além deles, os sábados, domingos e outros dias em que não haja expediente forense, como se dá nos assim chamados "pontos facultativos"), nos termos do art. 216.

Iniciado o ato processual antes das vinte horas, será possível concluí-lo depois do horário quando seu adiamento prejudicar a diligência ou causa grave dano (art. 212, § 1º).

No caso de ato a ser praticado pela parte através de petição, é preciso verificar se os autos do processo são eletrônicos ou não. Sendo os autos não eletrônicos (autos impressos), a petição deverá ser apresentada no protocolo no horário de funcionamento do fórum ou tribunal, conforme o disposto na lei de organização judiciária (local, no caso da Justiça Estadual; federal, no caso da Justiça Federal), como dispõe o art. 212, § 3º. Sendo os autos eletrônicos, os atos processuais poderão ser praticados até o último minuto do último dia do prazo (art. 213, que equivocadamente fala em "até as vinte e quatro horas do último dia do prazo", já que não existe esse horário – vinte e quatro horas – e o dia termina às 23h59min59seg, a que se segue a 00h00min do dia seguinte).

Seja qual for a situação, sempre se levará em conta o horário vigente na sede do juízo perante o qual o ato deverá ser praticado (art. 213, parágrafo único), o que se revela extremamente importante em um país como o Brasil, em que há diferentes fusos horários (e, em alguns lugares em certa época do ano, vigora o chamado "horário de verão").

Independentemente de autorização judicial, as citações, intimações e penhoras podem realizar-se nos períodos de férias forenses (que só existem nos tribunais de superposição) e nos feriados, assim como nos dias úteis fora do horário estabelecido no art. 212, sempre observado o disposto no art. 5º, XI, da Constituição da República (art. 212, § 2º).

Não se praticam atos processuais durante férias forenses (onde houver) e feriados, com a ressalva do disposto no art. 212, § 2º, e os relativos a tutelas de urgência (art. 214, *caput* e incisos I e II).

Onde haja férias forenses os processos que ali tramitem ficam paralisados em tais períodos, ressalvados os procedimentos de jurisdição voluntária e os necessários à conservação de direitos, quando o adiamento puder prejudicá-los (art. 215, I); os processos de alimentos ou que tenham por objeto a nomeação ou remoção de tutores ou curadores (art. 215, II); além de outras causas que a lei expressamente determine (art. 215, III), como é o caso dos processos regidos pela Lei de Locações (art. 58, I, da Lei nº 8.245/1991).

Visto o tempo, passa-se à regulamentação do *lugar dos atos processuais*.

Por força do disposto no art. 217, "[o]s atos processuais realizar-se-ão ordinariamente na sede do juízo". Daí resulta que, como regra geral, os atos processuais deverão ser praticados no lugar onde funcionam a secretaria do cartório e as salas de audiências ou de sessões.

Excepcionalmente, porém (e na forma do mesmo art. 217), os atos processuais serão praticados fora dali. Isto pode se dar em razão de deferência (o que ocorre quando é necessário colher o depoimento de certas autoridades, nos termos do art. 454); do interesse da justiça (como se dá no caso em que o juiz determinar que o oficial de justiça vá a um determinado local para realizar uma inspeção); da natureza do ato (bastando pensar na realização de uma perícia em um imóvel); ou de obstáculo arguido pelo interessado e acolhido pelo juiz (como, por exemplo, no caso de ser necessário colher o depoimento de pessoa que por razões de saúde não possa locomover-se até a sede do juízo).

8.6 Prazos Processuais

Prazos são intervalos de tempo estabelecidos para que, dentro deles, sejam praticados atos jurídicos. Sendo processual a natureza do ato, ter-se-á um *prazo processual*.

O prazo processual pode ser classificado, segundo sua origem, em *legal* e *judicial*. Prazo legal é o fixado em lei; judicial o que é assinado pelo juiz. Estabelece o art. 218 que os atos processuais devem ser praticados nos prazos fixados em lei. Omissa esta, incumbe ao juiz fixar o prazo, levando em consideração a complexidade do ato a ser praticado (art. 218, § 1º). Não havendo prazo legal e não tendo o juiz assinado o prazo, deverá o ato processual ser praticado em cinco dias (art. 218, § 3º).

Admite-se que o juiz amplie por até dois meses os prazos legais nos lugares em que seja difícil o transporte (art. 222). Tendo havido calamidade pública, a ampliação dos prazos legais pode ultrapassar esse limite (art. 222, § 2º).

Contam-se os prazos processuais excluindo o dia do começo e incluindo o do vencimento (art. 224). Assim, se o termo inicial do prazo é uma segunda-feira, o primeiro dia a ser incluído na contagem é o dia seguinte, a terça-feira. Caso no dia do começo do prazo o expediente forense comece depois do horário regular ou se encerre antes, fica o termo inicial do prazo protraído para o dia útil imediato. Também há um prolongamento como este quando no dia do vencimento do prazo o expediente começar ou se encerrar antes do horário regular (art. 224, § 1º).

A contagem dos prazos processuais fixados em dias não é contínua, suspendendo-se nos dias em que não haja expediente forense (art. 219). Esta regra, porém, só se aplica aos prazos fixados em dias. Quando o prazo for fixado em outra unidade de tempo (como, por exemplo, prazos fixados em meses), os prazos serão contínuos, neles se incluindo os sábados, domingos e outros dias em que não haja expediente forense.

Outro critério permite classificar os prazos processuais em *próprios* (ou peremptórios) e *impróprios*. Prazos próprios são aqueles cujo decurso implica a perda da possibilidade de praticar o ato processual (art. 223). É o que se dá, por exemplo, com o prazo para a parte oferecer contestação ou interpor recursos. Prazos impróprios são aqueles cujo decurso não acarreta a perda da possibilidade de praticar o ato (como, por exemplo, o prazo de cinco dias de que o juiz dispõe para proferir despachos, nos termos do art. 226, I, sendo válido o despacho proferido após esse prazo). Os prazos próprios ou peremptórios não podem ser reduzidos pelo juiz, salvo se houver anuência de todas as partes (art. 222, § 1º). Podem tais prazos, porém, ser ampliados (art. 139, VI), de modo a adequá-los às necessidades do caso concreto, o que só pode ocorrer antes de encerrado o prazo previsto na lei (art. 139, parágrafo único).

Encerrado o prazo peremptório (ou próprio) sem que o ato tenha sido praticado, desaparece a possibilidade de praticá-lo. Fica, porém, assegurado à parte o direito de realizá-lo se provar que não o fez por justa causa (art. 223), assim considerado qualquer evento alheio à vontade da parte que a tenha impedido de praticar o ato por si ou por mandatário (art. 223, § 1º). Verificada a justa causa, incumbe ao juiz assinar à parte um prazo para que validamente pratique o ato (art. 223, § 2º).

Outro critério de classificação dos prazos processuais distingue os *prazos aceleratórios* dos *prazos dilatórios*. Prazos aceleratórios são aqueles que se destinam a assegurar um "ritmo" para o processo, evitando que ele demore mais do que o necessário para produzir resultados constitucionalmente legítimos. Assim, por exemplo, o prazo para contestar ou para interpor apelação. A fixação desses prazos impede a demora excessiva do processo, evitando que o ato processual demore demais para ser praticado. Sendo aceleratório o prazo, deve-se considerar tempestivo (e, pois, válido), o ato praticado antes de seu termo inicial (art. 218, § 4º). Afinal, se o prazo é aceleratório, e a parte foi tão rápida que praticou o ato antes mesmo do início do prazo, não pode ela ser punida por sua conduta (FPPC, enunciado 22: "O Tribunal não poderá julgar extemporâneo ou intempestivo recurso, na instância ordinária ou na extraordinária, interposto antes da abertura do prazo").

De outro lado, prazos dilatórios são aqueles que garantem uma duração mínima para o processo, evitando que ele se desenvolva de forma excessivamente acelerada. É o que se tem, por exemplo, no prazo previsto no art. 334, parte final (que estabelece que o réu deverá, no procedimento comum, ser citado para comparecer à audiência de conciliação ou mediação com "pelo menos 20 (vinte) dias de antecedência"). Este prazo destina-se a assegurar que o demandado tenha tempo suficiente para preparar--se para participar da audiência e, se for o caso, prosseguir com sua defesa em juízo. Em casos assim, sendo dilatório o prazo, reputa-se inválido o ato praticado antes de seu término (como seria, no exemplo figurado, a audiência realizada menos de vinte dias após a citação do demandado), sendo necessário que o ato só seja praticado após o decurso do prazo.

Interessante observar que tanto os prazos aceleratórios (que impedem que o processo demore excessivamente) quanto os dilatórios (que obstam o andamento excessivamente rápido do processo) se ligam ao princípio da duração razoável do processo, por força do qual o processo não deve demorar *nem mais, nem menos* do que o tempo necessário para a produção de resultados constitucionalmente adequados.

Tendo sido o prazo processual criado em benefício de parte, poderá ela renunciar – desde que o faça expressamente – ao prazo (art. 225).

Todos os prazos processuais ficam suspensos entre os dias 20 de dezembro e 20 de janeiro (art. 220), período em que também não serão realizadas audiências ou sessões de julgamento (art. 220, § 2º). Tem-se aí uma regra destinada a assegurar aos advogados o direito a um período anual de férias. Nesse período, porém, os serviços judiciários funcionarão normalmente (art. 220, § 1º).

Também se suspende o prazo processual em razão de obstáculo criado em detrimento da parte ou se ocorrer alguma causa de suspensão do processo, caso em que, identificada a causa de suspensão do prazo, ficará ele paralisado até que tal causa cesse. Ultrapassada a causa de suspensão, o prazo voltará a correr pelo que faltava para sua complementação (art. 221).

Ficam, ainda, suspensos os prazos durante a execução de programas de políticas públicas, instituídos pelo Judiciário, destinados a promover a autocomposição (como se dá, por exemplo, com a "Semana Nacional de Conciliação", promovida anualmente pelo Conselho Nacional de Justiça). Nesse caso, deverá o tribunal anunciar, previamente, o período de duração dos trabalhos relativos ao programa (art. 221, parágrafo único), durante o qual ficarão suspensos os prazos referentes aos processos que integrem o aludido programa.

Os prazos processuais correm a partir da citação, intimação ou notificação (art. 230). E, como já visto, na contagem do prazo processual deve-se excluir o dia do começo e incluir o do vencimento (art. 224). Considera-se como dia do início do prazo (art. 231): (I) quando a citação ou intimação se der por via postal, a data da juntada aos autos do aviso de recebimento; (II) quando a citação ou intimação se fizer por oficial de justiça (aí incluída a citação com hora certa, nos termos do art. 231, § 4º), a data da juntada aos autos do mandado devidamente cumprido; (III) quando a citação se der por ato do escrivão ou do chefe da secretaria, a data de sua ocorrência; (IV) quando a citação ou intimação se der por edital, o dia útil seguinte ao fim da dilação assinada pelo juiz; (V) se a citação ou intimação for eletrônica, o dia útil seguinte à consulta ao seu teor ou ao término do prazo para que essa consulta aconteça; (VI) quando a citação ou intimação se realizar em cumprimento de carta, a data de juntada aos autos do comunicado eletrônico de que a carta foi cumprida (art. 232) ou, na sua ausência, a data de juntada da carta cumprida aos autos de origem; (VII) se a intimação se der por Diário Oficial impresso ou eletrônico, a data da publicação (que, no caso do Diário de Justiça Eletrônico será, sempre, o dia útil seguinte ao da disponibilização da informação no Diário, nos termos do art. 224, § 2º); (VIII) quando a intimação se der por meio de retirada dos autos de cartório, a data da carga; e (IX) o quinto dia útil seguinte à confirmação, na forma prevista na mensagem de citação, do recebimento da citação realizada por meio eletrônico.

Essa última hipótese foi incluída no CPC pela Lei nº 14.195/2021, e parece haver aí um problema. É que – ao menos aparentemente – haveria um conflito entre esse inciso IX e o que consta do inciso V (que também fala de citação por meio eletrônico).

Perceba-se, em primeiro lugar, que o aparente conflito se dá exclusivamente em relação à citação, já que o inciso V faz alusão à intimação, mas esse ato não é mencionado no inciso IX.

Parece possível, todavia, estabelecer uma interpretação que conjugue os dois dispositivos. É que o inciso V se aplica nos casos em que a citação eletrônica é feita nos exatos termos previstos na Lei nº 11.419/2006, que regula a possibilidade de citação eletrônica por meio de um portal de comunicações processuais que todo Tribunal precisa manter. De outro lado, nada impede que outras formas de citação eletrônica sejam empregadas (bastando pensar na possibilidade de as partes terem celebrado negócio processual estabelecendo citação por e-mail, ou que o Conselho Nacional de Justiça regule algum método de citação eletrônica distinto daquele previsto na Lei nº 11.419/2006). Nesses casos, então, deverá incidir o disposto no inciso IX, com o prazo começando a partir do quinto dia útil seguinte ao dia da confirmação do recebimento da citação.

Caso o ato processual tenha de ser praticado diretamente pela parte ou por quem, de qualquer forma, participe do processo, independentemente de intermediação por representante judicial (como se dá, por exemplo, no caso de a parte ser intimada a efetuar um pagamento ou desocupar um imóvel), o dia do começo do prazo será o da data da própria intimação (tornando-se irrelevante, para o fim de determinar o termo inicial do prazo, a data da juntada da prova de que a intimação foi realizada), nos termos do disposto no art. 231, § 3º.

Havendo mais de um réu, o prazo *para contestar* será comum a todos, e terá início quando se alcançar o termo inicial do prazo para o último réu a ser citado (art. 231, § 1º). Sendo vários os intimados, seus prazos correm individualmente (art. 231, § 2º).

Litisconsortes que tenham advogados diferentes (necessariamente integrantes de escritórios de advocacia distintos) terão prazos processuais em dobro (art. 229), desde que o processo não tramite em autos eletrônicos (art. 229, § 2º). No caso de litisconsórcio passivo, tendo apenas um dos réus oferecido contestação, cessa a partir do oferecimento da defesa a contagem em dobro (art. 229, § 1º).

O juiz dispõe do prazo de cinco dias para proferir despachos, dez dias para decisões interlocutórias e trinta dias para prolatar sentenças (art. 226). Estes prazos podem ser duplicados se houver motivo justificado (art. 227).

O auxiliar da justiça terá um dia para remeter os autos à conclusão e cinco dias para executar os atos processuais, contados estes prazos da data em que houver concluído o ato processual anterior, se lhe foi imposto por lei; ou de quando tiver ciência da ordem, quando determinada pelo juiz (art. 228).

Incumbe ao juiz o controle da observância, por seus auxiliares, dos prazos processuais (art. 233). Constatada a falta, o juiz ordenará a instauração de processo administrativo (art. 233, § 1º).

De outro lado, a inobservância dos prazos pelo serventuário também pode ser controlada por provocação de qualquer das partes, do Ministério Público ou da Defensoria Pública, que estão legitimados a representar ao juiz contra o servidor que injustificadamente tenha excedido os prazos (art. 233, § 2º).

Advogados (públicos ou privados), defensor público e membros do Ministério Público têm o dever de restituir os autos que tenham retirado de cartório no prazo do ato a ser por eles praticado (art. 234). Excedido o prazo, qualquer interessado poderá exigir sua devolução (art. 234, § 1º). Caso o advogado, intimado, não restitua os autos em três dias, perderá o direito a vista fora de cartório e incorrerá em multa correspondente à metade do salário mínimo (art. 234, § 2º), a qual será imposta pela Ordem dos Advogados do Brasil (art. 234, § 3º). Caso a demora na devolução envolva membro do Ministério Público, da Defensoria Pública ou da Advocacia Pública, a multa será aplicada ao agente público responsável, após procedimento administrativo disciplinar instaurado pela instituição a que pertence tal agente (art. 234, § 4º).

No caso de inobservância de prazos pelo juiz, poderá qualquer das partes, o Ministério Público ou a Defensoria Pública oferecer representação ao corregedor do tribunal ou ao Conselho Nacional de Justiça (art. 235). Distribuída esta representação e ouvido previamente o juiz, não sendo caso de arquivamento liminar, será instaurado procedimento para apuração da responsabilidade, com intimação do representado para justificar-se no prazo de quinze dias (art. 235, § 1º). Além das sanções administrativas cabíveis, incumbe ao corregedor (no tribunal a que vinculado o juiz) ou ao relator (no CNJ), em quarenta e oito horas após o decurso do prazo de que dispõe o juiz representado para manifestar-se, determinar sua intimação para que pratique o ato. Mantida a inércia, os autos deverão ser remetidos ao seu substituto legal para que profira o pronunciamento em dez dias (art. 235, § 2º).

8.7 Comunicação dos Atos Processuais

Elemento essencial para o contraditório é a comunicação dos atos processuais. Afinal, sem a adequada comunicação dos atos processuais não se pode levar às partes (e outros interessados) o efetivo conhecimento acerca dos atos e termos do processo nem se tem como tornar viável a participação dos interessados de modo a influir no resultado.

Os atos de comunicação processual são fundamentalmente dois: a citação e a intimação. Além disso, não se pode deixar de falar das cartas, meios adequados para a comunicação entre órgãos jurisdicionais (ou entre um órgão jurisdicional e um tribunal arbitral).

8.7.1 Citação

Citação é o ato pelo qual se convoca alguém para integrar o processo (art. 238). Fala a lei em convocar "o réu, o executado ou o interessado". Certamente a referência a réu deve ser compreendida como uma alusão ao citando nos processos cognitivos; executado é o citando nos processos executivos; e interessado é o citando nos processos de jurisdição voluntária. É preciso, porém, perceber que não só réus, executados e interessados são citados. Basta lembrar, aqui, do sócio que é citado no incidente de desconsideração da personalidade jurídica. Então, mais adequado é afirmar, como aqui se fez, que a citação é ato que convoca *alguém* para integrar o processo.

Outro detalhe que merece ser observado é que o art. 238 fala em convocar alguém para integrar a "relação processual". Não se deve ver nisto, porém, uma expressa adesão do CPC à teoria da relação processual (muito pelo contrário, o Código está em plena consonância com a teoria do processo como procedimento em contraditório, repudiando a concepção do processo como relação processual), mas um mero vício de linguagem, usando-se a expressão *relação processual* como sinônima de *processo*.

Pela citação, alguém (o citando) é convocado para integrar o processo, dele se tornando parte independentemente de sua vontade (e até mesmo contra sua vontade). *Citação é, pois, o ato pelo qual alguém é convocado a integrar um processo, dele se tornando parte independentemente de sua vontade.*

Não pode haver desenvolvimento válido e regular do processo sem que tenha sido o demandado (réu ou executado) validamente citado (art. 239). Ressalvam-se, porém – e como não poderia deixar de ser – aqueles casos em que o procedimento se encerra antes mesmo do momento em que normalmente o demandado seria citado, seja por ter sido indeferida a petição inicial, seja por ter o pedido sido julgado liminarmente improcedente (art. 239, *in fine*). Nestes casos, transitada em julgado a sentença proferida antes da citação do demandado, este deverá ser comunicado do teor da sentença pelo escrivão ou chefe de secretaria (art. 241).

O comparecimento espontâneo do citando, porém, supre a falta ou nulidade de citação. Neste caso, o prazo para oferecimento de contestação ou de embargos do executado correrá a partir da data em que tenha ocorrido o comparecimento espontâneo (art. 239, § 1º).

Admite-se que o demandado, ao ingressar espontaneamente no processo, alegue a nulidade da citação. Neste caso, rejeitada a alegação, tratando-se de processo de conhecimento o réu será considerado revel e, tratando-se de processo de execução, o feito terá regular seguimento (art. 239, § 2º). Acolhida a alegação de nulidade da citação, porém, o prazo (para oferecimento de contestação ou de embargos do executado) terá corrido a partir da data do comparecimento espontâneo do citando. É estrategicamente interessante, pois, que nesse caso tenha o demandado oferecido, logo ao ingressar no processo, sua contestação ou seus embargos, alegando a falta ou nulidade de citação como preliminar. Neste caso, acolhida a alegação, o ato será reputado tempestivo.

A citação válida, ainda quando ordenada por juízo incompetente, produz três efeitos, sendo um deles *processual* e dois deles *substanciais* (art. 240 e seus §§). Além disso, há um efeito substancial do despacho que ordena a citação que merece ser aqui também examinado.

O *efeito processual da citação* é induzir litispendência. Significa isto dizer que, a partir da citação, a pendência do processo alcança o demandado, atingindo-o com seus efeitos. Assim, por exemplo, ao réu de processo possessório só é proibido ajuizar em face do autor demanda de reconhecimento do domínio (art. 557) após sua citação. Do mesmo modo, configura-se a fraude de execução apenas depois da citação válida do executado nos casos previstos no art. 792, IV (tendo o ato fraudulento ocorrido "quando, ao tempo da alienação ou oneração, tramitava contra o devedor ação capaz de reduzi-lo à insolvência").

O *primeiro efeito substancial da citação* é tornar litigiosa a coisa. Em outros termos, a partir do momento em que o demandado tenha sido validamente citado deve-se considerar que o bem jurídico disputado no processo é litigioso e, por conseguinte, é só a partir da citação do demandado que se pode cogitar de alienação da coisa ou direito litigioso (art. 109).

O *segundo efeito substancial da citação* é constituir em mora o devedor. Como sabido, considera-se em mora o devedor quando não efetua o pagamento no tempo, lugar e forma estabelecidos pela lei ou pela convenção. Em alguns casos, produz-se a mora *ex re* (isto é, pelo mero fato de não ter sido cumprida a prestação positiva e líquida no seu termo). Neste caso, vencida a dívida já está o devedor em mora (art. 397 do CC). Também se considera em mora de pleno direito o devedor nos casos em que a obrigação provenha de ato ilícito (art. 398 do CC). Nos demais casos, não havendo termo para o cumprimento da obrigação, a mora se produz *ex persona* e se constitui mediante interpelação judicial ou extrajudicial (art. 397, parágrafo único, do CC). Não sendo, porém, caso de mora *ex re*, e não tendo sido o devedor interpelado para ser constituído em mora, considera-se o devedor em mora a partir da citação válida, daí se produzindo os efeitos da inexecução da obrigação.

Por fim, o efeito substancial do despacho que ordena a citação é aperfeiçoar a interrupção da prescrição (art. 240, §§ 1º a 4º). Proposta a demanda, e estando em termos a petição inicial (não sendo, pois, hipótese de seu indeferimento) nem sendo o caso de julgamento liminar de improcedência do pedido, deverá o juiz proferir um despacho ordenando a citação (conhecido como "despacho liminar positivo"). Proferido este despacho, incumbe ao demandante adotar, no prazo de dez dias, todas as providências necessárias para viabilizar a citação (como recolher custas ou fornecer o endereço em que a citação deverá ocorrer). Tomadas tempestivamente essas providências, será o demandado citado e a interrupção da prescrição, aperfeiçoada com a citação, retroagirá seus efeitos até a data da propositura da demanda. Caso o prazo de dez dias não seja observado, ter-se-á por interrompida a prescrição na data da citação, não se operando a retroação (art. 240, § 2º), salvo se isto tiver ocorrido por demora imputável exclusivamente ao serviço judiciário (como se daria, por exemplo, se durante o prazo de dez dias os autos não estivessem disponíveis ao autor por conta de falha no serviço judiciário).

Aplica-se, *mutatis mutandis*, aos demais prazos extintivos, como é o caso dos prazos decadenciais, tudo quanto se dispõe no CPC acerca da interrupção da prescrição.

A citação pode ser *pessoal* (ou real) ou *ficta*. Será preferentemente pessoal (art. 242), reputando-se válida não só a citação feita diretamente na pessoa do citando, mas também a recebida pelo representante legal ou pelo procurador do citando (art. 242, *in fine*).

Caso o citando não esteja presente a citação poderá ser feita na pessoa de seu mandatário, administrador, preposto ou gerente, quando a demanda originar-se de atos por ele praticados (art. 242, § 1º).

Nas demandas propostas por locatário em face do locador e que versem sobre a própria relação locatícia, o locador que se ausente do Brasil sem cientificar o locatário de que deixou, no lugar onde situado o imóvel locado, procurador com poderes para receber citação, será citado na pessoa do administrador do imóvel encarregado de receber os aluguéis, o qual é considerado pela lei como habilitado para representar o locador em juízo (art. 242, § 2º).

As pessoas jurídicas de direito público são citadas através dos órgãos de Advocacia Pública encarregados de sua representação judicial (art. 242, § 3º).

Pode se dar a citação em qualquer lugar em que se encontre o citando (art. 243). No caso de militares da ativa, a preferência é por que não se realize a citação na unidade em que serve, o que só será admitido se o citando não for encontrado em sua residência ou se esta não for conhecida (art. 243, parágrafo único).

Há situações, porém, em que a citação não deve ser realizada, salvo excepcionalmente, para evitar o perecimento do direito (art. 244). Assim é que não se efetua a citação de quem esteja a participar de ato de culto religioso (fazendo-se necessário, então, e como regra geral, aguardar-se o fim do culto); do cônjuge, companheiro ou qualquer parente (por consanguinidade ou afinidade), em linha reta ou na colateral em segundo grau, de pessoa falecida, no dia do falecimento e nos sete dias seguintes (o assim chamado *período de nojo*); de noivos, nos três primeiros dias seguintes ao casamento; de doentes, enquanto grave seu estado.

Também não se faz a citação quando se verifica que o citando é mentalmente enfermo ou está, por qualquer motivo, impossibilitado de recebê-la (art. 245). Nestes casos, incumbe ao oficial de justiça responsável pela diligência certificar minuciosamente a ocorrência, descrevendo-a (art. 245, § 1º). O juiz, então, nomeará um médico para examinar o citando, tendo ele o prazo de cinco dias para apresentar um laudo (art. 245, § 2º). Não haverá nomeação de médico, porém, se pessoa da família apresentar declaração de médico pessoal do citando que ateste sua incapacidade (art. 245, § 3º, o qual deve ser interpretado à luz do Estatuto da Pessoa com Deficiência, por força do qual pessoas mentalmente enfermas que sejam capazes de expressar vontade passaram a ser tratadas como pessoas capazes, motivo pelo qual se deve interpretar este dispositivo no sentido de que ele se refere a pessoas que não tenham condições – ainda que civilmente capazes – de compreender a citação. Verificada a incapacidade para receber citação (que, como visto, não se confunde com incapacidade civil), o juiz nomeará um curador ao citando – cuja atuação ficará restrita ao processo em que tenha sido nomeado, não substituindo a exigência de nomeação, para outros fins, de curador pela via processual própria – devendo-se observar, quanto à sua escolha, a preferência estabelecida por lei (art. 245, § 4º). O curador nomeado receberá a citação e promoverá a defesa (art. 245, § 5º).

Como dito anteriormente, a citação pode ser *real* (ou pessoal) e *ficta*. São modalidades de citação pessoal: (i) a citação eletrônica; (ii) a citação postal; (iii) a citação por oficial de justiça e (iv) a citação por escrivão ou chefe de secretaria. São modalidades de citação ficta: (i) a citação com hora certa e (ii) a citação por edital.

A modalidade preferencial de citação é a que se faz por meio eletrônico, e isso desde a entrada em vigor da Lei nº 14.195/2021. A leitura do texto legal, porém, deixa muito claro que essa regra geral só incidirá nos casos em que o citando seja um ente público ou uma pessoa jurídica de direito privado (e aqui, especialmente, as que sejam litigantes habituais, como instituições financeiras ou operadoras de planos de saúde). É que a citação eletrônica será feita em endereço a ser indicado pelo próprio citando em banco de dados do Poder Judiciário a ser regulamentado pelo Conselho Nacional de Justiça (art. 246, *caput*), o que permite concluir que pessoas naturais e pessoas jurídicas que não sejam litigantes habituais dificilmente conseguiriam ser citadas por esse meio. Aliás, por força do § 1º do art. 246, pessoas naturais sequer têm a obrigação de informar esse tipo de endereço para recebimento de citação eletrônica.

A citação eletrônica pode ser realizada basicamente de dois modos distintos (além de outros que as partes eventualmente estabeleçam mediante a celebração de algum negócio jurídico processual). A primeira é a prevista na Lei nº 11.419/2006. Mas além dessa, poderá haver citação eletrônica através de um sistema que venha a ser regulamentado pelo Conselho Nacional de Justiça, na forma do já citado art. 246. Importante frisar, aqui, que essa citação se fará em endereço eletrônico fornecido pelo citando, de modo que não se pode aceitar a realização de citação por meio de e-mail ou de mensagem enviada por algum aplicativo de celular em endereço (ou número) que venha a ser indicado pela parte demandante.

No caso de ser realizada a citação eletrônica por esse segundo meio, que – repita-se – depende de regulamentação pelo CNJ, a mensagem de citação será enviada e caberá ao citando, por força do art. 246, § 1º-A, responder no prazo de três dias úteis para confirmar o recebimento da citação. Caso não o faça, deve-se considerar que não se realizou a citação, e esta deverá ser refeita por alguma das outras formas previstas (art. 246, § 1º-A, I a IV). Nesse caso, o demandado terá o dever de, na primeira oportunidade que tiver para se manifestar nos autos, informar as razões que o levaram a não confirmar o recebimento da citação eletrônica, e, caso o juiz não repute justa a causa, será aplicada multa por ato atentatório à dignidade da justiça, que não ultrapassará cinco por cento do valor da causa (art. 246, § 1º-C).

Para garantir que esse sistema funcione adequadamente, exige o art. 246, § 4º, que da mensagem de citação constem as orientações para que o citando possa realizar a confirmação do recebimento, assim como a identificação de sua autenticidade na página eletrônica do Tribunal integrado pelo juízo citante.

A citação por via postal pode ser feita para qualquer comarca do País (art. 247), dispensando-se a expedição de carta precatória. É vedada, porém, esta modalidade de citação nas "ações de estado" (ou seja, naqueles processos que versam sobre o estado e a capacidade das pessoas); quando o citando for incapaz; quando o citando for pessoa jurídica de direito público; quando o citando residir em local não atendido pela entrega domiciliar de correspondência; ou quando o autor, *justificadamente*, a requerer de outra forma.

Um dado curioso é que a redação dada ao *caput* do art. 247 pela Lei nº 14.195/2021 passou a proibir a citação eletrônica nos casos em que também é vedada a citação postal. Há dois casos, porém, em que essa vedação não se justifica. A primeira delas é a do citando que reside em local que não seja atendido pelo serviço de entrega domiciliar de correspondência. Em primeiro lugar, e como já dito, a citação eletrônica não existe para pessoas naturais. Mas, além disso, em segundo lugar, a citação eletrônica é feita em endereço informado pelo próprio citando quando de seu cadastro no banco de dados do Poder Judiciário. Ora, parece evidente que uma pessoa capaz de se registrar nesse tipo de cadastro pode, sem qualquer dificuldade, ser citada por meios eletrônicos.

O segundo caso é o das pessoas jurídicas de direito público (art. 247, III). É que esse dispositivo é manifestamente incompatível com o art. 246, § 2º, por força do qual as pessoas jurídicas de direito público têm o dever de se inscrever no banco de dados do Poder Judiciário para recebimento de citação eletrônica.

Pois é preciso considerar que a vedação da citação eletrônica das pessoas jurídicas de direito público gera uma evidente violação do princípio constitucional da proporcionalidade (aqui entendido como garantia constitucional contra proteções deficientes ou excessivas). Antes de tudo, deve-se ter claro que proibir a citação eletrônica das pessoas jurídicas de direito público gera, para elas, uma proteção excessiva, desproporcional. Essas pessoas jurídicas já eram citadas por meio eletrônico desde a entrada em vigor da Lei nº 11.419/2006, sem que daí resultasse para elas qualquer dificuldade no exercício de suas garantias processuais. Assim, e considerando a época atual, em que tudo ou quase tudo que envolve a Fazenda Pública se faz por meios eletrônicos, é um absurdo retrocesso vedar a citação eletrônica dessas pessoas jurídicas. Além disso, essa vedação acarreta uma proteção deficiente para o jurisdicionado que demanda contra a Fazenda Pública, e que não poderia ser beneficiado pela celeridade e pela eficiência de uma citação eletrônica, enquanto aquele que demanda contra pessoas jurídicas de direito privado pode obter esses resultados. Assim, deve-se considerar que a vedação prevista no inciso III do art. 247 só alcança a citação postal, mas não a eletrônica.

Para aperfeiçoar-se a citação postal, o escrivão ou chefe de secretaria remeterá ao citando uma carta de citação, acompanhada de cópias da petição inicial e do despacho do juiz que ordenou a citação, comunicando-lhe o prazo para oferecimento de resposta, o endereço do juízo e o respectivo cartório (art. 248). A carta deverá ser registrada para entrega ao citando, cabendo ao carteiro exigir, no momento da entrega, a assinatura do recibo (o aviso de recebimento), nos termos do art. 248, § 1º. No caso de citação postal de pessoa jurídica, considera-se válido o ato se a carta for entregue a quem tenha poderes de gerência geral ou administração ou, ainda, ao funcionário responsável pelo recebimento da correspondência (art. 248, § 2º).

Quando o endereço do citando localizar-se em condomínio edilício ou em loteamento com controle de acesso, será válida a citação com a entrega da carta a funcionário da portaria responsável pelo recebimento de correspondência, o qual poderá recusar o recebimento se declarar, por escrito, que o destinatário da correspondência está ausente (art. 248, § 4º).

Quando vedada ou frustrada a citação postal, será ela realizada por oficial de justiça (art. 249). Neste caso, será expedido um *mandado de citação*, a ser cumprido pelo oficial de justiça, o qual deverá conter (art. 250) os nomes do demandante e do citando, além de seus respectivos domicílios ou residências; a finalidade da citação, com todas as especificações constantes da petição inicial, bem como a menção do prazo para contestar, sob pena de revelia, ou para oferecer embargos à execução; a aplicação de sanção para o caso de descumprimento da ordem, se houver; a intimação do citando – se for o caso – para comparecer, acompanhado de advogado ou defensor público, a uma audiência de conciliação ou de mediação, com a indicação do dia, hora e lugar do comparecimento; cópia da petição inicial, do despacho ou da decisão que tenha deferido tutela provisória; e a assinatura do escrivão ou do chefe de secretaria e a declaração de que a subscreve por determinação do juiz.

O oficial de justiça, munido do mandado, procurará o citando e, onde o encontrar, realizará a citação, lendo-lhe o mandado e lhe entregando uma cópia (a contrafé), devendo certificar se o citando a recebeu ou recusou, além de obter a nota de ciente ou de certificar que o citando se recusou a apô-la ao mandado (art. 251).

Tendo o citando comparecido pessoalmente à sede da serventia do juízo, é possível realizar-se sua citação pelo escrivão ou chefe de secretaria, que deverá certificar nos autos a realização da diligência (art. 246, § 1º-A, III).

Vistos os modos como se realiza a citação real, deve-se passar à análise das modalidades de citação ficta (com hora certa e por edital).

A citação com hora certa se dá a partir da tentativa frustrada de promover-se a citação por oficial de justiça. Tendo o oficial, por *pelo menos* duas vezes, procurado o citando em seu domicílio ou residência e não o tendo encontrado, *e havendo suspeita de ocultação*, deverá intimar qualquer pessoa da família ou, em sua falta, algum vizinho, de que retornará ao local no dia útil seguinte, na hora que designar (e, evidentemente, é preciso marcar uma hora exata para que a diligência aconteça, ou não seria citação *com hora certa*), conforme dispõe o art. 252. Tratando-se de condomínio edilício ou de loteamento com controle de acesso, a intimação também pode ser feita a funcionário da portaria responsável pelo recebimento da correspondência (art. 252, parágrafo único).

No dia e hora designados, o oficial de justiça retornará ao local marcado para realizar a diligência (art. 253). Caso o citando esteja presente, far-se-á sua citação pessoal. Não estando ele presente, porém, o oficial de justiça buscará informar-se sobre as razões da ausência, dando por feita a citação (art. 253, § 1º). A citação com hora certa se efetivará ainda que a pessoa da família ou vizinho que tivesse recebido a intimação também esteja ausente ou se recuse a receber o mandado (art. 253, § 2º). Ao certificar a ocorrência, o oficial de justiça deverá declarar o nome da pessoa com quem tenha deixado a contrafé (art. 253, § 3º) e uma cópia do mandado, devendo desta constar a advertência de que se houver revelia será nomeado um curador especial para o citando (art. 253, § 4º).

Feita a citação com hora certa, o escrivão ou chefe de secretaria enviará ao demandado, no prazo de dez dias contado da juntada aos autos do mandado de citação, correspondência (que poderá ser eletrônica), dando-lhe de tudo ciência (art. 254).

A citação por edital (art. 256) será feita quando o citando for desconhecido ou incerto; quando ignorado, incerto ou inacessível (aqui incluído o caso de citando que esteja em País estrangeiro que se recuse a cumprir cartas rogatórias, conforme dispõe o art. 256, § 1º) o lugar em que o citando se encontre; e nos demais casos expressos em lei.

Tratando-se de citação por edital de pessoa que esteja em lugar inacessível, a notícia da citação *deverá* ser divulgada, também, pelo rádio, se na comarca houver emissora de radiodifusão (art. 256, § 2º).

De todos os casos de citação por edital, sem dúvida a mais frequente é a do citando em lugar incerto ou ignorado. Por conta disso, e como forma de evitar citação ficta de quem pode ser citado pessoalmente, estabelece o art. 256, § 3º, que "[o] réu será considerado em local ignorado ou incerto se infrutíferas as tentativas de sua localização, inclusive mediante requisição pelo juízo de informações sobre seu endereço nos cadastros de órgãos públicos ou de concessionárias de serviços públicos". Impõe-se, pois, como requisito de validade da citação por edital de pessoas em lugar incerto ou ignorado, que tenham sido esgotados os meios para encontrar o citando.

Presentes os requisitos, o juiz determinará a citação por edital, fixando uma dilação do prazo da resposta que nunca será inferior a vinte, nem superior a sessenta dias (art. 257, III). Significa isto dizer que, uma vez publicado o edital, o prazo para que o citando ofereça resposta só começará a correr após o decurso da dilação fixada pelo juiz.

O edital será publicado na Internet (na página do tribunal em que tramita o processo e na plataforma de editais do CNJ), nos termos do art. 257, II, sendo possível que o juiz, de acordo com as peculiaridades do caso, determine sua divulgação também em jornal de ampla circulação local ou por outros meios, considerando as peculiaridades do lugar em que tramita o processo (art. 257, parágrafo único).

É obrigatória a publicação de edital de convocação de eventuais interessados nos processos que tenham por objeto o reconhecimento de usucapião de imóvel; a recuperação ou substituição de títulos ao portador; ou em qualquer outro caso em que seja necessária, por determinação legal, a provocação para participação no processo de interessados incertos ou desconhecidos (art. 259).

8.7.2 Intimações

Chama-se intimação o ato pelo qual se dá ciência a alguém dos atos e termos do processo (art. 269). Como regra geral, a intimação é promovida pelo órgão jurisdicional, de ofício (art. 271), mas se admite que o advogado de uma das partes intime o advogado da parte contrária *por via postal*, juntando aos autos, posteriormente, cópia do ofício de intimação e do aviso de recebimento (art. 269, § 1º). Este ofício que um dos advogados encaminha ao outro deve ser necessariamente instruído com cópia do despacho, decisão ou sentença de que se pretenda dar ciência (art. 269, § 2º).

As pessoas jurídicas de direito público são intimadas através do órgão de Advocacia Pública responsável por sua representação judicial (art. 269, § 3º).

Como regra geral, as intimações são feitas por meio eletrônico, na forma da lei própria (Lei nº 11.419/2006), conforme estabelece o art. 270. Quando não realizadas por meio eletrônico, as intimações ocorrerão preferencialmente através do diário oficial (art. 272). Está-se, aí, evidentemente, a tratar das intimações dirigidas aos advogados (já que das partes não se pode exigir que leiam o diário oficial, impresso ou eletrônico). Exatamente por isso é que se estabeleceu que os advogados podem

152 O NOVO PROCESSO CIVIL BRASILEIRO · Câmara

requerer ao juízo que, na sua intimação, figure apenas o nome da sociedade de advogados a que pertencem (art. 272, § 1º). Pode-se também requerer que as intimações sejam dirigidas a advogados expressamente indicados (o que é comum em casos de escritórios com muitos advogados, sendo útil para a organização interna dos trabalhos que as intimações sejam sempre dirigidas ao mesmo advogado), caso em que o desatendimento do requerimento implicará nulidade da intimação (art. 272, § 5º).

Seja por meio eletrônico ou pelo diário oficial, é indispensável que da intimação constem os nomes das partes e de seus advogados ou da sociedade de advogados, com o respectivo número de inscrição na Ordem dos Advogados do Brasil (art. 272, § 2º). A grafia dos nomes das partes não pode conter qualquer tipo de abreviatura (art. 272, § 3º), enquanto a grafia do nome do advogado deve corresponder ao seu nome completo e ser a mesma que constar da procuração ou que estiver registrada junto à Ordem dos Advogados do Brasil (art. 272, § 4º).

Quando o advogado, ou pessoa por ele (ou por sua sociedade de advogados) credenciada retirar os autos da secretaria, considerar-se-á o mesmo intimado de tudo quanto conste dos aludidos autos. O mesmo se aplica à Advocacia Pública, à Defensoria Pública e ao Ministério Público (art. 272, § 6º). O preposto deverá ter sido previamente credenciado, o que se fará por requerimento ao juízo do processo (art. 272, § 7º).

Quando a parte pretender alegar a nulidade da intimação, deverá fazê-lo em capítulo preliminar do próprio ato que lhe caiba praticar. Reconhecido o vício, ter-se-á o ato por tempestivo (art. 272, § 8º). Admite-se, porém, a arguição isolada da nulidade da intimação naqueles casos em que não é possível a prática imediata do ato em razão da necessidade de acesso prévio aos autos. Neste caso, reconhecido o vício, o prazo para a prática do ato correrá da intimação da decisão que invalida a intimação anterior (art. 272, § 9º).

Nos casos em que não seja possível promover a intimação por meio eletrônico e não haja na localidade publicação em diário oficial, a intimação do advogado será feita pelo escrivão ou chefe de secretaria, pessoalmente se o advogado tiver domicílio na sede do juízo, ou por carta registrada e com aviso de recebimento se o advogado for domiciliado em outra localidade (art. 273).

A intimação das partes (e de seus representantes legais) e dos demais sujeitos do processo será feita – salvo expressa disposição em contrário – por via postal. Presumem-se válidas as intimações dirigidas a endereço constante dos autos, sendo ônus de cada sujeito do processo comunicar mudanças temporárias ou definitivas de endereço. Fluirá o prazo para aquele que tenha sido intimado por via postal da juntada aos autos do comprovante de entrega da correspondência (art. 274, parágrafo único).

Vedada ou frustrada a intimação por meio eletrônico ou pelo correio, será ela realizada por oficial de justiça (art. 275), devendo a certidão de intimação conter a indicação do lugar e a descrição da pessoa intimada, com menção, sempre que possível, do número de sua carteira de identidade e o órgão que a expediu; a declaração da entrega da contrafé; a nota de ciente ou a certidão de que o intimado não a apôs no mandado (art. 275, § 1º).

Sempre que necessário (e observados os mesmos requisitos da citação), será feita a intimação com hora certa ou por edital (art. 275, § 2º).

8.7.3 Cartas

Cartas são o meio pelo qual órgãos jurisdicionais comunicam-se entre si, permitindo também a comunicação entre um tribunal arbitral e um órgão jurisdicional.

Sempre que um órgão jurisdicional brasileiro precisar requisitar a prática de um ato processual a órgão jurisdicional estrangeiro, deverá expedir uma *carta rogatória* (tema de que se tratou anteriormente, quando do exame da *cooperação judiciária internacional*), nos termos do art. 237, II. Nos casos em que um tribunal precise requisitar a prática de ato processual a um órgão jurisdicional que lhe esteja subordinado será expedida uma *carta de ordem* (art. 237, I). Nos demais casos de comunicação entre órgãos jurisdicionais será expedida *carta precatória* (art. 237, III).

Nas hipóteses em que um tribunal arbitral precise requisitar a um órgão jurisdicional a prática de algum ato processual (como a condução coercitiva de uma testemunha, por exemplo), deverá expedir *carta arbitral* (art. 237, IV; art. 22-C da Lei de Arbitragem).

As cartas de ordem, rogatória e precatória exigem os mesmos requisitos formais (art. 260): (i) indicação dos juízos de origem e de cumprimento do ato; (ii) o inteiro teor da petição, do despacho judicial e do instrumento de mandato conferido ao advogado; (iii) a menção do ato processual que lhe constitui o objeto; e (iv) o encerramento, com a assinatura do juiz. Deve, ainda, constar da carta qualquer outro documento que precise ser examinado na diligência pelas partes, pelo perito ou por testemunhas (art. 260, § 1º). Tendo a carta por objeto a realização de uma perícia sobre um documento, este será remetido em original, ficando nos autos uma reprodução (art. 260, § 2º).

A carta arbitral deverá atender, no que couber, aos mesmos requisitos das demais cartas, sendo ainda necessário que venha instruída com a convenção de arbitragem e com provas da nomeação do árbitro e de sua aceitação da função (art. 260, § 3º).

Em todas as cartas deverá ser fixado prazo para cumprimento, atendendo à facilidade das comunicações e à natureza do ato requisitado (art. 261). As partes devem ser intimadas da expedição da carta (art. 261, § 1º) e, uma vez expedida, deverão acompanhar seu cumprimento junto ao juízo destinatário, a este competindo a prática dos atos de comunicação processual (art. 261, § 2º). Incumbe à parte a quem interessar o cumprimento da diligência atuar de forma cooperativa com o juízo requisitado, a fim de assegurar o cumprimento da carta no prazo fixado pelo juízo requisitante (arts. 6º e 261, § 3º).

154 O NOVO PROCESSO CIVIL BRASILEIRO • Câmara

Uma vez expedida, a carta tem *caráter itinerante* (art. 262). Significa isto que é possível que uma carta, uma vez encaminhada a um juízo, seja dali encaminhada para outro (mesmo que, originariamente, isso não tivesse sido previsto pelo juízo de origem). Pense-se, por exemplo, no caso de se ter expedido carta precatória para promover-se a citação pessoal de um réu em uma determinada comarca. Ali, durante as diligências para cumprimento da carta, descobre-se que o citando mudou-se para outra localidade. Basta que o juízo deprecado remeta a carta para juízo desta outra localidade. O encaminhamento da carta a juízo distinto daquele para o qual ela fora originariamente enviada deverá ser comunicado ao juízo de origem, o qual intimará as partes deste fato (art. 262, parágrafo único).

As cartas devem preferencialmente ser expedidas por meios eletrônicos (art. 263), caso em que dela deverão constar, em resumo, os requisitos previstos no art. 260, especialmente no que se refere à aferição de sua autenticidade (art. 264). O mesmo se aplica às cartas expedidas por telefone ou telegrama.

Quando houver necessidade de transmissão de carta por via telefônica, esta será encaminhada ao escrivão do primeiro ofício da primeira vara da comarca destinatária (se houver ali mais de um ofício ou mais de uma vara), nos termos do art. 265. O escrivão ou chefe de secretaria do juízo destinatário deverá, no mesmo dia ou no dia útil imediato, telefonar ou enviar mensagem eletrônica ao secretário do órgão expedidor, a fim de confirmar a carta que recebeu (art. 265, § 1º). Confirmada a carta, será ela submetida a despacho (art. 265, § 2º).

Os atos requisitados por carta serão praticados de ofício, devendo a parte interessada depositar, *junto ao juízo deprecante*, a importância correspondente às despesas que serão feitas no juízo em que haja de praticar-se o ato (art. 266).

Incumbe ao juiz destinatário *recusar cumprimento a carta precatória ou arbitral*, devolvendo-a com decisão fundamentada, quando não estiver revestida dos requisitos legais (que são os previstos no art. 260: FPPC, enunciado 26), se lhe faltar competência em razão da matéria ou da hierarquia, ou se tiver dúvida acerca de sua autenticidade (art. 267). No caso de incompetência em razão da matéria ou da hierarquia, porém, o juízo deprecado poderá remeter a carta para o órgão competente (art. 267, parágrafo único).

Cumprida a carta, será ela devolvida ao juízo (ou tribunal arbitral) de origem no prazo de dez dias, independentemente de traslado, desde que pagas as custas pela parte (art. 268).

8.8 Invalidade do Ato Processual

O ato processual (empregada a expressão aqui em sentido amplo, de modo a englobar também o negócio processual) deve ser realizado em conformidade com um *tipo* (isto é, um esquema abstrato predisposto pela lei). Assim é que o ato processual precisa ser praticado no tempo correto, no lugar certo e pelo modo adequado.

Qualquer inobservância dessas exigências implicará um vício formal, por força do qual se terá o ato por *atípico*. Pois o ato processual atípico é *inválido*.

É o que se tem, por exemplo, no caso de uma audiência que se tenha iniciado após as vinte horas (o que afronta o disposto no art. 212), ou no caso de citação feita sem observância das formalidades legais (art. 280).

Pode-se, então, afirmar que é inválido o ato processual que tenha sido praticado com inobservância de alguma norma jurídica.

Há, no direito processual, invalidades *cominadas* e *não cominadas*. Em outros termos, há casos em que a lei expressamente comina de invalidade um ato processual defeituoso. É o que se tem, entre outros casos, na hipótese de decisão não fundamentada (em que a invalidade é expressamente cominada pelo art. 93, IX, da Constituição da República). Outros casos há, porém, em que o ato processual é inválido ainda que isto não esteja expressamente afirmado em qualquer texto normativo (o que afasta a aplicação da antiga máxima *pas de nullité sans texte*, "não há nulidade sem texto", que tem origem no Direito francês). Assim é que há casos nos quais inegavelmente o ato processual será reputado inválido mesmo não havendo expressa cominação legal neste sentido, como se dá, por exemplo, no caso de se proferir sentença sem relatório (o que contraria o *tipo* da sentença, estabelecido pelo art. 489).

Será, pois, inválido o ato processual sempre que praticado com inobservância de alguma norma jurídica que estabeleça uma forma a ser respeitada quando de sua prática. A forma dos atos processuais é uma garantia de segurança jurídica e de respeito às normas, e existe para que se estabeleçam técnicas adequadas para a produção dos resultados a que os atos processuais se destinam. O vício de forma, portanto, contamina o ato processual, tornando-o inválido.

Como sabido, porém, há mais de um tipo de norma jurídica, motivo pelo qual é preciso reconhecer a existência de mais de um tipo de invalidade processual.

Pode-se classificar as normas jurídicas em *cogentes* e *dispositivas*. Cogente é a norma jurídica imperativa, de observância obrigatória. É o caso (para buscar exemplos fora do Direito Processual) da norma que impõe ao empregador o pagamento a seus empregados de um décimo terceiro salário anual, ou da que estabelece que o fornecedor tem o dever de informar o consumidor acerca das características do produto ou serviço posto no mercado de consumo. De outra parte, chama-se dispositiva à norma jurídica supletiva, a qual só é aplicada nos casos em que as partes não disponham de outro modo, sendo elas livres para estabelecer o modo como será regida sua relação. É o que se tem, por exemplo (e mais uma vez o exemplo é buscado fora do Direito Processual), na norma que estabelece que ao locador incumbe o pagamento do imposto predial relativo ao imóvel locado, a qual pode ser afastada por disposição expressa em sentido contrário constante do contrato de locação.

Pois existem normas processuais cogentes e dispositivas. É exemplo de norma processual cogente a que impõe a participação do Ministério Público nos casos em que alguma das partes seja incapaz (art. 178, II). De outro lado, são dispositivas, em regra, as normas que estabelecem a competência territorial (arts. 46 e 63).

A inobservância de norma processual cogente gera a *nulidade* do ato processual, enquanto o descumprimento de norma processual dispositiva acarreta sua *anulabilidade*. Invalidade, portanto, é uma categoria genérica, composta por duas diferentes espécies, a *nulidade* e a *anulabilidade*. E a principal diferença entre essas duas espécies está no fato de que a nulidade pode – e deve – ser reconhecida de ofício, enquanto a anulabilidade só pode ser reconhecida mediante provocação.

As invalidades (perdoe-se a insistência) resultam de vícios de forma (entendido o conceito de forma em seu sentido mais amplo, a abranger o *tempo*, o *lugar* e o *modo* pelo qual o ato processual deve ser praticado). E isto decorre do fato, já mencionado, de que a forma do ato processual é um mecanismo constitucionalmente legítimo de asseguração dos resultados a que cada ato se dirige. Assim é que praticar o ato com observância de forma garante que os resultados a que o ato processual se dirige serão alcançados. Pois é exatamente daí que resulta o *princípio da instrumentalidade das formas* (art. 277), por força do qual o ato praticado por forma diversa da prevista em lei será reputado válido "se, realizado de outro modo, lhe alcançar a finalidade".

Deve-se compreender por finalidade do ato o objetivo a que o mesmo, por força de lei, se dirige. Trata-se, pois, do exame da finalidade a partir de um critério funcional, e não da análise dos objetivos pretendidos por aquele que pratica o ato. Assim, por exemplo, a finalidade de um recurso é impugnar uma decisão judicial e permitir seu reexame (e esta finalidade é alcançada ainda que o recurso não seja provido, o que caracterizaria o objetivo pretendido pelo recorrente). Para se entender como atua o princípio da instrumentalidade das formas, pode-se imaginar, por exemplo, o caso da intimação, ato processual que tem por finalidade dar ciência a alguém dos atos e termos do processo. Pois a intimação realizada sem observância das formalidades estabelecidas em lei é inválida (art. 280). Imagine-se, então, que os advogados das partes de um processo são intimados da data da sessão de julgamento de um recurso, havendo na intimação um vício de forma (como, por exemplo, não constar a grafia correta do nome do advogado de uma das partes). Presente este advogado cujo nome fora grafado erradamente à sessão de julgamento, porém, o ato terá alcançado sua finalidade, motivo pelo qual se deverá reputar válida sua intimação.

Além do princípio da instrumentalidade das formas, outro princípio fundamental para a compreensão do sistema das invalidades processuais é o *princípio do prejuízo* (arts. 282, § 1º, e 283, *caput* e parágrafo único), por força do qual "[o] ato não será repetido nem sua falta será suprida quando não prejudicar a parte". Em outros termos, não há invalidade sem prejuízo (ou, como afirmava a tradicional máxima do Direito francês, *pas de nullité sans grief*). Daí se extrai, portanto, que não se pode reconhecer a invalidade do ato processual se do vício de forma não resultou dano. É o que se tem, por exemplo, na hipótese em que se exige que a citação seja feita com certa antecedência em relação à data para a qual se designou uma audiência (como se dá no procedimento comum, em que, designada audiência de conciliação ou de mediação, deverá o réu ser citado com pelo menos vinte dias de antecedência, conforme dispõe o art. 334). Pois tendo sido o réu citado com antecedência menor do que vinte dias, não será possível a realização da audiência, sob pena de invalidade. Pode, todavia, ocorrer de o réu ser citado com antecedência inferior a vinte dias e, ainda assim, comparecer à audiência e nela ser alcançada a autocomposição, sem que da inobservância da norma resulte para o demandado qualquer dano. Pois neste caso se deve considerar válida a audiência, não obstante o vício de forma, por aplicação do princípio do prejuízo.

Consequência direta do princípio do prejuízo é a regra por força da qual não se pronuncia a invalidade do ato processual (nem se manda repetir o ato viciado ou suprir-lhe a falta) se for possível julgar o mérito em favor daquele que seria favorecido pelo reconhecimento da invalidade (art. 282, § 2º).

Tem-se, aí, o que pode ser chamado de *convalidação objetiva do ato processual*. Dito de outro modo: sendo o ato formalmente viciado, mas dele não tendo resultado qualquer dano e tendo sido alcançada sua finalidade, reputa-se superado o vício, devendo-se considerar válido o ato apesar de seu vício formal.

Além da convalidação objetiva, a que estão sujeitos tanto os atos nulos como os anuláveis, pode-se cogitar também de uma *convalidação subjetiva*. Esta resulta da aplicação do disposto nos arts. 276 e 278, e pode ocorrer apenas quando se tratar de atos anuláveis. É que, por força do disposto no parágrafo único do art. 278, não se aplica esta sistemática de convalidação do ato processual quando se tratar de invalidade que possa ser conhecida de ofício (o que permite afirmar, em outras palavras, que a convalidação subjetiva só ocorre nos atos anuláveis, não nos atos nulos).

Praticado um ato anulável (isto é, um ato realizado com inobservância de alguma norma dispositiva), não poderá o juiz, de ofício, reconhecer seu vício. Incumbirá, assim, à parte que não tenha dado causa à invalidade requerer ao juízo seu reconhecimento (art. 276). A vedação a que a decretação da anulabilidade seja requerida pela própria parte que lhe deu causa resulta do princípio da boa-fé objetiva, não se podendo admitir que aquele que causou o vício depois se beneficie do reconhecimento da invalidade por ele próprio causada. Afinal, como diziam os antigos, a ninguém é dado valer-se da própria torpeza (*nemo turpitudinem suam allegare potest*). Deste modo, praticado por uma das partes um ato anulável, incumbirá à parte contrária requerer sua invalidação. E tal requerimento deverá ser formulado na primeira oportunidade em que lhe caiba manifestar-se no processo, sob pena de preclusão (art. 278). Significa isto, então, dizer que, praticado por uma das partes um ato anulável, incumbirá à parte contrária, na primeira oportunidade de que disponha, requerer sua invalidação. A inércia da parte interessada em requerer a invalidação do ato anulável implicará sua convalidação (subjetiva), salvo na hipótese de não prevalecer a preclusão – isto é, a perda da possibilidade de requerer a invalidação do ato – por justo impedimento (art. 278, parágrafo único, parte final).

Seja o ato nulo ou anulável, dependerá o reconhecimento do vício de um pronunciamento judicial que o casse. Não existem, no direito processual civil, atos inválidos *de pleno direito*, sendo sempre necessário haver um pronunciamento judicial da invalidade para que esta possa ser reconhecida. Pois o pronunciamento judicial da invalidade (que só deverá desconstituir a parte viciada do ato, devendo-se aproveitar outras partes que dela sejam independentes, nos termos do art. 281, parte final, que consagra a máxime *utile per inutile non vitiatur*) não só cassará o ato inválido como também todos os que, a ele subsequentes, dele dependam (art. 281), devendo o pronunciamento declarar expressamente quais os atos atingidos e ordenar as providências necessárias para sua repetição ou retificação (art. 282).

8.9 Distribuição e Registro

Todos os processos devem ser registrados (art. 284), assim como se deve promover o registro da reconvenção, de qualquer modalidade de intervenção de terceiro ou outra qualquer hipótese de ampliação objetiva do processo (art. 286, parágrafo único). Onde houver mais de um juízo em tese competente, deve-se promover a distribuição entre tais órgãos jurisdicionais (art. 284). É através da distribuição, que pode ser eletrônica (art. 285), que se determina para qual dentre os juízos em tese competentes o processo será encaminhado. A distribuição deve ser alternada e aleatória (motivo pelo qual é feita por sorteio), obedecendo-se rigorosa igualdade entre os diversos juízos (art. 285).

Exige-se que a lista de distribuições seja publicada no Diário de Justiça (art. 285, parágrafo único), o que permite seu controle. Eventuais erros ou falta de distribuição serão corrigidos pelo juiz, de ofício ou a requerimento do interessado, determinando-se nestes casos sua compensação (art. 288).

Casos há em que não se realiza a assim chamada "livre distribuição" (isto é, a distribuição por sorteio), devendo o processo ser distribuído de forma automática a algum juízo predeterminado. É o que se costuma designar *distribuição por dependência* (art. 286).

O primeiro caso de distribuição por dependência é o das causas entre as quais haja conexão ou continência (arts. 55 e 56). Assim, pendente um processo e vindo a ser ajuizada a petição inicial de outra causa, àquela ligada por conexão ou continência, deverá este segundo processo ser atribuído ao juízo onde já tramita o primeiro feito (art. 286, I). A mesma regra se aplica no caso de não haver conexão entre causas mas, pendente um processo, instaurar-se outro que gere o risco de decisões contraditórias (art. 286, III).

Também haverá distribuição por dependência (art. 286, II), "quando, tendo sido extinto o processo sem resolução de mérito, for reiterado o pedido, ainda que em litisconsórcio com outros autores ou que sejam parcialmente alterados os réus da demanda". Trata-se de disposição destinada a evitar fraudes consistentes na escolha do juízo. Imagine-se, por exemplo, que em uma comarca existam quatro juízos cíveis. Figure-se, agora, a hipótese de em apenas um deles atuar magistrado que tenha entendimento favorável ao cabimento de medida liminar em certa hipótese. Ajuizada uma demanda, pode ela vir a ser distribuída a juízo distinto daquele em que atua o magistrado que deferiria a liminar. Poderia, então, o demandante *desistir da ação* para, após a extinção do processo sem resolução de mérito, promover novamente sua demanda com a expectativa de vê-la agora distribuída a outro juízo, onde se pudesse obter resultado que para ele seria mais favorável. Pois esta possibilidade não existe, vedada que é na hipótese a *livre distribuição*. O juízo perante o qual se tenha instaurado o primeiro processo terá, neste caso, *competência funcional* (e, por conseguinte, qualquer outro juízo será *absolutamente incompetente*) para o segundo processo, ainda que o autor da primeira demanda venha a juízo agora em litisconsórcio com outros demandantes, ou mesmo se ocorrer uma modificação parcial dos demandados.

A petição que se sujeita a registro e distribuição deve vir acompanhada de procuração outorgada ao advogado que a subscreve, dela devendo constar o endereço da sede do escritório de advocacia e o endereço eletrônico do advogado (art. 287). Dispensa-se a juntada de procuração, porém, quando houver urgência no recebimento da petição, a fim de evitar preclusão, decadência ou prescrição, ou em razão da urgência (arts. 287, parágrafo único, I, e 104 do CPC). Também é dispensada a apresentação de procuração se a parte estiver representada pela Defensoria Pública (art. 287, parágrafo único, II) ou se a representação decorrer diretamente de norma constitucional ou legal, como se dá no caso dos Procuradores do Estado (art. 287, parágrafo único, III).

Uma vez promovidos o registro e a distribuição (se necessária) de um novo processo, tudo será cancelado se a parte, no prazo de quinze dias (contados da intimação de seu advogado), não recolher as custas e demais despesas de ingresso em juízo (art. 290). O ato que determina o cancelamento da distribuição tem natureza de sentença.

8.10   Valor da Causa

A toda causa cível deve ser atribuído um valor certo, ainda que não tenha ela conteúdo econômico imediatamente aferível (art. 291). O valor da causa, que será necessariamente indicado na petição inicial ou na reconvenção (art. 292) deverá corresponder ao conteúdo patrimonial em discussão ou ao proveito econômico perseguido pelo demandante (art. 292, § 3º). Quando a causa, porém, versar sobre algum bem jurídico sem conteúdo econômico imediato (como seria o caso de uma demanda de investigação de paternidade, por exemplo), o demandante deverá atribuir o valor da causa por estimativa.

O valor da causa é relevante para a incidência de algumas regras processuais. Assim é que a competência pode ser determinada pelo valor da causa (art. 63); o valor da causa pode ser utilizado como base de cálculo de honorários advocatícios (art. 85, § 2º); algumas sanções processuais são estabelecidas usando-se o valor da causa como base de cálculo (como, por exemplo, as multas previstas nos arts. 77, § 2º, 81, 334, § 8º e 468, § 1º).

Em alguns casos, a lei estabelece critérios objetivos para a determinação do valor da causa. Assim é que, nas demandas que tenham por objeto a cobrança de dívida, o valor da causa será a soma do valor principal da dívida atualizado monetariamente, dos juros de mora vencidos e de outras sanções eventualmente incidentes, como multas, até a data da propositura da demanda (art. 292, I).

Quando a causa versar sobre a existência, a validade, o cumprimento, a modificação, a resolução, a resilição ou a rescisão de ato jurídico, seu valor corresponderá ao valor do ato (ou de sua parte controvertida, se a causa não versar sobre a integralidade do ato), nos termos do art. 292, II.

Na demanda de alimentos, o valor da causa corresponderá à soma de doze prestações mensais pretendidas pelo demandante (art. 292, III). Nas demandas de divisão, demarcação ou reivindicação de imóveis, o valor da causa corresponderá ao valor de avaliação da área ou bem objeto do pedido (art. 292, IV), e naquelas que versem sobre posse, tais como as demandas possessórias, os embargos de terceiro e a "ação de oposição", o valor da causa deve considerar a expressão econômica da posse, que nem sempre coincide com o valor da propriedade (FPPC, enunciado 178).

Quando se tratar de demanda indenizatória de dano material ou compensatória de dano moral, o valor da causa corresponderá ao valor pretendido pelo demandante (art. 292, V).

Caso haja cumulação de pedidos, o valor da causa corresponderá à soma dos valores de todos eles (art. 292, VI). Havendo, porém, cumulação eventual de pedidos, o valor da causa será o valor do pedido principal (art. 292, VIII). Já no caso de pedido alternativo, o valor da causa deve corresponder ao do bem jurídico de maior valor dentre os alternativamente pretendidos (art. 292, VII).

Quando o pedido englobar prestações vencidas e vincendas, devem ser tomados em consideração os valores de ambas (art. 292, § 1º). O valor das prestações vincendas será o correspondente a uma prestação anual, se a obrigação for por prazo indeterminado ou por tempo determinado superior a um ano; se por tempo inferior, será igual à soma de todas as prestações ainda não vencidas no momento da propositura da demanda (art. 292, § 2º).

O valor da causa pode ser controlado de ofício ou por provocação do demandado. Haverá correção *ex officio* do valor da causa sempre que o juiz verificar que o indicado pelo demandante não corresponde ao conteúdo patrimonial em discussão ou ao proveito econômico perseguido pelo demandante (art. 292, § 3º). Ao demandado também é lícito suscitar o controle do valor da causa, o que deverá ser feito através da alegação da matéria em preliminar de contestação, sob pena de preclusão (art. 293).

Deve-se considerar que ao juiz só é dado controlar de ofício o valor da causa, corrigindo-o, antes do oferecimento da contestação. Oferecida esta e não tendo havido correção de ofício pelo juiz nem tendo o demandado impugnado, em preliminar, o valor da causa indicado pelo demandante, ter-se-á por correto o valor da causa, o qual não poderá mais ser alterado.

9

TUTELA PROVISÓRIA

Tutelas provisórias são tutelas jurisdicionais não definitivas, fundadas em cognição sumária (isto é, fundadas em um exame menos profundo da causa, capaz de levar à prolação de decisões baseadas em juízo de probabilidade e não de certeza). Podem fundar-se em *urgência* ou em *evidência* (daí por que se falar em *tutela de urgência* e em *tutela da evidência*).

Uma vez deferida a tutela provisória, ela conserva sua eficácia durante toda a pendência do processo (art. 296), ainda que este se encontre suspenso (e salvo decisão expressa em sentido contrário, nos termos do art. 296, parágrafo único). Exatamente por ser provisória, porém, pode ela ser revogada ou modificada a qualquer tempo (art. 296, parte final). A modificação ou revogação da tutela provisória poderá ocorrer por conta do possível surgimento de novos elementos, não considerados no momento da decisão que a deferiu, o que se revela possível dado o fato de que a cognição a ser exercida pelo juiz ao longo do processo tende a aprofundar-se, tornando-se exauriente (isto é, uma cognição capaz de permitir a formação de decisões fundadas em juízos de certeza).

A decisão que defere tutela provisória, a qual será substancialmente fundamentada (art. 298), será efetivada aplicando-se, no que couber, as normas referentes ao cumprimento provisório de sentença (art. 297, parágrafo único), cabendo ao juízo determinar a adoção das medidas executivas (sub-rogatórias ou coercitivas) necessárias para assegurar sua efetivação (art. 297).

A tutela provisória de urgência pode ser requerida em caráter antecedente ou incidente (art. 294, parágrafo único). A tutela da evidência é sempre requerida em caráter incidental. Quando a tutela provisória for requerida incidentemente a um processo, será competente para examinar o requerimento o juízo onde tramita o feito (sendo certo que este requerimento incidental pode ser formulado a qualquer tempo, não se submetendo a preclusão temporal, como consta do enunciado 496 do FPPC). No caso de tutela provisória (de urgência) antecedente, será ela postulada ao juízo em tese competente para conhecer do pedido principal, que já ficará com sua competência fixada para posteriormente conhecer também deste (art. 299). Nos processos de competência originária dos tribunais e nos recursos, eventual requerimento de tutela provisória será dirigido ao órgão jurisdicional competente para apreciar o mérito (art. 299, parágrafo único), mas incumbirá ao relator decidir, monocraticamente, o requerimento (art. 932, II).

9.1 Tutela de Urgência

A tutela de urgência pode ser *cautelar* ou *satisfativa* (esta também conhecida como *tutela antecipada de urgência*), nos termos do que dispõe o art. 294, parágrafo único.

Chama-se *tutela cautelar* à tutela de urgência do processo, isto é, à tutela provisória urgente destinada a assegurar o futuro resultado útil do processo, nos casos em que uma situação de perigo ponha em risco sua efetividade. Pense-se, por exemplo, no caso de um devedor que, antes de vencida sua dívida, tente desfazer-se de todos os bens penhoráveis. Não obstante a alienação desses bens não comprometa a existência do direito de crédito, certo é que o futuro processo de execução não será capaz de realizar na prática o direito substancial do credor se não houver no patrimônio do devedor bens suficientes para a realização do crédito. Verifica-se, aí, uma situação de perigo para a efetividade do processo, isto é, para a aptidão que o processo deve ter para realizar na prática o direito substancial que efetivamente exista (podendo-se falar, aí, em *perigo de infrutuosidade*). Em casos assim, faz-se necessária a previsão de mecanismos processuais destinados a assegurar a efetividade do processo, garantindo a futura produção de seus resultados úteis. A tutela provisória cautelar, portanto, não é uma tutela de urgência satisfativa do direito (isto é, uma tutela de urgência capaz de viabilizar a imediata realização prática do direito), mas uma tutela de urgência não satisfativa, destinada a proteger a capacidade do processo de produzir resultados úteis. Na hipótese que acaba de ser figurada como exemplo a tutela provisória deverá consistir na apreensão de tantos bens do devedor quantos bastem para assegurar a futura execução.

Já a *tutela de urgência satisfativa* (tutela antecipada de urgência) se destina a permitir a imediata realização prática do direito alegado pelo demandante, revelando-se adequada em casos nos quais se afigure presente uma situação de perigo iminente para o próprio direito substancial (*perigo de morosidade*). Pense-se, por exemplo, no caso de alguém postular a fixação de uma prestação alimentícia, em caso no qual a demora do processo pode acarretar grave dano à própria subsistência do demandante. Para casos assim, impõe-se a existência de mecanismos capazes de viabilizar a concessão, em caráter provisório, da própria providência final postulada, a qual é concedida em caráter antecipado (daí falar-se em *tutela antecipada de urgência*), permitindo-se uma satisfação provisória da pretensão deduzida pelo demandante.

Ambas as modalidades de tutela de urgência, portanto, têm como requisito essencial de concessão a existência de uma situação de perigo de dano iminente, resultante da demora do processo (*periculum in mora*). Este perigo pode ter por alvo a própria existência do direito material (caso em que será adequada a tutela de urgência satisfativa) ou a efetividade do processo (hipótese na qual adequada será a tutela cautelar).

O *periculum in mora*, porém, embora essencial, não é requisito suficiente para a concessão de tutela de urgência. Esta, por se fundar em cognição sumária, exige também a *probabilidade de existência do direito* (conhecida como *fumus boni iuris*), como se pode verificar pelo texto do art. 300, segundo o qual "[a] tutela de urgência será concedida quando houver elementos que evidenciem a probabilidade do direito e o perigo de dano ou o risco ao resultado útil do processo".

O nível de profundidade da cognição a ser desenvolvida pelo juiz para proferir a decisão acerca do requerimento de tutela de urgência é sempre o mesmo, seja a medida postulada de natureza cautelar ou satisfativa. Tanto num caso como no outro deve a decisão ser apoiada em cognição sumária, a qual leva à prolação de decisão baseada em juízo de probabilidade (*fumus boni iuris*). O que distingue os casos de cabimento da tutela de urgência cautelar daqueles em que cabível a tutela de urgência satisfativa é o tipo de situação de perigo existente: havendo risco de que a demora do processo produza dano ao direito material, será cabível a tutela de urgência satisfativa; existindo risco de que da demora do processo resulte dano para sua efetividade, caberá tutela de urgência cautelar.

Além dos dois requisitos já examinados (probabilidade de existência do direito e perigo de dano iminente), a tutela de urgência satisfativa exige mais um requisito para ser concedida. Trata-se de um requisito negativo: não se admite tutela de urgência satisfativa que seja capaz de produzir efeitos irreversíveis (art. 300, § 3º). É que não se revela compatível com uma decisão baseada em cognição sumária (e que, por isso mesmo, é provisória) a produção de resultados definitivos, irreversíveis. Pense-se, por exemplo, em uma decisão concessiva de tutela provisória que determinasse a demolição de um edifício ou a destruição de um documento. Pois em casos assim é, a princípio, vedada a concessão da medida.

Não se pode, porém, afastar a possibilidade de concessão de outra medida que, sem produzir efeitos irreversíveis, se revele adequada como ensejadora de tutela provisória (como seriam a interdição ao uso de um edifício ou a determinação de que um documento fique custodiado em cartório, para fazer alusão aos exemplos mencionados há pouco). Além disso, casos há em que, não obstante a vedação encontrada no texto normativo, será possível a concessão de tutela provisória urgente satisfativa que produza efeitos irreversíveis (FPPC, enunciado 419: "Não é absoluta a regra que proíbe a tutela provisória com efeitos irreversíveis"). Basta pensar na fixação de alimentos provisórios (os quais, como sabido, são irrepetíveis), ou nos casos em que, através de tutela provisória de urgência, se autoriza a realização de intervenção cirúrgica ou o fornecimento de medicamento.

É preciso, então, perceber a lógica por trás da regra que veda a concessão de tutela provisória satisfativa irreversível, o que permitirá compreender as exceções a ela. É que a vedação à concessão de tutela de urgência satisfativa irreversível resulta da necessidade de impedir que uma decisão provisória produza efeitos definitivos. Casos há, porém, em que se estará diante da situação conhecida como de *irreversibilidade recíproca*. Consiste isso na hipótese em que o juiz verifica que a concessão da medida produziria efeitos irreversíveis, mas sua denegação também teria efeitos irreversíveis. É o que se dá, por exemplo, no caso da fixação de alimentos provisórios. Neste caso,

164 O NOVO PROCESSO CIVIL BRASILEIRO • Câmara

a concessão da medida produz efeitos irreversíveis (uma vez que se posteriormente se vier a constatar que não eram devidos alimentos, aqueles que tenham sido pagos não serão devolvidos, por força da incidência da regra da irrepetibilidade do indébito alimentar). De outro lado, porém, a denegação da medida produzirá efeitos irreversíveis sobre a própria subsistência do demandante, que afirma precisar da prestação alimentícia para prover seu sustento. Pois em casos assim (e em muitos outros, como o da tutela de urgência satisfativa que determina o fornecimento de medicamentos, caso em que a concessão produz efeitos irreversíveis, já que os medicamentos serão consumidos, mas também a denegação da medida produz efeitos irreversíveis, já que a pessoa que necessita do fornecimento gratuito de medicamentos pode até mesmo morrer se os não receber) cessa a vedação e passa a ser possível – desde que presentes os outros dois requisitos – a concessão da tutela de urgência satisfativa.

A concessão de tutela de urgência – em qualquer de suas modalidades – exigirá a prestação de uma *caução de contracautela*, que pode ser real ou fidejussória, a fim de proteger a parte contrária contra o risco de que venha a sofrer danos indevidos (art. 300, § 1º). Trata-se de medida destinada a acautelar contra o assim chamado *periculum in mora* inverso, isto é, o perigo de que o demandado sofra, em razão da demora do processo, um dano de difícil ou impossível reparação (que só será identificado quando se verificar que, não obstante provável, o direito do demandante na verdade não existia). Deve-se, porém, dispensar a caução de contracautela nos casos em que o demandante, por ser economicamente hipossuficiente, não puder oferecê-la (art. 300, § 1º, parte final). Afinal, não se pode criar obstáculo econômico ao acesso à justiça, que não é garantido só aos fortes economicamente, mas é assegurado universalmente. Há entendimento (consolidado no enunciado 497 do FPPC) segundo o qual as hipóteses de exigência de caução devem ser definidas à luz do art. 520, IV. Entenda-se: a caução deve ser fixada sempre que houver *periculum in mora* inverso, e uma das hipóteses previstas no aludido dispositivo legal é, precisamente, esta (risco de grave dano ao demandado). De outro lado, deve-se dispensar a caução em todos os casos previstos no art. 521 (enunciado 498 do FPPC).

A tutela de urgência pode ser deferida antes da oitiva da parte contrária (*inaudita altera parte*), liminarmente ou após a realização de uma audiência de justificação prévia (em que se permita ao demandante produzir prova oral destinada a demonstrar a presença dos requisitos de sua concessão). Trata-se de, uma exceção ao princípio do contraditório, que exige debate prévio acerca do conteúdo das decisões capazes de afetar a esfera jurídica das pessoas, e que resulta do modelo constitucional de processo (art. 5º, LV, da Constituição da República) e constitui uma das normas fundamentais do CPC (arts. 9º e 10). Tem-se, aqui, uma *limitação inerente ao contraditório*, o qual não pode ser transformado em um mecanismo obstativo do pleno acesso à justiça. Pois é exatamente por isto que o próprio CPC prevê expressamente a possibilidade de concessão de tutela provisória de urgência sem prévia oitiva da parte contra quem a decisão será proferida (art. 9º, parágrafo único, I). E é importante frisar que esta possibilidade de concessão *inaudita altera parte* da tutela provisória de urgência é perfeitamente compatível com o modelo constitucional de processo, já que o princípio constitucional do contraditório – como qualquer outro princípio – pode conhecer exceções que também tenham legitimidade constitucional, como se dá no caso em exame, em que a regra que autoriza a concessão liminar da tutela de urgência encontra guarida no princípio constitucional do acesso à justiça.

As medidas cautelares são deferidas com base em um *poder cautelar geral* do juiz, não havendo no CPC (diferentemente do que se via na tradição do direito brasileiro desde suas origens lusitanas) a previsão de medidas cautelares específicas mas, tão somente, do poder genericamente atribuído ao magistrado de deferir medidas cautelares. É o que se verifica pela interpretação do art. 301, segundo o qual "[a] tutela de urgência de natureza cautelar pode ser efetivada mediante [qualquer medida] idônea para asseguração do direito" (*rectius*, da efetividade do processo). Há, no aludido dispositivo, uma enumeração meramente exemplificativa de medidas cautelares (arresto, sequestro, arrolamento de bens, registro de protesto contra alienação de bem), mas isto não afasta o acerto do que acaba de ser dito: o sistema processual brasileiro contenta-se com a atribuição, ao juiz, de um *poder cautelar geral* (FPPC, enunciado 31: "O poder geral de cautela está mantido no CPC").

Por ser baseada em cognição sumária (e, por esta razão, ser *provisória*), a decisão concessiva de tutela de urgência pode gerar para a parte contrária dano indevido. Assim, e independentemente da responsabilidade por dano processual (resultante, por exemplo, da configuração da litigância de má-fé), responde o requerente pela lesão que indevidamente o demandado tenha sofrido em razão da efetivação da tutela de urgência em alguns casos expressamente previstos em lei (art. 302).

O primeiro desses casos é o de vir a sentença a ser desfavorável ao requerente da tutela de urgência (art. 302, I). Assim, constatado – em cognição mais profunda – que o demandante efetivamente não tinha o direito alegado (e que, em um exame menos profundo da causa, pareceu ser *provável*), deverá ele responder pelos danos suportados pelo demandado. Esta hipótese engloba outra, que a rigor sequer precisava estar expressamente prevista: a do caso em que o juiz reconhece a prescrição ou a decadência (art. 302, IV).

Responde também o demandante no caso de a medida de urgência ser deferida em caráter liminar e o demandante não fornecer os meios necessários para a citação do requerido (como, por exemplo, recolher as custas ou fornecer o endereço em que a citação deveria ser realizada) no prazo de cinco dias (art. 302, II). Também responde o requerente da medida se ocorrer a cessação de sua eficácia, em qualquer hipótese legal (como se dá nos casos previstos no art. 309), conforme estabelece o art. 302, III.

Em todos esses casos, a indenização a ser paga ao demandado será liquidada nos mesmos autos em que a medida de urgência tiver sido concedida (art. 302, parágrafo único – o qual estabelece que a liquidação será feita nos mesmos autos "sempre que possível", mas em qualquer caso esta possibilidade existirá).

Como já visto, a tutela de urgência pode ser requerida em caráter incidental ou antecedente (art. 294, parágrafo único). O requerimento incidental não se submete a qualquer formalidade, podendo ser deduzido na própria petição inicial (ou na contestação que sirva também como petição de oferecimento da reconvenção) ou em qualquer outra petição que venha a ser apresentada nos autos. O requerimento de tutela de urgência antecedente, porém, se submete a normas específicas, já que formulado em um momento anterior àquele em que se deduz a demanda principal. Exatamente por isso há, no CPC, disposições específicas a respeito do procedimento a ser observado quando se pretenda requerer tutela de urgência em caráter antecedente.

Trata a lei processual, primeiramente, da tutela de urgência satisfativa requerida em caráter antecedente (e aqui o CPC emprega a expressão *tutela antecipada* como sinônima de *tutela de urgência satisfativa*, como se vê, por exemplo, no texto do art. 303).

O procedimento previsto nos arts. 303 e 304 será empregado apenas naqueles casos em que "a urgência for contemporânea à propositura da ação", hipótese em que, havendo urgência extrema, poderá o demandante limitar-se a, na petição inicial, requerer a tutela de urgência satisfativa, com a indicação do pedido de tutela final, a exposição sumária da causa, do direito que se busca realizar e da situação de perigo de dano iminente (art. 303), além do valor da causa (art. 303, § 4º). Tem-se aí uma previsão que será muito útil, por exemplo, naqueles casos em que a necessidade de se propor a demanda surge fora do horário normal do expediente forense, quando a petição inicial muitas vezes tem de ser elaborada às pressas para ser examinada em primeiro lugar por um juiz plantonista (o qual, como notório, só pode examinar requerimentos extremamente urgentes, que não podem sequer esperar pela reabertura dos trabalhos ordinários do fórum). Imagine-se, por exemplo, o caso de alguém que, passando mal durante a madrugada, precisa ser submetido a uma cirurgia de emergência e, por qualquer razão, a operadora de seu plano de saúde não autoriza a intervenção. Seria um rematado absurdo exigir do demandante (e de seu advogado) a elaboração de uma petição inicial completa, formalmente perfeita, que preenchesse todos os requisitos impostos por lei. Pois é fundamental que a lei processual admita, em casos assim, uma petição inicial "incompleta", mas que se revele suficiente para permitir a apreciação do requerimento de tutela de urgência satisfativa.

Tenha-se claro, então, que a técnica prevista no art. 303 será usada apenas naqueles casos em que "a urgência [é] contemporânea à propositura da ação", devendo-se entender esta expressão no sentido de que a regra aqui examinada é aplicável naqueles casos em que, surgida a situação de urgência, faz-se necessária a imediata propositura da demanda (sendo, pois, a situação de urgência e a propositura da demanda *contemporâneas*).

Perceba-se, ainda, que, a fim de evitar confusão entre o caso em que a petição inicial é incompleta por conta da extrema urgência e aquele em que a petição inicial é simplesmente mal feita, exige a lei processual que o demandante, ao valer-se do benefício que lhe é assegurado pelo art. 303, afirme expressamente que o faz (art. 303, § 5º).

A demanda será, então, apreciada pelo juiz e, deferida a tutela de urgência satisfativa postulada, incumbirá ao demandante aditar a petição inicial, com a complementação de sua argumentação, a juntada de novos documentos e a confirmação do pedido de tutela final, em quinze dias (ou prazo maior que lhe seja expressamente assinado pelo juiz), nos termos do que determina o art. 303, § 1º, I. Este aditamento se fará nos mesmos autos, não se podendo exigir do demandante o recolhimento de novas custas processuais (art. 303, § 3º). Não sendo feito este aditamento, o processo será extinto sem resolução do mérito (art. 301, § 2º).

Aditada a petição inicial, o réu será citado e intimado para comparecer à audiência de conciliação ou mediação e, não havendo acordo, correrá o prazo para oferecimento de contestação (art. 303, § 1º, II e III).

Caso não estejam presentes os requisitos para a concessão da tutela de urgência satisfativa, esta será indeferida, caso em que a petição inicial deverá ser emendada no prazo de cinco dias, sob pena de seu indeferimento e a consequente extinção do processo sem resolução do mérito (art. 303, § 6º).

Trata em seguida o art. 304 da *estabilização da tutela de urgência satisfativa antecedente*. Afirma o aludido dispositivo que "[a] tutela antecipada, concedida nos termos do art. 303, torna-se estável se da decisão que a conceder não for interposto o respectivo recurso". Significa isto dizer que, concedida a tutela de urgência satisfativa nos termos do art. 303 (isto é, com base em uma petição inicial incompleta em razão da extrema urgência existente ao tempo da propositura da demanda) e não tendo o réu interposto recurso contra a decisão concessiva da tutela antecipada, esta se tornará estável, devendo o processo ser extinto sem resolução do mérito (art. 304, § 1º). O recurso interposto por assistente simples do réu também impede a estabilização da tutela antecipada, salvo se o réu expressamente se manifestar no sentido de que prefere a estabilização (FPPC, enunciado 501). A decisão concessiva da tutela de urgência estável não faz coisa julgada (isto é, não se torna imutável e indiscutível), como estabelece expressamente o art. 304, § 6º, o que é consequência inexorável do fato de ter sido ela proferida com apoio em cognição sumária e não em cognição exauriente (sendo esta essencial para que a decisão judicial alcance a autoridade de coisa julgada). Seus efeitos, porém, se tornam estáveis e só podem ser afastados por decisão judicial que a desconstitua, proferida em demanda proposta por alguma das partes em face da outra (art. 304, § 3º e § 6º, *in fine*). Não havendo formação de coisa julgada, não se admite, em hipótese alguma, a "ação rescisória" como mecanismo de impugnação da decisão que tenha declarado estabilizada a tutela antecipada (FPPC, enunciado 33).

Uma vez estabilizada a tutela satisfativa de urgência, então, será possível a qualquer das partes ajuizar, em face da outra, demanda com o fim de obter a revisão, reforma ou invalidação da decisão concessiva da tutela antecipada estável (art. 304, § 2º). Só no caso de vir a ser proposta esta demanda é que será possível a revogação dos efeitos da tutela antecipada estável, devendo este novo processo tramitar perante o mesmo juízo em que se desenvolveu o processo no qual fora deferida a tutela antecipada que se estabilizou (art. 304, § 4º, parte final), o qual terá competência funcional para conhecer da demanda de desconstituição da tutela antecipada estável.

O direito à desconstituição da tutela antecipada estável se sujeita a um prazo decadencial de dois anos, devendo o prazo ser contado a partir da ciência da decisão que extinguiu o processo no qual foi deferida a tutela antecipada que se tenha estabilizado (art. 304, § 5º). Trata-se de prazo decadencial, o que atrai toda a regulamentação da decadência prevista no Código Civil.

A respeito da estabilização da tutela antecipada há, porém, duas questões tormentosas, que precisam ser examinadas cuidadosamente. A primeira delas diz respeito ao sentido que se deve atribuir ao vocábulo "recurso" no *caput* do art. 304. A segunda diz respeito à exata compreensão do que é necessário para ocorrer a estabilização. E isto se diz porque o art. 304 exige, para a estabilização da tutela antecipada, que o réu não recorra. De outro lado, o art. 303, § 1º, I, exige que o autor emende a inicial, sob pena de extinção do processo. Impõe-se, então, a seguinte questão: o que ocorre se nem o autor emendar a inicial nem o réu oferecer recurso? Nesse caso haverá a estabilização? E se o autor não emendar a inicial e o réu quiser recorrer? Poderá o recurso ser interposto neste caso, ainda que o prazo para sua interposição se encerre depois do prazo para emenda da petição inicial? E se o autor emendar a inicial, afirmando querer obter uma decisão baseada em cognição exauriente, mas o réu não recorrer? Haverá estabilização da tutela antecipada contra a vontade do demandante? Todas essas possibilidades precisam ser examinadas. É o que se passa a fazer.

Deve-se afirmar, em primeiro lugar, que a referência a "recurso", no *caput* do art. 304, pode ser compreendida de duas maneiras diferentes: como recurso *stricto sensu* (o que significaria, então, afirmar que só não haveria a estabilização da tutela antecipada se o réu interpusesse agravo contra a decisão concessiva da medida de urgência); ou, em um sentido mais amplo, como *meio de impugnação* (o que englobaria outros remédios sem natureza recursal, como a contestação). Vale recordar que é neste sentido mais amplo que o Código Civil faz alusão a recurso em seu art. 65.

Não há, porém, razão para a atribuição deste sentido mais amplo ao texto do art. 304 (diferentemente do que acontece no caso do art. 65 do CC, que fala em "recurso" para impugnar um ato do Ministério Público, contra o qual sequer se admitiria recurso *stricto sensu*, motivo suficiente para afastar a outra interpretação).

A palavra *recurso* aparece no CPC (excluído o art. 304, já que é o significado da palavra neste artigo que se busca determinar) com três diferentes significados. O primeiro é o sentido estrito de recurso para o direito processual (o qual será objeto de exame específico em capítulo próprio deste trabalho), ou seja, um mecanismo destinado especificamente a impugnar decisões judiciais no mesmo processo em que proferidas, provocando seu reexame. O segundo sentido (em que o substantivo *recurso* aparece invariavelmente acompanhado do adjetivo *tecnológico*, como se dá, por exemplo, no art. 236, § 3º) é o de meio, a significar o mecanismo permitido pela tecnologia para a prática de atos eletrônicos, como a sustentação oral por videoconferência. Por fim, usa-se no CPC o vocábulo *recursos* (sempre no plural) em alguns dispositivos (como o art. 95, § 3º) para fazer menção a dinheiro.

No art. 304 o vocábulo não está associado aos meios tecnológicos (o que exclui o segundo sentido da palavra) nem a dinheiro (o que exclui o terceiro). Além disso, o texto do art. 304 faz uso do verbo *interpor* ("se da decisão que a conceder não for interposto o respectivo recurso"), o qual é, no jargão do direito processual, empregado apenas quando se trata de recursos *stricto sensu*. Junte-se a isto o fato de que se faz alusão a recurso contra uma decisão, e tudo isso só pode indicar que a norma se vale do conceito estrito de recursos.

Assim, é de se considerar que só a interposição, pelo demandado, de recurso (agravo de instrumento, quando se trate de processo que tramita na primeira instância; agravo interno quando for o caso de processo de competência originária dos tribunais) é capaz de impedir a estabilização da tutela antecipada de urgência antecedente. O mero fato de o réu oferecer contestação (ou se valer de qualquer outro meio, como – no caso do Poder Público, por exemplo – postular a suspensão da medida liminar) não será suficiente para impedir a estabilização.

Superada esta questão, fica a outra anteriormente anunciada para ser examinada. É que o art. 303, § 1º, I, exige que, deferida a tutela de urgência satisfativa antecedente, o autor emende a petição inicial, sob pena de extinção do processo, devendo fazê-lo no prazo de quinze dias (ou outro prazo maior que o juiz lhe assine). Pois este prazo, ordinariamente, terminará antes do prazo para interposição de agravo de instrumento pelo réu (prazo este que também é de quinze dias, mas começará a correr posteriormente, já que seu termo inicial será, normalmente, a juntada aos autos da prova da citação realizada; isto sem falar nos casos em que o prazo para recurso seja ainda maior, como se dará nos casos em que o demandado seja assistido pela Defensoria Pública ou se trate de pessoa jurídica de direito público, hipóteses nas quais o prazo recursal será contado em dobro). Torna-se, então, necessário examinar todas as combinações possíveis entre a conduta do autor e a do réu para verificar em que casos ocorrerá a estabilização.

É evidente, porém, que no caso de ter o autor emendado a petição inicial *e, além disso*, ter o réu recorrido contra a decisão concessiva da medida urgente, não haverá estabilização, devendo o processo seguir normalmente.

Pode acontecer de o autor emendar a petição inicial e o réu não interpor agravo. Neste caso, terá havido uma manifestação de vontade do autor de prosseguir com o processo. Não se pode, porém, excluir a possibilidade de que o autor o tenha feito simplesmente porque não sabia se o réu iria ou não agravar, tendo então receado a extinção do processo sem resolução do mérito. Nessa hipótese, não tendo o réu interposto o recurso, só não terá havido a estabilização da tutela antecipada por ter o autor emendado a inicial, mas é possível imaginar que a ele interesse a estabilização. A solução adequada para este caso, pois, será exigir do juiz que profira despacho advertindo o autor do fato de que, por não ter o réu recorrido, pode acontecer a estabilização da tutela antecipada. Esta é uma conduta cooperativa do órgão jurisdicional, resultante do modelo de processo cooperativo, comparticipativo, que se constrói a partir do art. 6º, devendo-se, por conseguinte, admitir que o autor desista da ação, caso em que o processo será extinto sem resolução do mérito e, automaticamente, estará estabilizada a tutela antecipada de urgência antecedente. Caso o autor não desista da ação, porém, o processo seguirá em direção a uma decisão fundada em cognição exauriente, não se cogitando de estabilização da tutela de urgência satisfativa antecedente. Deve-se admitir, pelos mesmos fundamentos, que o autor, ao aditar a petição inicial, já declare que só pretende o prosseguimento do processo se o réu agravar, contentando-se com a estabilização da tutela antecipada em caso contrário, hipótese em que o processo deverá ser extinto sem resolução do mérito e a tutela antecipada será declarada estável.

Outra hipótese possível é o autor não ter emendado a petição inicial e o réu pretender recorrer. Como o prazo para emenda da inicial ordinariamente terminará antes do prazo para interposição do recurso, há em tese o risco de que o processo seja extinto antes de ser interposto o agravo. Isto não pode ocorrer, porém. Caso o autor não emende a petição inicial, não pode o processo ser desde logo extinto, já que é preciso aguardar-se o prazo recursal (e isto porque a lei processual expressamente atribui efeitos à conduta do réu, que pode recorrer ou não). É preciso, então, que o juízo, verificando que o autor não emendou a petição inicial, aguarde o prazo recursal para que se possa verificar qual terá sido a conduta do réu. Caso o réu interponha o agravo, deverá o juiz extinguir o processo e, em razão da interposição do recurso, revogar a tutela antecipada, a qual não se estabilizou. O recurso, neste caso, não terá seu mérito julgado (pois o processo estará extinto e, em razão da extinção do processo e da interposição do agravo, terá havido a revogação da tutela antecipada). Incumbirá ao tribunal, neste caso, declarar prejudicado o recurso.

Por fim, pode acontecer de o autor não emendar a inicial e o réu não interpor recurso. Deve-se considerar, neste caso, que ao autor se revelou suficiente a tutela de urgência já deferida, não tendo ele interesse em prosseguir com o processo em direção a um julgamento final fundado em cognição exauriente, e que ao réu não interessou praticar o ato necessário para impedir a estabilização da tutela antecipada. Nesta hipótese, então, a tutela de urgência satisfativa antecedente se estabilizará.

Em síntese: (a) se o autor emendar a inicial e o réu agravar, não haverá estabilização, e o processo seguirá regularmente; (b) se o autor emendar a inicial e o réu não agravar, o juiz deverá inquirir o autor sobre sua intenção de ver o processo prosseguir em direção a uma sentença de mérito, apta a alcançar a coisa julgada (o que impede a estabilização da tutela antecipada), ou, se o autor prefere desistir da ação, caso em que haverá estabilização e o processo será extinto sem resolução do mérito (sendo possível, como já visto, que o autor se tenha antecipado e, ao emendar a petição inicial, tenha declarado que o fazia apenas para a eventualidade de o réu agravar, caso em que o resultado será o mesmo que aqui foi apresentado); (c) se o autor não emendar a inicial, ainda assim o réu poderá agravar, com o único intuito de impedir a estabilização, a qual não acontecerá, restando extinto o processo e revogada a tutela antecipada, não sendo julgado o mérito do recurso, que estará prejudicado; (d) se o autor não emendar a petição inicial e o réu não agravar ocorrerá a estabilização e o processo será extinto sem resolução do mérito, devendo o juízo declarar estabilizada a tutela antecipada.

Extinto o processo (por não ter sido aditada a petição inicial) e não ocorrendo a estabilização da tutela antecipada (por ter o réu agravado contra a decisão que a concedera), será possível a liquidação para fins de responsabilização civil do requerente da medida, apurando-se os danos indevidamente suportados pelo demandado (enunciado 499 do FPPC).

Veja-se, por fim, que tudo o que aqui se disse acerca da tutela de urgência satisfativa antecedente também se aplica nos casos em que, na petição inicial, tenha o autor formulado o requerimento de tutela antecipada em conjunto com o pedido de tutela final (o que é possível por aplicação analógica do art. 308, § 1º). Nesta hipótese, porém, não haverá que se cogitar de emenda à inicial (já que esta terá vindo "completa"), mas no caso de o réu não interpor recurso contra a decisão concessiva da tutela de urgência, poderá o autor desistir da ação para, com isto, provocar a estabilização da tutela antecipada, sendo essencial que o juízo, diante da constatação do fato de que o réu não recorreu, advirta o autor da possibilidade de estabilização, o que é uma manifestação de atitude cooperativa.

Também é aplicável o regime da estabilização da tutela antecipada aos alimentos provisórios (previstos no art. 4º da Lei nº 5.478/1968), conforme se lê no enunciado 500 do FPPC.

Vale, por fim, registrar quanto ao ponto que é perfeitamente admissível a estabilização da tutela antecipada deferida contra a Fazenda Pública (FPPC, enunciado 582). Afinal, nada há no modelo constitucional de processo que o impeça (nem existe qualquer vedação legal a essa estabilização). Assim, por exemplo, deferida tutela antecipada contra o Município para que se outorgue ao demandante uma "certidão positiva com efeito de negativa" (o que se dá quando o contribuinte deixou de recolher algum tributo mas o está a discutir judicialmente, estando suspensa sua exigibilidade), pode não haver interesse de qualquer das partes no prosseguimento do processo, sendo a tutela antecipada suficiente para resolver o problema prático que o autor busca solucionar, não tendo o Poder Público qualquer razão para prosseguir com uma discussão que provavelmente não lhe traria qualquer proveito. O mesmo se pode pensar em outros casos em que se defere tutela antecipada contra o Poder Público para outorga de bens de valor econômico irrisório (como, para citar exemplo que tive oportunidade de ver na prática, uma decisão que determinou ao Município que fornecesse ao demandante o medicamento ácido acetilsalicílico, em quantidade suficiente para que ele tomasse dois comprimidos diários). Perfeitamente possível a estabilização contra a Fazenda Pública, portanto.

Superado este ponto, é preciso passar ao exame do procedimento a ser observado para o caso de *tutela cautelar requerida em caráter antecedente* (arts. 305 a 310).

Pode acontecer de haver interesse em postular medida cautelar antes do ajuizamento da demanda de tutela final. Pense-se, por exemplo, na hipótese em que um devedor de dívida ainda não vencida (contra quem ainda não é possível ajuizar demanda para cobrança) esteja a tentar desfazer-se de seus bens penhoráveis. Neste caso, haveria interesse em postular-se a medida cautelar (de apreensão de bens destinados a garantir a futura execução) em caráter antecedente.

Pois em situações assim, a petição inicial deverá indicar a causa principal, com seu fundamento e a exposição sumária do direito para o qual se buscará proteção, além do perigo de dano ou o risco para o resultado útil do processo (art. 305). Em outros termos, a petição inicial precisará indicar o *fumus boni iuris* e o *periculum in mora*.

Caso o juiz entenda que a medida postulada não é cautelar, mas satisfativa, deverá – depois de ouvir o demandante, por força do que dispõe o art. 10 – determinar que seja observado o regime previsto no art. 303.

Este dispositivo, registre-se, deve ser entendido de forma ampla, capaz de englobar também a situação inversa (isto é, tendo o demandante se valido da técnica prevista no art. 303 para postular uma medida de urgência antecedente que o juiz repute cautelar, deverá o magistrado, depois de ouvir o demandante, determinar que se observe o regime previsto no art. 305, como se vê no enunciado 502 do FPPC: "Caso o juiz entenda que o pedido de tutela antecipada em caráter antecedente tenha natureza cautelar, observará o disposto no art. 305 e seguintes). Há, pois, uma *convertibilidade* entre essas duas técnicas processuais, sendo possível que o demandante tenha optado por uma e, por decisão judicial, a via eleita seja convertida na outra.

Observe-se que não se trata, aqui, propriamente, de *fungibilidade*, já que não será o caso de admitir-se o emprego de uma técnica em substituição a outra. O que se tem é, mesmo, *convertibilidade*, já que a técnica equivocadamente empregada será *convertida* em outra.

Proposta a demanda que tenha por objeto uma medida cautelar antecedente, o réu será citado para, no prazo de cinco dias (art. 306), oferecer contestação e indicar as provas que pretende produzir. Não sendo contestado o pedido no prazo, serão presumidas (relativamente) verdadeiras as alegações feitas pelo autor a respeito dos fatos da causa, cabendo ao juiz decidir no prazo de cinco dias (art. 307).

Oferecida a contestação, observar-se-á o procedimento comum (art. 307, parágrafo único).

Deferida a medida cautelar (o que pressupõe a presença conjunta de *fumus boni iuris* e *periculum in mora*), será ela efetivada, correndo – da data da efetivação – um prazo de trinta dias para que o demandante formule o pedido principal (se este já não tiver sido formulado na petição inicial, o que também é possível, nos termos do art. 308, § 1º), o qual deverá ser apresentado nos mesmos autos, independentemente do recolhimento de novas custas (art. 308). No momento do ajuizamento do pedido principal, fica o demandante autorizado a aditar a causa de pedir, complementando-a (art. 308, § 2º).

Formulado tempestivamente o pedido principal, as partes serão intimadas a participar de audiência de conciliação ou mediação, sem necessidade de realizar-se nova citação (já que não se estará diante de novo processo), nos termos do art. 308, § 3º. Não havendo autocomposição, correrá o prazo para oferecimento de contestação ao pedido principal (art. 308, § 4º), observando-se, daí por diante, o procedimento comum.

A medida cautelar deferida em caráter antecedente para de produzir efeitos se ocorrer qualquer das hipóteses previstas no art. 309. É que, exatamente em razão de ter sido postulada – e deferida – antes da formulação do pedido principal, impõe-se a previsão de mecanismos que assegurem que a medida urgente não se eternize, dada sua necessária temporariedade. E não é por outro motivo que a primeira hipótese prevista na lei de cessação da eficácia da medida cautelar antecedente é precisamente aquela em que o pedido principal não é formulado no prazo previsto no art. 308 (art. 309, I).

Também cessa a eficácia de medida cautelar antecedente que não venha a ser efetivada em trinta dias (art. 309, II). A demora exclusivamente imputável ao serviço judiciário, todavia, não pode acarretar prejuízo para o autor, motivo pelo qual se deve considerar que bastará ao demandante, no prazo de trinta dias, praticar todos os atos necessários para viabilizar a efetivação da medida (como recolhimento de custas ou fornecimento de endereço onde se deva praticar o ato de efetivação da medida cautelar), para que a decisão concessiva da tutela cautelar permaneça eficaz.

Por fim, cessa a eficácia da medida cautelar se o pedido principal for julgado improcedente ou se o processo for extinto sem resolução do mérito (art. 309, III). Na primeira das hipóteses mencionadas, não se poderá considerar presente o *fumus boni iuris* se, em cognição exauriente, tiver o juiz decidido no sentido de que o direito substancial não existe. No segundo caso, não se poderá cogitar de *periculum in mora* (na modalidade *perigo de infrutuosidade*), pois não há risco para a efetividade do futuro resultado do processo se a produção de tal resultado é inviável, havendo obstáculo à apreciação do mérito da causa. Também cessa a eficácia da medida cautelar se o pedido vier a ser julgado procedente e o direito material vier a ser definitivamente efetivado e satisfeito (FPPC, enunciado 504).

Em qualquer caso em que cesse a eficácia da medida cautelar antecedente, fica vedado ao demandante renovar o pedido de tutela provisória não satisfativa pelo mesmo fundamento (ressalvada, por óbvio, a possibilidade de se formular pedido idêntico por fundamento diverso), nos termos do art. 309, parágrafo único.

O indeferimento da medida cautelar (ou a cessação de sua eficácia nos casos previstos nos incisos I, II e III do art. 309) não impede a parte de formular o pedido principal, nem influi em seu julgamento (art. 310). Isto resulta do fato de que a decisão sobre o requerimento de tutela cautelar baseia-se em cognição sumária, não estando apto a alcançar a autoridade de coisa julgada. Ressalva-se, porém, o caso de ter sido a medida cautelar indeferida por reconhecimento de decadência ou prescrição (art. 310, parte final). É que nesses casos a decisão que indefere o requerimento de medida cautelar baseia-se em cognição exauriente, sendo capaz de afirmar a própria inexistência do direito material sustentado pelo demandante – e não meramente a improbabilidade de que o mesmo exista – e, pois, é apta a fazer coisa julgada material. Nessa hipótese, pois, não será possível, em razão da coisa julgada – autoridade que torna imutável e indiscutível o que tenha sido decidido – formular-se o pedido principal e, caso este venha a ser deduzido, o processo terá de ser extinto sem resolução do mérito (art. 485, V).

9.2 Tutela da Evidência

Denomina-se *tutela da evidência* à tutela provisória, de natureza satisfativa, cuja concessão prescinde do requisito da urgência (art. 311). Trata-se, então, de uma *tutela antecipada não urgente*, isto é, de uma medida destinada a antecipar o próprio resultado prático final do processo, satisfazendo-se na prática o direito do demandante, independentemente da presença de *periculum in mora*. Está-se, aí, pois, diante de uma técnica de aceleração do resultado do processo, criada para casos em que se afigura *evidente* (isto é, dotada de probabilidade máxima) a existência do direito material.

Prevê o art. 311 um rol de quatro hipóteses em que será concedida tutela da evidência. Em todos esses casos, portanto, será possível deferir-se, provisoriamente, ao demandante o próprio bem jurídico que ele almeja obter com o resultado final do processo, satisfazendo-se antecipadamente sua pretensão.

Defere-se a tutela da evidência quando "ficar caracterizado o abuso do direito de defesa ou o manifesto propósito protelatório da parte" (art. 311, I). Trata-se, aqui, da previsão de uma *tutela provisória sancionatória*, por força da qual a aceleração do resultado do processo se apresenta como uma *sanção* imposta àquele demandado que exerce seu direito de defesa de forma abusiva, com o único intuito de protelar o andamento do processo. É, pois, uma técnica de antecipação da tutela perfeitamente compatível com a garantia constitucional de duração razoável do processo (art. 5º, LXXVIII, da Constituição da República). É que há casos – e todo profissional habituado à prática forense já viu algum – em que, proposta uma demanda, o réu apresenta uma defesa que *não é séria*. É o que se dá, por exemplo, em processos nos quais se discute a responsabilidade civil do fornecedor de produtos e este se defende alegando não ter agido com culpa para a produção do dano suportado pelo consumidor (quando é notório que a responsabilidade civil do fornecedor de produtos é, invariavelmente, objetiva, prescindindo da existência de culpa). É, também, o que se dá naqueles casos em que o réu apresenta defesa que contraria fatos notórios, ou se baseia em lei já declarada inconstitucional pelo STF. Considera-se, também, abusiva a defesa da Administração Pública quando contrariar entendimento firmado, com eficácia vinculante, no âmbito administrativo do próprio ente público, e que esteja consolidado em manifestação, parecer ou súmula administrativa, salvo se demonstrar a existência de distinção ou a presença de elementos que justifiquem a superação daquele entendimento consolidado (FPPC, enunciado 34). Muitos outros exemplos poderiam ser figurados, mas estes bastam para indicar o tipo de conduta do demandado que se busca punir com a *tutela da evidência sancionatória*.

Outra hipótese de tutela da evidência (art. 311, II) é aquela em que as alegações de fato deduzidas pelo autor "puderem ser comprovadas apenas documentalmente e houver tese firmada em julgamento de casos repetitivos ou em súmula vinculante". Aqui, a concessão da tutela da evidência exige a presença cumulativa de dois requisitos: suficiência da prova documental preconstituída *e* existência de tese firmada em precedente ou súmula vinculante.

Exige-se, pois, em primeiro lugar, que a prova documental trazida com a petição inicial seja suficiente para demonstrar a veracidade de todas as alegações, formuladas pelo demandante, a respeito dos fatos que fundamentam sua pretensão. Tem-se aí, então, situação equivalente àquela do mandado de segurança, cuja concessão exige a demonstração de direito líquido e certo (assim compreendido aquele direito cujo fato constitutivo é demonstrável através de prova exclusivamente documental e preconstituída). A necessidade de produção de outros meios de prova além dos documentos que instruem a petição inicial, portanto, é suficiente para afastar a incidência do art. 311, II.

A mera existência de direito líquido e certo, porém, não é suficiente para a concessão da tutela da evidência. Exige-se, também, a existência de precedente ou súmula vinculante aplicável ao caso concreto. Como se terá oportunidade de examinar mais detidamente adiante, o CPC implanta um sistema de precedentes vinculantes (assim entendidos os julgamentos produzidos em casos repetitivos – recursos excepcionais repetitivos e incidente de resolução de demandas repetitivas – e incidente de assunção de competência). Além disso, existem os enunciados de súmula vinculante (art. 103-A da Constituição da República e Lei nº 11.417/2006). Pois os precedentes e enunciados de súmula vinculante estabelecem padrões decisórios capazes de permitir que casos equivalentes recebam soluções equivalentes (*to treat like cases alike*), estabelecendo-se a partir daí uma padronização das decisões, a fim de assegurar previsibilidade (que é elemento essencial do direito fundamental à segurança jurídica) e isonomia (afinal, se todos são iguais perante a lei, é preciso que casos iguais recebam decisões iguais).

Não é este o momento, evidentemente, de se analisar o sistema de precedentes regulamentado pelo CPC. Impõe-se afirmar, porém, e desde logo, que em casos nos quais o demandante demonstre, com sua petição inicial, ter direito líquido e certo, e exista precedente ou enunciado de súmula vinculante aplicável ao caso, justifica-se o deferimento de tutela provisória (da evidência), por ser *muito provável* que tenha ele razão e que seu pedido venha a ser julgado procedente.

O terceiro caso de concessão de tutela da evidência (art. 311, III) é o da "ação de depósito" (nome tradicionalmente empregado para designar a demanda que, fundada em prova documental do contrato de depósito, tem por objeto a restituição da coisa depositada). Afirma o dispositivo legal que será deferida a tutela da evidência quando "se tratar de pedido reipersecutório fundado em prova documental adequada do contrato de depósito, caso em que será decretada a ordem de entrega do objeto custodiado, sob cominação de multa".

Afirma a lei processual que será deferida a tutela da evidência quando o demandante tiver postulado a restituição da coisa depositada, fundando seu pedido em "prova documental adequada" do contrato de depósito. Vale aqui recordar, porém, que o depósito voluntário só se prova por escrito (art. 646 do CC), regra também aplicável ao contrato de depósito necessário legal (arts. 647, I e 648 do CC). O depósito miserável (art. 647, II, do CC) é demonstrável por qualquer meio de prova (art. 648, parágrafo único, do CC).

Assim, nos casos de demanda fundada em contrato de depósito voluntário ou de depósito necessário legal, a "prova documental adequada" a que se refere o art. 311, III terá, necessariamente, de ser *prova escrita*. Já no caso de demanda fundada em depósito miserável, será admitida qualquer prova documental, ainda que não escrita (como, por exemplo, fotografias ou vídeos).

Havendo prova suficiente do contrato de depósito, então, fará o demandante jus à concessão da tutela (provisória) da evidência, devendo ser proferida decisão que determine a entrega da coisa depositada em certo prazo, sob pena de multa pelo não cumprimento do preceito.

Por último (art. 311, IV), é cabível a tutela da evidência quando "a petição inicial for instruída com prova documental suficiente dos fatos constitutivos do direito do autor, a que o réu não oponha prova capaz de gerar dúvida razoável". Trata-se de mais um caso de tutela da evidência fundada em direito líquido e certo (isto é, em direito cujo fato constitutivo é demonstrável através de prova documental preconstituída), mas, diferentemente do que se prevê no inciso II deste mesmo art. 311, aqui não há precedente ou enunciado de súmula vinculante aplicável ao caso. Nesta hipótese, então, a tutela da evidência exige que, além da prova documental suficiente a acompanhar a petição inicial, não tenha o demandado sido capaz de apresentar, com a contestação, elementos de prova capazes de gerar dúvida razoável acerca da veracidade das alegações feitas pelo autor a respeito dos fatos da causa. Pois nesse caso, da soma dos elementos probatórios trazidos pelo autor e da falta de elementos convincentes trazidos pelo réu extrai-se a *probabilidade máxima* (evidência) da existência do direito substancial alegado pelo demandante.

A tutela da evidência é sempre incidental ao processo em que se tenha formulado o pedido de tutela final, e nos casos previstos nos incisos I e IV do art. 311 só pode ser deferida depois do oferecimento da contestação (o que resulta da óbvia razão segundo a qual só se pode cogitar de abuso do direito de defesa depois que esta tenha sido oferecida, assim como só se pode afirmar que o réu não trouxe provas capazes de gerar dúvida razoável sobre o material probatório produzido pelo autor depois que o demandado tenha tido oportunidade para apresentar as suas alegações e provas). Permite a lei processual, porém, que a tutela da evidência seja deferida, nos casos previstos nos incisos II e III do art. 311, *inaudita altera parte* (arts. 9º, parágrafo único, II e 311, parágrafo único).

Deve-se ter claro, porém, que a possibilidade de prolação de decisões concessivas de tutela da evidência sem prévio contraditório é absolutamente excepcional. Isto porque, como reiteradamente tem sido dito ao longo deste trabalho, o contraditório – entendido como garantia de participação com influência na formação das decisões judiciais e de não surpresa – é uma exigência do Estado Democrático de Direito, e só pode ser excepcionado em casos nos quais seu afastamento se revele necessário para a proteção de algum direito fundamental que seria sacrificado com sua observância. Ter-se-á, então, de compreender a autorização para concessão *inaudita altera parte* da tutela de evidência como mecanismo assegurador de direitos fundamentais que poderiam ser postos em risco se exigida a observância do contraditório prévio.

Basta pensar na hipótese prevista no inciso II do art. 311 para perceber que a *evidência* não pode ser confundida com certeza acerca da existência do direito, o que legitima a exigência de que, ao menos como regra geral, o contraditório prévio tenha de ser observado. É que o demandado pode apresentar uma série de defesas possíveis – e sérias – capazes de levar à conclusão de que o demandante não tem razão e, portanto, seu pedido deve ser julgado improcedente. Imagine-se, por exemplo, que o réu demonstre ter se operado prescrição ou decadência, ou que demonstre ele ser caso de *distinguishing* (mecanismo de distinção entre o caso concreto e o que deu origem ao precedente) ou de *overruling* (superação do precedente). Raciocínio análogo pode ser desenvolvido na hipótese prevista no inciso III do art. 311, em que o réu poderá, através da sua atuação no processo, demonstrar que o contrato celebrado não era de depósito, ou que após a celebração do contrato algum fato superveniente ocorreu que tenha sido capaz de afastar a existência do direito do demandante à restituição do bem (como, por exemplo, uma doação superveniente), ou que existe direito de retenção (art. 644 do CC).

Em razão disso, impõe-se a interpretação segundo a qual a tutela da evidência, mesmo nesses dois casos, só será admitida *inaudita altera parte* em casos excepcionais, com a demonstração – a ser feita pelo demandante em sua petição inicial – de que realmente o caso deduzido em juízo é uma repetição de demandas seriais (art. 311, II), ou de que efetivamente houve a celebração de um contrato de depósito e se configurou a infidelidade do depósito (art. 311, III), a legitimar uma mais adequada distribuição, ao longo do processo, dos ônus do tempo. A não ser assim, ter-se-á exceções ilegítimas à garantia do contraditório prévio. Impende, então, ter claro que a concessão *inaudita altera parte* da tutela da evidência é um mecanismo de distribuição do ônus do tempo do processo, que tem por objetivo evitar que toda a carga resultante da duração do processo recaia sobre um demandante que *muito provavelmente* tem razão (afinal, seu direito, mais do que meramente provável, é *evidente*).

Além dos casos previstos no art. 311, há outros exemplos de tutela da evidência, que podem ser encontrados no próprio CPC (como a liminar em processos possessórios de força nova, art. 562; ou a adjudicação antecipada a herdeiro de bem do monte, art. 647, parágrafo único) ou em legislação extravagante (como é o caso da fixação de aluguel provisório em "ação revisional de aluguel", art. 68, II, da Lei nº 8.245/1991).

Registre-se, por fim, que se a tutela da evidência prevista no CPC é sempre satisfativa da pretensão do demandante, daí não se pode extrair a absoluta impossibilidade de que se venha a reconhecer algum caso de tutela da evidência meramente assecuratória. É o que se tem, por exemplo, na medida que determina a indisponibilidade de bens do réu de "ação de improbidade administrativa" (art. 7º da Lei nº 8.429/1992), medida assecuratória não definitiva para cuja concessão não se exige a existência de uma situação de urgência (como já decidiu o Superior Tribunal de Justiça no REsp 1.366.721/BA, julgado conforme a técnica de julgamento dos recursos repetitivos).

10

FORMAÇÃO, SUSPENSÃO E EXTINÇÃO DO PROCESSO

10.1 Formação do Processo

O processo civil começa por iniciativa da parte (art. 2º), em razão da inércia característica da jurisdição. Daí por que, para ter início o processo, é preciso que alguém proponha uma demanda, ato de exercício inicial do direito de ação. A lei processual (art. 312) estabelece, então, o momento em que se considera iniciado o processo, e este momento é o do protocolo da petição inicial.

Define-se, assim, como marco inaugural do processo o ato, praticado pelo demandante, de apresentar ao protocolo forense sua petição inicial. A partir daí já existe processo.

Deve-se ter claro, então, que já há processo mesmo antes da citação do demandado. E não poderia mesmo ser de outro modo, ou não se conseguiria entender como seria possível a prolação de sentença em processo no qual o réu não tenha sido citado (como acontece nos casos de indeferimento da petição inicial e de julgamento de improcedência liminar).

Assim, basta que a petição inicial tenha sido protocolada para que se tenha por instaurado o processo. A partir desse momento, então, inicia-se o *estado de litispendência* (isto é, o estado de pendência do processo), o qual produz uma série de efeitos. Veja-se, por exemplo, a incidência de correção monetária sobre débitos cobrados em juízo, que se dá, em regra, a partir da propositura da demanda (art. 1º, § 2º, da Lei nº 6.899/1981).

Estabelece o art. 312 que a propositura da demanda produz, "quanto ao réu", os efeitos mencionados no art. 240 depois de sua citação válida. O aludido art. 240 enumera efeitos que aponta como sendo *da citação* (induzir litispendência, tornar litigiosa a coisa, constituir em mora o devedor e, como efeito do despacho que ordena a citação, interromper a prescrição), mas que, pela leitura do art. 312, descobre-se serem, na verdade, *efeitos da propositura da demanda* ou, caso se prefira, *efeitos da instauração do processo*. E a redação do art. 312 dá a indicar que tais efeitos alcançariam o demandante desde o protocolo da petição inicial, mas só atingiriam o demandado depois de sua citação válida. É preciso, porém, examinar cada um desses efeitos isoladamente para determinar-se o momento inicial de sua produção.

Pois o primeiro efeito mencionado no art. 240 é o de *induzir litispendência*. Pela literalidade do texto do art. 312, este efeito se produziria *para o demandado* após sua citação válida, mas para o demandante já estaria a produzir-se desde a instauração do processo, ou seja, desde o protocolo da petição inicial. Pois neste caso é absolutamente correta a informação que se encontra nos textos normativos. Embora o estado de litispendência só alcance o demandado após sua citação (o que justifica, por exemplo, o que consta no art. 792, § 3º, por força do qual nos casos de desconsideração da personalidade jurídica a fraude de execução se caracteriza apenas se o bem tiver sido alienado fraudulentamente após a citação), para o demandante este efeito já se produz desde a instauração do processo. É por isso, por exemplo, que não pode o demandante ajuizar duas petições iniciais idênticas para tentar "escolher" o juízo mais favorável. Protocolada a primeira delas, estará instaurado o processo, e a segunda demanda acarretará a instauração de um processo que terá, necessariamente, de ser extinto sem resolução do mérito por já estar presente o estado de litispendência (art. 485, V).

O segundo efeito mencionado no art. 240 é *tornar litigiosa a coisa*. Pois este efeito, não obstante a literalidade dos textos normativos, só se produz *para ambas as partes* após a citação válida do demandado. É que não pode haver coisa ou direito litigioso "para uma parte só". Ou bem a coisa ou direito tem caráter litigioso (para ambas as partes), ou ainda não tem. Assim, por exemplo, só se poderá aplicar o disposto no art. 109 (que trata, precisamente, da alienação da coisa ou direito litigioso) após a citação do demandado, ainda que se trate de alienação realizada pelo demandante.

O terceiro efeito previsto no art. 240 é a *constituição em mora do devedor*. Mais uma vez, está-se diante de efeito que só pode produzir-se se alcançar ambas as partes. Não há qualquer sentido lógico em se afirmar que o demandado ainda não foi constituído em mora, mas para o demandante a mora da parte contrária já produz efeitos. Ou bem o demandado foi constituído em mora, ou não foi (valendo aqui lembrar que o demandado só será constituído em mora pela citação se não tiver se configurado a mora anteriormente, como se dá nos casos de mora *ex re*). Se é a partir da citação que se produz o efeito de constituir-se em mora o devedor, compreende-se o disposto no art. 405 do CC, por força do qual "[c]ontam-se os juros de mora desde a citação inicial" (o que só se aplica nos casos de responsabilidade civil contratual, já que nas hipóteses de responsabilidade extracontratual os juros de mora incidem desde o evento danoso, nos termos consolidados no enunciado 54 da Súmula do STJ, o qual é compatível com o disposto no art. 398 do CC, segundo o qual "[n]as obrigações provenientes de ato ilícito, considera-se o devedor em mora, desde que o praticou").

Por fim, o último efeito previsto no art. 240 é o de *interromper a prescrição* (ou obstar qualquer outro prazo extintivo, como o de decadência). Pois neste caso é preciso, para que o efeito se produza, que o réu seja citado, mas a interrupção da prescrição retroage à data da propositura da demanda, isto é, à data do protocolo da petição inicial (conforme estabelecem os §§ 1º a 3º do art. 240).

Uma vez proposta a demanda e instaurado o processo, pode haver alguma modificação da demanda, subjetiva ou objetiva. Os casos de modificação subjetiva são aqueles em que, autorizada por lei, ocorre a sucessão processual (art. 108), fenômeno já estudado nesta obra.

A modificação objetiva (isto é, a alteração do pedido ou da causa de pedir) se dá nos termos do disposto no art. 329 do Código de Processo Civil.

Entre o ajuizamento da demanda e a citação do demandado, é lícito ao demandante livremente alterar ou aditar o pedido ou a causa de pedir. É que neste caso o réu já será citado para responder à demanda alterada ou aditada, o que implica dizer que não haverá, para sua defesa, qualquer prejuízo (art. 329, I).

De outro lado, entre a citação e o saneamento do processo as modificações do pedido e da causa de pedir são admitidas, desde que com elas o réu consinta, assegurado o amplo contraditório (art. 329, II). Saneado o processo, ocorre a *estabilização da demanda*, não se admitindo mais, ao menos a princípio, qualquer outra modificação objetiva da demanda.

Não há, porém, qualquer problema em se admitir modificação objetiva da demanda posterior ao saneamento em algumas hipóteses. Pense-se, por exemplo, no caso de ter havido um negócio processual atípico entre as partes a autorizar essa modificação. Válido o negócio processual, ter-se-á a alteração objetiva da demanda, ainda que após o saneamento.

Também se deve considerar admissível a modificação da demanda posterior ao saneamento no caso de, só depois de ultrapassado aquele momento ter surgido elemento que exija tal alteração. Pense-se, por exemplo, no caso de alguém ter ido a juízo para postular um auxílio-acidente previdenciário e, após o saneamento do processo, ter-se verificado o preenchimento dos requisitos para a aposentadoria. Não haveria qualquer sentido em extinguir-se o processo para dar-se início a outro que tivesse por objeto a concessão da aposentadoria só por já não ser mais possível a alteração do pedido ou da causa de pedir em razão da estabilização da demanda. Neste caso, por força do princípio da eficiência (art. 8º), deve-se admitir o afastamento da regra do art. 329, II, e se aceitar a modificação posterior da demanda, desde que seja possível respeitar-se de forma plena e efetiva o princípio do contraditório.

Vê-se, assim, que a técnica empregada pelo ordenamento processual brasileiro para regular as modificações da demanda e sua estabilização não são tão rígidas como a mera leitura do texto do art. 329 parece indicar, havendo algum grau de flexibilidade resultante do sistema processual.

10.2   Suspensão do Processo

Denomina-se suspensão do processo a *paralisação total e temporária de um processo*. Trata-se, portanto, de uma situação temporária (já que, ultrapassada a causa de suspensão, o processo voltará a tramitar normalmente) durante a qual nenhum ato processual pode ser validamente praticado (art. 314), com a única ressalva dos atos que sejam considerados urgentes, destinados a evitar dano irreparável.

Assim, enquanto suspenso o processo nenhum ato processual poderá ser praticado, reputando-se inválidos os que eventualmente o sejam. Permite-se, porém, a prática de atos urgentes, a fim de evitar dano irreparável, como seria o caso de, durante o período de suspensão do processo, deferir-se uma medida cautelar ou determinar-se a citação de um demandado para se evitar a consumação de um prazo decadencial.

Incumbe ao próprio juiz da causa autorizar a prática dos atos urgentes durante a suspensão do processo. Excetua-se, porém, o caso em que a suspensão tenha resultado da arguição de impedimento ou suspeição do juiz. Neste caso, os atos urgentes devem ser requeridos ao substituto legal do juiz cuja parcialidade tenha sido arguida (art. 146, § 3º, que faz alusão à tutela de urgência, mas deve ser interpretado no sentido de abranger todo e qualquer requerimento de atos urgentes).

As causas de suspensão do processo estão expressamente previstas no art. 313.

A primeira delas é a morte ou perda de capacidade processual de qualquer das partes, de seu representante legal ou de seu advogado (art. 313, I). Ocorrendo a morte de qualquer das partes, o processo deve ficar suspenso até que se promova a sucessão processual, o que se faz por habilitação (art. 313, § 1º e art. 689). Caso não tenha ainda sido postulada a habilitação do espólio ou dos sucessores no momento em que o juízo toma conhecimento da morte da parte, será determinada a suspensão do processo (art. 313, § 2º). Caso tenha falecido o demandado, o demandante deverá ser intimado a promover a citação do espólio, do sucessor ou dos herdeiros, em prazo que lhe será assinado, nunca inferior a dois nem superior a seis meses (art. 313, § 2º, I). Tendo falecido o demandante e sendo transmissível o direito deduzido no processo (pois se não o for, o caso não será de suspensão, mas de extinção do processo), o juízo determinará a intimação de seu espólio, do sucessor ou dos herdeiros, pelos meios de divulgação mais adequados para o caso concreto, a fim de que manifestem interesse na sucessão processual e promovam a habilitação no prazo que lhes for designado (art. 313, § 2º, II). Em ambos os casos, o não cumprimento da determinação judicial no prazo implicará a extinção do processo sem resolução do mérito.

No caso de a parte tornar-se incapaz, deve o processo ser suspenso até que a ela se dê um curador. Ocorrendo a morte ou perda de capacidade do representante legal da parte ou de seu advogado, suspende-se o processo até que se lhe dê novo representante legal ou até que constitua novo advogado. No caso específico de morte (ou perda de capacidade) do advogado da parte, deverá esta ser intimada a constituir novo procurador no prazo de quinze dias, ao fim do qual será extinto o processo sem resolução do mérito (se o demandante não nomear novo patrono), ou seguirá o processo à revelia do demandado (se este não constituir novo advogado), nos termos do art. 313, § 3º.

Pode, também, o processo ser suspenso por *convenção das partes* (art. 313, II). Trata-se de um negócio processual típico, através do qual as partes paralisam o andamento do processo pelas razões que lhes pareçam convenientes. Na maioria das vezes a suspensão convencional do processo ocorre para que as partes tentem alcançar uma solução consensual do conflito. Não é necessário, porém, que seja este seu objetivo. Nada impede, por exemplo, que se suspenda o processo por convenção das partes por se ter chegado a uma época em que para elas não é conveniente que o processo tenha algum andamento (em razão de suas atividades profissionais ou empresariais, ou por conta de algum evento a que ambas pretendam dedicar-se, por exemplo).

A suspensão convencional do processo não pode durar mais do que seis meses (art. 313, § 4º) e, findo o prazo convencionado, o processo seguirá seu curso normal (art. 313, § 5º).

Afirma o art. 313, III, que o processo se suspende "pela arguição de impedimento ou de suspeição". É preciso, porém, harmonizar o que daqui consta com o disposto no art. 146, § 2º, o qual deixa bastante claro que a arguição de impedimento ou suspeição não será sempre dotada de efeito suspensivo. Não há, porém, qualquer contradição entre os dispositivos.

O simples oferecimento da arguição de impedimento ou de suspeição suspende o andamento do processo (art. 313, I). Trata-se, evidentemente, de uma *suspensão imprópria*, uma vez que o processo não ficará inteiramente paralisado, devendo ser praticados todos os atos necessários ao processamento do próprio incidente de arguição da parcialidade do juiz. Os demais atos do processo, porém, não poderão ser praticados (com a ressalva expressa dos atos urgentes, os quais deverão ser requeridos ao juiz que atue como substituto legal daquele cuja isenção tenha sido questionada). Caso o juiz arguido não reconheça ser impedido ou suspeito, o incidente será encaminhado ao tribunal e distribuído a um relator. Este, em decisão fundamentada, deverá manter a suspensão do processo (art. 146, § 2º, II), o que se dará se estiverem presentes os requisitos genericamente exigidos para a concessão de medidas de urgência, isto é, *periculum in mora* e *fumus boni iuris*; ou deverá fazer cessar a suspensão, retirando o efeito suspensivo do incidente (art. 146, § 2º, I), por não estarem cumulativamente presentes o *fumus boni iuris* e o *periculum in mora*, caso em que o processo voltará a tramitar normalmente. Perceba-se, então, que aqui o papel do relator não é o de decidir se *atribui ou não* o efeito suspensivo, mas o de decidir se *retira ou não* o efeito suspensivo de um incidente que, a princípio, é dotado de tal efeito.

Mantido o efeito suspensivo do incidente, o processo continuará (impropriamente) suspenso até o julgamento da arguição.

Também se suspende o processo pelo recebimento do incidente de resolução de demandas repetitivas (IRDR). Este é tema que será abordado com vagar adiante, para lá se remetendo o estudo do ponto.

Prevê-se, ainda, a suspensão do processo em casos nos quais a prolação de sentença de mérito depende de algum ato que necessariamente lhe tenha de anteceder, e que vá se dar em outro processo ou perante outro juízo (art. 313, V). São tratadas aqui duas hipóteses distintas.

A primeira delas (art. 313, V, *a*) é a da *suspensão prejudicial do processo*. Estabelece a lei que se suspende o processo quando a sentença de mérito "depender do julgamento de outra causa ou da declaração de existência ou de inexistência de relação jurídica que constitua o objeto principal de outro processo pendente".

Na maioria das vezes, a resolução de uma questão não depende da resolução de questões anteriores à sua questão principal. Assim, por exemplo, se ao juiz incumbe verificar se determinada pessoa sofreu danos morais e danos materiais, a solução de uma dessas questões não depende da solução da outra (e exatamente por isso é irrelevante a ordem em que elas serão resolvidas). Casos há, porém, em que se estabelece entre duas ou mais questões uma relação que faz com que uma delas tenha necessariamente de ser resolvida antes de outra. Sempre que isto ocorre, chama-se a questão a ser resolvida primeiro de *questão prévia*.

Questões prévias podem ser de dois tipos: *questão preliminar* e *questão prejudicial*.

Chama-se questão *preliminar* aquela questão prévia cuja solução serve apenas para determinar se a questão posterior (aqui chamada de *questão principal*) poderá ou não ser apreciada, sem influir na sua resolução. É o que se dá, por exemplo, na apreciação de um recurso no qual se pede a reforma de uma sentença. Antes de verificar se é ou não o caso de reformar a sentença, impende verificar (entre outros pontos) se o recurso foi ou não interposto tempestivamente. Caso ele tenha sido interposto dentro do prazo, pode-se examinar o pedido de reforma da sentença. Já no caso de ter sido o recurso interposto após o decurso do prazo, não se poderá reexaminar a sentença. A tempestividade do recurso é, pois, uma questão *preliminar* à do acerto da sentença recorrida.

De outro lado, chama-se questão *prejudicial* àquela cuja solução influi na resolução da questão posterior (aqui denominada *questão prejudicada*). É o que se dá, por exemplo, em processo no qual se debate a existência ou não de uma obrigação tributária e surge dúvida sobre a constitucionalidade da lei que institui o tributo. Ora, se a lei for inconstitucional, a obrigação tributária não existirá.

Outro exemplo se faz presente no caso em que se cobra o pagamento de juros resultantes do descumprimento de uma obrigação contratual e surge dúvida sobre a validade do próprio contrato. Evidentemente, caso seja inválido o contrato os juros não serão devidos.

A questão prejudicial pode ser *interna* (quando sua resolução se dá no mesmo processo em que será resolvida a questão prejudicada) ou *externa* (quando sua resolução se dará em processo distinto). Pense-se, por exemplo, na hipótese de haver, em curso, dois processos entre as mesmas partes: um tendo por objeto a prestação de alimentos e outro em que se discute a própria existência da relação de parentesco entre as partes. Pois este é prejudicial àquele. Em casos assim, de prejudicialidade externa, suspende-se o processo da causa prejudicada para aguardar-se o julgamento da causa prejudicial (art. 313, V, *a*). Esta suspensão não pode durar mais de um ano (art. 313, § 4º), e após o decurso deste prazo o processo voltará a tramitar normalmente (art. 313, 5º), cabendo ao juiz da causa prejudicada manifestar-se, também, ao fundamentar sua decisão, sobre a questão prejudicial.

Caso o julgamento do processo dependa da verificação de fato delituoso, o processo civil ficará suspenso até a manifestação do juízo criminal (art. 315). Caso a ação penal não seja proposta no prazo de três meses (contado da intimação do ato de suspensão), o processo civil voltará a tramitar normalmente, cabendo ao juízo cível a resolução da questão prévia (art. 315, § 1º). Proposta a ação penal no prazo, porém, o processo ficará suspenso por no máximo um ano (art. 315, § 2º).

O art. 313, V, *b*, por sua vez, prevê um caso de *suspensão imprópria* do processo. É que a lei processual determina que se suspenda o processo quando a sentença de mérito "tiver de ser proferida somente após a verificação de determinado fato ou a produção de certa prova, requisitada a outro juízo". É o que se dá quando o juízo perante o qual o processo tramita tiver determinado a expedição de alguma *carta* (precatória, rogatória ou de ordem) ou solicitado auxílio direto para colheita de alguma prova ou verificação de algum fato.

A suspensão que aqui se tem é *imprópria* porque o processo não fica, a rigor, suspenso (já que não fica inteiramente paralisado). Basta pensar que a carta não dá origem a outro processo, mas é mero incidente do processo de que tenha sido extraída. Assim, o processo terá andamento, quando menos, no juízo para o qual a carta tenha sido enviada, e que colherá a prova ou verificará o fato requisitado. Além disso, porém, no próprio juízo originário o processo não fica inteiramente paralisado, já que os atos que não dependam da prova ou da verificação do fato requisitado a outro juízo poderão ser praticados. Assim, por exemplo, se tiver sido expedida carta precatória para oitiva de uma testemunha, nada impedirá que o juízo deprecante colha o depoimento de outra testemunha. Apenas a prolação de sentença é que fica vedada durante essa "suspensão".

De todo modo, é bom ter claro que a expedição de carta precatória ou rogatória e o auxílio direto só "suspendem" (ainda que impropriamente) o processo se tiverem sido requeridos antes da decisão de saneamento do processo e, além disso, a prova que com eles se buscará for imprescindível para a prolação da sentença de mérito (art. 377). Esta disposição legal liga-se, em primeiro lugar, aos princípios da boa-fé (art. 5º) e da cooperação (art. 6º), já que não é dado à parte "guardar no bolso" uma prova que tenha de ser produzida fora dos limites territoriais da competência do juízo e só requerer a expedição da carta ou do auxílio direto depois do saneamento do processo. Assim, formulado o requerimento após o saneamento do processo, não haverá suspensão (nem imprópria).

Além disso, impende que a prova a ser colhida "fora da terra" se revele imprescindível para a resolução do mérito. Assim é que, caso o prosseguimento da instrução probatória (que não será paralisada, como visto, podendo ser realizada no juízo de origem) traga aos autos outras provas que se revelem suficientes para o julgamento do mérito, cessa eventual suspensão e a sentença de mérito poderá ser desde logo proferida.

A suspensão fundada no art. 313, V, *b* também não pode exceder de um ano.

Suspende-se, também, o processo "por motivo de força maior" (art. 313, VI), assim compreendido o evento irresistível que seja capaz de impedir que o processo tenha andamento regular. Basta pensar, por exemplo, em tragédias naturais (como enchentes resultantes de tempestades, entre outras que assolam o Brasil), as quais fazem com que, ao menos durante algum tempo, o funcionamento das atividades forenses se torne absolutamente impossível. Cessada a causa, evidentemente, cessará também a suspensão do processo.

Prevê, ainda, a lei processual a suspensão do processo (art. 313, VII) "quando se discutir em juízo questão decorrente de acidentes e fatos da navegação de competência do Tribunal Marítimo". O que se tem, aqui, é mais um caso de *suspensão prejudicial do processo*, mas que não se enquadra na previsão do art. 313, V, *a*, por conta do fato de que a competência para apreciar a questão é do Tribunal Marítimo, e não de outro órgão jurisdicional.

O Tribunal Marítimo, órgão auxiliar do Judiciário (art. 1º da Lei nº 2.180/1954), tem como atribuição "julgar os acidentes e fatos da navegação marítima, fluvial e lacustre e as questões relacionadas com tal atividade". Compete ao Tribunal Marítimo (art. 13, I, da Lei nº 2.180/1954) julgar os acidentes e fatos da navegação, definindo-lhes a natureza e determinando-lhes as causas, circunstâncias e extensão, indicando os responsáveis e lhes aplicando as penas previstas na lei e propondo medidas preventivas e de segurança da navegação.

Imagine-se, por exemplo, um processo judicial no qual se postula reparação de danos decorrentes da perda de uma carga em um naufrágio. Ora, sendo o naufrágio um acidente da navegação (art. 14, *a*, da Lei nº 2.180/1954), e estando em curso processo perante o Tribunal Marítimo para apurar as causas do naufrágio, deverá ser suspenso o processo judicial a fim de aguardar-se a manifestação do Tribunal Marítimo (cuja decisão, evidentemente, pode ser revista pelo Judiciário, só tendo eficácia probatória, nos precisos termos do art. 18 da Lei nº 2.180/1954).

Em seguida, prevê a lei processual, numa espécie de "cláusula de encerramento", que o processo suspender-se-á "nos demais casos que este Código regula", entre os quais podem ser citados, à guisa de exemplo, os previstos nos arts. 76, 134, § 3º, 1.036, § 1º, e 1.037, II.

Posteriormente à entrada em vigor do CPC, a Lei nº 13.363, de 25.11.2016, acresceu ao art. 313 mais dois incisos (IX e X), além de outros dois parágrafos (§§ 6º e 7º). Não se pode deixar de observar a má técnica legislativa observada aqui. É que se o inciso VIII apresenta uma "cláusula de encerramento", não há qualquer razão que justifique a inclusão de novos incisos depois dele. Os novos incisos deveriam, então, ter sido incluídos em outra posição (sendo, por exemplo, os incisos VII-A e VII-B, para que se observasse a técnica legislativa estabelecida pela Lei Complementar nº 95). Mais importante, porém, do que examinar a técnica legislativa é analisar o conteúdo dos aludidos dispositivos.

Estabelece o inciso IX do art. 313 que se suspenda o processo "pelo parto ou pela concessão de adoção, quando a advogada responsável pelo processo constituir a única patrona da causa". Este período de suspensão dura trinta dias, contados "a partir da data do parto ou da concessão da adoção, mediante apresentação de certidão de nascimento ou documento similar que comprove a realização do parto, ou de termo judicial que tenha concedido a adoção, desde que haja notificação ao cliente" (§ 6º). Aqui, algumas observações são necessárias.

Em primeiro lugar, é preciso ter claro que só ocorrerá a suspensão do processo se a advogada que der à luz ou adotar uma criança for a única a patrocinar os interesses de seu cliente. Havendo outros advogados habilitados a atuar, o processo continuará a tramitar normalmente.

Em segundo lugar, é preciso dizer que o prazo corre da data do parto ou da adoção, e não da data da juntada aos autos da prova do nascimento ou da adoção. O ato do juiz que, diante da apresentação do documento, declara suspenso o processo, é meramente declaratório da aludida suspensão.

Em terceiro lugar, só ocorre a suspensão se o cliente tiver sido devidamente comunicado, pela advogada, do parto ou da adoção, comunicação esta que deve ser comprovada nos autos.

Há, porém, uma última observação a respeito dessa causa de suspensão, que não se pode deixar de fazer. É que a mesma Lei nº 13.363/2016, que inseriu este dispositivo no CPC, fez com que se inserisse também um novo artigo (7º-A) no Estatuto da Advocacia (Lei nº 8.906/1994), cujo inciso IV estabelece ser direito da advogada "adotante ou que der à luz, *suspensão de prazos processuais* quando for a única patrona da causa, desde que haja notificação por escrito ao cliente". Há, pois, uma contradição entre o que consta do CPC (que determina a suspensão do processo) e do EOAB (que determina a mera suspensão de prazos processuais). A suspensão de prazos parece uma consequência muito mais lógica do nascimento ou adoção de filho pela única advogada da causa do que a suspensão do processo. Afinal, qual seria o sentido de, por exemplo, obstar-se a realização de uma perícia nos dias seguintes à data do nascimento do filho da advogada? Ou de não se poder realizar a avaliação de um bem que tenha sido penhorado, ou a publicação de um edital de leilão? Do ponto de vista prático, porém, não parece haver maiores problemas nesta divergência entre os dois textos normativos: é que, no caso de se considerar que o processo (e não simplesmente o prazo) fica suspenso, os atos processuais que durante tal suspensão sejam praticados só serão nulos se causarem prejuízo *para a parte* (art. 282, § 2º), e – ao menos como regra – a prática de ato processual sem que corra para a parte representada pela advogada que deu à luz ou adotou não vai ser capaz de gerar para ela qualquer prejuízo. De toda maneira, deve prevalecer a interpretação segundo a qual é *o processo*, e não apenas o prazo, que fica suspenso. Isso porque a mesma Lei nº 13.363 previu (por meio do inciso X que acrescentou ao art. 313) a suspensão do processo quando o advogado da causa se tornar pai, e não existe qualquer disposição na mesma lei prevendo que neste caso haveria suspensão apenas dos prazos. Desse modo, considerar que a paternidade é causa de suspensão do processo e a maternidade causa de suspensão de prazos implicaria um tratamento desigual injustificável, violador da isonomia. Por esse motivo é que se deve interpretar o art. 7º-A, IV, do EOAB no sentido de que a suspensão é do processo como um todo, e não apenas dos prazos.

Passa-se, assim, ao último caso previsto no art. 313: suspende-se o processo "quando o advogado responsável pelo processo constituir o único patrono da causa e tornar-se pai". Nesse caso a suspensão se dá pelo prazo de oito dias, contado da data do parto ou do deferimento da adoção. Também aqui se exige a apresentação de certidão de nascimento ou documento similar que comprove a realização do parto, ou de termo judicial que tenha concedido a adoção, assim como a prova de que o cliente do advogado tomou conhecimento do fato, para que o processo fique suspenso. E aqui, como dito anteriormente, a suspensão é, inegavelmente, do processo (e não apenas de algum prazo processual).

Registre-se, por fim, que não há qualquer violação da isonomia no fato de que o prazo de suspensão do processo é diferente conforme se esteja diante de uma nova maternidade (30 dias) ou paternidade (8 dias). Trata-se de distinção perfeitamente compatível com a diferença estabelecida entre a licença-maternidade e a licença-paternidade.

10.3 Extinção do Processo

O processo só se extingue por sentença (art. 316). Não é este, ainda, o momento de examinar com maior aprofundamento este conceito, mas vale lembrar que, nos termos do art. 203, § 1º, sentença é "o pronunciamento por meio do qual o juiz, com fundamento nos arts. 485 e 487, põe fim à fase cognitiva do procedimento comum, bem como extingue a execução".

Assim sendo, deve-se ter por sentença (ao menos por enquanto, e sem maiores aprofundamentos conceptuais) o ato do juiz que põe termo ao processo de conhecimento (ou à fase cognitiva de um processo sincrético, assim entendido o processo que se desenvolve em duas fases, uma cognitiva e outra executiva, chamada "cumprimento de sentença") ou à execução (seja no caso de processo autônomo de execução, seja na hipótese de mera fase executiva, de "cumprimento da sentença"). Veja-se, então, que nos processos sincréticos haverá duas sentenças (uma para pôr termo à fase cognitiva, outra para dar por encerrada a fase de cumprimento da [primeira] sentença).

A sentença pode ser *terminativa* (quando não resolve o mérito da causa, nos termos do art. 485) ou *definitiva* (quando resolve o mérito, nos termos do art. 487). A estes conceitos se voltará adiante. Fica, porém, e desde logo afirmado que não se pode

Parte Geral • Cap. 10 • Formação, suspensão e extinção do processo **189**

proferir sentença terminativa sem antes se dar oportunidade para a correção do vício (art. 317), o que resulta do *princípio da primazia da resolução do mérito*.

Significa isto dizer que o processo deve ser visto como um método *eficiente* de atuação do ordenamento jurídico, dando – sempre que possível – solução às causas submetidas ao Judiciário. A extinção do processo sem resolução do mérito precisa ser vista como algo absolutamente excepcional, que só poderá ocorrer naqueles casos em que realmente não seja possível superar-se o obstáculo (como se daria, por exemplo, no caso de uma petição inicial absolutamente inepta, em que nenhuma causa de pedir tenha sido deduzida, não tendo o demandante – não obstante intimado a fazê-lo – corrigido o vício). Sempre que for, porém, possível ultrapassar o vício, deve-se superá-lo para se chegar à solução do mérito.

O processo é um método de trabalho, destinado a permitir a aplicação do Direito no caso concreto. Basta perguntar a quem se submeteu a uma cirurgia se ele se recorda dos métodos empregados pelo cirurgião. Ou de nada se lembrará, ou deles terá vaga lembrança. O resultado é que importa. Pois com o processo o raciocínio deve ser o mesmo. As partes devem ser capazes de, anos após o término do processo, ainda se lembrarem do resultado alcançado, da aplicação do Direito, e nada lembrarem (ou, no máximo, terem vaga recordação) do método empregado para chegar ao resultado. O que não se pode admitir é que as formas do processo sejam vistas como obstáculos para a resolução do mérito da causa.

PARTE ESPECIAL

11

PROCEDIMENTO COMUM DO PROCESSO DE CONHECIMENTO

11.1 Considerações Iniciais

Chama-se processo de conhecimento ao *processo de sentença*, isto é, ao processo que tem por objeto imediato a prolação de uma sentença de mérito através da qual se declara a existência ou inexistência do direito material afirmado pelo demandante. A expressão *processo de conhecimento* – é bom que se registre – é empregada muitas vezes para designar o que é apenas a *fase de conhecimento* de um processo sincrético (assim entendido aquele processo que se desenvolve através de duas diferentes fases, a primeira cognitiva e a segunda executiva, conhecida esta última no jargão processual brasileiro como "cumprimento de sentença"). Assim, muito do que se diz a respeito do processo de conhecimento se aplica também ao caso em que não há propriamente um processo cognitivo, mas apenas a *fase cognitiva de um processo sincrético*. É o que se dá, por exemplo, quando se afirma que haverá "extinção do processo" quando ocorrer qualquer das hipóteses previstas nos arts. 485 ou 487 (como se vê, por exemplo, no art. 354 e, mais especialmente, no nome dado à seção do Código de Processo Civil que este artigo integra: "Da Extinção do Processo"). Na verdade, em casos assim, haverá a extinção do processo de conhecimento *ou* da fase cognitiva de um processo sincrético. Por uma questão de comodidade do discurso, nesta exposição se falará, então, em processo de conhecimento para, com tal expressão, tratar-se não só do processo cognitivo propriamente dito, mas também da fase cognitiva dos processos sincréticos. E onde houver algo que exija a distinção entre essas duas situações, isto será expressamente apontado.

O processo de conhecimento, como dito, é o *processo de sentença*, isto é, o processo que tem por objeto imediato a produção de uma sentença de mérito, declaratória da existência ou inexistência de um direito. Seu nome, porém, vem não de seu objetivo (a declaração do direito), mas da atividade processual preponderantemente desempenhada pelo juiz ao longo do processo: a *cognição*.

Entende-se por cognição a atividade consistente na análise de alegações e provas. Trata-se de uma técnica destinada a permitir a prolação de decisões. Não é difícil imaginar que o magistrado só pode proferir uma decisão depois de ter analisado as alegações e as provas relevantes para a resolução das questões que tenha de enfrentar. Pois ao longo do processo de conhecimento o juiz exerce atividade cognitiva, analisando alegações e provas para poder proferir a decisão.

A cognição tem por objeto as questões que são suscitadas ao longo do processo. Cabe, então, ao juiz examinar as alegações e provas que lhe permitam resolver questões (sendo o termo "questão" empregado, aqui, no seu sentido técnico de *pontos controvertidos de fato e de direito*). Estas questões dividem-se em *prévias* (que podem ser *preliminares* ou *prejudiciais*) e *principais*.

Questão prévia é aquela que tem, por razões lógicas, necessariamente de ser resolvida antes de outra. São, em outros termos, *antecedentes lógicos* de outras questões. É o que se dá, por exemplo, em um caso no qual caiba ao juiz examinar se é ou não o caso de determinar a alguém que cumpra uma obrigação, devendo, porém, examinar também se o advogado do demandante está regularmente habilitado a representar seus interesses. Evidentemente, é preciso primeiro resolver a questão atinente à representação processual da parte para, só depois, se verificar se a dívida cobrada já é exigível ou não. Neste exemplo, a representação processual é, então, a questão prévia; enquanto a exigibilidade da dívida seria a questão principal.

Como já se pôde ver em passagem anterior deste trabalho, as questões prévias podem ser de dois tipos: *preliminar* e *prejudicial*. Questão preliminar é aquela cuja solução permite saber se a questão principal poderá ou não ser examinada, sem exercer qualquer influência sobre o teor da resolução da questão posterior. É exatamente o que se tem no exemplo anteriormente apresentado, em que a decisão do juiz acerca da representação processual do demandante pode acarretar a extinção do processo sem resolução do mérito ou afirmar que o mérito está apto a ser resolvido, sem exercer qualquer influência sobre o modo como se dará o julgamento do mérito.

Por sua vez, questão prejudicial é a questão prévia cuja solução *influi* na resolução da questão principal (aqui chamada de questão prejudicada). É o que se dá, por exemplo, quando, em um processo que tem por objeto a condenação do réu ao cumprimento de um contrato, surge discussão sobre a validade do próprio contrato. Neste caso, qualquer que seja a resolução sobre a validade do negócio jurídico, o juiz terá de examinar o pedido de condenação. Inválido que seja o contrato, porém, não haverá condenação (e, portanto, a solução da questão prévia terá sido capaz de influir na solução da questão principal).

Pode acontecer de haver uma questão prejudicial a uma questão processual. Pense-se, por exemplo, em um processo em que se tenha arguido a incompetência relativa do juízo por existir convenção elegendo outro foro. Ouvido, porém, o autor alega a nulidade absoluta daquela convenção. Neste caso, a validade da convenção é prejudicial à questão da competência (e, pois, a questão prejudicada é processual, não dizendo respeito ao mérito da causa).

De outro lado, questões principais são aquelas que só podem ser examinadas após as questões prévias estarem resolvidas (e, no caso das preliminares, podem até mesmo ter seu exame vedado pelo modo como a questão prévia tenha sido solucionada).

Na maioria das vezes, dizem respeito ao próprio objeto do processo. Entenda-se por objeto do processo aquilo que na linguagem do CPC é chamado de *mérito do processo*. O objeto do processo é a *pretensão* deduzida no processo, entendendo-se aqui o termo *pretensão* no seu sentido processual, isto é, como a *intenção de submeter o interesse alheio ao próprio*.

Não há processo sem pretensão. Esta pode variar muito de conteúdo (podendo, por exemplo, ser a pretensão a que se declare a existência ou inexistência de uma obrigação; ou a pretensão a que se crie, modifique ou extinga uma relação jurídica; ou a pretensão a que se promova a execução forçada de um crédito, entre outras possibilidades), mas sempre consistirá na manifestação da intenção de uma das partes de ver seu interesse prevalecer sobre o da parte contrária. Pois o exame da pretensão constitui a análise do objeto do processo (isto é, do mérito da causa).

Deve-se deixar claro, aqui, porém, que nem sempre a questão preliminar é prévia a todo o mérito. Há preliminares *ao mérito* (as quais, uma vez resolvidas, podem acarretar um obstáculo ao próprio exame do objeto do processo, devendo o processo nesses casos ser extinto sem resolução do mérito) e preliminares *de mérito* (questões *de mérito* que são preliminares a outras questões *também de mérito*, como se dá no caso de um processo cujo objeto seja a cobrança de uma dívida e caiba ao juiz examinar se houve prescrição e se seria caso de se reconhecer uma compensação; e isto porque entre as defesas de mérito a prescrição – ou a decadência – devem ser sempre examinadas antes da demais e, uma vez reconhecida a prescrição, o juiz não deverá sequer examinar a compensação).

Também é preciso afirmar desde logo – ainda que o aprofundamento deste ponto deva dar-se mais tarde, quando do estudo dos limites objetivos da coisa julgada – que em algumas circunstâncias as questões *prejudiciais* ganharão o *status* de principais, e sua resolução se dará juntamente com a das demais questões de mérito do processo.

Sintetizando, incumbe ao juiz exercer cognição sobre questões prévias ao mérito (preliminares ou prejudiciais) e sobre questões de mérito (principais).

A cognição precisa ser analisada em dois distintos planos: *horizontal* e *vertical*.

Chama-se *plano horizontal* o da amplitude da cognição. É que há processos de cognição plena (aqueles em que qualquer questão que venha a ser suscitada terá de ser examinada e resolvida) e processos de cognição limitada (em que há restrições ao objeto da cognição, havendo matérias que não podem ser objeto de apreciação pelo juiz).

Exemplo de processo de cognição limitada é o das "ações possessórias", em que não se pode examinar qualquer alegação de existência de propriedade. Outro exemplo é o dos processos em que se discute obrigação representada por título de crédito que tenha circulado, nos quais não se admite discussão acerca da relação jurídica de direito material que deu origem ao título.

O plano vertical é o da *profundidade da cognição*. Como regra geral, no processo de conhecimento, busca-se produzir decisão baseada em *cognição exauriente*. Pode a cognição, porém, ser menos profunda, *sumária*. E há, ainda, casos excepcionalíssimos em que se admite a prolação de decisão baseada em *cognição superficial*.

A cognição exauriente é aquela que permite ao juiz proferir uma decisão baseada em *juízo de certeza*. Exige a mais profunda análise de alegações e provas, capazes de chegar ao ponto de permitir que sejam *exauridas* todas as possibilidades, levando o juiz a encontrar a decisão correta para a questão que lhe tenha sido submetida. Esta decisão, baseada na mais profunda cognição possível, é capaz de se tornar – desde que observadas algumas exigências legais, de que mais tarde se tratará – imutável e indiscutível (por força de um fenômeno conhecido como *coisa julgada*).

A produção de uma decisão baseada em cognição exauriente, como facilmente se percebe, pode demorar bastante. A realização de uma ampla e exaustiva instrução probatória, cercada de amplo debate acerca de todos os aspectos da questão a ser decidida, pode exigir largo tempo. Por conta disso, há casos em que se admite a produção de decisões tomadas com base em uma cognição menos profunda da causa. É a chamada *cognição sumária*, a qual permite a prolação de decisões baseadas em *juízo de probabilidade*, como se dá nas tutelas provisórias.

Nas decisões baseadas em cognição sumária, então, não haverá a afirmação judicial da existência (ou inexistência) do direito material. Em tais decisões simplesmente se afirmará que o direito *provavelmente existe*. Não é por outra razão, aliás, que o art. 300 estabelece que a tutela de urgência será concedida "quando houver elementos que evidenciem a *probabilidade do direito*".

Casos há, porém, em que se permite a prolação de decisão baseada em *cognição superficial*. Esta é a menos profunda de todas as modalidades de cognição, e permite a prolação de decisões fundadas em *juízo de verossimilhança*.

Impende ficar claro que verossimilhança é menos do que probabilidade. Afirmar que algo é verossímil é dizer que aquilo tem aparência de verdade, isto é, que pode ser verdade. O provável é o *quase certo*, isto é, algo que se apresenta fundado em fatores que indicam que é muito plausível.

A diferença entre verossimilhança e probabilidade dá-se pela cognição. A afirmação de que algo é verossímil se dá a partir de meras alegações. Sempre que alguém faz uma alegação que tenha aparência de verdade, estar-se-á diante de verossimilhança. A decisão baseada em cognição superficial, portanto, é uma decisão tomada a partir da análise exclusivamente de alegações, sem qualquer exame de prova. É o que se dá, por exemplo, na decisão acerca dos alimentos provisórios (art. 4º da Lei nº 5.478/1968). A leitura do texto normativo indica que para serem fixados alimentos provisórios não se exige qualquer análise de prova. Basta o autor *afirmar* que necessita da fixação deles. A afirmação, evidentemente, deve parecer verdadeira (e, pois, se o autor da demanda de alimentos é um notório milionário, sua alegação de que precisa de alimentos para sobreviver não teria aparência de verdade, não seria verossímil).

De outro lado, provável é *aquilo que pode ser provado*. Dito de outro modo, só se pode afirmar que algo é provável se a afirmação estiver baseada em elementos de prova. Veja-se, por exemplo, que o art. 300, ao tratar da concessão da tutela de urgência, estabelece a necessidade de haver "elementos que evidenciem a probabilidade". Não basta, então, a afirmação, exigindo-se alguma instrução probatória para poder-se dizer que algo é *provável*.

O processo de conhecimento se desenvolve através de diferentes procedimentos (isto é, diferentes "caminhos", distintas sequências de atos processuais). Um destes procedimentos é estabelecido pelo CPC como um *procedimento padrão*. A ele se dá o nome de procedimento comum. Os demais, distintos do comum, são chamados de *procedimentos especiais*. Pois é exatamente por ser o procedimento comum o padrão, a ser usado como regra geral, é que o art. 318 estabelece que se aplica "a todas as causas o procedimento comum, salvo disposição em contrário deste Código ou de lei".

O procedimento comum é, então, o modelo, o padrão, em outras palavras o *standard* dos procedimentos cognitivos. E por conta disso é minuciosamente regulado pela lei processual. Os demais, procedimentos especiais, são regulados apenas naquilo que tenham de diferente do comum e, por isso, há expressa disposição legal no sentido de que o procedimento comum é subsidiariamente aplicável aos especiais (art. 318, parágrafo único).

Assim, estudar o procedimento comum é o mesmo que estudar o modo como ordinariamente se desenvolve o processo de conhecimento, o que realça sua importância.

Pois o estudo do procedimento comum do vigente CPC exige a adequada compreensão de sua estrutura (sob pena de se ter uma visão equivocada dos atos que o compõem). É que o procedimento comum tem uma *estrutura bifásica*. Em outras palavras, está o procedimento comum dividido em duas fases distintas, com finalidades bastante diferentes.

A primeira fase (que pode ser chamada de *fase introdutória*) vai do ajuizamento da petição inicial à prolação da decisão de saneamento e organização do processo e tem por fim delimitar as questões (de fato e de direito) que serão objeto de instrução e julgamento no processo. Encerrada esta, inicia-se *fase principal* (que se inicia no momento em que a decisão de saneamento e organização do processo adquire estabilidade e vai até a prolação da sentença), destinada à instrução e julgamento das questões delimitadas na fase introdutória.

Esta divisão em duas fases do procedimento permite que, durante a fase principal, desenvolva-se um contraditório verdadeiramente efetivo, em que as partes e o órgão jurisdicional concentram toda a sua atuação na preparação de um julgamento que vai versar apenas sobre matérias predeterminadas (impedindo-se, assim, a prolação de decisão-surpresa, de modo a atender plenamente ao disposto no art. 10). Excepcionalmente, poderá ser incluída alguma questão nova, posterior à decisão de saneamento e organização do processo, mas isto só será possível se decorrer de fato superveniente (art. 493) ou de direito superveniente (como seria, por exemplo, a

198 O NOVO PROCESSO CIVIL BRASILEIRO • Câmara

edição de uma emenda constitucional que tratasse da matéria debatida no processo). Mesmo assim, nesses casos seria preciso que o juízo prolatasse decisão incluindo as questões novas no rol daquelas que serão apreciadas na sentença, a fim de assegurar que as partes se manifestem sobre elas.

Com a bipartição do procedimento comum em fase introdutória e fase principal, consegue-se, pois, assegurar o desenvolvimento de um procedimento destinado a permitir um debate qualitativamente melhor, o que leva, inevitavelmente, à prolação de sentenças qualitativamente melhores. Daí a importância de se respeitar essa bipartição.

11.2 Petição Inicial

Inicia-se o procedimento comum (como, aliás, qualquer outro procedimento) com o ajuizamento de uma petição inicial. Esta pode ser definida como o instrumento através do qual se propõe a demanda e se instaura o processo. Trata-se de elemento extremamente importante não só por servir para dar início ao processo, mas também – e principalmente – por ser a petição inicial a responsável por trazer ao processo os elementos que identificam a demanda que será apreciada. Exatamente em função disso, a petição inicial é documento que precisa preencher uma série de requisitos formais, sem os quais não se pode ter o válido e regular desenvolvimento do processo.

Deve a petição inicial indicar, antes de tudo, o *juízo* a que é dirigida (art. 319, I). Significa isto que incumbe ao demandante indicar o órgão jurisdicional que considera competente para o processo. A ele, então, o processo será encaminhado (e, havendo mais de um da mesma espécie na comarca, seção ou subseção judiciária, far-se-á entre eles a distribuição).

Em seguida, a petição inicial deve indicar as *partes*, com suas qualificações (art. 319, II). Exige a lei processual que da petição inicial conste a indicação dos nomes completos (prenomes e sobrenomes), estado civil (e, se for o caso, a existência de união estável), a profissão, o número de inscrição no Cadastro de Pessoas Físicas (CPF) ou no Cadastro Nacional de Pessoas Jurídicas (CNPJ), o endereço eletrônico, o domicílio e a residência de ambas as partes.

Evidentemente, nem sempre o autor disporá de todos estes elementos. Poderá ele, então, requerer ao juiz da causa a realização das diligências necessárias para sua obtenção (art. 319, § 1º). De toda sorte, não será indeferida a petição inicial (nem será o caso de mandar emendá-la) se, a despeito da falta de algum desses elementos, for possível a citação do réu (art. 319, § 2º). Assim, por exemplo, em um caso em que não se tenha o nome completo do réu, mas seja o autor capaz de indicar um apelido pelo qual seja ele conhecido, e que se revele suficiente para permitir sua identificação por um oficial de justiça ou por um carteiro, já se terá por regularmente elaborada a petição inicial.

Quando exercia a advocacia, atuei (como advogado do réu) em um processo no qual o autor afirmou, na petição inicial, que não sabia o nome ou a qualificação do réu, mas tinha conhecimento de que ele era conhecido nas redondezas do lugar em que morava como "Seu João". Pois o juiz, corretamente, reputou suficiente este dado e determinou a citação do demandado (a qual ocorreu normalmente, já que o réu, que na verdade se chamava Geraldo, era realmente conhecido – sabe-se lá a razão – pela alcunha de João).

Impende ainda ter claro que não se pode indeferir (e, com mais razão ainda, não se pode sequer determinar a emenda) a petição inicial pela ausência de algum dos elementos indicados no inciso II do art. 319 quando isto implicar a impossibilidade (ou um obstáculo excessivamente oneroso) ao acesso à justiça (art. 319, § 3º). É o que se tem, por exemplo, no caso de um estrangeiro que, a turismo no Brasil, precise por algum motivo ir a juízo propor uma demanda. Exigir dele a indicação do número de inscrição no CPF, por exemplo, seria absurdo, já que este é um cadastro de contribuintes do fisco brasileiro. E não se pode considerar que a falta de indicação deste dado acarrete vício da petição inicial, sob pena de se violar a garantia de amplo e universal acesso à justiça. Em casos assim, pois, o requisito deve ser dispensado.

O elemento seguinte da petição inicial consiste na indicação dos fatos e fundamentos jurídicos do pedido (art. 319, III). Deve a petição inicial conter a descrição dos fatos que compõem a causa de pedir (remota e próxima), isto é, dos fatos constitutivos do direito deduzido pelo demandante e dos fatos geradores do interesse de agir. Pense-se, por exemplo, no caso de se ir a juízo para cobrar uma dívida resultante de um contrato. A petição inicial deverá conter a descrição do contrato (fato constitutivo do direito, causa de pedir remota) e do inadimplemento (causa de pedir próxima).

Além dos fatos que fundamentam a pretensão, a petição inicial deve deduzir, também, seus *fundamentos jurídicos*. Estes não integram a causa de pedir, mas ainda assim precisam ser descritos na petição inicial. É que incumbe ao demandante indicar, na sua petição inicial, o raciocínio jurídico desenvolvido para afirmar que, dos fatos narrados, chegou à conclusão por ele apresentada. Tais fundamentos jurídicos não vinculam o juiz (ao contrário da causa de pedir, a que o juiz fica vinculado e só com base nela poderá proferir sentença de mérito), que pode trazer outros fundamentos jurídicos para a causa (*iura novit curia*, máxima que indica que o juiz conhece o Direito e, por isso, não fica vinculado aos fundamentos jurídicos deduzidos pelas partes), os quais deverão, porém, ser submetidos ao contraditório substancial e efetivo para que possam ser invocados na fundamentação da decisão (art. 10).

Deve, em seguida, a petição inicial conter a formulação do *pedido*, com suas especificações (art. 319, IV). Chama-se pedido à manifestação processual da pretensão, isto é, o ato pelo qual o demandante declara, perante o juízo, o resultado que pretende obter com o processo. Incumbe ao autor, na petição inicial, deduzir tanto o pedido *imediato* (isto é, o provimento jurisdicional postulado) como o *mediato* (ou seja, o bem da vida que através do processo pretende obter).

A petição inicial deve, também, indicar o valor da causa (art. 319, V), o qual deve corresponder ao benefício econômico que o demandante pretende obter com sua demanda (arts. 291 e 292, § 3º). Será indicado o valor da causa, ainda que esta não tenha conteúdo econômico imediatamente aferível (art. 291, *in fine*).

Exige a lei processual (art. 319, VI) que o autor indique na petição inicial "as provas com que [pretende] demonstrar a verdade dos fatos alegados". Esta é, porém, em muitos casos, uma exigência de difícil (para não dizer impossível) cumprimento. É que só constituem objeto de prova as alegações feitas pela parte a respeito de fatos e que sejam, simultaneamente, *relevantes* e *controvertidas*. Ora, parece evidente que, no momento da elaboração da petição inicial, nenhuma alegação é, ainda, controvertida. Consequência disso é que ao elaborar a petição inicial, não sabe o autor, ainda, o que terá de provar. Impossível, então, dizer quais são as provas que pretende produzir se sequer sabe o que terá de provar. Não é por outra razão que, na prática, é muito frequente encontrar-se petição inicial que se limite a afirmar que o autor pretende produzir "todos os meios de prova admissíveis" (ou algo parecido). Isto não deve ser visto como vício da petição inicial, incumbindo ao juiz, por força do dever de cooperação que lhe atribui o art. 6º, exortar as partes a, posteriormente (e quando já estiver delimitado o objeto da prova), especificar as provas que pretendem produzir, fazendo-o justificadamente.

Por fim, deve constar da petição inicial uma relevante informação: se o autor pretende ou não que se realize audiência de conciliação ou mediação (art. 319, VII). É que no caso de o autor expressamente afirmar que não quer a realização de tal audiência, não será ela designada (art. 334, § 4º, I e § 5º; art. 2º, § 2º, da Lei nº 13.140/2015).

Além de tudo isso, a petição inicial deve vir acompanhada dos documentos indispensáveis à propositura da demanda (art. 320), como são a procuração outorgada ao advogado ou algum outro documento que se repute indispensável ao regular desenvolvimento do processo (como a planta de situação do imóvel no caso de "ação de usucapião" ou a planilha de cálculo do débito no caso de "ação de despejo por falta de pagamento").

11.2.1 Pedido

Elemento da demanda que merece tratamento especial e destacado da lei processual é o *pedido*, o qual precisa ser indicado na petição inicial *com suas especificações* (art. 319, IV). Como já se viu, pedido é a manifestação processual de uma pretensão (entendida a pretensão como *a intenção de submeter o interesse alheio ao próprio*).

O pedido deve ser certo (art. 322) e determinado (art. 324). Significa isto dizer que incumbe ao demandante, ao formular seu pedido, indicar com precisão não só o provimento jurisdicional que busca obter, mas também a exata natureza do bem jurídico postulado (pedido certo) e, no caso de ser este bem jurídico quantificável, deve ser também indicada, na petição inicial, a exata quantidade pretendida (pedido determinado). Assim, por exemplo, aquele que pretende cobrar uma dívida deve não só afirmar na petição inicial que pretende receber dinheiro (pedido certo), mas também precisa indicar a quantidade que espera receber (pedido determinado).

Consideram-se, porém, incluídos no objeto do processo independentemente de pedido os juros legais, a correção monetária e as verbas de sucumbência, inclusive honorários advocatícios (art. 322, § 1º). É o que se costuma, no jargão forense, chamar de "pedidos implícitos". A rigor, porém, não se trata de pedido implicitamente formulado, mas de pontos que integram o objeto do processo independentemente de pedido, por força de lei, não podendo o juiz deixar de se pronunciar sobre eles.

Também se consideram incluídas no objeto do processo, independentemente de pedido expresso, as prestações sucessivas que resultem da obrigação cujo cumprimento se postula (art. 323). Pense-se, por exemplo, numa demanda de condenação ao pagamento de prestações alimentícias ou de um benefício previdenciário. Nestes casos, ainda que não se formule expressamente pedido expresso neste sentido, as prestações sucessivas incluem-se no objeto do processo e serão incluídas na condenação enquanto durar a obrigação, sendo porém lícito ao devedor, no curso do processo, pagá-las ou as consignar em juízo (art. 323, parte final).

A interpretação do pedido exige uma consideração especial. É que muitas vezes se vê, na prática forense, considerar-se que o pedido deveria ser interpretado apenas a partir de uma frase que, formulada ao final da petição inicial, é indicada pelo demandante como sendo seu pedido. É que, com muita frequência, o demandante – através de seu advogado – escreve, ao fim da petição inicial, algo como o seguinte: "é a presente para pedir a condenação do réu ao cumprimento da obrigação X", ou "através da presente pede-se a anulação do contrato Y". Impende, porém, ter claro que o pedido não pode ser interpretado a partir de uma única frase, mas levando-se em conta "o conjunto da postulação" (art. 322, § 2º).

Pense-se, por exemplo, em uma petição inicial em que o autor, logo no seu início, tenha afirmado que vinha a juízo para demandar, em face do réu, reparação por danos morais e materiais. Ademais, ao longo da petição, descreve tanto os danos morais quanto os materiais que teria suportado. Ao final do texto da petição, porém, se limita a afirmar expressamente que quer ver o réu condenado a reparar os danos materiais. Evidentemente não seria adequado interpretar-se esta petição a partir da última frase, como se o demandante não pretendesse *também* a compensação por danos morais.

O mesmo se daria se o demandante passasse a petição inicial inteira a afirmar que faz jus à rescisão de um contrato com a consequente devolução de um bem e, ao final, tenha pedido "apenas" a rescisão contratual, sem dizer expressamente que quer ver o réu condenado a restituir o bem. Esta pretensão deve ser tida como deduzida, já que manifestada ao longo da petição inicial. É essencial, portanto, que se observe "o conjunto da postulação".

Ademais, deve-se levar em conta, na interpretação do pedido, o princípio da boa-fé (arts. 5º e 322, § 2º). É que, com a dedução de uma demanda em juízo, o autor gera – no órgão jurisdicional e no demandado – expectativas que devem ser levadas em consideração no momento da interpretação do pedido. Assim, por exemplo, se o autor passou toda a inicial a descrever um vício de consentimento de um contrato, gera-se, tanto para o demandado como para o órgão jurisdicional, a legítima expectativa de que aquela será uma demanda de anulação do negócio jurídico. Pode ocorrer, porém, de o autor escrever, em seu texto, que pretende a rescisão do contrato. O princípio da boa-fé, porém, exige que tal pedido seja interpretado como a manifestação de uma pretensão de anulação (e não de rescisão) do negócio.

Além disso, na interpretação do pedido deve-se levar em consideração a vontade da parte, incidindo na hipótese o disposto no art. 112 do CC (FPPC, enunciado 285).

Como dito anteriormente, o pedido deve ser *certo e determinado*. Admite-se, porém, e em caráter excepcional, a formulação de *pedido genérico* (assim entendido aquele pedido que não contém a determinação do *quantum* pretendido pelo demandante), nos casos expressamente previstos no art. 324, § 1º.

O primeiro caso em que se admite o pedido genérico é o das "ações universais", quando o autor não pode individuar os bens demandados (art. 324, § 1º, I). É o que se tem naquelas hipóteses em que o demandante postula uma universalidade de bens (como se dá, por exemplo, na "ação de petição de herança", demanda através da qual o autor postula o recebimento de um quinhão hereditário a que considera fazer jus, quando não tenha sido parte no processo de inventário e partilha). Neste caso, basta ao autor, na petição inicial, afirmar que pretende receber seu quinhão, indicando a fração do monte que lhe corresponde (por exemplo, pedindo o reconhecimento de que tem direito a um quarto do total da herança), sem precisar a extensão desse quinhão.

Outro caso em que se admite o pedido genérico é aquele em que não é possível "determinar, desde logo, as consequências do ato ou do fato" que serve de fundamento para a causa (art. 324, § 1º, II). É o que se dá, por exemplo, em um processo que tenha por objeto a condenação do réu a reparar danos resultantes de um acidente, entre os quais está o custeio de um tratamento médico para eliminar as sequelas resultantes do evento. É perfeitamente possível considerar que, no momento do ajuizamento da petição inicial, o autor ainda não tem condições de estabelecer o custo total do tratamento a que terá de submeter-se (e não faria qualquer sentido exigir que primeiro o autor completasse o tratamento para só depois poder ir a juízo). Pois em casos assim admite-se a formulação de um pedido genérico (através da fórmula "condenação do réu a arcar com todo o custo que o tratamento venha a ter" ou similar).

Na prática forense, é muito comum tentar-se enquadrar nesta hipótese a demanda de compensação por danos morais, nela se formulando pedido genérico. Trata-se, aliás, de prática que sempre contou com a aceitação dos tribunais. Isto, porém, é absolutamente inadmissível.

Em primeiro lugar, a formulação de pedido genérico nas demandas de compensação por danos morais gera uma inadmissível limitação ao princípio do contraditório. É que, deduzido pedido genérico neste caso, impede-se o exercício, pelo réu, de seu direito ao contraditório como garantia de influência na formação da decisão acerca do valor da condenação. Basta pensar o seguinte: se o autor formula pedido genérico, tudo o que o réu pode discutir em sua contestação é se existe ou não dano moral compensável; já se o autor formula pedido determinado, indicando o valor que pretende obter, permite-se ao réu, na contestação, defender-se afirmando não haver dano a ser compensado mas, na eventualidade de se reconhecer tal dano, ser exagerado o valor pretendido pelo demandante.

A admissão de pedido genérico neste caso acaba por limitar o contraditório acerca do valor da compensação do dano moral ao segundo grau de jurisdição (afinal, tendo o juízo de primeiro grau, na sentença, fixado um valor, poderão as partes, em grau de recurso, discutir se aquele valor era insuficiente ou excessivo para a compensação do dano moral). No primeiro grau de jurisdição, porém, não terá havido qualquer chance de debate acerca desse valor, e o juiz – ao fixar a condenação – terá atuado de forma solitária, solipsista, o que contraria o paradigma do Estado Democrático de Direito, que é a base do modelo constitucional de processo civil brasileiro.

Além disso, porém, a admissão de pedido genérico nas causas cujo objeto é a reparação de danos morais contraria uma regra processual, que expressamente exige a indicação, pelo autor, do valor que pretende obter quando postula tal compensação. É que o art. 292, V, exige que se dê à causa, nas demandas de reparação de danos, o valor pretendido, "inclusive [se] fundada em dano moral". Fica claro, assim, que a lei processual exige que, nas demandas de compensação por danos morais, o autor indique o *valor pretendido*, formulando-se, deste modo, pedido determinado, inadmissível, por conseguinte, o pedido genérico nessas hipóteses.

Por fim, admite-se a formulação de pedido genérico naqueles casos em que "a determinação do objeto ou do valor da condenação depender de ato que deva ser praticado pelo réu" (art. 324, § 1º, III). É o que se tem, por exemplo, na "ação de exigir contas", em que o autor afirma pretender que o réu seja condenado a prestar contas e lhe restituir o saldo favorável que seja apurado. Parece evidente que, em casos assim, só se pode cogitar da determinação do valor a ser restituído *depois* da prestação de contas do réu e, portanto, não se pode exigir do autor que formule pedido determinado, sendo admissível o pedido genérico.

A petição inicial pode conter um ou mais pedidos formulados pelo demandante. Sempre que o autor formular mais de um pedido, ter-se-á o fenômeno conhecido como *cumulação de pedidos*.

A cumulação de pedidos pode ser *simples, sucessiva, eventual* ou *alternativa*.

Chama-se *simples* à cumulação quando os pedidos cumulados são independentes entre si, e a procedência ou improcedência de um não depende do resultado do julgamento do outro (sendo, pois, perfeitamente possível que sejam ambos procedentes, ambos improcedentes, ou ainda que um deles seja procedente e o outro improcedente). É o que se tem, por exemplo, no caso de o autor formular, com base em um mesmo evento, reparação por danos materiais e morais.

A cumulação é *sucessiva* quando o segundo pedido só pode ser examinado se o primeiro for *procedente*. É o que se dá no caso de o autor, alegando ter o réu deixado de pagar as prestações relativas a um contrato de promessa de compra e venda de um imóvel, postula a rescisão do contrato e a reintegração na posse do bem. O segundo pedido (reintegração na posse) só poderá ser apreciado se o primeiro (rescisão do contrato) tiver sido julgado procedente.

A cumulação é *eventual* quando o segundo pedido só pode ser examinado se o primeiro não for acolhido (art. 326). Em casos assim, há um pedido principal, que o autor pretende ver preferencialmente acolhido e, caso venha ele a ser rejeitado, há um pedido subsidiário a ser também examinado (FPPC, enunciado 287). É o que se tem, por exemplo, nos casos em que o autor formula, na petição inicial, uma denunciação da lide. Neste caso, pretende o autor, preferencialmente, a procedência do pedido principal mas, caso este seja rejeitado, será examinada a demanda regressiva formulada sob a forma de denunciação da lide.

Por fim, a cumulação é *alternativa* quando o autor formula dois (ou mais) pedidos e afirma ser indiferente qual deles será acolhido (art. 326, parágrafo único). Neste caso, evidentemente, só um dos pedidos alternativos poderá ser acolhido. Pense-se, por exemplo, no caso em que o autor vai a juízo afirmando ter adquirido um produto defeituoso e afirmando, em sua petição inicial, que pretende obter a devolução do dinheiro ou a substituição do bem defeituoso por outro sem defeito, sendo-lhe indiferente qual das duas providências será acolhida.

Não se confunde com a cumulação alternativa de pedidos o *pedido alternativo* (art. 325). Neste caso não há propriamente uma cumulação de pedidos, já que *um só pedido é formulado*, que é o de condenação do réu a cumprir uma prestação que pode ser prestada de mais de um modo. É o que se tem quando a relação de direito material deduzida no processo é geradora de uma *obrigação alternativa* ou de uma *obrigação acompanhada de prestação facultativa*. Em ambos estes casos, a relação obrigacional se caracteriza por ser possível ao devedor eximir-se de seu dever jurídico por mais de um modo diferente (bastando pensar em um contrato por força do qual tenha surgido para o devedor a obrigação de entregar ao credor um certo bem móvel *ou* seu equivalente em dinheiro). Em situações como esta, o autor formulará um só pedido (o de condenação do réu ao cumprimento da obrigação prevista no contrato), e – julgado procedente o pedido – o réu cumprirá a sentença realizando qualquer uma daquelas duas prestações. Em casos assim, em que a relação obrigacional é alternativa ou acompanhada de prestação facultativa, incumbe ao juiz assegurar que, no caso de procedência do pedido, mesmo não tendo o autor formulado pedido alternativo, o réu poderá cumprir a prestação por qualquer dos modos previstos na lei ou contrato (art. 325, parágrafo único).

Permite a lei processual a cumulação de pedidos no mesmo processo (art. 327), desde que alguns requisitos sejam observados. O primeiro deles (art. 327, § 1º, I) é que os pedidos sejam compatíveis entre si (requisito que se dispensa no caso de cumulação eventual, nos termos do art. 327, § 3º). Não se admite, por exemplo, que em uma demanda fundada na aquisição de bem com vício redibitório, o autor cumule os pedidos de desfazimento do negócio jurídico e de abatimento do preço, dada sua absoluta incompatibilidade.

O segundo requisito da cumulação é que o mesmo juízo seja competente para conhecer de todos (art. 327, § 1º, II). Não se pode, por exemplo, cumular um pedido de divórcio (competência do juízo de família) com o de reintegração na posse de um imóvel (competência do juízo cível), salvo se na comarca o mesmo juízo tenha ambas as competências.

Importante observar que pode haver conexão entre os pedidos, e nesta hipótese será possível cumulá-los modificando os critérios relativos (mas não os absolutos) de determinação da competência. Caso não haja entre os pedidos qualquer conexão (pela causa de pedir), porém, a cumulação será possível (art. 327, *caput*) mas isto não permitirá a modificação de competência, só sendo possível a cumulação se o mesmo juízo for, a princípio, competente para conhecer de todos eles.

Por fim, exige-se para a admissibilidade da cumulação que para todos os pedidos seja adequado o mesmo tipo de procedimento (art. 327, § 1º, III). Pode-se cumular pedidos para os quais haja previsão de procedimentos distintos, porém, se para todos puder ser usado o procedimento comum, caso em que será possível o emprego das técnicas diferenciadas previstas para o procedimento especial que não sejam com o procedimento comum incompatíveis (art. 327, § 2º). Assim, por exemplo, será possível postular-se a consignação em pagamento do preço de um bem e, no mesmo processo, a condenação do réu a entregar o referido bem, usando-se o procedimento comum sem prejuízo de se admitir a realização do depósito judicial do valor ofertado e, até mesmo, a complementação do depósito insuficiente, técnicas diferenciadas estabelecidas para o procedimento especial da consignação em pagamento.

Só não será possível, então, esta cumulação quando as técnicas diferenciadas forem realmente incompatíveis com o procedimento comum, e seu uso desnaturaria o procedimento especial por completo (como se daria, por exemplo, em algum caso em que se quisesse cumular uma demanda de inventário e partilha com outra de investigação de paternidade, a qual segue o procedimento comum, pois isto desnaturaria completamente o procedimento especial do inventário e partilha).

11.2.2 Indeferimento da Petição Inicial

Estabelece o art. 330 os casos em que a petição inicial deve ser indeferida, o que acarretará a extinção do processo sem resolução do mérito (art. 485, I). Vale recordar, porém, que só se extinguirá o processo sem resolução do mérito quando não for possível corrigir-se o vício, dado o princípio da primazia da resolução do mérito. Pois é exatamente por isso que se afirma na lei processual, expressamente, que a petição inicial será indeferida quando não atendidas as prescrições dos arts. 106 e 321 (art. 330,

IV), isto é, quando – tendo o juiz verificado não haver sido preenchido algum requisito da petição inicial – não tenha o autor a corrigido ou completado, emendando a inicial, no prazo de quinze dias (art. 321), ou quando, não havendo na petição inicial a indicação dos endereços do advogado do demandante, não tenha sido o vício corrigido em cinco dias (art. 106, § 1º).

A petição inicial será indeferida quando for inepta (art. 330, I). Considera-se inepta a inicial quando lhe faltar pedido ou causa de pedir (art. 330, § 1º, I), quando o pedido for indeterminado e não for caso de admissão de pedido genérico (art. 330, § 1º, II), quando da narração dos fatos não decorrer logicamente a conclusão (art. 330, § 1º, III) ou quando contiver pedidos incompatíveis entre si (art. 330, § 1º, IV).

Tem-se, ainda, por inepta a petição inicial quando, tendo a demanda por objeto a revisão de obrigação decorrente de empréstimo, financiamento ou alienação de bens (e essa enumeração de contratos é meramente exemplificativa, aplicando-se a regra aqui mencionada a contratos análogos aos enumerados no texto legal: FPPC, enunciado 290), o autor não tenha discriminado, na petição inicial, dentre as obrigações contratuais, aquelas que pretende discutir, quantificando o valor incontroverso do débito (art. 330, § 2º). Esta exigência é feita para o fim de assegurar que, no curso do processo, os valores incontroversos continuem a ser pagos (art. 330, § 3º).

Também será indeferida a petição inicial se o juiz verificar a ausência de alguma "condição da ação" (art. 330, II e III), conceito que já foi anteriormente estudado neste trabalho.

Indeferida a petição inicial, é possível a interposição de apelação, facultado ao juiz o exercício do *juízo de retratação*, no prazo (impróprio) de cinco dias (art. 331). Caso haja retratação, a petição inicial não estará mais indeferida, e o processo seguirá regularmente, com a citação do réu.

De outro lado, caso não haja retratação, mantendo o juiz sua decisão de indeferimento, o réu será citado para oferecer contrarrazões ao recurso (art. 331, § 1º). Trata-se de dispositivo ensejador de um retrocesso. Explique-se: este sistema já foi adotado no direito processual civil brasileiro, até 1994. No final desse ano foi editada uma lei que reformou o CPC de 1973, estabelecendo que no caso de haver apelação contra sentença de indeferimento da petição inicial o réu não seria mais citado para oferecer contrarrazões, só ocorrendo a citação se o recurso viesse a ser provido. Tratava-se de um sistema muito mais lógico. Não há qualquer razão para, indeferida a petição inicial, trazer-se ao processo o réu, através de uma citação, para que ele tenha oportunidade de dizer que a sentença apelada está correta e que ele realmente não deveria ter sido citado. O réu terá sido citado para dizer que não deveria ter sido citado...

Pelo sistema inaugurado com a reforma legislativa operada em 1994, o réu só seria citado se o recurso fosse provido (e, por conseguinte, se tivesse a petição inicial como apta para permitir o desenvolvimento regular do processo), sendo certo que, por força do princípio do contraditório, nada impediria que o réu, uma vez citado, tornasse a suscitar a existência do vício da petição. Este era um procedimento cuja

Parte Especial • Cap. 11 • Procedimento comum do processo de conhecimento **207**

constitucionalidade já havia, inclusive, sido reconhecida pelo STF (AI 427533 AgR/ Rs, j. em 02.08.2004, rel. p/ acórdão Min. Cezar Peluso). O sistema estabelecido pelo art. 331, § 1º evita o "retrabalho", já que traz desde logo o réu para o processo e impede que, após todo o trabalho desenvolvido pelo tribunal ao examinar o recurso, a mesma questão seja novamente suscitada pelo réu, para quem a matéria ali discutida não estaria superada. De outro lado, porém, ter-se-á trazido o réu para o processo desnecessariamente em todos aqueles casos nos quais, indeferida a petição inicial, tal decisão venha a ser considerada correta pelo tribunal julgador do recurso.

Goste-se da ideia ou não, porém, determina a lei que, não havendo retratação, seja o réu citado para oferecer contrarrazões ao recurso, sendo este em seguida encaminhado ao tribunal. Vindo este a reformar a sentença, o prazo para oferecimento de contestação correrá da intimação do retorno dos autos (art. 331, § 2º).

Não tendo sido interposta a apelação, e transitando em julgado a sentença de indeferimento da petição inicial, deverá o réu ser comunicado do trânsito em julgado da sentença proferida em processo para o qual ele não foi citado (art. 331, § 3º).

11.2.3 Improcedência Liminar do Pedido

Em alguns casos excepcionais, admite-se a prolação de sentença de mérito logo ao início do processo, sem sequer haver necessidade de citação do demandado. Evidentemente, tal sentença terá de ser de improcedência do pedido, rejeitando-se, pois, a pretensão do autor (o que faz com que, não obstante não tenha sido o réu citado, não haja para este qualquer prejuízo, já que o resultado do processo será o melhor resultado possível para o demandado). É este fenômeno que a lei processual denomina *improcedência liminar do pedido* (art. 332).

Só é possível o julgamento liminar de improcedência em "causas que dispensem a fase instrutória" (art. 332, *caput*), isto é, naqueles processos em que não haverá necessidade de produção de prova, por não haver controvérsia a respeito de questões fáticas. Além disso, é preciso que a causa se enquadre em alguma das hipóteses previstas nos quatro incisos do art. 332 ou em seu § 1º.

O primeiro caso de improcedência liminar é aquele em que o pedido formulado pelo autor contraria *enunciado de súmula do Supremo Tribunal Federal ou do Superior Tribunal de Justiça*. Assim, sempre que a incompatibilidade entre a pretensão do demandante e o entendimento jurisprudencial sumulado pelo STF ou STJ não depender de produção de prova, deverá o juiz julgar o pedido improcedente liminarmente. Pense--se, por exemplo, na hipótese de um professor da rede pública ir a juízo postulando o reconhecimento, para fins da aposentadoria especial a que os professores fazem jus, do tempo de serviço desempenhado fora de sala de aula, como seria o exercício do cargo de diretor de escola. Ocorre que tal pretensão contraria o entendimento firmado no enunciado 726 da súmula de jurisprudência dominante do STF e, portanto, seria irrelevante qualquer produção de prova acerca do tempo de exercício da atividade administrativa do professor, já que mesmo em tese tal tempo, ainda que comprovado, não poderá ser contado para fins de aposentadoria especial de professor. Deve, então, o juiz, em casos assim, julgar o pedido formulado pelo demandante *liminarmente improcedente*.

O segundo caso de improcedência liminar é o de pedido que contraria "acórdão proferido pelo Supremo Tribunal Federal ou pelo Superior Tribunal de Justiça em julgamento de recursos repetitivos". Imagine-se, por exemplo, que um pai que paga alimentos aos seus filhos, calculada em termos de percentual sobre seus ganhos, postula em juízo a declaração de que a prestação alimentícia não deve ser calculada sobre o décimo terceiro salário e a gratificação de férias. Ocorre que tal pretensão contraria entendimento firmado pelo Superior Tribunal de Justiça no julgamento de casos repetitivos (REsp 1106654/RJ, j. em 25.11.2009, rel. Min. Paulo Furtado), o que deve levar à improcedência liminar do pedido.

Outro caso de improcedência liminar é aquele em que o pedido contraria entendimento firmado em incidente de resolução de demandas repetitivas ou de assunção de competência (art. 332, III). O IRDR é mecanismo análogo ao do julgamento dos recursos excepcionais repetitivos, mas de utilização exclusiva dos tribunais de segunda instância (Tribunais de Justiça e Tribunais Regionais), compondo com aquela técnica empregada no STF e no STJ o microssistema dos *julgamentos de casos repetitivos* (art. 928), que permite o gerenciamento, pelo Judiciário, da litigância de massa. Assim, a decisão proferida em sede de IRDR tem – como se verá mais adiante – eficácia vinculante na área de atuação do tribunal que o tenha julgado (Estado ou Região, conforme o caso), do mesmo modo que a decisão proferida no julgamento de recursos excepcionais repetitivos tem eficácia vinculante em todo o território nacional.

De outro lado, o incidente de assunção de competência permite a formação de precedentes com eficácia vinculante fora das demandas massificadas, repetitivas, conforme se poderá estudar no momento oportuno, em item próprio deste trabalho.

Assim, tendo sido formulado pedido contrário a entendimento firmado em IRDR ou em incidente de assunção de competência, e não havendo necessidade de dilação probatória para a verificação desta incompatibilidade, deverá o juiz proferir sentença desde logo, julgando o pedido liminarmente improcedente.

Também será julgado improcedente o pedido de forma liminar quando contrariar entendimento consolidado em enunciado de súmula de Tribunal de Justiça sobre direito local (art. 332, IV). É que incumbe aos tribunais estaduais (e ao do Distrito Federal) dar a palavra final acerca da interpretação do Direito Estadual e Municipal. A hipótese é, pois, análoga à do inciso I deste mesmo art. 332 (incidindo este último quando se tratar de Direito constitucional ou federal). Cite-se, aqui, um exemplo: a Lei Estadual nº 958/1983, do Estado do Rio de Janeiro, criou uma verba indenizatória denominada "auxílio-moradia", a ser paga a policiais militares e bombeiros militares desse Estado da Federação *que estejam na ativa*. Trata-se, pois, de uma indenização *pro labore faciendo*, isto é, de uma indenização vinculada ao exercício do trabalho. Vários

Parte Especial • Cap. 11 • Procedimento comum do processo de conhecimento **209**

militares inativos (da reserva) foram a juízo postular o recebimento de tal verba. Ocorre que o Tribunal de Justiça do Estado do Rio de Janeiro tem entendimento sumulado (verbete nº 148) no sentido de que "[a] indenização de auxílio moradia criada pela Lei Estadual nº 958/1983 e paga aos policiais militares e bombeiros militares da ativa do Estado do Rio de Janeiro tem caráter indenizatório e por isso não pode ser incorporada aos vencimentos do beneficiado que passa para a inatividade". Ora, é fácil então perceber que se o militar que recebia tal auxílio passa para inatividade deve ele deixar de receber aquela verba e, caso vá a juízo postulá-la, seu pedido deve ser julgado liminarmente improcedente.

Por fim, deve ser o pedido julgado desde logo improcedente se o juiz reconhecer que já se consumou prazo de prescrição ou de decadência (art. 332, § 1º).

Em qualquer desses casos, porém, não poderá o juiz proferir a sentença de improcedência liminar sem antes dar ao autor oportunidade de manifestar-se sobre ser ou não o caso de se rejeitar desde logo a demanda (arts. 9º e 10). É que sempre se pode admitir que o autor demonstre a distinção entre seu caso e os precedentes ou enunciados de súmula que ao juiz pareciam aplicáveis ao caso concreto, convencendo o juiz, então, de que o processo deve seguir regularmente. Só com essa prévia oitiva do autor, portanto, a qual deve ser específica sobre a possibilidade de aplicação da regra que autoriza a improcedência liminar, é que se terá por respeitado de forma plena e efetiva o princípio do contraditório, o qual exige um efetivo diálogo entre partes e juiz na construção comparticipativa do resultado final do processo.

Contra a sentença de improcedência liminar, evidentemente, é cabível a interposição de apelação. Não sendo esta, porém, interposta no prazo legal, deverá o réu – que não foi citado – ser comunicado do trânsito em julgado (art. 332, § 2º).

Interposta a apelação, poderá o juiz retratar-se no prazo (impróprio) de cinco dias (art. 332, § 3º). Retratando-se o juiz, deverá o processo seguir normalmente, com a citação do réu (art. 332, § 4º, primeira parte). De outro lado, caso o juiz não se retrate, o réu será citado para oferecer contrarrazões no prazo de quinze dias, seguindo o processo para o tribunal competente para conhecer da apelação (art. 332, § 4º, parte final).

11.3 Audiência de Conciliação ou de Mediação

Estabelece o art. 334 que, estando corretamente elaborada a petição inicial, e não tendo sido caso de improcedência liminar do pedido, deverá o juiz designar audiência de conciliação ou de mediação (o que também se lê no art. 27 da Lei nº 13.140/2015). É preciso, porém, recordar que esta audiência não será designada se o autor tiver declarado, expressamente, na petição inicial que opta por sua não realização (art. 319, VII e art. 334, 5º; art. 2º, § 2º, da Lei nº 13.140/2015).

Aqui é preciso fazer uma observação: o inciso I do § 4º do art. 334 estabelece que a audiência não será realizada se *ambas as partes* manifestarem, expressamente, desinteresse na composição consensual. Uma interpretação literal do texto normativo poderia, então, levar a se considerar que só não se realizaria a sessão de mediação ou conciliação se *nem o demandante, nem o demandado*, quisessem participar desse procedimento de busca de solução consensual, não sendo suficiente a manifestação de vontade de uma das partes apenas para evitar a realização daquela reunião. Assim não é, porém. Apesar do emprego, no texto legal, do vocábulo "ambas", deve-se interpretar a lei no sentido de que a sessão de mediação ou conciliação não se realizará se *qualquer das partes* manifestar, expressamente, desinteresse na composição consensual. Basta que uma das partes manifeste sua intenção de não participar da audiência de conciliação ou de mediação para que esta não possa ser realizada. É que um dos princípios reitores da mediação (e da conciliação) é o da voluntariedade, razão pela qual não se pode obrigar qualquer das partes a participar, contra sua vontade, do procedimento de mediação ou conciliação (art. 2º, § 2º, da Lei nº 13.140/2015). A audiência, portanto, só acontecerá se nem o autor nem o réu afirmarem expressamente que dela não querem participar (e o silêncio da parte deve ser interpretado no sentido de que pretende ela participar da tentativa de solução consensual do conflito).

Não tendo havido, assim, aquela expressa opção – e versando a causa sobre direitos que admitam autocomposição (art. 334, § 4º, II; art. 3º da Lei nº 13.140/2015) –, será designada a audiência de conciliação ou de mediação, com antecedência mínima de trinta dias, devendo o réu ser citado com pelo menos vinte dias de antecedência (art. 334).

Citado o réu, poderá ele informar ao juízo que não pretende participar da audiência, o que deverá ser feito com pelo menos dez dias de antecedência em relação à data designada para aquele ato (art. 334, § 5º, *in fine*). Havendo litisconsórcio, a audiência só não se realizará se *todos* os litisconsortes manifestarem desinteresse no ato (art. 334, § 6º).

Da audiência, que poderá realizar-se por meios eletrônicos (art. 334, § 7º; art. 46 da Lei nº 13.140/2015), participarão as partes, com seus advogados (art. 334, § 9º) e um (ou mais de um) conciliador ou mediador. Esta audiência pode desdobrar-se em duas ou mais sessões, não podendo, porém, exceder de dois meses a contar da data da realização da primeira dessas sessões (art. 334, § 2º), salvo no caso de as partes expressamente convencionarem sua prorrogação (art. 28 da Lei nº 13.140/2015). Para evitar que as audiências sejam realizadas apressadamente, exige a lei que na organização das pautas se respeite um intervalo mínimo de vinte minutos entre o momento do início de cada audiência (art. 334, § 12).

O não comparecimento injustificado de qualquer das partes é ato atentatório à dignidade da justiça, e deve ser sancionado com multa de até dois por cento da vantagem econômica pretendida ou do valor da causa, devendo o valor ser revertido em favor da União ou do Estado, conforme o processo tramite na Justiça Federal ou Estadual (art. 334, § 9º). Trata-se de sanção resultante do descumprimento do dever de agir no processo com boa-fé (art. 5º). Considere-se, aqui, que a audiência só é marcada em função da manifestação de vontade de ambas as partes (que poderiam ter dito expressamente não ter interesse em sua realização), o que gera – nos demais atores do processo – a legítima confiança de que há predisposição para a busca de uma solução consensual do conflito. A ausência injustificada de alguma das partes quebra essa confiança, o que precisa ser sancionado. A não ser assim, correr-se-ia o risco de alguma das partes, interessada em protelar o andamento do processo, deixar ser designada a audiência (e é sabido que, com as pautas cheias, pode haver um espaço de tempo muito grande entre a designação da audiência e sua realização, muitas vezes bastante maior do que os trinta dias de antecedência mínima a que se refere a lei) apenas para ganhar tempo, sem sofrer com isso qualquer consequência. Assim não é – e não poderia ser –, porém. A ausência injustificada da parte à audiência que só foi designada por ter ela manifestado vontade de participar de um procedimento consensual de resolução do litígio implica a imposição de sanção pecuniária.

Obtida a autocomposição, será ela reduzida a termo e homologada por sentença, pondo-se deste modo termo ao processo (art. 334, § 11; art. 28 da Lei nº 13.140/2015).

11.4   Resposta do Réu

Citado o réu, pode ele reagir à demanda proposta pelo autor. Pois esta reação é chamada de *resposta do réu*.

O CPC se vale dessa terminologia, falando em "resposta" ou "resposta do réu" em alguns dispositivos, de que são exemplos os arts. 113, § 2º, 248, 335, § 2º, 578 e 970. Duas são as *respostas do réu*: contestação e reconvenção. Cada uma tem uma diferente função e, por isso, pode o réu apresentar, dessas duas, as que quiser. Pode ele só contestar, só reconvir (art. 343, § 6º), ou oferecer ambas, caso em que virão elas na mesma peça (art. 343).

Impende, então, examinar separadamente cada uma delas, sendo certo que o estudo da contestação deve ser feito juntamente com a análise do fato resultante da falta de oferecimento de contestação, fenômeno conhecido como *revelia*.

11.4.1   Contestação e Revelia

A mais importante modalidade de resposta do réu é a *contestação*. Trata-se da resposta mais importante por ser através dela que o réu exerce seu direito de defesa. E é na contestação, então, que o réu apresentará *toda a matéria de defesa* que tenha para alegar em seu favor (art. 336).

Significa isto dizer que na contestação o réu apresentará defesas processuais e defesas de mérito, suscitando razões de fato e de direito para impugnar a demanda proposta pelo autor, devendo, ainda, indicar as provas que pretende produzir (art. 336). A respeito dessa indicação de provas, porém, valem todas as observações feitas anteriormente acerca do mesmo fenômeno em relação à petição inicial, sendo perfeitamente justificável a apresentação, pela parte, de um mero requerimento genérico de produção de provas (v., *supra*, item 11.2).

O prazo para oferecimento de contestação no procedimento comum é de quinze dias (art. 335, *caput*), variando o termo inicial conforme o caso.

Correrá o prazo para o réu contestar da data da audiência de conciliação ou de mediação, ou da última sessão de conciliação, quando qualquer parte não comparecer ou, comparecendo, não houver autocomposição (art. 335, I). Tendo o réu, porém, protocolado petição requerendo o cancelamento da audiência de conciliação ou de mediação, nos termos do art. 334, § 4º, I, o prazo correrá da data do protocolo dessa petição (art. 335, II). Por fim, quando a audiência já não tiver sido designada (por versar a causa sobre direito que não admite autocomposição ou por ter o autor, na petição inicial, optado pela sua não realização), o prazo correrá na forma do disposto no art. 231, conforme a modalidade de citação que tenha sido efetivada (art. 335, III).

Havendo vários réus, a regra é que o prazo seja comum a todos. No caso de terem os réus, porém, protocolado petição requerendo o cancelamento da audiência de conciliação ou mediação, o prazo *para cada um deles* correrá, independentemente, a partir da data do respectivo protocolo (art. 335, § 1º).

No caso de não ter sido designada a audiência de conciliação ou mediação por versar a causa sobre direito que não admite autocomposição, e vindo o autor a desistir da ação em relação a algum dos réus, o prazo para que os demais apresentem resposta correrá da data em que sejam eles intimados da decisão que homologar a desistência (art. 335, § 2º).

Como dito, incumbe ao réu, na contestação, alegar toda a defesa que tenha em seu favor. Incide, aqui, uma regra conhecida (impropriamente) como "princípio" da eventualidade. Por força da regra da eventualidade, incumbe ao sujeito do processo (no caso em exame, ao réu) apresentar, de uma só vez, todas as alegações que tenha em seu favor, ainda que contraditórias entre si, sob pena de preclusão (ou seja, perda da possibilidade de a alegar posteriormente).

Assim é que ao réu cabe, na contestação, alegar todas as defesas que tenham relacionadas à regularidade do processo (suscitando, por exemplo, a falta de alguma "condição da ação" ou de um pressuposto processual) e, também, a defesa de mérito (que será *direta* quando o réu negar o fato constitutivo do direito do autor; e *indireta*, quando o réu admitir o fato constitutivo e lhe opuser outro, impeditivo, modificativo ou extintivo do direito do demandante).

Pense-se, por exemplo, em uma demanda de cobrança de dívida resultante de um empréstimo. É possível que o réu, nesse caso, apresente contestação alegando, em primeiro lugar, alguma defesa processual (como a ausência de interesse de agir, por exemplo); em seguida uma defesa direta de mérito (sustentando a inexistência do contrato); e, por fim, uma defesa de mérito indireta (como, por exemplo, a prescrição ou a compensação).

Vale notar que a alegação de defesas contraditórias entre si não viola o princípio da boa-fé objetiva, não sendo, portanto, uma ofensa à vedação de comportamento contraditório (*nemo venire contra factum proprium*), já que a regra da eventualidade afasta qualquer possibilidade de se reconhecer a existência, por parte dos demais sujeitos do processo, de uma legítima confiança em que o réu não se comportasse dessa maneira.

A primeira defesa que o réu apresenta em sua contestação é a *defesa processual*. Consiste tal defesa na alegação de questões *preliminares ao mérito*, ou seja, de questões que dizem respeito à própria possibilidade de examinar-se o mérito da causa. O acolhimento de alguma dessas preliminares acarreta a extinção do processo *sem resolução do mérito*. O art. 337 enumera essas preliminares, mas a elas faz juntar uma série de "preliminares impróprias ou dilatórias", defesas processuais cujo acolhimento *não acarreta* a extinção do processo (que são as previstas nos incisos I, II, III, VIII e XIII do art. 337). As demais, preliminares próprias ou peremptórias, uma vez acolhidas levarão à extinção do processo sem resolução do mérito.

Assim, incumbe ao réu alegar, na contestação, a inexistência ou nulidade da citação (art. 337, I). Neste caso, a função precípua da alegação não é fazer com que se inicie o prazo para oferecimento da contestação, nos termos do art. 239, § 1º, já que a alegação de que se cogita é apresentada na própria contestação. É, porém, importante que se apresente esta alegação nos casos em que não tenha havido citação ou tenha esta sido viciada, já que assim se demonstrará não ser intempestivo o ato.

A segunda matéria dedutível na contestação é a *incompetência* do juízo, seja ela absoluta ou relativa (art. 337, II). Havendo esta alegação na contestação, o réu é expressamente autorizado a protocolar sua contestação no foro de seu domicílio (o que é extremamente importante, especialmente para processos que não tramitam em autos eletrônicos, ainda mais naqueles casos em que o domicílio do réu é distante do foro onde tramita o feito), devendo o fato ser imediatamente comunicado – preferencialmente por meios eletrônicos – ao juízo da causa (art. 340).

No caso de ser a citação protocolada no foro do domicílio do réu (distinto daquele em que tramita o processo, o que só é admissível quando houver alegação de incompetência), deverá ela ser submetida a livre distribuição ou, se o réu tiver sido citado por meio de carta precatória, juntada aos autos dessa carta, seguindo-se a imediata remessa para o juízo da causa (art. 340, § 1º). Caso venha a ser acolhida a alegação e reconhecida a competência do foro onde protocolada a contestação, o juízo para o qual esta (ou a carta precatória) havia sido distribuída estará com sua competência fixada para a causa (art. 340, § 2º), se for tal juízo localizado no foro afinal declarado competente para a causa (FPPC, enunciado 426).

Estabelece o art. 340, § 3º, que o mero fato de haver, na contestação, alegação de incompetência, deverá ser suspensa a realização da audiência de conciliação ou de mediação que tenha sido designada. Esta, porém, é uma regra que causa alguma estranheza. É que no caso de ter sido designada a audiência de conciliação ou de mediação, o prazo para oferecimento de contestação só começa a correr *depois* da aludida audiência. Assim, não se vê como seria possível suspender-se uma audiência que já se teria realizado. A única forma possível de dar algum sentido útil a essa regra é considerar que poderia o réu protocolar sua contestação desde logo, com a alegação de incompetência do juízo, antes mesmo de ser realizada a audiência de conciliação ou de mediação, caso em que tal audiência ficaria suspensa. Neste caso, definido qual é o juízo realmente competente, a este incumbirá – se for o caso – designar nova data para a realização daquela audiência (art. 340, § 4º).

Outra matéria processual que pode ser suscitada na contestação é a incorreção do valor da causa (art. 337, III). É, pois, na contestação que o réu pode oferecer sua *impugnação ao valor da causa*, nos termos do disposto no art. 293.

Pode, ainda, o réu alegar inépcia da petição inicial (art. 337, IV), afirmando ter ocorrido qualquer das situações descritas no art. 330, § 1º. A contestação pode, ainda, trazer a alegação de existência de perempção (art. 337, V), litispendência (art. 337, VI) ou coisa julgada (art. 337, VII), todas elas causas de extinção do processo sem resolução do mérito, nos termos do art. 485, V, e que mais adiante serão examinadas.

O réu pode, também, alegar em sua contestação a existência de *conexão* entre o processo em que oferece sua resposta e alguma outra causa (art. 337, VIII), a fim de buscar a reunião dos processos no juízo prevento.

Também se pode alegar, como defesa processual, a existência de incapacidade de parte, defeito de representação ou falta de autorização para o ajuizamento da demanda (art. 337, IX), todos estes vícios capazes de – se não corrigidos – acarretar a extinção do processo sem resolução do mérito.

É também na contestação que o réu poderá alegar a existência de uma convenção de arbitragem celebrada entre as partes (art. 337, X). Esta, aliás, é matéria de defesa que só pode ser alegada na contestação, sob pena de preclusão, daí resultando a aceitação da jurisdição estatal, com renúncia ao juízo arbitral (art. 337, § 6º).

Outra matéria que pode ser alegada na contestação, preliminarmente ao mérito, é a falta de alguma das "condições da ação", legitimidade de parte ou interesse de agir (art. 337, XI). Caso o réu alegue sua própria ilegitimidade (ilegitimidade passiva, portanto), incumbe-lhe indicar – desde que tenha conhecimento, claro – quem reputa ser o legitimado, sob pena de arcar com as despesas processuais e de indenizar o autor pelos prejuízos decorrentes da falta de indicação (art. 339). Tem-se, aí, uma espécie de *nomeação à autoria* (embora a lei processual não empregue esta denominação, a qual encontra suas origens na *nominatio auctoris* do Direito romano), criando a lei para o réu o dever jurídico de, sempre que alegar sua ilegitimidade passiva, indicar o nome do verdadeiro responsável, sob pena de responder por perdas e danos. Caso o réu não saiba quem é o verdadeiro responsável, terá de declarar expressamente esse desconhecimento, a fim de liberar-se da obrigação de reparar o dano do autor (e, por força dos princípios da cooperação e da boa-fé, deve-se considerar que não basta a mera declaração do réu de que não conhece o verdadeiro legitimado e, caso fique provado que ele tinha esse conhecimento, deverá ele responder por perdas e danos e pelas despesas processuais). A responsabilidade pela não indicação do verdadeiro legitimado é, porém, subjetiva, dependendo da demonstração de culpa do réu que, podendo, não fez a indicação do legitimado como deveria (FPPC, enunciado 44).

Havendo na contestação a alegação de ilegitimidade passiva com a nomeação daquele que o réu aponta como sendo o verdadeiro responsável, o autor poderá ter três diferentes atitudes. Pode ele, em primeiro lugar, não aceitar a alegação, caso em que o processo seguirá contra o réu original. Pode, ainda, o autor aceitar a indicação e alterar a petição inicial para dirigir sua demanda ao nomeado, dispondo do prazo de quinze dias para fazê-lo (art. 338). Neste caso, o autor deverá reembolsar as custas que o réu original eventualmente tenha despendido, além de pagar honorários advocatícios fixados entre três e cinco por cento do valor da causa ou, sendo este irrisório, por equidade (art. 338, parágrafo único). Por fim, pode o autor optar por alterar a petição inicial (sempre respeitado o prazo de quinze dias) para incluir no processo o nomeado, o que acarretará a formação de um litisconsórcio passivo ulterior (art. 339, § 2º).

Também se permite ao réu alegar, na contestação, a falta de caução ou de outra prestação que a lei exige como preliminar (art. 337, XII), como seria, por exemplo, a falta de pagamento das despesas processuais e de honorários advocatícios referentes a processo anterior, extinto sem resolução do mérito, quando a demanda é novamente ajuizada (art. 486, *caput* e § 2º).

Por fim, é a contestação a sede adequada para o réu impugnar a concessão do benefício de gratuidade de justiça deferido ao autor (art. 337, XIII).

Além dessas defesas – todas processuais, como dito – incumbe ao réu, por força da regra da eventualidade, apresentar, também na contestação, sua defesa de mérito. E quanto a esta, incide sobre o réu o ônus da impugnação especificada dos fatos, o que significa dizer que ao réu incumbe manifestar-se de forma precisa sobre todas as alegações de fato contidas na petição inicial, presumindo-se verdadeiras as que não tenham sido expressamente impugnadas (art. 341). Só não haverá tal presunção de veracidade quando se tratar de fatos que não admitem confissão (art. 341, I, e art. 392); se a petição inicial não estiver acompanhada de documento que a lei repute integrante da substância do ato – por exemplo, quando se tiver afirmado na petição inicial a existência de um testamento e não tiver sido juntada cópia do instrumento de declaração de última vontade –; ou se tais alegações estiverem em contradição com a defesa, considerada em seu conjunto (art. 341, II e III).

Não se aplica, porém, o ônus da impugnação especificada dos fatos aos defensores públicos, advogados dativos e ao curador especial (art. 341, parágrafo único), estando estes autorizados a apresentar contestação *por negação geral*.

A contestação é o momento adequado, então, para que o réu apresente *toda a sua matéria de defesa*. Não se admite, no processo civil, que o réu deduza posteriormente ao momento oportuno para contestar alegações novas, salvo se relativas a fato ou direito superveniente, se concernentes a matérias cognoscíveis de ofício ou se, por expressa autorização legal, puderem elas ser formuladas a qualquer tempo (como se dá, por exemplo, com a prescrição, por força do disposto no art. 193 do CC), tudo nos termos do art. 342.

Decorrido o prazo legal sem que a contestação tenha sido oferecida, será o réu considerado *revel*. Revelia, então, é a *ausência de contestação* (art. 344).

A revelia é um fato processual, o qual pode produzir variados efeitos. Pode-se falar de um *efeito material* e de dois *efeitos processuais* da revelia.

O efeito material da revelia é a presunção de veracidade das alegações de fato formuladas pelo autor (art. 344). Dito de outro modo, caso o réu não conteste, o juiz deverá presumir que tudo aquilo que o autor tenha alegado na petição inicial a respeito dos fatos da causa é verdadeiro. Esta presunção é relativa, *iuris tantum*, o que implica dizer que ela admite prova em contrário. E é exatamente por isso que ao réu revel é autorizada a produção de contraprovas, ou seja, de provas que busquem afastar a presunção de veracidade das alegações de fatos formuladas pelo autor, desde que ingresse no processo a tempo de produzi-las (art. 349). E isto porque, nos termos do art. 346, parágrafo único, o revel pode intervir no processo em qualquer fase, recebendo-o no estado em que se encontre (o que o impede, então, de praticar atos que já estejam cobertos pela preclusão).

A revelia, porém, não produz seu efeito material (isto é, não gera presunção de veracidade das alegações sobre fatos) nos casos enumerados no art. 345: se, havendo litisconsórcio passivo, um dos réus tiver oferecido contestação, já que neste caso as alegações por um dos réus impugnadas terão se tornado controvertidas e, por conseguinte, não poderão ser presumidas como verdadeiras; se o litígio versar sobre direitos indisponíveis; se a petição inicial não estiver acompanhada de instrumento que a lei considere indispensável à prova do ato; ou se as alegações de fato formuladas pelo autor forem inverossímeis ou estiverem em contradição com a prova constante dos autos. Em todos estes casos, não obstante a revelia, terá o autor o ônus da prova da veracidade de suas alegações.

Nos casos em que a revelia gere seu efeito material, portanto, o autor é beneficiado por uma presunção legal (relativa) de veracidade de suas alegações sobre fatos. É preciso ficar claro que, neste caso, não pode o juiz determinar ao autor que produza provas que "confirmem" a presunção (pois tal determinação contrariaria expressamente o disposto no art. 374, IV, o qual expressamente estabelece que "[n]ão dependem de prova os fatos [em] cujo favor milita presunção legal de existência ou de veracidade". O que se admite nesses casos, apenas, é a produção, pelo revel que posteriormente intervenha no processo, da contraprova (art. 349).

Além do efeito material, a revelia pode produzir dois efeitos processuais. O primeiro deles é o *julgamento antecipado do mérito* (art. 355, II). Este efeito só se produz nos casos em que se tenha também produzido o efeito material da revelia. É que nos casos em que da revelia não resulta a presunção de veracidade das alegações de fatos formuladas pelo demandante não é possível julgar-se desde logo o mérito da causa, uma vez que sobre o autor recairá o ônus da prova. Naqueles casos, porém, em que da revelia resulte uma presunção de que as alegações feitas pelo autor a respeito de fatos são verdadeiras, e não tendo o revel requerido a produção de contraprovas, estará dispensada a instrução probatória, e nada mais haverá a fazer a não ser proferir-se desde logo o julgamento do mérito.

O outro efeito processual da revelia, previsto no art. 346, alcança apenas aqueles casos em que o revel não tenha advogado constituído nos autos. Pois neste caso, os prazos processuais para o revel correrão, *sempre*, da data em que seja divulgada notícia dos atos decisórios no diário oficial.

11.4.2 Reconvenção

Chama-se reconvenção à demanda proposta pelo réu, em face do autor, dentro do mesmo processo. A reconvenção é um mecanismo que permite a ampliação do objeto do processo (já que ao juiz caberá, agora, julgar não só a demanda principal, mas também a demanda reconvencional), ampliando-se deste modo sua eficiência.

A reconvenção deve ser oferecida na mesma peça em que o réu contesta (art. 343), sendo certo que ao réu é permitido, caso seja de sua conveniência, oferecer apenas a reconvenção, sem apresentar contestação (art. 343, § 6º). Não se exige, porém, para o oferecimento da reconvenção que este termo seja empregado expressamente, nem a elaboração formal de um capítulo em separado. Basta que pela leitura da peça fique clara a intenção do réu de obter tutela jurisdicional quantitativa ou qualitativamente mais ampla do que a que ele receberia com o mero julgamento de improcedência da demanda do autor (FPPC, enunciado 45).

Evidentemente, só poderá ser admitida a reconvenção se o juízo da causa principal for competente para dela conhecer. Apenas os critérios absolutos de determinação da competência, porém, precisam ser preenchidos. Assim, é essencial que o juízo seja competente em razão da pessoa e da matéria, respeitada também a competência funcional e a competência territorial absoluta. Deste modo, não se poderia, por exemplo, admitir o oferecimento de reconvenção em Vara Cível se o juízo competente para conhecer da demanda reconvencional, em razão da pessoa, for a Vara da Fazenda Pública. Também não se pode admitir que em juízo cível se apresente reconvenção que veicula causa de competência, em razão da matéria, de juízo especializado em causas de família.

Os critérios relativos de determinação da competência, porém (competência territorial – que, como regra geral, é relativa – e competência em razão do valor da causa), podem ser desprezados. Deste modo, por exemplo, se o processo se instaurou na comarca de domicílio do réu, pode este reconvir em face do autor mesmo que este tenha domicílio em comarca diversa.

Além da competência do juízo, é requisito de admissibilidade da reconvenção que esta seja "conexa com a ação principal ou com o fundamento da defesa" (art. 343, *caput*).

O termo *conexão* não é empregado no art. 343 no mesmo sentido em que aparece em outras passagens do CPC, como no art. 55. A conexão como pressuposto da reconvenção deve ser compreendida como a exigência de que exista, entre a reconvenção e a demanda principal ou entre a reconvenção e a contestação, algum traço comum capaz de justificar sua reunião em um só processo. Não é preciso, porém, que haja identidade de causa de pedir ou de pedido, como resultaria do art. 55.

Tenha-se claro, porém, o seguinte: a admissibilidade da reconvenção não exige a identidade de causa de pedir ou de objeto, mas pode ser que tal identidade se faça presente. Pense-se, por exemplo, no caso de duas pessoas terem celebrado um contrato e uma delas ajuizar em face da outra demanda para postular a rescisão do contrato, ao fundamento de que a parte demandada deixou de cumprir a avença culposamente. Pois nada impede que o demandado, além de contestar (sustentando não ter descumprido suas obrigações), reconvenha para pedir a rescisão do contrato, ao fundamento de que o autor deixou de cumprir as suas próprias obrigações contratuais. Neste caso, haveria identidade de objetos, sendo admissível a reconvenção.

Como dito, porém, não há necessidade de se fazer presente essa identidade. Basta haver algo em comum entre o que se suscitou na demanda principal ou na contestação e o que se quer suscitar na reconvenção. Alguns exemplos permitirão visualizar melhor a hipótese.

Pense-se, primeiro, no caso de o autor ter ajuizado, em face do réu, demanda de anulação de contrato por vício de consentimento. Pode o réu contestar, alegando que não houve qualquer vício de consentimento, e reconvir para postular a condenação do autor a cumprir a obrigação contratual.

Outro exemplo se tem no caso em que o autor ajuíza "ação de consignação em pagamento" de aluguéis, e o réu reconvém para postular o despejo por falta de pagamento.

Um terceiro exemplo se tem no caso em que o autor postula a condenação do réu a pagar uma dívida em dinheiro, vindo o réu a, na contestação, alegar que o pedido deve ser julgado improcedente porque o autor, não obstante seja credor da obrigação que está a exigir, é também devedor do réu, em quantia superior à que cobra. Neste caso, admite-se a reconvenção para que o réu cobre eventual saldo que afirme subsistir em seu favor com a compensação das obrigações.

Muitos outros exemplos poderiam ser figurados, mas importante é deixar claro que a admissibilidade da reconvenção exige, a rigor, apenas que haja, entre a demanda principal e a reconvenção, ou entre esta e a contestação, algum dado comum, capaz de justificar a reunião das causas em um só processo para torná-lo mais eficiente.

Embora reunidas no mesmo processo, a demanda principal e a reconvencional são independentes, motivo pelo qual o fato de não se poder resolver o mérito da causa em relação a uma delas não é suficiente para impedir a apreciação do mérito da outra (art. 343, § 2º).

A reconvenção, como dito anteriormente, é definida como uma demanda proposta *pelo réu* em face *do autor*. Nada impede, porém, que haja uma ampliação subjetiva do processo provocada pela reconvenção. É que nada impede que o réu-reconvinte se litisconsorcie com um terceiro para ajuizar a demanda reconvencional em face do autor-reconvindo (art. 343, § 4º). É o caso, por exemplo, de o autor ajuizar, em face de um dos codevedores solidários, demanda para exigir deste a integralidade da prestação devida, vindo o réu, em litisconsórcio com seu codevedor, a reconvir para postular a invalidação do contrato.

Do mesmo modo, a reconvenção pode ser proposta de modo a acarretar a instauração de um litisconsórcio (superveniente) entre o autor-reconvindo e um terceiro (art. 343, § 3º). Pense-se, *e.g.*, no caso de um devedor ter demandado em face do credor o reconhecimento de nulidade do contrato, vindo o credor a reconvir em face do devedor e de seu fiador para exigir o cumprimento integral da prestação resultante daquele próprio contrato.

Um dado relevante é que, tendo a demanda sido proposta pelo autor na condição de substituto processual de outrem, só poderá o réu reconvir para postular direito que afirme ter perante o substituído processual, e desde que o autor-reconvindo tenha legitimidade extraordinária para figurar como substituto processual também na reconvenção (art. 343, § 5º).

Oferecida a reconvenção, é preciso – em nome do princípio do contraditório – ouvir o autor-reconvindo, que terá quinze dias para apresentar resposta (art. 343, § 1º). Poderá ele, então, contestar a reconvenção e, ainda, oferecer "reconvenção à reconvenção" (*reconventio reconventionis*), apresentando ambas na mesma peça.

11.5 Providências Preliminares

Decorrido o prazo da resposta, tenha ela sido oferecida ou não, deverão os autos serem enviados à conclusão do juiz para que este verifique se é preciso tomar alguma das *providências preliminares* (art. 347). Importante perceber que neste caso é absolutamente essencial que os autos sejam remetidos à conclusão, não se admitindo que a secretaria do juízo, ou algum auxiliar da justiça, tome qualquer providência destinada a dar andamento ao processo.

São duas as providências preliminares que podem fazer-se necessárias: a especificação de provas (arts. 348 e 349) e a réplica (arts. 350 a 352).

11.5.1 Especificação de Provas

Caso o réu não tenha oferecido contestação tempestiva, ficando revel, mas se esteja em um daqueles casos em que não se opera o efeito material da revelia (previstos no art. 345), deverá o juiz determinar ao autor que especifique as provas que pretende produzir (salvo se já as tiver indicado na petição inicial). É que, não se operando a presunção relativa de veracidade das alegações feitas pelo autor, sobre ele incidirá um ônus probatório, cabendo-lhe, portanto, produzir provas que demonstrem a veracidade de suas alegações, sob pena de ver produzir-se, ao final do processo, um resultado que lhe é desfavorável.

A lei não prevê expressamente qual será o prazo para que o autor especifique as provas que pretende produzir. Em razão disso, caberá ao juiz determinar o prazo de que o autor disporá e, em seu silêncio, este prazo será de cinco dias, nos termos do disposto no art. 218, §§ 1º e 3º.

Nos casos em que a revelia, porém, gere a presunção de veracidade, o autor fica livre de seu ônus probatório, já que – por força do disposto no art. 374, IV – não dependem de prova os fatos em cujo favor milita presunção legal de existência ou de veracidade. Pode, porém, ocorrer de o revel ingressar no processo ainda em tempo de provocar a instauração de uma fase de instrução probatória (art. 346, parágrafo único). Pois neste caso, sobre o réu revel que tardiamente comparece ao processo incidirá o ônus da contraprova, sendo por isso admissível que ele produza provas destinadas a afastar a presunção que beneficia o demandante. Deverá, então, o juiz permitir que o revel que tenha comparecido produza provas que se contraponham às alegações do autor (art. 349).

11.5.2 Réplica

Chama-se *réplica* à resposta do autor à contestação. Curiosamente, o CPC não usa o termo réplica para se referir a este ato nos artigos destinados a tratar do tema (arts. 350 e 351). O vocábulo, porém, aparece em três dispositivos do CPC (arts. 100, 430 e 437), sempre designando a resposta do autor à contestação.

Não é o mero fato de o réu ter oferecido contestação que gera a necessidade de se abrir oportunidade para que o autor apresente réplica. Esta será cabível apenas quando o réu, ao contestar, tenha suscitado defesa processual (art. 351) ou defesa de mérito indireta (art. 350). Em ambos os casos, deverá o juiz dar ao autor a oportunidade de manifestar-se *em réplica*, no prazo de quinze dias, permitindo-lhe a produção de provas. Caso o réu tenha *se limitado* a apresentar defesa de mérito direta, *não haverá réplica*.

É que neste último caso a réplica não teria qualquer utilidade, não sendo capaz de permitir um mais amplo desenvolvimento do contraditório. Afinal, o autor já terá tido oportunidade de deduzir o fato constitutivo do seu direito na petição inicial e o réu já terá negado sua ocorrência na contestação. Ao autor, agora, só poderia caber reforçar as alegações que já fizera na inicial (o que soa absolutamente desnecessário).

Na réplica o autor deve limitar-se a impugnar as alegações suscitadas pelo réu em sua contestação. Esta oportunidade que se lhe garante é essencial para a plena observância do princípio do contraditório, já que permitirá ao autor manifestar-se, exercendo seu direito de participar com influência, sobre as alegações deduzidas pelo réu. Não poderá o autor, porém, suscitar alegações novas na réplica (sob pena de, em nome dos princípios da isonomia e do contraditório, tornar-se necessária uma oportunidade para que o réu fale sobre a réplica, em uma verdadeira tréplica; além disso, se ao autor fossem dadas duas oportunidades para deduzir alegações novas – a petição inicial e a réplica –, ao réu também seria preciso assegurar uma segunda oportunidade, a tréplica, e consequência disto seria a necessidade de se assegurar ao autor uma oportunidade para manifestar-se sobre a tréplica, em uma verdadeira *quadruplica*).

11.6   Julgamento conforme o Estado do Processo

Tendo o juiz verificado que havia alguma irregularidade ou vício sanável no processo, lhe incumbirá determinar sua correção no prazo de trinta dias (art. 352). Depois disso, tendo sido cumpridas as providências preliminares que eventualmente fossem necessárias, ou se nenhuma delas era necessária no caso concreto, caberá ao juiz proferir uma decisão. É chegada, então, a fase procedimental conhecida como *julgamento conforme o estado do processo*.

Esta é uma denominação genérica que engloba três diferentes hipóteses: a *extinção do processo* (art. 354), o julgamento "antecipado" do mérito (que pode ser total ou parcial), previsto nos arts. 355 e 356, e a decisão de saneamento e organização do processo (art. 357).

11.6.1   Extinção do Processo

Verificando o juiz ter ocorrido qualquer das hipóteses previstas no art. 485 ou no art. 487, incisos II e III, deverá proferir sentença e extinguir o processo de conhecimento (art. 354).

Significa isto dizer, então, que caberá ao juiz, após a fase das providências preliminares, verificar se ocorreu qualquer das hipóteses em que a lei processual prevê a extinção do processo sem resolução do mérito (art. 485), ou por ser caso de extinção do processo com resolução do mérito por se ter reconhecido a prescrição ou a decadência, ou, ainda, por força de autocomposição (art. 487, II e III).

Nesses casos, caberá ao juiz extinguir o processo (sem ou com resolução do mérito, respectivamente).

Pode ocorrer de o juiz deparar-se com algum caso em que estejam presentes duas causas de extinção do processo, uma de extinção sem resolução do mérito e outra de extinção com resolução do mérito. Neste caso, deverá o juiz – a princípio – extinguir o processo sem resolução do mérito. Só não será assim em um caso: naquele em que o juiz verifica ser possível resolver-se o mérito em favor daquele que seria beneficiado pela extinção do processo sem resolução do mérito. Pense-se, por exemplo, no caso de ter o juiz verificado que o processo deveria ser extinto sem resolução do mérito por força do abandono unilateral da causa (art. 485, III), o que beneficiaria o réu, mas é possível afirmar, desde logo, ter-se operado a decadência do direito do demandante (art. 487, II). Pois em casos assim, deverá o juiz extinguir o processo *com resolução do mérito*, o que será muito mais benéfico para a parte a quem em tese aproveitaria a extinção do processo sem resolução do mérito. E isto se dá por força do princípio da primazia da resolução do mérito (art. 488).

Casos haverá em que o juiz não poderá extinguir o processo, mas será possível sua redução (subjetiva ou objetiva). Pense-se, por exemplo, em um processo em que se tenha formado um litisconsórcio ativo entre dois autores, vindo o juiz a verificar que um deles não tem legitimidade ativa. Neste caso, deverá o juiz – sem extinguir o processo – excluir a parte ilegítima. Do mesmo modo, pode acontecer de o autor ter formulado vários pedidos cumulados e o juiz verificar que com relação a um desses pedidos falta interesse de agir. Deverá o juiz, então, excluir este pedido do processo, o qual seguirá para exame dos demais. Outra hipótese que se pode figurar é a de o autor ter formulado mais de um pedido e o juiz verificar que ocorreu a prescrição quanto a apenas um deles, ou que o réu reconheceu a procedência de um dos pedidos cumulados. Pois nesses casos, deverá ser proferida uma *decisão interlocutória* que reduzirá, subjetiva ou objetivamente, o processo, devendo este prosseguir para exame daquilo que ainda não tenha sido apreciado.

Veja-se que neste caso não há uma "extinção parcial do processo" (ideia absolutamente equivocada, absurda mesmo, já que nada pode ser "parcialmente extinto"). O que há nessas hipóteses é a redução subjetiva ou objetiva do processo, por decisão interlocutória, impugnável por agravo de instrumento (art. 354, parágrafo único).

11.6.2 Julgamento Antecipado (Total ou Parcial) do Mérito

Pode ser que, concluídas as providências preliminares (ou constatado que nenhuma delas era necessária), o juiz se depare com um processo cujo mérito já se encontra em condições de receber imediato julgamento. Neste caso, deverá ser proferida sentença de mérito, extinguindo-se o feito com apoio no disposto no art. 487, I, através da qual o juiz acolherá ou rejeitará o pedido formulado pelo autor.

Fala a lei processual em "julgamento antecipado". Esta terminologia não é adequada, já que não se trata de julgar o mérito *antecipadamente*, mas de julgá-lo *imediatamente*. Além disso, pode haver confusão entre o "julgamento antecipado" (que se destina a produzir resultados definitivos) e a "tutela antecipada" (que é uma espécie de tutela provisória). Dever-se-ia falar, então, em *julgamento imediato do mérito*.

Haverá julgamento imediato do mérito, em primeiro lugar, quando o juiz verificar que não há necessidade de produção de outras provas além daquelas já postas à disposição do processo (ou porque a prova documental já produzida era suficiente, ou porque houve uma *produção antecipada de provas*, ou por qualquer outra razão capaz de tornar dispensável o desenvolvimento de qualquer atividade posterior de produção de provas), conforme dispõe o art. 355, I.

Também haverá julgamento antecipado (*rectius*, imediato) do mérito quando o réu for revel, ocorrer o efeito material da revelia (ou seja, estabelecer-se a presunção legal

Parte Especial • Cap. 11 • Procedimento comum do processo de conhecimento **223**

de veracidade das alegações feitas pelo autor a respeito dos fatos da causa) e o réu não tiver formulado requerimento de produção de contraprova, nos termos do disposto no art. 349 (tudo conforme o disposto no art. 355, II).

As condições para o julgamento imediato podem fazer-se presentes apenas em relação a uma parcela do objeto do processo. É o que se dá quando um ou mais dos pedidos formulados, ou parcela deles (ou até mesmo parcela do único pedido formulado, quando for possível cindir-se aquilo que tenha sido objeto do pedido) mostrar-se incontroversa (art. 356, I) ou estiver em condições de imediato julgamento (art. 356, II). Pense-se, por exemplo, no caso em que o autor postula a condenação do réu ao pagamento de uma quantia em dinheiro e o réu, ao contestar, reconhece ser devedor, mas de uma quantia inferior à que está a ser cobrada. Pois em um caso assim, deverá o juiz desde logo – e tendo em vista o fato de que uma parcela do pedido tornou-se incontroversa – proferir decisão de julgamento antecipado (*rectius*, imediato) parcial do mérito.

Enquanto o provimento judicial de julgamento imediato total do mérito é uma sentença (impugnável por apelação), a decisão de julgamento imediato parcial do mérito tem natureza interlocutória, impugnável por agravo de instrumento (art. 356, § 5º e art. 1.015, XIII).

A decisão de julgamento parcial do mérito tanto pode reconhecer a existência de obrigação líquida como de obrigação ilíquida (caso em que será possível realizar-se posteriormente a liquidação). Caso interposto o agravo de instrumento, será possível promover desde logo a liquidação (se necessária) ou a execução da obrigação reconhecida na decisão de julgamento parcial do mérito, independentemente de caução (art. 356, §§ 1º e 2º), salvo se atribuído efeito suspensivo ao agravo de instrumento (art. 1.019, I), caso em que a decisão interlocutória não produzirá desde logo seus efeitos. Não havendo interposição de recurso admissível, a decisão de julgamento parcial do mérito transitará em julgado, admitida a execução definitiva (art. 356, § 3º).

Sendo o caso de iniciar desde logo a liquidação ou a execução da decisão de julgamento imediato parcial do mérito, estas poderão processar-se em autos suplementares (art. 356, § 4º), para evitar que atrapalhem o regular andamento do processo de conhecimento (que continuará a desenvolver-se para exame da parcela do mérito ainda não resolvida).

11.6.3 Saneamento e Organização do Processo

Não sendo possível a imediata prolação de sentença (por não ser caso nem de extinção do processo nem de julgamento imediato total do mérito) e, portanto, tendo o processo de seguir, deverá ser proferida uma decisão interlocutória de *saneamento e organização do processo*.

Nesta decisão incumbe ao juiz resolver questões processuais que eventualmente ainda estejam pendentes (art. 357, I), declarando saneado o processo – isto é, declarando a inexistência de obstáculos à apreciação do mérito da causa –; delimitar as questões de fato sobre as quais recairá a atividade probatória, especificando os meios de prova que serão admitidos (art. 357, II); definir a distribuição do ônus da prova (art. 357, III); delimitar as questões de direito relevantes para a decisão de mérito (art. 357, IV); e designar, se necessário, audiência de instrução e julgamento (art. 357, V).

É preciso examinar mais detidamente o conteúdo desta decisão. E para isso, impende considerar que a decisão se divide em duas partes: o *saneamento* (art. 357, I) e a *organização* (art. 357, II a V) do processo.

Consiste o saneamento do processo na resolução de questões processuais que eventualmente ainda estejam pendentes (como, por exemplo, o pronunciamento da competência do juízo ou o exame da regularidade da representação processual de alguma das partes) e na declaração de que não há qualquer impedimento ao exame do mérito (a declaração de saneamento propriamente dita, em que se declara que o processo está *saneado*, isto é, limpo, sem vícios).

Além do saneamento, incumbe ao juiz, neste mesmo provimento, promover a *organização do processo*.

Para organizar o processo, incumbe ao juiz, antes de tudo, delimitar as questões de fato e as questões de direito relevantes para a resolução do mérito (art. 357, II e IV). Isto decorre do fato de que o procedimento comum é organizado – nos mesmos termos do que se dá com os procedimentos cognitivos dos mais modernos sistemas processuais contemporâneos – em duas fases bem distintas, a primeira, que pode ser chamada de fase introdutória, destinada à preparação do processo para chegar à resolução do mérito; a segunda, fase principal, destinada à instrução e julgamento.

O regular desenvolvimento do processo de conhecimento, em direção a um resultado construído de forma comparticipativa, em pleno, efetivo e substancial contraditório, exige que na primeira fase do processo se busque definir, com precisão, quais serão as questões (isto é, os pontos controvertidos) de fato e de direito que serão objeto do debate, da instrução probatória e das decisões que se terá na segunda fase.

É, pois, essencial que o juiz fixe os pontos controvertidos de fato e de direito, de modo a delimitar a atividade que se desenvolverá – em contraditório – na segunda fase do procedimento, de modo que toda a atividade posterior se limitará às questões de fato e de direito aqui fixadas. Não há (salvo exceções, como, por exemplo, aquilo que resulte de fatos supervenientes) possibilidade de se trazer para o contraditório, após a decisão de saneamento e organização do processo, questões novas, de fato ou de direito.

A decisão de saneamento e organização do processo, portanto, delimita o objeto da cognição a ser exercida na segunda fase do processo, promovendo uma *estabilização do objeto da cognição* (o qual, como dito, só poderá ser ampliado em casos excepcionais).

Ao fixar os pontos de fato controvertidos, o juiz também determinará quais os meios de prova que serão admitidos no processo (art. 357, II) e, se entre estes houver alguma prova oral, designará audiência de instrução e julgamento (art. 357, V). Tendo sido determinada a produção de prova testemunhal, o juiz fixará prazo comum para que as partes apresentem seu rol de testemunhas, prazo este que não será superior a quinze dias (art. 357, § 4º). Havendo determinação de que se produza prova pericial, deverá o juiz, sempre que possível, estabelecer desde logo calendário para sua realização, ou pelo menos fixando, nos termos do disposto no art. 465, prazo para apresentação do laudo (art. 357, § 8º).

A determinação de qual será o objeto da prova (isto é, quais são os pontos de fato controvertidos) permite determinar-se como se distribuem, no processo, os ônus probatórios. Como se poderá ver adiante, estes normalmente são distribuídos de forma a incidir o ônus da prova sobre aquele que tenha feito a alegação a ser provada. Excepcionalmente, porém (e isto também será objeto de exame adiante), poderá o juiz redistribuir os ônus probatórios (art. 357, III), em razão da adoção, pelo CPC brasileiro, da teoria da distribuição dinâmica do ônus da prova (art. 373, § 1º).

Proferida a decisão (que, ressalvado o capítulo referente à distribuição do ônus da prova, não pode ser impugnada por agravo de instrumento, como se vê pelo disposto no art. 1.015, especialmente o inciso XI), as partes terão o prazo de cinco dias para pedir esclarecimentos ou solicitar ajustes na decisão. Não se trata, aqui, de admitir a oposição de embargos de declaração (art. 1.022), mas de permitir a apresentação de uma simples petição em que as partes poderão requerer ao juiz que esclareça melhor algum ponto desta decisão de organização do processo ou que nela faça algum ajuste. Decorrido este prazo e não oferecida nenhuma petição pelas partes, ou feitos os esclarecimentos e ajustes necessários, a decisão se tornará estável (art. 357, § 1º).

Essa estabilidade deve ser interpretada no sentido de que, no primeiro grau de jurisdição, não será mais possível alterar-se o objeto da cognição (ressalvada a possibilidade de se ter de levar em conta algum fato ou direito superveniente). Além disso, aquilo que já estiver decidido ficará precluso para o juízo de primeiro grau, não sendo mais possível que o juiz, por exemplo, julgue extinto o processo sem resolução de mérito com base em fundamento já afastado expressamente (afinal, já terá ele proclamado nada haver no processo que impeça a resolução do mérito, o que significa que só se poderia admitir a extinção sem resolução do mérito com base em fundamento que ainda não tivesse sido suscitado) ou deixe de enfrentar e resolver alguma questão de fato ou de direito que tenha sido expressamente incluída entre aquelas que são relevantes para a decisão de mérito do processo.

Esta preclusão, é bom que se registre, só alcança o juízo, mas não as partes, que poderão rediscutir todas essas matérias em sede de apelação (ou contrarrazões de apelação), nos termos do art. 1.009, § 1º, além de poderem ser apreciadas em grau de recurso, algumas delas até mesmo de ofício (art. 485, § 3º).

O § 2º do art. 357 prevê um negócio processual típico, que pode ser chamado de *organização consensual do processo* (ou saneamento consensual). Através deste negócio processual, podem as partes definir, consensualmente, quais são os pontos controvertidos de fato e de direito, e a tal definição ficará vinculado o juiz (se o negócio for homologado pelo juiz, o que exige a observância do disposto no art. 190, parágrafo único).

De outro lado, pode haver o *saneamento compartilhado do processo* (art. 357, § 3º), o qual deverá ocorrer quando as questões de fato ou de direito forem de grande complexidade (mas também se admite o saneamento compartilhado em causas que não guardem grande complexidade, por conta do princípio da cooperação, responsável por estabelecer um processo comparticipativo: FPPC, enunciado 298). Neste caso, o juiz designará uma audiência especial, na qual buscará promover, junto com as partes, de forma cooperativa, comparticipativa, o saneamento e a organização do processo, convidando as partes a integrar ou esclarecer suas alegações. Neste caso, designada a audiência especial destinada à promoção do saneamento compartilhado, as partes já deverão levar para a audiência o rol de testemunhas (art. 357, § 5º). A pauta para realização dessas audiências deverá ser organizada com intervalo mínimo de uma hora entre o início de cada uma delas (art. 357, § 9º, que fala de intervalo "entre as audiências", devendo ser interpretado no sentido aqui proposto, isto é, de que haja uma hora entre o horário marcado para a realização de uma audiência e o horário marcado para a audiência seguinte, e não no sentido de que deve haver uma hora de intervalo entre o término de uma audiência e o início da seguinte).

Nesta audiência de saneamento e organização do processo (que, como dito, só deverá ser designada se a causa apresentar complexidade em matéria de fato ou de direito), juiz e partes – estas através de seus advogados –, de forma cooperativa, dialogal, deverão buscar, juntos, organizar o processo para que sua fase seguinte, destinada à instrução e ao julgamento da causa, possa desenvolver-se da forma mais eficiente possível.

12

AUDIÊNCIA DE INSTRUÇÃO E JULGAMENTO

Nos processos em que haja necessidade de prova oral – e só neles, é bom que se destaque – deverá ser designada uma audiência chamada *audiência de instrução e julgamento*. Trata-se de importante ato processual (na verdade, trata-se de um complexo de atos processuais, já que no dia e hora designados para esta audiência vários atos processuais, todos extremamente relevantes, serão praticados). Trata-se de ato que deve ser praticado de forma absolutamente pública, ressalvados apenas os casos em que o processo tramite em segredo de justiça (isto é, com publicidade restrita), caso em que a audiência de instrução e julgamento se realizará a portas fechadas, só podendo presenciá-la os sujeitos do processo e seus auxiliares (art. 368).

A audiência de instrução e julgamento deve ser designada, como visto, na decisão de saneamento e organização do processo. Pois no dia e hora designados, o juiz deverá declarar aberta a audiência, mandando apregoar (isto é, convocar) as partes, seus advogados, bem como outras pessoas que dela devam participar (art. 358).

Duas observações se impõem sobre este momento inicial da audiência de instrução e julgamento. A primeira é que o pregão sempre precisa ser feito de forma bastante clara (se possível com a ajuda de um sistema de som, com emprego de alto-falantes), a fim de evitar que alguém que deve participar da audiência de instrução e julgamento, e que esteja presente ao fórum, deixe de ser regularmente convocado. A segunda observação é a de que a prática forense consagrou uma equivocada inversão de ordem dos atos: muito frequentemente se faz o pregão antes de a audiência de instrução e julgamento ter início, de modo que o juiz só ingressa na sala de audiências depois de as partes e seus advogados já se terem instalado à mesa. Não é este, porém, o procedimento correto. Por força da lei processual, deve o juiz abrir a audiência e, imediatamente, mandar apregoar as partes. Esta inversão, porém, é mera irregularidade, que não gera qualquer nulidade do ato.

A audiência de instrução e julgamento é presidida pelo juiz, que nela exerce poder de polícia (art. 360). Ao juiz incumbe, então, manter a ordem e o decoro na audiência; ordenar que se retirem da sala de audiências os que se comportarem inconvenientemente; requisitar, quando necessário, força policial; tratar com urbanidade as partes, os advogados, os membros do Ministério Público e da Defensoria Pública e qualquer pessoa que participe do processo; e registrar em ata, *com exatidão*, todos os requerimentos apresentados em audiência.

Pode a audiência de instrução e julgamento ser adiada por alguns motivos. O primeiro deles é a convenção das partes (art. 362, I), já que – por qualquer razão – pode não ser da conveniência delas realizá-la no dia e hora designados. É relativamente frequente ver as partes requererem o adiamento da audiência de instrução e julgamento por estarem tentando alcançar a solução consensual do conflito e quererem continuar a negociar independentemente da audiência. O adiamento, porém, pode se dar por simples conveniência dos sujeitos que atuam no processo (já tive oportunidade, por exemplo, em minha atuação como advogado, de convencionar o adiamento de uma audiência de instrução e julgamento porque o filho do principal advogado da parte contrária, titular do escritório de advocacia por ela contratado, sofrera um acidente de automóvel).

Também se pode adiar a audiência de instrução e julgamento se, por motivo justificado, não puder a ela comparecer qualquer pessoa que dela deva participar necessariamente (art. 362, II). Fica aqui o registro de que esta disposição não se aplicaria ao exemplo anterior, do acidente com o filho do advogado, pelo fato de haver outros advogados que também constavam do instrumento de mandato e, por isso, estariam em tese habilitados a participar da audiência de instrução e julgamento.

Este impedimento deve ser comprovado até a abertura da audiência e, não sendo feita esta prova, o juiz realizará a instrução (art. 362, § 1º).

Não comparecendo, injustificadamente, o advogado ou defensor público de alguma das partes, o juiz poderá dispensar a produção das provas requeridas pela parte cujo patrono não tenha comparecido. A mesma regra é aplicável ao Ministério Público se seu representante não tiver comparecido, injustificadamente, à audiência (art. 362, § 2º).

O terceiro motivo de adiamento da audiência de instrução e julgamento é o atraso injustificado de seu início em tempo superior a trinta minutos (art. 362, III).

Aquele que tiver dado causa ao adiamento da audiência de instrução e julgamento deverá arcar com todo o custo acrescido ao processo em função da necessidade de marcar-se nova data para sua realização (art. 362, § 3º).

No caso de a audiência de instrução e julgamento ser antecipada ou adiada, o juiz determinará (*ex officio* ou mediante requerimento de parte) a intimação dos advogados ou da sociedade de advogados, para que tomem ciência da nova data designada (art. 363).

A audiência de instrução e julgamento é una e contínua, e só excepcionalmente poderá ser cindida, sempre de forma justificada, se ausente perito ou testemunha, desde que haja concordância das partes (art. 365). Sendo impossível concluir a audiência de instrução e julgamento no dia em que tenha tido início (o que pode acontecer, já que algumas vezes a audiência se prolonga por muitas horas), deverá o juiz suspendê-la e marcar data para seu prosseguimento, tão próxima quanto possível, em pauta preferencial (art. 365, parágrafo único).

Instalada a audiência de instrução e julgamento, incumbe ao juiz tentar promover a solução consensual do conflito, mesmo que já tenha havido alguma tentativa frustrada anteriormente (art. 359). Não se pode, aliás, deixar de mencionar o fato de que há, no texto do art. 359, um erro grosseiro: é que o texto normativo dispõe que haverá tentativa de conciliação "independentemente do emprego anterior de outros métodos de solução consensual de conflitos, como a mediação e a *arbitragem*", quando é notório que arbitragem não é um mecanismo consensual de conflitos. Importante, porém, é ter claro que o fato de se ter anteriormente buscado – de forma frustrada – a solução consensual do litígio não é motivo para que o juiz deixe de tentar a autocomposição das partes.

Obtido o acordo entre as partes, o juiz proferirá sentença. Não alcançada a solução consensual, prosseguirá a audiência de instrução e julgamento.

Prossegue a audiência de instrução e julgamento, no caso de não ter havido solução consensual para o litígio, com a colheita de provas orais. Estas serão produzidas na audiência, preferencialmente na seguinte ordem (art. 361): em primeiro lugar, serão ouvidos o perito e os assistentes técnicos, que responderão aos quesitos de esclarecimento tempestivamente formulados, caso não tenha havido prévia resposta escrita (art. 361, I); em seguida, autor e réu prestarão seus depoimentos pessoais (art. 361, II); por fim, serão inquiridas as testemunhas (art. 361, III). Enquanto essas pessoas estiverem a depor, não podem os advogados ou o membro do Ministério Público intervir ou apartear, salvo se obtiverem licença do juiz (art. 361, parágrafo único).

Finda a colheita da prova oral, o juiz dará a palavra aos advogados do autor e do réu, sucessivamente, para suas *alegações finais*, que serão (em regra) orais. Cada um disporá de vinte minutos, prorrogáveis por mais dez se a causa apresentar complexidade (art. 364, *caput*). Havendo litisconsórcio ou terceiro interveniente, o prazo será de trinta minutos, devendo ser distribuído entre os do mesmo grupo (ou seja, entre litisconsortes ativos, ou entre litisconsortes passivos, ou entre o terceiro interveniente e aquele cuja vitória pretenda, como no caso de assistência), nos termos do art. 364, § 1º. Podem os litisconsortes, porém, convencionar de modo diverso a distribuição do tempo de que dispõem.

Caso o processo apresente questões complexas – de fato ou de direito – o debate oral será substituído por razões finais escritas (conhecidas na prática forense como *memoriais*), em prazos sucessivos de quinze dias, assegurando-se ao autor e ao réu vista dos autos (e, para este último, assegurado também o acesso aos memoriais apresentados pelo autor), tudo nos termos do art. 364, § 2º.

Encerrados os debates orais – ou apresentados os memoriais escritos – o juiz proferirá sentença, na própria audiência ou no prazo de trinta dias (art. 366). Este é prazo impróprio – como costumeiramente são os prazos para o juiz –, o que significa dizer apenas que o decurso do prazo legal não implica o desaparecimento da possibilidade de proferir-se a sentença, ainda que tardiamente.

230 O NOVO PROCESSO CIVIL BRASILEIRO • Câmara

De tudo que aconteça na audiência de instrução e julgamento deverá ser lavrado um termo (costumeiramente chamado de *ata* ou *assentada*), que será redigido por um auxiliar da justiça, sob ditado do juiz. Este termo deverá conter, em resumo, o ocorrido na audiência de instrução e julgamento, bem como – por extenso – os despachos, decisões e a sentença que na própria audiência tenham sido proferidos (art. 367). Sendo o termo impresso, deverá ter suas folhas rubricadas pelo juiz, sendo encadernado em volume próprio (art. 367, § 1º). O termo de audiência deverá ser subscrito pelo juiz, pelos advogados, pelo membro do Ministério Público (nos processos de que este participe) e pelo escrivão ou chefe de secretaria, dispensada a assinatura das partes (salvo se tiver sido praticado algum ato de disposição de direitos para o qual os advogados não tivessem poderes especiais), conforme estabelece o art. 367, § 2º. Ao escrivão (ou chefe de secretaria) incumbe trasladar para os autos cópia autêntica do termo de audiência (art. 367, § 3º).

Quando forem eletrônicos os autos, observar-se-á o disposto no CPC e na legislação específica (especialmente a Lei nº 11.419/2006), bem como nas normas internas dos tribunais, acerca da documentação do ato (art. 367, § 4º).

É possível a gravação integral da audiência de instrução e julgamento em arquivo de audiovisual, em meio digital ou analógico, desde que assegurado o rápido acesso das partes e dos órgãos julgadores ao seu teor, sempre observada a legislação específica (art. 367, § 5º). Além disso, as partes têm o direito de gravar a audiência de instrução e julgamento, independentemente de autorização judicial (art. 367, § 6º).

13

DIREITO PROBATÓRIO

13.1 Teoria Geral da Prova

13.1.1 Conceito de Prova

Prova é todo elemento trazido ao processo para contribuir com a formação do convencimento do juiz a respeito da veracidade das alegações concernentes aos fatos da causa.

Ao longo do processo, as partes vão apresentando alegações sobre fatos. Pode-se afirmar que um contrato foi celebrado, que um acidente ocorreu por estar uma das partes conduzindo seu veículo em alta velocidade, que um pagamento foi efetuado, que se exerce atividade profissional insalubre, que um produto foi adquirido com defeito etc. É absolutamente incontável a quantidade de diferentes alegações sobre fatos que as partes podem fazer ao longo de todo o processo. Ocorre que ao juiz incumbe estabelecer, ao decidir a causa, quais dessas alegações são ou não verdadeiras e, para isso, é preciso que ele forme seu convencimento. E para que tal convencimento possa formar-se, é preciso que sejam trazidos ao processo elementos que contribuam com sua formação. Pois tais elementos são, precisamente, as *provas*.

Impende aqui, porém, fazer uma observação. Fala a lei, expressamente, em prova da "verdade dos fatos". Não se pode, porém, pensar que no processo se busca determinar uma "verdade absoluta, incontestável", algo como uma "verdade real" ou "verdade verdadeira" (ou que nome se queira dar a isso). O que importa para o processo é a formação, construída através de um procedimento em contraditório, de um grau de convencimento que possa ser considerado como verdade. Está-se a falar, portanto, de uma "verdade processual", aquela que é construída e identificada através do processo. Não fosse assim, e seriam inexplicáveis disposições como a que estabelece a presunção de veracidade das alegações feitas pelo autor a respeito dos fatos quando o réu é revel, ou a autorização para que, em certos casos, se profira decisão fundada em deficiência de provas (como nos casos em que a decisão se funda na aplicação das regras de distribuição do ônus da prova). Do mesmo modo, não se poderia aceitar que alegações sobre fatos que sejam incontroversas não dependam de prova. Tudo isso só faz sentido porque o que se busca através da prova é a construção de uma verdade processual, ou seja, um grau de convencimento que para o processo corresponde à verdade (e que, muitas vezes, nada mais será do que uma "probabilidade máxima"). É dessa verdade que se cogita nesta sede.

Para compreender o que são provas, então – e para associar os exemplos que agora são apresentados com os que foram há pouco trazidos – basta pensar no instrumento em que os termos de um contrato tenham sido registrados, no laudo pericial feito no local do acidente e que indica a velocidade em que um determinado veículo trafegava, num recibo de quitação, em uma testemunha que descreva a atividade profissional da parte ou em um vídeo mostrando que um certo produto não funcionava adequadamente. Todos esses elementos, e muitos outros de que aqui se poderia cogitar, podem ser trazidos ao processo para contribuir para a formação do convencimento. São, portanto, *provas*.

É interessante notar que o termo *prova* pode ser empregado em dois diferentes sentidos, um *subjetivo* e outro *objetivo*. Do ponto de vista subjetivo, a prova é o convencimento de alguém a respeito da veracidade de uma alegação. É neste sentido que se pode, então, dizer que em um determinado processo *existe prova* de que o pagamento aconteceu. Quem diz isso está, na verdade, a afirmar que se convenceu de que o pagamento foi feito. Trata-se, pois, de uma percepção subjetiva da prova.

De outro lado, em seu sentido objetivo, prova é qualquer elemento trazido ao processo para tentar demonstrar que uma afirmação é verdadeira. Assim, por exemplo, quando uma das partes diz que com o documento trazido aos autos *faz prova* do alegado, pretende-se afirmar que tal documento é trazido ao processo para demonstrar a veracidade da alegação. Aqui, a prova é percebida como um dado objetivo.

O conceito de prova que aqui se apresenta, como se pode então perceber, reúne essas duas acepções. Fala-se da prova como um *elemento trazido ao processo* (dado objetivo) e se alude a sua *capacidade de contribuir para a formação do convencimento* (dado subjetivo). A junção desses dois aspectos permite a compreensão do que seja, então, para o processo, a *prova*.

Pode-se afirmar que a prova é *a alma do processo de conhecimento*. É que só através das provas o juiz poderá reconstruir os fatos da causa e, com isso, produzir uma decisão que – construída através da participação em contraditório de todos os atores do processo – seja a correta para o caso deduzido. É através da atividade de produção e valoração da prova, portanto, que o processo de conhecimento poderá adequadamente produzir os resultados que dele são esperados.

Daí por que poder-se afirmar que existe uma intrínseca ligação entre a prova e o princípio constitucional do contraditório. É que através da prova que a parte produz consegue ela participar do procedimento de formação da decisão com influência na formação do resultado. E este direito de participação com influência, como tantas vezes repetido ao longo deste trabalho, é o próprio *direito ao contraditório*. Por tal razão, deve-se considerar que o direito da parte produzir provas resulta diretamente da garantia constitucional do contraditório, entendido este como garantia de participação com influência no resultado do processo.

E é exatamente nesta linha que o art. 369 estabelece que "[a]s partes têm o direito de empregar todos os meios legais, bem como os moralmente legítimos, ainda que não especificados neste Código, para provar a verdade dos fatos em que se funda o pedido ou a defesa e influir eficazmente na convicção do juiz". Veja-se, pelo texto normativo, que o direito das partes à produção de prova é manifestação do *direito de influir eficazmente na convicção do juiz* e, pois, resulta do direito constitucionalmente assegurado a um contraditório substancial, efetivo.

13.1.2   Objeto da Prova

A prova tem por objeto demonstrar a veracidade de *alegações sobre fatos que sejam controvertidas e relevantes*. Veja-se, então, que o objeto da prova não é o fato, mas a alegação. Demonstra-se que uma alegação, feita no processo, é verdadeira.

A alegação que constitui objeto da prova deve ser a *alegação de um fato*. Alegações sobre o direito (como a afirmação de que certa lei está em vigor, ou de que determinado ato normativo é inconstitucional) não são objeto de atividade probatória. Há, porém, uma exceção. Nos termos do art. 376, "[a] parte que alegar direito municipal, estadual, estrangeiro ou consuetudinário provar-lhe-á o teor e a vigência, se assim o juiz determinar".

Fica claro, pela leitura da lei, que nos casos aí previstos incumbirá à parte produzir (se assim determinar o juiz) prova acerca da veracidade de sua alegação de que determinada norma jurídica está em vigor. Em primeiro lugar, cogita-se aí das normas de direito consuetudinário, isto é, do direito fundado em costumes. É o que se dá, por exemplo, em casos nos quais sejam deduzidos fatos da navegação, em que é muito comum a utilização, como fonte de prova, dos costumes marítimos (afinal, nos termos do art. 122 da Lei nº 2.180/1954, "[p]or preceitos legais e reguladores da navegação entendem-se todas as disposições de convenções e tratados, leis, regulamentos e portarias, como também *os usos e costumes*, instruções, exigências e notificações das autoridades, sobre a utilização de embarcações, tripulação, navegação e atividades correlatas".

A prova dos costumes pode ser feita por qualquer meio admissível. Pode-se cogitar, por exemplo, de documentos que tenham registrados tais costumes, ou o depoimento de testemunhas que os descrevam.

Também se admite, como visto, a produção de prova sobre teor e vigência do *direito estrangeiro*. Afinal, seria um absurdo exigir que o juiz brasileiro conhecesse o direito de qualquer outro ordenamento jurídico que não o do Brasil, quando é perfeitamente possível (e não de todo incomum) que se instaurem no país processos nos quais é preciso aplicar norma jurídica estrangeira. Basta ver o que acontece nos processos de inventário e partilha de bens deixados por falecimento. Havendo bens a inventariar no Brasil, aqui se processará o inventário e partilha desses bens, mas a lei que rege a sucessão é a do último domicílio do autor da herança (art. 10, *caput*, da Lei de Introdução às Normas do Direito Brasileiro, com a ressalva do caso em que a lei brasileira seja mais benéfica para herdeiros brasileiros, nos termos do art. 10, § 1º, do mesmo diploma e do art. 5º, XXXI, da Constituição da República). De outro lado, a lei que rege a capacidade para suceder é a lei do domicílio do herdeiro ou legatário (que pode ser domiciliado em outro país), conforme dispõe o art. 10, § 2º, da Lei de Introdução.

A prova do direito estrangeiro pode ser feita com a juntada aos autos de uma publicação (traduzida, se necessário) do texto legal, através de certidão obtida junto à embaixada do país no Brasil, ou por meio da juntada de obras de doutrina ou de pareceres de advogados do Estado cujo direito se pretenda demonstrar.

Assim como se admite que o juiz determine a produção de prova do teor e da vigência da lei de outro país, pode-se determinar também a produção de prova do teor e da vigência de lei de *outro Estado ou outro Município* (mas jamais do próprio Estado ou Município em que o juiz exerce suas funções). E esta prova se faz pela juntada de publicação do texto normativo ou por certidão do órgão legislativo (Assembleia Legislativa ou Câmara Municipal) local.

Feitas estas ressalvas, porém, o objeto da prova é limitado às alegações sobre fatos. Não é, porém, qualquer alegação sobre fato que integra o objeto da prova. Impende que tal alegação seja *relevante e controvertida*.

É comum encontrar-se nas narrativas feitas pelas partes ao longo do processo alegações absolutamente irrelevantes para a resolução da causa. É o que se dá naqueles casos em que, seja ou não verdadeira a alegação, isto não influirá no resultado do processo. Pense-se, por exemplo, em um caso no qual se alega que o réu agiu de forma imprudente em um processo no qual se busca o reconhecimento de sua responsabilidade civil *objetiva*. Ora, se a responsabilidade objetiva prescinde da demonstração de culpa, saber se é ou não verdadeira a afirmação de que o réu agiu culposamente não produzirá qualquer influência sobre o resultado do processo. É, portanto, uma alegação irrelevante, a qual não integra o objeto da prova.

Mesmo alegações relevantes, porém, não serão objeto de prova quando forem *incontroversas* (art. 374, II e III). É por isso que, antes de se determinar qual será o objeto da prova – o que só se dá na decisão de saneamento e organização do processo – é preciso que se permita o desenvolvimento de uma fase postulatória, em que as partes (na petição inicial, na contestação e na réplica) apresentam suas alegações e têm oportunidade de impugnar as alegações feitas pela parte contrária. É que somente quando se tiver condições de se determinar quais, dentre as alegações relevantes, se terão tornado controvertidas é que se poderá estabelecer quais as provas que no processo terão de ser produzidas.

Por fim, vale recordar que não serão objeto de prova as alegações acerca de fatos notórios (art. 374, I), assim entendidos aqueles fatos de conhecimento geral (como seria, por exemplo, a alegação de que a Seleção Brasileira de Futebol jamais conquistou uma Copa do Mundo disputada em território nacional, ou ainda a alegação de que o Brasil tem fronteira com o Uruguai). Também não serão objeto de prova alegações feitas a respeito de fatos sobre os quais incida presunção legal de existência ou de veracidade (art. 374, IV), como é o caso das alegações feitas pelo autor em processo cujo réu tenha permanecido revel (art. 344), o da alegação de que os juros de uma dívida estão pagos quando existe prova do pagamento do principal e a quitação foi dada sem reserva dos juros (art. 323 do CC), ou o da alegação de que uma construção ou plantação feita em um terreno tenha sido feita pelo proprietário e à sua custa (art. 1.253 do CC).

13.1.3 Destinatários da Prova

É costumeira a afirmação, encontrada em doutrina e jurisprudência, de que o destinatário da prova seria o juiz. É preciso receber esta assertiva, porém, com algum cuidado.

Em primeiro lugar, por ser preciso ter claro que o juiz não é o único destinatário da prova. E em segundo lugar por ser necessário compreender-se, com exatidão, o que se quer afirmar com ser a prova destinada ao *juiz*.

Na verdade, a prova tem por destinatários todos os sujeitos do processo (FPPC, enunciado 50: "Os destinatários da prova são aqueles que dela poderão fazer uso, sejam juízes, partes ou demais interessados, não sendo a única função influir eficazmente na convicção do juiz"). Pode-se dizer que o juiz é o *destinatário direto da prova*, enquanto as partes e demais interessados são *destinatários indiretos*.

O juiz, é certo, se apresenta como destinatário direto da prova por ter esta por finalidade trazer alguma contribuição para a formação do seu convencimento. É, então, para isto que se produz prova (e, portanto, é por isso que se autoriza o juiz a indeferir provas inúteis ou protelatórias, conforme expressamente dispõe o art. 370, parágrafo único). E é ao juiz, evidentemente, que incumbe apreciar a prova produzida (art. 371).

A prova, porém, também é produzida para as partes e outros interessados, seus *destinatários indiretos*. É que também as partes (e terceiros interessados) têm de se convencer, pela prova produzida, de que uma determinada decisão que tenha sido proferida deve ser considerada correta. A avaliação que as partes fazem da prova é evidentemente levada em consideração quando se verifica se vale ou não a pena recorrer contra alguma decisão. E também por conta disso é que se revela muito importante que a atividade de produção de provas se dê, no primeiro grau de jurisdição, de forma bastante completa. É que um contraditório bem realizado, com ampla instrução probatória, muitas vezes levará a parte vencida a perceber que de nada adiantaria recorrer contra a decisão que tenha sido proferida. Além disso, muitas vezes acontecerá de uma parte, diante da prova produzida, dar-se conta de que não adianta insistir em que se conduza o processo em direção ao julgamento, valendo a pena buscar uma solução consensual para o litígio, o que pode diminuir suas perdas. A prova, pois, é de extrema relevância para a determinação do modo como as partes se comportam no processo, e em razão disso não se pode negar a elas a condição de *destinatárias indiretas da prova*.

Sendo juiz e partes destinatários da prova, a todos eles é reconhecida a existência de poderes de iniciativa instrutória. O art. 370, aliás, estabelece expressamente que cabe ao juiz, "de ofício ou a requerimento da parte", determinar as provas necessárias ao julgamento do mérito. Às partes evidentemente caberá postular a produção das provas que lhes pareçam relevantes, pois é delas o direito material em debate e, por isso, são elas titulares de interesse em produzir prova. Não se pense, porém, que ao juiz não se deve reconhecer poderes de iniciativa instrutória. Em um modelo processual cooperativo como o adotado pelo CPC (art. 6º), em que juiz e partes atuam juntos, de forma comparticipativa, na construção em contraditório do resultado do processo, é preciso reconhecer que também o juiz tem poderes de iniciativa instrutória. Afinal, a ele – tanto quanto às partes – incumbe atuar na direção da construção de um resultado constitucionalmente legítimo para o processo. Não seria compatível com este modelo cooperativo de processo um juiz passivo, neutro, que se limitasse a valorar as provas que as partes produzem (como se dá, normalmente, em sistemas processuais que adotam um modelo adversarial, em que o juiz não tem qualquer poder de iniciativa instrutória, esta deixada exclusivamente na mão das partes). No processo cooperativo o juiz não está acima das partes, mas tampouco está abaixo delas. Todos os atores do processo atuam, em igualdade de condições, com forças equivalentes, na construção comparticipativa do resultado final do processo. E se é assim, a todos eles se deve reconhecer a possibilidade de tomar a iniciativa de produzir provas. Isto não quebra, de maneira nenhuma, a imparcialidade do juiz. Ao contrário, o juiz que tem iniciativa probatória é comprometido com a busca da decisão correta, justa, constitucionalmente legítima do caso concreto. É ele um dos atores que cooperam para a produção do resultado e, assim, dá aplicação concreta ao disposto no art. 6º do CPC. A iniciativa probatória do juiz, porém, precisa ser compreendida como de natureza suplementar à das partes. É que no processo comparticipativo sujeito do processo tem um papel a cumprir, e o papel de produtor de provas cabe, precipuamente, às partes (que titularizam os ônus probatórios). Não cabe ao juiz substituir a atividade das partes e produzir as provas que a elas incumbiria produzir. Pense-se, por exemplo, em um processo em que ambas as partes dizem, expressamente, não querer produzir prova pericial. Pois não cabe, em um caso assim, que o juiz determine de ofício a produção dessa prova. Situação completamente diferente se teria, porém, se a prova pericial fosse produzida e se mostrasse insuficiente ou inconclusiva, caso em que ao juiz seria dado, de ofício, determinar a produção de uma segunda perícia. Do mesmo modo, tendo as partes produzido prova testemunhal, poderá o juiz, de ofício, determinar a oitiva de uma testemunha referida (ou seja, uma testemunha a quem as outras tenham feito referência). O que não se pode admitir é um juiz que queira atuar como se fosse ele próprio uma das partes, sob pena de quebrar-se a imparcialidade que deve marcar a atuação judicial.

No entanto, é preciso retornar à afirmação inicial, de que o juiz é o destinatário (direto) da prova. Este *juiz* a que se refere a afirmação não é apenas o magistrado que atua no órgão jurisdicional de primeira instância. Na verdade, destinatário da prova é qualquer juiz que atue no processo nas instâncias ordinárias. É que nas instâncias ordinárias se admite a produção de prova, o que não se dá nas instâncias excepcionais (ou seja, naquelas que atuam na apreciação de recurso extraordinário ou de recurso especial). Impende, aqui, recordar que o juízo de segundo grau de jurisdição, na apreciação de recursos ordinários (como a apelação), faz valoração de prova, valorando-a. Também para o juízo de segundo grau, portanto, a prova se destina.

A compreensão adequada disto certamente poderá evitar muitas anulações de decisões judiciais. É que com alguma frequência se vê casos em que o juiz indefere a produção de certa prova ao fundamento de que a mesma não seria capaz de influenciar na formação de *seu* convencimento. Muito frequentemente, porém, a decisão que posteriormente é proferida vem a ser anulada em grau de recurso, exatamente por ausência daquela prova cuja produção não foi admitida. É extremamente relevante, então, que o juiz de primeiro grau se dê conta de que a prova não é produzida apenas *para ele*, mas também para o órgão de segundo grau, que promoverá o reexame da causa em sede de recurso. Em função disso, é extremamente importante que o juiz verifique, antes de decidir sobre a admissibilidade da prova, como tem sido firmado o entendimento a respeito da produção daquele tipo de prova em casos semelhantes. Há casos, por exemplo, de juízes que indeferem a produção de prova pericial em processos cujos objetos, segundo jurisprudência firme do tribunal de segundo grau, exigem que a perícia seja realizada. Em casos assim, o juiz que persiste em indeferir a prova contraria este dado simples e relevante: também o tribunal de segundo grau examinará fatos e valorará provas, e isto faz dele, também, destinatário das provas que no processo são produzidas. Indeferir a prova em casos assim é, certamente, um desserviço à efetividade e à eficiência do processo.

Ao juiz (de primeiro ou de segundo grau de jurisdição), como destinatário direto da prova, incumbe sua valoração. Pois deste ponto trata o art. 371, estabelecendo que "[o] juiz apreciará a prova constante dos autos, independentemente do sujeito que a tiver promovido, e indicará na decisão as razões da formação de seu convencimento". É preciso verificar, então, qual o critério que deve ser empregado pelo juiz para valorar a prova que tenha sido produzida.

O primeiro critério que o direito processual civil conheceu para a valoração da prova foi o da *prova legal*. Por este critério, o juiz não tinha qualquer liberdade na apreciação da prova, incumbindo à lei estabelecer o valor de cada uma a partir de um tabelamento. Assim, havia provas que valiam mais do que outras (falava-se, por exemplo, em provas plenas e provas semiplenas), assim como se encontravam situações em que, por força de lei, estabelecia-se qual tipo de prova poderia ser aceito (ou, ao contrário, qual espécie probatória não poderia ser admitida). Este critério, embora antigo e ultrapassado, ainda pode ser encontrado, em caráter absolutamente excepcional, no Direito brasileiro. É o que se dá, por exemplo, com o contrato de depósito voluntário, que só se prova por escrito (art. 646 do CC), caso em que só se admite prova testemunhal se houver começo de prova escrita, emanada da parte contra quem se pretende produzir a prova (art. 444).

O critério da prova legal foi posteriormente substituído pelo critério da íntima convicção, por força do qual a apreciação da prova é absolutamente livre pelo juiz, que julgaria conforme seu sentimento pessoal em relação à causa. Adotado este critério, o juiz sequer precisaria fundamentar sua decisão em relação aos fatos. Evidentemente ultrapassado, deste critério já não se encontra mais qualquer vestígio no processo civil brasileiro (embora dele haja um resquício no processo penal, já que o conselho de sentença do Tribunal do Júri aprecia as provas sem precisar fundamentar sua decisão, julgando conforme sua consciência, conforme expressamente dispõe o art. 472 do CPP).

Posteriormente, passou-se a adotar o sistema conhecido como *livre convencimento motivado* ou *persuasão racional*. Por este critério de valoração da prova afirma-se que o juiz é livre para dar a cada prova o valor que entender adequado, devendo fundamentar sua decisão. Era o sistema expressamente adotado no processo civil brasileiro ao tempo da codificação de 1973 (cujo art. 131 expressamente estabelecia que "[o] juiz apreciará livremente a prova, atendendo aos fatos e circunstâncias constantes dos autos, ainda que não alegados pelas partes; mas deverá indicar, na sentença, os motivos que lhe formaram o convencimento"). Este sistema atribui ao juiz o poder discricionário de, conforme seus critérios pessoais, dizer quais provas são ou não capazes de formar o convencimento. Pense-se no seguinte: diante de um caso em que haja duas testemunhas, as quais prestam depoimentos radicalmente contraditórios, como poderia o juiz – senão discricionariamente – escolher livremente o depoimento de uma delas e com base neste proferir sua decisão? Pois este é o sistema do livre convencimento motivado.

Ocorre que, como já dito ao longo deste trabalho, a atividade jurisdicional não é, não pode ser, discricionária. Não se pode reconhecer ao juiz a possibilidade de, indiferentemente, escolher esta ou aquela prova como sendo capaz de formar seu convencimento, ainda que isto depois seja fundamentado. O Direito no Estado Democrático de Direito não é compatível com escolhas discricionárias, pois não se pode admitir a ideia de que seria indiferente para o Direito e para a sociedade que o juiz escolha esta prova e não aquela, ou vice-versa, de modo que, ao final, se chegaria à conclusão de que seria juridicamente indiferente dar-se razão a uma das partes ou à outra.

Pois foi exatamente por isso que o sistema processual civil brasileiro, a partir do CPC de 2015, superou o critério do livre convencimento motivado, que deixou de ser referido no texto normativo. Diferentemente disso, o art. 371 estabelece que "o juiz apreciará a prova constante dos autos, independentemente do sujeito que a tiver promovido, e indicará na decisão as razões da formação de seu convencimento".

A diferença parece pequena, mas não é. Enquanto a legislação processual anterior falava em "apreciar *livremente* a prova", a legislação atual estabelece incumbir ao juiz "apreciar a prova". Pois o desaparecimento, do texto normativo, do advérbio *livremente* tem de ser considerado pelo intérprete na busca da forma correta de entender-se o sistema. É que a valoração da prova pelo juiz não pode se dar de forma discricionária, como o sistema anterior estabelecia (sempre sendo importante lembrar que o CPC anterior ao atual, de 1973, foi editado durante um regime de exceção, não tendo – ao menos em seu texto original – qualquer compromisso com o Estado Democrático de Direito). Incumbe ao juiz, ao proferir a decisão, apresentar uma valoração discursiva da prova, justificando seu convencimento acerca da veracidade das alegações, e indicando os motivos pelos quais acolhe ou rejeita cada elemento do conjunto probatório. Em outros termos, cabe ao juiz, na valoração da prova, encontrar a verdade que tenha sido demonstrada no processo através dos elementos de prova a ele carreados. E como não pode haver duas verdades (ou o motorista do veículo dirigia em velocidade excessiva, ou ele não dirigia em velocidade excessiva; ou o documento é falso, ou é autêntico; ou o fato ocorreu ou não ocorreu *etc.*), cabe ao juiz, através da valoração da prova, encontrar esta verdade para que se produza uma decisão correta para o caso concreto.

Perceba-se, aqui, um ponto relevante: através da prova permite-se que, no processo, seja descoberta a verdade acerca dos fatos da causa. A busca da decisão correta para o caso concreto pressupõe o reconhecimento da possibilidade de se descobrir a verdade. Não se pode aceitar a ideia – a rigor já há muito tempo ultrapassada – de que existiriam duas verdades (uma verdade material e outra formal) e, pior ainda, que ao processo civil bastaria a verdade formal. Ao processo interessa a descoberta da verdade. E através da prova se pode alcançar uma verdade que seja, ao menos, "processualmente possível". É que a busca da verdade e da segurança jurídica não constitui algo que prevaleça sobre tudo o mais. A exigência de estabilidade, de paz social, além da imposição constitucional de que os processos tenham uma duração razoável, fazem com que o processo precise terminar, mesmo que ainda não se tenha certeza absoluta de ter sido descoberta a verdade. Por isso, são estabelecidos mecanismos destinados a permitir a produção de decisões baseadas em probabilidades muito grandes, como as presunções e as regras de distribuição do ônus da prova. E decisões baseadas nessas fortíssimas probabilidades têm de ser equiparadas às que se baseiam na descoberta da verdade para fins de estabilização dos resultados (através da coisa julgada, instituto de que se tratará mais adiante). Por isso é que se fala de uma verdade "processualmente possível". A equivalência, do ponto de vista do processo, da verdade e da forte probabilidade, não compromete o que foi dito aqui: o processo busca, através da prova, a verdade (ainda que em alguns casos tenha de contentar-se com a forte probabilidade).

Pois incumbe ao juiz, ao proferir decisão de mérito, indicar os fundamentos pelos quais justifica seu convencimento, formado através da análise das provas produzidas no processo, construindo em contraditório seu conhecimento a respeito dos fatos da causa. É o que se pode chamar de *valoração democrática da prova*. Exige-se, pois, uma fundamentação que demonstre, discursivamente, como o juiz chegou às suas conclusões acerca da apreciação da prova, a fim de se demonstrar que a decisão proferida é a decisão correta para o caso concreto em exame, sem que isto resulte de discricionariedade ou voluntarismo judicial.

13.1.4   Ônus da Prova

Na linguagem do direito processual, ônus é o nome usado para designar uma conduta imperativa, imposta a alguma das partes, para que se realize um interesse próprio. É, pois, o *imperativo do interesse próprio*. Pense-se, por exemplo, na parte vencida, que para ver satisfeito seu interesse em sair vencedora da causa, precisa interpor um recurso. Fala-se, aí, do ônus de recorrer. Do mesmo modo, o réu, citado, precisa oferecer contestação para ter chance de alcançar resultado favorável. Daí falar-se em um ônus de contestar.

Pois é por isso que tradicionalmente se cogitou de um ônus da prova. Cada uma das partes teria o ônus de alegar os fatos que lhe fossem favoráveis. Estar-se-ia, aí, diante do ônus de alegar. Apresentada a alegação por uma das partes, à outra caberia impugnar as alegações feitas (ônus da impugnação). Pois alegação impugnada precisa ser provada, motivo pelo qual se passou a cogitar de um ônus da prova.

Surgiu, assim, uma percepção subjetiva acerca das regras de distribuição dos ônus probatórios, como se fossem elas *regras de atividade*, isto é, regras destinadas a estabelecer a quem incumbe produzir prova acerca da veracidade de cada alegação controvertida que tenha surgido no processo.

Ocorre que esta concepção subjetiva do ônus da prova não é compatível com o sistema processual civil. É que a prova, uma vez produzida, pertence ao processo, pouco importando quem a tenha produzido. Fala-se mesmo em um *princípio da comunhão da prova* (também chamado de *princípio da aquisição da prova*). E é exatamente por conta disso que, no art. 371, se estabelece que a prova será apreciada pelo juiz "independentemente do sujeito que a tiver promovido".

Ora, mas se as regras de distribuição do ônus da prova não são regras de atividade, é preciso determinar qual sua natureza. Pois tal determinação não é difícil. Trata-se de considerar tais regras como *normas de julgamento*.

O que se quer dizer com isso é que, ao estabelecer uma distribuição, entre as partes, dos ônus probatórios, a lei processual fixa o modo como o caso concreto será decidido se houver *insuficiência do material probatório*. Neste caso, dever-se-á proferir decisão desfavorável àquele sobre quem incidia o ônus da prova daquilo que não esteja suficientemente provado.

Explique-se melhor este ponto: ao longo do processo vão sendo feitas alegações a respeito de fatos que, sendo relevantes e controvertidas, tornam-se objeto de prova. Incumbe ao juiz, então, no momento de proferir sentença, examinar cada uma dessas alegações a fim de verificar se sua veracidade está ou não comprovada.

Havendo prova suficiente para que o juiz possa afirmar que a alegação é verdadeira, isto será afirmado pelo juiz e considerado em sua decisão. De outro lado, havendo prova suficiente para que se possa asseverar que a alegação é falsa, isto também será afirmado pelo juiz e considerado em sua decisão. Pode ocorrer, porém, de não haver prova suficiente para permitir a formação do convencimento do juiz acerca da veracidade de alguma alegação. Neste caso, incumbirá ao juiz proferir sua decisão contrariamente àquele sobre quem incida o ônus da prova em relação à alegação não suficientemente provada.

Imagine-se, por exemplo, um processo no qual se cobre do réu uma dívida resultante de um contrato, tendo o réu se limitado a alegar, em sua defesa, que já efetuara o pagamento (o que é impugnado pelo autor). Há, aí, pois, uma alegação relevante e controvertida acerca do pagamento, o que faz dela uma alegação que integra o objeto da prova. Pois em um caso assim, o ônus da prova acerca do pagamento é daquele que alegou tê-lo feito, isto é, do réu.

Pois bem: caso haja nos autos prova suficiente para afirmar que o réu verdadeiramente efetuou o pagamento, o juiz deverá rejeitar o pedido de cobrança. De outro lado, caso haja prova suficiente para afirmar que o pagamento nunca aconteceu, deverá ele acolher o pedido de cobrança. Perceba-se que até este ponto não se cogitou da verificação da titularidade do ônus da prova.

Imagine-se, porém, que nesse processo não se produziu prova suficiente para permitir a formação do convencimento do juiz acerca da alegação de pagamento. O juiz, em outras palavras, está na dúvida quanto a ter ou não se realizado o pagamento. Neste caso, como o ônus da prova é do réu, incumbe ao juiz decidir favoravelmente ao autor (isto é, decidir contrariamente àquele sobre quem incide o ônus probatório), acolhendo o pedido de cobrança.

O juiz, portanto, só aplica as regras de distribuição do ônus da prova no momento de proferir a decisão de mérito, e somente quando verifica que o material probatório é insuficiente para justificar sua decisão.

Por força do princípio do contraditório, porém, que impede a prolação de decisões-surpresa (art. 10), é absolutamente essencial que as partes saibam, de antemão, sobre quem recaem os ônus probatórios. Daí a importância do disposto no art. 373.

Pois por força desse dispositivo, "[o] ônus da prova incumbe [ao] autor, quanto ao fato constitutivo de seu direito; [e] ao réu, quanto à existência de fato impeditivo, modificativo ou extintivo do direito do autor".

Este é texto normativo muito tradicional no direito processual civil brasileiro, mas que é claramente insuficiente para explicar todas as situações. É que de sua leitura ressalta a (falsa) impressão de que em um processo só poderiam ser discutidos quatro tipos de fato: constitutivo do direito, impeditivo do direito, modificativo do direito e extintivo do direito. Assim não é, porém.

Evidentemente, esses quatro tipos de fato são os que mais frequentemente aparecem nos processos. Sempre haverá a alegação de um fato constitutivo do direito (isto é, de um fato do qual origina-se o direito), o qual constitui, aliás, a causa de pedir remota da demanda do autor. Pode, também, ser alegado algum fato impeditivo (ou seja, um fato contemporâneo ao fato constitutivo, mas que é suficiente para impedir que o direito efetivamente se constitua, como seria a incapacidade de um contratante, a impedir a constituição de direitos resultantes do contrato por ele celebrado), modificativo (isto é, um fato superveniente e que altere a substância do direito, como seria o pagamento parcial de uma dívida que esteja sendo cobrada pelo demandante) ou extintivo (fato superveniente à formação do direito e que faz com que ele desapareça, como é o pagamento em relação ao direito de crédito).

Além desses quatro tipos de fatos, porém, outros podem ser alegados. Imagine-se, por exemplo, um processo no qual o autor cobra do réu uma dívida resultante de um contrato (sendo o contrato o fato constitutivo do direito do autor). O réu, então, alega em sua defesa o pagamento (fato extintivo do direito). Pode ocorrer, então, de o autor, na réplica, afirmar que o pagamento foi inválido por ter sido feito a mandatário sem poderes para recebê-lo (fato impeditivo da eficácia extintiva do pagamento). Pois o texto do art. 373 não dá solução a uma relevante questão: sobre quem incidiria o ônus da prova acerca deste último fato alegado (o "fato impeditivo do fato extintivo")? Daí por que é multissecular a afirmação de que o ônus da prova incumbe *a quem alega* (*ei incumbit probatio qui dicit, non qui negat*).

Em regra, portanto, o ônus da prova incumbe a quem tenha feito a alegação. Dito de outro modo, se no momento de proferir a decisão de mérito o juiz verifica que alguma alegação não está suficientemente provada, deve proferir decisão contrária a quem a tenha feito. Daí a razão pela qual também há muitos séculos se afirma que alegar e não provar é como não alegar (*allegatio et non probatio, quasi non allegatio*). Há, porém, casos excepcionais em que a lei não atribui o ônus da prova a quem faz a alegação, mas à parte adversária (e em casos assim, portanto, a insuficiência de prova levará o juiz a decidir *a favor* daquele que tenha feito a alegação). É o que se dá, por exemplo, no caso de uma demanda proposta por consumidor em face de fornecedor para postular a reparação de dano por fato de produto. Neste caso, incumbe ao consumidor alegar que adquiriu produto com defeito, mas é do fornecedor o ônus da prova de que o defeito não existe (art. 12, § 3º, II, do CDC). Assim também numa demanda de investigação de paternidade proposta pelo filho de mulher que era casada com o réu, tendo o casamento se dissolvido até trezentos dias antes do nascimento, é do réu (e não do autor, que alega ser seu filho) o ônus da prova, nos termos do art. 1.597, II, do CC.

Em regra, porém, o ônus da prova incumbe a quem alega, e é assim que se deve compreender o disposto no art. 373. Casos há, porém, em que a lei inverte o ônus da prova, como já visto (inversão *ope legis* do ônus probatório). E além disso há casos em que se admite a inversão do ônus da prova por decisão judicial (inversão *ope iudicis* do ônus probatório). Este é fenômeno que já há algum tempo vem regulado no Código de Defesa do Consumidor (art. 6º, VIII), mas que recebe tratamento adequado e completo nos §§ 1º e 2º do art. 373, os quais trazem para o sistema processual civil brasileiro, definitivamente, a teoria da distribuição dinâmica do ônus da prova (ou, como alguns chamam, *teoria da carga dinâmica da prova*, designação que parece inadequada por ser uma tradução equivocada da expressão castelhana – a teoria aqui apresentada nasceu na doutrina argentina – *carga dinamica de la prueba*, sendo relevante lembrar que a palavra *ônus* não existe na língua espanhola, motivo pelo qual a expressão "ônus da prova" é, em espanhol, *carga de la prueba*).

Pois o § 1º do art. 373 estabelece que nos casos em que haja previsão legal (como é o previsto no art. 6º, VIII, do CDC, há pouco mencionado) ou "diante de peculiaridades da causa relacionadas à impossibilidade ou à excessiva dificuldade de cumprir o encargo" probatório que em regra lhe caberia, "ou à maior facilidade de obtenção da prova do fato contrário", pode o juiz modificar a atribuição dos ônus probatórios, por decisão (evidentemente) fundamentada.

Dito de outro modo, o que se tem aí é a previsão da possibilidade de uma redistribuição dos ônus probatórios por decisão judicial (*ope iudicis*), a ser feita sempre que o juiz verificar que o encargo recai sobre parte que não teria condições de produzir a prova (por ser impossível ou excessivamente difícil obtê-la). A questão é que em alguns casos é muito difícil ou até mesmo impossível para uma das partes produzir determinada prova e, como é dela o ônus probatório, a parte adversária estabelece como estratégia simplesmente nada fazer, nenhuma prova produzir, sabendo que a insuficiência de material probatório levará a um resultado que lhe será favorável (e, evidentemente, desfavorável à parte sobre quem recaía o ônus da prova).

Ocorre que, em um modelo cooperativo de processo (art. 6º), em que todos os sujeitos do processo devem atuar juntos para a produção de um resultado constitucionalmente legítimo, dando-se ao caso concreto a solução correta, é perfeitamente possível estabelecer que, verificando o juiz a dificuldade (ou impossibilidade) de uma das partes desincumbir-se de seu ônus probatório, se promova uma redistribuição do encargo, de modo a atribuir o ônus da prova à parte que a princípio não o teria.

Pense-se, por exemplo, em um caso no qual se discuta alguma questão envolvendo o funcionamento de um equipamento de avançada tecnologia, tendo o autor alegado que o aludido equipamento não funcionou como deveria por alguma falha de projeto. Pode ser muito difícil para a parte que fez essa alegação demonstrar que houve mesmo uma falha de projeto no aludido equipamento (e, tendo sido ela a fazer tal alegação, é dela o ônus da prova). Mas sendo a outra parte a detentora da tecnologia, do *know-how*, é certamente para ela muito mais fácil obter a contraprova, isto é, a prova de que não existe a apontada falha. Pois em casos assim impõe-se uma redistribuição do ônus da prova por decisão judicial.

Evidentemente, só se poderá admitir essa redistribuição do ônus da prova se o encargo for, pela decisão judicial, atribuído a quem tenha condições de dele desincumbir-se, não se podendo, com a redistribuição do ônus da prova, gerar uma situação em que a desincumbência de tal encargo seja impossível ou excessivamente difícil (art. 373, § 2º).

Além disso, deve-se ter claro que a redistribuição do ônus da prova não pode se dar na sentença. Isto contrariaria a garantia do contraditório como não-surpresa. É preciso (e isto está expresso na parte final do § 1º do art. 373) que a decisão que redistribui o ônus da prova seja proferida de forma a "dar à parte a oportunidade de se desincumbir do ônus que lhe foi atribuído". É que não se poderia, sob pena de uma ilegítima surpresa, proferir sentença dizendo que determinada parte saiu vencida por não se ter desincumbido de um ônus probatório que só agora, na sentença, lhe é atribuído. Impende, portanto, que a redistribuição do ônus da prova se dê em momento anterior, de forma a garantir à parte a quem o encargo probatório é agora atribuído que tenha ainda possibilidade de, durante a fase de instrução probatória do processo, produzir as provas que lhe permitirão desincumbir-se de seu encargo e buscar obter uma decisão que a favoreça.

Não é por outra razão que a decisão que redistribui o ônus da prova deve ser proferida como um capítulo do provimento de saneamento e organização do processo (art. 357, III). E sempre vale recordar que uma vez proferida essa decisão têm as partes cinco dias para requerer esclarecimentos e ajustes, e uma vez decorrido esse prazo a decisão se torna estável (art. 357, § 1º), só podendo ser revista por meio de agravo de instrumento (admissível por força do art. 1.015, XI). É que, como já visto, essa decisão tem o papel de demarcar o final da fase introdutória do procedimento, destinada a permitir a delimitação das questões de fato e de direito que serão relevantes para a resolução do mérito, e o início da fase principal do processo, destinada à instrução e ao julgamento da causa. Assim, definido o modo como se distribuem os ônus probatórios, poderão as partes atuar na instrução probatória buscando desincumbir-se dos encargos que lhes tenham sido atribuídos.

Por fim, não se pode deixar de dizer que é possível a celebração de *negócio processual* destinado a modificar a distribuição do ônus da prova (art. 373, §§ 3º e 4º). Este, como os negócios processuais em geral, pode ser celebrado antes do processo ou durante seu curso (art. 373, § 4º), e através dele as partes podem livremente convencionar o modo como os encargos probatórios são distribuídos, salvo quando recair sobre direito indisponível da parte (art. 373, § 3º, I) ou quando tornar excessivamente difícil a uma parte o exercício de seu direito (art. 373, § 3º, II). Além disso, é de se considerar inválido o negócio processual que redistribui os ônus probatórios nos casos em que genericamente se estabelece a invalidade dos negócios processuais (art. 190, parágrafo único).

13.1.5 Meios de Prova

Meios de prova são os mecanismos através dos quais a prova é levada para o processo. Alguns deles estão expressamente previstos em lei (como a prova testemunhal ou a documental, por exemplo) e, por isso, são chamados de *provas típicas* (ou meios típicos de prova). Além desses, porém, admite-se a produção de meios de prova que não estão previstos expressamente, as chamadas *provas atípicas* (ou meios atípicos de prova). O art. 369 expressamente estabelece, aliás, que as partes "têm o direito de empregar todos os meios legais, bem como os moralmente legítimos, ainda que não especificados neste Código, para provar a verdade dos fatos em que se funda o pedido ou a defesa e influir eficazmente na convicção do juiz".

A redação do texto normativo não é das melhores. É que, com base na literalidade do texto, poderia parecer que apenas os meios atípicos de prova deveriam ser *moralmente legítimos* (afinal, naquele texto se lê que as partes podem empregar "os meios legais, *bem como os moralmente legítimos, ainda que não especificados*" no Código). Assim não é, porém. Todos os meios de prova, típicos ou atípicos, devem ser moralmente legítimos. Assim é, por exemplo, que não se pode admitir como prova uma confissão (meio típico) obtida através de constrangimentos causados pelo juiz ao confitente. Ter-se-ia, aí, uma prova típica moralmente ilegítima e, portanto, inadmissível.

Desde que moralmente legítimas, portanto, podem ser admitidas no processo civil tanto as provas típicas (como a pericial ou a inspeção judicial) quanto atípicas.

A expressão *prova atípica* pode, na verdade, designar dois diferentes fenômenos: (a) o meio atípico de prova; (b) a forma atípica de produzir um meio típico de prova.

Meio atípico de prova é o meio de prova que não está previsto expressamente em lei. Bom exemplo disso é a assim chamada "prova de informações", meio de prova que está expressamente previsto em algumas legislações estrangeiras (como é o caso dos arts. 190 a 192 do Código uruguaio de 1988 e dos arts. 204 e 205 do Código boliviano de 2013, que preveem a *prueba por informe*), mas não foi tipificado no ordenamento processual brasileiro. A prova de informações é a declaração dada por um órgão ou pessoa jurídica, de direito público ou privado, sobre pontos claramente individualizados que resultem de seus arquivos ou registros. Pense-se, por exemplo, no caso de em um determinado processo ser necessária a produção de prova sobre se determinada pessoa esteve ou não em certa cidade em um dia em que ocorreram eleições e, para a produção da prova, se solicita ao Tribunal Regional Eleitoral que informe se aquela pessoa, naquele dia, votou ou justificou ausência (e, caso o tenha feito, em que cidade estava ao apresentar sua justificativa). Pois a apresentação, pelo TRE, de um dado constante de seus arquivos, constitui uma prova de informações.

Extraia-se daí, então, que meios de prova que não estejam expressamente previstos em lei podem ser produzidos, sendo perfeitamente admissíveis no processo civil.

Fenômeno diferente – mas também admissível – é o da *forma atípica de produção de um meio típico de prova*. Veja-se, por exemplo, o caso da prova testemunhal. Segundo a legislação processual brasileira, a prova testemunhal é colhida através do depoimento oral da testemunha em juízo (art. 453). Pois nada impede que em algum processo as partes tragam aos autos declarações escritas firmadas por testemunhas, em que estas expõem o que sabem sobre os fatos da causa (o que se vê com bastante frequência, por exemplo, em processos que têm por objeto o reconhecimento da existência de união estável).

Típica ou atípica, a prova será admitida se for lícita. É que, por força do disposto no art. 5º, LVI, da Constituição da República, "são inadmissíveis, no processo, as provas obtidas por meios ilícitos". Assim, por exemplo, confissões obtidas mediante tortura, correspondência obtida mediante invasão de caixas de correio eletrônico, gravações clandestinas de conversas, entre outras, são inadmissíveis no processo em razão da ilicitude de sua obtenção.

Entre os meios típicos de prova regulados pelo CPC, e que serão examinados adiante, há provas de vários tipos. Importa, aqui, apresentar uma classificação desses meios de prova.

Assim é que, entre as provas típicas, existem provas *orais*, *documentais* e *técnicas*.

Prova oral é a que se produz através de um depoimento falado. Pertencem a essa categoria o depoimento pessoal e a prova testemunhal.

Provas documentais são os registros gravados de fatos. Nesta categoria se encontram a prova documental *stricto sensu* (aqui incluída a prova produzida através de documento eletrônico) e a ata notarial.

Provas técnicas são os meios de prova que são produzidos através da análise que alguém faz de um objeto ou pessoa, valendo-se de seu conhecimento especializado. Nesta categoria se encontram a prova pericial e a inspeção judicial.

A confissão é meio de prova que pode manifestar-se como prova oral ou como prova documental, conforme o modo como tenha sido produzido.

13.1.6 Prova Emprestada

Chama-se prova emprestada àquela que, produzida para gerar efeitos em um processo, é levada para outro processo, distinto, onde também será recebida como meio destinado a influir na formação do convencimento do juiz. Sua admissibilidade está expressa no art. 372, por força do qual "[o] juiz poderá admitir a utilização de prova produzida em outro processo, atribuindo-lhe o valor que considerar adequado, observado o contraditório".

É, pois, perfeitamente possível – desde que observado o contraditório, como se examinará melhor em seguida – trazer para um processo, por exemplo, laudo pericial que tenha sido elaborado para outro feito. Ou a cópia do depoimento de uma testemunha que tenha sido prestado em processo distinto. Ou qualquer outra prova que em um processo tenha sido produzida e que se revele útil para a resolução do mérito do processo para o qual ela é trazida "por empréstimo".

Exigência fundamental, porém, para a admissibilidade da prova emprestada – como não poderia deixar de ser – é a observância do princípio do contraditório, nota essencial do processo e elemento integrante do modelo constitucional de processo civil.

Não se pense, porém, que basta submeter a prova emprestada ao contraditório no processo para o qual é ela trazida por empréstimo. É que, juntado aos autos o documento que a corporifica (como o laudo do perito ou o termo de depoimento da testemunha), deve ser franqueado a todos os interessados o acesso a tal documento, com a consequente possibilidade de manifestação sobre o mesmo. Isto, se de um lado é essencial, de outro não é suficiente para que se tenha por respeitado o princípio do contraditório.

É que o contraditório assegura às partes não só o direito de se manifestar sobre a prova produzida, mas também – e principalmente – o direito de participar da própria produção da prova. Assim, só é possível admitir-se prova emprestada *contra aquele* que tenha participado do processo no qual ela tenha sido originariamente produzida (FPPC, enunciado 52: "Para a utilização da prova emprestada, faz-se necessária a observância do contraditório no processo de origem, assim como no processo de destino, considerando-se que, neste último, a prova mantenha a sua natureza originária").

Exemplos permitirão uma melhor visualização do que acaba de ser dito. Imagine-se, em primeiro lugar, que em um processo entre partes A e B se tenha produzido uma determinada prova. Posteriormente, quer-se levar essa prova por empréstimo para outro processo, em que são partes os mesmos sujeitos, A e B. Pois neste caso é perfeitamente admissível a prova emprestada.

Agora se figure a hipótese em que, produzida a prova naquele processo em que eram partes A e B, pretende-se trazer a prova por empréstimo para outro processo, cujas partes são A e C. Pois é admissível que, neste caso, C requeira a produção da prova emprestada contra A (já que este participou daquele processo em que a prova foi originariamente produzida e, portanto, atuou em contraditório no momento da colheita da prova). O contrário, porém (A pretender produzir aquela prova emprestada contra C), não é admissível, já que C não participou, em contraditório, da produção da prova que agora contra ele se pretende produzir. Basta pensar que, no caso de ser a prova emprestada de natureza testemunhal, C não terá tido a oportunidade de formular perguntas ao depoente. Do mesmo modo, caso se tratasse do empréstimo de uma prova pericial, C não teria tido oportunidade de formular quesitos ao perito ou de indicar um assistente técnico para acompanhar a produção da perícia. Por conta disso, não se pode admitir a utilização de prova emprestada *contra* aquele que não tenha participado, em contraditório, da colheita da prova no processo em que originariamente ela tenha sido produzida.

13.2 Demandas Probatórias Autônomas

Nos arts. 381 a 383 regula o CPC algumas demandas que, aptas a provocar a instauração de processo autônomo, têm por objeto a colheita de provas. São as demandas probatórias autônomas. Não obstante a epígrafe da Seção do CPC em que estão esses dispositivos ser "[d]a produção antecipada da prova", não é só de demandas de produção antecipada de provas que se trata aí.

A rigor, pode-se cogitar, neste segmento do CPC, das seguintes demandas: (a) demanda cautelar de asseguração de prova; (b) demanda de descoberta (*discovery* ou *disclosure*) da prova; (c) arrolamento de bens; (d) justificação. Todas elas, então, devem ser tratadas como *espécies* do gênero "produção antecipada da prova".

A primeira modalidade de demanda probatória autônoma a ser tratada no CPC é a *demanda cautelar de asseguração de prova* (art. 381, I), cabível quando "haja fundado receio de que venha a tornar-se impossível ou muito difícil a verificação de certos fatos na pendência [do processo]". É que há casos em que se verifica a existência de risco de que, em razão da demora necessária para que se chegue ao momento em que normalmente se daria, no processo de conhecimento, a produção de uma prova, não seja mais possível sua colheita. Pense-se, por exemplo, no caso de ainda não se ter instaurado o processo de conhecimento e chegar a uma das partes a notícia de que uma das testemunhas que pretende ouvir está gravemente doente e talvez não sobreviva até o momento da audiência de instrução e julgamento. Pois neste caso, como forma de assegurar-se a futura produção da prova, admite-se a colheita antecipada de seu depoimento.

Perceba-se que neste caso não se tem, propriamente (e apesar da dicção do texto normativo), uma "produção antecipada da prova". O que se tem, neste caso, é a asseguração de que no futuro processo a prova poderá ser produzida. E é exatamente por isso que ao juiz do processo de asseguração da prova não é possível exercer qualquer valoração da prova (art. 382, § 2º), cabendo-lhe tão somente colher a prova para que no futuro processo ela possa vir a ser produzida. Por tal razão é que se fala aqui em demanda de *asseguração de prova*.

Em seguida, é preciso falar das demandas de descoberta da prova (art. 381, II e III), figuras nitidamente inspiradas no instituto conhecido como *discovery* ou *disclosure*, dos ordenamentos jurídicos filiados à tradição jurídica do *common law* (como se vê, por exemplo, na *rule* 31 das *Civil Procedure Rules* da Inglaterra, as quais compõem um Código de Processo Civil para Inglaterra e País de Gales).

Pois preveem os incisos II e III do art. 381 que se admite a demanda probatória em casos nos quais "a prova a ser produzida seja suscetível de viabilizar a autocomposição ou outro meio adequado de solução de conflito [ou] o prévio conhecimento dos fatos possa justificar ou evitar o ajuizamento [de demanda]".

É que em alguns casos a parte precisa ter acesso a uma prova (que não está com ela, mas com a outra parte ou com terceiro) para viabilizar uma solução consensual do litígio (art. 381, II). Pense-se no caso de ter sido celebrado um contrato de locação empresarial e, chegando a época da renovação do contrato, as partes discordem unicamente do valor do aluguel a ser fixado para o novo período contratual. Pois em um caso assim, a mera realização de uma perícia para determinar o valor de mercado do aluguel pode viabilizar a solução consensual do conflito, permitindo-se, deste modo, a solução consensual do conflito.

Também há casos em que o prévio conhecimento do fato pode justificar ou evitar a instauração de outro processo. Basta pensar no caso em que alguém vai a juízo, demandando em face de um médico com quem se tratou anteriormente, para buscar a realização de uma perícia que indique se houve ou não imperícia do profissional. O resultado da prova, neste caso, poderá justificar ou evitar o ajuizamento de uma demanda de reparação de danos em face do médico, evitando-se, deste modo, a instauração de processo temerário.

Outro caso em que se pode pensar é o seguinte: verificando alguém que há, em seu apartamento, um vazamento de água, tem ele dúvida sobre se a origem do vazamento é um cano que pertença às áreas comuns do edifício ou algum cano que pertença ao vizinho do apartamento acima do seu. Pois em um caso assim, a realização prévia de perícia que seja capaz de indicar com precisão a origem do vazamento será capaz de impedir que se ajuíze demanda em face daquele que definitivamente não tem, pelo vazamento, qualquer responsabilidade.

As demandas de descoberta de prova têm, então, uma importantíssima função no sistema, já que evitam a instauração de processos que, a rigor, e com um pouco de bom senso, podem mesmo ser evitados.

A terceira modalidade de demanda probatória autônoma é a de arrolamento de bens. Esta medida pode se manifestar de duas diferentes maneiras: em primeiro lugar, pode haver interesse tão somente em se listar bens que não são conhecidos. Pense-se, por exemplo, no caso de um casal que esteja a separar-se e um dos cônjuges não tenha conhecimento da integralidade do patrimônio comum do casal. Pois neste caso, pode-se postular uma medida de arrolamento de bens tão somente para posteriormente se apresentar o rol em outro processo. Pode, porém, haver risco de que os bens a serem arrolados sejam dissipados ou extraviados. Neste caso, a medida de arrolamento de bens não se limitará à elaboração de uma lista (rol) de bens, mas também acarretará sua apreensão.

Neste último caso examinado, a medida tem nítida natureza cautelar, e a ela se aplicarão todas as disposições acerca da tutela cautelar, modalidade de tutela provisória de urgência. No primeiro caso, porém, a medida de arrolamento serve apenas para a elaboração de um documento que contenha uma listagem de bens e, por isso, é tratada como providência a ser postulada através de uma demanda probatória autônoma (art. 381, § 1º).

Por fim, a última demanda probatória autônoma é a *justificação*, a qual leva à instauração de um processo de jurisdição voluntaria, observado o disposto nos arts. 381 a 383 (por força do que estabelece o art. 381, § 5º). A justificação é a via processual adequada para aquele que pretende, em juízo, demonstrar, através de *prova testemunhal*, a existência de um fato ou de uma relação jurídica (como a união estável, por exemplo), para simples documento e sem caráter contencioso (art. 381, § 5º). Trata-se de medida muito usada, por exemplo, por pessoas que pretendem produzir prova testemunhal da presença dos requisitos necessários à obtenção de algum benefício previdenciário, caso em que, promovida a justificação do fato, os autos são levados à entidade previdenciária para que esta reconheça, administrativamente, o direito do interessado.

As demandas probatórias autônomas sao de competencia do foro onde a prova deve ser colhida ou do foro do domicílio do réu (art. 381, § 2º), ambos concorrentemente competentes. Tratando-se de causa de competência da Justiça Federal e não havendo no lugar Vara Federal instalada, poderá a demanda ser proposta perante juízo estadual da localidade, o qual atuará *investido de jurisdição federal* (art. 381, § 4º).

O juízo perante o qual se processa a demanda probatória autônoma não fica com sua competência prefixada para eventual demanda que se venha futuramente a propor com base na prova colhida (art. 381, § 3º).

Na petição inicial, o requerente apresentará as razões que justificam a necessidade de colheita imediata da prova e mencionará com precisão os fatos sobre os quais a prova há de recair (art. 382). Tendo a medida postulada caráter contencioso, o juiz determinará a citação de interessados na colheita da prova ou no fato a ser provado (art. 382, § 1º). Citados os interessados, poderão eles requerer a colheita, no mesmo processo, de qualquer outra prova, desde que relacionada ao mesmo fato, salvo se sua colheita conjunta acarretar demora excessiva (art. 382, § 3º).

O procedimento das demandas probatórias autônomas não admite defesa ou recurso (art. 382, § 4º), já que todo o debate que tenha de acontecer se dará no processo em que a prova aqui colhida será efetivamente produzida. Excepciona-se, tão somente, a decisão que indefere por completo a colheita das provas que o demandante queira ver produzidas, caso em que se admitirá apelação (já que o indeferimento total das provas postuladas pelo demandante, na hipótese, corresponde a uma sentença de extinção do processo sem resolução do mérito).

Colhida a prova, o juiz proferirá uma sentença *meramente formal*, limitando-se a declarar que a prova foi colhida, mas sem emitir sobre seu conteúdo qualquer pronunciamento (art. 382, § 2º).

Prolatada a sentença, os autos permanecerão em cartório durante um mês, para que todos os interessados possam obter cópias e certidões. Decorrido este prazo, os autos serão entregues ao demandante (art. 383, *caput* e parágrafo único).

13.3 Ata Notarial

Chama-se ata notarial ao documento público, lavrado por notário, através do qual este declara algo que tenha presenciado, declarando sua existência e modo de ser. É figura que se incorporou ao Direito brasileiro pelo art. 7º, III, da Lei nº 8.935/1994, que estabelece que aos tabeliães de notas compete, com exclusividade, lavrar atas notariais. E este dispositivo se relaciona diretamente com o art. 6º, III, do mesmo diploma, por força do qual aos notários compete autenticar fatos.

A ata notarial é um instrumento público de grande relevância no direito probatório. É que através dela é possível a documentação de fatos transeuntes, cuja prova por outros meios pode ser muito difícil.

Pense-se, por exemplo, no caso em que se queira provar qual o conteúdo de determinada página na Internet, para o fim de posteriormente postular-se reparação de danos por violação de direitos autorais. É sabido que o conteúdo de páginas eletrônicas da rede mundial de computadores pode ser facilmente alterado e, por isso, nem sempre é fácil produzir prova do que elas contêm. Pois basta pedir a um notário que acesse a aludida página e descreva seu conteúdo.

Muitas outras utilidades podem ser imaginadas para a ata notarial. Provar que um imóvel alugado está vazio para se poder postular sua imissão na posse (art. 66 da Lei nº 8.245/1991); provar que o credor recusou-se a receber um pagamento, como forma de justificar o pagamento por consignação; provar que alguém está gravemente doente para justificar sua ausência em uma audiência, são apenas alguns dos fatos que podem ser demonstrados através da ata notarial.

Vale, aqui, aliás, ter-se em mente que o art. 405 estabelece, expressamente, ao tratar da força probante dos documentos públicos (e a ata notarial é um documento público), que tais documentos fazem prova dos fatos que o tabelião declarar que ocorreram em sua presença. Assim, é de se considerar que a ata notarial faz prova suficiente daquilo que o notário declare ter presenciado, o que acaba por fazer incidir sobre a parte contrária o ônus da contraprova (ou seja, o ônus de produzir prova que afaste a presunção resultante da declaração do notário). E isto se justifica pelo fato de que notários são dotados de fé-pública, o que implica dizer que suas declarações geram uma presunção relativa (*iuris tantum*) de veracidade do que tenha sido declarado.

A ata notarial pode consistir na mera descrição, pelo notário, do que afirma ter presenciado, descrevendo a existência e o modo de ser do fato. Mas é também possível que dela constem dados representados por imagem ou som gravados em arquivos eletrônicos (art. 384, parágrafo único).

Do ponto de vista do direito processual civil, a ata notarial deve ser tratada como um documento público, a ela se aplicando todo o regime da prova documental que incide sobre os documentos públicos em geral, especialmente os arts. 405, 427 e 434 a 437.

13.4   Depoimento Pessoal

Chama-se *depoimento pessoal* ao testemunho da parte em juízo. Trata-se de meio de prova que tem dupla finalidade: esclarecer o juiz sobre os fatos da causa e provocar a confissão.

O depoimento pessoal de uma parte pode ser requerido pela parte contrária ou determinado de ofício pelo juiz (art. 385). Não pode, pois, a parte requerer ao juiz a tomada de seu próprio depoimento. É que aquilo que a parte queira declarar ao juiz deverá fazer através de suas petições, subscritas por seu advogado.

Toma-se o depoimento pessoal na audiência de instrução e julgamento (art. 385, *caput*). Caso resida o depoente, porém, em lugar diverso daquele em que tramita o processo, seu depoimento será tomado por carta (precatória ou rogatória), salvo se houver equipamentos que permitam ao próprio juiz da causa, por meio de videoconferência ou outro recurso tecnológico de transmissão de sons e imagens em tempo real, colher o depoimento, o que poderá ocorrer, inclusive, durante a realização da audiência de instrução e julgamento (art. 385, § 3º).

A parte cujo depoimento pessoal será colhido deverá ser intimada pessoalmente para comparecer à audiência de instrução e julgamento, devendo ser expressamente advertida de que sua ausência implicará a incidência da assim chamada "pena de confesso". Tendo sido regular a intimação, a parte que não compareça injustificadamente ou, comparecendo, recusar-se a depor, verá ser-lhe aplicada essa pena (art. 385, § 1º). A "pena de confesso" nada mais é do que uma confissão ficta. Em outras palavras, caso a parte, regularmente intimada, injustificadamente não compareça (ou compareça mas se recuse a depor), o juiz, ao valorar a prova, considerará que o silêncio da parte equivale à confissão dos fatos sobre os quais ela iria depor, devendo valorar este comportamento ensejador da confissão ficta no conjunto geral da prova e, ao decidir o mérito, manifestar-se expressamente sobre a avaliação que faça dessa sanção imposta ao ausente.

O depoimento pessoal, como dito, é prestado na audiência de instrução e julgamento, devendo-se, em regra, colher primeiro o depoimento do autor e depois o do réu (art. 361, II). No momento de colher os depoimentos pessoais, deverá o juiz cuidar para que aquele que ainda não tenha prestado seu depoimento não assista aos depoimentos anteriores (art. 385, § 2º).

Incumbe à parte que presta depoimento pessoal responder pessoalmente às perguntas que lhe sejam feitas, não podendo servir-se de escritos anteriormente preparados (art. 387). É admitida, porém, a consulta a notas breves, apenas para completar esclarecimentos (art. 387, *in fine*). Deixando a parte, sem motivo justificado, de responder ao que lhe for perguntado, ou se apresentar evasivas, caberá ao juiz, apreciando as demais circunstâncias e os outros elementos de prova existentes, declarar, na sentença, se houve recusa de depor (art. 386), caso em que incidirá a "pena de confesso". É expressa a lei processual, porém, em estabelecer que a parte não é obrigada a depor sobre fatos criminosos ou torpes que lhe tenham sido imputados; a cujo respeito, por estado ou profissão, deva guardar sigilo; acerca dos quais não possa responder sem desonra própria, de seu cônjuge, de seu companheiro ou de parente em grau sucessível; ou que coloquem em perigo a vida do depoente ou das pessoas de sua família há pouco referidas (art. 388). Só não se aplica esta regra nos processos que versem sobre Direito de Família e nas assim chamadas "ações de estado" (art. 388, parágrafo único).

13.5 Confissão

Confissão é a admissão, por uma das partes, da veracidade de fato contrário ao seu interesse e favorável ao do adversário (art. 389). Pode ela ser judicial ou extrajudicial, e só pode versar sobre fatos relativos a direitos disponíveis (art. 392), sendo expressamente reputada ineficaz a confissão feita por quem não é capaz de dispor do direito a que se refiram os fatos admitidos como verdadeiros (art. 392, § 1º).

A confissão judicial pode ser espontânea ou provocada (art. 390). A confissão espontânea pode ser feita pessoalmente pela parte ou por seu representante com poderes especiais (art. 390, § 1º). A confissão feita por representante, porém, só é eficaz nos limites em que este possa vincular seu representado (art. 392, § 2º).

Já a confissão provocada é aquela que se obtém no depoimento pessoal da parte, devendo constar do termo de depoimento (art. 390, § 2º).

A confissão extrajudicial pode ser escrita ou oral. Só é eficaz, porém, a confissão extrajudicial feita oralmente nos casos em que a lei não exija prova literal do fato (art. 394).

Estabelece o art. 391 que a confissão "faz prova contra o confitente". Não se pode, apesar disso, considerar que a confissão seja uma prova plena, incontestável, a que o juiz se vincule de forma absoluta. Já está há muito ultrapassada a ideia de que a confissão seria uma prova mais valiosa do que as demais, a "rainha das provas", como se costumava dizer antigamente (*confessio est regina probationum*). Incumbe ao juiz valorar a confissão junto com todo o restante do acervo probatório. É que pode haver uma confissão falsa, em que a parte admite um fato que lhe é desfavorável mas que não é verdadeiro, ou que não se passou exatamente como confessado. Incumbe, pois, ao juiz valorar a confissão do mesmo modo como são valoradas todas as demais provas produzidas no processo.

De outro lado, o próprio art. 391 (parte final) estabelece que a confissão feita por uma parte não prejudica os litisconsortes. Esta é, porém, afirmação que se precisa receber com cuidado.

Quando se estiver diante de um caso de litisconsórcio unitário, estabelece expressamente o art. 117 que os atos de um litisconsorte não prejudicarão os demais. Ora, se os fatos relevantes da causa são *os mesmos* para todos, chegando todos os litisconsortes *ao mesmo resultado*, a confissão feita por um só dos litisconsortes, a rigor, não pode produzir efeitos nem mesmo para o confitente. É que, sendo unitário o litisconsórcio, não se poderia admitir que o mesmo fato esteja provado para um dos litisconsortes (o confitente) e não esteja provado para os demais, sob pena de se levar os litisconsortes (unitários) a resultados distintos. Assim, incumbirá ao juiz valorar a prova e, caso considere que o fato confessado está realmente provado, reconhecer o fato como verdadeiro em relação a todos os litisconsortes.

De outro lado, sendo *simples* o litisconsórcio, o destino de cada litisconsorte é independente do destino dos demais. Isto não significa, porém, que não possa haver fatos comuns a todos, que a todos interessem. Caso um dos litisconsortes confesse um fato que para os demais é indiferente, dizendo respeito apenas à sua própria situação jurídica, é evidente que sua confissão não prejudicará os demais, pelo simples fato de que para os outros litisconsortes aquela confissão diz respeito a fato em relação ao qual eles não têm qualquer interesse. De outro lado, caso o fato confessado por um dos litisconsortes a outros interesse, deverá o juiz valorar a confissão no total do conjunto probatório e, caso repute comprovado o fato confessado, deverá reconhecer sua veracidade em relação a todos os litisconsortes (pois seria absurdo o juiz dizer, na mesma sentença, que o mesmo fato está e não está comprovado).

Versando a causa sobre bens imóveis ou algum direito real sobre imóvel alheio, a confissão feita por um dos cônjuges ou companheiros não valerá sem a do outro, salvo se o regime de bens do casamento for o da separação absoluta de bens (art. 391, parágrafo único).

A confissão é irrevogável (art. 393). Significa isto dizer que aquele que confessa não pode depois simplesmente arrepender-se de ter confessado. É admissível, porém, sua anulação por vício de consentimento (erro de fato ou coação), nos termos do art. 393, parte final. A anulação da confissão depende do ajuizamento de demanda autônoma, a qual só pode ser proposta pelo próprio confitente, só se transmitindo a seus sucessores se ele falecer após o ajuizamento da demanda (art. 393, parágrafo único).

Além de irrevogável, a confissão é, em regra, indivisível. Significa isto dizer que a parte que queira invocá-la em seu favor não pode aceitá-la no tópico em que a beneficia e rejeitá-la no que lhe é desfavorável (art. 395). Estabelece, porém, a lei processual que a confissão será cindida "quando o confitente a ela aduzir fatos novos, capazes de constituir fundamento de defesa de direito material ou de reconvenção" (art. 395, *in fine*). Trata-se, aqui, da hipótese em que uma das partes confessa um fato e à sua confissão acrescenta a expressa afirmação de algum outro fato que pode servir de fundamento em seu favor. Pense-se, por exemplo, no caso em que o réu de uma demanda de cobrança de dívida resultante de um empréstimo confesse ter recebido o valor emprestado, mas a esta confissão acrescente a declaração de que já efetuou o pagamento. Neste caso, nos termos da lei processual, há uma "cisão da confissão". Na verdade, o que se deve fazer neste caso é distinguir o que é mesmo confissão (a admissão como verdade de um fato desfavorável ao confitente) do que não é (a declaração de que ocorreu algum outro fato, além do confessado, que é favorável ao confitente). Feita essa distinção, ter-se-á de um lado uma confissão e, de outro, uma mera alegação.

13.6   Exibição de Documento ou Coisa

Pode acontecer de uma das partes precisar, no curso do processo, que seja exibido um documento ou uma coisa que se pretende usar como fonte de prova. Pense-se, por exemplo, na hipótese de uma das partes precisar que se exiba um objeto para que sobre ele se desenvolva uma perícia. Pois os arts. 396 a 404 regulam um *incidente processual* destinado a promover a exibição do documento ou da coisa.

Trata-se de mero incidente processual, e não de um processo autônomo. Basta ver que a lei processual, muito claramente, estabelece que o requerimento de exibição é resolvido por *decisão* (arts. 400 e 402), e não por sentença. Este incidente de exibição pode ser provocado por qualquer das partes, que pode dirigir o pedido de exibição em face da parte adversária ou de terceiro que tenha consigo a coisa ou o documento a ser exibido. E o procedimento do incidente varia conforme o pedido seja dirigido contra a outra parte ou contra terceiro.

Postulada a exibição contra a parte contrária, o requerimento deverá conter a individuação, tão completa quanto possível, do documento ou da coisa (ou das categorias de documentos ou de coisas); a finalidade da prova, com indicação dos fatos que se relacionam com o documento ou coisa (ou suas categorias) cuja exibição se pretende; e as circunstâncias em que se funda o requerente para afirmar que o documento ou a coisa existe (ainda que a referência seja feita a uma categoria de documentos ou coisas) e se encontra em poder da parte contrária (art. 397). O requerido será, então, intimado (e não citado, já que não se trata de um processo autônomo, mas de mero incidente processual) para oferecer resposta no prazo de cinco dias (art. 398).

Caso o requerido afirme, em sua resposta, que não tem consigo o documento ou a coisa, o juiz permitirá que o requerente produza prova de que a declaração não corresponde à verdade. Qualquer meio legítimo de prova será admitido (art. 398, parágrafo único).

Não pode o requerido eximir-se de apresentar o documento ou a coisa que tenha consigo se existir obrigação legal de exibir; se o requerido tiver, no processo, feito alusão ao documento ou à coisa com o intuito de constituir prova; ou se o documento, por seu conteúdo, for comum às partes (art. 399).

Ao decidir o incidente, o juiz deverá admitir como verdadeiros os fatos que através do documento ou da coisa o requerente pretendia provar, sempre que o requerido não efetuar a exibição nem fizer qualquer declaração no prazo do art. 398; ou se a recusa em exibir for ilegítima (art. 400). Casos haverá, porém, em que não será possível ter--se qualquer alegação de fato como verdadeira, pela simples razão de que o requerente sequer sabe o que conseguiria provar com o documento ou a coisa. É que muitas vezes se sabe que o documento ou a coisa existe, mas não se sabe seu conteúdo, razão pela qual não é possível ao requerente sequer indicar com precisão o que se buscará provar com ele. Para casos assim, o juiz – em vez de reputar verdadeira uma alegação que sequer terá sido feita – deverá valer-se das medidas necessárias para fazer com que o documento seja exibido (art. 400, parágrafo único). Nessa hipótese, poderá o juiz determinar medidas como fixar um prazo para que a exibição ocorra e uma multa pelo atraso ou determinar a busca e apreensão do documento ou da coisa, por exemplo.

Estando o documento ou a coisa em poder de terceiro estranho ao processo, deverá a parte interessada na exibição formular seu requerimento nos termos do art. 397. O terceiro será, então, *citado* (e não intimado, não obstante tratar-se de mero incidente processual, já que o requerido ainda não era parte do processo e precisa ser integrado a ele para que possa participar, em contraditório, da formação do resultado do incidente). O requerimento de exibição de documento ou coisa dirigido a terceiro provoca, então, uma *intervenção forçada de terceiro*.

Citado o requerido, terá ele o prazo de quinze dias para oferecer resposta (art. 401). Caso o requerido negue a obrigação de exibir ou a posse do documento ou da coisa, o juiz designará uma audiência especial, tomando-lhe o depoimento, bem como o das demais partes do processo e, se necessário, ouvirá testemunhas. Em seguida, será proferida a decisão (art. 402).

No caso de o requerido, sem justo motivo, se recusar a exibir a coisa ou o documento, o juiz determinará a expedição de mandado de apreensão, que será cumprido por oficial de justiça, se necessário com auxílio da força policial. Além disso, o requerido responderá por crime de desobediência, devendo ainda o juiz valer-se de outras medidas que se revelem adequadas, como a imposição de multa, para a efetivação da decisão (art. 403, parágrafo único).

O requerido – seja ele parte da demanda principal ou terceiro em relação a ela – só se escusa de exibir o documento ou a coisa se concernente a negócios da própria vida familiar; se sua apresentação puder violar dever de honra; se sua publicidade redundar em desonra sua, de seus parentes consanguíneos ou afins até o terceiro grau, ou representar-lhes perigo de ação penal; se sua exibição acarretar a divulgação de fatos a cujo respeito, por estado ou profissão, deva guardar segredo; se subsistirem outros motivos graves que, conforme o entendimento do juiz, justifiquem a recusa; ou se houver alguma disposição legal que justifique a recusa em exibir (art. 404). Caso qualquer desses motivos, porém, diga respeita a apenas uma parcela do documento, a outra parte será exibida, para dela extrair-se cópia, sendo de tudo lavrado auto circunstanciado (art. 404, parágrafo único).

13.7 Prova Documental

Documento é toda atestação, escrita ou por qualquer outro modo gravada, de um fato. Assim, são documentos os escritos, as fotografias, os vídeos, os fonogramas, entre outros suportes capazes de conter a atestação de um fato qualquer.

Documentos podem ser públicos ou privados. São públicos aqueles produzidos por um agente público, como um escrivão, chefe de secretaria ou outro servidor público ou, ainda, por um tabelião. Privados são todos os demais documentos. O documento público feito por oficial público incompetente ou que não observe as formalidades legais, tendo sido subscrito pelas partes, equivale, para efeitos probatórios, a um documento particular (art. 407).

O documento público faz prova do modo como foi formado (art. 405). Pense-se, por exemplo, na hipótese de um tabelião declarar, em uma escritura pública, que determinada pessoa estava presente no momento de sua lavratura. Pois isto fica provado pelo documento. Mas faz ele prova, também, dos fatos que o agente responsável por sua formação declara terem ocorrido em sua presença (art. 405, parte final). Assim, por exemplo, se o tabelião declara que ao celebrar um contrato de compra e venda de imóvel por escritura pública o comprador renunciou à garantia contra evicção, o documento faz prova de que tal renúncia efetivamente aconteceu.

Sempre vale recordar que em alguns casos a lei substancial exige que o ato jurídico seja realizado por instrumento público. São os casos em que essa forma é exigida *ad substantiam*. É o que se dá, por exemplo, no caso da emancipação (art. 5º, parágrafo único, I, do CC), do mandato que confere poderes especiais para casar o mandante (art. 1.542 do CC), além dos atos que tenham por objetivo a constituição, transferência, modificação ou renúncia de direitos reais sobre imóveis de valor superior a trinta vezes o maior salário mínimo vigente no Brasil (art. 108 do CC). Pois nestes casos, a ausência do instrumento público não pode ser suprida por qualquer outro meio de prova (art. 406).

Em um documento particular, as declarações que dele constem, desde que o instrumento esteja assinado (tendo ou não sido escrito por quem assinou) se presumem verdadeiras em relação ao signatário (art. 408). Trata-se, evidentemente, de presunção relativa, *iuris tantum*, que pode ser afastada por prova em contrário. Caso o documento particular contenha apenas a declaração de ciência de um determinado fato, considera-se provada a ciência, mas não o fato em si, cabendo ao interessado o ônus da prova de que o fato realmente ocorreu (art. 408, parágrafo único).

Havendo dúvida sobre a data do documento particular, ou sendo tal data impugnada por algum interessado, poderá ela ser demonstrada por qualquer meio de prova (art. 409). Em relação a terceiros (isto é, a pessoas que não tenham participado da produção do documento particular), considera-se datado o documento no dia em que foi registrado, desde a morte de algum dos signatários, a partir da impossibilidade física que tenha sobrevindo a qualquer dos signatários de assiná-lo, da sua apresentação em repartição pública ou em juízo, ou de qualquer ato ou fato que estabeleça, de modo certo, a anterioridade de sua formação (art. 409, parágrafo único).

Reputa-se autor do documento particular aquele que o assinou, tendo sido o instrumento feito por ele ou por outrem à sua conta, ou aquele que, tendo mandado fazê-lo, não o assinou por tratar-se de documento que não se costuma assinar, como é o caso de livros empresariais ou assentos domésticos (art. 410).

O documento particular se considera autêntico quando a assinatura do seu autor tiver sido reconhecida por tabelião (trata-se do *reconhecimento de firma*, figura muito conhecida do público em geral), nos termos do art. 411, I. Mesmo sem ter havido o reconhecimento de firma, porém, é possível reputar autêntico o documento particular. Basta que a autoria esteja identificada por qualquer outro meio legal de certificação, inclusive eletrônico (art. 411, II) ou se não houver impugnação de sua autoria pela parte contra quem o documento tenha sido produzido no processo (art. 411, III).

Demonstrada a autenticidade do documento particular, faz ele prova de que seu autor fez a declaração que lhe é atribuída (art. 412). O documento particular trazido ao processo e admitido (expressa ou tacitamente) pela parte é indivisível. Não se admite, portanto, que a parte que dele pretende se valer aceite os atos que lhe são favoráveis e recuse os que lhe são contrários, salvo se produzir a prova de que tais fatos desfavoráveis não ocorreram (art. 412, parágrafo único).

Meios de transmissão, como telegramas, radiogramas ou afins (como o fac-símile), têm a mesma força probatória que o original, se este, constante da estação expedidora (isto é, do local de onde foi expedida a transmissão) tiver sido assinado pelo remetente (art. 413). A firma do remetente pode ser reconhecida por tabelião, caso em que essa circunstância será declarada no documento original, que ficará depositado na estação expedidora (art. 413, parágrafo único). Telegramas e radiogramas, além disso, presumem-se (relativamente) em conformidade com o original, servindo para provar as datas de sua expedição e de seu recebimento pelo destinatário (art. 414). Essas, porém, são disposições de pouca aplicação prática em tempos de transmissão de dados pela Internet, muitas vezes com documentos cuja produção já se dá, originariamente, por meios eletrônicos (e dos documentos eletrônicos se falará adiante).

Cartas e registros domésticos (como bilhetes deixados por uma pessoa a outra que com ela resida) provam contra quem os escreveu quando enunciam o recebimento de um crédito, contêm anotação que visa a suprir a falta de título em favor de quem é apontado como credor ou expressam conhecimento de fatos para os quais não se exija meio determinado de prova (art. 415).

A anotação escrita pelo credor em qualquer parte de documento representativo de obrigação, ainda que não assinada, faz prova em benefício do devedor (art. 416). Esta regra se aplica tanto para o documento que o credor conserve consigo quanto para aquele que se acha em poder do devedor ou de terceiro (art. 416, parágrafo único).

Livros empresariais servem como prova *contra* seu autor, sendo lícito ao empresário, porém, demonstrar – por qualquer meio legítimo de prova – que os lançamentos não correspondem à verdade dos fatos (art. 417). Esses livros empresariais, desde que preenchidos com observância de todos os requisitos legais, provam *a favor* de seu autor no litígio *entre empresários* (art. 418).

A escrituração contábil é indivisível e, se dos fatos que resultam dos lançamentos contábeis, uns são favoráveis aos interesses de seu autor e outros lhes são contrários, todos devem ser considerados em seu conjunto, de forma unitária (art. 419).

Pode o juiz, *a requerimento da parte* (mas não de ofício) determinar a *exibição integral* dos livros empresariais e dos documentos do arquivo na liquidação de sociedade, na sucessão *mortis causa* de um dos sócios e em outros casos determinados por lei (art. 420). De ofício, por outro lado, pode o juiz determinar à parte a *exibição parcial* de livros e documentos, deles se extraindo um resumo do que interesse à causa, assim como reproduções autenticadas (art. 421).

As reproduções mecânicas, como a fotográfica ou a reprográfica, têm aptidão para fazer prova dos fatos e coisas representadas, se sua conformidade com o documento original não for impugnada por aquele contra quem tenha sido produzida (art. 422). Fotografias digitais ou extraídas da Internet fazem prova das imagens que reproduzem, devendo – se houver impugnação – ser apresentada a respectiva autenticação eletrônica. Não sendo isto possível, será realizada perícia (art. 422, § 1º). Caso se trate de fotografia publicada em jornal ou revista, será exigido um exemplar original do periódico caso sua veracidade seja impugnada (art. 422, § 2º). Tudo isso é também aplicável à forma impressa de mensagens eletrônicas (como *e-mails*, por exemplo), nos termos do § 3º do art. 422.

A cópia de documento particular tem o mesmo valor probante que o original, cabendo ao escrivão, após intimadas as partes, proceder à conferência e certificar a conformidade entre a cópia e o original (art. 424). Têm, porém, o mesmo valor probante que o documento original (art. 425): (a) as certidões textuais de qualquer peça dos autos, do protocolo das audiências ou de outro livro a cargo do escrivão ou do chefe de secretaria, se extraídas por ele ou sob sua vigilância e por ele subscritas; (b) os traslados e as certidões extraídas por oficial público de instrumentos ou documentos lançados em suas notas; (c) as reproduções dos documentos públicos, desde que autenticadas por oficial público ou conferidas em cartório com os respectivos originais; (d) as cópias reprográficas de peças do próprio processo judicial declaradas autênticas pelo advogado, sob sua responsabilidade pessoal, se não lhes for impugnada a autenticidade; (e) os extratos digitais de bancos de dados, públicos ou privados, desde que atestado pelo emitente, sob as penas da lei, que as informações conferem com o que consta na origem; e (f) as reproduções digitalizadas de qualquer documento, quando juntadas aos autos pelos órgãos do Judiciário e seus auxiliares, pelo Ministério Público e seus auxiliares, pelas procuradorias, pelas repartições públicas em geral e por advogados, ressalvada a alegação motivada e fundamentada de adulteração.

Neste último caso, das reproduções digitalizadas de documentos, os originais devem ser preservados por seu detentor pelo menos até o final do prazo para propositura de ação rescisória (art. 425, § 1º), prazo este que em alguns casos (como o previsto no art. 535, § 8º) pode ter seu termo inicial fixado em momento posterior ao do trânsito em julgado da decisão rescindenda, o que significa que pode haver casos em que o documento original terá de ser guardado *para sempre*.

Tratando-se de cópia digital de documento relevante para a instrução do processo (ou de título executivo, ponto estranho ao estudo do processo de conhecimento), o juiz poderá determinar seu depósito em cartório ou na secretaria do órgão jurisdicional (art. 425, § 2º).

O juiz deverá manifestar-se – fundamentadamente, claro – sobre a fé que deve merecer documento que, em ponto substancial e sem qualquer ressalva, contenha entrelinha, emenda, borrão ou cancelamento (art. 426).

Cessa a força probante (ou, como diz a lei, a *fé*) do documento, seja ele público ou particular, se lhe for judicialmente declarada a falsidade (art. 427). Esta pode consistir em formar documento que não é verdadeiro ou em alterar documento verdadeiro (art. 427, parágrafo único). A força probante de documento particular também cessa quando for impugnada sua autenticidade e enquanto não se comprovar sua veracidade, ou quando, tendo sido assinado em branco, seu conteúdo tenha sido impugnado sob a alegação de que houve preenchimento abusivo (art. 428). É abusivo o preenchimento quando aquele que recebeu documento assinado com texto não escrito no todo ou em parte o formar, ou completá-lo, por si ou por meio de outrem, violando o pacto feito com o signatário (art. 428, parágrafo único).

Quando se alegar a falsidade de documento ou seu preenchimento abusivo, o ônus da prova da falsidade é daquele que arguir o vício (art. 429, I). No caso de se impugnar a autenticidade do documento, o ônus da prova é daquele que produziu o documento (art. 429, II).

A falsidade de documento pode ser objeto de demanda autônoma (art. 19, II). Pode ela, porém, ser arguida incidentalmente a um processo em que o documento inquinado de falso tenha sido produzido. Neste caso, a falsidade deve ser suscitada na contestação, na réplica, ou no prazo de quinze dias a contar da intimação de que o documento foi juntado aos autos (art. 430). Uma vez arguida a falsidade, será ela resolvida como questão incidental (e sua resolução não transitará em julgado), salvo se alguma das partes pedir que o juiz a decida como questão principal (art. 430, parágrafo único). Ter-se-á, neste caso, uma "ação declaratória incidental", e a declaração da autenticidade ou falsidade do documento, que resolverá uma questão (que se terá tornado) principal do processo, estará apta – quando não mais admissível qualquer recurso – a alcançar a autoridade de coisa julgada material, tornando-se imutável e indiscutível entre as partes (art. 433).

Ao arguir a falsidade, incumbirá à parte expor os motivos em que se funda sua alegação, indicando os meios com que pretende provar que suas assertivas são verdadeiras (art. 431). Depois de ouvir a parte contrária (no prazo de quinze dias), o juiz determinará a realização de exame pericial, salvo se a parte que produziu o documento como prova concordar com sua retirada dos autos (art. 432, *caput* e parágrafo único).

Como regra geral, os documentos que as partes pretendam trazer ao processo devem ser apresentados pelo demandante com a petição inicial e com o demandado com sua contestação (art. 434). Consistindo o documento em reprodução cinematográfica ou fonográfica, a parte deverá apresentar o documento com a inicial ou com a contestação, mas sua exposição se fará em audiência, para a qual as partes serão previamente intimadas (art. 434, parágrafo único).

A juntada posterior de documentos, no curso do processo, é admitida quando se trate de documento novo, se destinados a produzir prova de fatos supervenientes ou para que sejam contrapostos aos documentos produzidos pela parte contrária nos autos (art. 435). Também se admite a juntada posterior de documentos formados após a petição inicial ou a contestação, bem como dos que se tornaram conhecidos, acessíveis ou disponíveis após esses atos, cabendo à parte que os produzir comprovar o motivo que a impediu de juntá-los anteriormente, e incumbindo ao juiz, em qualquer caso, avaliar a conduta da parte de acordo com a boa-fé objetiva (art. 435, parágrafo único). Significa isto, em outros termos, que a prova documental pode ser produzida a qualquer tempo (nas instâncias ordinárias), desde que sejam respeitados os princípios da boa-fé e do contraditório (que precisará ser respeitado de forma substancial, assegurando-se à parte contrária à que juntou tardiamente o documento que sobre ele se manifeste).

Juntado aos autos um documento, poderá a parte contrária – que terá sempre de ser intimada para falar sobre ele – impugnar a admissibilidade da prova ou a autenticidade do documento, suscitar sua falsidade (propondo ou não a "ação declaratória incidental de falsidade de documento") ou manifestar-se sobre seu conteúdo (art. 436). Nos casos de impugnação de autenticidade ou de alegação de falsidade, é exigida argumentação específica, não se admitindo uma alegação genérica e vazia de que o documento é falso (art. 436, parágrafo único).

Sobre os documentos acostados pelo autor a sua petição inicial deverá o réu manifestar-se na contestação. Acerca dos documentos que acompanhem a contestação, deverá o autor pronunciar-se na réplica (art. 437). Sobre documentos juntados supervenientemente, a outra parte será ouvida no prazo de quinze dias (art. 437, parágrafo único). Este prazo para manifestação sobre documentos, porém, poderá ser dilatado pelo juiz, *a requerimento da parte* interessada, devendo o magistrado levar em consideração a quantidade e complexidade da documentação (art. 437, § 2º).

Incumbe ao juiz, de ofício ou a requerimento, requisitar às repartições públicas, em qualquer tempo e grau de jurisdição (nas instâncias ordinárias, porque em sede de recurso especial ou extraordinário não há atividade probatória), as certidões necessárias à prova da veracidade das alegações das partes, e os procedimentos administrativos nas causas em que for interessada a União, Estado, Distrito Federal, Município ou alguma entidade da administração indireta (art. 438). Recebidos os autos do procedimento administrativo, o juiz mandará extrair, no prazo máximo e improrrogável de um mês, certidões ou reproduções fotográficas das peças que indicar e das que forem indicadas pelas partes, devolvendo-se, em seguida, os autos à repartição de origem (art. 438, § 1º). Podem as repartições públicas fornecer toda a documentação requisitada em meio eletrônico, certificando, pelo mesmo meio, que se trata de extrato fiel do que consta em seu banco de dados ou no documento que tenha sido digitalizado (art. 438, § 2º).

13.7.1 Documentos Eletrônicos

Têm tratamento específico e diferenciado na lei processual os documentos eletrônicos, especialmente por conta de sua produção naquilo que o art. 439 chama de "processo convencional" (mas que, na verdade, é o processo cujos autos não são eletrônicos, sendo impressos em papel). Pois estabelece o próprio art. 439 que nesses casos o documento produzido eletronicamente só será admitido no processo se for convertido à forma impressa, devendo ser verificada sua autenticidade. Caso o documento eletrônico não seja convertido à forma impressa, porém, o juiz apreciará seu valor probante, assegurado às partes o acesso ao seu teor (art. 440).

Serão admitidos como fontes de prova os documentos eletrônicos que tenham sido produzidos e conservados nos termos da legislação específica (art. 441). É o caso, por exemplo, dos títulos de crédito eletrônicos (art. 889, § 3º, do CC). Como regra geral, os documentos eletrônicos deverão ser produzidos observando-se o disposto na Medida Provisória nº 2.220-2/2001, que instituiu a Infra-Estrutura de Chaves Públicas Brasileira – ICP-Brasil, a qual se destina a assegurar a autenticidade, a integridade e a validade jurídica de documentos em forma eletrônica, das aplicações de suporte e das aplicações habilitadas que utilizem certificados digitais, bem como a realização de transações eletrônicas seguras (art. 1º da MP nº 2.200-2/2001).

Os documentos eletrônicos podem ser públicos ou particulares (art. 10 da MP nº 2.200-2/2001), sendo certo que os documentos eletrônicos produzidos com a utilização do processo de certificação da ICP-Brasil se presumem verdadeiros em relação aos seus signatários (art. 10, § 1º, da MP nº 2.200-2/2001 e art. 219 do CC). Documentos eletrônicos não produzidos com a observância do disposto na Medida Provisória que regulamenta a ICP-Brasil também podem ser admitidos, desde que se utilize algum outro meio de comprovação de autoria e integridade de tais documentos em forma eletrônica, inclusive os que usem certificados não emitidos pela ICP-Brasil, *desde que admitidos pelas partes como válidos ou aceitos pela pessoa a quem o documento for oposto* (art. 10, § 2º, da MP nº 2.200-2/2001).

Aos documentos eletrônicos se aplica, quanto ao mais, toda a regulamentação da prova documental, tanto no que concerne à sua força probante como no que se refere à sua produção.

13.8 Prova Testemunhal

Testemunha é o terceiro, estranho ao processo, que depõe em juízo narrando o que sabe sobre os fatos da causa. Trata-se de prova admissível em qualquer processo de conhecimento, salvo se a lei disponha de modo diverso (art. 442), como se dá, por exemplo, no procedimento do mandado de segurança (que só admite a produção de prova documental preconstituída) ou no inventário e partilha (que é incompatível com as provas não documentais, como se vê pelo art. 612).

Deverá, porém, ser indeferida a inquirição de testemunhas sobre fatos que já estejam provados por documento ou por confissão (art. 443, I) ou que só por documento ou por perícia puderem ser comprovados (art. 443, II). Perceba-se, então, que a prova testemunhal não substitui a prova pericial. Não é admissível, por exemplo, que se queira substituir uma perícia de engenharia civil pelo depoimento de uma "testemunha técnica", um engenheiro civil arrolado pela parte para depor em juízo. Também não se admite a prova testemunhal naqueles casos em que a lei exige prova escrita. É o que se dá, por exemplo, no caso do contrato de depósito voluntário (art. 646 do CC). Nesses casos, porém, a prova testemunhal é admissível para complementar alguma prova escrita (chamada pela lei de "começo de prova por escrito") emanada daquele contra o qual se pretende produzir a prova (art. 444).

Também se admite a prova (exclusivamente) testemunhal naqueles casos em que o credor não podia, moral ou materialmente, obter prova escrita da obrigação, em casos como o de parentesco, de depósito necessário ou de hospedagem em hotel, ou em razão das práticas comerciais do local onde contraída a obrigação (art. 445).

É lícito provar com testemunhas, nos contratos simulados, a divergência entre a vontade real e a vontade declarada (art. 446, I) e, em qualquer contrato, a existência de vício de consentimento (art. 446, II).

A princípio, qualquer pessoa pode depor como testemunha. Há, porém, aqueles que são considerados incapazes, impedidos ou suspeitos (art. 447).

São incapazes para depor como testemunhas as pessoas arroladas no § 1º do art. 447. Assim é que se considera incapaz para testemunhar, em primeiro lugar, o interdito por enfermidade ou deficiência mental. Neste caso a incapacidade resulta da óbvia impossibilidade que teria um doente mental de trazer esclarecimentos ao juízo a respeito de fatos juridicamente relevantes.

Também é incapaz de depor aquele que, acometido por enfermidade ou retardamento mental ao tempo em que ocorreram os fatos, não poderia tê-los discernido ou, ao tempo em que se deveria colher o depoimento, não estivesse habilitado a transmitir suas percepções.

Reputa-se incapaz de testemunhar, ainda, aquele que ainda não tenha completado dezesseis anos de idade. Estes, porém, e nos termos do § 4º do art. 447, poderão ser ouvidos independentemente de prestar compromisso de dizer a verdade. Impende, porém, interpretar essa disposição à luz do que consta do art. 12 da Convenção de Nova Iorque sobre os Direitos da Criança, que passou a integrar o ordenamento jurídico brasileiro por força do Decreto nº 99.710/1990, por força do qual "se proporcionará à criança, em particular, a oportunidade de ser ouvida em todo processo judicial ou administrativo que afete a mesma", daí se podendo afirmar que o menor de dezesseis anos só poderá ser ouvido (como testemunha não compromissada ou, como costumeiramente se diz no jargão processual, como *informante*) em processos que versem diretamente sobre seus interesses. Basta pensar, por exemplo, em um processo em que são partes os genitores e no qual se disputa a guarda da criança. Esta, não sendo parte (e, portanto, sendo terceiro), poderá ser ouvida como testemunha não compromissada. Não havendo, porém, qualquer relação entre os interesses do menor de dezesseis anos e os fatos da causa, não poderá ele ser ouvido como testemunha em hipótese alguma, dada sua incapacidade para testemunhar.

Por fim, são incapazes de testemunhar os cegos e os surdos, *quando a ciência do fato depender dos sentidos que lhes faltam*. Nos casos, porém, em que a percepção do fato não depende do sentido da visão (no caso dos cegos) ou da audição (no caso dos surdos), são eles perfeitamente capazes de depor como testemunhas, como não poderia deixar de ser. Está-se, aí, como facilmente se percebe, diante de uma norma destinada a assegurar tratamento isonômico a pessoas com deficiências físicas, assegurando-lhes *tratamento desigual nos estritos limites da desigualdade*.

Diferente de ser incapaz para testemunhar é ser pessoa considerada *impedida* para depor (art. 447, § 2º). Estão nesta categoria o cônjuge, o companheiro, o ascendente e o descendente de qualquer grau, o colateral até o terceiro grau por consanguinidade ou afinidade, salvo se o exigir o interesse público ou, tratando-se de causa relativa ao estado da pessoa, não se puder obter por outro modo a prova que seja necessária para a resolução do mérito; quem é parte na causa; e quem intervém em nome de uma parte, como o tutor, o representante legal da pessoa jurídica, o juiz, o advogado ou outros que assistam ou tenham assistido as partes.

De outro lado, são suspeitos para testemunhar (art. 447, § 3º) o inimigo da parte; seu amigo íntimo; e todo aquele que tenha interesse no litígio.

Pessoas impedidas ou suspeitas podem ser ouvidas em juízo como testemunhas não compromissadas (isto é, testemunhas que não prestam o solene compromisso de dizer a verdade), às quais se costuma dar, no jargão processual, o nome de *informantes* (art. 447, §§ 4º e 5º).

Cabe à testemunha, como dito, trazer para o processo o conhecimento que tenha sobre os fatos da causa. Ninguém é, porém, obrigado a depor sobre fatos que acarretem grave dano ao depoente ou a pessoa de sua família (aí considerados o cônjuge, o companheiro e os parentes consanguíneos ou afins até o terceiro grau) ou a cujo respeito, por estado ou profissão, deva guardar sigilo (como seria, por exemplo, o caso de um sacerdote católico que não pode ser obrigado a depor sobre fatos de que tenha tomado conhecimento em uma confissão), tudo nos termos do art. 448.

As testemunhas, em regra, são ouvidas na sede do juízo (art. 449). Quando, porém, estiver impossibilitada de comparecer, mas não de depor, o juiz deverá designar, conforme as circunstâncias, dia, hora e lugar para inquiri-la (art. 449, parágrafo único, em disposição que é expressamente aplicável também ao depoimento pessoal das partes). São, de outro lado, inquiridos em suas residências ou no lugar em que exercem suas funções, os ocupantes dos cargos enumerados no art. 454. No caso de alguma dessas autoridades ser arrolada como testemunha, o juiz solicitará que indique dia, hora e local para ser inquirida, devendo ser-lhe remetida cópia da petição inicial ou da defesa oferecida pela parte que a tenha arrolado (art. 454, § 1º). A autoridade terá um mês para se manifestar e, decorrido este prazo, o juiz designará dia, hora e local para colher o depoimento, preferencialmente na sede do juízo (art. 454, § 2º). Também se designará dia, hora e lugar para o depoimento se a autoridade não comparecer, injustificadamente, à sessão por ela própria agendada para a colheita de seu testemunho (art. 454, § 3º).

Dispõe a lei processual, nos arts. 450 a 463, sobre o modo como é produzida a prova testemunhal no processo. Inicialmente, é preciso dizer que incumbe a cada parte arrolar as testemunhas que pretende ouvir, indicando, sempre que possível, seus nomes, profissões, estado civil, idades, números de inscrição no Cadastro de Pessoas Físicas (CPF), número dos registros de identidade e endereços completos (residencial e profissional), nos termos do art. 450. Apresentado o rol de testemunhas (na audiência de saneamento e organização do processo ou, caso esta não tenha sido realizada, no prazo assinado pelo juiz, nunca superior a quinze dias contados da data em que as partes tenham sido intimadas da decisão que deferiu a produção da prova testemunhal, conforme determinam os §§ 4º e 5º do art. 357), a parte só pode requerer a substituição das testemunhas que tenha arrolado se tiver falecido, se por motivo de doença não estiver em condições de depor ou se, tendo mudado de endereço, não for encontrada (art. 451).

Caso o juiz da causa seja arrolado como testemunha, deverá declarar-se impedido (se tiver conhecimento dos fatos que possam influir na decisão). Isto se dá como consequência da exigência de que – com a evidente ressalva dos fatos notórios, cujo conhecimento é público e generalizado – o conhecimento que o juiz tenha acerca dos fatos da causa deve ser construído através do processo, em contraditório. Não pode, então, o juiz trazer para o processo seu conhecimento privado a respeito dos fatos da causa. Neste caso, então, a parte que tenha arrolado o juiz como testemunha não poderá desistir de sua oitiva (art. 452, I). De outro lado, se o juiz nada souber sobre os fatos relevantes para a resolução da causa, mandará excluir seu nome do rol (art. 452, II).

A testemunha arrolada pela parte deverá ser informada ou intimada pelo advogado de quem a tenha indicado do dia, hora e lugar da audiência designada, dispensando-se a intimação judicial (art. 455). A intimação realizada por advogado será realizada por via postal, através da remessa de carta com aviso de recebimento, cabendo ao advogado juntar aos autos, com antecedência de pelo menos três dias em relação à data da audiência, cópia da correspondência enviada e do comprovante de recebimento (art. 455, § 1º).

Pode a parte comprometer-se a levar a testemunha independentemente de intimação. Neste caso, a ausência da testemunha acarreta a perda da prova (art. 455, § 2º). Também haverá perda dessa prova se a parte não efetivar a intimação da testemunha por meio de seu advogado (art. 455, § 3º).

Só haverá intimação da testemunha por via judicial quando se frustrar a intimação feita pelo advogado, se sua necessidade for devidamente demonstrada ao juiz, se figurar no rol de testemunhas servidor público civil ou militar (caso em que o juiz deverá requisitar a testemunha ao chefe da repartição ou ao comando do corpo em que servir), se a testemunha tiver sido arrolada pelo Ministério Público ou por Defensor Público, ou ainda quando se tratar de alguma daquelas autoridades que têm a prerrogativa de prestar depoimento em suas residências ou no lugar onde suas funções são exercidas (art. 455, § 4º).

Intimada a testemunha, por via judicial ou por ato do advogado, tem ela a obrigação de comparecer à audiência de instrução e julgamento e, caso não compareça sem motivo justificado, será conduzida à força, respondendo pelas despesas do adiamento da audiência (art. 455, § 5º).

Como regra geral, a testemunha presta seu depoimento na audiência de instrução e julgamento, perante o juiz da causa (art. 453). Ficam excluídas desta regra as que tenham prestado depoimento antecipadamente e as que são inquiridas por carta (art. 453, I e II). Caso a testemunha resida em comarca, seção ou subseção judiciária diversa daquela onde tramita o processo, sua oitiva poderá ser realizada por meio de videoconferência (ou outro recurso tecnológico de transmissão e recepção de sons e imagens em tempo real), o que poderá ocorrer, inclusive, durante a audiência de instrução e julgamento (art. 453, § 1º). Para isto, os órgãos jurisdicionais deverão dispor desses equipamentos tecnológicos (art. 453, § 2º).

As testemunhas serão inquiridas pelo juiz separada e sucessivamente, iniciando-se a colheita da prova pelas testemunhas arroladas pelo demandante. Deve-se, sempre, providenciar para que as testemunhas que ainda não depuseram não ouçam os depoimentos anteriores (art. 456). Havendo concordância das partes, a ordem das oitivas poderá ser alterada (art. 456, parágrafo único).

Antes de iniciar seu depoimento, a testemunha será qualificada, devendo declarar ou confirmar seus dados e informar se tem relações de parentesco com alguma das partes ou se tem interesse no processo (art. 457). Admite-se que a parte ofereça *contradita* à testemunha, arguindo-lhe a incapacidade, o impedimento ou a suspeição. Caso a testemunha negue os fatos que lhe são imputados, deve-se permitir à parte que prove a contradita com documentos ou testemunhas (até o máximo de três), as quais deverão ser apresentadas no ato e inquiridas em separado (art. 457, § 1º). Provados ou confessados os fatos apresentados na contradita, o juiz dispensará a testemunha ou decidirá por ouvi-la sem que preste compromisso de dizer a verdade (isto é, como informante), nos termos do art. 457, § 2º.

De outro lado, pode a testemunha arrolada pedir ao juiz que a dispense de prestar depoimento, alegando os motivos de escusa previstos no art. 448, devendo o juiz ouvir imediatamente as partes e em seguida decidir (art. 457, § 3º).

Ao início de sua inquirição, a testemunha deverá prestar o compromisso de dizer a verdade do que souber e lhe for perguntado (art. 458). Incumbe ao juiz advertir a testemunha compromissada que comete crime quem faz afirmação falsa, cala ou oculta a verdade (art. 458, parágrafo único, e art. 342 do Código Penal).

As perguntas são feitas à testemunha diretamente pelas partes, começando pela que a arrolou. Não pode o juiz admitir pergunta que possa induzir a resposta que não tenha relação com as questões de fato objeto da atividade probatória ou que importem repetição de outra já respondida (art. 459), bem assim perguntas consideradas impertinentes, capciosas ou vexatórias (art. 459, § 2º). Todas as perguntas que sejam indeferidas pelo juiz serão transcritas no termo de audiência, se assim a parte o requerer (art. 459, § 3º; FPPC, enunciado 158). Também o juiz pode formular perguntas às testemunhas, tanto antes quanto depois da inquirição feita diretamente pelas partes (art. 459, § 1º). Caso o juiz formule suas perguntas depois das partes, é essencial assegurar-se às partes o direito de formular novas perguntas, destinadas a esclarecer ou complementar o que resultar da inquirição feita pelo juiz (FPPC, enunciado 157).

É direito da testemunha ser tratada com urbanidade (art. 459, § 2º).

O depoimento da testemunha poderá ser gravado (art. 460). Caso seja digitado ou registrado por taquigrafia, estenotipia ou outro método idôneo de documentação, o registro do depoimento será assinado pelo juiz, pelo depoente e pelos advogados (art. 460, § 1º).

Caso o processo seja documentado em autos não eletrônicos e se interponha recurso, o depoimento gravado só será digitado (degravado) se for impossível o envio de sua documentação eletrônica (art. 460, § 3º). Tratando-se de autos eletrônicos, será observado, além do disposto no CPC, o que consta da legislação específica sobre a informatização do processo judicial (Lei nº 11.419/2006).

Poderá o juiz determinar, de ofício ou a requerimento de parte, o depoimento de testemunha referida em declaração de alguma das partes ou de outra testemunha (art. 461, II). Pode-se, ainda, determinar (também de ofício ou a requerimento) a acareação de duas ou mais testemunhas ou de alguma delas com a parte quando, sobre fato determinado que possa influir na decisão da causas, suas declarações forem divergentes (art. 461, II). A acareação pode ser realizada por videoconferência ou por outro recurso tecnológico de transmissão de sons e imagens em tempo real (art. 461, § 2º).

Os acareados serão reperguntados, para que expliquem os pontos de divergência, devendo-se lavrar um termo de acareação (art. 461, § 1º).

O depoimento da testemunha é considerado serviço público (art. 463). Por isso, a testemunha que se sujeita ao regime trabalhista não sofre, por comparecer à audiência, perda de salário ou desconto no tempo de serviço (art. 463, parágrafo único). Além disso, a testemunha tem o direito – cuja realização dependerá de requerimento seu ao juiz – de ver pagas as despesas que tenha efetuado para comparecer à audiência, devendo a parte pagar desde logo ou depositar o valor em cartório no prazo de três dias (art. 462).

13.9 Prova Pericial

Casos há em que a apuração do fato depende de um conhecimento técnico ou científico especializado. Nesses casos, deverá o juiz ser auxiliado por um ou mais peritos. Admite-se, porém, a substituição da prova pericial por *prova técnica simplificada*, determinada de ofício ou por requerimento das partes, quando o ponto controvertido for de pouca complexidade (art. 464, § 2º). A prova técnica simplificada consiste, tão somente, na inquirição de especialista, pelo juiz, sobre ponto controvertido da causa que demande especial conhecimento científico ou técnico (art. 464, § 3º). O especialista, tanto quanto o perito, deve ter formação acadêmica específica na área objeto de seu depoimento, e poderá valer-se de qualquer recurso tecnológico de transmissão de sons e imagens para esclarecer os pontos controvertidos da causa (art. 464, § 4º).

Não sendo, porém, caso de prova técnica simplificada, o juiz sempre se valerá da perícia quando houver a necessidade de conhecimento técnico ou científico especializado para a apuração dos fatos da causa. Não haverá perícia, porém, se a prova do fato não depender de conhecimento especializado, se for desnecessária em função de outras provas produzidas no processo ou se a verificação for impraticável (art. 464, § 1º). Também será dispensada a prova pericial quando as partes, na petição inicial e na contestação, apresentarem, sobre as questões de fato, pareceres técnicos ou documentos elucidativos suficientes (art. 472).

A prova pericial pode ser de três espécies (art. 464): exame (a perícia que tem por objeto pessoas ou bens móveis), vistoria (perícia cujo objeto é um bem imóvel) e avaliação (perícia cujo único objeto é a determinação do valor de mercado de um bem, móvel ou imóvel).

O juiz nomeará o perito, que deve ser *especializado no objeto da perícia*. Um dado extremamente relevante acerca deste ponto está na necessidade de especialização acadêmica. Assim, por exemplo, em uma perícia médica não bastará que o perito tenha formação em Medicina, exigindo-se, ainda, que o perito tenha especialização na área de conhecimento médica que constitui objeto da perícia. Não se pode, por exemplo, admitir que um pediatra realize uma perícia que exija conhecimento especializado de reumatologia. Ou que um anestesiologista realize uma perícia que exige especialização em otorrinolaringologia. A falta de especialização do perito invalida a prova.

Tratando-se de perícia complexa, que exija conhecimento especializado em mais de uma área de conhecimento, o juiz nomeará mais de um perito, e as partes indicarão tantos assistentes técnicos quantos reputem necessários (art. 475).

Como dito, o perito deverá ser nomeado pelo juiz. Admite-se, porém, que as partes, através de um negócio processual, escolham um perito da confiança de ambas (desde que sejam as partes plenamente capazes e a causa verse sobre direito que admite autocomposição, nos termos do art. 471, sendo certo que estes são os requisitos genericamente exigidos para a validade dos negócios processuais). Trata-se da *perícia consensual*, que substitui, para todos os efeitos, a perícia realizada por especialista nomeado pelo juiz (art. 471, § 3º).

No requerimento conjunto de nomeação do perito consensualmente indicado, as partes já deverão indicar seus assistentes técnicos para acompanhar a realização da perícia, a qual deverá se realizar em data e local previamente anunciados (art. 471, § 1º). Perito e assistentes técnicos, então, apresentarão o laudo e os pareceres em prazo fixado pelo juiz (art. 471, § 2º), se já não tiver havido a fixação de prazo por convenção das partes (sempre ressalvada a possibilidade de que tenha sido ajustado um calendário processual).

Nomeado o perito pelo juiz (sendo certo que, nos termos do art. 465, § 6º, sempre que a perícia tiver de realizar-se *por carta* será possível que essa nomeação seja feita pelo juízo a que a carta tenha sido dirigida), as partes disporão do prazo de quinze dias, contados da intimação do despacho de nomeação do especialista, para arguir seu impedimento ou suspeição, se for o caso, indicar assistente técnico e apresentar quesitos que queiram ver respondidos pelo perito (art. 465, § 1º). Podem as partes, posteriormente, apresentar quesitos suplementares durante a diligência, os quais serão respondidos pelo perito desde logo ou na audiência de instrução e julgamento (art. 469). Tendo uma das partes apresentado quesito suplementar, deverá a outra parte ser desde logo intimada de seu conteúdo (art. 469, parágrafo único). O juiz tem, de sua parte, a possibilidade de indeferir quesitos impertinentes e de formular quesitos que ele próprio considere necessários (art. 470).

Intimado de sua nomeação, o perito terá cinco dias para apresentar sua proposta de honorários, junto com seu currículo (com a comprovação da especialização acadêmica) e a indicação de seus contatos profissionais, especialmente seu endereço eletrônico, para onde serão dirigidas as intimações pessoais (tudo nos termos do art. 465, § 2º). Não comprovando o perito sua especialização, deverá ser substituído (art. 468, I).

Nos casos em que o exame pericial tenha por objeto a autenticidade ou falsidade de documento, ou se for de natureza médico-legal, o perito será escolhido, preferentemente, entre os técnicos dos estabelecimentos oficiais especializados, a cujos diretores o juiz autorizará a remessa dos autos, bem como do material sujeito a exame (art. 478). Nos casos em que tenha sido concedido no processo o benefício da gratuidade de justiça, os órgãos e as repartições oficiais deverão cumprir a determinação judicial com preferência, no prazo estabelecido (art. 478, § 1º). Pode-se, porém, solicitar a prorrogação do prazo, desde que justificadamente (art. 478, § 2º).

As partes serão intimadas da proposta de honorários, e disporão do prazo de cinco dias para se manifestarem. Findo este prazo, o juiz fixará o valor dos honorários periciais, intimando-se as partes (art. 465, § 3º). O valor dos honorários do perito deverá ser depositado previamente pela parte que tenha requerido a prova ou, tendo sido ela determinada de ofício ou requerida por ambas as partes, o depósito deverá ser rateado (art. 95). Como regra, o perito só receberá seus honorários após a apresentação do laudo e de todos os esclarecimentos necessários. Pode o juiz, porém, autorizar que o perito receba previamente até metade do valor (art. 465, § 4º). Sendo a perícia inconclusiva ou deficiente, os honorários serão reduzidos (art. 465, § 5º).

Incumbe ao perito cumprir escrupulosamente seu encargo, não havendo necessidade de que preste compromisso formal de fazê-lo. Sendo um auxiliar da justiça, deve ser imparcial, motivo pelo qual se prevê que se sujeita ele às causas de impedimento e de suspeição (art. 467), caso em que se deverá nomear novo perito (art. 467, parágrafo único). Já os assistentes técnicos são de confiança das partes, não se sujeitando a impedimento ou suspeição (art. 466, § 1º).

Ao perito também incumbe assegurar que os assistentes técnicos das partes tenham livre acesso e possam acompanhar as diligências e exames que realizar, com prévia comunicação, comprovada nos autos, com antecedência mínima de cinco dias (art. 466, § 2º).

Na hipótese de o perito não cumprir seu encargo no prazo que lhe tenha sido assinado pelo juiz sem motivo legítimo, deverá ser substituído (art. 468, II). Neste caso, o juiz comunicará a ocorrência à corporação profissional respectiva, podendo ainda multar o perito, sendo a multa fixada tendo em vista o valor da causa e o possível prejuízo decorrente do atraso no processo (art. 468, § 1º).

O perito que por qualquer motivo tenha sido substituído restituirá, no prazo de quinze dias, os valores já recebidos pelo trabalho que não realizou, sob pena de ficar impedido de atuar como perito judicial por *cinco anos* (art. 468, § 2º). Não havendo a restituição voluntária, a parte que tiver adiantado os honorários poderá promover *execução* contra o perito, observando-se o regime do *cumprimento de sentença*, valendo a decisão que tenha determinado a devolução do valor como título executivo (art. 468, § 3º).

As partes terão ciência da data e do local designados pelo juiz ou indicados pelo perito para o início da produção da prova (art. 474). O perito deverá apresentar o laudo pericial no prazo que lhe tenha sido assinado, admitindo-se, porém, que por motivo justificado o prazo seja prorrogado pela metade do prazo originariamente fixado (art. 476).

Para desempenhar suas funções, o perito (e também os assistentes técnicos) poderá valer-se de todos os meios necessários, ouvindo testemunhas, obtendo informações, solicitando documentos e instruindo seu laudo com planilhas, mapas, plantas, desenhos, fotografias ou outros elementos necessários ao esclarecimento do objeto da perícia (art. 473, § 3º). Caso o exame tenha por objeto a autenticidade da letra e da firma, o perito poderá requisitar, para efeito de comparação, documentos existentes em repartições públicas e, na sua falta, poderá requerer ao juiz que a pessoa a quem se atribuir a autoria do documento lance em folha de papel, por cópia ou sob ditado, dizeres diferentes, para fins de comparação (art. 478, § 3º).

Concluídas as diligências, o perito elaborará um documento chamado *laudo pericial*, o qual deverá conter (art. 473) a exposição do objeto da prova, a análise técnica ou científica realizada pelo especialista, a indicação do método utilizado, esclarecendo-o e demonstrando ser predominantemente aceito pelos especialistas da área de conhecimento da qual se originou e *resposta conclusiva a todos os quesitos*. A fundamentação deverá ser apresentada em linguagem simples e acessível, com coerência lógica, indicando como alcançou suas conclusões (art. 473, § 1º). Não poderá o perito, de outra parte, ultrapassar os limites de sua designação, sendo-lhe vedado emitir opiniões pessoais que excedam o exame técnico ou científico do objeto da perícia (art. 473, § 2º).

O laudo pericial será protocolado em juízo no prazo assinado pelo juiz, pelo menos vinte dias antes da audiência de instrução e julgamento (art. 477). As partes serão, então, intimadas para manifestar-se sobre o laudo pericial no prazo comum de quinze dias, podendo o assistente técnico de cada uma delas, neste mesmo prazo, apresentar seu parecer (art. 477, § 1º). Solicitado algum esclarecimento, este deverá ser prestado pelo perito em quinze dias. No mesmo prazo o perito deverá esclarecer ponto divergente entre seu laudo e parecer apresentado por assistente técnico da parte (art. 477, § 2º). Caso ainda haja necessidade de mais esclarecimentos, a parte requererá ao juiz que mande intimar o perito ou o assistente técnico a comparecer à audiência de instrução e julgamento, formulando, desde logo, as perguntas que queira ver respondidas, sob forma de quesitos (art. 477, § 3º). Perito e assistente técnico, então, deverão ser intimados, por meio eletrônico, com pelo menos dez dias de antecedência em relação à audiência (art. 477, § 4º).

A valoração da prova pericial pelo juiz se dá pelo mesmo critério por que as provas em geral são valoradas, isto é, pelo sistema da *valoração democrática da prova*, devendo ser indicados na sentença os motivos que levaram a considerar ou a deixar de considerar as conclusões do laudo, levando em conta o método utilizado pelo perito (art. 479).

Caso a perícia não tenha sido capaz de esclarecer suficientemente as partes e o juiz, este determinará, de ofício ou a requerimento, a realização de nova perícia (art. 480). A segunda perícia tem por objeto os mesmos fatos sobre que recaiu a primeira e se destina a corrigir eventual omissão ou inexatidão dos resultados a que a primeira perícia tenha conduzido (art. 480, § 1º). Rege-se a segunda perícia pelas mesmas disposições estabelecidas para a primeira (art. 480, § 2º), e não substitui ela a perícia anteriormente feita, cabendo ao juiz valorar ambas (art. 480, § 3º).

13.10 Inspeção Judicial

O juiz, de ofício ou a requerimento da parte, pode – em qualquer fase do processo – realizar uma inspeção de pessoas e coisas, a fim de esclarecer-se, mediante o emprego de seus próprios sentidos, acerca de fato que interesse à decisão da causa (art. 481). Pense-se, por exemplo, no caso de um processo no qual o autor afirme que o réu construiu uma parede irregular, de modo a impedir a passagem até um determinado local, e o réu negue que a parede exista, ou que seja um obstáculo a que se alcance o tal local. Pois é perfeitamente possível que o juiz vá até o local para buscar perceber, ele mesmo, se a parede existe ou se é capaz de impedir o acesso ao local apontado pelo autor.

Ao realizar a inspeção, o juiz pode ser auxiliado por um ou mais peritos (art. 482).

A inspeção judicial poderá ser realizada na própria sede do juízo. Incumbe ao juiz, porém, ir ao local onde esteja a pessoa ou coisa a ser inspecionada quando isto for necessário para a melhor verificação ou interpretação dos fatos que deva observar, se a coisa não puder ser apresentada em juízo sem consideráveis despesas ou graves dificuldades, ou sempre que se determine a reconstituição de fatos (art. 483).

É direito das partes assistir à inspeção judicial, prestando esclarecimentos e fazendo as observações que reputem necessárias (art. 483, parágrafo único).

Concluída a diligência, o juiz mandará lavrar auto circunstanciado, nele se devendo mencionar tudo quanto se repute útil ao julgamento da causa (art. 484). Este auto pode ser instruído com desenhos, gráficos ou fotografias (art. 484, parágrafo único).

14

SENTENÇA

14.1 Conceito

Chama-se *sentença* ao mais importante dos provimentos judiciais. Nos termos do que dispõe o § 1º do art. 203, "[r]essalvadas as disposições expressas dos procedimentos especiais, sentença é o pronunciamento por meio do qual o juiz, com fundamento nos arts. 485 e 487, põe fim à fase cognitiva do procedimento comum, bem como extingue a execução". Esta definição legal, porém, não é imune a críticas, sendo relevante buscar-se determinar com mais precisão o conceito de sentença.

Importa afirmar, pois, e em primeiro lugar, que o conceito de sentença não é universal, mas decorre do direito positivo. Assim, por exemplo, nada impediria que algum sistema processual estabelecesse que sentença é qualquer ato decisório do juiz, ou que se trata do ato pelo qual o juiz provê sobre o mérito. Não é assim, porém, que se conceitua a sentença no Direito brasileiro, devendo tal conceito ser extraído do modo como o ordenamento processual pátrio, compreendido sistematicamente, trata este ato jurisdicional. E é importante estabelecer o conceito de sentença por uma razão de ordem prática: é que, proferida a sentença, torna-se possível a interposição de um recurso denominado *apelação* (art. 1.009).

Pois o direito processual civil brasileiro trata a sentença como um *ato de encerramento*. Dito de outro modo, a sentença é definida pela posição que o pronunciamento judicial ocupa no procedimento, que deve ser uma posição de encerramento do procedimento ou de alguma de suas fases. Explique-se um pouco melhor: o processo, como já visto, é um procedimento que se desenvolve em contraditório. A este conjunto formado pelo binômio "procedimento + contraditório" pode-se chamar "módulo processual".

Ocorre que há processos formados por mais de um módulo processual. É que no sistema processual civil brasileiro podem ser encontradas três diferentes situações: (a) o processo cujo objeto é a produção de um julgamento; (b) o processo cujo objeto é a transformação da realidade fática, de modo a fazer com que as coisas sejam como deveriam ser; (c) o processo que tem por objeto a produção de ambos esses resultados.

No primeiro caso, tem-se o *processo de conhecimento*. No segundo, *processo de execução*. E no último, tem-se o *processo sincrético*, assim chamado aquele que se desenvolve em duas fases, a primeira *de conhecimento* e a segunda *de execução* (ou, como se diz na linguagem adotada pelo CPC, "cumprimento de sentença").

Há, então, processos formados por *um só módulo processual* e processos formados por *dois* (ou mais, porque poderá haver casos em que se terá, após a fase de conhecimento, o desenvolvimento de mais de uma fase executiva, bastando pensar no caso em que tenha havido condenação ao cumprimento de duas ou mais prestações de naturezas distintas, como fazer e entregar coisa) *módulos processuais*.

Pois *sentença é o ato que põe fim a um módulo processual*. Assim, nos casos em que o processo se desenvolva em um só módulo (processo de conhecimento ou processo de execução), a sentença será o ato de encerramento do procedimento em contraditório (ou, como se costuma dizer no jargão forense, o ato que põe fim ao processo). E nos casos em que haja mais de um módulo processual (ou, se se preferir, mais de uma fase do processo), haverá tantas sentenças quantos sejam os módulos, cada uma delas encerrando um desses módulos (isto é, um desses procedimentos em contraditório). E o pronunciamento que encerrar o último desses módulos processuais será o ato de encerramento do processo (considerado como um todo).

Pode-se, então, dizer que *sentença é o ato do juiz que põe fim ao processo ou a alguma de suas fases*.

O art. 203, § 1º estabelece, porém, uma ressalva, relativa aos procedimentos especiais. É que existem alguns desses procedimentos (como é o caso da "ação de demarcação") em que existe a previsão de um pronunciamento judicial que, sem encerrar a fase cognitiva do processo, resolve parcialmente o mérito da causa (art. 581) e, posteriormente, se prevê outro ato, este sim destinado a dar por encerrada a fase cognitiva do processo (art. 587). Pois a lei dá a ambos esses pronunciamentos o nome de *sentença*. É que há procedimentos "bifásicos", em que a fase cognitiva se divide em duas partes bem distintas. Nesses casos, o ato de encerramento do primeiro segmento do módulo cognitivo é uma "sentença parcial" (e o ato de encerramento do segundo segmento é a "sentença final"). E sendo ambos tratados como sentenças, contra ambos é cabível a interposição de apelação.

Ressalvados, assim, os procedimentos especiais que sejam segmentados em duas etapas, sentença é o ato judicial que põe termo ao processo ou a alguma de suas fases (isto é, a algum de seus módulos). E isto é confirmado pelo disposto no art. 316 ("[a] extinção do processo dar-se-á por sentença"), pelo art. 354 ("[o]correndo qualquer das hipóteses previstas nos arts. 485 e 487, incisos II e III, o juiz proferirá sentença") – que integra uma Seção do Código chamada "Da Extinção do Processo" –, e pelo art. 925 ("[a] extinção [da execução] só produz efeito quando declarada por sentença"). Sentença é, pois, o ato que extingue o processo ou alguma de suas fases (cognitiva ou executiva).

14.2   Sentenças Terminativas e Definitivas

Existem duas espécies de sentença: a *terminativa* e a *definitiva*. Terminativa é a sentença que não contém a resolução do mérito da causa; definitiva, a que contém a resolução do mérito.

O CPC estabelece, no art. 485, quais são as hipóteses que acarretam a prolação de sentença terminativa, devendo-se extinguir o processo de conhecimento (ou a fase cognitiva do processo sincrético) *sem resolução do mérito*. E no art. 487 estão as hipóteses em que se proferirá sentença definitiva, extinguindo-se o processo de conhecimento (ou a fase cognitiva do processo sincrético) *com resolução do mérito*.

A primeira hipótese de prolação de sentença terminativa é a de *indeferimento da petição inicial* (art. 485, I), o qual ocorre nos casos previstos no art. 330. Em qualquer dos casos em que o juiz indefere a petição inicial, portanto, será extinto o processo de conhecimento sem resolução do mérito.

Será, também, proferida sentença terminativa quando ocorrer o *abandono do processo* (art. 485, II e III). Este pode ser bilateral (art. 485, II) ou unilateral (art. 485, III).

Ocorre o abandono bilateral quando o processo ficar parado por mais de um ano por negligência de ambas as partes. Para adequadamente compreender-se esta situação, porém, impende recordar que a regra geral do sistema processual civil brasileiro é que se dê andamento ao processo de ofício (trata-se da regra – muitas vezes impropriamente chamada de princípio – do impulso oficial, prevista no art. 2º). Significa isto dizer que na maior parte dos casos, se um processo estiver parado, sem ter andamento, isto será devido à desídia do juízo, a quem incumbe, independentemente de provocação, dar-lhe seguimento. Casos há, porém, em que ao juiz não é dado prosseguir com o processo *ex officio*, dependendo seu andamento de ato a ser praticado por parte.

Pois nos casos em que não seja possível o impulso oficial do processo, só podendo este ter andamento por ato que possa ser praticado por qualquer das partes, a negligência de ambas, deixando o processo paralisado por mais de um ano, acarreta o abandono bilateral do processo. Acontece que, na prática, situações como esta não existem.

Pense-se, por exemplo, no caso de se ter encerrado a fase cognitiva do processo de conhecimento com uma sentença que reconhece a existência de uma obrigação de pagar dinheiro, sem, contudo, haver a determinação do *quantum* devido. Pois, neste caso, o andamento do processo depende da instauração de um incidente de "liquidação de sentença", destinado exatamente a determinar o valor devido. Tal incidente pode ter início por provocação de qualquer das partes (art. 509), mas não pode ser instaurado de ofício. Assim, se a liquidação não for postulada em um ano (a contar do trânsito em julgado da sentença condenatória), poder-se-ia considerar que ocorreu o abandono unilateral da causa, devendo o processo ser extinto. Acontece que tudo isso ocorre *depois da sentença* e, evidentemente, não há como extinguir-se o que extinto já estava. Não há, a rigor, qualquer situação em que o processo fique paralisado por não ser possível o impulso oficial, mas seu andamento dependa de ato que pode ser praticado por qualquer das partes. Por isso, na prática, não se vislumbra qualquer situação de extinção por abandono bilateral.

Diversamente, o abandono unilateral (art. 485, III) é muito comum na prática. É que existem várias situações em que ao juiz não é dado promover o impulso oficial do processo, dependendo-se, para que o feito tenha andamento, de ato que *pelo autor* pode ser praticado. É o que se tem, por exemplo, no caso em que o juiz determina ao autor que forneça elementos necessários para realizar-se a citação (como, por exemplo, a indicação do endereço correto do demandado, ou a indicação da pessoa natural que receberá citação em nome de réu pessoa jurídica). Pois em casos assim, se o autor, por não promover os atos e diligências que lhe incumbem, abandonar a causa por mais de trinta dias, o processo será extinto sem resolução do mérito.

Em qualquer caso de abandono (bilateral ou unilateral), exige o Código que, antes de proferir sentença, o juiz determine a intimação pessoal da parte desidiosa para que dê andamento ao processo no prazo de cinco dias (art. 485, § 1º). Só depois da intimação pessoal e do decurso do prazo é que se poderá considerar configurada a hipótese de extinção do processo, proferindo-se, então, a sentença terminativa.

No caso de abandono unilateral ocorrido depois do oferecimento de contestação, a intimação pessoal do autor para dar andamento ao processo em cinco dias não pode ser determinada de ofício, dependendo, para ser efetivada, de requerimento do réu (art. 485, § 6º).

Ocorrendo a extinção do processo por abandono bilateral (se vier a ser identificado algum caso em que ela seja possível), as despesas processuais serão rateadas proporcionalmente pelas partes. No caso de extinção por abandono unilateral, o autor pagará as despesas do processo e honorários de advogado (caso o réu já tenha oferecido contestação), tudo nos termos do art. 485, § 2º.

Outro caso de prolação de sentença terminativa se dá quando o juiz verifica a ausência de algum dos pressupostos processuais (art. 485, IV), tema sobre o qual já se tratou neste trabalho.

Deve, também, extinguir-se o processo sem resolução do mérito quando se "reconhecer a existência de perempção, de litispendência ou de coisa julgada" (art. 485, V). Este é tema que neste trabalho já se examinou, não sendo necessário retornar ao ponto.

Dá-se a perempção quando o autor der causa, por três vezes, à extinção do processo por abandono unilateral, caso em que não poderá ele propor novamente a mesma demanda, mas lhe sendo ressalvada a possibilidade de alegar seu direito como defesa (art. 486, § 3º). Pois se o mesmo autor abandonar três processos, todos instaurados para apreciação da mesma demanda (entre as mesmas partes, fundada na mesma causa de pedir e com a dedução do mesmo pedido), acarretando assim a prolação de três sentenças terminativas fundadas no inciso III do art. 485, ocorrerá a perempção.

Neste caso, se o autor demandar pela quarta vez, este quarto processo (assim como os seguintes) deverá ser extinto sem resolução do mérito, ficando esse autor impedido de ajuizar essa mesma demanda novamente. Trata-se, sem dúvida, de uma sanção contra um comportamento que é evidentemente abusivo, contrário ao princípio da cooperação que norteia todo o sistema processual. Não terá, porém, ocorrido a perda do direito material. Este, todavia, só poderá ser alegado como defesa.

Já a extinção do processo por litispendência ou coisa julgada se dá por conta da vedação do *bis in idem*. Em outros termos, o que se quer dizer aqui é que o sistema processual não admite que haja uma ilegítima duplicação de atividades processuais em torno do mesmo objeto. É que a litispendência e a coisa julgada são obstáculos a que se tenha um novo ajuizamento de uma demanda repetida (art. 337, §§ 2º, 3º e 4º).

Assim, proposta uma demanda e instaurado o processo, este estará pendente (*litispendência* significa *pendência do processo*). Imagine-se, então, que pendente esse processo, o autor ajuíze novamente a mesma demanda (com as mesmas partes, a mesma causa de pedir e o mesmo pedido), instaurando assim um segundo processo. Pois o estado de litispendência do primeiro será causa de extinção do segundo.

O mesmo raciocínio se aplica à coisa julgada. É que se uma demanda tiver sido proposta e decidida (com resolução do mérito), já não mais sendo admissível qualquer recurso, terá a decisão se tornado imutável, adquirindo uma autoridade a que se dá o nome de *coisa julgada* (que será objeto de exame adiante), e este fato impede que a mesma demanda seja novamente ajuizada. Caso se proponha novamente uma demanda já definitivamente julgada (com as mesmas partes, a mesma causa de pedir e o mesmo pedido), o novo processo que agora se instaura será extinto, sem resolução do mérito, em razão da coisa julgada já formada.

Outra hipótese de prolação de sentença terminativa é a da ausência de qualquer das "condições da ação" (legitimidade das partes ou interesse processual), caso em que o processo deverá ser extinto sem resolução do mérito (art. 485, VI). Mais uma vez, está-se diante de tema já apreciado, sendo desnecessária qualquer repetição.

Deve, também, ser proferida sentença terminativa quando se "acolher a alegação de existência de convenção de arbitragem ou quando o juízo arbitral reconhecer sua competência" (art. 485, VII).

Como sabido, conflitos que envolvem partes capazes e direitos patrimoniais disponíveis podem ser solucionados através da arbitragem, nos termos da Lei nº 9.307/1996. A arbitragem, porém, só poderá ser empregada como mecanismo de resolução do conflito se assim convencionarem as partes (através de alguma das modalidades de convenção de arbitragem: cláusula compromissória ou compromisso arbitral). Convencionada a arbitragem como meio adequado para a resolução do litígio, exclui-se a atuação do Judiciário, que não poderá apreciar o mérito da causa, uma vez que a competência para tal apreciação terá sido transferida, por convenção das partes, para o árbitro ou tribunal arbitral.

Pode ocorrer, no entanto, de haver sido celebrada uma convenção de arbitragem e ainda assim uma das partes ajuizar demanda perante órgão do Judiciário. Neste caso, se a parte demandada alegar, na contestação, a existência da convenção de arbitragem (demonstrando sua existência, evidentemente), caberá ao juiz proferir sentença terminativa, extinguindo o processo sem resolução do mérito, a fim de assegurar que em sede arbitral seja resolvido o conflito. Não se pode, porém, extinguir o processo por este fundamento *ex officio* (art. 337, § 5º), sendo certo que a ausência de alegação da existência de convenção de arbitragem na contestação implica aceitação da jurisdição estatal e renúncia à arbitragem (art. 337, § 6º).

Situação análoga é a daquela em que há dois processos instaurados simultaneamente com o mesmo objeto, sendo um deles perante órgão do Judiciário e o outro perante árbitro ou tribunal arbitral. Pois neste caso, reconhecida pelo árbitro (ou tribunal arbitral) sua competência, e chegando tal decisão ao conhecimento do juiz, deverá ser extinto o processo judicial sem resolução do mérito. Isto se dá em respeito ao princípio por força do qual incumbe ao árbitro apreciar e afirmar sua própria competência (princípio *Kompetenz-Kompetenz*). Neste caso, então, o processo arbitral prosseguirá e o processo judicial será extinto sem resolução do mérito. Caso se queira discutir a validade da convenção de arbitragem ou do processo arbitral, isto só poderá acontecer após a prolação da sentença arbitral, em processo que se instaure para apreciação de demanda de anulação da sentença arbitral (art. 20, § 2º, da Lei de Arbitragem).

Também será proferida sentença terminativa, extinguindo-se o processo sem resolução do mérito, quando for homologada a desistência da ação (art. 485, VIII). O direito de ação, como já se pôde ver em passagem anterior deste estudo, é direito de que todos são titulares, e que a todos permite atuar em juízo, em contraditório, ao longo de todo o processo, para contribuir para a formação de um resultado que a parte pretende lhe seja favorável. Pois é perfeitamente possível que o demandante, com o processo em curso, *desista de continuar a exercer seu direito de ação*, requerendo ao juiz, então, que dê por encerrado o processo, mas sem resolver o mérito da causa (o qual, permanecendo sem solução, poderá ser posteriormente trazido a juízo novamente, em outro processo). Manifestada a desistência da ação, este ato da parte será homologado por sentença, encerrando-se o processo sem resolução do mérito.

Acontece que, conforme também já se viu em passagem anterior deste livro, o direito de ação não é exercido no processo apenas pelo autor, mas também pelo réu. Este, a partir do momento em que oferece contestação, passa a exercer seu direito de ação e tem tanto direito quanto o autor a ver o mérito da causa resolvido. Exatamente por isso é que, nos termos do § 4º do art. 485, depois do oferecimento da contestação o processo só pode ser extinto por desistência se o réu concordar. Impende, então, que ambas as partes desistam de continuar a exercer seus direitos de ação no processo, de modo que não haja mais razão para com ele prosseguir. Tendo o autor, porém, desistido da ação depois do oferecimento da contestação, mas não concordando o réu com a prolação de sentença terminativa, o processo deverá seguir normalmente em direção à resolução do mérito da causa.

Estabelece o inciso IX do art. 485 que será proferida sentença terminativa se, "em caso de morte da parte, a ação for considerada intransmissível por disposição legal". Este é dispositivo cuja redação merece crítica. Em primeiro lugar, equivoca-se o texto normativo ao usar o termo "morte". É que apenas as partes que sejam pessoas naturais morrem, mas não as pessoas jurídicas. E estas também podem encontrar-se na posição jurídica de que aqui se trata. Melhor do que falar em "morte da parte", então, seria falar da hipótese em que a parte *deixa de existir*.

Além disso, fala a lei processual em ser instransmissível "a ação". Tem-se, aí, uma inaceitável (e inexplicável) confusão entre a ação, fenômeno que se manifesta no plano processual, e as posições jurídicas de direito material. Estas é que, sendo intransmissíveis, podem levar à extinção do processo. É que pode acontecer de em um processo ter sido deduzida alguma posição jurídica ativa (como um direito) ou passiva (como uma obrigação) que seja intransmissível aos sucessores de seu titular. Pois nesses casos, deixando a parte de existir, o processo precisa ser extinto sem resolução do mérito.

Pense-se, por exemplo, no caso de o demandante ter ido a juízo para pedir a condenação do Estado a lhe fornecer um medicamento muito caro. Ocorrendo o falecimento do demandante, não há qualquer utilidade em prosseguir-se com este processo (já que nenhuma utilidade haveria em se fornecer o medicamento para os sucessores do demandante), devendo ele ser extinto sem resolução do mérito.

O mesmo se dá no processo em que o autor postula a condenação do réu ao cumprimento de obrigação de fazer personalíssima, que só pelo devedor pode ser cumprida. Pois se o devedor deixar de existir (morrer, no caso de pessoa natural, ou se extinguir, no caso de pessoa jurídica), não haverá mais quem possa cumprir a prestação, também aqui se tornando inútil prosseguir com o processo, que deverá ser extinto sem resolução do mérito.

Assim, deve-se compreender este inciso IX do art. 485 no sentido de que ele determina a prolação de sentença terminativa *quando a causa versar sobre posição jurídica intransmissível e seu titular deixar de existir*.

Além desses casos aqui examinados, o processo de conhecimento será extinto sem resolução do mérito em outros casos previstos em lei (art. 485, X), como, por exemplo, se o autor não requerer, no prazo fixado pelo juiz, a citação de todos os litisconsortes passivos necessários (art. 115, parágrafo único).

Dentre todas as causas de prolação de sentença terminativa enumeradas no art. 485, podem ser conhecidas de ofício as previstas nos incisos IV (falta de pressupostos processuais), V (perempção, litispendência e coisa julgada), VI (falta de alguma "condição da ação") e IX (intransmissibilidade da posição jurídica de direito material cujo titular era parte que, no curso do processo, deixou de existir). Estas são matérias cognoscíveis de ofício, em qualquer tempo e grau de jurisdição, sobre elas não incidindo preclusão (art. 485, § 3º).

O pronunciamento judicial que não resolve o mérito da causa, via de regra, não impede que a mesma demanda (com as mesmas partes, a mesma causa de pedir e o mesmo pedido) seja novamente proposta (art. 486). Há casos, porém, em que esta repropositura não será possível. É o que se dá no caso de extinção por litispendência, em que só seria possível ajuizar novamente a demanda se o primeiro processo pendente viesse a ser extinto sem resolução do mérito. Do mesmo modo, no caso de extinção por indeferimento da petição inicial só se admite uma nova propositura da mesma demanda se a nova petição inicial for elaborada, corrigido o vício que acarretou a extinção do primeiro processo. Assim também, no caso de extinção por falta de pressuposto processual ou de "condição da ação" a demanda só poderá ser proposta novamente se o pressuposto faltante ou a "condição" ausente for preenchida, sanando-se o vício. Por fim, no caso de extinção fundada na existência de convenção de arbitragem, só poderá ser proposta novamente a mesma demanda se a convenção arbitral for reputada inválida (pelo árbitro ou tribunal arbitral) ou se a sentença arbitral for anulada por não ser caso de solução arbitral do litígio.

Pois é exatamente para tratar dessas hipóteses que o CPC estabelece, expressamente (art. 486, § 1º), que "[n]o caso de extinção em razão de litispendência e nos casos dos incisos I, IV, VI e VII do art. 485, a propositura da nova ação depende da correção do vício que levou à sentença sem resolução do mérito".

Em qualquer caso em que tenha sido extinto o processo sem resolução do mérito, só se admitirá nova propositura da demanda se a petição inicial vier acompanhada da prova do pagamento ou do depósito das custas processuais e honorários advocatícios devidos em função do processo anterior (art. 486, § 2º).

Vistos os casos em que se profere sentença terminativa, impende agora examinar as hipóteses que levam à prolação de sentença definitiva, que são aqueles casos em que o processo de conhecimento é extinto *com resolução do mérito* (art. 487).

O primeiro caso, mencionado na legislação processual, em que deve o juiz proferir sentença definitiva, é o que se pode considerar como o da *extinção normal do processo de conhecimento*: aquele em que o juiz acolhe ou rejeita o pedido formulado na demanda principal ou na reconvenção (art. 487, I). Trata-se da hipótese em que o juiz emite um *julgamento* acerca da pretensão deduzida através do pedido formulado, seja para julgá-lo procedente, seja para considerá-lo improcedente.

Entre os casos de improcedência do pedido estão aqueles em que o juiz, de ofício ou por provocação, pronuncia a decadência ou a prescrição (art. 487, II, valendo aqui registrar que só se pode conhecer de ofício da decadência quando esta for estabelecida por lei, conforme se lê no enunciado 521 do FPPC). É que, na verdade, prescrição e decadência são fundamentos de decisões de improcedência. Pense-se, por exemplo, no caso em que alguém postula a anulação de um negócio jurídico depois de decorrido o prazo decadencial a que se submete o direito à anulação. Pois, neste caso, o juiz deverá declarar improcedente o pedido formulado pelo autor, uma vez que não tem ele direito à anulação pretendida.

O mesmo raciocínio se aplica aos casos de prescrição. Figure-se, à guisa de exemplo, a hipótese de se cobrar dívida prescrita. Sendo reconhecida a prescrição, deverá o juiz julgar improcedente o pedido de cobrança, rejeitando-o.

A rigor, portanto, prescrição e decadência são fundamentos da improcedência, e este inciso II do art. 487 sequer precisaria existir autonomamente. Deixar claro o ponto, porém, evita dúvidas e divergências absolutamente desnecessárias, motivo pelo qual não há razão para se criticar o texto normativo por sua clareza.

Interessante notar que, nos termos do parágrafo único do art. 487, e como aplicação do princípio do contraditório – entendido como garantia de participação com influência e não surpresa – "a prescrição e a decadência não serão reconhecidas sem que antes seja dada às partes oportunidade de manifestar-se".

Ora, se a decadência ou a prescrição tiver sido deduzida como matéria de defesa pelo réu, evidentemente terá de ser ouvido o autor. Tendo a alegação ocorrido na contestação, aliás, o autor necessariamente terá garantida a oportunidade de manifestar-se em réplica (art. 350). A disposição deste parágrafo único é relevante, especialmente, para os casos em que o juiz suscitar a questão da decadência ou da prescrição de ofício. Neste caso, deverá ser dada a ambas as partes oportunidade para manifestarem-se acerca da prescrição ou da decadência. E aqui há um dado relevante: suscitada de ofício a questão atinente a ter havido prescrição, e aberta a oportunidade para manifestação das partes, o silêncio do devedor deve ser interpretado como renúncia tácita à prescrição (art. 191 do CC). Assim, silenciando o devedor sobre a matéria quando provocado de ofício pelo juiz para sobre ela manifestar-se, deverá o juiz reputar tacitamente renunciada a prescrição, o que a impedirá de a pronunciar.

Há, porém, nesse parágrafo único do art. 487 uma ressalva que precisa ser adequadamente compreendida. É que ali se faz uma ressalva ao disposto no art. 332, § 1º, que prevê o julgamento de improcedência liminar do pedido quando se reconhecer desde logo a decadência ou a prescrição. Impende, porém, considerar que a ressalva prevista na lei significa que nesse caso o juiz não terá de ouvir, antes de proferir a sentença por este fundamento, "[as] partes" (como consta do texto normativo do parágrafo único do art. 487). Não se extraia daí, porém, que não seria necessário ouvir sequer o autor. É que a prévia oitiva deste resulta da incidência do disposto no art. 9º. Em outros termos, caso o juiz verifique *desde logo* que pode ter ocorrido a prescrição ou a decadência e, portanto, que pode ser caso de julgamento de improcedência liminar do pedido, deverá abrir vista *ao autor* para que se manifeste sobre o ponto, somente podendo decidir com base nesse fundamento depois de ter assegurado ao autor oportunidade para manifestar-se (arts. 9º e 10). De outro lado, verificando o juiz que pode ser caso de ter-se consumado a decadência ou a prescrição após o oferecimento da contestação, a decisão com base nesse fundamento só poderá ser proferida depois de se dar oportunidade de manifestação a *ambas as partes* (arts. 9º, 10 e 487, parágrafo único).

Além dos casos em que o juiz *julga* o pedido (procedente ou improcedente), casos há em que o mérito da causa se resolve sem que ocorra efetivamente um *julgamento*.

São os casos em que as partes alcançam a solução do conflito por autocomposição, incumbindo ao juiz tão somente verificar a validade do ato pelas partes celebrado e, constatada a inexistência de vícios, promover sua homologação.

Pois é isto que acontece quando o juiz homologa o reconhecimento da procedência do pedido, a transação ou a renúncia à pretensão, fenômenos que só podem ocorrer validamente se o direito material deduzido no processo admite autocomposição.

O reconhecimento da procedência do pedido é o ato pelo qual o demandado (réu ou autor-reconvindo) dá razão ao autor, afirmando expressamente que a pretensão do demandante (autor ou réu-reconvinte) é fundada e deve ser acolhida. Nesse caso, quem afirma ser procedente o pedido formulado pelo demandante não é o juiz, mas o demandado, e a sentença é meramente homologatória do reconhecimento. Tal sentença, porém, é em tudo e por tudo equivalente a uma sentença de procedência do pedido.

A transação, por sua vez, é o negócio jurídico por meio do qual as partes, através de concessões mútuas, põem fim ao seu conflito. Neste caso, incumbe ao juiz proferir sentença homologatória da transação, a qual corresponde rigorosamente a uma sentença de procedência parcial, sendo certo que o conteúdo daquilo que ao demandante será reconhecido resulta do negócio jurídico celebrado pelas partes (e não do julgamento do juiz).

Por fim, a renúncia à pretensão é o ato pelo qual o demandante abre mão, definitivamente, daquilo que postulou em juízo. Neste caso, a sentença homologatória equivale perfeitamente a uma sentença de improcedência do pedido, tendo sido o próprio demandante, por ato voluntário – e não o juiz – a afirmar que o pedido por ele formulado deveria ser rejeitado.

Pode ocorrer de o juiz verificar estarem presentes duas causas de extinção do processo de conhecimento, sendo uma causa de extinção *sem resolução do mérito* e a outra de extinção *com resolução do mérito*. Pense-se, por exemplo, na hipótese de o juiz verificar que *falta um pressuposto processual* (por exemplo, a demanda não foi regularmente formulada, faltando requisitos essenciais à petição inicial e não tendo o demandante, não obstante regularmente intimado a fazê-lo, emendado sua petição) e, também, que se operou a decadência. Pois é preciso verificar qual deve ser a atitude do juiz em casos assim: extinguir o processo *com* ou *sem* resolução do mérito.

Nesses casos, deverá o juiz verificar, em primeiro lugar, quem seria beneficiado pela extinção do processo sem resolução do mérito. É preciso aqui evitar a solução simplista consistente em achar que a extinção do processo sem resolução do mérito é sempre ruim para o autor e benéfica para o réu. Não é bem assim.

É preciso, sempre, verificar quem é o destinatário da proteção jurídica outorgada pela norma jurídica que prevê a hipótese de extinção sem resolução do mérito. Pense-se, por exemplo, na extinção por ausência de capacidade postulatória. Neste caso, prevê-se a extinção do processo sem resolução do mérito porque o demandante não tem advogado regularmente constituído (arts. 76, § 1º, I, e 485, IV). Pois a regra é claramente destinada a estabelecer uma proteção para o demandante, evitando que ele prossiga em um processo sem adequada defesa técnica, o que geraria – caso ocorresse – uma grande probabilidade de que ficasse vencido mesmo tendo razão, já que possivelmente não saberia valer-se adequadamente do instrumental jurídico-processual existente. Ora, mas se o juiz verifica que, mesmo não estando o autor representado por advogado, estão presentes elementos que permitam afirmar que seu pedido é procedente, não haveria qualquer razão para extinguir-se o processo sem resolução do mérito. Em situações assim, deve o processo ser extinto *com resolução do mérito*, o que dará ao beneficiário da norma uma proteção ainda maior do que a que ele teria com a prolação de sentença terminativa.

Pense-se, agora, no caso de se verificar que o processo poderia ser extinto sem resolução do mérito por litispendência (o que beneficiaria o réu, evitando que ele tenha de se defender em dois processos distintos), mas também que se operou a decadência. Pois é muito maior a proteção para o réu se for desde logo pronunciada a decadência e, por conseguinte, declarada a improcedência do pedido formulado pelo demandante, do que se o processo for extinto sem resolução do mérito.

Adota-se, pois, no sistema processual brasileiro, o *princípio da primazia da resolução do mérito*, o qual, por força do disposto no art. 488, leva a que se afirme que, "[d]esde que possível, o juiz resolverá o mérito sempre que a decisão for favorável à parte a quem aproveitaria eventual pronunciamento nos termos do art. 485".

14.3   Elementos

A sentença, formalmente considerada, é um conjunto formado por três integrantes: relatório, fundamentação e dispositivo. Sendo estes os integrantes da sentença, as partes do todo, a eles dá-se o nome de *elementos* da sentença (art. 489). E são todos três elementos *essenciais*, já que não podem, de maneira alguma, faltar. A ausência de cada um deles, como se poderá ver adiante, acarreta consequências relevantes, as quais podem ser até mesmo conhecidas de ofício.

Esses três elementos não precisam, necessariamente, vir expostos na ordem em que aparecem no texto do art. 489. É perfeitamente possível, por exemplo, iniciar-se a sentença pelo seu dispositivo (dizendo-se algo como "esta é uma sentença de improcedência do pedido formulado na seguinte causa...", apresentando-se em seguida o relatório do processo e a fundamentação do julgamento já anunciado). Tampouco se deve considerar que os três elementos precisam estar formalmente separados, como capítulos de um livro. Assim, ainda que o juiz anuncie ter separado formalmente os três elementos (o que normalmente se vê, com os juízes se valendo de uma fórmula para anunciar o término do relatório e o início da fundamentação que é algo como "é o relatório, passa-se a decidir" e, em seguida, anuncia-se o término da fundamentação e o início da parte dispositiva com algo como "diante do exposto, julga-se..."), esta separação não é necessariamente rígida. Basta pensar que – como se verá melhor adiante – o dispositivo é a parte conclusiva da sentença e, por isso, todas as decisões que o juiz profira ao longo da sentença o integram.

Ocorre que, com muita frequência, vê-se na prática o juiz proferir decisões sobre questões preliminares naquilo que ele formalmente chama de "fundamentação", reservando o dispositivo apenas para a decisão de mérito. Assim não é, porém, e as decisões acerca das questões preliminares, decisões que são, integram o dispositivo (onde quer que estejam escritas tais decisões). Pois é exatamente por isto que o § 3º do art. 489 estabelece que "[a] decisão judicial deve ser interpretada a partir da conjugação de todos os seus elementos e em conformidade com o princípio da boa-fé".

14.3.1 Relatório

Relatório é a *síntese do processo*. Trata-se de um resumo, no qual o juiz narrará, sinteticamente, tudo aquilo de relevante que tenha ocorrido ao longo do processo.

Estabelece o inciso I do art. 489 que o relatório "conterá os nomes das partes, a identificação do caso, com a suma do pedido e da contestação, e o registro das principais ocorrências havidas no andamento do processo". Deve o juiz, então, declarar no relatório quem são as partes, fazer um resumo do caso (o que implica dizer que é preciso fazer uma descrição sintética da causa de pedir), descrevendo – ainda que abreviadamente – qual foi o pedido formulado. Em seguida, deverá o juiz apresentar uma descrição resumida da contestação e de todos os acontecimentos relevantes do processo (como a existência e o teor de reconvenção, incidentes importantes que tenham sido instaurados e decididos, provas que tenham sido produzidas *etc.*).

Sendo o relatório elemento essencial da sentença, deve-se considerar que a sentença a que falte relatório é *nula*, podendo o vício ser reconhecido de ofício (desde que, evidentemente, se demonstre que da ausência deste elemento resultou algum prejuízo).

14.3.2 Fundamentação

A Constituição da República estabelece, em seu art. 93, IX, que toda decisão judicial será fundamentada, sob pena de nulidade. O princípio da fundamentação das decisões judiciais, portanto, é um dos integrantes do modelo constitucional de processo que deve necessariamente ser observado no processo civil brasileiro (art. 1º). Pois é exatamente por isso que o art. 11 estabelece, reproduzindo a disposição constitucional, que serão "fundamentadas todas as decisões, sob pena de nulidade", sendo esta uma das normas fundamentais do processo civil, estudadas em passagem anterior deste trabalho.

Impende aqui, porém, aprofundar um pouco mais o estudo da fundamentação da sentença (e das demais decisões judiciais).

A fundamentação da decisão judicial é o elemento consistente na indicação dos motivos que justificam, juridicamente, a conclusão a que se tenha chegado. Este é um ponto essencial: *fundamentar é justificar*. É que a decisão precisa ser legitimada democraticamente, isto é, a decisão precisa ser constitucionalmente legítima. Para isso, é absolutamente essencial que o órgão jurisdicional, ao decidir, aponte os motivos que justificam constitucionalmente aquela decisão, de modo que ela possa ser considerada a *decisão correta* para a hipótese. E esses fundamentos precisam ser apresentados substancialmente. Afinal, se os direitos processuais fundamentais (como o direito ao contraditório ou o direito à isonomia) têm de ser compreendidos em sua dimensão substancial – e não em uma dimensão meramente formal –, o mesmo deve se aplicar ao *direito fundamental a uma decisão fundamentada*.

O que se pretende dizer com isso é que não terá sido observado o princípio constitucional da fundamentação das decisões se o pronunciamento judicial contiver uma fundamentação meramente formal, que é a rigor um simulacro de fundamentação, ou seja, uma fundamentação fictícia. Afirmações como "presentes os requisitos, defere-se a medida", ou "indefere-se por falta de amparo legal" não são verdadeiras fundamentações, porque não justificam as decisões. Por que se podem considerar presentes os requisitos? E que requisitos são esses? O que significa "falta de amparo legal"? Há alguma vedação? Onde está a proibição? Por que ela se aplica ao caso? Nenhuma dessas perguntas é respondida por fundamentações simuladas, fictícias, como as que foram indicadas acima.

Exige-se, portanto, uma fundamentação *verdadeira*, suficiente para justificar a decisão, de modo a demonstrar que ela é constitucionalmente legítima. E daí se extrai a íntima ligação que há entre o princípio do contraditório e o da fundamentação das decisões. É que, sendo a decisão construída em contraditório, através da comparticipação de todos os sujeitos do processo, torna-se absolutamente fundamental que a decisão judicial comprove que o contraditório foi observado, com os argumentos deduzidos pelas partes e os suscitados de ofício pelo juiz, todos eles submetidos ao debate processual, tendo sido considerados na decisão.

Sempre vale recordar que um dos elementos formadores do princípio do contraditório é o *direito de ver argumentos considerados* (que a doutrina alemã chama de *Recht auf Berücksichtingung*). Pois só se poderá saber, no caso concreto, se os argumentos da parte foram levados em consideração na decisão judicial – e, portanto, se o contraditório substancial foi observado – pela leitura dos fundamentos da decisão. Daí a intrínseca ligação entre contraditório e fundamentação das decisões, por força da qual é possível afirmar que, sendo o processo um *procedimento em contraditório*, torna-se absolutamente essencial que toda decisão judicial seja *substancialmente fundamentada*.

Ademais, é sempre importante lembrar que as decisões judiciais são atos praticados por agentes estatais. Por força disso, e sendo o juiz um agente estatal que atua em nome do Estado Democrático de Direito (art. 1º da Constituição da República), é preciso que tais atos sejam revestidos de *legalidade* e de *legitimidade*.

A legalidade da decisão (entendida como juridicidade, isto é, como compatibilidade com o ordenamento jurídico compreendido em seu todo) é exigida expressamente pelo art. 8º do CPC. A legitimidade é, porém, uma exigência do Estado Democrático de Direito, e precisa estar presente na atuação dos juízes e tribunais.

Ocorre que, diferentemente dos agentes que atuam no Poder Legislativo e no Poder Executivo – os quais são legitimados pelos votos que recebem – o magistrado não é eleito e, assim, não recebe legitimidade *a priori* da sociedade. Sua legitimidade, então, deve ser estabelecida *a posteriori*. O que se quer dizer com isso é que, enquanto administrador público e legislador são legitimados previamente, e com base nessa legitimidade, conquistada pelo voto, exercem suas funções, o juiz não recebe sua legitimidade previamente por escolha da sociedade. Daí a necessidade de que o juiz se legitime *ato a ato*. Cada decisão que um juiz ou um tribunal profere precisa ser constitucionalmente legitimada. E isto só ocorrerá se cada uma dessas decisões for proferida em conformidade com a Constituição da República. Acontece que isso só pode ser aferido pela fundamentação da decisão judicial. Os fundamentos da decisão, portanto, são os elementos que permitem a aferição da legitimidade constitucional e democrática dos pronunciamentos judiciais. E tudo isso se revela fundamental quando se considera que uma das características essenciais do exercício do poder em um Estado Democrático de Direito é a *controlabilidade* dos atos de poder. Em outros termos, não haverá Estado Democrático se não existirem mecanismos capazes de permitir algum tipo de controle dos atos de poder do Estado. Afinal, não há Democracia sem controle do poder.

Pois é pela fundamentação da decisão judicial que se permite o exercício de dois tipos de controle das decisões: (a) o *controle forte*, aquele exercido por órgãos superiores ao que tenha proferido a decisão, e que permite, através de mecanismos destinados a promover o reexame das decisões (como os recursos, a remessa necessária e as demandas autônomas de impugnação), a cassação de decisões erradas; e (b) o *controle fraco*, isto é, o controle que não pode levar à cassação de atos, mas que, sendo exercido de forma difusa pela sociedade, permite que se debata acerca da correção das decisões judiciais, de modo a contribuir para a melhoria constante da qualidade dos pronunciamentos jurisdicionais.

Por força de tudo quanto até aqui se afirmou, o § 1º do art. 489 estabelece uma espécie de "conteúdo mínimo" da fundamentação da decisão judicial que permita afirmar sua validade. É perfeitamente possível comparar os incisos do art. 489, § 1º – que indicam o que deve constar na decisão judicial para que ela seja tida por válida – com os incisos do art. 319 (que indicam os requisitos mínimos para que uma petição inicial seja apta a viabilizar o regular desenvolvimento do processo). Ambos esses dispositivos são "roteiros", um a ser seguido por juízes, outro a ser observado por advogados. E do mesmo modo como advogados bem capacitados não precisam ler o art. 319 a cada vez que vão elaborar uma petição inicial, juízes adequadamente capacitados não precisarão ler o disposto no § 1º do art. 489 a cada vez que forem proferir uma decisão. O que se quer com tal dispositivo é, tão somente, evitar decisões ineptas, absurdamente não fundamentadas.

E nem se diga que a exigência de fundamentação substancial da decisão seria um fator de entrave à duração razoável do processo. Em primeiro lugar, não há qualquer exigência de que as decisões sejam *longamente* fundamentadas. A fundamentação pode ser objetiva, concisa, desde que suficiente. Além disso, a garantia de duração razoável do processo destina-se a assegurar que no processo não haja dilações indevidas, mas todas as *dilações devidas* devem ocorrer. Uma decisão judicial bem fundamentada, fruto de um contraditório efetivo, pleno e substancial, é uma decisão que mais dificilmente será reformada ou anulada em grau de recurso, e isto, certamente, será um fator de desestímulo a recursos, permitindo um aperfeiçoamento da prestação jurisdicional, que conseguirá, fatalmente, ser alcançada em tempo razoável.

Assim é que, nos termos do já citado § 1º do art. 489, não se considera fundamentada a decisão que "se limitar à indicação, à reprodução ou à paráfrase de ato normativo, sem explicar sua relação com a causa ou a questão decidida" (art. 489, § 1º, I). Deste modo, decisões judiciais que *nada mais fazem do que* indicar o dispositivo legal, sem apresentar uma justificativa para sua incidência no caso concreto (algo como "art. X, defiro", ou como "art. Y da Lei Z, indefiro") devem ser reputadas nulas por ausência de fundamentação. Também a decisão que se limita a reproduzir o texto normativo (como, por exemplo, uma decisão em que se lesse algo como *"Havendo elementos que evidenciam a probabilidade do direito e o perigo de dano ou o risco ao resultado útil ao processo, defiro a tutela de urgência"*, por exemplo) é inválida e deve ser cassada. Considera-se, ainda, nula por vício de fundamentação a decisão que nada faz além de parafrasear o texto do ato normativo (como no caso em que se dissesse algo como "presentes o *fumus boni iuris* e o *periculum in mora*, defiro a tutela de urgência"). Pois é evidente que pronunciamentos assim não estão fundamentados mesmo, e devem ser considerados nulos.

Também é nula por vício de fundamentação (art. 489, § 1º, II) a decisão que emprega "conceitos jurídicos indeterminados, sem explicar o motivo concreto de sua incidência no caso". Como sabido, há conceitos jurídicos que são vagos, de definição imprecisa, caracterizando-se por uma fluidez que não permite o estabelecimento exato de seu significado. Resulta daí uma imprecisão semântica que faz com que seja preciso, em cada caso concreto, estabelecer-se as razões que levam à sua aplicação. É que diante desses conceitos indeterminados não se consegue estabelecer, *a priori*, as situações que se enquadrariam na sua fórmula.

É isto que acontece com conceitos como *ordem pública, interesse coletivo, justa indenização*, entre outros. Impende, assim, em cada caso concreto em que se tenha de aplicar um desses conceitos, que o órgão jurisdicional indique os parâmetros empregados em sua interpretação, estabelecendo o motivo concreto pelo qual é ele aplicado – nos termos em que compreendido – no caso concreto.

Permita-se um exemplo. O art. 183, § 3º, da Constituição da República estabelece que "[a]s desapropriações de imóveis urbanos serão feitas com prévia e justa indenização em dinheiro". Assim, instaurado um processo que tenha por objeto a determinação do valor a ser pago a título de indenização por um imóvel que o Poder Público pretende desapropriar (o qual é regulado pelo Decreto-Lei nº 3.365/1941), deve-se estabelecer, na sentença, o preço da indenização (art. 24). É na sentença, então, que se fixa o valor da *justa indenização*. Pois a sentença só estará fundamentada se ali se indicar os parâmetros empregados para estabelecer-se que um determinado valor é o *justo para o caso concreto*.

Pense-se em outro exemplo: o art. 1.228, § 4º, do CC estabelece que "[o] proprietário [pode] ser privado da coisa se o imóvel [consistir] em extensa área, na posse ininterrupta e de boa-fé, por mais de cinco anos, de considerável número de pessoas, e estas nela houverem realizado, em conjunto ou separadamente, obras e serviços considerados pelo juiz de interesse social e econômico relevante". Ora, parece evidente que *extensa área, considerável número de pessoas* e *interesse social e econômico relevante* são conceitos vagos, imprecisos, juridicamente indeterminados. Pois não se pode admitir que se profira uma decisão judicial que diga algo como "tendo o imóvel extensa área, sendo ocupado por considerável número de pessoas que nele fizeram obras de relevante interesse social e econômico, priva-se o proprietário do bem". É absolutamente essencial, para que se tenha por verdadeiramente justificada a decisão judicial, que o órgão jurisdicional indique, em sua decisão, os parâmetros empregados para afirmar que a área daquele imóvel em particular é realmente *extensa*; que o número de pessoas que ocupa aquele prédio é *considerável*, e que as obras realizadas têm interesse social e econômico *relevante*. Em outras palavras, é preciso deixar claro o modo como se chegou à conclusão de que realmente deveria incidir a norma jurídica que resulta da interpretação do § 5º do art. 1.228 do CC. Não se estabelecendo isso na decisão, de forma precisa, é ela nula. Afinal, se o conceito jurídico é indeterminado, sua aplicação no caso concreto deve dar-se de forma determinada, precisa, a fim de permitir que se encontre, na fundamentação da decisão, elementos que levem a afirmar que aquela era a decisão correta para o caso concreto posto sob julgamento.

Também é viciada por ausência de fundamentação a decisão judicial que "[invoca] motivos que se prestariam a justificar qualquer outra decisão" (art. 489, § 1º, III). Tem-se, aí, um comando destinado a impedir a utilização de decisões *prêt-à-porter* (expressão francesa que significa "pronto para vestir", e que indica a roupa que, produzida em larga escala, é posta à venda já pronta, sem que seja produzida de modo individualizado para cada consumidor). É que incumbe ao órgão jurisdicional proferir uma decisão que seja a solução do caso concreto, personalizada, e não ter decisões prontas, produzidas para utilização em larga escala, sem respeitar as características de cada caso concreto que seja deduzido em juízo.

Isto é extremamente importante especialmente (mas não apenas) no que diz respeito às demandas de massa, repetitivas. É que não obstante o caráter repetitivo que ostentam, todas elas têm características individuais que são irrepetíveis, e que precisam ser consideradas pelo órgão jurisdicional no momento de se proferir a decisão.

Pense-se, por exemplo, na imensa quantidade de processos que já se instauraram no País para postular o reconhecimento de que teria havido um registro indevido do nome do demandante em um cadastro restritivo de crédito (ou seja, um cadastro de maus pagadores, de devedores inadimplentes). Por mais que essas causas sejam exaustivamente repetitivas, sendo incontável o número de casos de pessoas que, embora nada devam, têm seus nomes inscritos nesses cadastros por terem sido vítimas de fraudes perpetradas por indivíduos que obtêm indevidamente seus dados pessoais e os empregam para praticar atos ilícitos, sempre será necessário que se verifique, no caso concreto, se aquele demandante é realmente vítima de fraude ou se ele é, na verdade, um devedor inadimplente que tenta se passar por alguém que inocentemente descobriu que teve seu nome indevidamente levado àquele banco de dados. É de se exigir, portanto, que o pronunciamento judicial seja criado para o caso concreto, identificando as circunstâncias fáticas e jurídicas que o envolvem, não se podendo conviver com decisões produzidas "em escala industrial".

Tenha-se claro este ponto: ao Judiciário incumbe julgar os casos que lhe são submetidos. E *cada caso é um caso*, por mais que hoje existam casos iguais, muitas vezes em quantidades impressionantes. Os casos podem até ser iguais, mas não se trata sempre do *mesmo caso*. E é preciso que a decisão justifique até mesmo os motivos que levam a se considerar que aquele caso em julgamento é igual a outros já julgados, demonstrando-se que realmente as circunstâncias fáticas deles são *idênticas*. Não sendo feita essa demonstração, a decisão será nula por vício de fundamentação, pois não estará adequadamente fundamentada.

É, ainda, nula por falta de fundamentação a decisão que "não enfrentar todos os argumentos deduzidos no processo capazes de, em tese, infirmar a conclusão adotada pelo julgador" (art. 489, § 1º, IV). Este é um elo de ligação entre os princípios do contraditório e da fundamentação das decisões, ligação esta já tantas vezes afirmada neste estudo.

Como deve ser sempre lembrado, o princípio do contraditório assegura aos sujeitos interessados no resultado do processo o direito de participar com influência na formação do seu resultado (além de assegurar que não haverá decisões-surpresa). Pois este direito de participação com influência não se resume à garantia de que as partes poderão manifestar-se ao longo do processo ("direito de falar"), mas também – e principalmente – à garantia de que serão ouvidas ("direito de ser ouvido", *right to be heard*). Em outros termos, significa isto que as partes do processo têm o direito à consideração de seus argumentos (*Recht auf Berücksichtigung*). Pois só será possível fiscalizar a atuação do juiz – a quem cabe, nos termos do art. 7º, "zelar pelo efetivo contraditório" –, verificando-se se houve efetiva participação das partes, em contraditório, na formação do resultado do processo se todos os argumentos pela parte deduzidos no processo, e que sejam (ao menos em tese) capazes de levar a resultado que à parte favoreça, tiverem sido examinados.

Pode acontecer, por exemplo, de uma das partes deduzir, na petição inicial ou na contestação, diversos fundamentos, cada um deles – ainda que isoladamente considerado – capaz de justificar, em tese, um resultado que lhe seja favorável. Pois para que a parte possa ser legitimamente vencida, com a rejeição de sua pretensão ou defesa, é essencial que o órgão jurisdicional justifique os motivos pelos quais *todos* esses fundamentos são rejeitados. Perceba-se: tendo o juízo *acolhido* um desses fundamentos, e chegado a uma conclusão favorável a uma das partes, não será preciso examinar os demais fundamentos suscitados pela *mesma parte* (afinal, os demais argumentos da parte só poderiam servir para justificar a *mesma conclusão* a que o juízo já chegou). Neste caso, deve-se considerar que os demais argumentos estão *prejudicados* (isto é, que desapareceu, por absoluta inutilidade, o interesse em que tais argumentos sejam examinados). De outro lado, a rejeição do primeiro argumento deduzido pela parte deve, necessariamente, levar o órgão jurisdicional ao exame do segundo argumento (que seja, em tese, capaz de justificar um resultado favorável à parte que o suscitou). E a rejeição deste segundo argumento deverá levar ao exame do seguinte, e assim sucessivamente. Só se pode julgar *contra* a parte, insista-se, se *todos* os argumentos por ela suscitados e que sejam, em tese, capazes de lhe garantir um resultado favorável, tiverem sido expressamente rejeitados. O não cumprimento, por parte do órgão jurisdicional, do seu dever de considerar todos os argumentos da parte implica, então, violação à garantia constitucional do contraditório, negando-se deste modo a nota essencial e característica do processo (que é, precisamente, o contraditório), o que acarreta a nulidade da decisão. Nesta linha, vale citar o enunciado 523 do FPPC, segundo o qual "[o] juiz é obrigado a enfrentar todas as alegações deduzidas pelas partes capazes, em tese, de infirmar a decisão, não sendo suficiente apresentar apenas os fundamentos que a sustentam".

Merece referência, porém, um caso especial: trata-se da decisão proferida em caso idêntico a outro em que se tenha fixado um padrão decisório que servirá como paradigma para a decisão (como se tem, por exemplo, no julgamento de casos repetitivos). Neste caso, não se exige do órgão julgador que, ao proferir decisão sobre o novo caso, enfrente novamente os argumentos já enfrentados expressamente na decisão paradigma, sendo suficiente a demonstração de que o novo caso é idêntico àquele em que se fixou o paradigma (FPPC, enunciado 524: "O art. 489, § 1º, IV, não obriga o órgão julgador a enfrentar os fundamentos jurídicos deduzidos no processo e já enfrentados na formação da decisão paradigma, sendo necessário demonstrar a correlação fática e jurídica entre o caso concreto e aquele já apreciado").

Por fim, exige-se que na fundamentação das decisões judiciais sejam levados a sério os precedentes, tanto nos casos em que eles são aplicados, como nas hipóteses em que a eles se nega aplicação. É o que se obtém com a interpretação dos incisos V e VI deste art. 489, § 1º.

Será nula, então, por vício de fundamentação, a decisão que "se limitar a invocar precedente ou enunciado de súmula, sem identificar seus fundamentos determinantes nem demonstrar que o caso sob julgamento se ajusta àqueles fundamentos" ou que "deixar de seguir enunciado de súmula, jurisprudência ou precedente invocado pela parte, sem demonstrar a existência de distinção no caso em julgamento ou a superação do entendimento".

Mais adiante, quando do estudo dos precedentes judiciais, será possível retornar a este ponto com mais profundidade. De todo modo, não se pode deixar de dizer, desde logo, que decidir a partir de precedentes judiciais não é o mesmo que fazer uma colagem de ementas de acórdãos ou de referências vagas a enunciados de súmula. É preciso que se faça um confronto entre o caso precedente (isto é, o caso concreto que deu origem à decisão judicial que em um novo processo se pretende invocar como precedente) e o caso seguinte (ou seja, o novo caso, só agora submetido à apreciação judicial, e no qual se pretende invocar o precedente como fundamento da decisão). Impende que se faça uma análise dos fundamentos determinantes do precedente (ou, para usar aqui uma expressão consagrada no estudo da teoria dos precedentes, é preciso examinar as *rationes decidendi*), justificando-se de forma precisa a aplicação desses fundamentos determinantes no caso sob julgamento com a demonstração de que este se ajusta àqueles fundamentos. É que através do uso de precedentes como fontes do Direito o que se busca, ao menos no Direito brasileiro, é uma padronização decisória que permita que casos iguais (ou, pelo menos, análogos) recebam decisões iguais (ou, pelo menos, análogas). Como se costuma dizer na doutrina de língua inglesa, *to treat like cases alike*. É absolutamente essencial, então, que se promova este *confronto analítico* entre o caso precedente e o caso sob julgamento, indicando-se os pontos que os aproximam a ponto de aplicar-se o precedente ao novo caso.

E o mesmo raciocínio se aplica aos casos de distinção. Só através do confronto analítico entre o caso precedente e o novo caso, agora sob julgamento, se poderá demonstrar que o precedente é inaplicável, motivo pelo qual a decisão agora proferida dele se afasta. A não realização do confronto analítico entre o caso precedente e o caso sob julgamento gera, então, nulidade, pois o *distinguishing*, a distinção, se terá feito de forma irregular. Por fim, nos casos em que não se aplica o precedente invocado pela parte por ter sido ele superado (através da técnica conhecida como *overruling*), é também preciso justificar a não aplicação do precedente invocado pela parte, demonstrando-se as razões da superação. Vale registrar, aliás, que nos casos em que a parte tiver invocado um precedente que sustenta ser aplicável ao caso e capaz de justificar uma decisão que lhe favoreça, o dever de fundamentar adequadamente sua não utilização, por ser caso de distinção ou de superação, resulta do mesmo *direito à consideração dos argumentos* que exige que a decisão se manifeste sobre todos os argumentos trazidos pela parte. Ora, a invocação de um precedente é, certamente, um argumento deduzido pela parte em seu favor e, por isso, precisa ser analisada adequadamente pelo órgão jurisdicional, que só terá bem fundamentado sua decisão se justificar – por ser caso de distinção ou de superação – a não utilização daquele precedente como fundamento do julgamento da causa.

A enumeração contida no § 1º do art. 489, registre-se, é meramente exemplificativa. Outros casos haverá de decisão não fundamentada (bastando pensar, por exemplo, em uma decisão que se limite a dizer algo como "defiro" ou "indefiro", sem qualquer indicação de razões para fazê-lo: FPPC, enunciado 303). E é preciso ter claro que não só as questões de direito têm de ser solucionadas através de decisões substancialmente fundamentadas. Também às questões de fato se aplica o disposto no art. 489, § 1º (FPPC, enunciado 515). Por tal razão, a decisão sobre a matéria fática deve trazer, em sua fundamentação, a análise de todas as provas que poderiam, em tese, infirmar a conclusão alcançada (FPPC, enunciado 516). Dito de outro modo, não basta que o órgão julgador, na fundamentação da decisão, apresente a *valoração positiva de provas* (ou seja, a valoração das provas que serviram de base para a formação do convencimento judicial). Também a *valoração negativa* é exigida, devendo-se justificar a razão pela qual as provas que não foram aceitas foram valoradas negativamente.

Estabelecido este mínimo essencial da decisão para que se repute estar ela fundamentada de modo constitucionalmente legítimo, substancialmente motivada, é preciso tecer algumas considerações acerca do disposto no § 2º do art. 489, por força do qual "[n]o caso de colisão entre normas, o juiz deve justificar o objeto e os critérios gerais da ponderação efetuada, enunciando as razões que autorizam a interferência na norma afastada e as premissas fáticas que fundamentam a conclusão".

Há casos em que o julgador se depara com normas em conflito. Pode se tratar de um conflito entre regras (o qual se resolve pelas técnicas tradicionais de solução de antinomias, de modo que a regra hierarquicamente superior prevalece sobre a inferior; sendo ambas de mesma hierarquia, a regra especial prevalece sobre a geral; não havendo relação de especialização entre elas, a regra mais recente prevalece sobre a mais antiga, revogando-a) ou de um conflito entre princípios.

No caso de conflito entre princípios, é preciso sempre recordar que no caso de colisão entre eles não é possível ao julgador afirmar que um revogue o outro. Ainda que, por algum motivo, um deles prevaleça no caso concreto, o outro permanece em vigor, íntegro. Pense-se, por exemplo, no caso em que um artista tenta impedir um jornal de divulgar uma matéria jornalística sobre algo de sua intimidade. Colidem, aí, dois princípios: o da dignidade da pessoa humana (garantidor do direito à privacidade) e o da liberdade de expressão (assegurador da liberdade de imprensa). Pois sempre será possível construir-se, discursivamente, uma justificativa para que um desses princípios estipule uma exceção ao outro, de modo que em cada caso concreto um deles prevaleça.

Pois tanto nos casos de conflito entre regras como naquele de colisão de princípios cabe ao juiz esclarecer, na decisão judicial, o critério usado para solucioná-lo, não bastando a vaga afirmação de que se usou este ou aquele método.

Fala o texto legal em "ponderação". Este é termo que costuma ser vinculado a uma certa corrente de pensamento jurídico, não sendo elogiável um texto normativo que o empregue. Afinal, pode ficar a impressão de que se estaria, aqui, a tentar impor um determinado pensamento (o qual, registre-se, é incompatível com tudo quanto se tem sustentado neste trabalho acerca do modo como se deve compreender o Direito a partir da Constituição da República). Assim não é, porém, e é perfeitamente possível dar ao dispositivo interpretação compatível com o ordenamento constitucional. Basta considerar que, no caso de colisão de princípios, deverá o julgador esclarecer, discursivamente, como se justifica o afastamento de um princípio, excepcionado pelo outro. Em outros termos, tem-se neste § 2º do art. 489 algo perfeitamente compatível com o que até aqui se afirmara acerca da fundamentação das decisões judiciais: uma exigência de que a decisão seja completa e substancialmente justificada, cabendo ao órgão julgador argumentar de modo a demonstrar que a decisão proferida é a correta, mesmo que se esteja diante de um caso de conflito entre normas (conflito entre regras ou colisão de princípios), tendo sido adotado o critério correto para sua solução, com a consequente prolação de uma decisão correta para o caso concreto. Reafirma-se, pois, a exigência de fundamentação substancial das decisões judiciais.

Reafirme-se, por fim, que a existência de um vício de fundamentação (que pode consistir em sua absoluta ausência ou na existência de uma *fundamentação inadmissível*, assim entendida a que se enquadra em alguma das hipóteses previstas nos incisos do § 1º do art. 489, ou que não atende à exigência feita pelo § 2º do mesmo artigo) acarreta a *nulidade* da decisão judicial.

14.3.3 Dispositivo

O dispositivo é a parte conclusiva da sentença, em que se encontra a decisão. É nele que, nos termos do art. 489, III, o juiz "resolverá as questões principais que as partes lhes submeterem". O dispositivo, porém, vai muito além disso. É nele que serão encontradas *todas* as decisões que o órgão julgador profira em sua sentença.

Pense-se, por exemplo, em um processo em que o juiz tenha de examinar três questões preliminares ao mérito (como seriam, *e.g.*, a alegação de falta de legitimidade ativa, de ausência de interesse de agir e de irregularidade formal da demanda por falta de um requisito essencial da petição inicial) e, na eventualidade de serem ultrapassadas estas questões, haja dois pedidos cumulados a apreciar (por exemplo, os pedidos de indenização de um dano material e de compensação por dano moral). Pois pode ocorrer de, em um caso assim, o juiz proferir cinco decisões (uma para rejeitar cada uma das preliminares, e uma para a resolução de cada um dos pedidos cumulados). Pois todas essas decisões integram a *parte dispositiva da sentença* (ou, simplesmente, dispositivo).

A cada decisão proferida no pronunciamento judicial corresponde um capítulo da sentença (ou, mais propriamente, um capítulo do pronunciamento, já que este pode não ser exatamente uma sentença). E tais capítulos podem ser independentes (como é, por exemplo, o caso dos capítulos que julgam pedidos formulados em um mesmo processo em *cumulação simples*) ou não (como no caso em que o juiz aprecia o pedido principal e, além disso, impõe ao vencido o custo econômico do processo, condenando-o a pagar despesas processuais e honorários advocatícios).

A teoria dos capítulos de sentença (*rectius*, capítulos de pronunciamento judicial) é expressamente adotada pelo CPC. Assim é que, no art. 966, § 3º, se afirma expressamente ser possível o ajuizamento de ação rescisória para impugnar apenas um capítulo da decisão. O art. 1.009, § 3º trata da possibilidade de haver questões processuais, estranhas ao mérito, capazes de levarem a pronunciamentos que são *capítulos da sentença*. E o art. 1.013, § 5º faz referência ao capítulo de sentença que confirma, concede ou revoga tutela provisória.

Pois a existência de distintos capítulos em um mesmo dispositivo tem efeitos práticos relevantíssimos. Pense-se, por exemplo, em dois capítulos que sejam inteiramente independentes um do outro (como seriam os capítulos nos quais são julgadas pretensões de indenização por dano material e de compensação por dano moral). Em casos assim, a interposição de recurso apenas contra um dos capítulos (recurso parcial, de que trata o art. 1.002) implica o trânsito em julgado dos capítulos não recorridos. E é precisamente por isso que o § 1º do art. 1.013 estabelece, no trato do recurso de apelação, que "[s]erão [objeto] de apreciação e julgamento pelo tribunal todas as questões suscitadas e discutidas no processo, ainda que não tenham sido solucionadas, *desde que relativas ao capítulo impugnado*". É que capítulos não impugnados, por terem transitado em julgado, são imutáveis e indiscutíveis.

Do mesmo modo, pode haver decisão interlocutória que, dividida em capítulos, tem um (ou mais de um) capítulo impugnável por agravo de instrumento, não sendo possível a interposição deste recurso contra os demais capítulos. É o que acontece, por exemplo, com a decisão de saneamento e organização do processo (art. 357), em que só se admite agravo de instrumento contra o capítulo da decisão que define a distribuição do ônus da prova (art. 357, III, combinado com o art. 1.015, XI).

No caso da sentença, é o dispositivo que permite saber se o mérito da causa foi ou não resolvido e, tendo sido, se o pedido foi (no todo ou em parte) procedente ou improcedente. É no dispositivo que se sabe qual é o comando estatal que estabelece a solução do caso concreto. Pois é precisamente por isso que a ausência de dispositivo faz com que se considere a decisão viciada como *inexistente*. A decisão judicial que é proferida sem parte dispositiva não é, pois, e propriamente, uma decisão judicial. É algo que não se reconhece como decisão, sendo seu vício insanável. Contra ela não se admite qualquer recurso (afinal, não seria possível recorrer contra uma "não decisão"), não pode ela ser executada (já que não existirá título que sirva de base para esta execução) nem transita ela em julgado (pois não pode transitar em julgado o que não existe).

14.4   Interpretação da Sentença

Estabelece o § 3º do art. 489 que a "decisão judicial deve ser interpretada a partir da conjugação de todos os seus elementos e em conformidade com o princípio da boa-fé". Tem-se, aí, pois, uma regra de interpretação da sentença (mas que se aplica, evidentemente, a todas as decisões judiciais).

Em primeiro lugar, é preciso ter claro que a decisão precisa ser interpretada sistematicamente, de modo que se leve em consideração todos os seus elementos (e não só o dispositivo isoladamente). Isto é especialmente importante em casos nos quais o dispositivo da sentença é incompleto ou incongruente com a fundamentação.

Pense-se, por exemplo, um processo no qual o autor tenha cumulado dois pedidos: rescisão contratual e reintegração na posse. Imagine-se, agora, que o juiz tenha, na fundamentação da sentença, expressamente afirmado que os elementos dos autos justificavam a rescisão do contrato e, como consequência desta, a reintegração na posse do bem. Figure-se, agora, a possibilidade de o juiz ter-se limitado a afirmar, na parte dispositiva da sentença, que acolhia o pedido de rescisão contratual, silenciando acerca da reintegração na posse. Deve-se considerar, porém, diante da exigência de compreensão da sentença em seu todo, que também o pedido de reintegração de posse foi acolhido.

Além disso, a decisão judicial deve ser interpretada "em conformidade com o princípio da boa-fé". É que a sentença gera, nos sujeitos que participam do processo (e também em terceiros) expectativas legítimas, o que impõe a proteção da legítima confiança que na sentença se deposite. Assim, por exemplo, o fato de se ter empregado na sentença terminologia equivocada (como se falar em nulidade em vez de anulabilidade, ou de resilição em vez de resolução) não deve levar a se ter por viciado o pronunciamento, se é legítimo considerar que o órgão julgador decidiu a causa que lhe foi submetida.

Existe, aliás, uma íntima ligação entre esta regra de interpretação da sentença, de forma sistemática e em consonância com a boa-fé, e a regra de interpretação do pedido que se estabelece a partir do art. 322, § 2º (por força do qual o pedido deve ser interpretado levando-se em conta o conjunto da postulação e o princípio da boa-fé). E não poderia mesmo ser diferente. Afinal, demanda e sentença devem ser como *espelhos*, um a refletir o outro. E isto por força da regra da necessária correlação entre demanda e sentença (arts. 490 e 492). É que incumbe ao juízo, na sentença de mérito, apreciar todos os pedidos formulados pelo autor (na demanda principal) e pelo réu (em sede reconvencional), acolhendo-os ou os rejeitando total ou parcialmente (art. 490). A sentença que não aprecia todos os pedidos formulados é *citra petita*, devendo o tribunal, em sede de apelação, determinar ao juízo de primeiro grau que a complete ou, se a causa já estiver em condições de ser inteiramente apreciada, julgar desde logo o pedido não julgado no grau inferior (art. 1.013, § 3º, III). E não se pode proferir sentença *ultra* ou *extra petita* (isto é, que conceda mais do que se postulou ou que defira bem jurídico diverso do que tenha sido postulado), diante da expressa vedação contida no art. 492.

A sentença *ultra petita* deve ter seu excesso podado pelo tribunal, em grau de recurso, a ele cabendo invalidar o excesso. Já a sentença *extra petita* é inteiramente nula (ou, no caso de apenas um capítulo de sentença ser *extra petitum*, nulo será este capítulo, já que a nulidade de parte da sentença não contamina o restante do pronunciamento, sendo a invalidação parcial da decisão judicial expressamente prevista no art. 520, III).

Além de congruente com os elementos da demanda, a sentença (de mérito) deve ser *certa*, ainda quando decida relação jurídica condicional (art. 492, parágrafo único). Significa isto que a sentença deve ser capaz de conter uma certificação, um acertamento, da existência ou inexistência de um direito. É que se espera da sentença que ela afirme, categoricamente, se determinado direito subjetivo existe mesmo ou não. Sentenças condicionais, que não produzem essa certificação (e, portanto, não eliminam a incerteza jurídica que está à base da necessidade do processo de conhecimento) são inservíveis e, portanto, nulas. Basta pensar, por exemplo, em uma sentença que afirme condenar o réu a reparar um dano se ficar posteriormente constatado que este não ocorreu. Parece evidente que esta sentença não seria capaz de permitir afirmar com segurança se o demandado é ou não credor do demandante, mantida assim a crise de certeza jurídica que legitimou a movimentação da máquina judiciária.

Por fim, deve-se dizer que a sentença, uma vez publicada, só pode ser alterada se houver necessidade de corrigir alguma inexatidão material (como seria um erro de grafia do nome de uma das partes) ou erros de cálculo, ou se forem opostos embargos de declaração (tudo nos termos do art. 494). Trata-se da regra do exaurimento da competência, por força da qual o juiz dá por encerrado o exercício da atividade cognitiva ao prolatar sentença.

14.5 Classificação da Sentença Definitiva

A sentença de mérito (sentença definitiva) é tradicionalmente classificada em três espécies: *declaratória* (também chamada de *meramente declaratória*), *constitutiva* e *condenatória*. A estas três categorias alguns autores acrescentam mais uma (*mandamental*) ou duas (incluindo, além da mandamental, a sentença *executiva*).

O CPC fala em demanda "meramente declaratória" (a que corresponderia uma sentença de mérito meramente declaratória) em seu art. 20. Fala, ainda, em condenação nos arts. 81, 82, 85, 92, 94, 95, 128, 129, 146, 323, 324, 492, 495, 496, 509, 520, 523, 524, 528, 550, 553, 555, 572, 702, 818, 903 e 1.012. Não há dispositivo algum falando de sentenças constitutivas (o que, evidentemente, não significa que elas não existam). Quanto às sentenças mandamentais, encontram-se no CPC quatro dispositivos que fazem alusão a "medidas mandamentais" (arts. 139, 380, 400 e 403). Nada há, de outro lado, a fazer referência expressa aos pronunciamentos que teriam natureza executiva.

É preciso, então, examinar essas sentenças, buscando-se determinar seu conteúdo. É o que se passa a fazer.

Chama-se sentença *declaratória* (ou *meramente declaratória*) à que contém, apenas, a certificação da existência, inexistência ou modo de ser de uma relação jurídica, ou da autenticidade ou falsidade de um documento.

Como já se viu anteriormente, toda sentença de mérito deve ser certa (art. 492, parágrafo único), isto é, deve conter uma certificação, um acertamento. Pois é preciso agora deixar claro que a esta certificação dá-se o nome de *declaração*. Declarar é tornar certo, induvidoso, eliminando oficialmente qualquer dúvida ou incerteza que pudesse haver. Pois toda sentença de mérito deve conter uma declaração e, por isso, é comum – e correta – a afirmação de que *toda sentença de mérito é declaratória*. Há, porém, sentenças de mérito que contêm *apenas esta certificação* e, por isso, são *meramente declaratórias*.

É o que se dá, por exemplo, com a sentença que julga procedente pedido de reconhecimento de paternidade. Este pronunciamento judicial se limita a certificar que uma pessoa é pai de outra. É, também, o que se tem na sentença que reconhece a aquisição de propriedade por usucapião (já que tal sentença não constitui o direito de propriedade, mas certifica que tal direito foi adquirido no momento em que se completaram os requisitos, inclusive o temporal, para a usucapião).

É importante ter claro que, como regra geral, a sentença de mérito não declara fatos. Declaram-se *relações jurídicas*. Assim, não é tecnicamente correto declarar-se, por exemplo, que o autor emprestou dinheiro ao réu (pois isto seria declarar um fato). Declara-se, isto sim, que o autor é credor do réu (já que aí se estaria a declarar a existência, entre eles, de uma relação obrigacional).

Prevê o art. 19, I, a possibilidade de se declarar não só a existência ou inexistência de relação jurídica, mas também seu *modo de ser*. É o que se dá em casos nos quais não existe controvérsia sobre a existência de uma determinada relação jurídica, mas sobre algum de seus aspectos. Cabe à sentença, em casos assim, certificar não que a relação existe, mas *como ela é* (declarando-se, por exemplo, que a relação jurídica está sujeita a uma condição resolutiva; ou que existe uma condição suspensiva; ou, ainda, que a relação jurídica tem duração limitada no tempo, indicando seu termo final).

Normalmente se afirma que só em um caso se admite a prolação de sentença meramente declaratória de um fato: na hipótese em que o pronunciamento judicial se limita a certificar a autenticidade ou falsidade de um documento (art. 19, II). É preciso reconhecer, porém, pelo menos mais uma hipótese de sentença meramente declaratória de um fato: a da sentença que acolhe pedido de demarcação de terras, determinando o traçado da linha demarcanda (art. 581). É que esta sentença não constitui o limite entre duas áreas de terra, mas certifica o lugar exato em que tal limite está (e estava, mesmo antes da sentença, embora isto fosse objeto de dúvida). E não se pode negar que o lugar onde fica o limite entre dois imóveis não é uma relação jurídica, mas um fato.

As demais sentenças de mérito são mais complexas do que esta que acaba de ser vista. É que todas as demais sentenças de mérito são declaratórias, mas não o são *meramente*. Em outros termos, as demais sentenças de mérito declaram e, além disso, fazem algo mais (constituem, condenam). São sentenças que têm *dois momentos lógicos*, um declaratório e outro que a identifica como sentença de outra natureza que não meramente declaratória.

Pois é entre essas sentenças mais complexas que se encontra a *sentença constitutiva*. Esta se caracteriza por conter ato judicial que determina a criação, modificação ou extinção de relação jurídica.

Casos há, pois, em que a sentença contém comando que determina a criação de uma relação jurídica. É o que se dá, por exemplo, com a sentença que defere a adoção de pessoa maior de dezoito anos (caso em que, nos estritos termos do art. 1.619 do CC, depende-se de "sentença constitutiva"). No caso de adoção de crianças e adolescentes também se profere sentença constitutiva (art. 47, *caput* e § 7º – este falando expressamente em "sentença constitutiva" – do ECA).

Em outras hipóteses, a sentença determina uma modificação em relação jurídica já existente. É o que se tem, por exemplo, na sentença que determina a revisão judicial de aluguel (art. 69 da Lei de Locações) ou na sentença que decreta a separação judicial, a qual dissolve a sociedade conjugal sem encerrar a relação matrimonial (CC, arts. 1.575 a 1.577).

Por fim, há sentenças que determinam a extinção de uma relação jurídica. É o que se tem com a sentença que decreta o divórcio, ou com aquela que anula um contrato (dissolvendo a relação existente entre os contratantes).

Caso especial de sentença constitutiva se encontra no art. 501. Trata-se da hipótese em que o demandante é credor de obrigação de emitir declaração de vontade (como a que resulta, por exemplo, de um *contrato-promessa*, como é a promessa de compra e venda). Pois, neste caso, a sentença de procedência do pedido de reconhecimento dessa obrigação prescinde de execução (e, por isso, não é condenatória), sendo capaz de, uma vez transitada em julgado, produzir todos os efeitos da declaração de vontade não emitida (art. 501, *in fine*). Assim, por exemplo, se as partes celebraram uma promessa de compra e venda de imóvel e, depois, não foi celebrado o contrato definitivo (isto é, o contrato de compra e venda), a sentença a que se refere o art. 501 *substitui o contrato definitivo*, que não terá mais de ser celebrado, sendo possível promover-se o registro da sentença no registro de imóveis, do mesmo modo como se teria, normalmente, promovido o registro da escritura de compra e venda.

Em todos esses casos, a sentença de mérito é *constitutiva*.

Por fim, chama-se *sentença condenatória* àquela sentença que, reconhecendo a existência de um dever jurídico, permite a prática de atividade jurisdicional posterior destinada a efetivar aquilo que na sentença se reconheceu ser direito de uma das partes. Em outros termos, sentença condenatória é aquela que permite o desenvolvimento de atividade executiva (em sentido amplo, aí incluídas tanto a execução por sub-rogação, em que o Estado-juiz substitui a atividade do sujeito passivo do dever jurídico, como se dá no caso em que o devedor de dinheiro vê seus bens expropriados para satisfação do crédito exequendo; como a execução por coerção, em que medidas destinadas a constranger o titular do dever jurídico, como multas por atraso no cumprimento da decisão ou prisão civil – expressamente autorizada no caso de dívida inescusável de alimentos –, são empregadas para forçar o devedor a cumprir seu dever).

Toda sentença que permite o desenvolvimento de atividade jurisdicional posterior, de natureza executiva, é, portanto, *condenatória*.

Discutia-se, ao tempo da legislação processual anterior, se haveria sentenças meramente declaratórias que poderiam ser consideradas título hábil a permitir a instauração da execução (título executivo). Com a vigente legislação processual, porém, esta discussão perde sentido por completo. É que qualquer sentença, seja ela de procedência ou de improcedência, que declare a existência de um dever jurídico ainda não cumprido, certo, líquido e exigível (art. 783) permite a instauração de atividade executiva e, portanto, deve ser considerada sentença condenatória.

Dito de outro modo, a diferença fundamental entre uma sentença meramente declaratória (da existência de uma obrigação ou outro dever jurídico) e uma sentença condenatória é que esta permite a instauração de atividade executiva, e aquela, não permite que tal atividade se desenvolva (por ser absolutamente desnecessário, como se dá nos casos de usucapião ou de reconhecimento de paternidade, nenhum dever jurídico tendo sido reconhecido na sentença; ou por não ser ainda possível, por não ser a obrigação reconhecida *certa, líquida e exigível*, como se daria no caso de se reconhecer a existência de obrigação ainda não vencida). Não é por outra razão, aliás, que o art. 515, I, afirma ser título executivo judicial (e, portanto, ter natureza condenatória) a decisão judicial que reconhece a exigibilidade de obrigação.

Registre-se, porém, e desde logo, que existe um tipo "especial" de sentença condenatória: a *condenação genérica*. Esta reconhece a existência de obrigação certa e exigível sem estabelecer o *quantum* devido e, portanto, não sendo capaz de certificar a liquidez da obrigação. Neste caso, há uma "condenação incompleta" (na verdade, a declaração é que será incompleta, já que não se terá ainda certificado o *quantum* devido), já que não será possível desde logo promover-se atividade executiva, mas permite a lei processual a instauração de um incidente processual posterior à sentença, chamado de "liquidação de sentença" (arts. 509 a 512), após o qual a execução poderá instaurar-se.

Usa-se falar em "sentenças mandamentais" para se fazer referência àquelas sentenças de mérito que impõem o cumprimento de deveres jurídicos infungíveis, que só pelo devedor poderiam ser cumpridos (como se dá nas obrigações personalíssimas ou em qualquer obrigação de não fazer), motivo pelo qual sua efetivação se dá *exclusivamente através de meios coercitivos*. Esta não deve, porém, ser considerada uma categoria separada, como se fosse um *quarto tipo de sentença de mérito*. Na verdade, toda sentença mandamental é uma sentença condenatória. Permita-se afirmar que *toda sentença mandamental é condenatória, mas nem toda sentença condenatória é mandamental*. Sentença mandamental, portanto, é a sentença condenatória cuja efetivação se dá exclusivamente através do emprego de meios coercitivos (como multas, por exemplo), o que resulta da natureza do dever jurídico a ser cumprido.

Por fim, há quem fale em sentenças executivas (há, mesmo, quem fale em "sentença executiva *lato sensu*", mas esta expressão não faz sentido algum, já que não existe, em contraposição, uma "sentença executiva *stricto sensu*"). Sentença executiva seria uma sentença que contém a determinação para que se instaure a execução, a qual poderia dar-se *per officium iudicis*, desenvolvendo-se no mesmo processo. Ocorre que há muito tempo (desde muito antes da aprovação do CPC de 2015) a execução civil se desenvolve no mesmo processo em que a sentença é proferida. Além disso, ser ou não possível a instauração de ofício da atividade executiva é uma questão de opção legislativa, que nada interfere na natureza da sentença. Basta ver o seguinte: no regime do CPC, as sentenças que condenam a cumprir deveres jurídicos de fazer, não fazer ou entregar coisa podem ser executadas de ofício, o mesmo não acontecendo com a sentença que condena a pagar dinheiro, cuja execução depende de requerimento do credor (art. 513, § 1º). Fosse correto o entendimento aqui criticado, e se diria então que só no caso de obrigações pecuniárias a sentença seria condenatória, sendo executiva nos demais casos. No processo trabalhista, porém, a sentença que condena a pagar dinheiro pode ser executada *ex officio* (art. 878 da CLT). Ora, a sentença que condena a pagar dinheiro por força de uma obrigação civil e a que condena a pagar dinheiro por força de uma obrigação trabalhista têm idênticos conteúdos. Ambas reconhecem a existência de dever jurídico de cumprir obrigação pecuniária. Se é assim, ambas têm a mesma natureza (já que a natureza jurídica é determinada pelo conteúdo, e não pelo efeito, que lhe é necessariamente externo). Assim, são ambas condenatórias. A opção legislativa de permitir ou não a instauração de ofício da execução não interfere na natureza da sentença.

São, pois, três os tipos de sentença de mérito: meramente declaratória, constitutiva e condenatória.

Destas, a terceira espécie merece um exame mais cuidadoso, já que existem regras próprias para os casos de condenação a pagar dinheiro e para os casos de condenação ao cumprimento de deveres jurídicos de outras naturezas (entregar coisa, fazer e não fazer).

No caso de sentença que condena ao cumprimento de obrigação pecuniária, ainda que o demandante tenha formulado pedido genérico, a decisão deve definir desde logo a extensão da obrigação, o índice de correção monetária, a taxa de juros, o termo inicial de ambos e a periodicidade da capitalização de juros (se for o caso), tudo nos termos do art. 491. Em outros termos, a regra é que a sentença reconheça obrigações pecuniárias *líquidas* (sendo apropriado chamar essas sentenças de *condenações ordinárias*).

Excepcionalmente, porém, se admite a prolação da *condenação genérica*, assim entendida aquela sentença que reconhece obrigação pecuniária sem determinar o *quantum debeatur* (reconhecendo-se, portanto, a exigibilidade de obrigação ilíquida). Isto só é possível naqueles casos em que ao longo do processo de conhecimento não tenha sido possível determinar, de modo definitivo, o montante devido (art. 491, I) ou se a apuração do valor devido depender da produção de prova de realização demorada ou excessivamente dispendiosa, assim reconhecida na sentença (art. 491, II). Nesses casos, como dito anteriormente, far-se-á necessária a instauração de um incidente processual posterior à condenação (e prévio à execução) chamado de *liquidação de sentença* (como se pode ver pelo texto do art. 491, § 1º). Tudo isso se aplica, tanto no que diz respeito à condenação ordinária como no que é pertinente à condenação genérica, aos casos em que se profira acórdão condenatório que altere a sentença de primeiro grau de jurisdição (art. 491, § 2º).

Quando a sentença reconhecer dever jurídico de fazer ou de não fazer, deve-se conceder a tutela jurisdicional específica. Significa isto dizer que a sentença condenatória imporá ao devedor o cumprimento específico daquilo a que estava originariamente obrigado. Também na sentença se deverá estabelecer providências que assegurem a tutela pelo resultado prático equivalente (tudo nos termos do art. 497, enunciado 525 do FPPC: "[a] produção do resultado prático equivalente pode ser determinada por decisão proferida na fase de conhecimento").

Assim, por exemplo, se uma pessoa jurídica é devedora da prestação de consertar um produto eletrônico e não cumpriu sua obrigação, a sentença reconhecerá seu dever jurídico de promover o conserto (tutela específica) mas, além disso, estabelecerá meios para assegurar que, não sendo efetuado o reparo, o credor receba um aparelho equivalente em perfeito estado de funcionamento (tutela pelo resultado equivalente). A obrigação só se converterá em perdas e danos se o autor assim o preferir, ou se for impossível a tutela específica ou a obtenção de resultado prático equivalente (art. 499).

Para compelir o devedor a cumprir a decisão, poderá ser estabelecido um prazo e fixada multa periódica pelo atraso (art. 500). Caso posteriormente, não tendo sido cumprido o dever jurídico, o credor opte por finalmente converter a obrigação em perdas e danos (ou se verifique que há uma absoluta impossibilidade de cumprimento específico ou pelo equivalente), a indenização devida será paga cumulativamente com a multa que tenha se vencido até a data em que o credor tenha requerido a conversão (porque a partir dessa data, evidentemente, não há qualquer razão para que a multa continue a incidir, uma vez que o credor não quer mais compelir o devedor ao cumprimento específico ou pelo equivalente).

É importante perceber que nos casos de sentença que condena a cumprir obrigação de fazer e nao fazer duas regras gerais do processo civil são afastadas: a da correlação entre demanda e sentença (já que a lei expressamente permite que, postulada a tutela específica, o juiz conceda a tutela pelo resultado prático equivalente, como se dá, por exemplo, no processo em que o autor pede a condenação do Estado a fornecer um medicamento e a sentença determina que o Poder Público entregue o remédio genérico, o qual é capaz de produzir resultado prático equivalente) e a do exaurimento da competência, já que é possível, mesmo depois da sentença, estabelecer-se a conversão da obrigação de fazer ou de não fazer em perdas e danos.

Há uma regulamentação específica para o caso da *tutela inibitória*. Esta deve ser compreendida como a tutela de prevenção do ilícito. Em outros termos, tem-se aí uma decisão judicial proferida em caráter preventivo, com o objetivo de impedir a prática, a reiteração ou a continuação de um ilícito. Pense-se, por exemplo, no caso de uma decisão que proíba a divulgação da foto de uma pessoa em um filme publicitário por não ter sido autorizada a utilização da imagem. Pois neste caso, "é irrelevante a demonstração da ocorrência de dano ou da existência de culpa ou dolo" (art. 497, parágrafo único).

Este dispositivo é extremamente importante para que se consiga evitar a confusão conceitual que resulta do Código Civil. É que o art. 186 do CC estabelece que "[a]quele que, por ação ou omissão voluntária, negligência ou imprudência, violar direito e causar dano a outrem, ainda que exclusivamente moral, comete ato ilícito". Da leitura desse texto normativo, fica a impressão – equivocada, diga-se desde logo – que só comete ato ilícito quem, agindo culposamente, causa dano a outrem. Isto, porém, não é correto.

Ato ilícito é o ato contrário ao direito. Sua aptidão para causar dano é absolutamente irrelevante para que se qualifique o ato como ilícito. Pense-se, por exemplo, nos crimes de mera conduta, que não produzem qualquer resultado danoso (como é, por exemplo, o caso do crime de porte ilegal de arma de fogo). Não há dano, mas inegavelmente é ato ilícito. O mesmo se pode dizer daquele que faz publicidade abusiva por ser capaz de induzir o consumidor a se comportar de forma prejudicial à saúde (art. 37, § 2º, do CDC). O mero fato de se veicular essa publicidade é ilícito, pouco importando se alguém sofreu ou não dano.

A questão é que o Código Civil definiu o conceito de ato ilícito para o único fim de regular a responsabilidade civil, estabelecendo os casos em que haverá obrigação de indenizar (daí a razão pela qual o art. 927 do CC estabelece que "[a]quele que, por ato ilícito (arts. 186 e 187), causar dano a outrem, fica obrigado a repará-lo").

E tudo quanto se disse até aqui sobre o dano pode ser dito também do elemento subjetivo da conduta (dolo ou culpa, nos termos do art. 497, parágrafo único, embora a linguagem típica do Direito Civil permita falar aqui apenas em culpa, termo que, nessa área do conhecimento, engloba as condutas intencionais, já que no jargão do Direito Civil o termo *dolo* designa fenômeno completamente distinto, um vício de consentimento previsto nos arts. 145 a 150 do CC).

Ocorre que na demanda inibitória o objeto do processo não é o reconhecimento da obrigação de indenizar. O que se busca é, tão somente, uma decisão destinada a inibir a prática do ato. Por isso, é absolutamente irrelevante saber se o demandado agiu culposamente ou se algum dano foi – ou está na iminência de ser – produzido. Estas são questões que poderão ser relevantes em outro processo, no qual se busque alguma indenização. Não, porém, no processo cujo objeto é a tutela inibitória. Neste, basta a demonstração de que se está na iminência da prática de um ato ilícito (contrário ao Direito), ou que este é um ato de duração prolongada no tempo e que está sendo praticado, para que se profira decisão que determine a abstenção de sua prática ou que ele não seja reiterado ou que não continue a ser praticado.

Já nos casos em que a sentença condene ao cumprimento de obrigação de entregar coisa, o juiz, ao conceder a tutela específica (isto é, ao determinar a própria entrega da coisa devida), deverá fixar o prazo para que o devedor cumpra a obrigação (art. 498), e uma multa pelo atraso (art. 500). Também aqui só haverá conversão em perdas e danos se for impossível a tutela específica ou se o credor optar pela conversão (art. 499), caso em que a multa que já vinha incidindo permanecerá até a data do protocolo da petição em que se requer a conversão em perdas e danos (ou até a data em que se percebe a absoluta impossibilidade de cumprimento específico), e será devida cumulativamente com a indenização.

Nos processos que tenham por objeto o cumprimento de obrigação de entregar coisa não se aplica a regra do exaurimento da competência (prevista no art. 494), já que é possível, mesmo depois de publicada a sentença, que seu comando seja alterado para que se converta a obrigação de entregar coisa em perdas e danos.

Não se pode, por fim, deixar de examinar um efeito dos pronunciamentos que condenam a pagar dinheiro (ou que convertem em pecúnia obrigações de fazer, não fazer ou entregar coisa): a *hipoteca judiciária* (art. 495).

Hipoteca é uma pré-penhora de imóveis (ou outros bens que aos imóveis são equiparados para fins de hipoteca, nos termos do art. 1.473 do CC). Pode ser convencional, legal ou judiciária. É convencional quando surge por força de um negócio jurídico celebrado entre as partes. Legal quando resulta diretamente da lei, como se pode ver pelo art. 1.489 do CC. E judiciária quando sua constituição é efeito de decisão judicial.

Afirmou-se que a hipoteca judiciária é uma penhora antecipada, uma pré-penhora. Em outros termos, o que se tem aqui, como efeito da decisão, é uma antecipação de um ato executivo típico das execuções por quantia certa, destinada não só a assegurar que em uma futura e eventual execução o credor tenha seu direito satisfeito, mas também para servir como um poderoso mecanismo inibidor de fraudes.

A decisão (que condena a pagar dinheiro ou que converte obrigação de outra natureza em perdas e danos) produz a hipoteca judiciária ainda que seja genérica, ou seja, que não tenha determinado o *quantum* da obrigação (art. 495, § 1º, I). Produz-se, também, mesmo que esteja pendente medida cautelar de arresto sobre bem do devedor (art. 495, § 1º, II). E se produz ainda que a sentença seja impugnada por recurso, pouco importando se tal recurso é dotado de efeito suspensivo (art. 495, § 1º, III) ou não (art. 495, § 1º, I). Não se produz, porém, a hipoteca judiciária quando a decisão condena ao cumprimento da obrigação de entregar coisa distinta de dinheiro (FPPC, enunciado 310).

Constitui-se a hipoteca judiciária mediante apresentação de cópia da sentença perante o cartório do registro imobiliário, independentemente de ordem judicial, declaração expressa do juiz ou demonstração de urgência (art. 495, § 2º). Uma vez efetuado o registro da hipoteca judiciária, o credor que o tenha promovido terá o prazo de quinze dias para informá-lo ao juiz da causa, que determinará a intimação do devedor para que tome ciência do ato (art. 495, § 3º).

A hipoteca judiciária, nos termos do § 4º do art. 495, implica direito de preferência, quanto ao pagamento, em relação a outros credores. E este direito de preferência observará a prioridade do registro (o que significa dizer que, havendo mais de uma hipoteca pendente sobre o mesmo bem, receberá primeiro o dinheiro obtido com a expropriação aquele que tenha registrado a hipoteca em primeiro lugar, observando-se a partir daí a ordem dos registros). O direito de preferência é efeito processual da penhora (art. 797) e, por conseguinte, da hipoteca (art. 1.493, parágrafo único, do CC).

Caso sobrevenha reforma ou invalidação da decisão que condenou a pagar dinheiro ou que converteu obrigação em perdas e danos, a parte responderá objetivamente (isto é, independentemente de culpa) pelos danos resultantes da constituição da hipoteca judiciária (a qual será, evidentemente, cancelada, já que terá desaparecido o título que legitimara sua constituição). O valor da liquidação será liquidado e executado nos mesmos autos, sem necessidade de ajuizamento de demanda autônoma de reparação de danos (art. 495, § 5º).

15

REMESSA NECESSÁRIA

Mantendo uma antiga tradição do Direito luso-brasileiro, o art. 496 estabelece que algumas sentenças ficam sujeitas necessariamente a um reexame promovido por um órgão jurisdicional superior, o mesmo que teria competência para apreciar eventual apelação que contra tal sentença se interpusesse. Tem-se, aí, pois, o instituto conhecido como *remessa necessária*.

O princípio do duplo grau de jurisdição (que no processo civil, diferentemente do que acontece no processo penal, tem *status* meramente legal, e não supralegal ou constitucional) é responsável por tornar *possível* que um segundo órgão jurisdicional promova o reexame integral da causa, o que se assegura através de recursos como a apelação (ou afins, como o recurso ordinário trabalhista e o recurso ordinário constitucional, ambos também capazes de viabilizar um segundo exame integral da causa). Como medida de proteção da Fazenda Pública, porém, prevê a lei casos de *duplo grau de jurisdição obrigatório*, em que este reexame se efetiva independentemente da interposição de recurso.

Assim, mesmo que não seja interposta apelação, as sentenças referidas no art. 496 (e respeitadas as exceções previstas nos §§ 3º e 4º do mesmo dispositivo) serão submetidas ao tribunal de segundo grau (art. 496, § 2º). Eis, aqui, um detalhe importante: só se cogita de remessa necessária se não for interposta a apelação, caso em que o juiz ordenará *ex officio* a remessa dos autos ao tribunal (e, se não o fizer, incumbirá ao Presidente do tribunal avocar os autos), conforme expressamente dispõe o art. 496, § 1º. Tendo havido apelação, porém, ao tribunal caberá examinar o recurso interposto, não havendo que se cogitar de remessa necessária (e, portanto, sendo manifestamente equivocada a praxe, encontrada em diversos tribunais, de autuar estes feitos no segundo grau indicando ser caso de "apelação/remessa necessária"). Evidentemente, havendo recurso parcial da Fazenda Pública, os capítulos de sentença a ela contrários e que não tenham sido impugnados na apelação se submeterão ao reexame necessário (FPPC, enunciado 432).

A pendência da remessa necessária *tem efeito suspensivo*, ou seja, é um obstáculo a que a sentença contrária à Fazenda Pública produza efeitos. A eficácia da sentença só será liberada se e quando esta vier a ser confirmada pelo tribunal (art. 496).

Sujeita-se a reexame necessário, em primeiro lugar, a sentença proferida *contra* a União, os Estados, o Distrito Federal, os Municípios e suas respectivas autarquias e fundações de direito público (art. 496, I). Vencida a Fazenda Pública (presente no processo através de alguma das pessoas indicadas no inciso que se acaba de indicar), e não tendo sido interposta apelação, os autos deverão ainda assim ser remetidos ao tribunal de segundo grau para que reexamine a decisão.

Também se sujeita a reexame necessário a sentença que julga procedentes, no todo ou em parte, os embargos à execução fiscal. No caso de procedência parcial, apenas o capítulo contrário à Fazenda Pública se sujeitará ao reexame obrigatório.

Fácil perceber, então, que a remessa necessária é um mecanismo de proteção da Fazenda Pública, e é por isso que se justifica o que consta do enunciado 45 da súmula de jurisprudência dominante do STJ, por força do qual *no reexame necessário, é defeso, ao tribunal, agravar a condenação imposta à Fazenda Pública.*

Casos há, porém, em que a sentença contrária à Fazenda Pública não se sujeita a reexame necessário e, pois, não sendo interposta a apelação, a sentença de mérito transitará em julgado, começando desde logo a produzir seus efeitos, independentemente de manifestação do tribunal de segundo grau.

É o que se dá, antes de tudo, naqueles casos em que a União (ou suas autarquias ou fundações de direito público) é vencida, mas a sentença contém condenação ou atribui ao vencedor proveito econômico *inferior* a mil salários mínimos. O mesmo se aplica aos casos em que a condenação do Estado, do Distrito Federal, dos Municípios que constituem capitais dos Estados, ou de suas respectivas autarquias ou fundações, ou o proveito econômico obtido pelo vencedor contra qualquer dessas entidades for *inferior* a quinhentos salários mínimos. Por fim, no caso dos Municípios que não são capitais de Estados (e de suas respectivas autarquias e fundações de direito público), não haverá reexame necessário se a condenação ou o proveito econômico for inferior a cem salários mínimos.

Pois nesses casos, o valor da condenação ou do proveito econômico obtido pela parte adversária da Fazenda Pública é determinante da inexistência de remessa necessária, e só haverá duplo grau de jurisdição se o ente público interpuser recurso contra a sentença.

Para que não haja remessa necessária, porém, é preciso que o valor da condenação ou do proveito econômico obtido pela outra parte seja *certo e líquido* (art. 496, § 3º). Sendo ilíquida a obrigação reconhecida pela sentença, haverá remessa necessária (como, aliás, já constava, ao tempo da legislação processual anterior, do ainda válido enunciado 490 da súmula de jurisprudência dominante do STJ).

Também não haverá remessa necessária, ainda que a condenação ou o proveito econômico seja certo e líquido e de valor igual ou maior do que os indicados no § 3º, quando a sentença estiver fundada em enunciado de súmula de tribunal superior (aí incluído, por óbvio, o Supremo Tribunal Federal), em acórdão proferido pelo STF ou pelo STJ em julgamento de recursos excepcionais repetitivos; em entendimento firmado, no tribunal de segundo grau, em incidente de resolução de demandas repetitivas ou de assunção de competência; ou em entendimento coincidente com orientação vinculante firmada no âmbito administrativo do próprio ente público, consolidada em manifestação, parecer ou súmula administrativa (art. 496, § 4º).

Há, aí, a previsão de casos em que, independentemente do valor da condenação ou do proveito econômico obtido pela parte adversária da Fazenda Pública, ou mesmo sendo ilíquida a obrigação reconhecida na sentença, não há justificativa para a remessa necessária em casos em que o ente público não interponha recurso. Impende, então, examinar que casos são esses.

O primeiro deles é o da sentença proferida em conformidade com enunciado de súmula de tribunal superior (ou do Supremo Tribunal Federal). Neste caso, é preciso fazer uma distinção (que mais adiante se aprofundará): há enunciados de súmula do STF que são vinculantes (nos termos do art. 103-A da Constituição da República). Outros enunciados de súmula existem, editados pelo próprio STF ou pelo STJ, que não têm eficácia vinculante, mas meramente persuasiva. Seja lá qual for a eficácia do enunciado de súmula, porém, o fato de estar a sentença em conformidade com aquele extrato da jurisprudência dominante das Cortes de Superposição é suficiente para dispensar a remessa necessária. Pense-se, por exemplo, na seguinte hipótese: a Fazenda Pública promove execução fiscal de multa por infração ambiental. O executado, por sua vez, oferece embargos do executado para alegar prescrição, já que o ente público demorou mais de cinco anos para promover a execução. A sentença que julga procedentes os embargos, qualquer que seja o valor da execução neste caso, não estará sujeita a remessa necessária, já que a decisão está em plena conformidade com o que consta do enunciado nº 467 da súmula de jurisprudência dominante do STJ.

O mesmo raciocínio se aplica aos casos em que a sentença contrária ao ente público se tenha fundado em acórdão proferido pelo STF no julgamento de recursos extraordinários repetitivos, ou pelo STJ na apreciação de recursos especiais repetitivos. É que tais acórdãos têm, na sistemática do CPC de 2015, eficácia vinculante, o que legitima a dispensa da remessa necessária (mas, evidentemente, não impede o ente público de recorrer, se considerar que é caso de distinção ou de superação do precedente, temas dos quais se tratará adiante). E é o mesmo o trato da matéria quando a sentença está baseada em entendimento firmado, nos tribunais de segunda instância, em incidente de resolução de demandas repetitivas ou em incidente de assunção de competência. É que também estes pronunciamentos têm eficácia de precedentes vinculantes (no Estado a que pertence o Tribunal de Justiça ou na Região a que corresponde o Tribunal Regional Federal que o tenha emitido).

Pois todas essas hipóteses se justificam à luz do sistema, implantado no direito processual civil brasileiro a partir do CPC de 2015, de construção de decisões judiciais a partir de precedentes. Não faria, mesmo, qualquer sentido submeter a um reexame obrigatório a sentença que está em conformidade com súmula de jurisprudência dominante ou com precedente vinculante, ainda mais quando se considera que o ente público vencido sequer terá interposto recurso contra a sentença.

A última hipótese de dispensa do reexame necessário é o da sentença fundada em entendimento coincidente com orientação vinculante firmada no âmbito administrativo do próprio ente público. É que, com muita frequência, os entes públicos, por meio de ato administrativo (fala a lei em manifestação, parecer ou súmula administrativa), expressamente estabelecem que não se deve recorrer contra determinadas decisões judiciais. Pense-se, por exemplo, em uma sentença que reconheça o direito à acumulação de auxílio-acidente com proventos de aposentadoria em caso no qual a consolidação das lesões decorrentes de acidente, de que resultou sequela definitiva, e a concessão da aposentadoria, são ambas anteriores às alterações inseridas no art. 86, § 2º, da Lei nº 8.213/1991 pela Medida Provisória nº 1.596-14, a qual se converteu na Lei nº 9.528/1997. Pois esta sentença estaria em perfeita conformidade com o entendimento consolidado no enunciado nº 75 da Súmula da Advocacia Geral da União. Ora, se a súmula da AGU dispensa a interposição de recursos pelos entes públicos federais, nos termos da Lei Complementar nº 73 (arts. 4º, XII, 28 e 43), não há qualquer razão para submeter-se tal sentença a um reexame obrigatório. Nesses casos, então, só se chegará ao órgão de segundo grau se houver interposição de recurso contra a sentença.

16

ESTABILIZAÇÃO, PRECLUSÃO E COISA JULGADA

16.1 Estabilização

Os atos jurídicos em geral tendem a adquirir estabilidade, o que é uma exigência de segurança jurídica. Assim é que, preenchidos determinados requisitos (que, evidentemente, variam de um ato para outro), todo ato tende a adquirir uma certa estabilidade, o que permite sua permanência no ordenamento jurídico.

O fenômeno da estabilidade alcança atos jurídicos de Direito privado (como um estatuto de sociedade anônima ou um contrato, atos que não podem ser modificados livremente) e de Direito público (como acontece com decisões judiciais ou atos administrativos, entre outros). A estabilidade, porém, pode ser de graus variados. Em outros termos, pode-se mesmo dizer que existem atos mais estáveis do que outros. Assim, por exemplo, um ato administrativo só pode ser revogado pela própria Administração Pública, e mesmo assim desde que alguns pontos sejam observados. Por exemplo, não se admite a revogação de ato administrativo cujos efeitos já se tenham exaurido. No Direito Processual Civil encontram-se algumas espécies diferentes de estabilidade do ato processual. E a diferença se dá pelo grau de intensidade da estabilidade.

Duas formas de conferir estabilidade ao ato processual são bastante conhecidas de todos os estudiosos do Direito Processual: a preclusão e a coisa julgada. Há, porém, outro fenômeno, que não pode deixar de ser examinado, e que com aqueles não se confunde: o da *estabilização*.

O CPC faz alusão ao fenômeno da estabilização em duas passagens: ao tratar da *estabilização da tutela antecipada* (art. 303) e ao regular a *estabilização da decisão de saneamento e organização do processo* (art. 357, § 1º).

Embora já se tenha feito alusão a esses dois casos, quando do estudo das tutelas provisórias e ao se analisar o procedimento comum do processo de conhecimento, é interessante voltar a tocar no assunto, para fins de organização do pensamento.

Assim é que a decisão que declara saneado o processo e o organiza para preparar a atividade de instrução probatória se torna estável após o decurso do prazo de cinco dias de que dispõem as partes para requerer esclarecimentos ou solicitar ajustes (art. 357, § 1º). Como se trata de decisão que não pode ser impugnada por agravo de instrumento (com a única exceção do capítulo que versa sobre distribuição do ônus da prova), deve-se considerar que essa estabilização implica a impossibilidade de – no mesmo grau de jurisdição – tornar-se a discutir o conteúdo da decisão. Às partes, evidentemente, se assegura a possibilidade de impugnar tal decisão na apelação ou em contrarrazões de apelação (art. 1.009, § 1º). Mas para o juízo de primeiro grau não é mais possível alterar o que tenha sido decidido naquele pronunciamento, ainda que se trate de matéria de ordem pública.

Isto é extremamente importante para a organização do processo de conhecimento, que é estruturado em duas fases bem distintas: uma introdutória, destinada a estabelecer o que será objeto da cognição; outra, principal, que tem por fim permitir a instrução e o julgamento da causa. Pois a decisão de saneamento e organização do processo é o ato que põe fim à primeira fase do processo de conhecimento, permitindo assim o início da fase principal. E é extremamente relevante que essa decisão tenha alguma estabilidade, de modo a permitir que o processo se desenvolva em direção a um resultado que deve ser alcançado em tempo razoável.

Deste modo, incumbe ao juiz estabelecer, na aludida decisão, quais são as questões de fato e de direito que serão debatidas e resolvidas na segunda fase do processo. E, ultrapassado o prazo de cinco dias de que dispõem as partes para solicitar ajustes ou esclarecimentos, tal decisão se torna estável, vinculando o juízo de primeiro grau a ela de forma absoluta. Incumbirá, pois, ao juízo de primeiro grau respeitar aquela decisão, examinando *todas* as questões de fato e de direito controvertidas que ali tenham sido fixadas. E não poderá o juízo extinguir o processo sem resolução de mérito com base em fundamento já debatido e afastado na primeira fase do procedimento. Evidentemente, fatos supervenientes poderão – e deverão – ser levados em conta (art. 493), assim como é possível que depois dessa decisão ter-se tornado estável surja alguma questão nova, daquelas que podem ser suscitadas a qualquer tempo (e que ainda não tivesse sido suscitada). Há, aí, porém, alguma estabilidade da decisão, cujos termos não poderão ser posteriormente modificados pelo juízo de primeiro grau de jurisdição.

Ainda mais intensa é a *estabilização da tutela antecipada*. Neste caso – que ocorre, nos termos do art. 304, quando da decisão concessiva de tutela de urgência satisfativa antecedente não se interpõe recurso – há um grau maior de estabilidade, de modo que a decisão – que não é alcançada pela autoridade de coisa julgada, uma estabilidade ainda mais intensa (art. 304, § 6º) – permanecerá eficaz e só poderá ser afastada por decisão que a revir, reformar ou invalidar, proferida em processo autônomo, o qual precisa instaurar-se no prazo de dois anos a contar da ciência da decisão que extinguiu o processo em que a tutela antecipada foi deferida (art. 304, § 5º).

Neste caso, então, deferida a tutela antecipada antecedente, e não havendo recurso contra tal decisão, tem-se uma relativa estabilidade da decisão, a qual acarreta a extinção do processo sem resolução do mérito, permanecendo, porém, eficaz a decisão antecipatória de tutela até que, em processo autônomo cujo objeto é sua revisão,

Parte Especial • Cap. 16 • Estabilização, preclusão e coisa julgada **311**

reforma ou invalidação, venha ela a ser cassada ou substituída. Resulta daí, pois, uma *inversão do ônus de demandar*, já que caberá àquele contra quem a tutela antecipada estável produz efeitos o ônus de ajuizar a demanda de revisão, reforma ou invalidação (o que só poderá ser feito dentro do prazo de dois anos a que já se fez alusão). Enquanto essa demanda não for proposta (e julgada), porém, a decisão estável produz todos os seus efeitos.

Há, pois, aí dois diferentes níveis de estabilização, com intensidades distintas, mas nenhum deles chega ao grau de estabilidade da coisa julgada (de que se falará adiante). E entre elas há algo em comum: é que a estabilidade resultante da *estabilização da decisão de saneamento e organização do processo*, assim como a que resulta da *estabilização da tutela antecipada*, implica um obstáculo ao reexame do que foi decidido que não é absoluto, sendo permitido às partes tornar a suscitar a matéria (em grau de recurso, no caso da estabilização da decisão de saneamento e organização do processo; por demanda revocatória, no caso de estabilização da tutela antecipada).

16.2 Preclusão

Chama-se preclusão à perda da possibilidade de praticar um ato processual. Pense-se, por exemplo, no caso de se ter proferido uma sentença. Contra esta, é possível a interposição de apelação. Pode ocorrer alguma situação (como, por exemplo, o decurso do prazo dentro do qual o recurso é admissível) que faça desaparecer a possibilidade de prática do ato.

Da preclusão sempre resultará uma estabilidade processual. Assim é que, para se usar uma vez mais o mesmo exemplo, preclusa a possibilidade de interpor apelação, resulta daí a estabilidade da sentença.

Costumeiramente se cogita de três modalidades de preclusão: *temporal*, *lógica* e *consumativa*.

Chama-se preclusão temporal à perda da possibilidade de prática de um ato processual em razão do decurso do prazo dentro do qual tal ato era admissível. Estabelece o art. 223 que "[d]ecorrido o prazo, extingue-se o direito de praticar ou de emendar o ato processual, independentemente de declaração judicial". Assim, sempre que houver prazo (fixado em lei ou assinado pelo juiz) para a prática de ato processual, seu decurso *in albis* (isto é, sem que o ato tenha sido praticado) acarreta preclusão.

Há alguns casos de preclusão temporal expressamente previstos no CPC. É o que se tem, por exemplo, no art. 63, § 3º, que prevê a preclusão temporal da possibilidade de alegação, pelo réu, da abusividade da cláusula de eleição de foro; no art. 209, § 2º (preclusão temporal da possibilidade de alegar existência de contradição na transcrição eletrônica de atos processuais praticados diante do juiz); no art. 278 (preclusão temporal da possibilidade de alegar a anulabilidade de ato processual); e no art. 293 (preclusão temporal da possibilidade de impugnar o valor atribuído à causa pelo demandante).

É costume ouvir-se afirmar que só existiria preclusão temporal para as partes, e que os prazos para os órgãos jurisdicionais seriam *impróprios* (isto é, que de seu decurso não resultaria preclusão). Isto, porém, não é sempre verdadeiro. Basta ver o que consta do art. 235 e seus parágrafos. Ali há a previsão do caso em que se representa contra o magistrado por excesso de prazo. Pois distribuída a representação, seu relator, após o decurso do prazo para apresentação de justificativa pelo magistrado representado, "determinará a intimação do representado por meio eletrônico para que, em 10 (dez) dias, pratique o ato". Decorrido este prazo de dez dias sem que o ato tenha sido praticado, perde o juiz a possibilidade de o praticar, devendo os autos ser remetidos ao substituto legal (art. 235, § 3º). Tem-se, aí, pois, *preclusão temporal para o juiz.*

Ocorre a preclusão lógica quando o sujeito do processo, em razão da prática de um determinado ato, perde a possibilidade de praticar outro que com ele seja incompatível. É o que se tem, por exemplo, no caso de a parte vencida aceitar a sentença e, posteriormente, pretender impugná-la por meio de recurso (art. 1.000).

A preclusão lógica é uma manifestação da boa-fé processual (art. 5º), que tem, entre seus corolários, a vedação de comportamentos contraditórios (*nemo venire contra factum proprium*). Também para o juiz há preclusão lógica, e não só para as partes. Pense-se, por exemplo, no caso de o juiz indeferir prova testemunhal ao fundamento de que o fato que se pretende provar já está demonstrado nos autos por documento (art. 443, I). Pois esta decisão impede que o juiz, no futuro, julgue contra a parte que pretendera produzir essa prova oral ao fundamento de que havia insuficiência de provas acerca daquele mesmo fato. Isto seria uma violação à boa-fé objetiva por consistir em comportamento contraditório e, portanto, alcançado pela preclusão lógica. Em caso como este, caberá ao juiz, verificando a insuficiência do material probatório, revogar a decisão anteriormente proferida e autorizar a produção da prova testemunhal, sob pena de frustrar a legítima expectativa que seu pronunciamento gerou na parte.

Por fim, tem-se a preclusão consumativa quando o sujeito do processo, por já ter praticado o ato, perde a possibilidade de praticá-lo novamente (ou de o complementar). Assim, por exemplo, oferecida a contestação, não pode o réu posteriormente (ainda que em tese ainda houvesse prazo para fazê-lo), contestar outra vez ou complementar sua contestação. Do mesmo modo, não se admite que contra uma mesma decisão a mesma parte interponha dois recursos (com a ressalva do cabimento simultâneo de recurso especial e recurso extraordinário, nos termos do art. 1.031), o que é manifestação de algo que no jargão forense é costumeira e impropriamente chamado de "princípio da unirrecorribilidade", mas que, na verdade, é apenas uma consequência da regra (e não princípio) da preclusão. E também para o juiz há preclusão consumativa. Pense-se no caso de ter-se tornado estável a decisão de saneamento e organização do processo. Pois preclui para o juiz (mas não para as partes, que poderão sobre elas se manifestar em apelação ou em contrarrazões de apelação) a possibilidade de tornar a decidir sobre aquilo que tenha sido expressamente resolvido naquele pronunciamento (com a ressalva da distribuição do ônus da prova, que, tendo sido impugnada por agravo de instrumento, pode ser objeto de retratação pelo juiz, nos termos do art. 1.018, § 1º).

Além dessas três espécies de preclusão que, como dito, são tradicionalmente reconhecidas, pode-se cogitar de uma quarta espécie: a *preclusão por fases do processo*. É que às vezes um ato processual se torna prática impossível simplesmente por se ter alcançado fase processual que com ele é incompatível. Assim é que, por exemplo, não se pode cogitar do julgamento de improcedência liminar do pedido (art. 332) se o réu já foi citado; nem seria possível o julgamento antecipado parcial do mérito se toda a instrução probatória já se concluiu e é possível a prolação de sentença.

É preciso ter claro, porém, que há situações que afastam a preclusão. Assim, por exemplo, a preclusão temporal pode ser afastada *por justa causa* (art. 223; art. 278, parágrafo único), assim considerado o evento alheio à vontade da parte e que a impediu de praticar o ato (art. 223, § 1º). Nestes casos, releva-se a preclusão, e se admite a prática do ato que a princípio parecia já não mais ser admissível, devendo o juiz fixar prazo para que isto ocorra (art. 223, § 2º).

A preclusão gera uma estabilidade que é *endoprocessual*, isto é, se produz apenas internamente ao processo em que se forma (diferentemente da coisa julgada, que é uma estabilidade *exoprocessual*, projetando-se para fora do processo em que se forma). E é por isso que o art. 507 expressamente impede que se volte a discutir, *no curso do processo*, as matérias já alcançadas pela preclusão.

16.3 Coisa Julgada

Contra uma decisão judicial pode (e em regra assim é) ser cabível a interposição de recurso. Em alguns casos, como no da sentença, o cabimento do recurso é *imediato*. Em outros (como no caso das decisões interlocutórias que não constam do rol do art. 1.015), o cabimento do recurso é *diferido*. De toda maneira, a maioria das decisões é recorrível. Fatores há, porém, que tornam a decisão irrecorrível. É que os recursos no Direito Processual Civil brasileiro são limitados e sujeitos a prazo de interposição. Assim, esgotados todos os recursos, ou decorrido o prazo para que o recurso admissível seja interposto, a decisão se torna irrecorrível.

A passagem da decisão da situação original (em que era recorrível) para esta nova situação (de irrecorribilidade) é chamada de *trânsito em julgado*. E algumas decisões, por serem irrecorríveis, já nascem transitadas em julgado (como é, por exemplo, o caso da decisão proferida pelo Pleno do STF no julgamento de arguição de descumprimento de preceito fundamental, nos termos do art. 12 da Lei nº 9.882/1999).

Dá-se o trânsito em julgado da decisão, então, quando precluem os recursos. Pode-se, pois, dizer que o trânsito em julgado é efeito da preclusão dos recursos (ou por terem sido todos usados, ou por ter decorrido o prazo sem que o recurso admissível tivesse sido interposto).

Casos há em que, transitada em julgado a sentença, é ela alcançada por uma estabilidade mais intensa, a que se chama *coisa julgada*.

Coisa julgada é, pois, a estabilidade da sentença irrecorrível. Mas, como se verá adiante, nem todas as sentenças alcançam, mesmo sendo irrecorríveis, este grau de estabilidade (e, além disso, há diferentes graus de coisa julgada, como se poderá verificar).

Vale registrar, aqui, que a denominação *coisa julgada*, muito tradicional na linguagem processual, não é exatamente a mais apropriada. É que o vocábulo *coisa*, na terminologia jurídica, designa os bens corpóreos, o que a coisa julgada definitivamente não é. Melhor seria que se usasse *caso julgado* (como se lê, por exemplo, no art. 6º, § 3º, da Lei de Introdução às Normas do Direito Brasileiro) ou, como parece preferível, *causa julgada*. Dever-se-ia, então, afirmar que se já há *causa julgada* (isto é, se a sentença deu à causa um julgamento final, não mais se admitindo recurso, e tendo ela adquirido, por força da lei, a estabilidade de que se está aqui a tratar), não seria possível ajuizar novamente a mesma demanda e, caso isto viesse a acontecer, o novo processo teria de ser extinto, sem resolução do mérito, por já estar aquela *causa* julgada.

A denominação "coisa julgada", porém, é não só a mais tradicional, mas também a expressamente empregada pela legislação processual brasileira, motivo pelo qual será aqui empregada.

16.3.1 Coisa Julgada Formal e Coisa Julgada Material

A coisa julgada é uma estabilidade alcançada por certas sentenças (mas não todas). E produz ela uma relevante consequência (que se pode chamar de *efeito negativo da coisa julgada*): o impedimento à repropositura da demanda já decidida por sentença coberta pela autoridade de coisa julgada, sendo o caso de extinguir-se o processo, sem resolução do mérito, se a demanda vier a ser proposta novamente (art. 485, V), com as mesmas partes, mesma causa de pedir e mesmo pedido (art. 337, §§ 2º e 4º).

Mas há duas espécies de coisa julgada, com diferentes graus de estabilidade: coisa julgada *formal* e coisa julgada *material* (ou *substancial*).

Chama-se *coisa julgada formal* à estabilidade alcançada, ao se tornarem irrecorríveis, por certas (mas não todas as) sentenças terminativas, isto é, sentenças que não contêm a resolução do mérito da causa.

É que em alguns casos, expressamente previstos na lei processual, embora terminativa a sentença, não será possível propor-se novamente a mesma demanda (salvo se corrigido o vício que acarretou a extinção). É o que se verifica pela leitura do disposto no art. 486, § 1º. Esse texto normativo faz alusão aos casos em que o processo é extinto sem resolução do mérito por indeferimento da petição inicial (art. 485, I), falta de pressuposto processual (art. 485, IV), falta de "condição da ação" (art. 485, VI) e existência de convenção de arbitragem ou de decisão de tribunal arbitral reconhecendo sua competência (art. 485, VII). Pois nesses casos a sentença terminativa tem uma estabilidade maior do que nos demais casos de extinção do processo sem resolução do mérito, não sendo possível simplesmente propor outra vez a demanda, o que só será admitido se o obstáculo ao exame do mérito vier a ser removido.

Em alguns casos, essa remoção é fácil. Basta pensar, por exemplo, na sentença terminativa por indeferimento da petição inicial. Pois bastará elaborar-se nova petição, sem o vício da anterior, para que se possa demandar novamente.

Há, porém, situações em que essa estabilidade é ainda maior. Pense-se, por exemplo, no caso de ter sido proferida sentença terminativa por se ter entendido que o demandante não tinha legitimidade ativa. Pois neste caso será preciso demonstrar que o autor passou a ter uma legitimidade que anteriormente não tinha (como se daria, *e.g.*, se viesse a ser posteriormente editada lei que conferisse legitimidade extraordinária ativa àquele demandante). Sem a correção do vício – que em alguns casos será virtualmente impossível – não se poderá demandar novamente. Isto, porém, ocorre com sentenças que terão julgado extinto o processo *sem resolução do mérito* e, portanto, por razões processuais, formais. Daí o motivo pelo qual se fala, na hipótese, em *coisa julgada formal*.

Insista-se, porém, que nem toda sentença terminativa é alcançada pela coisa julgada formal. É o que se dá, por exemplo, com a sentença que extingue o processo por ter o autor desistido da ação (art. 485, VIII). Neste caso, pode o demandante, livremente, repetir sua demanda e dar origem a novo processo, sem que haja qualquer impedimento (salvo a exigência de que tenham sido pagos as custas e os honorários advocatícios relativos ao processo anterior, nos termos do art. 486, § 2º).

Diferente da coisa julgada formal, e ainda mais intensa (já que nem com a "correção do vício" seria possível demandar-se novamente), é a *coisa julgada material*, autoridade que acoberta as decisões de mérito irrecorríveis, tornando-as imutáveis e indiscutíveis (art. 502). Formada a coisa julgada material, o conteúdo da decisão de mérito se torna imutável e indiscutível, não mais podendo ser alterado nem rediscutido, seja em que processo for. Aqui, mais do que em qualquer outra situação, pode-se falar em *causa julgada*. É que a coisa julgada material é a imutabilidade do conteúdo da decisão de mérito irrecorrível.

Sintetizando, então, pode-se afirmar que as sentenças terminativas em geral ficam sujeitas à *preclusão*. As sentenças terminativas resultantes de indeferimento da petição inicial, de ausência de pressuposto processual ou de "condição da ação" ou da existência de convenção de arbitragem ou de pronunciamento de árbitro ou tribunal arbitral que reconheça sua competência são alcançadas pela *coisa julgada formal*, só se admitindo a repropositura da demanda se o obstáculo à apreciação do mérito for removido. Por fim, as sentenças de mérito são alcançadas pela *coisa julgada material*, não se admitindo, em hipótese alguma, que a mesma demanda seja novamente proposta.

Tenha-se claro, então, que coisa julgada é um gênero (que deve ser compreendido como a imutabilidade da sentença irrecorrível, capaz de impedir a repropositura da mesma demanda por aquela sentença já julgada), que comporta duas espécies: coisa

316 O NOVO PROCESSO CIVIL BRASILEIRO • Câmara

julgada formal (que incide sobre algumas sentenças terminativas) e coisa julgada material (que incide sobre sentenças definitivas).

16.3.2 Limites Objetivos da Coisa Julgada

A afirmação de que a sentença, uma vez formada a coisa julgada, se torna imutável, deve ser compreendida dentro de certos limites (objetivos e subjetivos). Importa, neste momento, examinar os limites objetivos, ou seja, é preciso verificar *o que se torna imutável e indiscutível* com a coisa julgada.

Estabelece a lei processual que "[a] decisão que julgar total ou parcialmente o mérito tem força de lei nos limites da questão principal expressamente decidida" (art. 503). A expressão "força de lei", certamente, aparece como uma tradução da expressão alemã *Rechtskraft*, termo usado pelos juristas germânicos para denominar o que no Brasil se chamou "coisa julgada". Assim, o que se tem no art. 503 é a afirmação de que a sentença de mérito faz coisa julgada material nos limites da questão principal expressamente decidida.

A leitura do *caput* do art. 503 e do art. 504 (que afirma não fazerem coisa julgada "os motivos, ainda que importantes para determinar o alcance da parte dispositiva da sentença" e "a verdade dos fatos, estabelecida como fundamento da sentença"), permite asseverar que *apenas o dispositivo da sentença é alcançado pela coisa julgada*.

Evidentemente, nada se encontra no texto legal acerca de a coisa julgada alcançar ou não o relatório da sentença. É que, perdoe-se a obviedade, *onde coisa nenhuma é julgada não existe coisa julgada*. Quanto à fundamentação da sentença, porém, poderia pairar alguma dúvida e, por isso, é extremamente importante ter clara a opção legislativa por excluir dos limites da coisa julgada o que é afirmado na fundamentação da decisão judicial.

A coisa julgada, portanto, fica *objetivamente limitada* ao dispositivo da sentença.

É preciso, porém, compreender como se harmoniza tudo o que até aqui foi dito com o disposto nos §§ 1º e 2º do art. 503, acerca da inclusão, nos limites objetivos da coisa julgada, da resolução das questões prejudiciais ao mérito.

Há casos em que a resolução de questão prejudicial ao mérito (art. 503, § 1º, I) será também alcançada pela coisa julgada material, independentemente de pedido expressamente formulado por qualquer das partes (FPPC, enunciado 165). Como já se viu anteriormente, nem sempre a questão prejudicial se relaciona com uma questão (prejudicada) de mérito. Quando isto ocorrer, porém, sua resolução – desde que preenchidos alguns outros requisitos – se tornará imutável e indiscutível, sendo alcançada pela autoridade de coisa julgada material. Tais requisitos, registre-se, são cumulativos e, portanto, devem todos estar preenchidos para que a resolução da questão prejudicial seja alcançada pela coisa julgada (FPPC, enunciado 313).

Em primeiro lugar, para que a resolução da questão prejudicial seja tida por incluída nos limites objetivos da coisa julgada, é preciso que o juízo prolator da decisão tenha competência em razão da matéria e da pessoa para resolvê-la como questão principal (art. 503, § 1º, III). Figure-se aqui um exemplo: proposta demanda de alimentos, o réu contesta alegando, entre outras matérias de defesa, não ser pai do autor. Neste processo, a questão principal é, evidentemente, a de saber se o réu deve ou não alimentos ao autor (o que passa, por exemplo, pela análise do binômio necessidade-possibilidade). Antes de resolver a questão principal, porém, incumbe ao juiz verificar se as partes são, mesmo, pai e filho (e, caso não sejam, deverá julgar improcedente o pedido de alimentos). Pois neste caso, o juízo competente, em razão da matéria e da pessoa, para conhecer de uma demanda em que se suscita a questão da filiação é o mesmo (juízo de família) competente para conhecer da demanda de alimentos, o que permite (desde que todos os demais requisitos sejam preenchidos) a formação da coisa julgada material sobre a solução da questão prejudicial.

Outro exemplo pode ajudar: proposta demanda de cobrança de juros moratórios devidos em função do não cumprimento de obrigação resultante de um contrato, alega o réu em defesa que não a cumpriu porque o próprio contrato é nulo. Pois neste caso, já que o mesmo juízo é competente para conhecer do pedido de cobrança e da validade do contrato, a coisa julgada alcançará, também, a declaração de validade ou de invalidade do contrato.

Pode-se, porém, pensar em exemplos nos quais a coisa julgada não alcançaria a solução da questão prejudicial por incompetência do juízo. Figure-se a seguinte hipótese: uma pessoa ajuíza, em face do Estado, perante juízo especializado nas causas da Fazenda Pública, demanda de reparação de danos resultantes da morte de seu companheiro, o qual teria sido assassinado dentro de um estabelecimento prisional enquanto cumpria pena. O Estado se defende, então, alegando que a autora não era companheira do falecido, mas apenas uma visitante ocasional, que com ele não mantinha qualquer vínculo familiar. Neste caso, o pronunciamento do juízo acerca da existência ou não de entidade familiar não será alcançado pela autoridade de coisa julgada material, dado que o juízo fazendário não é competente para causas de família.

Perceba-se que a competência que deve ser aferida como requisito para a formação da coisa julgada sobre a resolução de questão prejudicial ao mérito é a do órgão jurisdicional que conhece da causa em primeiro grau de jurisdição. É que pode acontecer de o órgão com competência recursal ter competência mais ampla que o de primeiro grau. No Tribunal de Justiça do Rio de Janeiro, por exemplo, as Câmaras Cíveis Comuns têm competência em razão da matéria para todas as causas que não versem sobre matéria criminal ou sobre relações de consumo. Assim, por exemplo, se no primeiro grau de jurisdição o juízo fazendário e o das causas de família são órgãos distintos, no segundo grau o mesmo órgão acumula ambas as competências. Isto, porém, não é relevante para definir se a resolução da questão prejudicial é ou não alcançada pela coisa julgada. O que importa é a competência, em razão da matéria e da pessoa, do órgão jurisdicional competente para conhecer da causa em primeiro grau de jurisdição.

O requisito da competência, porém, não é suficiente. Exige-se, ainda, para que a solução da questão prejudicial ao mérito se insira nos limites objetivos da coisa julgada, que "a seu respeito [tenha] havido contraditório prévio e efetivo, não se aplicando no caso de revelia" (art. 503, § 1º, II). Fica, então, e desde logo, excluída a possibilidade de formar-se coisa julgada material sobre a resolução da questão prejudicial ao mérito se o réu tiver sido revel. Mesmo que não se tenha configurado a revelia, porém, a coisa julgada pode não se formar. É que se exige, para que a solução da questão prejudicial ao mérito seja inserida nos limites objetivos da coisa julgada, que sobre ela tenha havido "contraditório prévio e efetivo". Assim, será preciso sempre verificar se sobre a questão as partes tiveram, antes da decisão, oportunidade para se manifestar de forma efetiva, tendo sido possível esgotar-se o debate acerca da mesma. Figure-se, por exemplo, o caso da decisão liminar proferida no procedimento especial da "ação monitória" (art. 701), a qual é prolatada sem contraditório prévio e, pois, jamais permitirá a formação de coisa julgada sobre a resolução de questão prejudicial. Pois este requisito pode gerar, na prática, alguma perplexidade. Afinal, nada impede que em outro processo se suscite novamente a questão, ao argumento de que no processo anterior não houve contraditório prévio e efetivo sobre ela, não tendo as partes debatido de forma completa todos os aspectos da questão.

Figure-se um exemplo: Fulano demanda em face de Beltrano e Sicrano, alegando na petição inicial que os réus formam uma sociedade não personificada, e postulando a condenação solidária dos demandados a reparar um dano que afirma ter sofrido em razão do exercício, por um deles, de ato relacionado ao objetivo social. O primeiro réu, Beltrano, contesta alegando inexistência de dano a indenizar. Já o segundo réu, Sicrano, alega que não é sócio de Beltrano, não existindo a sociedade mencionada pelo autor. Sustenta, ainda, que se algum dano houve que deva ser indenizado, a responsabilidade seria inteiramente do primeiro réu. Parece evidente que para julgar a pretensão do autor, incumbirá ao juízo da causa (competente em razão da matéria e da pessoa) verificar se a sociedade não personificada entre os réus existe ou não (o que será essencial para definir se os réus são ou não solidariamente responsáveis, nos termos do art. 990 do CC). Imagine-se, então, que o juiz da causa profira sentença em que se afirma a inexistência da sociedade, condenando-se apenas o primeiro réu, responsável pelo dano sofrido pelo autor, mas não o segundo, exatamente em razão da afirmada inexistência de sociedade. Transitada em julgado esta sentença, instaura-se outro processo, agora apenas entre os réus daquele primeiro, no qual se pretende discutir se a sociedade entre eles existe mesmo ou não (deduzidas, por exemplo, pretensões cumuladas de dissolução dessa sociedade e partilha do patrimônio social). Poderia, neste segundo processo, surgir discussão sobre se houve ou não a formação, no processo anterior, de coisa julgada sobre a solução dessa questão. Afinal, pode acontecer de uma das partes, a quem o resultado do processo anterior não interessa, sustentar que naquele primeiro processo não houve contraditório efetivo acerca da questão, não tendo sido completo o debate ou não tendo sido produzidas todas as provas que poderiam ter sido produzidas, acerca da existência ou não da sociedade, já que sua preocupação principal teria sido discutir a existência ou não de dano, e não a existência ou não da sociedade. Isto levará à necessidade de que o juiz do segundo processo se pronuncie sobre se houve ou não a formação de coisa julgada sobre a resolução dessa questão prejudicial (e, caso considere que não houve, isso ainda pode resultar na posterior interposição de recursos para rediscutir esse ponto e, até mesmo, na propositura posterior de ação rescisória, ao fundamento de que a sentença do segundo processo teria ofendido a coisa julgada formada no primeiro, apoiando-se a ação rescisória no disposto no art. 966, IV).

Há, ainda, um requisito negativo para a formação da coisa julgada sobre a resolução da questão prejudicial: ela não se formará "se no processo houver restrições probatórias ou limitações à cognição que impeçam o aprofundamento da análise da questão prejudicial".

Existem procedimentos que, por força de lei, têm restrições probatórias. É o que se dá, por exemplo, com o mandado de segurança (em que só se admite prova documental preconstituída) ou com o procedimento previsto para os Juizados Especiais Cíveis (em que não se admite perícia complexa, além de só se admitir que cada parte arrole três testemunhas). Nestes casos, a mera existência de limitações probatórias já é suficiente para afastar a possibilidade de formação de coisa julgada material sobre a resolução de questão prejudicial. Em outros casos, pode haver limitações cognitivas que impeçam o exame aprofundado da questão prejudicial (como se dá nas "ações possessórias", em que não se admite debate sobre a existência de domínio ou outro direito sobre a coisa, ou nos processos em que se discuta obrigação representada por título de crédito que tenha sido posto em circulação, no qual não se admite discussão acerca da relação jurídica de direito material que tenha dado origem ao crédito). Pois nesses casos a resolução de questão prejudicial não será capaz de alcançar a autoridade de coisa julgada material.

No que diz respeito à vedação de formação de coisa julgada material sobre a resolução de questão prejudicial em processo no qual haja restrições probatórias, porém, há um dado adicional a considerar: seriam apenas as restrições probatórias decorrentes da lei (como as dos exemplos acima mencionados) capazes de afastar a formação da coisa julgada sobre a resolução da questão prejudicial? Ou o mesmo resultado ocorreria se a restrição probatória resultasse de uma decisão judicial?

Deve-se considerar que qualquer restrição probatória, seja ela derivada da lei ou de decisão judicial, é suficiente para excluir a formação da coisa julgada sobre a resolução da prejudicial ao mérito. É que no caso de o juízo ter indeferido a produção de alguma prova (relacionada com a questão prejudicial, evidentemente), não se poderá considerar que houve contraditório *efetivo* sobre a matéria, uma vez que se poderá demonstrar, em processo posterior, que esta prova poderia levar a resultado distinto. E o mero fato de ser possível examinar-se esta alegação já implica dizer que não há coisa julgada, uma vez que esta impede qualquer nova apreciação daquilo que já tenha sido julgado.

Em síntese, o que se viu até aqui é que a solução da questão prejudicial ao mérito estará incluída nos limites objetivos da coisa julgada se for objeto de contraditório prévio, efetivo e completo em processo que se tenha desenvolvido perante juízo competente em razão da matéria e da pessoa para resolvê-la, não tendo sido revel o réu.

Há, porém, um outro ponto a enfrentar, e que é essencial para compreender-se este sistema de definição dos limites objetivos da coisa julgada. É que se faz necessário afastar a equivocada ideia segundo a qual, presentes os requisitos para que a resolução da questão prejudicial faça coisa julgada, esta alcançaria uma parte da fundamentação da decisão. Assim não é. Presentes os requisitos já examinados, a questão prejudicial ao mérito será decidida *na parte dispositiva da sentença*. Fundamentação não transita em julgado, em hipótese alguma (art. 504).

Nos casos em que estiverem preenchidos os requisitos estabelecidos nos § 1º e 2º do art. 503, a questão prejudicial deverá ser resolvida na parte dispositiva da sentença, independentemente de pedido expresso. Ter-se-á, aí, a inclusão dessa questão no objeto do processo por força de lei. Trata-se de fenômeno que na linguagem processual costuma ser chamado de "pedido implícito", como se tem em relação aos juros legais, à correção monetária e às verbas de sucumbência (art. 322, § 1º), que devem ser objeto de decisão (no dispositivo da sentença) ainda que não tenham sido objeto de pedido expresso. Pois o mesmo deve dar-se com a resolução da questão prejudicial. Sendo o juízo de primeiro grau competente em razão da matéria e da pessoa, não tendo sido revel o réu, tendo havido contraditório prévio e efetivo e não existindo restrições probatórias ou limitações à cognição que impeçam o aprofundamento da análise da questão prejudicial, deverá o juiz proferir decisão sobre ela, a qual integrará a parte dispositiva da sentença e, assim, alcançará a autoridade de coisa julgada material (equivocado, portanto, o enunciado 438 do FPPC, por força do qual "[é] desnecessário que a resolução expressa da questão prejudicial incidental esteja no dispositivo da decisão para ter aptidão de fazer coisa julgada", já que tal decisão integrará o dispositivo da sentença, ainda que seu prolator formalmente não a tenha incluído na parte final de seu texto).

Perceba-se que a solução aqui proposta evita um inconveniente: estando a resolução da questão prejudicial posta no dispositivo, ficará claro para as partes (e para terceiros) que ela estará incluída nos limites objetivos da coisa julgada. Caso algum interessado considere que a resolução da prejudicial foi inserida no dispositivo sem que todos os requisitos estivessem presentes, esta matéria poderá ser objeto de recurso (no qual se discutirá se foi ou não correta a inclusão da resolução da prejudicial no dispositivo da sentença). E isto evitará que em processo futuro surja controvérsia sobre se a resolução da prejudicial está ou não coberta pela coisa julgada material.

16.3.3   Limites Subjetivos da Coisa Julgada

Estabelece o art. 506 que "[a] sentença faz coisa julgada às partes entre as quais é dada, não prejudicando terceiros". Tem-se, aí, a regulamentação dos limites subjetivos da coisa julgada, isto é, da determinação das pessoas que se sujeitam à coisa julgada, não podendo tornar a discutir o que tenha sido decidido.

Pois a coisa julgada alcança as partes da demanda (demandante e demandado). São eles os sujeitos da demanda decidida pelo pronunciamento que alcança a autoridade de coisa julgada e, por isso, são eles os alcançados pela *res iudicata*. Apenas as partes *da demanda* são alcançados pela coisa julgada. Outras partes do processo que não sejam consideradas partes da demanda (como é o caso do assistente, por exemplo) não se sujeitam à coisa julgada (embora o assistente fique sujeito à assim chamada "eficácia da intervenção", de que se falou anteriormente, e que é tratada no art. 123).

Terceiros, estranhos à demanda, não são alcançados pela coisa julgada, de modo que esta não pode prejudicá-los. É interessante observar que o Direito Processual Civil brasileiro se afasta, em alguma medida, de suas fontes romanas (e de um modelo que vigorou no Brasil até a entrada em vigor do CPC de 2015), quando se considerava acertado afirmar que a coisa julgada produzida entre as partes *não beneficiaria nem prejudicaria terceiros* (ou, como se encontrava nas fontes romanas, *res inter alios iudicata aliis neque nocet neque prodest*). Pois o art. 506 estabelece que terceiros não podem ser *prejudicados* pela coisa julgada, o que implica dizer que podem eles se beneficiar de uma coisa julgada formada em processo de que não tenham participado.

Pense-se, por exemplo, em processo no qual os sujeitos de um contrato garantido por fiança litigam sobre se o contrato já foi ou não inteiramente cumprido pelo devedor, sem que do processo participe o fiador (o que é perfeitamente possível ocorrer, dada a natureza autônoma do contrato de fiança). Pois a coisa julgada formada sobre sentença que afirmasse que o contrato ainda não foi cumprido não seria capaz de prejudicar o fiador, o qual estaria livre para, em processo futuro, tornar a suscitar a discussão acerca da extinção da obrigação principal. De outro lado, porém, a coisa julgada formada sobre sentença que afirmasse que o contrato principal já fora integralmente cumprido poderia ser invocada pelo fiador, por ela beneficiado sem ter participado do processo (já que, extinta a obrigação principal, extingue-se também a fiança).

A coisa julgada, portanto, fica limitada às partes da demanda, não prejudicando (mas podendo beneficiar) terceiros. É preciso considerar, porém, que nos casos de sucessão, a coisa julgada alcançará também o sucessor. É que na sucessão, o sucessor ocupa a mesma posição jurídica que antes era ocupada pelo seu antecessor. E isto se aplica tanto aos casos de sucessão *mortis causa* (seria absurdo, por exemplo, que existindo coisa julgada sobre sentença que afirma que um bem pertence a A e não a B, com a morte deste pudessem seus sucessores reivindicar o bem de A ao argumento de que receberam sua propriedade por herança), como nos casos de sucessão resultante de ato *inter vivos*. Pense-se, por exemplo, no caso de se ter formado coisa julgada no processo entre A e B no qual estes disputavam a propriedade de um bem, tendo sido declarada a propriedade de A. Este, posteriormente, vende o bem a C. Evidentemente, não poderá B disputar com C a titularidade do bem (pelos mesmos fundamentos já rejeitados no processo em que litigou com A), ao argumento de que C não foi parte naquele processo. C, sucessor (*inter vivos*) de A, é alcançado pela coisa julgada, inserindo-se em seus limites subjetivos.

Também é preciso afirmar que nos casos de substituição processual – isto é, naqueles casos em que um legitimado extraordinário atua no processo no lugar do legitimado ordinário – a coisa julgada alcança a ambos, substituto e substituído. O substituto processual é alcançado por ser ele parte da demanda (demandante ou demandado). E o substituído processual é alcançado pela coisa julgada por ser ele o verdadeiro titular do interesse em disputa. Para ambos, então, forma-se coisa julgada, não se podendo mais tornar a discutir, seja em que processo for, aquilo que tenha sido decidido.

16.3.4 Coisa Julgada nas Sentenças Determinativas

O art. 505, I, estabelece que não se tornará a decidir o que já tenha sido coberto pela autoridade de coisa julgada material, "salvo [se], tratando-se de relação jurídica de trato continuado, sobreveio modificação no estado de fato ou de direito, caso em que poderá a parte pedir a revisão do que foi estatuído na sentença". Trata-se, aí, do (falso, como se verá) problema da *coisa julgada nas sentenças determinativas*.

Chama-se sentença determinativa àquela que provê sobre relação jurídica de trato sucessivo ou continuado (também chamada de relação jurídica continuativa). São aquelas relações jurídicas de natureza obrigacional que se protraem no tempo de um modo tal que o pagamento das prestações não é capaz de extinguir a relação obrigacional. Uma vez efetuado o pagamento, nova prestação surge para ser paga, e assim sucessivamente. É o caso da obrigação alimentar ou da obrigação de prestar alimentos.

Essas relações continuativas, evidentemente, podem extinguir-se. Seu fato extintivo, porém, nunca será o pagamento. Podem elas extinguir-se apenas por outros motivos (como a morte de algum de seus sujeitos ou a resilição do contrato que lhe dá origem), mas nunca pelo pagamento. E por isso não se confunde a obrigação de trato continuado com a obrigação de pagar em parcelas. É que, neste último caso, o pagamento da última parcela extingue a obrigação.

Pois acontece com alguma frequência de se deduzir em juízo alguma causa relacionada a uma obrigação de trato sucessivo, como se dá nas "ações de alimentos" ou nas "ações revisionais de aluguel". Pois nestes processos são proferidas sentenças que proveem sobre relações jurídicas de trato sucessivo, as quais são as *sentenças determinativas*.

A questão que aqui se põe está em saber se há alguma peculiaridade na coisa julgada material que se forma sobre as sentenças determinativas. É que, uma vez transitadas em julgado, pode surgir a necessidade de instaurar-se novo processo para rever o que havia sido anteriormente estabelecido. É o caso, por exemplo, de se ter fixado um certo valor de prestação alimentícia e, posteriormente, alguma modificação de fato ou de direito levar à necessidade de revisão do valor anteriormente fixado. Questiona-se, então, se tais sentenças são aptas a alcançar a autoridade de coisa julgada e, caso positivo, como explicar a possibilidade de revisão do que foi decidido.

Pois é preciso dizer, em primeiro lugar, que tais sentenças transitam em julgado. Uma vez preclusas as vias recursais, terá a sentença transitado em julgado, não mais sendo possível, no mesmo processo, alterar o que foi decidido.

Além disso, como quaisquer sentenças de mérito, as sentenças determinativas são aptas a alcançar a autoridade de coisa julgada material. E a coisa julgada que se forma sobre as sentenças determinativas é igual a qualquer outra. Pois é precisamente por isso que pode haver revisão. Estranho seria se não pudesse.

É que, uma vez preclusas as vias recursais, não será mais possível tornar a discutir, em outro processo, a *mesma demanda* (isto é, a *mesma causa*), entre as mesmas partes, fundada na mesma causa de pedir e com o mesmo objeto. É preciso, porém, lembrar que a coisa julgada (*rectius*, causa julgada) é um impedimento apenas a que se julgue novamente a *mesma causa*. A demanda de revisão, porém, é distinta das anteriores, tendo causa de pedir e pedidos diferentes. É, portanto, uma demanda que nunca foi julgada anteriormente. Passe, pois, o truísmo: a coisa julgada (causa julgada) não pode impedir a apreciação de uma "coisa" (causa) que nunca foi julgada.

Compare-se, por exemplo, a demanda de condenação ao pagamento de alimentos com a demanda revisional de alimentos. Na primeira delas, a causa de pedir é a existência de uma situação de necessidade, associada à possibilidade de o demandado arcar com a prestação. E o pedido que aí se formula é de condenação do réu ao pagamento da pensão. Já na demanda revisional de alimentos, a causa de pedir é uma modificação superveniente à sentença condenatória de pelo menos um dos elementos do binômio "necessidade + possibilidade". E o pedido é de modificação do valor anteriormente fixado. Causas de pedir e pedidos completamente diferentes, que jamais foram apreciados em juízo anteriormente. Nada há, pois, capaz de impedir o exame, agora, desta nova demanda.

Como se pode ver, então, a coisa julgada que se forma sobre as sentenças determinativas é igual a qualquer outra coisa julgada.

17

TEORIA GERAL DA EXECUÇÃO

17.1 Execução em Geral

Execução é a atividade processual de transformação da realidade prática. Trata-se de uma atividade de natureza jurisdicional, destinada a fazer com que *aquilo que deve ser, seja*. Dito de outro modo: havendo algum ato certificador de um direito (como uma sentença, ou algum ato cuja eficácia lhe seja equiparada), a atividade processual destinada a transformar em realidade prática aquele direito, satisfazendo seu titular, chama-se execução. É, pois, uma atividade destinada a fazer com que se produza, na prática, o mesmo resultado prático, ou um equivalente seu, do que se produziria se o direito tivesse sido voluntariamente realizado pelo sujeito passivo da relação jurídica obrigacional. A princípio, o que se espera é que o devedor da obrigação a realize voluntariamente, adimplindo com seu dever jurídico (ou seja, executando voluntariamente a prestação). Caso não ocorra a execução voluntária, porém, é lícito ao credor postular a *execução forçada*.

Este ponto precisa ser reforçado: a execução de que se trata no Direito Processual Civil é, sempre, *forçada*. Este adjetivo estará sempre (pelo menos) subentendido quando se fala de execução no campo processual civil. E é explicitamente utilizado no art. 778 e no art. 788.

A execução é uma atividade de agressão patrimonial (e, no caso da execução de prestação alimentícia, também de agressão corporal, tendo em vista a possibilidade de prisão civil do devedor) que se legitima pela existência de título executivo (conceito de que se tratará adiante). É preciso, porém, deixar claro desde logo que o sistema processual civil brasileiro conhece duas diferentes formas de regular a execução.

Quando a execução se funda em título executivo judicial, o procedimento executivo é chamado pelos textos normativos de *cumprimento de sentença*, regulado precipuamente nos arts. 513 a 538 (localizados no Título II do Livro I da Parte Especial do CPC), a eles se aplicando subsidiariamente o disposto no Livro II da Parte Especial (art. 771). Desenvolve-se, normalmente, como uma fase complementar do mesmo processo em que o título judicial se tenha formado ("processo de conhecimento"). Em alguns casos, porém, o cumprimento de sentença constitui processo executivo autônomo (o que acontece quando o título executivo é um daqueles previstos nos incisos VI a IX do art. 515). É que naqueles casos a atividade executiva não é mera fase complementar do processo de formação do título, o qual se terá desenvolvido no âmbito penal (art. 515, VI), arbitral (art. 515, VII) ou perante o STJ, competente para homologar sentenças estrangeiras e conceder *exequatur* às cartas rogatórias (art. 515, VIII e IX). Pois nesses casos será necessário instaurar um processo autônomo, motivo pelo qual a lei processual exige que nesses casos o devedor seja *citado* (art. 515, § 1º).

De outro lado, quando a execução se funda em título executivo extrajudicial tem--se o *processo de execução*, de que cuida o Livro II da Parte Especial do CPC, a ele se aplicando, subsidiariamente, o regime estabelecido pelo Livro I da Parte Especial (art. 771, parágrafo único).

O procedimento executivo destina-se a realizar o crédito exequendo. Fala-se, por isso, em um "princípio" (que não é verdadeiramente um princípio, mas assim costuma ser chamado) do desfecho único. É que a extinção da execução sem que o crédito esteja satisfeito é anômala. E é precisamente por isso que o art. 797 estabelece que a execução se realiza no interesse do exequente. Ressalvam-se, apenas, as chamadas *execuções universais* (falência e insolvência civil), já que nestas se identifica um interesse na recuperação do executado, de modo a permitir que ele volte a gerir adequadamente seu patrimônio, o qual se tornou insuficiente para a satisfação de todas as suas dívidas (art. 797).

Sendo a atividade executiva realizada no interesse do exequente, fica fácil compreender a regra por força da qual incumbe ao juiz da execução "determinar que os sujeitos indicados pelo exequente forneçam informações em geral relacionadas ao objeto da execução, tais como documentos e dados que tenham em seu poder, assinando-lhes prazo razoável" (art. 772, III). Trata-se não só de manifestação do princípio da cooperação (art. 6º), mas também de uma exigência prática, já que há informações que o exequente não poderia mesmo obter por conta própria, como saldos bancários ou declarações de bens. Neste caso, então, deverá o juiz – de ofício ou mediante requerimento – determinar as medidas necessárias ao cumprimento da ordem de entrega de documentos e dados (art. 773), preservando o sigilo dos dados confidenciais (art. 773, parágrafo único). Assim, por exemplo, caso seja remetida aos autos da execução uma cópia da declaração de rendimentos e bens do executado, deverá o juiz cuidar para que o processo passe a tramitar em segredo de justiça, a fim de preservar ao máximo a confidencialidade das informações protegidas pelo sigilo fiscal. Obtidas as informações necessárias (por exemplo, tendo sido identificados os bens sobre os quais a atividade executiva poderá incidir), o documento sigiloso deverá ser restituído ao executado, permitindo-se, assim, que o processo volte a tramitar publicamente. Dar-se-á, assim, a quebra de sigilo bancário ou fiscal (que é possível em sede de execução: FPPC, enunciado 536), respeitadas as exigências resultantes do princípio constitucional da proporcionalidade.

Na execução se exige de todos os sujeitos do processo, inclusive e especialmente do executado, que atuem de forma cooperativa e de boa-fé. Por isso, incumbe ao juiz advertir o executado de que seu modo de proceder constitui ato atentatório à dignidade da justiça (art. 772, II). E é atentatória à dignidade da justiça a conduta do executado que fraude a execução; se opõe maliciosamente à execução, empregando ardis e meios artificiosos (como seria, por exemplo, esconder todo o seu patrimônio em nome de "laranjas"); dificulta ou embaraça a realização da penhora; resiste injustificadamente às ordens judiciais; ou, intimado, não indica ao juiz quais são e onde estão os bens sujeitos à penhora e os respectivos valores, nem exibe prova de sua propriedade e, se for o caso, certidão negativa de ônus (art. 774). Tendo o executado cometido ato atentatório à dignidade da justiça, o juiz fixará multa de até vinte por cento sobre o valor atualizado do débito em execução, a qual reverterá em proveito do exequente, sendo exigível nos próprios autos (art. 774, parágrafo único). Essa sanção é cumulável com outras, de natureza material (como, por exemplo, a pena pela prática do crime de fraude à execução, previsto no art. 179 do Código Penal) ou processual (como a sanção por litigância de má-fé). A execução dessa multa (e de outras que sejam impostas durante o procedimento executivo), bem assim das condenações resultantes da litigância de má-fé se dará nos mesmos autos em que se processa a execução (art. 777).

Como a atividade executiva se desenvolve no interesse do exequente, pode ele, a qualquer tempo, e independentemente de consentimento do executado, desistir da execução (ou da prática de algum ato executivo), nos termos do art. 775. Ocorrendo a desistência da execução, será o procedimento executivo extinto. Pode ocorrer, porém, de o exequente desistir da execução depois de o executado ter oferecido sua defesa (que, conforme o caso, será oferecida através de embargos ou de impugnação).

Pois nesse caso, versando a defesa do executado apenas sobre questões processuais, se deverá extinguir também a impugnação ou os embargos, cabendo ao exequente arcar com todas as despesas processuais e honorários advocatícios (art. 775, parágrafo único, I). Já se a defesa do executado versar também sobre o mérito, a desistência implicará a extinção do procedimento executivo, mas a impugnação poderá prosseguir, assim como os embargos, como processo autônomo, só ocorrendo sua extinção se o executado consentir (art. 775, parágrafo único, II).

Não obstante a execução se desenvolva no interesse do exequente, é preciso observar o *princípio da menor onerosidade possível* (art. 805). Significa isto dizer que se por vários meios puder desenvolver-se a execução, o juiz deverá mandar que ela se faça do modo menos gravoso possível para o executado, de modo a causar-lhe o menor sacrifício possível. Caso o executado alegue que a execução está a desenvolver-se de forma mais gravosa, é ônus seu indicar outros meios mais eficazes e menos onerosos, sob pena de manutenção dos atos executivos já determinados (art. 805, parágrafo único). Assim, por exemplo, se for apreendido um bem do executado e este considere haver modo menos gravoso de se desenvolver a execução, deverá ele indicar, atuando de forma cooperativa, outro bem que, também sendo suficiente para garantir a satisfação do crédito exequendo, faça a execução desenvolver-se de forma que lhe gere menos sacrifício (art. 847).

A execução de crédito inexistente gera, para o exequente, a obrigação de reparar os danos indevidamente suportados pelo executado (art. 776). Assim, caso venha uma sentença a declarar inexistente, no todo ou em parte, o crédito exequendo, o exequente responderá, independentemente da verificação de culpa sua, por esses danos.

Desenvolve-se a atividade executiva através de dois grupos de mecanismos: os *meios de coerção* e os *meios de sub-rogação*.

Chama-se *meio de coerção* ao mecanismo empregado pelo Estado-juiz para constranger psicologicamente o executado, a fim de que este pratique os atos necessários à realização do crédito exequendo. Nesta categoria são encontrados mecanismos como a multa periódica pelo atraso no cumprimento da obrigação (conhecida como *astreinte*), a prisão civil do devedor inescusável de alimentos e o protesto de título executivo ou a anotação do nome do devedor em cadastros de devedores inadimplentes.

A respeito destes últimos, estabelece o art. 782, § 3º, que "a requerimento da parte, o juiz pode determinar a inclusão do nome do executado em cadastros de inadimplentes" (mas não se pense que esta disposição exclua a possibilidade de o registro do nome do devedor inadimplente ser feito pelo próprio credor ou pelo órgão de proteção ao crédito: FPPC, enunciado 190). Só se cancela a inscrição determinada pelo juiz se e quando for efetuado o pagamento, se for garantida a execução ou se esta for extinta por qualquer outro motivo (art. 782, § 4º). Trata-se de disposição aplicável tanto aos títulos executivos judiciais como aos extrajudiciais (art. 782, § 5º).

Além disso, prevê o art. 517 que a decisão judicial transitada em julgado (que tenha eficácia de título executivo) pode ser levada a protesto depois de transcorrido o prazo indicado no art. 523 para pagamento voluntário. Para efetivar o protesto, basta ao exequente apresentar certidão de inteiro teor da decisão (art. 517, § 1º), a qual lhe será fornecida pelo escrivão no prazo de três dias, indicando o nome e a qualificação do exequente e do executado, o número do processo, o valor da dívida e a data do decurso do prazo para pagamento voluntário (art. 517, § 2º).

Admite-se a anotação, à margem do protesto – a requerimento do executado, à sua custa e sob sua responsabilidade – de que foi proposta "ação rescisória" para impugnar a decisão judicial (art. 517, § 3º).

O protesto só será cancelado mediante ofício expedido pelo cartório, expedido a requerimento do executado, desde que comprovada a satisfação integral da obrigação (art. 517, § 4º).

De outro lado, *meios de sub-rogação* são aqueles através dos quais o Estado-juiz desenvolve atividade que substitui a atuação do executado, dispensando-a, e que se revela capaz de produzir resultado prático equivalente ao que se teria se o próprio executado tivesse adimplido a prestação. É o que se dá, por exemplo, quando o órgão jurisdicional promove a apreensão e expropriação de bens do executado para satisfazer o crédito exequendo, ou quando realiza a busca e apreensão de um bem para entregá-lo ao exequente.

Tanto os meios de coerção quanto os de sub-rogação, pois, compõem aquilo que, genericamente, pode-se chamar de *meios executivos*.

17.2 Partes no Procedimento Executivo

O procedimento executivo terá um (ou mais de um) sujeito a ocupar posição ativa e, de outro lado, um (ou mais de um) sujeito a ocupar posição passiva. A quem ocupa posição ativa dá-se o nome de *exequente*. Quem ocupa posição passiva é chamado de *executado*.

Tem legitimidade ativa para a execução aquele a quem a lei confere título executivo (art. 778). Assim, aquele que a sentença reconhece como credor, o credor apontado no cheque ou na nota promissória, aquele em favor de quem se confessa um crédito, entre outros, são legitimados ativos para a execução. E sua legitimidade ativa é originária.

Outro legitimado ativo originário é o Ministério Público (art. 778, § 1º, I), nos casos previstos em lei. É o que se dá, por exemplo, com o reconhecimento de legitimidade ativa executiva do Ministério Público para a execução de sentença proferida em "ação civil pública" (art. 97 do CDC).

Há, ainda, legitimados secundários (ou supervenientes): o espólio, os herdeiros ou sucessores do credor, sempre que, por morte deste, lhes for transmitido o direito reconhecido no título executivo (art. 778, § 1º, II); o cessionário, quando o direito reconhecido no título executivo lhe tiver sido transferido por ato *inter vivos* (art. 778, § 1º, III; arts. 286 a 298 do CC); o sub-rogado, nos casos de sub-rogação legal ou convencional (arts. 346 e 347 do CC). Todos estes podem não só instaurar a execução, mas nela prosseguir em caso de morte do exequente original, não dependendo a sucessão processual de consentimento do executado (art. 778, § 2º).

Já a legitimidade passiva originária é do "devedor, reconhecido como tal no título executivo" (art. 779, I). Não é apenas o caso daquele que o título judicial condena ao cumprimento da obrigação, mas também o emitente do cheque ou da nota promissória, o sacado na letra de câmbio, entre outros.

Também têm legitimidade passiva (secundária ou superveniente): o espólio ou os sucessores do devedor original (art. 779, II); o novo devedor que assumiu, com o consentimento do credor, a obrigação resultante do título executivo (art. 779, III; art. 299 do CC); o fiador do débito constante de título executivo extrajudicial (art. 779, IV), mas não o fiador de débito representado por título judicial, salvo se tiver participado do processo de conhecimento (art. 513, § 5º); o responsável titular do bem vinculado por garantia real (hipoteca, penhor, anticrese) ao pagamento do débito (art. 779, V); ou o responsável tributário, assim definido em lei (art. 779, VI; art. 121, parágrafo único, II, do CTN). Contra todos eles pode a execução instaurar-se ou passar a se desenvolver (ingressando o legitimado secundário no processo por *sucessão processual*).

17.3 Competência

Há, no sistema processual civil brasileiro, dois diferentes regimes de regulamentação da competência em sede executiva: o primeiro diz respeito às execuções fundadas em títulos executivos judiciais ("cumprimento de sentença"); o segundo incide nas execuções fundadas em títulos executivos extrajudiciais ("processo de execução").

Inicia-se, então, o exame da matéria pela competência para o cumprimento da sentença.

Quando o processo de conhecimento for de competência originária de tribunal (como se dá, por exemplo, quando proposta "ação rescisória"), será competente (por aplicação do critério funcional de fixação da competência interna) para a execução o próprio tribunal (art. 516, I). Esta é regra aplicável a todos os tribunais, inclusive aos Tribunais Superiores e ao Supremo Tribunal Federal, nos casos de sua competência originária. Pois nessas hipóteses será preciso verificar, no Regimento Interno do Tribunal, a quem compete atuar como juiz da execução. Assim, por exemplo, no Supremo Tribunal Federal, a competência executiva é sempre do relator do processo de conhecimento (arts. 21, II, e 341 do RISTF). Já no Superior Tribunal de Justiça, a competência executiva é do Presidente da Corte quando é sua a decisão exequenda, e também quando tal decisão for do Plenário ou da Corte Especial (art. 301, I e II, do RISTJ); do Presidente do órgão fracionário (Seção ou Turma), quanto às suas decisões monocráticas ou às decisões dos órgãos que presidem (art. 302, I e II, do RISTJ); ou do relator, quanto às suas decisões acautelatórias ou de instrução e direção do processo (art. 302, III, do RISTJ).

Nos casos em que o processo de conhecimento (*rectius*, fase cognitiva do processo sincrético) tiver tramitado originariamente perante juízo de primeira instância, será do mesmo órgão jurisdicional a competência funcional para a execução (art. 516, II). Poderá, porém, o exequente promover uma cisão de competência funcional, optando por promover a execução no foro do atual domicílio do executado, no foro onde se encontrem bens sujeitos à execução, ou no foro onde deva ser cumprida a obrigação de fazer ou não fazer. Para manifestar essa opção, deverá o exequente requerer ao juízo original do processo a remessa dos autos ao foro onde a execução tramitará (art. 516, parágrafo único).

Por fim, nos casos de execução de sentença penal condenatória, de sentença arbitral ou de sentença estrangeira homologada pelo STJ, a competência será fixada pelas regras gerais de determinação da competência interna (art. 516, III, e arts. 42 a 66). Vale aqui recordar que, no caso específico de execução de sentença estrangeira homologada, a competência é da Justiça Federal (art. 109, X, da Constituição da República).

Nestes três últimos casos (sentença penal condenatória, sentença arbitral e sentença estrangeira homologada), também poderá o exequente optar por promover execução, além dos foros que seriam competentes por força das regras gerais acima referidas, no foro do domicílio atual do executado, no do lugar onde se encontrem os bens sujeitos à execução ou no do lugar onde deve ser cumprida a obrigação de fazer ou não fazer (art. 516, parágrafo único), sendo todos esses foros concorrentemente competentes com aqueles que já seriam competentes por força das disposições gerais sobre competência interna.

Não se pode, aqui, deixar de fazer uma observação: há, no texto do art. 516, III, uma referência à competência para execução fundada em acórdão proferido pelo Tribunal Marítimo. Trata-se, porém, de disposição ineficaz, já que o dispositivo legal que atribuía aos acórdãos do Tribunal Marítimo eficácia de titulo executivo judicial (art. 515, X) foi vetado, não integrando o Código de Processo Civil.

Já no que diz respeito à competência para a execução fundada em título extrajudicial, o regime é distinto. A regra geral é a da fixação da competência pelos critérios gerais de determinação da competência interna (art. 781, *caput*), o que remete para os arts. 42 a 66 o trato da matéria. Sempre se observará, todavia, o seguinte: a execução poderá ser proposta no foro do domicílio do executado, de eleição constante do título ou, ainda, do lugar onde situados os bens a ela sujeitos (art. 781, I); tendo mais de um domicílio o executado, poderá a execução instaurar-se em qualquer deles (art. 781, II); sendo incerto ou desconhecido o domicílio do executado, a execução poderá ser proposta no lugar onde for encontrado ou no foro do domicílio do exequente (art. 781, III); havendo mais de um executado, com domicílios diferentes, a execução poderá ser proposta em qualquer desses foros, por opção do exequente (art. 781, IV); a execução poderá sempre ser proposta no foro onde se praticou o ato ou em que ocorreu o fato que deu origem ao título, mesmo que nele não resida o executado (art. 781, V).

17.4   Requisitos Necessários para Realizar Qualquer Execução

Aponta o CPC a existência de dois requisitos que qualifica como essenciais para que se realize qualquer execução: o título executivo e a exigibilidade da obrigação. Sobre o título executivo se tratará adiante, em tópico especialmente dedicado ao seu exame. Da exigibilidade da obrigação já é adequado falar.

Estabelece o art. 786 que "[a] execução pode ser instaurada caso o devedor não satisfaça a obrigação certa, líquida e exigível consubstanciada em título executivo". Em outros termos, o que se tem aí é a afirmação de que a inexecução voluntária da prestação certa, líquida e exigível torna possível a execução forçada (desde que haja título executivo).

Deve-se dizer, porém, e em primeiro lugar, que a verdadeira exigência para que se instaure e se desenvolva o procedimento executivo não é a de que *efetivamente exista uma obrigação não adimplida*. Isto porque é perfeitamente possível que o executado demonstre que a obrigação a rigor nem existe (e, claro, se não existe não pode ser exigível). A verdadeira exigência é a de que o exequente, ao demandar a execução, *afirme* a existência de obrigação certa, líquida e exigível representada por título executivo, sob pena de se considerar ausente o interesse de agir *in executivis*.

Esclareça-se melhor este ponto: pode acontecer de o exequente *afirmar*, ao postular a execução, que é credor de obrigação certa, líquida e exigível consubstanciada em título executivo. Isto é suficiente para permitir a instauração do procedimento executivo. Posteriormente, pode ocorrer de o executado defender-se alegando, precisamente, a inexistência da obrigação (ou a ausência de liquidez ou exigibilidade da prestação). Caso a defesa seja acolhida, evidentemente, extinguir-se-á o procedimento executivo. Na hipótese, porém, de a defesa não ser suscitada, pode até acontecer de executar-se dívida inexistente ou que não está revestida dos atributos da certeza, liquidez e exigibilidade. Daí a razão para afirmar que o verdadeiro requisito para que se instaure e se desenvolva a execução é a *afirmação*, feita pelo exequente, de que é credor de obrigação certa, líquida e exigível, representada por título executivo.

A obrigação cuja execução se postula deve ser *certa*. Significa isto dizer que só se pode promover a execução se todos os seus elementos constitutivos (credor, devedor e objeto) estiverem precisamente indicados.

Caso o bem jurídico que constitui o objeto da obrigação seja um bem fungível, que precisa ser quantificado, será exigida não só a certeza, mas também a *liquidez*, ou seja, a precisa determinação da quantidade devida. Não se considera ausente esta característica da obrigação exequenda, porém, se sua apuração depender apenas de simples operações aritméticas (art. 786, parágrafo único).

Por fim, a obrigação exequenda deve ser *exigível*. A obrigação é exigível quando seu cumprimento não está sujeito a *termo, condição* ou algum outro elemento que não lhe seja essencial (como, por exemplo, um encargo).

Caso especial é o das obrigações resultantes de contratos bilaterais, nos quais não é possível a um contratante, antes de cumprir sua própria prestação, exigir o cumprimento da prestação do outro (art. 476 do CC). Neste caso, então, incumbirá ao exequente comprovar que adimpliu sua prestação, sob pena de extinção do processo (art. 787). Pode acontecer, porém, de o exequente ainda não ter cumprido sua prestação e isto passar despercebido pelo juiz, que determina a citação do executado. Pois neste caso se admite que o executado deposite em juízo a prestação ou coisa por ele devida, como forma de eximir-se de sua obrigação, não se permitindo, porém, ao exequente seu levantamento enquanto não cumprir (ou demonstrar que já cumprira) a prestação que lhe toca (art. 787, parágrafo único).

17.4.1 Título Executivo

Chama-se título executivo ao *ato jurídico dotado de eficácia executiva*. Trata-se, pois, de um ato jurídico com aptidão para permitir a incidência da responsabilidade patrimonial (conceito de que se tratará com mais vagar adiante, mas que agora precisa ser ao menos apresentado para que se possa compreender a definição de título executivo).

Consiste a responsabilidade patrimonial (em uma definição que tão somente se propõe a uma primeira apresentação do fenômeno) na *possibilidade de sujeição de um patrimônio para viabilizar a realização de um crédito*. Assim, o título executivo é o ato jurídico capaz de legitimar a prática dos atos de agressão a serem praticados sobre os bens que integram um dado patrimônio, de forma a tornar viável sua utilização na satisfação de um crédito.

A exigência de que exista um título executivo para que possa desenvolver-se a execução é um mecanismo de proteção do demandado. Não existisse esta exigência e qualquer pessoa que se dissesse credora de outra poderia demandar a execução força-da. Exigindo a lei, porém, que exista título executivo para que isto ocorra, protege-se o devedor, que só poderá ter seu patrimônio agredido se o demandante apresentar um título executivo. Afinal, nunca é demais recordar que *ninguém será privado de seus bens sem o devido processo* (art. 5º, LIV, da Constituição da República), e só há *devido processo executivo* (ou seja, só há *agressão patrimonial legítima*) se o demandante tiver um título executivo que a sustente.

A função do título executivo, em razão disso que acaba de ser dito, vincula-se a uma das "condições da ação", o interesse de agir. Aquele que, não dispondo de título executivo, demanda a execução forçada é "carecedor de ação" por se ter valido de via processual inadequada para fazer valer em juízo sua pretensão. De outro lado, aquele que tem título executivo extrajudicial pode abrir mão da eficácia executiva de seu tí-tulo e optar pelo processo de conhecimento (inclusive pelo procedimento monitório: FPPC, enunciado 446), a fim de obter título executivo judicial (art. 785). Será, porém, adequada a utilização da via processual executiva por aquele que se apresente em juí-zo como detentor de um título executivo (judicial ou extrajudicial).

O título executivo é, pois, o ato jurídico que faz da execução a via processual ade-quada para que se postule tutela jurisdicional, assegurando o legítimo interesse de agir *in executivis*. Perceba-se que o título executivo é o *ato jurídico*, e não o documento que o representa. Assim, por exemplo, a afirmação legal de que a sentença civil é títu-lo executivo (art. 515, I) deve ser entendida no sentido de que o ato do juiz que impõe o cumprimento de um dever que exige posterior execução forçada é título executivo, não sendo título o documento que lhe dá suporte. Deste modo, se houver um aciden-te que destrua os autos (impressos ou eletrônicos) e, em razão disso, se impuser a *restauração de autos* (arts. 712 a 718), formar-se-á um novo suporte, mas será o mesmo o ato (a sentença), que servirá de título executivo, não tendo sido constituído um novo título.

Do mesmo modo, a afirmação legal de que o cheque é título executivo (art. 784, I) não pode levar o intérprete a considerar que o título executivo é cada uma das folhas de um talão de cheques. Na verdade, o título executivo é a *ordem de pagamento à vista emitida sob a forma de cheque*. E o mesmo raciocínio se aplica a todos os demais títulos dotados de eficácia executiva.

Dividem-se os títulos executivos em dois grandes grupos. De um lado, os *títulos executivos judiciais*; do outro, os *títulos executivos extrajudiciais*. São títulos judiciais aque-les que são formados através de um processo (isto é, de um procedimento em con-traditório), e extrajudiciais, os demais títulos executivos. A distinção é relevante por vários fatores, já tendo sido um deles examinado: é que a execução dos títulos judiciais se submete ao regime daquilo que ficou conhecido, na linguagem processual brasilei-ra, como *cumprimento da sentença*, enquanto a execução dos títulos extrajudiciais se faz através do que se convencionou chamar de *processo de execução*. A regulamentação do cumprimento da sentença, como já se viu, consta do Livro I da Parte Especial do CPC, só se aplicando o regramento do processo de execução em caráter subsidiário; a regulamentação do processo de execução está no Livro II da Parte Especial do CPC, sendo-lhe aplicáveis, subsidiariamente, as disposições acerca do cumprimento de sentença.

Há outra diferença, porém: o meio de defesa do executado no cumprimento de sentença é a *impugnação*; no processo de execução são os *embargos do executado*. Na impugnação há limitações cognitivas intensas, o que não acontece nos embargos do executado.

Vale registrar, por fim, que nada impede a criação de título executivo extrajudicial por negócio processual (art. 190). Assim, por exemplo, admite-se que haja uma confissão de dívida por instrumento particular assinado pelo devedor, mas sem qualquer testemunha (o que a lei exige como requisito do título executivo extrajudicial previsto no art. 784, III), a que se atribua eficácia de título executivo por convenção das partes.

17.4.1.1 Títulos executivos judiciais

Os títulos executivos judiciais encontram-se, no CPC, enumerados no art. 515. Além deles, porém, há outros, os quais podem ser encontrados em outros dispositivos legais. É o caso, por exemplo, da decisão concessiva de tutela provisória (que é título hábil para permitir execução provisória, nos termos do art. 297, parágrafo único), a qual não *reconhece a exigibilidade de obrigação*, uma vez que é fundada em cognição sumária, e não exauriente, de modo que não lhe é possível certificar a existência da obrigação exigível.

Impende, porém, nesta sede, examinar os títulos executivos judiciais elencados no art. 515.

A) DECISÕES QUE RECONHECEM A EXIGIBILIDADE DE OBRIGAÇÃO

O título executivo judicial por excelência é a decisão que, proferida no processo civil, reconhece a exigibilidade de uma obrigação (art. 515, I). O texto normativo fala em "reconhe[cer] a exigibilidade de obrigação de pagar quantia, de fazer, de não fazer ou de entregar coisa". Como, porém, estão incluídas nessa enumeração todas as espécies de obrigação conhecidas, basta fazer alusão às decisões que reconhecem a exigibilidade de obrigação (seja de que natureza for).

Como se pôde ver anteriormente, essas são as decisões que, na sistemática adotada pelo processo civil brasileiro, podem ser chamadas de *condenatórias*, já que são títulos hábeis a permitir a instauração da atividade executiva. E o pronunciamento judicial condenatório tem eficácia de título executivo judicial qualquer que seja sua espécie (decisão interlocutória ou sentença; proferida monocraticamente ou acórdão).

Pense-se, por exemplo, na decisão de julgamento antecipado parcial do mérito (art. 356). Trata-se, à toda evidência, de decisão interlocutória – tanto que impugnável por agravo de instrumento (art. 356, § 5º) – mas que serve de título hábil para embasar uma execução (art. 356, §§ 2º, 3º e 4º).

B) DECISÃO HOMOLOGATÓRIA DE AUTOCOMPOSIÇÃO JUDICIAL

Caso as partes, no curso de um processo, cheguem a uma solução consensual do litígio, esta deverá ser homologada (art. 487, III) através de um pronunciamento judicial que servirá como título executivo judicial se as obrigações assumidas no acordo não forem cumpridas (art. 515, II). Caso a solução consensual inclua todo o objeto do processo, sua homologação se dará por sentença (art. 354). Na hipótese de uma solução consensual que abranja apenas parte do objeto do processo, a homologação se dará por decisão interlocutória (art. 354, parágrafo único). Tanto em um caso como no outro, o pronunciamento judicial homologatório de autocomposição alcançada no curso do processo será título executivo judicial.

Admite-se, ainda, que a autocomposição judicial envolva sujeito estranho ao processo ou verse sobre relação jurídica que não tenha sido deduzida em juízo (art. 515, § 2º). Significa isto dizer que, no caso de as partes, no curso do processo, celebrarem um acordo, este poderá ser *subjetiva ou objetivamente mais amplo* que o processo.

Haverá autocomposição *subjetivamente mais ampla* do que o processo quando dela participarem sujeitos que não eram partes. Pense-se, por exemplo, no caso de instaurar-se um processo entre o credor de uma obrigação e seu fiador, sendo celebrado um acordo para pagamento parcelado de que participe, também, o devedor principal, o qual não era parte no processo. Pois homologado o acordo, a decisão que o homologa terá eficácia executivo em relação a todos os seus sujeitos, inclusive àquele que não era parte no processo.

De outro lado, haverá autocomposição *objetivamente mais ampla* que o processo quando nela são incluídas questões que eram estranhas ao objeto da cognição. Figure-se o seguinte exemplo: duas empresas celebram, entre si, dois diferentes contratos. Surge litígio em relação a um deles, o que leva à instauração de um processo judicial. No curso do processo, surge litígio em relação ao outro contrato, o qual não integrava o objeto da cognição judicial. As partes, então, celebram acordo que envolve ambos os contratos, e que é homologado pelo juiz. Pois, neste caso, a decisão homologatória da autocomposição terá eficácia executiva não só em relação ao que disser respeito à relação jurídica deduzida originariamente no processo, mas também no concernente à outra relação, que não havia sido deduzida no processo mas foi incluída no acordo celebrado entre as partes.

C) DECISÃO HOMOLOGATÓRIA DE AUTOCOMPOSIÇÃO EXTRAJUDICIAL DE QUALQUER NATUREZA

Há casos em que existe um conflito instaurado entre as partes, mas ainda não há processo judicial entre elas e, não obstante isso, alcançam elas uma solução consensual para seu litígio. Neste caso, é perfeitamente possível que as partes, já de comum acordo, queiram dar ao acordo que celebraram eficácia de título executivo judicial. Para isso, deverão instaurar um processo de jurisdição voluntária (art. 725, VIII), através do qual pedirão ao juízo competente para que homologue a autocomposição que celebraram. Uma vez proferida a sentença homologatória, esta terá eficácia de título executivo judicial (art. 515, III).

Figure-se, aqui, um exemplo: uma criança, órfã de pai, representada por mãe, e seu avô paterno celebram um acordo extrajudicial de alimentos, estabelecendo a prestação alimentícia que será paga pelo avô ao neto. Posteriormente, submetem este acordo ao juízo competente (que, no caso, seria o juízo de família). Observado o procedimento previsto para a causa (arts. 719 a 724), a sentença homologatória do acordo é título executivo judicial, apto a embasar uma execução de prestação alimentícia (ou, como prefere a terminologia da lei processual, *cumprimento da sentença que reconhece a exigibilidade de obrigação de prestar alimentos*).

É extremamente importante estabelecer com precisão entre este título executivo, previsto no inciso III do art. 515, e o que foi examinado anteriormente a este, e que está previsto no inciso II do mesmo artigo. Afinal, em ambos os casos o título é uma decisão judicial homologatória de autocomposição celebrada pelas partes. A diferença está em que, em um caso, o acordo foi celebrado quando já havia processo judicial em curso (art. 515, II); enquanto na outra hipótese o acordo foi celebrado sem que houvesse processo instaurado, e este teve início para que se apreciasse a pretensão de homologação do acordo já celebrado (art. 515, III).

D) DECISÃO QUE ADJUDICA QUINHÃO SUCESSÓRIO

O inciso IV do art. 515 inclui no rol dos títulos executivos judiciais "o formal e a certidão de partilha, exclusivamente em relação ao inventariante, aos herdeiros e aos sucessores a título singular ou universal". Daí se extrai que é título executivo a *decisão judicial que adjudica quinhão sucessório*. Explique-se isto um pouco melhor.

Quando alguém morre deixando sucessores e bens, instaura-se um processo judicial conhecido como *inventário e partilha* (arts. 610 a 673). Este tem por finalidade identificar todos os bens que compunham o patrimônio do falecido, com a determinação de seus valores; arrolar todos os sucessores, estabelecendo se são herdeiros ou legatários e qual é seu quinhão hereditário ou seu legado; e, por fim, promover entre os sucessores a partilha dos bens. Ao final do processo de inventário e partilha, então, profere-se uma decisão que adjudica (isto é, atribui) a cada sucessor o seu quinhão. Pode acontecer, porém, de o bem que tenha cabido a um sucessor estar em poder de outrem. Pois se a pessoa com quem está o bem for algum dos sujeitos do processo de inventário e partilha (inventariante, herdeiro ou legatário), será possível instaurar-se desde logo o procedimento de cumprimento da sentença, para exigir o dinheiro ou a entrega da coisa que ao sucessor tenha sido adjudicada.

O título executivo, tenha-se claro, é a decisão judicial, e não (como equivocadamente consta do texto normativo) o formal ou a certidão de partilha. Formal de partilha é um documento entregue ao sucessor (art. 655) e que lhe permite praticar atos registrais (como, por exemplo, fazer com que fique registrada sua propriedade dos bens imóveis havidos por sucessão *mortis causa*). A certidão de partilha substitui o formal nos casos em que o quinhão sucessório não exceder de cinco vezes o salário mínimo. Estes são, pois, documentos. E – como já se pôde ver – o título executivo não é o documento, mas o ato jurídico de que o documento é mero suporte. O título executivo, pois, é a decisão judicial que adjudica o quinhão sucessório.

Importante ainda observar que, no caso de se ter procedido a inventário e partilha extrajudicial (art. 610, §§ 1º e 2º), a escritura pública de inventário e partilha não é título executivo judicial, mas extrajudicial (art. 784, II).

E) DECISÃO JUDICIAL QUE APROVA CRÉDITO DE AUXILIAR DA JUSTIÇA

Há casos em que um auxiliar da justiça tem crédito a receber de alguma das partes. Basta pensar, por exemplo, nos honorários do perito ou do intérprete. Pois, nos casos em que esse crédito tenha sido aprovado por decisão judicial (que, para empregar aqui a linguagem tradicionalmente empregada na praxe forense, é decisão que *homologa os honorários*), haverá título executivo judicial.

Pense-se, por exemplo, em um processo no qual o autor fosse beneficiário de gratuidade de justiça. Figure-se, agora, a hipótese de ter o autor requerido a produção de prova pericial. Pois o art. 98, § 1º, VI é expresso em afirmar que a gratuidade de justiça compreende os honorários do perito. Não haverá, então, adiantamento de honorários periciais neste caso. Pois se ao final do processo for vencido o réu (que, no exemplo figurado, não era beneficiário da gratuidade de justiça), terá o perito o direito de receber dele seus honorários. Caso estes não sejam pagos voluntariamente, poderá o perito promover o cumprimento da decisão que aprovou seu crédito.

F) SENTENÇA PENAL CONDENATÓRIA TRANSITADA EM JULGADO

A condenação penal é título hábil a permitir a instauração da execução civil. É que, nos termos do art. 91, I, do Código Penal, é efeito da condenação "tornar certa a obrigação de indenizar o dano causado pelo crime". Como se trata de indenização, a hipótese é de obrigação pecuniária, que só pode ser executada se além de certa for líquida. O art. 387, IV, do Código de Processo Penal (dispositivo de constitucionalidade muito questionada em sede doutrinária) dispõe que na sentença penal condenatória deverá ser fixado "valor mínimo para reparação dos danos causados pela infração, considerando os prejuízos sofridos pelo ofendido". E transitada em julgado a sentença penal condenatória, será possível ao próprio ofendido, seu representante legal ou seus herdeiros promover a execução civil, cujo objeto será a reparação do dano (art. 63 do CPP). Caso o ofendido (ou seus sucessores) esteja de acordo com o valor fixado na sentença penal condenatória, será possível que se promova, desde logo, a execução civil do valor. De outro lado, considerando o ofendido (ou seus sucessores) que o valor fixado na condenação penal a título de indenização mínima é insuficiente, poderá promover a execução do quanto já fixado e, simultaneamente, postular a liquidação do dano efetivamente sofrido (para que, posteriormente, eventual diferença também possa ser objeto de execução), nos termos do disposto no art. 63, parágrafo único, do CPP.

Importante ter claro que a sentença penal condenatória só tem eficácia executiva contra aquele que foi condenado no processo penal (e, após sua morte, contra seu espólio ou seus sucessores). Não é possível, porém, promover-se execução civil fundada em condenação penal contra algum outro responsável civil pelo dano que não tenha sido condenado criminalmente, sob pena de violar-se gravemente o princípio do contraditório (uma vez que este outro suposto responsável não terá tido oportunidade de participar da construção da decisão que agora serve como título executivo). Assim, por exemplo, se o motorista de uma empresa foi condenado pelo crime de lesão corporal culposa na direção de veículo automotor (art. 303 do Código de Trânsito Brasileiro), não será possível promover-se execução contra sua empregadora, ainda que o art. 932, III, do CC expressamente afirma a responsabilidade civil do empregador pela reparação civil de danos causados por seus empregados no exercício do trabalho ou em razão dele. É que o princípio constitucional do contraditório exige que se dê à empregadora o direito de participar do processo em que se discute sua responsabilidade, influindo na decisão que se formará (por exemplo, produzindo prova de que naquele dia o motorista atropelador estava de folga e dirigia seu veículo particular). Somente aquele que tenha sido condenado pela prática do crime, portanto, vê tornar-se certa sua obrigação de indenizar.

G) SENTENÇA ARBITRAL

Pessoas capazes de contratar podem valer-se da arbitragem para solucionar conflitos relativos a direitos patrimoniais disponíveis (art. 1º da Lei nº 9.307/1996). Caso o façam, deverão celebrar uma convenção de arbitragem (art. 3º da Lei nº 9.307/1996), submetendo seu litígio à decisão de um ou mais árbitros (art. 13, § 1º, da Lei nº 9.307/1996).

O árbitro (ou o tribunal arbitral, no caso de constituir-se um colegiado), observado um procedimento que se desenvolve em contraditório (art. 21, § 2º, da Lei nº 9.307/1996), proferirá decisão, a qual recebe da lei de regência a denominação *sentença arbitral* (art. 23 da Lei nº 9.307/1996).

Dispõe o art. 31 da Lei de Arbitragem (Lei nº 9.307/1996) que "[a] sentença arbitral produz, entre as partes e seus sucessores, os mesmos efeitos da sentença proferida pelos órgãos do Poder Judiciário e, sendo condenatória, constitui título executivo". Há, pois, uma equiparação de eficácias entre a sentença arbitral e a proferida pelos órgãos do Poder Judiciário. Resulta isso do reconhecimento da arbitragem como

Parte Especial • Cap. 17 • Teoria geral da execução **339**

equivalente jurisdicional, o que é possível especialmente em razão do fato de que o procedimento arbitral, por se desenvolver em contraditório, é verdadeiro *processo*.

Sendo a sentença arbitral condenatória (isto é, reconhecendo a existência e exigibilidade de obrigação cujo adimplemento exija a prática de atos posteriores destinados à sua efetivação), será ela título executivo judicial (art. 515, VII).

Pode acontecer de a sentença arbitral ter condenado ao cumprimento de obrigação ilíquida. Neste caso, será possível desenvolver-se, antes do início da atividade executiva, o incidente de liquidação de sentença (art. 515, § 1º).

O cumprimento da sentença arbitral, é bom lembrar, não será mero prolongamento do mesmo processo em que se formou o título executivo. Afinal, o processo de conhecimento se desenvolveu perante o árbitro (ou tribunal arbitral), enquanto o procedimento executivo se desenvolverá perante o Poder Judiciário. Por conta disso, será sempre preciso ter em mente a necessidade de que o interessado ajuíze uma petição inicial para formular sua demanda executiva e, preenchendo ela todos os seus requisitos, será determinada a citação do demandado (art. 515, § 1º) para o regular desenvolvimento do procedimento executivo.

H) DECISÃO HOMOLOGATÓRIA DE SENTENÇA ESTRANGEIRA E DECISÃO CONCESSIVA DE *EXEQUATUR* A CARTA ROGATÓRIA PARA CUMPRIMENTO DE DECISÃO INTERLOCUTÓRIA ESTRANGEIRA

Existem casos em que uma sentença proferida por órgão jurisdicional estrangeiro se destina a produzir efeitos em território brasileiro. Em outros, o que se destina a produzir efeitos no Brasil é uma decisão interlocutória oriunda de Estado estrangeiro. Pois, em qualquer dos dois casos, o pronunciamento judicial estrangeiro só produz efeitos no Brasil após a homologação da sentença ou a concessão de *exequatur* à carta rogatória, salvo disposição expressa em lei ou tratado (art. 961).

Realmente, pode haver caso de lei que dispense alguma sentença estrangeira de homologação para produzir efeitos no Brasil (como faz o art. 961, § 5º, que dispensa de homologação para produzir efeitos em território brasileiro a sentença estrangeira de divórcio consensual). Em outros casos, a dispensa vem de tratado internacional de que o Brasil é parte (como se dá, por exemplo, no caso previsto no art. 19 do Protocolo de Medidas Cautelares firmado pelos países componentes do MERCOSUL [e que integra o ordenamento jurídico brasileiro por força do Decreto nº 2.626/1998], o qual dispensa da concessão de *exequatur* as cartas rogatórias para cumprimento de medidas cautelares quando transmitidas entre juízos e tribunais das zonas fronteiriças). Ressalvados estes casos, porém, a decisão judicial estrangeira só produz efeitos no Brasil depois de homologada a sentença ou concedido o *exequatur* à carta rogatória.

Sem pretender aqui aprofundar o exame desses temas (que já foram tratados quando do exame da cooperação judiciária internacional e voltarão a ser analisados quando do exame do procedimento de homologação de sentença estrangeira e concessão de *exequatur* às cartas rogatórias), é preciso dizer, então, que incumbe ao STJ, originariamente, praticar o ato necessário à importação da eficácia dos provimentos jurisdicionais estrangeiros, homologando sentença estrangeira ou concedendo *exequatur* a carta rogatória.

Pois a decisão do STJ que homologa a sentença estrangeira, ao importar para o Brasil todos os efeitos que a sentença estrangeira, em seu Estado de origem, se destinava a produzir, faz com que seja possível promover-se, aqui, atividade executiva (se este efeito estava no campo de eficácia do pronunciamento judicial estrangeiro). E o mesmo pode ser dito da decisão do STJ que concede *exequatur* a carta rogatória.

É importante observar que o verdadeiro título executivo é a decisão do STJ que homologa decisão estrangeira (ou que concede *exequatur* a carta rogatória). Não se executa a decisão estrangeira. Executa-se a decisão brasileira homologatória da decisão estrangeira. O raciocínio é o mesmo que se aplica, por exemplo, à decisão homologatória de autocomposição. Uma vez homologada esta, é o ato homologador (e não o ato homologado) que cumpre o papel de título executivo judicial.

Também aqui o procedimento executivo ("cumprimento de sentença") exigirá a instauração de processo autônomo (art. 515, § 1º), o qual tramitará originariamente na Justiça Federal (art. 109, X, da Constituição da República).

17.4.1.2 *Títulos executivos extrajudiciais*

A rigor, os títulos executivos extrajudiciais não são objeto de estudo do Direito Processual Civil. Isto se diz porque tais títulos são atos jurídicos estudados por outras áreas do Direito (como a letra de câmbio e a debênture, que são estudadas pelo Direito Empresarial, ou o contrato de seguro de vida, fenômeno estudado pelo Direito Civil), a que o Direito Processual Civil agrega eficácia executiva, transformando-os em títulos executivos.

De todo modo, não se pode deixar de apresentar aqui brevíssimas considerações sobre cada um deles. É o que se passa a fazer.

A) LETRA DE CÂMBIO, NOTA PROMISSÓRIA, DUPLICATA, CHEQUE E DEBÊNTURE

Letra de câmbio é um título de crédito, descrito no art. 1º do Decreto nº 2.044/1908 (Lei Uniforme de Genebra – LUG), e pode ser definido como um título de crédito abstrato, correspondente a um documento formal, que decorre de relação de crédito entre duas ou mais pessoas pela qual o *sacador* dá ordem de pagamento pura e simples, à vista ou a prazo, a outrem (*sacado*), a seu favor ou de terceira pessoa (*tomador*), no valor e condições dela constantes. Vale registrar que a letra de câmbio só tem eficácia executiva se houver o aceite do sacado.

Nota promissória é um título de crédito abstrato e formal, pelo qual uma pessoa (o *emitente*) faz a outra (*beneficiário*) uma promessa pura e simples de pagamento de quantia determinada, à vista ou a prazo, em seu favor ou a outrem à sua ordem, nas condições que dela constam. A ela é aplicável o regime das letras de câmbio, com exceção do que diga respeito ao aceite e às duplicatas (art. 56 da LUG).

Duplicata é um título de crédito formal, impróprio, causal, à ordem, extraído por vendedor ou prestador de serviços, com o objetivo de documentar o saque fundado sobre crédito decorrente de compra e venda mercantil ou prestação de serviço, assimilada por lei aos títulos cambiários, e que tem por pressuposto essencial a extração de uma fatura. Para que se possa promover execução com base em duplicata é essencial que ela tenha sido objeto de aceite (art. 15, I, da Lei nº 5.474/1968) ou, caso não tenha sido aceita, que tenha havido, cumulativamente, o protesto por falta de aceite, que esteja ela acompanhada de documento hábil comprobatório da entrega da mercadoria ou da prestação do serviço, que o sacado não tenha, comprovadamente, recusado o aceite, no prazo, nas condições e pelos motivos previstos nos arts. 7º e 8º da lei de regência (art. 15, II, da Lei nº 5.474/1968).

Cheque é o título cambiário abstrato e formal, resultante da mera declaração unilateral de vontade, pelo qual o emitente, com base em prévia e disponível provisão de fundos em poder de uma instituição financeira (*sacado*), dá contra tal instituição uma ordem incondicional de pagamento à vista, em seu próprio benefício ou de terceiro (*tomador* ou *beneficiário*), nas condições estabelecidas no título. A execução do crédito representado por esta ordem de pagamento não depende de protesto.

Por fim, debêntures são títulos emitidos por sociedades anônimas, representativos de um empréstimo por elas contraído, cada título dando aos portadores da mesma série idênticos direitos contra a sociedade (art. 52 da Lei nº 6.404/1976). Representam empréstimos tomados a longo prazo, com restituição das importâncias de modo suave e incapaz de causar grandes transtornos para a companhia, já que há uma pulverização dos créditos. Não ocorrendo, na data prevista, o resgate da debênture, poderá o credor debenturista promover a execução de seu crédito perante a sociedade anônima emissora. Importante observar, aqui, que o debenturista tem legitimidade para postular a execução de seu crédito, mas o agente fiduciário tem legitimidade extraordinária para, em nome próprio, atuar como substituto processual da comunidade de credores debenturistas (art. 68, *caput* e § 3º, da Lei nº 6.404/1976).

B) CONFISSÃO DE DÍVIDA CONSTANTE DE ESCRITURA PÚBLICA OU OUTRO DOCUMENTO PÚBLICO ASSINADO PELO DEVEDOR

Pode acontecer de o devedor reconhecer sua dívida através de ato praticado por documento público (de que a escritura pública é o exemplo mais conhecido). Assim, por exemplo, imagine-se o caso de um devedor que, perante o notário, lavre escritura declaratória de confissão de dívida. Pois esta confissão de dívida (desde que relativa a obrigação certa, líquida e exigível, evidentemente) por escritura pública é título executivo extrajudicial.

A escritura pública não é, porém, o único suporte admissível para a configuração deste título executivo extrajudicial. Qualquer documento público pode conter o registro da confissão de dívida. É o caso, por exemplo, da ata notarial ou de um termo de depoimento prestado perante autoridade policial ou judiciária. Pois sempre que, em documento público, for registrada uma confissão de dívida certa, líquida e exigível, haverá título executivo extrajudicial.

C) CONFISSÃO DE DÍVIDA POR DOCUMENTO PARTICULAR ASSINADO PELO DEVEDOR E POR DUAS TESTEMUNHAS

Não só por instrumento público pode o devedor confessar suas obrigações e, através deste ato, produzir um título executivo extrajudicial. Também a confissão de dívida por instrumento particular tem essa eficácia. A exigência formal estabelecida pela lei processual é, tão somente, que o documento particular esteja subscrito pelo próprio devedor e por duas testemunhas.

As testemunhas são meramente instrumentárias, não sendo necessário que aponham suas assinaturas no documento no momento da prática do ato de confissão da dívida. É perfeitamente possível que o assinem depois, e nem mesmo é preciso que suas assinaturas sejam lançadas no documento na presença do devedor para que se constitua o título executivo extrajudicial.

Vale lembrar, por fim, que o instrumento público lavrado por oficial público incompetente ou que não observe as formalidades legais, desde que assinado pelas partes, é equiparado ao instrumento particular (art. 407) e, tendo sido assinado por duas testemunhas, será admitido como suporte de um título executivo extrajudicial.

D) TRANSAÇÃO REFERENDADA PELO MINISTÉRIO PÚBLICO, PELA DEFENSORIA PÚBLICA, PELA ADVOCACIA PÚBLICA, PELOS ADVOGADOS DOS TRANSATORES OU POR CONCILIADOR OU MEDIADOR CREDENCIADO PELO TRIBUNAL

A orientação, estabelecida a partir do art. 3º, § 2º, de valorização dos meios consensuais de resolução dos conflitos, encontra, no inciso IV do art. 784, mais uma manifestação. É que se reconhece como título executivo extrajudicial a transação celebrada pelas partes, desde que *referendada*.

O referendo pode ser manifestado pelo Ministério Público (nos casos em que tenha atribuição), pela Defensoria Pública (quando pelo menos um dos transatores for economicamente hipossuficiente), pela Advocacia Pública (em casos envolvendo interesses de entidades públicas) ou pelos advogados dos transatores. Em qualquer dessas hipóteses, constando da transação alguma obrigação certa, líquida e exigível, haverá título executivo extrajudicial.

Nunca é demais recordar, porém, que os transatores podem optar por postular em juízo, através de um processo de jurisdição voluntária, a homologação judicial de seu ato de autocomposição, caso em que se formará um título executivo judicial (art. 515, III).

Parte Especial • Cap. 17 • Teoria geral da execução **343**

E) CONTRATO GARANTIDO POR HIPOTECA, PENHOR, ANTICRESE OU OUTRO DIREITO REAL DE GARANTIA E AQUELE GARANTIDO POR CAUÇÃO

São títulos executivos extrajudiciais todos aqueles contratos – de que constem obrigações certas, líquidas e exigíveis – em que se tenha constituído, como garantia do cumprimento da obrigação, um "direito real de garantia" (hipoteca, penhor, anticrese e propriedade fiduciária), nos precisos termos do art. 784, V.

Nos contratos garantidos por hipoteca, penhor ou anticrese, o bem dado em garantia fica sujeito ao cumprimento da obrigação (art. 1.419 do CC). Assim, não tendo sido cumprida a prestação, poderá o credor demandar a execução forçada, devendo a atividade executiva incidir sobre o bem empenhado, hipotecado ou sujeito a anticrese (art. 835, § 3º). Já no caso de contrato de alienação fiduciária em garantia, tem-se um "direito real de garantia sobre coisa própria", uma vez que o bem que garante o cumprimento da obrigação pertence ao credor, e não ao devedor, até que a prestação seja cumprida (art. 1.361 do CC). Vencida e não paga a dívida, fica o credor obrigado a promover a expropriação do bem sobre o qual incide a propriedade fiduciária, o que poderá se dar judicial ou extrajudicialmente (art. 1.364 do CC). Pois, no caso de optar o credor pela expropriação judicial do bem, o contrato será usado como título executivo extrajudicial.

Também são títulos executivos extrajudiciais quaisquer contratos garantidos por "caução" (art. 784, V), termo genérico que significa *garantia*, seja lá qual for a natureza desta. Assim, por exemplo, contratos garantidos por *fiança* (espécie de garantia fidejussória) são, pelo simples fato de existir a garantia, títulos executivos extrajudiciais.

F) CONTRATO DE SEGURO DE VIDA EM CASO DE MORTE

Chama-se contrato de seguro ao negócio jurídico pelo qual uma pessoa (segurador) se obriga, mediante o pagamento do prêmio, a garantir interesse legítimo do segurado, relativo a pessoa ou a coisa, contra riscos predeterminados (art. 757 do CC). Há, pois, seguro de coisa e seguro de pessoa. E entre os seguros de pessoa, é muito praticado o *seguro de vida*. Não é este, porém, o único tipo de seguro de pessoa. Há, também, o *seguro de acidentes pessoais* (que, normalmente, é celebrado para garantir, também, o segurado para os casos em que do acidente resulte morte). Pois o contrato de seguro de vida (mas não o seguro de acidentes pessoais, mesmo em caso de morte; tampouco o de seguro de coisas) é título executivo extrajudicial (art. 784, VI), podendo-se promover a execução da indenização devida no caso de ter ocorrido a morte do segurado.

Para demandar a execução, caberá ao exequente (que é o beneficiário do seguro de vida) apresentar, com sua petição inicial, a apólice ou bilhete do seguro ou, na falta destes, documento comprobatório do pagamento do prêmio (art. 757, parágrafo único, do CC).

G) CRÉDITO DECORRENTE DE FORO E LAUDÊMIO

Quando o imóvel é emprazado (isto é, quando sobre ele incide uma *enfiteuse*, direito real regulado, por força do disposto no art. 2.038 do CC, pelos arts. 678 a 694 do Código Civil de 1916, além de outros atos normativos que tratem especificamente do tema, como é o caso do Decreto-Lei nº 9.760/1946, que dispõe sobre os imóveis da União), fica o foreiro (titular do direito real limitado, também chamado enfiteuta) obrigado a pagar, anualmente, ao nu-proprietário (ou senhorio direto) um valor anual, denominado *foro* ou pensão. Além disso, no caso de alienação onerosa da enfiteuse, paga-se ao senhorio direto um percentual do preço, denominado laudêmio.

No caso de imóveis foreiros à União, por exemplo (e aqui certamente está a maior parte dos casos de enfiteuse, bastando lembrar da hipótese de ser o imóvel um *terreno de marinha*, assim compreendidos aqueles que estejam a até 33 metros, medidos horizontalmente, para a parte da terra, da posição da linha do preamar-médio de 1831 [art. 2º do Decreto-Lei nº 9.760/1945]), o foro corresponde a 0,6% do valor de mercado do imóvel (art. 101 do Decreto-Lei nº 9.760/1945), enquanto o laudêmio é de 5% do valor atualizado do domínio pleno e das benfeitorias (art. 3º do Decreto-Lei nº 2.398/1987).

Pois, no caso de não ser pago o valor devido a título de foro ou de laudêmio, poderá o credor dessas importâncias – ou seja, o senhorio direto – promover sua execução forçada, já que o crédito decorrente de foro e de laudêmio são títulos executivos extrajudiciais (art. 784, VII).

H) CRÉDITO, DOCUMENTALMENTE COMPROVADO, DE ALUGUEL DE IMÓVEL E DE ENCARGOS ACESSÓRIOS DA LOCAÇÃO

O contrato de locação de imóvel, celebrado por escrito, gera, para o locador, o direito de receber do locatário o aluguel e uma série de outras verbas, conhecidas como *encargos acessórios*. É o caso das despesas ordinárias de condomínio (art. 23, XII, da Lei nº 8.245/1991), ou dos impostos e taxas incidentes sobre o imóvel, se assim tiver sido expressamente estabelecido no contrato (art. 22, VIII, da Lei nº 8.245/1991).

Caso o locatário não cumpra com essas suas obrigações, poderá então o locador promover a execução forçada de seu crédito (art. 784, VIII).

Interessante observar que o não pagamento dessas verbas também permite ao locador ajuizar "ação de despejo por falta de pagamento" (art. 62 da Lei nº 8.245/1991), caso em que se permite a cumulação do pedido de despejo com o pedido de condenação ao pagamento do débito (art. 62, I, da Lei nº 8.245/1991).

I) INSCRIÇÃO NO TERMO DE DÍVIDA ATIVA DA FAZENDA PÚBLICA

O inciso IX do art. 784 prevê o título executivo capaz de servir de base para a instauração do processo de execução fiscal, regido pela Lei nº 6.830/1980. Trata-se da execução judicial para cobrança da dívida ativa da União, dos Estados, do Distrito Federal, dos Municípios e de suas respectivas autarquias (art. 1º da Lei nº 6.830/1980). Por dívida ativa se considera aquela, de qualquer natureza, cuja cobrança seja atribuída por lei às entidades acima referidas (art. 2º, § 1º, da Lei nº 6.830/1980).

Ocorre que a Lei de Execuções Fiscais não descreve o título executivo que serve de base para a instauração desse processo, incumbência que acabou por ficar reservada ao Código de Processo Civil.

O texto normativo afirma que seria título executivo a *certidão de dívida ativa*. Esta é, porém, mero *documento*, e já se teve oportunidade de ver, neste estudo, que o título executivo não é o documento, mas o ato jurídico de que o documento é mero suporte. Na verdade, então, o título executivo é o ato de inscrição no termo de dívida ativa, e não a certidão que comprova que a inscrição ocorreu. A certidão é, tão somente, o documento que se junta à petição inicial (e que, muito frequentemente, forma com a petição inicial um só instrumento, o que é permitido pelo art. 6º, § 2º, da Lei nº 6.830/1980), e tem por objeto demonstrar a existência do título executivo.

O verdadeiro título executivo é a *inscrição no termo da dívida ativa*, ato de controle administrativo da legalidade da dívida (art. 2º, § 3º, da Lei nº 6.830/1980), e que deverá indicar o nome do devedor, de eventuais corresponsáveis e, sempre que conhecidos, seus domicílios ou residências; o valor originário da dívida, o termo inicial e a forma de calcular juros de mora e outros encargos resultantes de lei ou contrato; a origem, natureza e fundamento legal ou contratual da dívida; a referência a estar a dívida sujeita a atualização monetária, com seu fundamento legal e o termo inicial de sua incidência; a data e o número da inscrição; e o número do processo administrativo ou auto de infração, se neles estiver apurado o valor da dívida (art. 2º, § 5º, da Lei nº 6.830/1980).

Praticado o ato de inscrição, expede-se, então, a certidão que integrará a petição inicial, permitindo-se assim a instauração do processo de execução fiscal.

J) CRÉDITO REFERENTE A CONTRIBUIÇÕES DE CONDOMÍNIO EDILÍCIO

Modernamente, é muito grande o número de pessoas que reside em condomínios edilícios, assim entendidas aquelas edificações em que há partes que são propriedade exclusiva e outras que são de propriedade comum dos condôminos (art. 1.331 do CC). Pois, nos condomínios edilícios, incumbe aos condôminos o rateio das despesas comuns (art. 1.336, I, do CC). Ocorre com alguma frequência, porém, de algum condômino tornar-se inadimplente, o que sobrecarrega os demais. É que se um condômino deixa de pagar sua contribuição, os outros acabam por ter de cotizar-se, arcando com o valor necessário para fazer frente às despesas do condomínio. Afinal, se não o fizerem, o condomínio não terá dinheiro suficiente para pagar despesas como as da folha de pagamento de seus funcionários, a conta de consumo de água e de energia elétrica, entre outras. Evidentemente, o não cumprimento de qualquer dessas obrigações trará, para todos os condôminos, estejam ou não inadimplentes com sua obrigação condominial, tremendos transtornos.

Para amenizar o prejuízo dos demais condôminos, então, estabelece o art. 784, X, que é título executivo extrajudicial o crédito referente às contribuições condominiais, ordinárias ou extraordinárias, desde que previstas na convenção ou aprovadas em assembleia geral, desde que documentalmente comprovadas.

É na assembleia geral ordinária que será aprovada a previsão orçamentária do condomínio, ali se fixando o valor da contribuição condominial ordinária (art. 1.350 do CC). Contribuições extraordinárias serão aprovadas em assembleia geral extraordinária (art. 1.341, §§ 2º e 3º, do CC). Pois, no caso de algum condômino tornar-se inadimplente, bastará ao condomínio edilício demandar a execução forçada do crédito, juntando à petição inicial cópia da convenção condominial (que estabelece o critério de rateio das contribuições, nos termos do art. 1.334, I, do CC) e da ata da assembleia que estabeleceu o valor das cotas condominiais, ordinárias ou extraordinárias.

A atribuição aos créditos de condomínio edilício de eficácia de título executivo é, sem qualquer sombra de dúvida, um alívio para os condôminos adimplentes com suas obrigações, uma vez que isto permite ao condomínio, em tempo mais razoável (já que dispensado da espera inerente à duração do processo de conhecimento destinado à formação do título judicial), obter a satisfação de seu crédito.

K) CRÉDITO DE SERVENTIA NOTARIAL OU DE REGISTRO, RELATIVO A EMOLUMENTOS OU OUTRAS DESPESAS DEVIDAS PELOS ATOS POR ELA PRATICADOS

Notários e registradores são aqueles que realizam os serviços de organização técnica e administrativa destinados a garantir a publicidade, autenticidade, segurança e eficácia dos atos jurídicos (art. 1º da Lei nº 8.935/1994). São remunerados através da percepção dos emolumentos devidos pelos atos praticados pela serventia (art. 28 da Lei nº 8.935/1994), os quais são fixados em tabelas estabelecidas pelos Tribunais de Justiça (normalmente por suas Corregedorias-Gerais de Justiça) a partir de critérios estabelecidos em lei estadual ou distrital, a qual respeitará necessariamente as normas gerais para sua fixação, as quais resultam de lei federal (art. 236, § 2º, da Constituição da República). Esta lei federal é a Lei nº 10.169/2000, por força da qual o valor dos emolumentos deve corresponder ao efetivo custo e à adequada e suficiente remuneração dos serviços prestados (art. 1º, parágrafo único, da Lei nº 10.169/2000).

Pois, no caso de alguém valer-se de serviço notarial ou registral e não pagar os emolumentos devidos (ressalvados, evidentemente, os que não estão obrigados ao pagamento, como é o caso dos "reconhecidamente pobres" [art. 45, § 1º, da Lei nº 8.935/1994] ou dos beneficiários de gratuidade de justiça [art. 98. IX]), poderá o notário ou o registrador, tendo em mãos certidão expedida pela serventia, promover a execução de seu crédito, já que este é exigível por via executiva (art. 784, XI).

L) DEMAIS TÍTULOS QUE, POR DISPOSIÇÃO EXPRESSA, RECEBEM DA LEI EFICÁCIA EXECUTIVA

Além dos títulos executivos arrolados no art. 784, o CPC reconhece que outras leis preveem outros títulos executivos extrajudiciais. É o caso, por exemplo, da cédula de crédito imobiliário (art. 20 da Lei nº 10.931/2004) e da cédula de crédito bancário (art. 28 da Lei nº 10.931/2004). Além disso, porém, é sempre bom recordar que, por força da cláusula geral de negócios processuais (art. 190), nada impede que as partes criem títulos executivos extrajudiciais, como seria o caso, por exemplo, de uma confissão de dívida por instrumento particular subscrita apenas pelo devedor, sem assinatura de testemunhas, de que constasse uma cláusula atribuindo ao ato eficácia de título executivo.

17.5 Responsabilidade Patrimonial

A atividade executiva é essencialmente patrimonial. Significa isto dizer que os atos executivos incidem sobre bens do executado, e não sobre seu corpo (com a única exceção da prisão civil do devedor de alimentos, constitucionalmente autorizada). Impende, então, compreender qual a parcela do patrimônio do executado que pode ser alcançada pela execução.

Chama-se *responsabilidade patrimonial* à sujeitabilidade de bens à execução, de modo que os bens sobre os quais tal responsabilidade incide ficam sujeitos a suportar atos executivos, podendo vir a ser usados para a satisfação do crédito exequendo.

Por conta disso, estabelece o art. 789 que o executado responde "com todos os seus bens presentes e futuros" pelo pagamento do débito, excluídos apenas aqueles bens que a lei ressalve, declarando como não sujeitos à execução (os chamados *bens impenhoráveis*).

Consideram-se *bens presentes* aqueles que integram o patrimônio do executado no momento da instauração da execução. E por *bens futuros* devem ser compreendidos aqueles que o executado venha a adquirir no curso da execução, após sua instauração. Pode-se dizer, então, que o executado (com a ressalva dos bens impenhoráveis) responde com todos os bens que integrem seu patrimônio durante o curso do procedimento executivo.

Ficam, porém, sujeitos à execução outros bens que não pertencem ao executado. É o caso, por exemplo, dos bens "do sucessor a título singular, tratando-se de execução fundada em direito real ou obrigação reipersecutória" (art. 790, I). É que, condenado o devedor a entregar um bem determinado ao credor, e se constatando que o aludido bem não se encontra mais com o devedor, tendo sido alienado a um terceiro, sucessor a título singular, é preciso reconhecer a possibilidade de buscar-se o bem no patrimônio do adquirente. Só assim se dará efetividade ao comando do art. 109, § 3º, por força do qual, ocorrendo no curso do processo a alienação da coisa litigiosa, a sentença estenderá seus efeitos ao adquirente do bem. Não fosse assim, e seria preciso ao titular do direito dar início a um novo processo de conhecimento (agora voltado contra o adquirente do bem), correndo-se o risco de que este viesse a, após a instauração do processo, alienar o bem a outrem, o que levaria à necessidade de instauração de novo processo cognitivo, e assim sucessivamente até o infinito. Impende, pois, em nome da efetividade do processo, permitir-se que a execução alcance o patrimônio do adquirente do bem que, na qualidade de sucessor a título singular do condenado, fica sujeito à execução.

Também ficam sujeitos à execução os bens "do sócio, nos termos da lei" (art. 790, II). É que há casos em que o patrimônio do sócio responde pelas obrigações da sociedade. É o caso das sociedades em nome coletivo, por exemplo, em que os sócios, necessariamente pessoas naturais, respondem solidária e ilimitadamente pelas obrigações sociais (art. 1.039 do CC). Figure-se também o exemplo da sociedade em comandita por ações, em que o sócio administrador responde subsidiária e integralmente pelas dívidas sociais, depois de esgotados os bens da sociedade (art. 1.091 do CC) e, no caso de haver mais de um sócio administrador, estes respondem solidariamente entre si (mas não com a sociedade, em relação a quem sua responsabilidade é subsidiária) depois de esgotados os bens da sociedade, nos termos do art. 1.091, § 1º, do CC).

Os bens do devedor ficam sujeitos à execução ainda quando estejam em poder de terceiros (art. 790, III), como se dá, por exemplo, no caso de bem móvel do devedor que esteja empenhado (art. 1.431 do CC). Pois não obstante esteja o bem do devedor em poder de terceiro, será possível empregá-lo na satisfação de crédito através da atividade executiva.

Ficam ainda sujeitos à execução os bens de cônjuge ou companheiro, nos casos em que os seus bens, próprios ou da meação, respondem pela dívida (art. 790, IV), o que acontece quando esta tenha sido contraída a benefício da família. É que, nos termos do art. 1.643 do CC, qualquer dos cônjuges (ou companheiros, a quem também se aplica a disposição), independentemente de autorização do outro, comprar a crédito coisas necessárias à economia doméstica e obter, por empréstimo, as quantias que a aquisição dessas coisas possa exigir. Pois, nesses casos, as dívidas contraídas por um dos cônjuges ou companheiros ao outro obriga solidariamente (art. 1.644 do CC). Além disso, os bens da meação de cada um dos cônjuges ou companheiros respondem pelas dívidas contraídas pelo outro para atender aos encargos da família, às despesas de administração e às decorrentes de imposição legal (art. 1.664 do CC).

No caso de ter sido estabelecido como regime de bens do casamento o da participação final nos aquestos, os bens de um cônjuge respondem pelas dívidas contraídas pelo outro se tiver revertido, parcial ou totalmente, em benefício do que não a contraiu (art. 1.677 do CC).

Sujeitam-se à execução, também, os bens do responsável, nos casos de desconsideração da personalidade jurídica (art. 790, VII). Sempre é preciso recordar, quanto ao ponto, que a desconsideração da personalidade jurídica só poderá ocorrer após observado procedimento em que, garantido o prévio e efetivo contraditório,

Parte Especial • Cap. 17 • Teoria geral da execução **349**

se tenha dado àquele cujo patrimônio se quer alcançar a possibilidade de debater se seria ou não o caso de se promover a desconsideração. Impende, portanto, que se observem as normas que disciplinam o *incidente de desconsideração da personalidade jurídica* (arts. 133 a 137).

Por fim – e, como se pôde perceber, sem que se tivesse respeitado a ordem dos incisos que compõem o art. 790 – respondem pela execução bens que tenham sido retirados fraudulentamente do patrimônio do executado, ou sobre os quais se tenha fraudulentamente constituído um gravame (art. 790, V e VI). São os casos de *fraude contra credores* e de *fraude à execução*. É desse tema que se passa a tratar.

17.5.1 Alienações Fraudulentas

O Direito Processual Civil brasileiro reconhece duas modalidades de fraude, institutos criados com o propósito de aumentar a proteção do credor, assegurando uma maior eficiência na busca da realização de seu direito: a *fraude contra credores* (também chamada *fraude pauliana*) e a *fraude à execução*. A primeira delas está regulada no Código Civil, a segunda, no Código de Processo Civil. O ato fraudulento pode consistir na alienação do bem ou na constituição, sobre ele, de um gravame (como, por exemplo, a constituição de uma hipoteca sobre o bem). É preciso, porém, conhecer essas duas modalidades de fraude, identificando-se os requisitos para que cada uma delas se caracterize, assim como as consequências de se ter cometido uma ou outra.

Inicia-se o estudo do ponto pela *fraude contra credores*. Esta ocorre quando a alienação ou oneração do bem se dá com a presença de dois requisitos: um, objetivo, chamado dano (ou *eventus damni*), e outro, subjetivo, a fraude (ou *consilium fraudis*).

Consiste o dano na redução do devedor à insolvência econômica (ou, como é mais próprio dizer, à insolvabilidade), ou ao agravamento de tal situação. Em outras palavras, só se configura a fraude contra credores se o devedor, com a prática do ato de alienação do bem, reduziu-se à insolvência, não havendo mais em seu patrimônio bens suficientes para garantir o pagamento de todas as suas dívidas, ou se, já insolvente quando da prática do ato, agravou esta situação ainda mais. Perceba-se, então, que o mero fato de alguém ser devedor não é capaz de impedir que sejam praticados atos de alienação de bens. O devedor pode alienar seus bens. O que não pode é fazê-lo de modo a se tornar insolvável (ou a agravar a situação de insolvabilidade).

Exige-se, além do dano, a fraude. Significa isto dizer que será preciso, para a configuração da fraude contra credores, que do devedor se pudesse razoavelmente exigir que soubesse que com a prática daquele ato se tornaria insolvável (ou que agravaria sua insolvabilidade). É a potencial consciência da insolvabilidade. Perceba-se que não se exige, para a configuração da fraude pauliana, que o devedor *efetivamente saiba* que vai, com a prática do ato, tornar-se insolvável (e não é por outra razão que o art. 158 do CC expressamente afirma ocorrer a fraude ainda que o devedor "o ignore"). Impende, porém, que fosse razoavelmente exigível que o devedor soubesse (ainda que efetivamente não o saiba) que o ato o reduziria à insolvência econômica.

Sendo oneroso o ato, exige-se, também, que a redução à insolvabilidade era notória ou se havia motivo para ser conhecida pelo adquirente do bem (art. 159 do CC). E é por isso que se fala em *consilium fraudis*. É que o elemento subjetivo é bilateral (*consilium* significa conselho, no sentido de reunião de pessoas para deliberar, como em conselho consultivo ou em conselho de sentença), o que implica dizer que não só do alienante do bem, mas também de seu adquirente, se exige ao menos a potencial consciência de que com a prática daquele ato o devedor se reduzirá à insolvabilidade ou agravará sua insolvência econômica.

Não se exige, porém, que o adquirente tivesse (ou ao menos pudesse ter) conhecimento da redução à insolvabilidade (ou seu agravamento) quando o ato for gratuito (art. 159 do CC, *a contrario sensu*).

O ato praticado em fraude contra credores é ineficaz perante o credor prejudicado (que é, necessariamente, aquele que já era credor ao tempo da prática do ato fraudulento, nos termos do art. 158, § 2º, do CC). Este, porém, é ponto que precisa ser mais bem examinado.

É que tanto a lei civil (art. 158 e art. 171, II, do CC) quanto a lei processual (art. 790, VI) falam em *anulabilidade* do ato praticado em fraude contra credores. Assim não é, porém. Há, aí, evidente equívoco terminológico, e o ato praticado em fraude contra credores é ineficaz (mas não inválido).

Isto se diz porque a invalidade (de que a anulabilidade é espécie) sempre decorre de algum fator interno ao ato, isto é, algum fator intrínseco. Assim, por exemplo, é inválido o ato se há vício de vontade, ou se o agente é incapaz. Nestes casos (e em outros que poderiam ser figurados), há algo ligado aos próprios elementos constitutivos do ato jurídico que o impede de aperfeiçoar-se. Em situações assim, fala-se de *invalidade*.

Diferente é o caso da ineficácia. Aqui, o ato não tem qualquer vício intrínseco e, pois, se aperfeiçoa. Haverá, porém, algum fator externo ao ato, extrínseco, que o impede de produzir efeitos. É o caso, por exemplo, do testamento feito por alguém que, já tendo testado, ainda não morreu. Parece evidente que o ato é válido, mas algo externo ao ato – o fato de o testador ainda estar vivo – o impede de produzir efeitos. O mesmo se diga do contrato que gera obrigação sujeita a condição suspensiva. Tal contrato é evidentemente válido, mas um fator que lhe é externo – ainda não ter se implementado a condição suspensiva – faz com que não lhe seja possível produzir efeitos. Em casos assim, nos quais algum fator externo impede que o ato produza seus efeitos (ou pelo menos alguns deles), tem-se *ineficácia*, e não invalidade.

Pois é exatamente isto que se dá no caso de o ato ser praticado em fraude contra credores. Os elementos componentes do ato jurídico, nesta hipótese, são livres de vícios. Os agentes são capazes e manifestam livremente suas vontades, o objeto do contrato é lícito, possível e determinável, a forma escolhida é a prescrita – ou pelo menos não defesa – em lei. Nenhum fator intrínseco existe, portanto, a impedir o ato de aperfeiçoar-se. Existe, porém, um fator externo: o ato foi praticado quando o alienante do bem era devedor e, com tal ato, se reduziu à insolvabilidade (ou a agravou), não mais tendo meios de garantir, com seu patrimônio, a satisfação do direito de seus credores. Isto é, nitidamente, um fator extrínseco, externo ao ato praticado e, portanto – e não obstante a literalidade da lei –, o ato praticado em fraude contra credores é *ineficaz*, e não anulável.

A ineficácia do ato praticado em fraude contra credores, porém, não é originária. Trata-se de *ineficácia superveniente*. Significa isto dizer que o ato fraudulento é, no momento em que praticado, apto a produzir todos os seus efeitos. Impende que o interessado (qualquer credor quirografário que já o fosse ao tempo da prática do ato, ou credor com garantia real no caso de esta tornar-se insuficiente para garantir a satisfação integral do crédito, tudo nos termos do art. 158, *caput* e § 1º, do CC) ajuíze demanda própria para decretar a ineficácia do ato fraudulento (art. 790, VI). A esta demanda se costuma dar o nome de "ação pauliana", por força de um fragmento do *Corpus Iuris Civilis* (Digesto, 42.8.7) que é atribuído ao jurisconsulto Paulus e que teria sido a primeira descrição da fraude contra credores.

Pois é preciso que se proponha a "ação pauliana", de modo que uma sentença (chamada "sentença pauliana"), de natureza constitutiva, reconheça que o ato foi praticado em fraude contra credores, decretando, assim, sua ineficácia em relação ao credor que tenha demandado. A partir daí, reconhecida a ineficácia da alienação fraudulenta, o bem – que permanece no patrimônio do adquirente, já que não terá havido a anulação do negócio jurídico – poderá ser penhorado em execução movida contra o devedor que o alienara fraudulentamente.

Diferente da fraude contra credores é a *fraude à execução* (ou fraude de execução, como também é chamada, sendo certo que o Código de Processo Civil emprega as duas denominações, como se pode ver, por exemplo, nos arts. 137 e 790).

Ocorre a fraude de execução nos casos expressamente previstos no art. 792, os quais têm de ser aqui analisados individualizadamente.

Dá-se a fraude de execuçao, em prımeiro lugar, quando a alienação ou instituição de gravame se dá em momento em que "sobre o bem [pende demanda] fundada em dıreıto real ou com pretensão reipersecutória, desde que a pendência do processo tenha sido averbada no respectivo registro público, se houver" (art. 792, I).

O que se tem aqui é a hipótese de ter sido proposta demanda fundada em direito real (como a propriedade), ou em direito pessoal que permita perseguir uma coisa determinada (como seria a demanda do comprador para haver do vendedor coisa infungível que não lhe tenha sido entregue) e, com o processo já instaurado, o demandado aliena o bem. Este dispositivo vem completar um sistema que se iniciara com o art. 109 (por força do qual a alienação da coisa litigiosa não altera a legitimidade das partes, de modo que o alienante permanece no processo, agora na posição de substituto processual do adquirente, salvo se, nos termos do § 1º do aludido dispositivo, a parte adversária consentir com a sucessão processual, ficando, de toda maneira, o adquirente sujeito aos efeitos da sentença, nos termos do § 3º do art. 109), passa pelo art. 790, I (que estabelece que o bem do sucessor a título singular fica sujeito à execução quando esta se funde em direito real ou em direito pessoal de que resulta pretensão reipersecutória), culminando neste art. 792, I, que afirma ser fraudulenta a alienação do bem realizada quando pendente processo instaurado por demanda fundada em direito real ou com pretensão reipersecutória. E se completa o sistema com a importante informação de que só será possível reputar ineficaz a alienação do bem e, por conseguinte, fazer com que a execução o alcance no patrimônio do adquirente, se a pendência do processo havia sido averbada no registro público (se houver, evidentemente, já que se não houver este requisito será dispensado, tudo nos termos da parte final do inciso I do art. 792). Será preciso, então, promover-se o registro, na forma do disposto no art. 167, I, nº 21, da Lei de Registros Públicos, se o bem for imóvel, ou de modo análogo quando se trate de outro bem sujeito a registro (como veículos automotores, por exemplo).

O segundo caso de fraude de execução é o que ocorre quando a alienação ou oneração do bem ocorre "quando [já] tiver sido averbada, no registro do bem, a pendência do processo de execução, na forma do art. 828". Esta é disposição que se aplica, tão somente, à execução fundada em título extrajudicial. E isto porque o art. 828 prevê a possibilidade de o exequente obter, do juízo, certidão de que a execução por título extrajudicial foi admitida, da qual constarão a identificação das partes e do valor da causa, podendo tal certidão ser averbada no registro de imóveis, de veículos ou de outros bens sujeitos a apreensão judicial (art. 828). Efetivada essa averbação (a qual deverá ser comunicada ao juízo no prazo de dez dias de sua efetivação, nos termos do art. 828, § 1º), será considerada em fraude à execução qualquer alienação ou oneração do bem que venha a ser posteriormente realizada (art. 828, § 4º).

Sempre vale deixar registrado que, uma vez efetivada penhora sobre bens suficientes para garantir integralmente a execução, as averbações feitas junto ao registro de bens outros, que não tenham sido penhorados, deverão ser canceladas pelo próprio exequente (art. 828, § 2º), devendo o juízo da execução promover seu cancelamento se o exequente não o tiver feito (art. 828, § 3º).

Pois é preciso, então, ter claro que no caso de já ter sido averbada, junto ao registro do bem, a pendência da execução, sua alienação ou oneração é considerada em fraude de execução independentemente de qualquer outro requisito, pouco importando averiguar se houve ou não redução do devedor à insolvabilidade ou se ele e o adquirente do bem tinham ou não conhecimento de que o devedor se reduziria à insolvência econômica, ou se a agravaria. Basta o fato objetivo de a alienação ou oneração do bem ter ocorrido depois da averbação da certidão de que trata o art. 828.

É, também, considerada em fraude à execução a alienação ou oneração de bens realizada depois de averbada, junto ao registro do bem, hipoteca judiciária (art. 495) ou outro ato de constrição judicial (como a penhora ou o arresto) originário do próprio processo em que tenha sido alegada a fraude (art. 792, III). Também aqui basta o fato objetivo de a alienação ou oneração do bem ter ocorrido depois de averbado o ato constritivo realizado sobre o bem, nenhum outro requisito sendo necessário para a configuração da fraude à execução. Assim, por exemplo, se um imóvel é penhorado e a penhora é averbada junto à matrícula do mesmo, sua posterior alienação ou oneração é considerada fraudulenta, independentemente da verificação de qualquer outro requisito, não sendo sequer permitido que se alegue desconhecimento da existência da penhora (art. 844).

Há, por fim, outro caso de configuração da fraude à execução (art. 792, IV). É o que se configura quando a alienação ou oneração do bem se dá quando "tramitava contra o devedor ação capaz de reduzi-lo à insolvência". É preciso, porém, compreender adequadamente esta hipótese.

A norma de que aqui se trata, configuradora de mais uma hipótese de fraude à execução, será aplicável quando o caso não se enquadrar em nenhuma das hipóteses anteriores. Pensando, portanto, nas execuções de obrigações pecuniárias (já que para as execuções de obrigação de entrega de coisa aplica-se o disposto no art. 792, I), será esta norma aplicável apenas em casos nos quais não tenha sido promovida a averbação, junto ao registro do bem alienado ou onerado, da pendência da execução ou de ato constritivo sobre o próprio bem. É que, como visto, tendo sido promovida alguma dessas averbações, o ato de alienação ou oneração do bem será, independentemente de qualquer outro requisito, tido por fraudulento.

Pode ocorrer, porém, de nenhuma dessas averbações ter sido feita (seja por não ter o credor a promovido, seja por não ser possível qualquer delas, como se daria em um caso de não haver processo de execução de título extrajudicial em curso, mas apenas um processo de conhecimento ou uma fase de cumprimento de sentença, casos em que não se aplica o art. 828 e, por conseguinte, não se pode configurar a hipótese prevista no art. 792, II; nem ter sido ainda determinada a prática de qualquer ato constritivo de bem, o que impediria a incidência do art. 792, III). Pois mesmo assim, não tendo sido promovida qualquer averbação das previstas nos incisos II e III do art. 792, será possível configurar-se a fraude. Para isso, basta que haja processo pendente contra aquele que aliena ou institui gravame sobre o bem e, com a prática do ato, este se reduza à insolvabilidade (art. 792, III).

É preciso, então, e em primeiro lugar, que o ato de alienação ou instituição de gravame sobre o bem tenha ocorrido quando já pendia o processo. Na verdade, não basta que o processo já esteja instaurado (o que se dá com a propositura da demanda, isto é, com o protocolo da petição inicial), mas que o demandado tenha ciência da pendência do processo, o que normalmente só ocorrerá com a citação (art. 312, por força do qual só se produz, para o demandado, o efeito de considerar-se pendente o processo, previsto no art. 240, quando de sua citação válida). Diz-se que "normalmente" será a partir da citação que o demandado terá ciência da pendência do processo por ser admissível, em tese, que o interessado demonstre que, embora ainda não tivesse sido citado, o demandado já sabia, por algum outro meio, que o processo estava instaurado.

Não basta, porém, que o ato tenha sido praticado quando já pendente o processo (e ciente o demandado de que o processo já estava pendente). É essencial, também, que com a prática do ato o demandado se torne insolvável (ou amplie a insolvabilidade que já se configurara). Presentes estes dois requisitos – e nenhum outro – estará configurada a fraude à execução.

Perceba-se que, neste caso, é absolutamente irrelevante qualquer análise de requisitos subjetivos. Não importa, pois, se o alienante do bem ou o adquirente sabiam ou não sabiam dos resultados que aquele ato acarretaria. Bastam os requisitos objetivos: o processo já estava pendente (e o demandado já tinha conhecimento disso) e, com o ato, reduziu-se à insolvabilidade (ou a agravou). Presentes tais requisitos, o ato terá sido praticado em fraude de execução.

Permite-se, tão somente, ao adquirente de bem não sujeito a registro (como seriam, por exemplo, obras de arte), defender-se, demonstrando que não tinha como saber da existência do processo e da redução do devedor à insolvabilidade (ou de seu agravamento), demonstrando que adotou todas as cautelas necessárias para a aquisição, exibindo as certidões pertinentes (entre as quais as dos distribuidores de processos judiciais, claro), obtidas no domicílio do vendedor e no local onde se encontram os bens. Esta é regra destinada a proteger aquele que se costuma qualificar como "adquirente de boa-fé", assim entendido aquele que, tendo adquirido bem *não sujeito a registro*, tomou todas as precauções exigíveis e, ainda assim, não teve como saber que contra o alienante pendia processo judicial e que com aquele ato seria possível que o mesmo se reduzisse à insolvabilidade. É, porém, do adquirente do bem este ônus probatório.

Perceba-se, então, que se o ato de alienação ou oneração de bens ocorre com o processo já instaurado (e com o demandado ciente dessa instauração), configurar-se-á a fraude à execução se com o aludido ato o demandado reduzir-se à insolvabilidade ou a agravar. Caso, porém, o ato seja praticado quando ainda não há processo pendente, não poderá se cogitar de fraude de execução, devendo-se então verificar se estão presentes os requisitos de configuração da fraude contra credores.

A fraude à execução acarreta a ineficácia do ato de alienação ou oneração do bem (art. 792, § 1º), o qual poderá, então, ainda que integre patrimônio de outrem (ou que esteja afetado para garantir crédito de outrem) ser usado, desde logo, para satisfação do crédito do exequente. E se trata de ineficácia *originária*, o que significa que não se faz necessária a propositura de demanda autônoma cujo objeto seja seu reconhecimento, podendo o próprio juízo da execução a pronunciar incidentemente ao procedimento executivo.

Em nome do princípio do contraditório, porém, compreendido este como garantia de participação com influência e de não surpresa (arts. 9º e 10), não poderá o juiz

Parte Especial • Cap. 17 • Teoria geral da execução **355**

pronunciar a fraude à execução sem, antes, intimar o beneficiário do ato (adquirente ou credor em cujo favor se tenha instituído o gravame) para que, em quinze dias, oponha embargos de terceiro (art. 792, § 4º). Apenas depois do decurso do prazo (ou quando do julgamento dos embargos de terceiro que venham a ser opostos) é que se poderá, então, declarar que o ato foi praticado em fraude de execução, admitida a prática de atos executivos sobre o bem. Registre-se, porém, que este prazo de quinze dias para oposição de embargos de terceiro só incide no caso aqui examinado, de declaração de fraude à execução, ficando os demais casos de cabimento de embargos de terceiro sujeitos aos prazos previstos no art. 675 (FPPC, enunciado 191).

17.5.2 Bens Impenhoráveis

Como dito anteriormente, o executado responde pelo cumprimento da obrigação com todos os seus bens, presentes e futuros, ressalvados apenas aqueles que a lei torna imunes à atividade executiva. São os assim chamados *bens impenhoráveis*. É deles que se passa a tratar.

Deve-se dizer, em primeiro lugar, que existem *três diferentes regimes de impenhorabilidade* no Direito Processual Civil brasileiro: o da *impenhorabilidade absoluta*, o da *impenhorabilidade relativa* e o regime especial da *impenhorabilidade do imóvel residencial*. Com características próprias que os distinguem nitidamente, é preciso examinar cada um desses regimes separadamente.

A) BENS ABSOLUTAMENTE IMPENHORÁVEIS

Chama-se bem absolutamente impenhorável àquele que não pode ser penhorado em hipótese alguma (art. 833), ressalvada apenas a execução de dívida relativa ao próprio bem, inclusive a contraída para sua aquisição (art. 833, § 1º).

São absolutamente impenhoráveis os bens inalienáveis e os declarados, por ato voluntário, não sujeitos à execução (art. 833, I). Assim, por exemplo, bens gravados com cláusula de inalienabilidade são absolutamente impenhoráveis (art. 1.911 do CC). Também é absolutamente impenhorável o *bem de família* (arts. 1.711 e 1.715 do CC) – que não se confunde com o imóvel residencial, previsto na Lei nº 8.009/1990, e que se sujeita a outro regime de impenhorabilidade – ou qualquer outro bem que, por negócio processual, as partes tenham resolvido que não poderia ser penhorado em uma execução em que fossem partes.

São também absolutamente impenhoráveis "os móveis, os pertences e as utilidades domésticas que guarnecem a residência do executado, salvo os de elevado valor ou os que ultrapassem as necessidades comuns correspondentes a um médio padrão de vida" (art. 833, II). Assim, os bens que guarnecem o imóvel residencial do devedor ficam protegidos da execução, salvo aqueles que sejam considerados de elevado valor ou que estejam além das necessidades correspondentes a um padrão médio de vida, o que permite afirmar que a norma se destina a preservar o mínimo existencial e a dignidade humana, estabelecendo limites para a execução, sem comprometer a viabilidade da realização do crédito exequendo (já que os bens de elevado valor e os que vão além das necessidades médias poderão ser penhorados). É interessante perceber que o texto normativo se vale, aqui, de conceitos indeterminados (elevado valor e necessidades comuns correspondentes a um médio padrão de vida). Caberá ao juiz, então, proferir decisão que justifique de forma substancial o motivo pelo qual determinado bem será considerado penhorável ou impenhorável segundo estes critérios (observando, portanto, o disposto no art. 489, § 1º, II).

Também são absolutamente impenhoráveis os vestuários e pertences de uso pessoal (como joias ou outros adornos, armações de óculos *etc.*), salvo se de elevado valor (art. 833, III), aplicando-se aqui o que foi dito acerca dos bens indicados no inciso anterior.

São, também, absolutamente impenhoráveis "os vencimentos, os subsídios, os soldos, os salários, as remunerações, os proventos de aposentadoria, as pensões, os pecúlios e os montepios, bem como as quantias recebidas por liberalidade de terceiro e destinadas ao sustento do devedor e de sua família, os ganhos de trabalhador autônomo e os honorários de profissional liberal" (art. 833, IV). Em outros termos, a remuneração periódica que a pessoa recebe por seu trabalho (ou por estar aposentada ou algo similar) é absolutamente impenhorável. A impenhorabilidade absoluta, porém, não se aplica na hipótese de execução de prestação alimentícia, caso em que será possível sua apreensão (art. 833, § 2º, primeira parte). Nos demais casos, as verbas indicadas no inciso IV do art. 833 são absolutamente impenhoráveis até o limite equivalente a cinquenta salários mínimos mensais, sendo possível penhorar-se o excedente (art. 833, § 2º, *in fine*), o que implica dizer que haverá um pequeno percentual da população brasileira que poderá ver apreendida uma parte de sua remuneração mensal (ou verba afim), preservado, porém, montante suficiente para assegurar seu sustento digno, mantido um (mais do que) razoável padrão de vida.

O Superior Tribunal de Justiça, é certo, firmou entendimento no sentido de que, não tendo o crédito exequendo natureza alimentar, seria possível a penhora de salário (ou outra verba mencionada no inciso IV do art. 833) do executado, desde que se deixe liberado percentual suficiente para garantir a subsistência do executado. Assim é que, por exemplo, ao julgar o AgInt no AgInt no AREsp 1.645.585/DF, o STJ admitiu a penhora de 20% da remuneração da executada, sem fazer qualquer consideração acerca do limite de cinquenta salários mínimos estabelecido por lei. E, ao julgar o REsp 1.806.438/DF, o STJ expressamente afirmou que, "embora não se possa admitir, em abstrato, a penhora de salário com base no § 2º do art. 833 do CPC/15, é possível determinar a constrição, à luz da interpretação dada ao art. 833, IV, do CPC/15, quando, concretamente, ficar demonstrado nos autos que tal medida não compromete a subsistência digna do devedor e sua família". Esse entendimento jurisprudencial, porém, é criticável, pois simplesmente ignora o texto legal (sem fazer qualquer exercício de controle de constitucionalidade sobre o que a lei dispõe). Ora, o fato de a lei conter uma determinação com a qual não se concorda, ruim mesmo (e, no caso concreto, não se pode ter dúvida de que a opção legislativa foi ruim, já que, ao tornar impenhoráveis os valores que não excedem de cinquenta salários mínimos, a lei acabou por tornar impenhoráveis quase todas as remunerações de quase todas as pessoas que vivem no Brasil), não pode ser justificativa para ignorar o texto legal. O lugar adequado para lutar pela modificação do texto normativo ruim é o Poder Legislativo. Opções ruins do legislador, desde que não sejam inconstitucionais, devem ser respeitadas. Esse é o preço que se paga quando se quer viver em um Estado de Direito.

São, ainda, absolutamente impenhoráveis "os livros, as máquinas, as ferramentas, os utensílios, os instrumentos ou outros bens móveis necessários ou úteis ao exercício da profissão do executado" (art. 833, V). Não se pode, então, penhorar o táxi de um taxista, ou a máquina de costura de uma costureira. Evidentemente, tem-se aí uma norma destinada a preservar a dignidade do devedor, que precisa continuar a poder bem exercer sua profissão. A norma protege devedores que exercem *profissão* e, pois, são pessoas naturais (já que pessoas jurídicas não têm profissão, mas atividade). Equiparam-se, porém, aos bens necessários ou úteis ao exercício de profissão – e, pois, são também absolutamente impenhoráveis – "os equipamentos, os implementos e as máquinas agrícolas pertencentes a pessoa física ou a empresa individual produtora rural, exceto quando tais bens tenham sido objeto de financiamento e estejam vinculados em garantia a negócio jurídico ou quando respondam por dívida de natureza alimentar, trabalhista ou previdenciária" (art. 833, § 3º), o que permite considerar que a proteção alcança, ainda que em pequena medida, pessoas jurídicas (em razão da referência, havida no texto normativo, à empresa individual, o que remete à figura da EIRELI, prevista no art. 980-A do CC).

É absolutamente impenhorável o seguro de vida (art. 833, VI). Caso o executado seja, então, beneficiário de um seguro de vida, e receba a indenização devida em razão do sinistro (antes da instauração da execução ou no curso do procedimento executivo), o valor que tenha recebido será absolutamente impenhorável, ficando protegido da atividade executiva.

Do mesmo modo, são absolutamente impenhoráveis "os materiais necessários para obras em andamento, salvo se essas forem penhoradas" (art. 833, VII). É que, no caso de o executado ser o dono de uma obra em andamento, não se poderá penhorar materiais destinados a uso na aludida obra, salvo se a obra inteira for penhorada (caso em que a penhora do material será mera aplicação da máxima segundo a qual *o acessório segue o principal*).

Também é absolutamente impenhorável "a pequena propriedade rural, assim definida em lei, desde que trabalhada pela família" (art. 833, VIII), o que é mera aplicação do disposto no art. 5º, XXVI, da Constituição da República. Ressalte-se que, por força do disposto no art. 4º, II, da Lei nº 8.629/1993, considera-se *pequena propriedade rural* a que tenha entre um e quatro módulos fiscais, sendo certo que o módulo fiscal varia de um Município para outro, devendo ser determinado levando em conta fatores como o tipo de exploração predominante no Município, a renda obtida no tipo de exploração predominante, outras explorações existentes no Município que, embora não predominantes, sejam expressivas em função da renda ou da área utilizada e o conceito de propriedade familiar (art. 50, § 2º, do Estatuto da Terra – Lei nº 4.504/1964).

Apenas a título de exemplo, no Município do Rio de Janeiro, um módulo fiscal tem 5 hectares (o menor tamanho de módulo fiscal encontrado no Brasil), enquanto no Município de Miracema, localizado no Estado do Rio de Janeiro, o módulo fiscal tem 35 hectares. No Estado de São Paulo, o módulo fiscal no município da Capital é de 5 hectares, enquanto no Município de São Luís do Paraitinga é de 40 hectares. Já no Estado do Mato Grosso, o módulo fiscal na capital, Cuiabá, é de 30 hectares, e em Vila Bela da Santíssima Trindade é de 100 hectares. O maior módulo fiscal encontrado no país é o dos municípios de Corumbá e Ladário (ambos no Mato Grosso do Sul), 110 hectares.

São absolutamente impenhoráveis "os recursos públicos recebidos por instituições privadas para aplicação compulsória em educação, saúde ou assistência social" (art. 833, IX). Pense-se, por exemplo, no caso de uma escola filantrópica que comprove finalidade não lucrativa, não distribua resultados, dividendos, bonificações, participações ou parcelas de seu patrimônio sob nenhuma forma ou pretexto, aplique seus excedentes financeiros em educação, assegure a destinação de seu patrimônio a outra escola comunitária, filantrópica ou confessional, ou ao Poder Público, no caso de encerrar suas atividades, e aceite prestar contas ao Poder Público de valores dele recebidos. Pois, neste caso, permite-se que recursos públicos lhe sejam destinados, mesmo se tratando de uma entidade privada (art. 77 da Lei de Diretrizes e Bases da Educação Nacional – Lei nº 9.394/1996). Pois tais recursos públicos, recebidos pela escola filantrópica, só podem ser destinados a aplicação na atividade educacional, o que os torna absolutamente impenhoráveis.

Também é absolutamente impenhorável a quantia depositada em caderneta de poupança, até o limite de quarenta salários mínimos (art. 833, X). Evidentemente, deve-se considerar o limite *por titular*, e não por conta. Assim, caso tenha o devedor mais de uma conta de poupança, só se considerará impenhorável o equivalente a quarenta salários mínimos (levando-se em conta o saldo somado de todas as contas), admitida a penhora do excedente. De toda maneira, a impenhorabilidade aqui mencionada não é aplicável quando se trate de execução de prestação alimentícia, caso em que se admitirá a penhora, ainda que o saldo da poupança não ultrapasse os quarenta salários mínimos (art. 833, § 2º).

São, também, impenhoráveis os recursos públicos do fundo partidário recebidos por partido político (art. 833, XI), nos termos do art. 41-A da Lei nº 9.096/1995. Trata-se de norma destinada a assegurar que os partidos políticos preservem os valores que recebem do fundo partidário, de modo que possam custear seu funcionamento e arcar com o custo de suas atividades, as quais são essenciais para o pleno desenvolvimento democrático.

Por fim, são absolutamente impenhoráveis "os créditos oriundos de alienação de unidades imobiliárias, sob regime de incorporação imobiliária, vinculados à execução da obra" (art. 833, XII). Imagine-se o seguinte exemplo: durante a incorporação de um edifício, é decretada a falência da incorporadora. A Comissão de Representantes,

Parte Especial • Cap. 17 • Teoria geral da execução **359**

então, para assegurar a continuação da obra, promove a venda, em leilão público, de unidade que ainda não havia sido alienada pelo incorporador (art. 31-F, § 14, da Lei nº 4.591/1964), a qual integrava o patrimônio de afetação (art. 31-A, *caput*, da mesma lei). O valor obtido com esta alienação será, então, destinado inteiramente a assegurar o prosseguimento da edificação, motivo pelo qual não poderá ele ser penhorado para garantia da execução de dívidas de qualquer natureza.

B) BENS RELATIVAMENTE IMPENHORÁVEIS

Chamam-se *bens relativamente impenhoráveis* aqueles que poderão ou não ser penhorados conforme a capacidade patrimonial do executado. É que o art. 834 indica bens que só podem ser penhorados se o executado não tiver outros capazes de garantir a satisfação do crédito exequendo.

Será, então, sempre preciso verificar – quando os bens relativamente impenhoráveis forem encontrados no patrimônio do executado – se há outros bens penhoráveis capazes de garantir a execução. Havendo outros, os bens indicados no art. 834 não poderão ser apreendidos. Não havendo outros bens penhoráveis, porém, será legítima a constrição dos bens relativamente impenhoráveis.

Por força do disposto no art. 834, são relativamente impenhoráveis, só podendo ser apreendidos "à falta de outros bens", os frutos e os rendimentos dos bens inalienáveis. Perceba-se, então, a diferença: os bens inalienáveis são, como já se pôde ver, absolutamente impenhoráveis (art. 833, I). Seus frutos e rendimentos, por outro lado, podem ser penhorados *à falta de outros bens*, sendo, por isso, relativamente impenhoráveis.

C) IMPENHORABILIDADE DO IMÓVEL RESIDENCIAL

Regime de impenhorabilidade distinto dos dois anteriores é o estabelecido pela Lei nº 8.009/1990 para o imóvel destinado a uso residencial.

Antes de tudo, deve-se justificar o motivo pelo qual aqui não se fala – ao contrário do que costuma se ver na doutrina e na jurisprudência – em "bem de família". Dois são os motivos que levam a isso. O primeiro deles é o fato de que a denominação *bem de família* é empregada para designar outro fenômeno, que com o aqui examinado não se confunde, e que é regido pelos arts. 1.711 a 1.722 do CC. Pois evidentemente não é adequado usar-se o mesmo nome para designar dois fenômenos distintos e inconfundíveis.

O segundo motivo está em que a caracterização de uma família exige, pelo menos, duas pessoas (já que, no mínimo, uma entidade familiar é formada por cônjuges, companheiros ou um ascendente com um descendente). Daí resultaria que a expressão "bem de família" poderia gerar a equivocada impressão de que o benefício criado pela Lei nº 8.009/1990 não protegeria pessoas que residem sozinhas. Assim não é, porém, e também os que residem sozinhos são protegidos pela impenhorabilidade de que aqui se trata. Impróprio, pois, falar-se em bem *de família*. O mais correto é afirmar-se a impenhorabilidade, nos termos da lei, do *imóvel residencial*.

Pois é impenhorável o imóvel destinado a garantir a residência do executado ou de sua família (art. 1º da Lei nº 8.009/1990). Não se trata, como facilmente se pode perceber, da afirmação da impenhorabilidade do *único imóvel* do executado, ou de seu imóvel *menos valioso*. Pouco importa saber quantos imóveis tem o executado ou quanto vale cada um deles. O imóvel que assegura moradia ao executado (ainda que ele tenha outros e o usado para moradia seja o mais valioso dentre todos eles) ou à sua família é impenhorável.

Não é preciso, para que o imóvel seja tido por impenhorável, que nele efetivamente resida o executado. Basta que seja o imóvel que *assegura a moradia*. Basta pensar no caso de o executado ser proprietário de um imóvel em uma cidade e o alugar para, com o valor recebido a título de aluguel, pagar ele próprio o aluguel de outro imóvel, em outra cidade, onde reside. Fica claro que o imóvel que lhe pertence – e onde não reside – é o que lhe assegura a moradia, já que com seus rendimentos é que custeia o aluguel do lugar em que mora. Neste caso, o imóvel que lhe pertence (onde não reside, mas que lhe assegura moradia) será considerado impenhorável, nos termos da Lei nº 8.009/1990.

O que caracteriza o regime da impenhorabilidade do imóvel residencial é o fato de que ele não é sempre impenhorável. Há, no art. 3º da Lei nº 8.009/1990, a expressa previsão de casos em que o imóvel residencial pode ser penhorado (pouco importando, nos casos aí previstos, se o executado tem ou não outros bens capazes de garantir a execução). Em outras palavras: se o caso se enquadrar em algum dos incisos do art. 3º da lei de regência, o imóvel residencial poderá ser penhorado. Caso a hipótese não se enquadre ali, o imóvel residencial será impenhorável.

Assim é que o imóvel residencial pode ser penhorado nos seguintes casos: (I) pelo titular do crédito decorrente do financiamento destinado à construção ou à aquisição do imóvel, nos limites dos créditos e acréscimos constituídos em função do respectivo contrato; (II) pelo credor da pensão alimentícia, resguardados os direitos, sobre o bem, do seu coproprietário que, com o devedor, integre união estável ou conjugal, observadas as hipóteses em que ambos responderão pela dívida; (III) para cobrança de impostos, predial ou territorial, taxas e contribuições (inclusive a condominial) devidas em função do imóvel; (IV) para execução de hipoteca sobre o imóvel oferecido como garantia real; (V) por ter sido adquirido com produto de crime ou para execução de sentença penal condenatória; e (VI) por obrigação decorrente de fiança concedida em contrato de locação. Em todos esses casos, será perfeitamente admissível a penhora do imóvel residencial. Fora dessas hipóteses, porém, o imóvel residencial é impenhorável.

Não se pode deixar de mencionar, porém, que só um imóvel pode ser protegido por este regime (art. 5º da Lei nº 8.009/1990). Assim, no caso de o devedor usar, simultaneamente, mais de um imóvel com finalidade residencial, apenas um deles será considerado impenhorável: aquele, *dentre os usados com fins residenciais*, que tenha o *menor valor* (art. 5º, parágrafo único, da Lei nº 8.009/1990).

18

LIQUIDAÇÃO DE SENTENÇA

Quando houver título que reconheça a existência de obrigação certa e exigível, mas, sendo seu objeto a entrega de coisas fungíveis (como dinheiro, por exemplo), será preciso, para que se dê início à atividade executiva, que esteja determinada também a quantidade do que é devido. Em outros termos, a obrigação não precisará estar apenas revestida de certeza e exigibilidade. Será necessário, também, que a obrigação seja *líquida*. Tratando-se de título extrajudicial (como, por exemplo, uma confissão de dívida), a ausência de liquidez da obrigação impede que se reconheça a existência de sua eficácia executiva. Afinal, não se pode promover execução com base em título executivo extrajudicial se este não representa uma obrigação *certa, líquida e exigível* (art. 783). De outro lado, porém, sendo judicial o título, será possível a instauração de um incidente processual denominado *liquidação de sentença* (e que é regulado pelos arts. 509 a 512).

A expressão "liquidação de sentença" é, na verdade, uma elipse. Afinal, não é a sentença, mas a obrigação, que deve ser revestida de liquidez. Mais apropriado, então, seria falar em *liquidação da obrigação reconhecida na sentença* (ou, ainda mais propriamente, no título judicial). Liquidação de sentença é, porém, expressão muito tradicional do Direito Processual Civil brasileiro, não havendo motivo para criticar seu emprego.

Assim é que, nos termos do art. 509, quando a sentença (*rectius*, o título executivo judicial, já que este pode não ser uma sentença, mas uma decisão interlocutória) condenar ao pagamento de quantia ilíquida, proceder-se-á à sua liquidação.

Fala o texto normativo em "quantia", o que remete inexoravelmente às obrigações pecuniárias. Não é só para estas que se aplica o incidente de liquidação, porém. É perfeitamente possível utilizar-se este procedimento em casos outros, nos quais se tenha reconhecido obrigação de entregar outras coisas fungíveis, diferentes de dinheiro (como sacas de soja, por exemplo), já que em todos esses casos é preciso determinar-se a quantidade devida (*quantum debeatur*).

A liquidação pode ser requerida pelo credor ou pelo devedor. E é extremamente importante deixar-se clara a legitimidade do devedor para postular a liquidação, já que tem ele o direito de pagar e exonerar-se da obrigação, o que só será possível após sua liquidação. Ora, fosse apenas do credor a legitimidade para requerer a liquidação, estaria o devedor impedido de praticar os atos necessários à realização desse seu direito de se exonerar da obrigação, extinguindo-a pelo pagamento.

Não se considera ilíquida a obrigação reconhecida na decisão quando a apuração do *quantum* depender apensa de cálculo aritmético (art. 509, § 2º). Assim, por exemplo, se a sentença condenou o réu a pagar ao autor uma certa quantia em dinheiro, com atualização monetária e juros de mora, estabelecendo os termos iniciais de incidência da correção e dos juros, além de fixar o percentual destes, bastará realizar uma operação aritmética para chegar-se ao valor do crédito exequendo. Nestas hipóteses, é ônus do exequente elaborar os cálculos necessários para que se possa dar início ao procedimento executivo. E a fim de uniformizar os cálculos, incumbe ao Conselho Nacional de Justiça criar e pôr à disposição dos jurisdicionados um programa de atualização financeira, o qual permitirá o cálculo do valor do débito acrescido da correção monetária.

Realiza-se a liquidação de sentença por dois diferentes procedimentos: por *arbitramento* (art. 509, I) e *pelo procedimento comum* (art. 509, II). E em qualquer dos dois casos o objeto da cognição é limitado à determinação do *quantum debeatur*, não se podendo tornar a discutir o que já foi ou poderia ter sido discutido acerca da existência do direito reconhecido na decisão judicial (art. 509, § 4º).

A liquidação de sentença se fará *por arbitramento* nos casos em que já estejam disponíveis nos autos todos os elementos necessários para a determinação do *quantum debeatur*, só havendo necessidade de produção de uma perícia para a fixação da quantidade devida. Requerida, então, a liquidação por arbitramento, deverá o juiz determinar a intimação de ambas as partes para que apresentem pareceres ou documentos elucidativos, no prazo que fixar (art. 510). O material apresentado pelas partes pode até ser suficiente para dispensar-se a perícia formal, caso em que o juiz decidirá de plano, declarando o *quantum debeatur*. Caso isto não seja possível, todavia, deverá o juiz nomear perito e, a partir daí, observar-se-á o procedimento previsto para a produção de prova pericial (art. 510, *in fine*). Ao final do procedimento, o juiz decidirá, declarando o valor da obrigação.

Já a liquidação pelo procedimento comum é adequada naqueles casos em que a apuração do *quantum debeatur* dependa da alegação e prova de algum fato novo. O fato, evidentemente, só pode dizer respeito ao *quantum*, e a nada mais, já que na liquidação de sentença não é permitido rediscutir-se o que já foi decidido (art. 509, § 4º). E deve ficar claro desde logo que fato novo *não é sinônimo de fato superveniente à sentença*. Dizer que na liquidação de sentença pelo procedimento comum haverá alegação e prova de fato novo significa dizer que neste procedimento se exercerá cognição sobre fato inédito, isto é, que jamais tenha sido submetido à apreciação ao longo do processo de conhecimento, ainda que prévio à sentença (e que diga respeito, exclusivamente, à determinação do *quantum debeatur*).

Requerida a liquidação pelo procedimento comum, será determinada a intimação do requerido, na pessoa de seu advogado (ou da sociedade de advogados a que seu patrono esteja vinculado) para contestar no prazo de quinze dias. A partir daí, observa-se o procedimento comum do processo de conhecimento.

Sendo a liquidação de sentença mero incidente processual, sua resolução se dá por decisão interlocutória, impugnável por agravo de instrumento (art. 1.015, parágrafo único).

Permite o art. 512 que a liquidação de sentença se desenvolva ainda que pendente recurso contra a sentença. Neste caso, pouco importa se o recurso é ou não dotado de efeito suspensivo. Ainda que o seja (o que impediria a instauração de procedimento executivo baseado no pronunciamento judicial recorrido), será possível iniciar-se desde logo a atividade de liquidação, o que certamente será capaz de proporcionar tremendo ganho de tempo. Basta pensar que, realizada desde logo a liquidação da obrigação, uma vez julgado o recurso (e mantida a condenação, evidentemente) já será possível iniciar-se o procedimento executivo, não sendo preciso desenvolver-se a atividade – a essa altura já realizada – destinada a determinar o *quantum debeatur*. Trata-se, pois, de norma perfeitamente compatível com o princípio da duração razoável do processo (art. 5º, LXXVIII, da Constituição da República; art. 4º do CPC).

Questão interessante, e que não pode deixar de ser enfrentada, é a da possibilidade de que o resultado da liquidação de sentença seja zero (isto é, que se chegue à conclusão de que não há valor a executar). É a assim chamada "liquidação zero".

O fenômeno pode, realmente, ocorrer. A prova produzida pode chegar à conclusão de que o bem jurídico a ser reparado não tem valor e, portanto, o *quantum* devido é zero. Pense-se, por exemplo, no caso de alguém ter sido condenado a reparar o dano material resultante de um acidente e, na liquidação de sentença, se verifique que nenhum bem de valor econômico tenha sido danificado. Neste caso, o valor da indenização (do dano material) é zero.

O mesmo resultado pode ocorrer se não houver prova suficiente do *quantum*. Deve-se ter claro que no procedimento incidental de liquidação de sentença existe uma distribuição dos ônus probatórios que se dá nos mesmos termos do que se tem no processo de conhecimento (o que remete à incidência do disposto no art. 373). Assim, pode acontecer de uma das partes – normalmente o credor – alegar determinado fato relevante para a determinação do *quantum debeatur* e não haver nos autos prova suficiente de que o fato tenha ocorrido ou de qual seja o valor dele resultante.

Pense-se, por exemplo, no caso de ter sido o réu condenado a pagar o tratamento médico a que o autor tenha de submeter-se em razão de um acidente. Posteriormente à sentença, o autor requer a instauração do incidente de liquidação de sentença para demonstrar fato novo, consistente na realização de uma cirurgia que teria sido necessário como parte do tratamento médico a que vinha se submetendo em função do acidente. No procedimento de liquidação de sentença, porém, não se produz prova suficiente de que aquela cirurgia estava, mesmo, ligada às consequência do acidente sofrido pelas partes. Neste caso, por ser o ônus da prova do credor, e não existindo material probatório suficiente, deverá o juiz proferir decisão rejeitando a pretensão liquidatória e, portanto, declarando que o valor devido é igual a zero.

A afirmação de que é possível uma liquidação zero não contraria o disposto no art. 509, § 4º, o qual veda a modificação da decisão que reconheceu a obrigação liquidanda. É que não se trata, aqui, de rescindir aquela decisão, mas simplesmente de afirmar-se algo que ali não havia sido enfrentado: a extensão do valor (ou, mais propriamente, da quantidade) do bem jurídico que se afirmou ser devido. Não se trata, pois, de afirmar que a decisão anterior estava errada, mas de se declarar que nada é devido simplesmente por não haver valor a executar.

Inadmissível, a rigor, não é a liquidação zero, mas sustentar que não se poderia declarar nada haver a executar mesmo quando se encontra caso como os que aqui foram descritos. Afinal, declarar a existência de algum *quantum* (por menor que seja, ainda que apenas um centavo) quando se verifica que nada é devido é reconhecer a existência de um crédito inexistente, declarando-se algo que se sabe errado, o que definitivamente não é o papel do juiz ao proferir decisão. Caso se verifique, então, que o bem jurídico não tem valor algum, ou que este não foi demonstrado por quem tinha o ônus de fazê-lo, a única solução correta é declarar que o resultado da liquidação é zero.

A decisão que julga a liquidação, como já visto, é meramente interlocutória e, por isso, impugnável por agravo de instrumento (art. 1.015, parágrafo único). Trata-se de decisão de natureza meramente declaratória, já que se limita a certificar o valor da obrigação exequenda. E é decisão interlocutória de mérito. Este último é ponto que exige maior aprofundamento, dadas as consequências práticas de sua afirmação (bastando, para exemplificar a importância dessas consequências, recordar que o agravo de instrumento contra decisão interlocutória de mérito está sujeito a regras próprias, como as que resultam do disposto nos arts. 1.015, II, e 942, § 3º, II; além de ser possível afirmar-se o cabimento de "ação rescisória").

A decisão judicial que reconhece a existência e a exigibilidade de uma obrigação mas não declara o *quantum debeatur*, conhecida como *condenação genérica*, tem o mesmo conteúdo condenatório de qualquer outra decisão de natureza condenatória. Há, porém, entre a condenação genérica e a condenação ordinária uma diferença no que diz respeito a seus conteúdos declaratórios. É que a condenação ordinária declara algo que a condenação genérica não é capaz de certificar: o *quantum debeatur*.

Ora, parece evidente que definir este elemento e certificá-lo é questão que diz respeito ao mérito da causa, motivo pelo qual ordinariamente será resolvido na parte dispositiva da sentença definitiva. Casos há, porém, em que permite a lei que se profira sentença condenatória antes de haver elementos que permitam proferir essa declaração, postergando-se sua prolação. Haverá, então, uma cisão do mérito, de modo que parte dele (a identificação do *quantum debeatur*) fica reservado para momento posterior, instaurando-se um incidente processual próprio para sua resolução. A decisão interlocutória que aí se profira, então, será uma *decisão parcial de mérito*, já que, ao resolver o incidente, dará solução a uma parcela do mérito da causa que havia sido reservada para resolução posterior à sentença.

Tratando-se de decisão interlocutória de mérito agravável, será cabível a interposição do agravo de instrumento mas, esgotados (ou não empregados) os recursos em tese admissíveis, essa decisão transitará em julgado e, sendo de mérito, alcançará a coisa julgada material. Por tal razão, após seu trânsito em julgado só será possível desconstituí-la através de "ação rescisória" (art. 966). E ao agravo de instrumento que eventualmente se interponha contra ela (art. 1.015, parágrafo único) será aplicável o disposto no art. 942, § 3º, II), já que se trata de decisão que "[julga] parcialmente o mérito".

19

CUMPRIMENTO DE SENTENÇA

19.1 Disposições Gerais

Denomina-se *cumprimento de sentença* ao procedimento executivo adequado para os casos em que a execução se funda em título executivo judicial. E da natureza executiva desse procedimento não se pode duvidar. A própria lei processual, ao regular o cumprimento de sentença, emprega os termos *executivo* (art. 515; art. 525, § 12), *exequente* (art. 516, parágrafo único; art. 517, § 2º; art. 520; art. 523; art. 524, I, e § 5º; art. 525, § 10; art. 528, *caput* e §§ 8º e 9º; art. 529, *caput* e § 2º; art. 533, § 2º; art. 534, *caput* e § 1º; art. 535, § 2º; art. 536; art. 537, § 2º), *executado* (art. 516, parágrafo único; art. 517, §§ 2º, 3º e 4º; art. 520, *caput*, inciso IV e §§ 1º, 3º e 4º; art. 523; art. 524, I, e §§ 4º e 5º; art. 525, *caput* e §§ 1º, 4º, 9º e 11; art. 528, *caput* e §§ 3º, 5º e 8º; art. 529, *caput* e §§ 2º e 3º; art. 533, *caput* e §§ 1º e 2º; art. 535, § 4º; art. 536, § 3º), *exequenda* (art. 517, § 3º; art. 522, parágrafo único, I; art. 525, §§ 14 e 15; art. 535, §§ 7º e 8º), *executivo* (art. 518; art. 525, §§ 6º e 11; art. 535, § 5º) e *execução* (art. 516, parágrafo único; art. 520, II e III; art. 524, § 1º; art. 525, § 1º, V e VI, e §§ 4º, 5º, 6º, 8º, 9º e 10; art. 526, § 2º; art. 528, § 7º; art. 529, § 3º; art. 531; art. 535, *caput*, incisos IV e V, e §§ 2º e 3º; art. 537), além de empregar o verbo *executar* (art. 516, parágrafo único). Parece não poder haver dúvidas, então, de que o assim chamado "cumprimento de sentença" nada mais é do que o procedimento executivo adequado para os casos em que a execução se funda em título executivo judicial.

Regula-se o cumprimento de sentença pelo disposto nos arts. 513 a 538, aplicando-se-lhe, subsidiariamente, as disposições referentes ao processo de execução de títulos extrajudiciais (art. 513). Trata-se, em regra, de uma fase complementar do mesmo processo em que se formou o título executivo judicial (motivo pelo qual se fala em "processo sincrético", nele se conjugando uma fase cognitiva e outra executiva). Terá, porém, o cumprimento de sentença natureza de processo autônomo quando o título executivo for um dos previstos nos incisos VI a IX do art. 515 (como se pode verificar pelo parágrafo único do próprio art. 515, que fala em citação do devedor), já que nesses casos, como visto anteriormente, a execução não pode se dar em uma mera fase complementar do mesmo processo (uma vez que o processo cognitivo terá se desenvolvido perante juízo criminal, tribunal arbitral ou terá sido destinado, no

STJ, a homologar a sentença estrangeira ou conceder *exequatur* a carta rogatória). Nos demais casos, porém (dos títulos previstos nos incisos I a V do art. 515), em que o título executivo é formado perante o mesmo juízo em que se poderá desenvolver a atividade executiva, o cumprimento de sentença será mera fase complementar do mesmo processo em que o título se tenha formado.

Quando se tiver necessidade de processo autônomo para que se desenvolva o procedimento de cumprimento de sentença, evidentemente, será preciso considerar a inércia, característica essencial da jurisdição, como motivo suficiente para que a instauração do processo dependa de provocação da parte (art. 2º). Nos casos, porém, em que o cumprimento de sentença é mera fase complementar do mesmo processo em que formado o título executivo, a regra geral (por força da regra do impulso oficial, também estabelecida a partir do art. 2º) é a de que se admite a atuação *ex officio* do juízo, que está autorizado a instaurar a fase de cumprimento de sentença independentemente de requerimento. Assim não é, porém, no caso de cumprimento de sentença que condena a pagar dinheiro, caso em que a instauração da fase executiva depende de requerimento do exequente (art. 513, § 1º).

Instaurado o procedimento executivo (cumprimento de sentença), deverá o executado ser intimado para cumprir a obrigação reconhecida na sentença (art. 513, § 2º). Caso tenha ele advogado constituído nos autos, a intimação se fará na pessoa de seu patrono, pela imprensa oficial (art. 513, § 2º, I). Quando o executado for patrocinado pela Defensoria Pública ou quando não tiver advogado constituído, será ele intimado pessoalmente, por carta com aviso de recebimento (art. 513, § 2º, II). Se o devedor sem advogado constituído nos autos for pessoa jurídica, a intimação se fará por meio eletrônico (art. 513, § 2º, III). Por fim, se o executado tiver sido citado por edital e permanecido revel na fase de conhecimento, será ele intimado por edital (art. 513, § 2º, IV).

Nos casos de intimação postal ou por meio eletrônico, reputa-se válida a intimação encaminhada ao endereço da parte, eletrônico ou não, que tenha sido informado ao juízo se, tendo havido alguma mudança de endereço, esta não tiver sido devidamente comunicada nos autos (art. 513, § 3º).

Tendo, porém, sido feito o requerimento de cumprimento da sentença quando decorrido mais de um ano do trânsito em julgado do provimento judicial que se pretende ver cumprido, a intimação será feita pessoalmente ao devedor, por meio de carta com aviso de recebimento (art. 513, § 4º).

Não sendo cumprida a obrigação reconhecida pela decisão judicial no prazo previsto em lei ou na própria decisão, desenvolver-se-á o procedimento executivo, o qual será distinto conforme a natureza da obrigação exequenda. Ao longo do procedimento, porém, e seja qual for a espécie de obrigação, todas as questões relativas à sua validade e dos atos executivos subsequentes a este momento inicial poderão ser arguida pelo executado por petição simples, sem qualquer formalidade essencial, nos próprios autos, cabendo ao juízo da execução decidi-los desde logo (art. 518), observado o contraditório prévio e efetivo (arts. 9º e 10).

19.2 Cumprimento de Sentença no Caso de Obrigação Pecuniária

Como dito, há procedimentos executivos distintos conforme a natureza da obrigação (pagar, entregar coisa, fazer ou não fazer). Pois de todos esses procedimentos executivos, o mais importante – até pelo fato de ser o mais frequente na prática – é o relativo às obrigações pecuniárias.

Sendo esta a natureza da obrigação, prevê a lei processual um procedimento a ser observado no caso de execução provisória (assim compreendida aquela que se desenvolve com base em decisão judicial ainda não transitada em julgado, enquanto pendente de julgamento recurso desprovido de efeito suspensivo) e outro a ser empregado, como regra geral, no caso de ser a execução definitiva. Além disso, existem no CPC dois outros procedimentos, os quais podem ser chamados de especiais, um específico para o cumprimento das decisões que condenam a pagar prestações de natureza alimentícia, outro para os casos em que a devedora é a Fazenda Pública. É preciso, então, examinar todos esses procedimentos.

19.2.1 Cumprimento Provisório

No caso em que a decisão judicial que condena ao cumprimento de obrigação pecuniária ainda não ter transitado em julgado, estando pendente de julgamento recurso desprovido de efeito suspensivo, é possível dar-se início ao procedimento executivo. Fala-se, nestes casos, em cumprimento provisório (ou execução provisória, terminologia mais tradicional mas que o CPC só utiliza no art. 961, § 3º). Impende ter claro, porém, que não é propriamente o cumprimento (ou a execução) que tem natureza provisória. O que se tem, a rigor, é uma execução fundada em *título provisório* (já que o título executivo, aí, é uma decisão judicial que tende a ser substituída por outra, a ser proferida no julgamento do recurso ainda pendente). Não é usual, porém, falar-se em "cumprimento de decisão provisória" ou em "execução fundada em título provisório". A expressão tradicional é, mesmo, execução provisória (que corresponde à usada preferencialmente no texto da legislação processual brasileira, *cumprimento provisório da sentença*).

O procedimento do cumprimento provisório de sentença que condena a pagar dinheiro é idêntico, em linhas gerais, ao do cumprimento definitivo (isto é, do cumprimento de sentença baseado em outro título executivo judicial, que não a decisão ainda não transitada em julgado). Há, porém, algumas regras específicas da execução provisória, as quais precisam ser conhecidas para o correto de desenvolvimento do procedimento executivo.

Em primeiro lugar, é preciso saber que a execução "corre por iniciativa e responsabilidade do exequente, que se obriga, se a sentença for reformada, a reparar os danos que o executado haja sofrido" (art. 520, I). Significa isto dizer, em primeiro lugar, que o cumprimento provisório da sentença não pode ser determinado de ofício pelo juízo (e nisto não há diferença em relação ao cumprimento definitivo, que no caso das obrigações pecuniárias também depende de requerimento). A petição pela qual se requer o cumprimento provisório da sentença deve ser dirigida ao juízo competente (art. 522) e, não sendo eletrônicos os autos, deverá vir acompanhada de cópias de peças dos autos do processo, cuja autenticidade poderá ser afirmada pelo próprio advogado, sob sua responsabilidade pessoal (art. 522, parágrafo único). Será essencial a juntada, pelo menos, de cópias das seguintes peças: decisão exequenda, certidão de interposição do recurso não dotado de efeito suspensivo, procurações outorgadas por ambas as partes e decisão de habilitação (se for o caso). Além disso, o exequente poderá, facultativamente, juntar outras peças que considere necessárias para demonstrar a existência do crédito (como seria, por exemplo, cópia da decisão proferida em sede de liquidação de sentença). Sendo eletrônicos os autos, porém, o exequente não precisará juntar qualquer cópia, já que as peças continuarão disponíveis para o juízo e as partes, não obstante estejam os autos em grau de jurisdição superior.

Além disso, a atividade executiva se desenvolve *sob a responsabilidade do exequente*, o qual terá de indenizar os danos indevidamente suportados pelo executado se a decisão que serve de título executivo vier a ser reformada (ou anulada). Essa obrigação de reparar danos, registre-se, é objetiva, independendo de culpa do exequente para configurar-se.

O procedimento de cumprimento provisório deve ser extinto se a decisão judicial em que se funda vier a ser modificada ou anulada, restituindo-se as partes ao estado anterior, devendo ser liquidados nos próprios autos os prejuízos que o executado eventualmente tenha sofrido (art. 520, II), de modo a assegurar a reparação dos danos pelo executado suportados, nos termos do disposto no inciso I do próprio art. 520. Caso a reforma ou anulação da decisão for apenas parcial, somente nesta parte ficará sem efeito a execução, que não será extinta mas, tão somente, passará por uma redução de objeto (art. 520, III). O retorno ao estado anterior a que se fez referência, porém, encontra limite no caso de já ter havido transferência posse ou alienação da propriedade ou outro direito real, caso em que o ato não será desfeito, assegurando-se ao executado o direito à reparação de perdas e danos (art. 520, § 4º).

A execução provisória é um procedimento executivo completo, ou seja, é um procedimento que pode se desenvolver até a produção do resultado final, com a satisfação do crédito exequendo. Para que se possa, porém, praticar ato de levantamento de dinheiro ou que importe transferência da posse ou alienação da propriedade ou outro direito real, ou ainda ato de que possa resultar para o executado dano grave, é preciso que o exequente preste caução, real ou fidejussória, suficiente e idônea, a qual deverá ser fixada pelo juiz e apresentada nos próprios autos (art. 520, IV). A caução aqui atua como uma medida de contracautela, destinada a proteger o executado contra o risco de vir a sofrer dano grave, de reparação difícil ou impossível (acautelando, portanto, contra o assim chamado *periculum in mora* inverso, isto é, o perigo de dano iminente suportado pelo demandado).

Esta multa, porém, será dispensada em alguns casos. O primeiro deles é aquele em que o crédito exequendo tem natureza alimentar, seja lá qual for sua origem (art. 521, I). O segundo é o caso em que, não tendo o crédito natureza alimentar, o exequente demonstra estar em situação de necessidade, caso em que exigir a prestação de caução seria um obstáculo intransponível ao acesso à justiça (art. 521, II). Também haverá dispensa da caução, nos termos do art. 521, III, nos casos em que o recurso ainda pendente for o agravo em recurso especial ou extraordinário contra decisão que inadmitir recurso excepcional previsto no art. 1.042, o que demonstra que se pretende evitar a interposição desse agravo com intuito protelatório, frustrando-se assim qualquer expectativa daquele que tenha recorrido apenas para protelar o trânsito em julgado e, com isso, tornar mais difícil a consumação da atividade executiva. Por fim, será dispensada a caução quando a decisão exequenda estiver em consonância com súmula da jurisprudência dominante do STF ou do STJ ou em conformidade com acórdão proferido no julgamento de recursos repetitivos (art. 521, IV).

Não haverá, todavia, a dispensa da caução, nos casos previstos no art. 521, quando dessa dispensa resulte risco de dano grave, de difícil ou incerta reparação (art. 521, parágrafo único).

No procedimento executivo destinado ao cumprimento provisório da sentença que condena a pagar dinheiro, o executado poderá defender-se mediante impugnação (art. 520, § 1º). Neste procedimento, ainda, serão devidos honorários advocatícios e a multa pelo não adimplemento voluntário da obrigação no prazo de quinze dias a contar da intimação do devedor para cumprir decisão (art. 520, § 2º, e art. 523, § 1º). Para livrar-se da multa e dos honorários, poderá o executado, todavia, comparecer tempestivamente e depositar o valor exequendo, ato este que não será reputado incompatível com o recurso por ele interposto (art. 520, § 3º) e, portanto, não violador do princípio da boa-fé (art. 5º).

Tudo quanto dito sobre o procedimento do cumprimento provisório da sentença que condena a pagar dinheiro é aplicável, *no que couber*, à execução provisória de decisão que imponha dever jurídico de fazer, não fazer ou entregar coisa (art. 520, § 5º), inclusive – e especialmente – a vedação à instauração *ex officio* do procedimento (art. 520, I), afastando-se a regra que permite a iniciativa oficial do juízo para dar início a essas execuções (o que só poderá ocorrer, então, quando se trate de execução definitiva).

19.2.2 Cumprimento Definitivo

Se o título executivo judicial não for uma decisão civil ainda não transitada em julgado, mas qualquer outro, o procedimento executivo será de "cumprimento definitivo" (*rectius*, cumprimento fundado em título judicial definitivo). Neste caso, tratando-se de obrigação pecuniária, existe um procedimento padrão (regulado pelos arts. 523 a 527) e dois procedimentos especiais (um destinado ao cumprimento da decisão judicial que reconhece a obrigação de prestar alimentos, outro a ser empregado quando o executado é a Fazenda Pública). Neste tópico, deve-se analisar o procedimento padrão.

Assim, tendo sido o devedor condenado ao pagamento de quantia certa – ou tendo sido o valor determinado em liquidação de sentença – assim como no caso de se ter decisão interlocutória sobre parcela incontroversa, o procedimento executivo terá início por requerimento de exequente (art. 523), o qual deverá ser instruído com demonstrativo discriminado e atualizado do crédito (art. 524). A petição através da qual se formula o requerimento executivo deverá, ainda, conter os nomes completos e os números de inscrição no cadastro de pessoas físicas (CPF) ou no cadastro nacional de pessoas jurídicas (CNPJ), tanto do exequente quanto do executado, requisito este que poderá ser dispensado se já constar dos autos, observando-se, ainda, as regras referentes à qualificação das partes na petição inicial (art. 524, I); o índice de correção monetária adotado (art. 524, II); os juros aplicados e as respectivas taxas (art. 524, III); o termo inicial e o termo final dos juros e da correção monetária utilizados (art. 524, IV); a periodicidade da capitalização dos juros, se for o caso (art. 524, V); a especificação de eventuais descontos obrigatórios realizados (art. 524, VI); e a indicação, sempre que possível, de bens do executado passíveis de penhora (art. 524, VII).

Caso o valor apontado no demonstrativo apresentado pelo exequente parecer exceder os limites da condenação, a execução será iniciada pelo valor pretendido, mas a penhora incidirá, nos termos do disposto no art. 524, § 1º, sobre valor a ser apontado pelo juiz (que, evidentemente, terá de fundamentar de forma suficiente a decisão que profira, justificando o valor indicado). Para chegar a este valor, o juiz deverá valer-se do auxílio de contabilista judicial, que terá o prazo de trinta dias – salvo se outro for o assinado pelo juízo – para efetuar o cálculo (art. 524, § 2º). Só deverá o juiz, porém, determinar a elaboração de cálculo por contabilista judicial se – é preciso fixar este ponto – o valor apontado pelo exequente aparentemente exceder os limites da condenação. Caso contrário, tudo se desenvolverá nos termos indicados pelo exequente, cabendo ao executado, posteriormente, o ônus de impugnar o valor pretendido pelo exequente.

Casos há em que o exequente não consegue elaborar o demonstrativo de cálculo que lhe incumbe, por não dispor de dados que estão em poder de terceiro ou do próprio devedor. Neste caso, deverá ele requerer ao juízo que os requisite, sob cominação do crime de desobediência (art. 524, § 3º). Caso a complementação do demonstrativo dependa de dados adicionais em poder do executado, o juízo da execução, sempre a requerimento do exequente, deverá requisitá-los, fixando prazo de até trinta dias para sua apresentação (art. 524, § 4º). Não sendo cumprida a determinação judicial injustificadamente, serão considerados corretos os cálculos apresentados pelo exequente com base nos dados de que dispõe (art. 524, § 5º).

Estando corretamente elaborado o requerimento executivo, deverá o juiz determinar que seja o executado intimado, por uma das formas previstas no art. 513, § 2º, para efetuar o pagamento no prazo de quinze dias, acrescido de custas, se houver (art. 523).

Efetuado o pagamento integral no prazo de quinze dias, o credor poderá levantar o valor, encerrando-se desde logo o processo. Perceba-se que aqui se trata da possibilidade de o devedor, dentro do prazo de quinze dias, realmente pagar o valor apontado pelo credor ao requerer o cumprimento da sentença. Não se aplica, pois, o quanto acaba de ser dito se o devedor, por exemplo, depositar o valor em juízo no prazo de quinze dias para o fim de garantir o juízo.

Não efetuado o pagamento no prazo de quinze dias, incidirá sobre o valor pretendido pelo exequente uma multa, de dez por cento sobre o total, além de honorários advocatícios, também de dez por cento (art. 523, § 1º). Caso o executado, no prazo de quinze dias, efetue pagamento parcial, a multa e os honorários incidirão sobre o saldo, isto é, sobre o valor não pago (art. 523, § 2º). Havendo impugnação ao cumprimento de sentença que venha a ser rejeitada, os honorários poderão, por aplicação analógica do disposto no art. 827, § 2º, ser ampliados, ao final do procedimento executivo, para até vinte por cento do valor do crédito exequendo (FPPC, enunciado 450).

Ultrapassado o prazo de quinze dias sem que tenha havido pagamento voluntário do total do crédito exequendo, começa a correr, automaticamente, independentemente de penhora ou de qualquer outra intimação, o prazo para que o executado apresente sua defesa (impugnação ao cumprimento de sentença), nos termos do que dispõe o art. 525. Desta defesa se tratará mais adiante, em capítulo especificamente destinado ao exame das defesas do executado. Além disso, porém, e por não ter a impugnação – ao menos em regra – o condão de suspender o andamento do procedimento executivo (art. 525, § 6º), deverá desde logo expedir-se mandado de penhora e de avaliação de bens, seguindo-se, a partir daí, a prática dos atos de expropriação (art. 523, § 3º).

Sobre o modo como são realizadas a penhora, a avaliação, a expropriação de bens e, posteriormente, a satisfação forçada do crédito exequendo, nada há na lei processual que se refira especificamente ao procedimento do cumprimento de sentença, razão pela qual devem tais atos ser regidos pelas disposições concernentes ao processo de execução fundado em título extrajudicial, nos termos do que estabelece o art. 771.

Todo este procedimento de cumprimento de sentença, porém, pode ser evitado se o réu, antes de ter sido, a requerimento do credor, intimado a cumprir a obrigação reconhecida no título judicial, comparecer em juízo e oferecer em pagamento o valor que entender devido, apresentando memória discriminada de cálculo que demonstre como chegou ao valor oferecido (art. 526). Caso o credor não se oponha ao valor depositado, o levantará, devendo o juiz proferir sentença que declarará satisfeita a obrigação, encerrando-se desde logo o processo (art. 526, § 3º). Poderá, porém, o credor levantar a quantia depositada (que será incontroversa) e impugnar o cálculo elaborado pelo devedor, afirmando ser credor de valor superior ao depositado (art. 526, § 1º). Neste caso, caberá ao juiz apurar o valor efetivamente devido e, caso conclua pela insuficiência do depósito, fará incidir, sobre a diferença entre o depositado e o efetivamente devido multa de dez por cento e honorários advocatícios (também de dez por cento), seguindo-se a partir daí a execução, com realização da penhora e prática dos atos executivos a ela subsequentes (art. 526, § 2º). Pode-se afirmar que a lei processual criou, para este caso específico de réu condenado a pagar quantia certa e que pretende cumprir a obrigação desde logo, sem aguardar a intimação para fazê-lo, um procedimento especialíssimo de pagamento por consignação, cuja utilização dispensa o emprego do procedimento especial da "ação de consignação em pagamento" regido pelos arts. 539 a 549.

19.2.3 Cumprimento da Sentença no Caso de Prestação Alimentícia

Quando se trate de cumprimento de decisão judicial que tenha reconhecido obrigação de prestar alimentos, observar-se-á um procedimento especial, regido pelos arts. 528 a 533. Este procedimento será adequado tanto no caso de alimentos definitivos, como na hipótese de se pretender executar alimentos provisórios (art. 531). Este procedimento, porém, só poderá ser empregado para execução das três prestações imediatamente anteriores ao requerimento executivo e das que se vencerem no curso do processo (art. 528, § 7º). Para prestações vencidas anteriormente, só o procedimento padrão do cumprimento de sentença será adequado, já que tais prestações, em razão do decurso do tempo, já terão perdido seu caráter alimentício, tendo assumido natureza meramente indenizatória.

No caso de execução de alimentos fixados em sentença transitada em julgado, esta se processará nos mesmos autos em que se documentaram os atos do processo de conhecimento; já a execução de alimentos provisórios e a de alimentos fixados em sentença ainda não transitada em julgado serão processadas em autos apartados (art. 531, §§ 1º e 2º).

O emprego do procedimento especial de que aqui se trata, porém, se dá por opção do credor. Pode ele, porém, preferir utilizar-se do procedimento padrão do cumprimento de sentença, caso em que não será admissível a prisão do executado mas, recaindo a penhora sobre dinheiro, eventual concessão de efeito suspensivo à impugnação não impedirá que o exequente levante, mensalmente, a importância da prestação que lhe é devida (art. 528, § 8º).

O procedimento executivo destinado ao cumprimento de decisão que reconhece obrigação de prestar alimentos, como em qualquer outro caso de obrigações pecuniárias, só pode ter início por requerimento do credor (art. 528), o qual deverá ser dirigido ao juízo competente. Aqui, além das hipóteses previstas no art. 516, *caput* e parágrafo único, também pode o credor optar por promover o cumprimento da decisão no juízo de seu próprio domicílio (art. 528, § 9º).

Optando o credor por promover a execução da prestação alimentícia pelo procedimento especial de que aqui se trata, o juiz mandará intimar *pessoalmente* o executado para que, no prazo de três dias, efetue o pagamento do débito, prove que já pagou ou apresente justificativa da impossibilidade de efetuá-lo (art. 528).

Caso o executado, no prazo de três dias, pague o valor integral da dívida, ou comprove que já havia efetuado o pagamento, o processo será extinto. Poderá, ainda, o executado apresentar uma justificativa da impossibilidade absoluta de efetuar o pagamento (art. 528, § 2º), caso em que o processo deverá ser suspenso até que desapareça a causa da impossibilidade.

Se o executado, no prazo de três dias, não pagar, não provar que pagou, nem apresentar justificativa aceita pelo juízo, deverá ser determinado o protesto da decisão judicial (art. 528). Além disso, deverá ser decretada a prisão civil do devedor, pelo prazo de um a três meses (art. 528, § 3º). Esta prisão é um meio de coerção, destinado a pressionar psicologicamente o devedor, a fim de que este efetue o pagamento, tanto assim que, paga a dívida, o juiz deverá imediatamente suspender a ordem de prisão (art. 528, § 6º). Não se está, pois, diante de uma pena, uma sanção penal, não obstante a literalidade do texto do § 5º do art. 528. É mero meio de coerção, incidente sobre a pessoa do devedor, e que encontra guarida no disposto no art. 5º, LXVII, da Constituição da República, e no art. 7º, nº 8, do Pacto de São José da Costa Rica, que institui a Convenção Americana sobre Direitos Humanos e foi promulgado no Brasil pelo Decreto nº 678/1992.

A prisão do devedor de alimentos deve ser cumprida em regime fechado (art. 528, § 4º), devendo o preso ficar separado dos presos comuns (isto é, daqueles que estiverem presos por razões penais). O cumprimento da prisão não exime, porém, o executado de efetuar o pagamento das prestações devidas, vencidas e vincendas (art. 528, § 5º).

Sendo a prisão e o protesto da decisão judicial meros meios de coerção, destinados a pressionar o devedor a efetuar o pagamento, mas deste não o eximindo, o fato de ter sido preso o executado não impede o prosseguimento do procedimento executivo, que se dirige à satisfação do crédito exequendo. Assim, ainda que preso o executado e protestada a decisão que fixou os alimentos, o procedimento executivo prosseguirá para a prática de atos de apreensão e expropriação de bens, a fim de viabilizar a satisfação do crédito exequendo.

Caso o executado seja servidor público, civil ou militar, diretor ou gerente de empresa, ou empregado sujeito à legislação trabalhista, o exequente poderá requerer ao juízo da execução que determine o desconto em folha de pagamento da importância da prestação alimentícia (art. 529). Ao deferir este requerimento, o juízo oficiará à autoridade, empresa ou empregador, determinando – sob pena de crime de desobediência – o desconto a partir da primeira remuneração posterior do executado, a contar do protocolo do ofício (art. 529, § 1º). Além de crime de desobediência, o responsável por efetuar os descontos fica também sujeito, se descumprir a decisão judicial, ao pagamento de multa pela prática de ato atentatório à dignidade da justiça (art. 77, IV, e §§ 1º e 2º), a qual será de até vinte por cento do valor da causa.

O ofício dirigido à autoridade, ao empregador ou à empresa conterá o nome, o número de inscrição no CPF do exequente e do executado, a importância a ser descontada mensalmente, o tempo de sua duração e a conta bancária em que deverá ser feito o depósito (art. 529, § 2º).

Este sistema de execução por desconto em folha, sem prejuízo do pagamento dos alimentos vincendos, poderá ser usado também para a satisfação do crédito referente às prestações já vencidas, descontando-se dos rendimentos ou rendas do executado, de forma parcelada, o necessário para a realização do crédito exequendo, assegurando-se, porém, que a soma dos descontos (referentes ao pagamento da parcela vincenda e à amortização da dívida relativa às parcelas vencidas) não ultrapasse cinquenta por cento dos ganhos líquidos do executado (art. 529, § 3º).

Além disso, poderá prosseguir a execução com a prática dos atos executivos necessários à penhora, avaliação e expropriação de bens do executado, destinados à satisfação do crédito exequendo, aplicando-se quanto a tais atos as regras do processo de execução fundado em título extrajudicial (art. 530).

Caso o juiz verifique que o executado tem, no curso do procedimento executivo, conduta procrastinatória, deverá, se reputar presentes indícios da prática do crime de abandono material (art. 244 do Código Penal), dar ciência ao Ministério Público deste fato (art. 532). Recorde-se que o abandono material consiste em *deixar, sem justa causa, de prover a subsistência do cônjuge, ou de filho menor de 18 (dezoito) anos ou inapto para o trabalho, ou de ascendente inválido ou maior de 60 (sessenta) anos, não lhes proporcionando os recursos necessários ou faltando ao pagamento de pensão alimentícia judicialmente acordada, fixada ou majorada; deixar, sem justa causa, de socorrer descendente ou ascendente gravemente enfermo.*

No caso de os alimentos serem devidos em função de condenação por ato ilícito (arts. 948 a 951 do CC), caso em que a pensão poderá ter seu valor fixado em salários mínimos (art. 533, § 4º), caberá ao executado, a requerimento do exequente, constituir capital cuja renda assegure o pagamento do valor mensal da pensão (art. 533). Este capital, representado por imóveis ou por direitos reais sobre imóveis suscetíveis de alienação, títulos da dívida pública ou aplicações financeiras em banco oficial, será inalienável e impenhorável enquanto durar a obrigação do executado, constituindo patrimônio de afetação (art. 533, § 1º). Poderá, porém, a constituição do capital ser substituída pela inclusão do exequente em folha de pagamento de pessoa jurídica de notória capacidade econômica ou, a requerimento do executado, por fiança bancária ou garantia real, em valor a ser fixado pelo juiz (art. 533, § 2º). Finda a obrigação alimentar, o juiz mandará liberar o capital, cessar o desconto em folha ou cancelar as garantias prestadas (art. 533, § 5º).

Sobrevindo modificação nas condições econômicas de qualquer das partes, poderá o interessado requerer a redução ou o aumento da prestação (art. 533, § 3º), ou até mesmo sua extinção, nos próprios autos, independentemente de processo autônomo.

19.2.4 Cumprimento de Sentença contra a Fazenda Pública

No caso de cumprimento de sentença que impõe à Fazenda Pública obrigação pecuniária, incumbirá ao exequente requerer a instauração do procedimento executivo (cumprimento de sentença), apresentando demonstrativo discriminado e atualizado de seu crédito. A petição que veicula o requerimento executivo deverá conter o nome completo e o número de inscrição no CPF ou CNPJ do exequente (se estes dados ainda não estiverem nos autos), o índice de correção monetária empregado no cálculo, os juros aplicados e as respectivas taxas, o termo inicial e o termo final dos juros e da correção monetária, a periodicidade de capitalização dos juros, se for o caso, e a especificação de eventuais descontos obrigatórios (art. 534). Sendo vários os exequentes, cada um deverá apresentar o seu próprio demonstrativo (art. 534, § 1º).

A Fazenda Pública, então, será intimada para impugnar a execução no prazo de trinta dias (art. 535), a ela não se aplicando a multa de dez por cento a que se refere o art. 523, § 1º (art. 534, § 2º). Da impugnação, meio de defesa da Fazenda Pública, se tratará adiante, quando do estudo dos meios de defesa do executado.

Não impugnada a execução, ou rejeitada a impugnação, seguirá o procedimento, o qual será diferente conforme o valor do crédito exequendo (art. 535, § 3º).

Como regra geral, deverá o juízo da execução requisitar ao Presidente do Tribunal a que esteja vinculado a expedição do precatório em favor do exequente (art. 535, § 3º, I), devendo-se a partir daí observar o regime do precatório estabelecido pelo art. 100 da Constituição da República.

Tratando-se, porém, de obrigação de pequeno valor, o próprio juízo da execução expedirá a *requisição de pequeno valor* (RPV), a qual será dirigida à autoridade na pessoa de quem o ente público tenha sido citado para o processo, caso em que o pagamento deverá ser realizado no prazo de dois meses contado da entrega da requisição, mediante depósito na agência de banco oficial mais próxima da residência do credor (art. 535, § 3º, II). Aplica-se, aqui, o regime constitucional estabelecido para as obrigações de pequeno valor (art. 100, §§ 3º e 4º, da Constituição da República, e art. 87 do ADCT).

19.3 Cumprimento da Sentença no Caso de Obrigação de Fazer, Não Fazer ou Entregar Coisa

No caso de sentença que condena ao cumprimento de obrigação de fazer ou de não fazer, o procedimento executivo poderá instaurar-se de ofício ou mediante requerimento do credor (art. 536), tendo por fim a efetivação da tutela específica ou a obtenção de tutela pelo resultado prático equivalente. Para que esse resultado seja alcançado, deverão ser determinadas as medidas necessárias para a satisfação do direito do exequente (art. 536, *in fine*). Para isso, o juiz se valerá das medidas executivas, de sub-rogação ou de coerção, que se revelem adequadas para o caso concreto. O regime aqui estabelecido é aplicado não só às obrigações de fazer e de não fazer em sentido estrito, que tenham conteúdo econômico, como também a outros deveres jurídicos de fazer e de não fazer, de natureza não obrigacional (já que desprovidos de conteúdo econômico imediato), como seria o dever jurídico de reflorestar uma área indevidamente desmatada (art. 536, § 5º).

A lei processual vale-se, então, de um sistema de *atipicidade dos meios executivos*, não descrevendo em minúcias todos os meios de execução que podem ser empregados nos casos concretos. E isto é adequado quando se considera que obrigações de fazer e de não fazer podem ser muito diferentes umas das outras, e um sistema fundado em meios executivos típicos certamente seria incapaz de se revelar adequado para todos os diferentes tipos de casos que podem surgir na vida real.

De toda sorte, apresenta a lei, no § 1º do art. 536, uma enumeração exemplificativa de meios executivos que podem ser empregados: imposição de multa, busca e apreensão, remoção de pessoas e coisa, desfazimento de obras e impedimento de atividade nociva. E para a efetivação de qualquer dessas medidas, ou de outras que venham a ser determinadas, poderá ser requisitado auxílio policial (art. 536, § 1º, parte final).

Além disso, o executado que injustificadamente descumprir a determinação judicial de cumprimento da obrigação incidirá nas penas da litigância de má-fé se sujeitará às sanções penais pelo crime de desobediência (art. 536, § 3º) e, ainda, terá praticado ato atentatório à dignidade da justiça, sujeitando-se ao pagamento de multa que reverterá em favor do fundo de modernização do Poder Judiciário (art. 77, IV, e §§ 2º e 3º). Neste sentido, aliás, é expresso o enunciado 533 do FPPC: "Se o executado descumprir ordem judicial, conforme indicado pelo § 3º do art. 536, incidirá a pena por ato atentatório à dignidade da justiça (art. 774, IV), sem prejuízo da sanção por litigância de má-fé".

No caso de se determinar a realização de uma busca e apreensão – de pessoas ou coisas – o mandado deverá ser cumprido por dois oficiais de justiça, devendo-se observar o disposto nos §§ 1º a 4º do art. 846 se houver necessidade de arrombamento (art. 536, § 2º).

Entre os meios executivos empregados para a satisfação do direito do credor ao cumprimento de obrigação de fazer e de não fazer, o mais conhecido e empregado na prática é, sem dúvida, a multa pelo atraso no cumprimento, conhecido pela denominação originária do Direito francês *astreinte*. Trata-se de multa periódica, fixada por decisão judicial (que pode ser proferida na fase de conhecimento, em tutela provisória ou na sentença, ou na fase de execução, como esclarece o art. 537), que incide após o decurso do prazo de que o executado dispõe para cumprir a decisão, prazo este que tem início quando o executado é intimado, na forma do disposto no art. 513, § 2º. É preciso, porém, ter sempre claro que a multa não é o único meio executivo e, ademais, em muitos casos sequer será o melhor.

Pense-se, por exemplo, em um processo no qual o demandante tenha postulado a condenação do réu a excluir de cartório de protestos um protesto de título indevido. Em caso assim, muito mais eficiente do que fixar prazo para cumprimento do dever jurídico de cancelar o protesto e uma multa pelo atraso no cumprimento da decisão seria o juízo determinar a expedição de ofício ao cartório de protesto para que cancele a anotação. Assim, o cartório dará efetividade à determinação judicial de imediato, alcançando-se a tutela pelo resultado prático equivalente.

Casos haverá, porém, em que a multa será um mecanismo bastante eficiente de coerção, servindo ao propósito de constranger o devedor a cumprir a decisão judicial que lhe impôs condenação a fazer ou a não fazer. Em casos assim, deverá ela ser fixada, de ofício ou a requerimento do interessado, devendo ser *suficiente e compatível com a obrigação a ser cumprida*, devendo-se fixar prazo razoável para o cumprimento do preceito (art. 537), já que apenas depois do decurso do prazo é que a multa incidirá.

É muito importante perceber que a multa deve ser *suficiente* para constranger o devedor. Assim, deve ela ser fixada de acordo com a capacidade patrimonial do demandado, e não em conformidade com o valor da obrigação, ao qual a multa não se vincula em hipótese alguma.

Pense-se, por exemplo, no caso de ser devedora da obrigação uma grande instituição financeira, ou uma poderosa concessionária de serviços públicos, como são as empresas de telefonia. Em casos assim, multas irrisórias (como as que costumeiramente são fixadas na prática forense) são absolutamente insuficientes, já que não conseguem produzir o resultado de constranger o devedor a cumprir a decisão (já tive oportunidade de me deparar com um caso em que o valor da multa fixado contra uma instituição financeira exigiria que o cumprimento da decisão atrasasse cinquenta e dois anos para consumir-se o lucro de um trimestre da pessoa jurídica; em outro caso, seria preciso que o demandado – também uma instituição financeira – atrasasse o cumprimento da obrigação em quatorze mil anos para que se consumisse seu lucro de nove meses). Impende, pois, que a multa seja fixada em valor capaz de efetivamente constranger o devedor. Afinal, a multa que cumpre mais adequadamente seu papel é aquela que não precisa ser paga por ter sido capaz de constranger o devedor a, tempestivamente, cumprir o preceito e realizar o direito do demandante, o qual já foi reconhecido no título executivo judicial.

Caso a decisão, porém, não seja cumprida no prazo assinado, começará a incidir a multa, que será devida desde o término do prazo, quando se configura o descumprimento da decisão, e incidirá até que a decisão seja efetivamente cumprida (art. 537, § 4º). Pode acontecer, porém, de já incidindo a multa o credor optar por requerer a conversão da obrigação em perdas e danos (art. 499). Neste caso, a partir do dia em que postulada a conversão a multa parará de incidir, mas aquela que se tenha vencido será devida juntamente com a indenização que venha a ser fixada (art. 500).

A *astreinte* que seja devida em razão do descumprimento da decisão judicial deverá ser paga ao exequente (art. 537, § 2º), que poderá promover sua execução. Caso ainda não haja sentença judicial transitada em julgado, será possível promover-se o cumprimento provisório da decisão que impôs a multa, caso em que o valor devido será depositado em juízo, só se permitindo o levantamento após o trânsito em julgado da sentença favorável ao credor (art. 537, § 3º, na redação da Lei nº 13.256/2016).

Permite a lei que o juiz, de ofício ou a requerimento, modifique o valor ou a periodicidade da multa *vincenda*, ou que a exclua, caso verifique que se tornou insuficiente ou excessiva, ou se o obrigado demonstrar cumprimento parcial superveniente da obrigação ou justa causa para o descumprimento (art. 537, § 1º). Importante ter claro, porém, que só se pode reduzir ou aumentar multa vincenda, não sendo admissível a alteração de valor de multa já vencida, o que implicaria a redução do valor de um crédito já configurado do demandante, violando-se um seu direito adquirido. Apenas multas *vincendas*, portanto, podem ter seu valor ou periodicidade modificados por decisão judicial.

No caso de decisão judicial que tenha imposto obrigação de entregar coisa, esta deverá ser cumprida no prazo fixado no pronunciamento judicial (o qual correrá a partir da intimação do executado, realizada nos termos do art. 513, § 2º). Decorrido o prazo sem que tenha sido cumprida a decisão, será expedido mandado de busca e apreensão ou de imissão na posse em favor do exequente, conforme se trate, respectivamente, de coisa móvel ou imóvel (art. 538).

No procedimento destinado ao cumprimento de sentença que condena a entregar coisa é vedada qualquer discussão acerca de eventual direito de retenção ou indenização por benfeitorias, matéria que deve ter sido alegada na contestação e debatida na fase de conhecimento (art. 538, §§ 1º e 2º).

Quanto ao mais, aplica-se ao procedimento executivo do cumprimento de sentença que condena a cumprir obrigação de entregar coisa, no que couber, o regime do cumprimento de sentença que reconhece dever jurídico de fazer ou de não fazer (art. 538, § 3º), especialmente quanto à atipicidade dos meios executivos. É, pois, inteiramente aplicável no cumprimento de sentença que condena a entregar coisa o regime da *astreinte*, mecanismo coercitivo que, para a efetivação da tutela jurisdicional específica relativa às obrigações de entregar coisa, pode ser tremendamente eficiente, já que – sendo a multa fixada em valor verdadeiramente suficiente para constranger o devedor – a *astreinte* poderá revelar-se capaz de exercer pressão psicológica sobre o demandado, fazendo com que ele cumpra seu dever jurídico de entregar a coisa ao demandante, dela se desapossando.

20

ESPÉCIES DE EXECUÇÃO FUNDADAS EM TÍTULO EXTRAJUDICIAL

20.1 Disposições Gerais

Desenvolve-se a execução no interesse do exequente. Ressalvam-se, apenas, os casos de ser o devedor insolvável, o que leva à instauração da execução por concurso universal, seja através da falência (Lei nº 11.101/2005), seja através da execução por quantia certa contra devedor insolvente (a qual permanece regulada pelo CPC de 1973, por força do disposto no art. 1.052). Fora desses casos, porém, a execução se realiza única e exclusivamente com o objetivo de viabilizar a realização do direito do exequente (art. 797). Tanto é assim que, havendo mais de uma penhora sobre o mesmo bem, e respeitadas as preferências resultantes do direito material (art. 797, parágrafo único), surgirá, para o exequente, um direito de preferência no recebimento dos valores obtidos através da expropriação do bem (art. 797, *in fine*).

Ao propor a demanda executiva fundada em título extrajudicial, incumbe ao exequente instruir sua petição inicial com o título executivo (art. 798, I, *a*).

Deve, ainda, a petição inicial ser instruída com demonstrativo do débito atualizado até a data da propositura da execução (art. 798, I, *b*), caso se trate de execução por quantia certa. Este demonstrativo deverá conter (art. 798, parágrafo único) o índice de correção monetária adotado; a taxa de juros aplicada; os termos inicial e final de incidência dos índices de atualização monetária e da taxa de juros empregada; a periodicidade da capitalização dos juros, se for o caso; e a especificação de descontos obrigatórios que tenham de ser realizados.

Também é preciso instruir a petição inicial com a prova de que se verificou a condição ou de que ocorreu o termo, se for o caso (art. 798, I, *c*); e com a prova, também se for o caso, de que adimpliu a contraprestação que lhe corresponde, ou que lhe assegura o cumprimento, se o executado não for obrigado a satisfazer sua prestação senão mediante a contraprestação do exequente (art. 798, I, *d*), evitando-se, deste modo, a *exceptio non adimpleti contractus* ("exceção de contrato não cumprido").

Cabe ao exequente, ainda, indicar (art. 798, II): a espécie de execução de sua preferência, quando por mais de um modo puder ser realizada (como se dá, por exemplo, no caso da execução de prestação alimentícia, que pode ser realizada pelo procedimento executivo padrão para as execuções de obrigação pecuniária, o qual não admite a prisão civil do devedor de alimentos, ou pela execução especial que permite o emprego da prisão como mecanismo coercitivo); os nomes completos do exequente e do executado, assim como seus números de inscrição nos cadastros de pessoas físicas ou jurídicas (CPF ou CNPJ); e os bens suscetíveis de penhora, sempre que possível.

Incumbe, ainda, ao exequente, no processo de execução, requerer a intimação do credor pignoratício, hipotecário, anticrético ou fiduciário, quando a penhora recair sobre bens gravados por penhor, hipoteca, anticrese ou alienação fiduciária (art. 799, I).

Também é incumbência do exequente requerer a intimação do titular de usufruto, uso ou habitação, quando a penhora recair sobre bem gravado com algum desses direitos reais limitados (art. 799, II); assim como a intimação do promitente comprador, quando a penhora recair sobre bem em relação ao qual haja promessa de compra e venda (art. 799, III) ou do promitente vendedor, se a penhora incidir sobre direito aquisitivo derivado de promessa de compra e venda registrada (art. 799, IV).

No caso de a penhora incidir sobre imóvel submetido ao regime do direito de superfície, enfiteuse ou concessão de uso especial para fins de moradia ou concessão de direito real de uso, deverá o exequente requerer a intimação do superficiário, do enfiteuta ou do concessionário (art. 799, V). Também será necessariamente requerida a intimação do proprietário do terreno com regime de superfície, enfiteuse, concessão de uso especial para fins de moradia ou concessão de direito real de uso, quando a penhora recair sobre direitos do superficiário, do enfiteuta ou do concessionário (art. 799, VI). Incidindo a penhora sobre direito real de laje, deverá o exequente requerer a intimação do titular da construção-base e, se for o caso, dos titulares de lajes anteriores (art. 799, X). Já no caso de recair a penhora sobre a construção-base, deverá o exequente requerer a intimação dos titulares de direito real de laje (art. 799, XI).

Em todos os casos aqui examinados, a alienação do bem sem a intimação prévia do titular de direito real sobre ele que não esteja sendo executado faz com que tal ato expropriatório seja tido por ineficaz (art. 804, §§ 1º a 6º).

Caso seja penhorada quota social ou ações de sociedade anônima fechada, deverá ser requerida a intimação da sociedade (art. 799, VII), a fim de viabilizar a adjudicação desses bens pelos outros sócios (art. 876, § 7º).

Eventuais medidas urgentes também deverão ser requeridas pelo exequente (art. 799, VIII), como seria o caso da alienação antecipada de bens penhorados (art. 852).

É, ainda, incumbência do executado proceder à averbação, em registro público, do ato de propositura da demanda executiva e dos atos de constrição realizados, para conhecimento de terceiros (art. 799, IX, aplicável também ao cumprimento de sentença, como se vê no enunciado 529 do FPPC), a fim de proteger o exequente contra alienações ou onerações fraudulentas de bens (art. 792, II e III).

Verificando o juízo que a petição inicial da execução está incompleta ou desacompanhada de documentos indispensáveis ao ajuizamento da demanda, o juiz determinará sua correção, no prazo de quinze dias, sob pena de indeferimento da inicial (art. 801). Estando em termos a petição inicial, de outro lado, será proferido despacho

Parte Especial • Cap. 20 • Espécies de execução fundadas em título extrajudicial **383**

liminar positivo, para determinar a citação do executado, despacho este que será o marco da interrupção da prescrição do crédito exequendo (art. 802), observado o disposto no art. 240, § 2º. A interrupção da prescrição, porém, retroagirá à data da instauração do processo executivo (art. 802, parágrafo único).

Caso se trate de obrigação alternativa (ou de obrigação acompanhada de prestação facultativa), cabendo a escolha ao devedor, este será citado para exercer a opção, realizando a prestação em dez dias (salvo se outro prazo tiver sido estipulado em lei ou no contrato), nos termos do art. 800. Não exercendo o devedor sua opção, esta será transferida para o credor (art. 800, § 1º). No caso de incumbir a escolha ao credor, este a manifestará já em sua petição inicial (art. 800, § 2º).

Por fim, deve-se fazer alusão ao *princípio da menor onerosidade possível*, o qual é manifestação do critério da proporcionalidade (por força do qual sempre que for necessário impor-se a alguém um sacrifício, deverá ser imposto o menor sacrifício possível dentre os que são capazes de levar à produção do resultado almejado). Pois estabelece a lei processual (art. 805) que se por vários meios for possível promover a execução, esta sempre deverá ser realizada pelo modo menos gravoso para o executado. Assim, determinada uma medida executiva, poderá o executado alegar ser ela mais gravosa, caso em que lhe incumbirá indicar outros meios, mais eficazes e menos onerosos, sob pena de manutenção dos já determinados (art. 805, parágrafo único).

Pois essas disposições gerais são aplicáveis, no que couber, a cada uma das modalidades de execução, as quais são estabelecidas a partir da natureza da obrigação exequenda (execução para entrega de coisa; execução das obrigações de fazer ou não fazer; execução por quantia certa).

20.2 Execução para Entrega de Coisa

O CPC, respeitando a distinção feita pelo Código Civil (arts. 233 a 246), trata de formas distintas a execução *para entrega de coisa certa* e a destinada à *entrega de coisa incerta*.

Quando se trata de execução para entrega de coisa certa, fundada em título executivo extrajudicial, a demanda deve ser proposta por petição inicial que deverá preencher os requisitos estabelecidos pelos arts. 77, V, 319, 320 e 798. Estando corretamente elaborada a petição inicial, será determinada a citação do executado para, no prazo de quinze dias, satisfazer a obrigação, entregando a coisa devida (art. 806).

No mesmo despacho que ordena a citação, deverá o juízo da execução fixar multa por dia de atraso, ficando seu valor sujeito a alteração se insuficiente ou excessivo (art. 806, § 1º). Vale recordar, aqui, que a modificação desta multa (*astreinte*) só pode produzir efeitos para o futuro, alterando-se apenas o valor da multa vincenda (art. 537, § 1º).

Do mandado de citação constará, desde logo, a ordem para imissão na posse (caso a coisa a ser entregue seja imóvel) ou busca e apreensão (no caso de se tratar de bem móvel), cujo cumprimento se dará de imediato se o executado não promover a entrega da coisa no prazo (art. 806, § 2º).

No caso de o executado entregar a coisa, será lavrado termo de entrega, sendo considerada satisfeita a obrigação. A execução, neste caso, só prosseguirá para o pagamento de frutos ou o ressarcimento de prejuízos, se houver (art. 807).

Verificando-se que foi alienada a coisa a ser entregue quando já era litigiosa, será expedido mandado – de busca e apreensão ou de imissão na posse – contra o terceiro adquirente, que somente será ouvido depois de depositá-la em juízo (art. 808). Isto decorre do fato de que os bens do adquirente respondem pela execução quando esta é fundada em direito real ou em obrigação reipersecutória (art. 790, I).

Se a coisa se tiver deteriorado, não for entregue, não for encontrada ou não for reclamada do poder de terceiro adquirente, o exequente terá o direito de receber perdas e danos, além do próprio valor da coisa (art. 809). Caso o valor da coisa não conste do título, deverá ser avaliada e, caso não seja possível a avaliação, o exequente apresentará uma estimativa, a qual estará sujeita ao arbitramento judicial (art. 809, § 1º). Serão, então, apurados em liquidação o valor da coisa e os prejuízos suportados (art. 809, § 2º), aplicando-se a partir daí o procedimento incidental de liquidação de sentença (arts. 509 a 512), após o que se desenvolverá uma execução por quantia certa.

Caso tenham sido realizadas no bem a ser entregue benfeitorias indenizáveis feitas pelo executado ou por terceiros de cujo poder ela tenha sido retirada, a liquidação prévia é obrigatória (art. 810), a fim de se verificar o valor a ser pago a título de indenização pelas benfeitorias. Constatada a existência de saldo em favor do executado ou de terceiros, o exequente o depositará para poder haver a coisa (art. 810, parágrafo único, I). Já no caso de haver saldo em favor do exequente, este poderá cobrá-los nos autos do mesmo processo (art. 810, parágrafo único, II).

Tendo a execução por objeto a satisfação de um direito de receber *coisa incerta*, porém, há algumas diferenças a considerar.

Vale, aqui, recordar o que é a obrigação de dar coisa incerta. Esta é a obrigação de dar coisas que são indicadas "ao menos, pelo gênero e pela quantidade" (art. 243 do CC). Pense-se, por exemplo, no caso de alguém que é obrigado a entregar um dos cavalos de um haras, ou um dos cães de um canil. Pois neste caso há bens diferentes entre si, mas que são determinados pelo gênero (cavalo, cão) e pela quantidade a ser entregue.

Pois, em casos assim, impõe-se a *concentração da obrigação*, de modo a permitir que se promova a escolha da coisa a ser entregue. E para que se concentre a obrigação impõe saber a quem incumbe o direito de escolher a coisa a ser entregue.

O direito de escolha incumbirá àquele que tenha sido indicado como seu titular no título constitutivo da obrigação. Silente este, porém, o direito de escolher será do devedor (art. 244 do CC).

Cabendo a escolha ao exequente, este a exercerá na petição inicial (art. 811, parágrafo único). De outro lado, sendo o direito de escolha de titularidade do executado, este será citado para entregá-la individualizada (art. 811), no prazo de quinze dias (arts. 806 e 813).

Qualquer das partes poderá impugnar, no prazo de quinze dias, a escolha feita pela parte contrária. O único fundamento de impugnação que se admite, porém, é o que resulta do art. 244 do CC, por força do qual "[o devedor] não poderá dar a coisa pior, nem será obrigado a prestar a melhor".

Dito de outro modo, se a escolha couber ao credor, este só poderá escolher a coisa melhor se o executado livremente aceitar entregá-la. De outro lado, se a escolha couber ao executado, este só poderá entregar ao exequente a coisa pior se o demandante aceitar recebê-la.

Quanto ao mais, aplicam-se às execuções para entrega de coisa incerta as disposições referentes à execução para entrega de coisa certa (art. 813).

20.3   Execução das Obrigações de Fazer e de Não Fazer

No processo de execução de obrigação de fazer ou de não fazer fundado em título executivo extrajudicial, o juiz – ao despachar positivamente a petição inicial – fixará multa por dia de atraso no cumprimento da obrigação e a data a partir da qual será devida (*astreinte*). Caso o valor da multa esteja previsto no título executivo, mas seja excessivo, terá o juiz o poder de reduzi-lo (art. 814, *caput* e parágrafo único).

Quando o objeto da execução por título extrajudicial for uma obrigação de fazer, o processo se instaurará através do ajuizamento de uma petição inicial. Tendo esta preenchido todos os seus requisitos, o juiz determinará a citação do executado para satisfazê-la no prazo que o juiz assinar, se outro não estiver previsto no título executivo (art. 815).

Citado o executado e cumprida a obrigação no prazo, o processo será extinto.

Caso o executado não satisfaça a obrigação no prazo que lhe foi assinado, é lícito ao exequente, nos próprios autos, requerer a satisfação da obrigação à custa do executado (se a prestação for fungível, isto é, se for uma prestação que possa ser cumprida por terceiro) ou perdas e danos. Nesta hipótese, a obrigação se converterá em indenização (art. 816), devendo o valor das perdas e danos ser apurado em liquidação, e se transformando o processo em execução por quantia certa (art. 816, parágrafo único).

Optando o exequente por ver realizada a prestação (fungível) por terceiro, deverá requerer ao juiz que autorize o terceiro a satisfazê-la à custa do executado (art. 817). Caberá ao juiz, então, aprovar uma proposta de terceiro, o que só poderá fazer depois de ouvir as partes. Aprovada a proposta, incumbirá ao exequente adiantar os valores necessários para o pagamento do terceiro (art. 817, parágrafo único). O exequente, porém, terá direito de preferência, podendo ele próprio executar – ou mandar executar, sob sua direção e vigilância – as obras e os trabalhos necessários à realização da prestação, desde que o faça nas mesmas condições estabelecidas na proposta do terceiro que tenha sido aprovada pelo juiz (art. 820). Para exercer esse direito de preferência, o exequente terá de manifestar sua intenção no prazo de cinco dias a contar da intimação da decisão que aprovou a proposta do terceiro (art. 820, parágrafo único).

Realizado o serviço pelo terceiro, o juiz ouvirá as partes no prazo de dez dias e, não havendo impugnação, considerará satisfeito o direito do exequente (art. 818). Caso haja alguma impugnação, porém, o juiz deverá decidi-la desde logo (art. 818, parágrafo único).

Verificando o juízo da execução que o terceiro contratado não realizou a prestação no prazo, ou que o fez de modo incompleto ou defeituoso, poderá o exequente requerer ao juiz, no prazo de quinze dias, que o autorize a concluí-la ou a repará-la à custa do terceiro contratado (art. 819, que fala em "contratante" para se referir ao terceiro contratado). O juiz, então, ouvirá o terceiro contratado no prazo de quinze dias, em seguida mandará avaliar o custo das despesas necessárias e (se for o caso, claro) o condenará a pagar tal valor (art. 819, parágrafo único).

Concluída a atividade necessária para a realização da prestação por terceiro, o exequente poderá, então – e finalmente – prosseguir na execução (agora convertida em execução por quantia certa) contra o devedor, para dele obter o valor que teve de pagar ao terceiro contratado.

Sendo infungível a prestação, e só sendo possível, portanto, que a obrigação seja realizada por ato do próprio devedor, poderá o exequente requerer ao juiz que estipule um prazo para seu cumprimento (art. 821), sob pena de incidência de multa diária (art. 814). Decorrido o prazo sem que a prestação tenha sido cumprida, será possível a conversão da obrigação em perdas e danos, caso em que se observará o procedimento da execução por quantia certa (art. 821, parágrafo único).

No que diz respeito à assim chamada "execução das obrigações de não fazer", impende fazer uma consideração. É que não existe mora nas obrigações de não fazer. Afinal, como são obrigações negativas, não há como se cogitar de atraso no descumprimento. O que pode haver é o inadimplemento, o qual ocorrerá quando o devedor praticar o ato que estava obrigado a se abster de realizar. Será, então, o caso de se buscar, através do processo judicial, o desfazimento daquilo que não poderia ter sido feito (o que é uma prestação positiva). Perceba-se, então, que a execução de obrigação de não fazer é, a rigor, uma *execução da obrigação de desfazer o que não poderia ter sido feito*.

Por conta disso, estabelece o art. 822 que "[se] o executado praticou ato a cuja abstenção estava obrigado por lei ou por contrato, o exequente requererá ao juiz que assine prazo ao executado para desfazê-lo".

Citado o executado, e promovendo este – no prazo que lhe tenha sido assinado – o desfazimento do que não poderia ter sido feito, deverá ser extinta a execução. Havendo, porém, recusa ou mora do executado, o exequente requererá ao juiz que mande desfazer o ato à custa do devedor (aplicando-se, quanto ao ponto, o sistema estabelecido para a prestação do serviço pelo terceiro contratado previsto para a execução das obrigações de fazer), conforme dispõe o art. 823. Além disso, o executado responderá *também* por perdas e danos.

Não sendo, porém, possível desfazer o ato, a obrigação se resolverá em perdas e danos e, depois de promovida a liquidação, o processo se converterá em uma execução por quantia certa (art. 823, parágrafo único).

Por fim, vale dizer que são aplicáveis ao processo de execução das obrigações de fazer e não fazer fundado em título extrajudicial o disposto nos arts. 536 e 537 (FPPC, enunciado 444).

20.4 Execução por Quantia Certa

20.4.1 Disposições Gerais

O CPC regula três diferentes procedimentos para o desenvolvimento da execução por quantia certa. O primeiro deles (arts. 824 a 909) é o procedimento padrão, a ser usado sempre que não for caso de utilização de algum procedimento executivo especial. Os outros dois – que são procedimentos executivos especiais – destinam-se à execução (por título extrajudicial) contra a Fazenda Pública (art. 910) e à execução (também por título extrajudicial) de prestação alimentícia (arts. 911 a 913).

O procedimento padrão da execução por quantia certa se inicia, como não poderia deixar de ser, pelo ajuizamento de uma petição inicial. Esta petição deverá vir instruída com o título executivo extrajudicial (art. 798, I, *a*) e com demonstrativo do débito atualizado até a data da propositura da demanda executiva (art. 798, I, *b*). Este demonstrativo deverá indicar o índice de correção monetária adotado (e aqui vale a pena lembrar que incumbe ao Conselho Nacional de Justiça desenvolver e colocar à disposição dos interessados programa de atualização financeira, nos termos do art. 509, § 3º), a taxa de juros aplicada, os termos inicial e final de incidência dos índices de correção monetária e da taxa de juros, a periodicidade da capitalização de juros (se for o caso) e a especificação dos descontos obrigatórios realizados, como seria o caso do desconto de imposto de renda retido na fonte (art. 798, parágrafo único).

Estando corretamente elaborada a petição inicial (isto é, não sendo caso de determinação de sua emenda ou mesmo de seu indeferimento), o juiz proferirá despacho liminar positivo, determinando a citação do executado. Neste pronunciamento serão fixados, desde logo, honorários advocatícios, os quais serão invariavelmente de dez por cento sobre o valor da execução, a serem pagos pelo executado (art. 827). Poderá, porém, haver majoração desses honorários (até o limite de vinte por cento) se rejeitados os embargos do executado ou, caso não opostos esses embargos, ao final do processo e se levando em conta o trabalho realizado pelo advogado do exequente (art. 827, § 1º).

Proferido este despacho liminar positivo, poderá o exequente obter certidão de que a execução foi admitida pelo juízo, com identificação das partes e do valor da causa, para fins de averbação no registro de imóveis, de veículos ou de outros bens sujeitos à penhora, arresto ou indisponibilidade (art. 828, aplicável também ao cumprimento de sentença, como se vê pelo enunciado 529 do FPPC). A obtenção desta certidão não depende de decisão judicial, devendo ela ser emitida pelo escrivão ou chefe de secretaria (FPPC, enunciado 130). Averbada essa certidão, o exequente deverá comunicar ao juízo, no prazo de dez dias – sob pena de ineficácia da averbação –, que aquela foi efetivada (art. 828, § 1º). Após a averbação da certidão de admissão da execução, a alienação ou instituição de gravame sobre o bem à margem de cujo registro a averbação tenha sido feita será tida em fraude à execução (arts. 792, II, e 828, § 4º).

Quando, posteriormente, vier a ser efetivada penhora sobre bens suficientes para cobrir a integralidade do valor do crédito exequendo, incumbirá ao exequente providenciar, no prazo de dez dias, o cancelamento das averbações relativas aos bens não penhorados (art. 828, § 3º). Caso o exequente não promova esse cancelamento, será ele determinado pelo juiz da execução, de ofício ou mediante requerimento do interessado (art. 828, § 3º).

Averbações que se revelem manifestamente indevidas, assim como as não canceladas no prazo, gerarão para o exequente o dever de indenizar o executado, processando-se o incidente em autos apartados (art. 828, § 5º).

20.4.2 Citação e Arresto

O executado será citado para, no prazo de três dias (contado da citação, nos termos do art. 829, o que afasta a incidência das regras previstas no art. 231), efetuar o pagamento da dívida exequenda (art. 829). A citação será feita, preferencialmente, por oficial de justiça. Isto não é expresso no texto do CPC, que, a rigor, sequer veda a citação postal ou eletrônica nos processos executivos (art. 247), mas o art. 830 é expresso em atribuir incumbências ao oficial de justiça que não consegue efetivar desde logo a citação, o que demonstra que é ao oficial de justiça que incumbe a diligência de citação.

Citado o executado, caso o pagamento seja inteiramente efetuado dentro desse prazo de três dias, o valor dos honorários ficará automaticamente reduzido à metade (art. 827, § 1º).

Não efetuado o pagamento no prazo, prosseguirá o procedimento executivo, motivo pelo qual do mandado de citação constarão, também, a ordem de penhora e a avaliação (a serem cumpridas pelo oficial de justiça tão logo verificado o decurso do prazo sem que o pagamento tenha sido realizado), nos termos do art. 829, § 1º.

Pode acontecer de o oficial de justiça não encontrar o executado. Neste caso, deverá proceder ao arresto de tantos bens quantos bastem para garantir a execução (art. 830). O arresto é uma medida executiva – e não cautelar, motivo pelo qual deve-se evitar confusões entre esta medida e aquela, de natureza cautelar, mencionada no art. 301 – a ser efetivada pelo oficial de justiça, independentemente de requerimento

do exequente ou de determinação judicial. Ocorrendo o fato, objetivamente considerado, de o oficial de justiça não encontrar o executado para efetivar a citação, deverão
ser arrestados tantos bens quantos bastem para garantir a execução.

O arresto é, na verdade, uma *antecipação de penhora* (ou, se se preferir, uma pré-penhora), e em penhora se converterá se, aperfeiçoada a citação, decorrer o prazo de três
dias sem que se efetue o pagamento voluntário (art. 830, § 3º). Neste caso, a conversão do arresto em penhora se dá de pleno direito, independentemente de lavratura de
qualquer termo, e os efeitos da penhora retroagirão à data do arresto.

Não tendo sido encontrado o executado para citação, e efetivado pelo oficial de
justiça o arresto, faz-se necessária a realização de novas diligências, pelo próprio oficial de justiça, que deverá, nos dez dias seguintes, procurar o executado por mais duas
vezes, em dias distintos. Havendo suspeita de ocultação, o oficial de justiça promoverá a citação com hora certa (art. 830, § 1º). Não sendo possível a realização da citação
pessoal, e não sendo caso de se efetivar a citação com hora certa, deverá o exequente
requerer a citação do executado por edital (art. 830, § 2º).

20.4.3 Penhora, Depósito e Avaliação

Citado o executado, terá ele o prazo de três dias para efetuar o pagamento voluntário e, efetivado este, será possível a extinção da execução. Decorrido o prazo, porém,
sem que o pagamento tenha sido realizado, deverá ser realizada a penhora.

Penhora é o ato de apreensão judicial dos bens que serão empregados, direta ou
indiretamente, na satisfação do crédito exequendo. Em outras palavras, a penhora é
um ato de constrição patrimonial, através do qual são apreendidos bens que serão
utilizados como meio destinado a viabilizar a realização do crédito do exequente. Esta
utilização pode ser *direta* (que se dá quando o próprio bem apreendido é entregue ao
exequente a título de pagamento da dívida, por intermédio de uma técnica de expropriação chamada *adjudicação*) ou *indireta* (que ocorre nos casos em que o bem penhorado é expropriado e transformado em dinheiro, usando-se esta verba, obtida com a
alienação do bem penhorado, para pagar o credor).

A penhora produz efeitos de duas ordens: *processuais* e *materiais*.

O primeiro efeito processual da penhora é *garantir o juízo*. Em outros termos, a
penhora é ato pelo qual se estabelece uma garantia de que o módulo processual executivo poderá ser exitoso, bem-sucedido, já que há bens apreendidos de valor suficiente
para permitir a integral satisfação do crédito exequendo. Esta garantia é extremamente relevante quando se considera que o procedimento executivo descrito no CPC só é
adequado naqueles casos em que o executado é solvável (isto é, tem patrimônio suficiente para assegurar a satisfação de seu crédito). Afinal, sendo o executado *insolvável*
(ou insolvente, como se costuma dizer no jargão forense, em redação que não é lá das
mais técnicas) o procedimento executivo a ser utilizado é diverso (e está regulado,
ainda, no CPC de 1973, por força do disposto no art. 1.052).

O segundo efeito processual da penhora é o de individualizar os bens que suportarão a atividade executiva. Como já se viu em passagem anterior deste trabalho, o executado responde pelo cumprimento da obrigação com todos os seus bens. Resulta daí que, ao início da execução, a atividade de agressão patrimonial pode incidir sobre todo e qualquer bem do executado (com a única ressalva dos bens impenhoráveis). Pois a partir do momento em que a penhora é efetivada, toda a atividade executiva passará a incidir exclusivamente sobre os bens penhorados.

O terceiro e último efeito processual da penhora é gerar, para o exequente, *direito de preferência*. É que pode acontecer de incidirem, sobre o mesmo bem, duas ou mais penhoras. É preciso, então, recordar que há credores que não têm qualquer preferência legal na satisfação do crédito (como se dá, por exemplo, com os credores quirografários). Pois entre eles a preferência será ditada pela penhora (arts. 797, *caput* e parágrafo único, e 905, I). Dito de outro modo, quando o bem penhorado for transformado em dinheiro (e respeitadas outras preferências legais, como a dos credores trabalhistas ou fiscais), receberá primeiro aquele que obteve a primeira penhora.

Além desses efeitos processuais, a penhora produz dois *efeitos materiais* (ou substanciais). O primeiro deles é privar o executado da posse direta do bem apreendido. É que a penhora se aperfeiçoa com a apreensão e depósito dos bens (art. 839). Haverá, pois, com a realização da penhora, um desapossamento do bem apreendido, de modo que este será retirado da posse do executado e passará a estar na posse do juízo. A rigor, o que se tem aí é um *desdobramento forçado da posse*, de modo que o executado (que, ao ver penhorados bens seus, não fica privado de sua propriedade, já que o bem penhorado ainda lhe pertence) permanecerá tão somente com a posse indireta do bem, enquanto o Estado, por intermédio do juízo, passará a ter a posse direta do que tenha sido penhorado.

Interessante é, porém, o caso em que o próprio executado é nomeado depositário do bem penhorado (art. 840, III e § 2º). É que nestes casos, embora o executado permaneça com o bem, não terá mais sua posse direta. Afinal, atuará o executado nesses casos como depositário dos bens penhorados e, portanto, como auxiliar eventual da justiça. Nesse caso, pois, o executado ficará de qualquer maneira privado da posse direta do bem apreendido, mas se tornará *detentor* do bem (já que o terá consigo em nome alheio, isto é, em nome do Estado-juiz).

O segundo efeito material da penhora é *tornar ineficazes os atos posteriores de alienação ou de oneração do bem*, efeito este que só se produz, porém, se a penhora tiver sido averbada junto ao registro do bem (art. 792, III). Assim, tendo sido efetivada a penhora e averbada ela junto à matrícula do bem (se este for sujeito a registro, como se dá, por exemplo, com imóveis ou veículos automotores), qualquer ato posterior de alienação ou instituição de gravame sobre o bem penhorado será considerado fraude à execução e, pois, inoponível ao exequente. É que a averbação da penhora (ou do arresto, que, como dito anteriormente, é uma antecipação de penhora) junto ao registro competente, gera presunção absoluta de que a apreensão do bem é conhecida por terceiros (art. 844). E sendo absoluta a presunção, não admite ela qualquer prova em contrário.

A penhora deverá recair sobre tantos bens (penhoráveis, claro) quantos bastem para garantir o pagamento integral do débito exequendo atualizado, acrescido de juros, das despesas processuais e dos honorários advocatícios (art. 831). Por conta disso, é expressa a lei processual ao estabelecer que não se fará a penhora quando for evidente que o valor que poderá ser obtido com a expropriação dos bens encontrados será totalmente absorvido pelo pagamento das custas da execução (art. 836).

Deve a penhora, preferencialmente, observar a ordem prevista no art. 835. Perceba-se, porém, que é *prioritária* a penhora de dinheiro (art. 835, § 1º), somente sendo possível alterar a ordem prevista no *caput* do art. 835 em relação aos demais bens, o que levará em conta as circunstâncias do caso concreto (art. 835, § 1º, *in fine*).

Assim é que, prioritariamente, a penhora recairá sobre dinheiro, em espécie ou depositado ou aplicado em instituição financeira (art. 835, I). Não havendo, porém, dinheiro suficiente para garantir a execução, a penhora incidirá, preferencialmente, sobre títulos da dívida pública da União, dos Estados e do Distrito Federal com cotação em mercado (art. 835, II); sobre títulos e valores mobiliários com cotação em mercado (art. 835, III); veículos de via terrestre (art. 835, IV); imóveis (art. 835, V); outros bens móveis (art. 835, VI); semoventes (art. 835, VII); navios e aeronaves (art. 835, VIII); ações e quotas de sociedades simples ou empresárias (art. 835, IX); percentual do faturamento de empresa devedora (art. 835, X); pedras e metais preciosos (art. 835, XI); direitos aquisitivos derivados de promessa de compra e venda e de alienação fiduciária em garantia (art. 835, XII); ou, por fim, sobre outros bens ou direitos, não mencionados nas hipóteses anteriores (art. 835, XIII).

Tratando-se de execução de crédito garantido por algum "ônus real" (como a hipoteca ou o penhor, por exemplo), porém, a penhora recairá, obrigatoriamente, sobre a coisa dada em garantia e, se esta pertencer a terceiro, será ele também intimado da penhora (art. 835, § 3º). Fica, neste caso, pois, afastada a gradação prevista no art. 835.

A penhora é realizada mediante a lavratura de um auto ou de um termo, que deverá conter a indicação do dia, mês, ano e lugar em que a apreensão foi feita; os nomes do executente e do executado, a descrição do bem penhorado, com suas características e a nomeação do depositário dos bens (art. 838). Havendo mais de uma penhora, serão lavrados autos ou termos individualizados (art. 839, parágrafo único). Tratando-se de penhora de dinheiro, esta poderá realizar-se por meio eletrônico – assim como a averbação da penhora de qualquer bem – desde que isto ocorra com observância das normas de segurança cuja instituição é incumbência do Conselho Nacional de Justiça (art. 837).

Como dito anteriormente, a penhora é um ato de apreensão judicial de bens. Por tal motivo, considera-se aperfeiçoada a penhora com a apreensão e o depósito dos bens (art. 839). Como se faz necessário o depósito do bem penhorado, torna-se indispensável a nomeação de um depositário do bem.

Tratando-se de dinheiro, papéis de crédito, pedras ou metais preciosos, o depositário será, preferencialmente, o Banco do Brasil, a Caixa Econômica Federal ou banco de que o Estado ou o Distrito Federal tenha mais da metade do capital social integralizado ou, na sua falta, em qualquer instituição de crédito designada pelo juiz (art. 840, I). Joias, pedras e outros objetos preciosos deverão ser depositados com registro do valor estimado de resgate (art. 840, § 3º).

No caso de penhora de móveis, semoventes, imóveis urbanos (ou direitos aquisitivos sobre imóveis urbanos), deverá o bem ficar, preferencialmente, sob a guarda de depositário judicial (art. 840, II). Não havendo depositário judicial, ficarão os bens sob a guarda do exequente (art. 840, § 1º).

Imóveis rurais (e os direitos aquisitivos sobre imóveis rurais), máquinas, utensílios e instrumentos necessários ou úteis à atividade agrícola, desde que prestada caução idônea, ficarão depositados com o executado (art. 840, III).

Seja lá qual for o bem, porém, será possível nomear-se depositário o executado quando se tratar de bem de difícil remoção ou se com tal nomeação concordar o exequente (art. 840, § 2º).

Formalizada a penhora (pela lavratura do auto ou termo de penhora), dela será imediatamente intimado o executado (art. 841). Essa intimação será feita na pessoa do advogado do executado ou à sociedade de advogados que ele integre (art. 841, § 1º). Dispensa-se a intimação através de advogado, porém, se o ato da penhora se deu na presença do executado, caso em que este será desde logo intimado pessoalmente (art. 841, § 3º). Não tendo o executado advogado constituído nos autos, sua intimação será pessoal, a ser feita preferencialmente por via postal (art. 841, §§ 2º e 4º).

Caso o bem penhorado seja imóvel (ou algum direito real sobre imóvel) e o executado seja casado, deverá ser intimado também seu cônjuge, salvo se o regime do casamento for o da separação absoluta de bens (art. 842).

Recaindo a penhora sobre bem gravado por penhor, hipoteca, anticrese ou alienação fiduciária, deverá ser intimado, também, o credor pignoratício, hipotecário, anticrético ou fiduciário (art. 799, I). Se a penhora recair sobre bem gravado por usufruto, uso ou habitação, será intimado o titular do direito real sobre coisa alheia (art. 799, II). Vindo a ser efetivada penhora sobre bem em relação ao qual haja promessa de compra e venda registrada, será intimado o promitente comprador (art. 799, III), e se o bem penhorado for direito aquisitivo derivado de promessa de compra e venda registrada, será obrigatoriamente intimado o promitente vendedor (art. 799, IV). No caso de penhora de bem submetido ao regime do direito de superfície, enfiteuse ou concessão de uso especial para fins de moradia ou concessão de direito real de uso, deverá ser intimado o superficiário, enfiteuta ou concessionário (art. 799, V). Já se a penhora recair sobre direitos do superficiário, do enfiteuta ou do concessionário, será intimado o proprietário do terreno com regime de direito de superfície, enfiteuse, concessão de uso especial para fins de moradia ou concessão de direito real de uso (art. 799, VI). Por fim, sendo penhoradas quotas sociais ou ações de sociedade anônima de capital fechado, deverá ser intimada a própria sociedade (art. 799, VII).

A penhora deve ser realizada onde quer que se encontrem os bens, ainda que estejam eles sob a posse, detenção ou guarda de terceiros (art. 845). Havendo necessidade, a penhora poderá realizar-se por carta precatória, caso em que os bens serão apreendidos, avaliados e expropriados no lugar em que se encontrem (art. 845, § 2º). Tratando-se de bem imóvel ou de veículo automotor, porém, apresentada certidão da matrícula daquele ou que ateste a existência deste, a penhora será realizada por termo nos autos, pouco importando o lugar em que o bem esteja localizado (art. 845, § 1º).

Caso o executado feche as portas de sua casa a fim de criar obstáculo à efetivação da penhora, o oficial de justiça comunicará o fato ao juiz, solicitando ordem de arrombamento (art. 846). Deferida a ordem, dois oficiais de justiça cumprirão o mandado, arrombando cômodos e móveis em que se presuma estarem os bens, devendo lavrar auto circunstanciado, a ser assinado por duas testemunhas presentes à diligência (art. 846, § 1º). Caso necessário, o juiz requisitará força policial para dar apoio aos oficiais de justiça (art. 846, § 2º). O auto da ocorrência deverá ser lavrado em duas vias, de que constará o rol de testemunhas com sua qualificação (art. 846, § 4º), devendo uma via ser juntada aos autos e a outra entregue à autoridade policial a quem caiba apurar a prática dos eventuais delitos de desobediência ou de resistência (art. 846, § 3º). Além disso, sempre vale recordar que a atitude do executado que cria embaraços ou dificuldades à realização da penhora constitui ato atentatório à dignidade da justiça (art. 774, III), punível com multa de até vinte por cento do valor atualizado do débito em execução (art. 774, parágrafo único).

20.4.3.1 Modificações da penhora

Intimado o executado da penhora, dispõe ele do prazo de dez dias para requerer a substituição do bem penhorado, devendo para tanto comprovar que a substituição lhe será menos onerosa e não trará prejuízo ao exequente (art. 847). Trata-se, aqui, de regra destinada a viabilizar a implementação do princípio da menor onerosidade possível (art. 805). Deverá o executado, então, indicar o bem que pretende ver penhorado em substituição ao originariamente apreendido. Sendo imóvel o bem oferecido em substituição, deverá o executado juntar certidão da matrícula do imóvel (art. 847, § 1º, I). No caso de bens móveis, incumbe ao executado descrevê-los, com todas as suas propriedades e características, bem assim seu estado e o lugar onde se encontram (art. 847, § 1º, II).

Caso o executado indique em substituição bens semoventes, deverá indicar espécie, número, marca ou sinal e local em que se encontram (art. 847, § 1º, III). Sendo indicados créditos, deverão estes ser identificados, com a nomeação do devedor, a indicação da origem da dívida, do título que a representa e da data do vencimento (art. 847, § 1º, IV).

Por fim, e qualquer que tenha sido o bem indicado em substituição, o executado tem o ônus de lhe atribuir valor, especificando os ônus e encargos a que esteja sujeito (art. 847, § 1º, V).

Além disso, a penhora sempre poderá ser substituída por dinheiro, a que se equiparam a fiança bancária e o seguro garantia judicial, em valor não inferior ao do débito constante da petição inicial acrescido de trinta por cento (arts. 835, § 2º, e 848, parágrafo único).

Não é só para atender ao princípio da menor onerosidade que se admite a substituição da penhora. Também se admite a substituição da penhora, a requerimento de qualquer das partes, se ela não obedecer à ordem legal; se não incidir sobre os bens designados em lei, contrato ou ato judicial para o pagamento; se, havendo bens no foro da execução, outros tiverem sido penhorados; no caso de, havendo bens livres, tiver a penhora recaído sobre bens já penhorados ou por qualquer outro modo gravados; caso ela incida sobre bens de baixa liquidez; se fracassar a tentativa de alienação judicial; ou se o executado não indicar o valor dos bens ou omitir qualquer das indicações previstas na lei (art. 848).

Por fim, caso se verifique, no curso do processo, que o valor de mercado dos bens penhorados sofreu alteração significativa, poderá ser deferida a substituição (ou, também, a redução ou ampliação da penhora), nos termos do art. 850.

Formulado, por alguma das partes, requerimento de substituição (ou, também, de redução ou ampliação) da penhora, a outra parte será ouvida no prazo de três dias, devendo o juiz decidir em seguida (art. 853, *caput* e parágrafo único).

Em qualquer caso, ocorrendo a substituição do bem penhorado, será lavrado novo termo (art. 849).

20.4.3.2 *Penhora de dinheiro*

Como já se viu, a penhora se fará prioritariamente sobre dinheiro, em espécie ou depositado, ou aplicado junto a instituição financeira. Pois, para possibilitar a penhora de dinheiro que esteja depositado ou aplicado, o juiz, *a requerimento do exequente e sem dar ciência prévia ao executado*, determinará às instituições financeiras, por meio de sistema eletrônico gerido pelo Banco Central (BACEN-JUD), que torne indisponíveis ativos financeiros existentes em nome do executado, limitando-se a indisponibilidade ao valor do crédito exequendo (art. 854). Tem-se, aí, pois, um bloqueio eletrônico de dinheiro que se apresenta como *ato preparatório da penhora*.

Verificado eventual excesso do bloqueio, o juiz deverá determinar o cancelamento da indisponibilidade excessiva no prazo de vinte e quatro horas, o que deverá ser cumprido pela instituição financeira em igual prazo (art. 854, § 1º).

Efetivado o bloqueio eletrônico do dinheiro, será intimado o executado para, no prazo de cinco dias, demonstrar que as quantias tornadas indisponíveis são impenhoráveis, ou que ainda remanesce indisponibilidade excessiva de ativos financeiros (art. 854, § 3º). Acolhida qualquer dessas arguições, o juiz determinará o cancelamento da indisponibilidade irregular ou excessiva, o que será cumprido pela instituição financeira em 24 horas (art. 854, § 4º). Rejeitada a manifestação do executado, ou não apresentando ele qualquer alegação no prazo de cinco dias, o bloqueio eletrônico se converterá em penhora, sem necessidade de lavratura de termo, devendo o juízo da execução determinar à instituição financeira depositária que, em vinte e quatro horas, transfira o montante apreendido para conta vinculada ao juízo da execução (art. 854, § 4º). Tem-se, aí, o que no jargão forense se costuma chamar de penhora *on-line*. Nesse caso, todas as transmissões das ordens de indisponibilidade, de seu cancelamento e de determinação de penhora são feitos através do BACEN-JUD, o sistema eletrônico gerido pelo Banco Central, autoridade supervisora do sistema financeiro nacional (art. 854, § 7º).

Responde a instituição financeira pelos prejuízos causados ao executado em razão de indisponibilidade de ativos financeiros em valor superior ao indicado na execução ou pelo juiz, bem assim no caso de não cancelamento da indisponibilidade no prazo de 24 horas, quando determinado pelo juiz (art. 854, § 8º).

No caso de execução movida contra partido político, o juiz, a requerimento do exequente, determinará às instituições financeiras, sempre por meio do BACEN-JUD, que tornem indisponíveis somente os ativos financeiros que estejam em nome do órgão partidário que tenha contraído a dívida executada ou que tenha dado causa à violação de direito ou ao dano, sendo dele a exclusiva responsabilidade pelos atos praticados (art. 854, § 9º). Evita-se, assim, agressão ao patrimônio de um órgão partidário nas execuções movidas por dívidas de outro órgão (como se dá, por exemplo, no caso em que a dívida é de um diretório estadual do partido, caso em que não se poderia apreender verba depositada ou aplicada em nome do diretório nacional).

20.4.3.3 *Penhora de créditos*

A penhora de direito de crédito representado por título (letra de câmbio, nota promissória, duplicata, cheque ou outro título de crédito) se faz pela apreensão do documento (art. 856). Não sendo possível apreender o título, mas ocorrendo o reconhecimento da dívida pelo seu devedor (que é terceiro em relação ao processo executivo, motivo pelo qual o § 1º do art. 856 assim o designa), será ele tido como depositário da importância. Em qualquer caso, o terceiro só se exonera de sua obrigação para com o executado se depositar o valor devido em juízo (art. 856, § 2º).

Caso o terceiro negue sua dívida atuando em conluio com o executado, a quitação que este lhe der será reputada fraude à execução (art. 856, § 3º).

Pode o juiz, a requerimento do exequente, determinar o comparecimento do executado e de seu devedor, para que seus depoimentos sejam tomados (art. 856, § 4º), permitindo-se deste modo que o juiz se esclareça acerca dos fatos que dizem respeito ao crédito a ser penhorado.

Enquanto não ocorrer a apreensão do título a que se refere o art. 856 (ou o reconhecimento, pelo devedor, da existência da dívida a que o título se refere), considera-se feita a penhora pela intimação dirigida ao terceiro devedor para que não pague ao executado (art. 855, I), ou ao executado, credor do terceiro, para que não pratique ato de disposição do crédito (art. 855, II).

Incidindo a penhora sobre direito e ação do executado, e não tendo ele oferecido embargos – ou sendo estes rejeitados – o exequente se sub-rogará no seus direitos até a concorrência de seu crédito (art. 857). Pode o exequente, porém, preferir a alienação judicial do direito penhorado, caso em que deverá declarar esta sua vontade no prazo de dez dias a contar da realização da penhora (art. 857, § 1º).

Caso opte pela sub-rogação, o credor poderá, ainda assim, prosseguir na execução se não receber o crédito do executado, caso em que poderá a execução continuar a desenvolver-se, penhorando-se outros bens (art. 857, § 2º).

No caso de a penhora recair sobre dívida de dinheiro a juros, de direito a rendas ou de prestações periódicas, o exequente poderá levantar os juros, os rendimentos ou as prestações à medida que forem sendo depositados, abatendo-se do crédito exequendo as importâncias recebidas. Aplica-se à hipótese a sistemática da imputação em pagamento (art. 858 e arts. 352 a 355 do Código Civil).

Vindo a penhora a recair sobre direito a prestação ou a restituição de coisa determinada, o executado será intimado para, no vencimento, depositá-la. Efetuado o depósito, sobre o próprio bem se desenvolverá a atividade executiva.

Por fim, no caso de a penhora recair sobre um direito que teria sido postulado em juízo, deverá a constrição ser averbada com destaque, nos autos do processo e nos autos do processo em que tenha sido deferida a penhora, a fim de tornar possível que a apreensão se efetive posteriormente sobre bens que venham a ser adjudicados ou que venham a caber, por força de atos praticados naquele outro processo, pelo aqui executado (art. 860).

20.4.3.4 *Penhora de quotas ou ações de sociedades personificadas*

Quando a penhora recair sobre quotas de sociedade simples ou empresária, ou sobre ações de sociedade anônima de capital fechado, o juiz fixará prazo razoável, não superior a três meses, para que a sociedade apresente balanço especial. No mesmo prazo, a sociedade deverá oferecer as quotas ou ações aos demais sócios, a fim de que exerçam direito de preferência resultante de lei ou de contrato e, não havendo interesse dos sócios na aquisição das quotas ou ações, para que se proceda à sua liquidação, depositando em juízo o valor apurado (art. 861, *caput* e § 2º).

Para evitar a liquidação das quotas ou ações penhoradas, a sociedade pode adquiri-las sem redução do capital social e com utilização de reservas, a fim de as manter em tesouraria (art. 861, § 1º).

Havendo necessidade de realização dessa liquidação, o juiz poderá, a requerimento do exequente ou da própria sociedade, nomear administrador, que deverá submeter à aprovação judicial a forma de liquidação da sociedade (art. 861, § 3º).

O prazo de três meses a que se refere o *caput* do art. 861 pode ser ampliado pelo juiz, se o pagamento das quotas ou das ações superar o valor do saldo de lucros ou reservas, exceto a legal, e sem diminuição do capital social, ou por doação; ou se colocar em risco a estabilidade financeira da sociedade (art. 861, § 4º).

Não havendo interesse dos sócios não executados em exercer o direito de preferência, não ocorrendo a aquisição das quotas ou ações pela própria sociedade, e sendo a liquidação excessivamente onerosa para a sociedade, o juiz deverá determinar a realização de leilão judicial das quotas ou ações penhoradas (art. 861, § 5º).

Nada disso, porém, se aplica às companhias de capital aberto, cujas ações serão adjudicadas ou alienadas em bolsa de valores (art. 861, § 2º).

20.4.3.5   *Penhora de empresa, de outros estabelecimentos e de semoventes*

Nos casos em que a penhora incida sobre estabelecimento comercial, industrial ou agrícola, bem como em semoventes, plantações ou edifícios em construção, o juiz deverá nomear um administrador-depositário, que terá o prazo de dez dias para apresentar um plano de administração (art. 862). Após a apresentação do plano, as partes serão ouvidas e, em seguida, o juiz decidirá (art. 862, § 1º).

Podem as partes, evidentemente, ajustar a forma de administração e escolher o depositário, caso em que o negócio processual por elas celebrado dependerá de homologação pelo juiz (art. 862, § 2º).

No caso de edifício em construção sob o regime de incorporação imobiliária, a penhora só poderá recair sobre as unidades imobiliárias ainda não comercializadas pelo incorporador (art. 862, § 3º). Caso haja necessidade de afastar o incorporador da administração da incorporação, será ela exercida pela comissão de representantes dos adquirentes ou, no caso de se tratar de construção financiada, por empresa ou profissional indicado pela instituição fornecedora dos recursos para a obra, devendo ser, neste caso, ouvida a comissão de representantes dos adquirentes (art. 862, § 4º).

No caso de penhora de empresa que funcione mediante concessão ou autorização do Poder Público, a constrição deverá ser feita, conforme o valor do crédito, sobre a renda, sobre determinados bens ou sobre todo o patrimônio, e o juiz nomeará depositário, preferencialmente, um de seus diretores (art. 863). Recaindo a penhora sobre a renda ou sobre determinados bens, o administrador-depositário apresentará a forma de administração e o esquema de pagamento, observando-se, quanto ao mais, o disposto em relação ao regime de penhora de frutos e rendimentos de bens (art. 863, § 1º).

Quando a penhora recair sobre todo o patrimônio da empresa que funciona mediante concessão ou autorização, prosseguirá a execução em seus ulteriores termos, mas antes da expropriação deverá ser necessariamente ouvido o ente público que tenha outorgado a concessão ou autorização (art. 863, § 2º).

A penhora de navios e de aeronaves não obsta a que o bem apreendido continue navegando ou operando até a alienação, mas o juiz da execução deverá conceder autorização para tanto, e só poderá permitir que saiam do porto ou aeroporto após a comprovação, pelo executado, de que contratou seguro contra riscos (art. 864).

Todas as penhoras aqui mencionadas (de empresa, de outros estabelecimentos, de navios e aeronaves ou de semoventes) só serão determinadas se não houver outro meio eficaz para a efetivação do crédito exequendo (art. 865).

20.4.3.6 *Penhora de percentual de faturamento de empresa*

Não tendo o executado outros bens penhoráveis (ou tendo apenas bens penhoráveis de difícil alienação ou que sejam insuficientes para saldar o crédito exequendo), o juiz ordenará a penhora de percentual de faturamento de empresa (art. 866). No pronunciamento que determinar essa penhora, o juiz fixará percentual sobre o faturamento para ser penhorado, o qual deve ser tal que propicie a satisfação do crédito exequendo em tempo razoável, mas que não seja alto a ponto de tornar inviável o exercício da atividade empresarial (art. 866, § 1º), o que se dá por aplicação do princípio da preservação da empresa.

Determinada a penhora de percentual do faturamento da empresa, será nomeado administrador-depositário, o qual deverá submeter à aprovação do juiz a forma de sua atuação, tendo de prestar contas mensalmente, o que fará entregando ao juiz as quantias recebidas, com os respectivos balancetes mensais, a fim de serem imputadas no pagamento da dívida (art. 866, § 2º). Quanto ao mais, será observado o regime da penhora de frutos e rendimentos de bens (art. 866, § 3º).

20.4.3.7 *Penhora de frutos e rendimentos de bens*

Sempre que se revele mais eficiente para a satisfação do crédito e, além disso, for menos onerosa para o executado, deverá ser determinada a penhora de frutos e rendimentos de bens (móveis ou imóveis), nos termos do art. 867. Ordenada a penhora de frutos e rendimentos, será nomeado pelo juiz um administrador-depositário, o qual será investido de todos os poderes concernentes à administração do bem e ao gozo de seus frutos e utilidades, perdendo o executado a faculdade de fruir do bem até que o exequente seja pago do principal atualizado, acrescido de juros, custas e honorários advocatícios (art. 868).

A nomeação do administrador-depositário pode recair sobre o exequente ou o executado, desde que com isso concorde a parte contrária. Não havendo acordo, será nomeado profissional qualificado para o desempenho da função (art. 869). O administrador submeterá à aprovação judicial a forma de administração e a de prestar contas (art. 869, § 1º).

Havendo algum dissenso entre as partes, ou entre essas e o administrador-depositário, o juiz deverá decidir a melhor forma de administração do bem (art. 869, § 2º).

A penhora de frutos e rendimentos de bens será eficaz perante terceiros a partir da publicação da decisão que a conceda, salvo no caso de bens imóveis, quando então a penhora só será eficaz perante terceiros a partir de sua averbação no ofício imobiliário (art. 868, § 1º). Essa averbação incumbe ao exequente, que deverá promovê-la mediante a apresentação, ao cartório do registro de imóveis, de certidão de inteiro teor do ato, independentemente de mandado judicial (art. 868, § 2º).

No caso de penhora de frutos e rendimentos de imóvel alugado, o inquilino pagará o aluguel diretamente ao exequente, salvo se houver administrador (art. 869, § 3º). Não estando alugado o bem (móvel ou imóvel), o exequente ou o administrador poderá celebrar contrato de locação, ouvido previamente o executado (art. 869, § 4º).

As quantias recebidas pelo administrador serão entregues ao exequente, a fim de serem imputadas ao pagamento da dívida (art. 869, § 5º), devendo o exequente dar ao executado, por termo nos autos, quitação das quantias recebidas (art. 869, § 6º). Através da penhora de frutos e rendimentos, portanto, o exequente verá seu crédito sendo satisfeito paulatinamente, já que se terá a expropriação dos frutos do bem (art. 825, III).

20.4.3.8 *Avaliação*

Para que a execução por quantia certa possa prosseguir, é essencial que o bem penhorado seja avaliado. Em outros termos, é preciso verificar quanto vale o bem que foi apreendido para ser usado na satisfação do crédito exequendo. Só não se procede à avaliação (art. 871) quando uma das partes indicar o valor que estima para o bem e a outra parte aceitar tal estimativa, caso em que só se fará a avaliação se houver fundada dúvida do juiz quanto ao real valor do bem (art. 871, parágrafo único); quando se tratar de títulos ou mercadorias que tenham cotação em bolsa, comprovada por certidão ou publicação no órgão oficial; quando se tratar de títulos da dívida pública, de ações de sociedades e de títulos de crédito negociáveis em bolsa, cujo valor será o da cotação oficial do dia, comprovada por certidão ou publicação no órgão oficial; ou quando se tratar de veículos automotores ou de outros bens cujo preço médio de mercado possa ser conhecido por meio de pesquisas realizadas por órgãos oficiais ou de anúncios de venda divulgados em meios de comunicação, caso em que caberá a quem nomear o bem à penhora o encargo de comprovar a cotação de mercado. Além disso, e não obstante o silêncio da lei, é evidente que não se cogita de avaliação quando a penhora recai sobre dinheiro.

A avaliação é encargo do oficial de justiça (art. 870), salvo se forem necessários conhecimentos especializados e o valor da execução comporte, caso em que será nomeado um avaliador, com prazo não superior a dez dias para entregar o laudo (art. 870, parágrafo único).

O oficial de justiça, para realizar a avaliação, realizará uma vistoria e elaborará um laudo, tudo devendo constar de documentos a serem anexados ao auto de penhora. No caso de perícia realizada por avaliado, o laudo será apresentado no prazo assinado pelo juiz. Em ambos os casos, será preciso especificar os bens avaliados, com suas características e indicação do estado em que se encontram, bem como – evidentemente – o valor de cada bem (art. 872).

No caso de ter sido penhorado bem imóvel que admita divisão cômoda, a avaliação, tendo em conta o valor do crédito exequendo, será realizada em partes, devendo o oficial de justiça (ou avaliador) sugerir, com a apresentação de memorial descritivo, possíveis desmembramentos do imóvel para sua alienação (art. 872, § 1º). Neste caso, deverão as partes ser ouvidas sobre a proposta de desmembramento no prazo de cinco dias (art. 872, § 2º).

Deve-se realizar só uma avaliação de cada bem penhorado. Admite-se, porém, e em caráter excepcional, a realização de segunda avaliação (art. 872): se qualquer das partes arguir, fundamentadamente, a ocorrência de erro na avaliação ou dolo do avaliador; quando se verificar, posteriormente à avaliação, que houve majoração ou diminuição do valor do bem; ou se o juiz tiver fundada dúvida sobre o valor atribuído ao bem na primeira avaliação. Nestes casos, a segunda avaliação não substitui a primeira, cabendo ao juiz examinar ambas antes de decidir, com a participação das partes em contraditório, qual o valor de cada bem (art. 873, parágrafo único, e art. 480, § 3º).

Feita a avaliação do bem penhora, deverá o juiz ouvir sobre ela as partes. Depois (e após ouvir novamente, se for necessário, o oficial de justiça ou avaliador responsável pela avaliação), decidirá qual o valor de cada bem, para só depois poder dar início aos atos de expropriação dos bens penhorados (art. 875).

Pode ocorrer, porém, de, feita a avaliação, se verificar que os bens penhorados são insuficientes ou excessivos para garantir a satisfação integral do crédito. Isto pode levar à substituição, redução ou ampliação da penhora.

Assim é que, *a requerimento do executado* (e depois de ouvir o exequente sobre tal requerimento), o juiz reduzirá a penhora aos bens suficientes, ou a substituirá pela penhora de outros bens, se houver excesso de penhora (art. 874, I). Perceba-se que o texto normativo muito claramente faz alusão a serem os bens penhorados de valor "consideravelmente superior ao do crédito do exequente e dos acessórios". É que no caso de não ser o valor dos bens muito maior do que o do crédito exequendo, é sempre preciso considerar a possibilidade de o valor da dívida ainda aumentar (por conta da atualização monetária ou da incidência de mais juros moratórios). Além disso, é sabido que muitas vezes o bem penhorado é expropriado por preço inferior ao da avaliação. Assim, só se cogitará de redução ou substituição da penhora nos casos de *excesso manifesto de penhora*.

De outro lado, o juiz, *a requerimento do exequente* (e após ouvir o executado sobre o requerimento) substituirá o bem penhorado por outros mais valiosos, ou ampliará a penhora, se for verificada a insuficiência da constrição (art. 874, II). Nesse caso, então, ou se libera o bem penhorado e se apreende outro, capaz – por si só – de garantir a execução, ou se mantém penhorado o bem originariamente apreendido e se amplia a constrição para que esta alcance, também, outros bens (naquilo que a lei processual chama de *ampliação*, mas na praxe forense é por muitos chamado de *reforço de penhora*).

20.4.4 Expropriação de Bens

Realizada a avaliação dos bens penhorados – e superado eventual incidente de substituição, ampliação ou redução da penhora – é chegado o momento de praticar os atos de expropriação.

Através dos atos expropriatórios se fará com que o executado perca a propriedade (ou outro direito) que tem sobre o bem penhorado lhe seja retirado, independentemente de sua vontade, por força da atuação estatal. Daí por que falar-se em *expropriação*. Importante, então, ter claro que não se fará, aqui, a *venda* dos bens penhorados. Venda é uma figura de natureza contratual, sempre acompanhada de uma compra (e não é por outro motivo que o contrato celebrado pela junção dessas duas manifestações de vontade se chama, exatamente, *compra e venda*). Pois na expropriação realizada em sede executiva não há *venda* do bem (já que não há, aqui, uma manifestação de vontade relevante por parte do executado, no sentido de desfazer-se, voluntariamente, do bem penhorado). E se não há venda, tampouco haverá *compra*, já que não se pode comprar algo que não esteja sendo vendido.

É, pois, tecnicamente equivocada a referência a "venda" que se encontra no art. 890, V.

Há três técnicas expropriatórias previstas no CPC: *adjudicação*, *alienação* (que pode ser por iniciativa particular ou por leilão judicial) e *expropriação de frutos e rendimentos do bem penhorado* (art. 825). Destas, porém, o Código só trata de duas (adjudicação e alienação) na Seção destinada a regular a expropriação de bens (arts. 876 a 903). É que a expropriação de frutos e rendimentos do bem penhorado vem regulada pela lei processual nos dispositivos que tratam da própria penhora de frutos e rendimentos, como se teve oportunidade de examinar em passagem anterior deste trabalho.

Merece registro o fato de que, expropriado um bem, eventuais créditos que sobre ele recaiam, inclusive os de natureza *propter rem*, sub-rogam-se sobre o respectivo preço, devendo o adquirente do bem recebê-lo livre e desonerado (art. 908, § 1º).

20.4.4.1 *Adjudicação*

Consiste a adjudicação na retirada do bem penhorado do patrimônio do executado para que seja ele transferido para o patrimônio do exequente, que o recebe em pagamento da dívida. Só pode ela ocorrer mediante requerimento do exequente, que deverá oferecer pelo bem penhorado preço não inferior ao da avaliação (art. 876). A adjudicação pode ocorrer imediatamente após a avaliação do bem penhorado, não havendo necessidade de se tentar antes qualquer outra medida expropriatória. Caso, porém, se tente promover a alienação do bem penhorado e esta reste frustrada, será reaberta a possibilidade de requerer a adjudicação, caso em que será possível ao interessado postular a realização de nova avaliação (art. 878).

Requerida a adjudicação, o executado será intimado para se manifestar. A intimação será feita pelo diário oficial se o executado tiver advogado constituído nos autos (art. 876, § 1º, I); por carta com aviso de recebimento, quando representado pela Defensoria Pública ou se não tiver advogado constituído (art. 876, § 1º, II); ou por meio eletrônico, quando, tratando-se de pessoa jurídica que não seja microempresa ou empresa de pequeno porte, não tiver advogado constituído nos autos (art. 876, § 1º, III). Caso o executado tenha sido citado por edital e não tenha constituído advogado, sua intimação é dispensável (art. 876, § 3º).

Não tem o executado, evidentemente, a possibilidade de discordar da adjudicação. Afinal, como já se disse, sua vontade aqui é irrelevante, não se estando diante de uma venda, mas de uma expropriação. A intimação, porém, serve para alertar o executado de que se está na iminência da adjudicação, tornando possível, assim, que ele se valha da autorização legal para remir a execução (art. 826). Essa intimação, pois, se liga diretamente ao princípio da cooperação processual (art. 6º), por força do dever de prevenção que dele resulta.

Deferida a adjudicação ao exequente pelo preço da avaliação, é preciso verificar se o valor do crédito é inferior ou superior ao dos bens que se pretende expropriar. Caso o valor do crédito seja inferior ao da dívida exequenda, o exequente depositará de imediato a diferença, que ficará à disposição do executado (art. 876, § 4º, I). De outro lado, se o valor do crédito for superior ao dos bens, a execução prosseguirá pelo remanescente (art. 876, § 4º, II).

Além do exequente, algumas outras pessoas são legitimadas a adjudicar os bens penhorados, pagando preço não inferior ao da avaliação.

O primeiro legitimado é o coproprietário de bem indivisível do qual tenha sido penhorada a fração ideal (arts. 876, § 5º, e 889, II). Imagine-se, então, que tenha sido penhorada a fração ideal do executado sobre um apartamento que pertença, em condomínio, a ele e a um terceiro estranho à execução. Pois este poderá adjudicar a fração ideal daquele, passando a ter a propriedade exclusiva do bem.

São também legitimados a adjudicar os titulares dos direitos reais de usufruto, uso, habitação, enfiteuse, direito de superfície, concessão de uso especial para fins de moradia ou concessão de direito real de uso, quando a penhora incidir sobre a nua-propriedade (art. 876, § 5º, e art. 889, III). Nestes casos, adjudicado o bem por algum destes legitimados, haverá a consolidação da propriedade, extinguindo-se, por conseguinte, o direito real limitado.

É legitimado a adjudicar o proprietário do terreno submetido ao regime de direito de superfície, enfiteuse, concessão de uso especial para fins de moradia ou concessão de direito real de uso, quando a penhora recair sobre algum desses direitos reais limitados (art. 876, § 5º, e art. 889, IV). Nestas hipóteses, penhorado o direito real limitado sobre coisa alheia, o titular da nua-propriedade poderá adjudicar o direito penhorado e, com isso, recuperar a propriedade plena do bem.

Também têm legitimidade para adjudicar o credor pignoratício, hipotecário, anticrético, fiduciário ou com penhora anteriormente averbada, quando a penhora recair sobre bens com tais gravames, caso não seja o credor, de qualquer modo, parte na execução (arts. 876, § 5º, e 889, V). Reconhece a lei processual, pois, a possibilidade de adjudicação por credores que têm, sobre o exequente, direito de preferência resultante de algum "direito real de garantia" ou de penhora anteriormente averbada, caso em que não será necessário que o credor que adjudica deposite o valor do bem (salvo no caso de este valor ser superior ao seu crédito, hipótese em que será necessário depositar a diferença).

É legitimado a adjudicar o promitente comprador, quando a penhora recair sobre bem em relação ao qual haja promessa de compra e venda registrada (art. 876, § 5º, e art. 889, VI). É que, tendo a promessa de compra e venda registrada criado, para o promitente comprador, um direito real à aquisição do bem (art. 1.417 do CC), seu titular pode exigir a aquisição da propriedade do bem, direito este que poderia ser exercido mesmo no caso de, penhorado e expropriado o bem, vir ele a pertencer a outrem. É, pois, perfeitamente compatível com o sistema admitir que o promitente comprador compareça perante o juízo da execução e ali exerça, desde logo, seu direito à adjudicação.

Também se reconhece legitimidade para adjudicar ao promitente vendedor, no caso de recair a penhora sobre direito aquisitivo derivado de promessa de compra e venda registrada (art. 876, § 5º, e art. 889, VII). Adjudicando o direito real penhorado, nesta hipótese, o titular da propriedade verá extinguir-se o gravame que incide sobre seu imóvel e, com isso, tornará a ser titular de uma propriedade plena.

Estão também legitimados a adjudicar a União, o Estado, o Distrito Federal (apesar do silêncio do texto normativo) e o Município, no caso de incidir a penhora sobre bem tombado (art. 876, § 5º, e art. 89, VIII). Nesta hipótese, o ente público deverá depositar em juízo o preço pelo qual adjudica o bem, passando a ser dele proprietário.

Além de todos esses legitimados, também podem adjudicar o cônjuge ou companheiro do executado, bem assim seus descendentes ou ascendentes (art. 876, § 5º, parte final).

No caso específico de penhora de quotas sociais, ou de ações de sociedade anônima de capital fechado, realizada em favor de exequente que seja estranho à sociedade, os demais sócios também poderão adjudicar – e terão direito de preferência para fazê-lo –, devendo a sociedade ser intimada da penhora para que informe aos sócios sua ocorrência (art. 876, § 7º).

Havendo mais de um pretendente na adjudicação, será realizada entre eles uma licitação, e o bem será adjudicado por quem faça a maior oferta pelo bem. Em igualdade de condições, porém, terá direito de preferência o cônjuge ou companheiro, o descendente ou o ascendente do executado, nesta ordem (art. 876, § 6º). Entre os demais legitimados não existe direito de preferência (com a ressalva dos sócios, no caso de penhora de quotas sociais ou de ações de companhias de capital fechado, nos termos do art. 876, § 6º), e o bem será adjudicado por quem faça a maior oferta na licitação particular que entre eles se realizará.

Formulado o requerimento de adjudicação, e intimados todos os interessados (que poderão manifestar-se em cinco dias), o juiz decidirá eventuais questões que tenham sido suscitadas e ordenará a lavratura do auto de adjudicação (art. 877). Lavrado e assinado o auto, a adjudicação se considera perfeita e acabada (art. 877, § 1º). O auto de adjudicação deverá ser assinado pelo juiz, pelo adjudicatário, pelo escrivão ou chefe de secretaria e, se estiver presente, pelo executado.

No caso específico de adjudicação de bem que estivesse hipotecado, poderá o executado remir o bem, mantendo assim sua propriedade, até a assinatura do auto de adjudicação, desde que ofereça preço igual ao da avaliação (se não tiver havido licitantes) ou o do maior lance oferecido (art. 877, § 3º). Caso o devedor hipotecário tenha falido ou tido sua insolvência civil decretada, o direito de remição do bem poderá ser exercido pela massa ou pelos credores em concurso, não podendo o exequente recusar o preço da avaliação do imóvel (art. 877, § 4º).

Aperfeiçoada a adjudicação, serão expedidos a carta de adjudicação (documento hábil a ser apresentado ao cartório do ofício imobiliário) e o mandado de imissão na posse, quando se tratar de adjudicação de bem imóvel. No caso de bem móvel, bastará expedir mandado de entrega da coisa ao adjudicatário (art. 877, § 1º, I e II).

A carta de adjudicação (que só é expedida no caso de bens imóveis, como visto) conterá a descrição do bem, com a indicação de sua matrícula e registros, além da cópia do auto de adjudicação e a prova da quitação do imposto de transmissão.

20.4.4.2 Alienação

Existem dois modos de alienar bens penhorados (art. 879): por iniciativa particular e em leilão judicial (que pode ser eletrônico ou presencial). Não ocorrendo a adjudicação do bem penhorado, então, o bem penhorado deverá ser, por uma dessas duas técnicas, *alienado*.

A alienação por iniciativa particular pode ocorrer *mediante requerimento do exequente*, cabendo a ele próprio promover a alienação, podendo o encargo ser atribuído a um corretor ou leiloeiro público credenciado perante o órgão judiciário (art. 880). Não havendo corretor ou leiloeiro público credenciado no lugar em que tramita o processo, a indicação do profissional que atuará será de livre escolha do exequente (art. 880, § 4º).

Requerida a alienação por iniciativa particular, o juiz fixará um prazo para que ela seja promovida, devendo definir também a forma de publicidade, o preço mínimo, as condições de pagamento, as garantias e, se for o caso, a comissão a ser paga ao corretor ou leiloeiro (art. 880, § 1º).

A alienação por iniciativa particular será formalizada por termo nos autos, o qual deverá ser assinado pelo juiz, pelo exequente, pelo adquirente e, se estiver presente, pelo executado. Assinado o termo, deverá expedir-se carta de alienação (documento hábil à prática de atos registrais) e mandado de imissão na posse, quando se trate de bens imóveis; ou um mandado de entrega do bem ao adquirente, quando se tratar de bem móvel (art. 880, § 2º).

Incumbe aos tribunais editar disposições complementares sobre o procedimento da alienação por iniciativa particular, admitindo inclusive o emprego de meios eletrônicos, além de dispor sobre o credenciamento dos corretores e leiloeiros públicos, os quais deverão comprovar, para se credenciarem, que estão em exercício profissional por não menos do que três anos (art. 880, § 3º).

Não tendo havido adjudicação nem alienação por iniciativa particular, será o caso de se tentar realizar a alienação em leilão judicial (art. 881). Há, pois, uma clara preferência pela alienação por iniciativa particular, em detrimento da que se realiza em leilão judicial. E não é difícil entender as razões para isso. É que na alienação realizada em leilão judicial há uma grande probabilidade de que o bem penhorado seja expropriado por preço inferior à avaliação (o que é autorizado expressamente pelo art. 891, parágrafo único, que chega ao ponto de reputar legítima a arrematação por preço correspondente à metade da avaliação do bem, em casos nos quais o juiz não tenha fixado outro preço mínimo para arrematação). Pode-se, então, considerar (e é isso que mostra a experiência prática) que buscará arrematar o bem em leilão judicial aquele que esteja à procura de uma barganha, de um grande negócio, adquirindo o bem por preço (bastante) inferior ao seu valor. Já na alienação por iniciativa particular, especialmente naquela que é promovida por um corretor, busca-se alcançar outro tipo de público-alvo. É que normalmente quem procura um corretor especializado é alguém disposto a pagar por um bem o seu preço de mercado. Basta pensar nas pessoas que buscam vendedores de automóveis usados ou corretores de imóveis. Tais pessoas estarão à procura de bens para adquirir, sabendo que terão de pagar por eles o valor de mercado. Trata-se, pois, de um público completamente diferente, na prática, daquele que frequenta os leilões judiciais.

A alienação por iniciativa particular, portanto, aumenta a probabilidade de que o produto obtido com a expropriação do bem seja capaz de satisfazer o crédito exequendo, diminuindo, além disso, o prejuízo suportado pelo executado (que na alienação em leilão judicial muitas vezes vê o bem que lhe pertencia ser retirado à força de seu patrimônio por preço bastante inferior ao do seu real valor de mercado). A alienação por iniciativa particular, pois, atende melhor aos princípios da eficiência processual e da menor onerosidade possível do executado.

Não sendo possível a alienação por iniciativa particular, porém, buscar-se-á a alienação em leilão judicial, a ser realizado por leiloeiro público (art. 881, § 1º). Só não será assim no caso de se ter penhorado bem cuja alienação esteja a cargo de corretores de bolsa de valores, caso em que por este meio se dará a expropriação do bem (art. 881, § 2º).

O leilão judicial será realizado, preferencialmente, por meio eletrônico, só podendo ser presencial quando sua efetivação eletrônica não for possível (art. 882). Incumbe ao Conselho Nacional de Justiça regulamentar, de forma específica, os leilões judiciais eletrônicos (art. 882, § 1º), atendendo-se aos requisitos de ampla publicidade, autenticidade e segurança, observando-se as disposições específicas sobre certificação digital (art. 882, § 2º).

Já o leilão presencial será realizado no local designado pelo juiz da execução (art. 882, § 3º).

Em qualquer caso, o leiloeiro público responsável pelo leilão judicial será nomeado pelo juiz. Admite-se, porém, que o exequente indique um leiloeiro público de sua confiança (art. 883). Ao leiloeiro incumbe publicar o edital de leilão, realizando-o no lugar onde se encontrem os bens ou em outro lugar designado pelo juiz. Cabe ao leiloeiro, também, expor aos pretendentes os bens ou amostras das mercadorias, além de receber e depositar, dentro de um dia, à ordem do juiz, o produto da arrematação. Efetivado o depósito do preço, o leiloeiro disporá de dois dias para prestar contas ao juízo (art. 884).

Incumbe, de outro lado, ao juiz da execução fixar o valor mínimo pelo qual serão aceitos os lanços (isto é, as ofertas pelo bem), as condições de pagamento e as garantias que o arrematante poderá prestar (art. 885).

Antes da realização do leilão é imperiosa a publicação de um edital (art. 886), que conterá a descrição do bem penhorado, com suas características, e, tratando-se de imóvel, sua situação e divisas, com a indicação da matrícula e dos registros; o valor da avaliação, o preço mínimo pelo qual poderá ser alienado, as condições de pagamento e, se for o caso, a comissão do leiloeiro; o lugar onde estão os móveis, os veículos ou semoventes e, tratando-se de créditos ou direitos, a identificação dos autos do processo em que tenham sido penhorados; o endereço eletrônico, na Internet, e o período em que será realizado o leilão judicial eletrônico ou, se este se der de modo presencial, o local, dia e hora de sua realização; a indicação de local, dia e hora para realização de um segundo leilão presencial, se no primeiro não houver interessado; e a menção da existência de ônus, recurso ou processo pendente sobre os bens a serem leiloados (art. 886, I a VI). No caso de títulos da dívida pública e de títulos negociados em bolsa, o edital deverá indicar, também, o valor da última cotação (art. 886, parágrafo único).

É atribuição do leiloeiro assegurar a mais ampla publicidade ao procedimento do leilão (art. 887), sendo obrigatória a publicação do edital pelo menos cinco dias antes da data marcada para o leilão presencial ou para o início do leilão eletrônico (art. 887, § 1º). O edital deve ser publicado na Internet, em *site* designado pelo juízo da execução, e conterá descrição detalhada e, se possível, ilustrada, dos bens a serem leiloados, informando expressamente se o leilão será eletrônico ou presencial (art. 887, § 2º). Não sendo, porém, possível a publicação do edital na Internet, ou considerando o juiz que, em razão das condições da sede do juízo, não é esta forma de publicidade suficiente ou adequada, o edital deverá ser afixado no lugar de costume e publicado, de forma resumida, pelo menos uma vez em um jornal de ampla circulação local (art. 887, § 3º).

Tendo em vista, ainda, o valor dos bens e as condições da sede do juízo, caberá ao juiz alterar a forma e frequência da publicidade na imprensa, mandar publicar o edital em lugar de ampla circulação de pessoas e divulgar avisos em emissora de rádio ou televisão local, ou em sítios eletrônicos distintos daquele em que a princípio os editais seriam divulgados (art. 887, § 4º).

No caso específico de leilão de imóveis ou de veículos automotores, os editais serão publicados pela imprensa ou por outros meios de divulgação preferencialmente na seção ou local reservados à publicidade dos negócios atinentes a tais tipos de bens (art. 887, § 5º).

Admite-se que o juiz determine a reunião de publicações em listas referentes a mais de uma execução (art. 887, § 6º), o que será adequado em casos nos quais os valores envolvidos sejam tão baixos que não justifiquem os custos da publicação dos editais.

Se, por qualquer motivo, for preciso adiar o leilão presencial ou transferir a data de início do leilão eletrônico, o juiz mandará dar publicidade à transferência (art. 888), e caberá ao escrivão, chefe de secretaria ou leiloeiro que culposamente tenha dado causa à transferência de datas arcar com o custo da nova publicação, além de ser possível aplicar-se ao culpado a pena de suspensão por cinco dias a três meses, o que evidentemente dependerá de regular processo administrativo (art. 888, parágrafo único).

Além do edital destinado a dar publicidade ao leilão judicial, algumas pessoas têm o direito de serem intimadas pessoalmente, com pelo menos cinco dias de antecedência, da sua realização (art. 889); são elas: o executado, por meio de seu advogado ou, se não o tiver, por carta registrada, mandado, edital ou outro meio idôneo (e, se o executado não tiver comparecido ao procedimento executivo, ou se não for encontrado no endereço que tenha indicado nos autos, será considerado intimado pelo próprio edital de leilão, nos termos do art. 889, parágrafo único); o coproprietário de bem indivisível do qual tenha sido penhorada fração ideal; o titular de usufruto, uso, habitação, enfiteuse, direito de superfície, concessão de uso especial para fins de moradia ou concessão de direito real de uso, quando a penhora recair sobre bem gravado com tais direitos reais; o proprietário do terreno submetido ao regime de direito de superfície, enfiteuse, concessão de uso especial para fins de moradia ou concessão de direito real de uso, quando a penhora recair sobre tais direitos reais; o credor pignoratício, hipotecário, anticrético, fiduciário ou com penhora anteriormente averbada, quando a penhora recair sobre bens com tais gravames, caso não seja o credor, de qualquer modo, parte na execução; o promitente comprador, quando a penhora recair sobre bem em relação ao qual haja promessa de compra e venda registrada; o promitente vendedor, quando a penhora recair sobre direito aquisitivo derivado de promessa de compra e venda registrada; a União, o Estado, o Distrito Federal e o Município, no caso de ter sido penhorado bem tombado (art. 889). Sempre vale recordar que todas essas pessoas – com a única ressalva do próprio executado – estão legitimadas a adjudicar o bem que está na iminência de ser leiloado (art. 876, § 5º).

No leilão presencial, ou durante o tempo que dure o leilão eletrônico, será admitido a oferecer lanços (ou lances) pelo bem quem esteja na livre administração de seus bens (art. 890). Há, porém, pessoas que não são admitidas a lançar: tutores, curadores, testamenteiros, administradores ou liquidantes, quanto aos bens confiados à sua guarda e responsabilidade; mandatários, quanto aos bens de cuja administração ou alienação estejam encarregados; o juiz, o membro do Ministério Público e da Defensoria Pública, o escrivão ou chefe de secretaria e demais auxiliares da justiça, em relação aos bens e direitos objeto de alienação na localidade onde servirem ou a que se estender sua autoridade; servidores públicos em geral, quanto aos bens ou direitos da pessoa jurídica a que servirem ou que estejam sob sua administração direta ou indireta; leiloeiros e seus prepostos, quanto aos bens de cuja alienação estejam encarregados; além dos advogados das partes do processo (art. 890, I a VI).

O preço mínimo fixado pelo juiz para a arrematação é o preço mais barato pelo qual se pode arrematar o bem em leilão público. Não se admitirá, pois, lanço inferior ao preço mínimo (e se reputa vil qualquer valor que seja oferecido abaixo do mínimo). Pode ocorrer, contudo, de não ter o juiz da execução fixado o preço mínimo. Neste caso, será considerado vil o preço que não corresponde pelo menos à metade do preço da avaliação (art. 891, *caput* e parágrafo único).

Pertencendo o bem imóvel levado a leilão a pessoa incapaz, será preciso que ele alcance, no leilão, pelo menos oitenta por cento do valor da avaliação. Caso contrário, o juiz o confiará à guarda e administração de depositário, adiando a alienação por prazo não superior a um ano (art. 896). Se, durante o período de adiamento, algum pretendente assegurar, mediante caução idônea, o preço da avaliação, o juiz ordenará a imediata realização do leilão (art. 896, § 1º). Vindo este pretendente a se arrepender, porém, o juiz lhe imporá multa de vinte por cento sobre o valor da avaliação em benefício do incapaz, valendo a decisão como título executivo judicial (art. 896, § 2º). Independentemente de ter ou não sido realizada qualquer proposta, porém, será possível ao juiz autorizar a locação do imóvel durante o prazo do adiamento (art. 896, § 3º). Findo o prazo do adiamento, o imóvel do incapaz será submetido a novo leilão (art. 896, § 4º).

Aquele que fizer o maior lanço arrematará o bem, devendo o pagamento ser feito de imediato, através de depósito judicial ou por meio eletrônico (art. 892). Pode o juiz, porém, estabelecer alguma outra forma de pagamento que se aceite. Caso entre os pretendentes à aquisição do bem esteja o cônjuge ou companheiro, descendente ou ascendente do executado, terá – nesta ordem – direito de preferência em igualdade de condições (art. 892, § 2º).

No caso de leilão judicial de bem tombado, o direito de preferência, em igualdade de condições com a melhor oferta, será da União, dos Estados (ou do Distrito Federal) ou dos Municípios, nesta ordem (art. 892, § 3º).

Tendo o leilão por objeto diversos bens, e havendo mais de um lançador, terá preferência aquele que se proponha a arrematar todos, em conjunto, oferecendo, para os bens que não tiverem lanço, preço igual ao da avaliação e, para os demais, preço igual ao do maior lance que, na tentativa de alienação individualizada, tenha sido oferecido para cada um deles (art. 893).

Quando o bem levado a leilão for imóvel que admita divisão cômoda, o juiz, a requerimento do executado, ordenará a alienação judicial de parte dele apenas, desde que suficiente para a satisfação do crédito exequendo e das despesas da execução (art. 894). Não havendo, porém, lançador para parte do imóvel, será feita a alienação do bem de forma integral (art. 894, § 1º).

A alienação por partes, porém, tem de ser requerida pelo executado a tempo de permitir a avaliação das partes destacadas e sua inclusão no edital e, neste caso, incumbirá ao executado instruir o requerimento com planta e memorial descritivo subscritos por profissional habilitado (art. 894, § 1º).

Feita a arrematação pelo próprio exequente, e sendo ele o único credor (ou o credor que tenha preferência sobre todos os demais), não precisará efetuar o pagamento, salvo se o valor dos bens exceder seu crédito. Neste caso, o exequente depositará, dentro do prazo de três dias, a diferença, sob pena de se tornar sem efeito a arrematação e, neste caso, será realizado novo leilão à sua custa (art. 892, § 1º).

Caso haja alguém interessado em adquirir o bem penhorado pagando o preço em prestações, deverá apresentar proposta por escrito até o início do primeiro leilão (ou até o início do período do leilão eletrônico), oferecendo preço não inferior à avaliação (art. 895, I) ou, até o início do segundo leilão, preço que não seja considerado vil (art. 895, II). A proposta deverá conter, em qualquer hipótese, oferta de pagamento de pelo menos vinte e cinco por cento do lanço à vista e o restante parcelado em até trinta meses, garantido por caução idônea quando se tratar de bens móveis, ou pela hipoteca do próprio bem, quando se trate de imóveis (art. 895, § 1º). A proposta para aquisição com pagamento parcelado deverá indicar o prazo, a modalidade, o indexador de correção monetária e as condições de pagamento do saldo (art. 895, § 2º).

Aceita a proposta de aquisição com pagamento parcelado, o atraso no pagamento de qualquer das prestações implicará a incidência de multa de dez por cento sobre a soma da parcela atrasada com as demais parcelas, ainda por vencer (art. 895, § 4º). Fica, neste caso, o exequente autorizado a requerer a resolução da arrematação, ou a promover, em face do arrematante, a execução do valor devido, devendo ambos os pedidos serem formulados nos próprios autos do processo em que se deu a arrematação (art. 895, § 5º).

A apresentação de aquisição com pagamento parcelado não suspende a realização do leilão (art. 895, § 6º), e isto porque propostas de aquisição com pagamento à vista sempre prevalecerão sobre as propostas de pagamento parcelado (art. 895, § 7º).

Havendo mais de uma proposta de pagamento parcelado em condições diferentes, o juiz decidirá pela mais vantajosa (e sempre será considerada mais vantajosa a que ofereça maior preço (art. 895, § 8º, I). Caso as propostas sejam idênticas, será preferida a que tenha sido feita em primeiro lugar (art. 895, § 8º, II).

Arrematado o bem, o arrematante ou seu fiador terá de pagar o preço no prazo estabelecido pelo juiz e, caso não o faça, será imposta sanção consistente na perda da caução que tenha sido prestada, em favor do exequente, voltando os bens a novo leilão, em que não será admitida a participação daquele arrematante ou de seu fiador (art. 897).

Caso o fiador do arrematante efetue o pagamento do valor do lance e da multa pelo atraso, poderá ele requerer que a arrematação lhe seja transferida (art. 898).

O leilão será suspenso logo que o produto da alienação de bens for suficiente para a satisfação do crédito exequendo e das despesas da execução (art. 899).

No caso de o leilão presencial alcançar o horário de encerramento do expediente forense, será ele suspenso, prosseguindo-se no dia útil imediato, na mesma hora em que teve início, independentemente de novo edital (art. 900).

A arrematação constará de auto, a ser lavrado de imediato, e poderá abranger bens penhorados em execuções distintas, nele se mencionando as condições pelas quais os bens foram arrematados (art. 901). Enquanto não assinado o auto de arrematação, será possível ao executado que viu ser penhorado um bem hipotecado remi-lo, oferecendo preço igual ao do maior preço oferecido (art. 902) e, com isso, preservando a titularidade do bem. Caso o devedor hipotecário tenha falido ou tenha sido decretada sua insolvência civil, o direito de remição passa a ser da massa ou dos credores em concurso, não podendo o exequente recusar o preço da avaliação do imóvel (art. 902, parágrafo único).

Efetuado o depósito do preço, ou prestadas as garantias pelo arrematante, será expedida a ordem de entrega do bem móvel, ou a carta de arrematação do bem imóvel – esta acompanhada de mandado de imissão na posse – bem como efetuado o pagamento da comissão do leiloeiro e das demais despesas da execução (art. 901, § 1º).

É que, havendo arrematação em leilão público, o leiloeiro fará jus ao recebimento de uma comissão, que será a fixada em lei ou, não havendo, a arbitrada pelo juízo da execução (art. 884, parágrafo único). Esta comissão será paga pelo arrematante, sendo praxe que o valor seja descontado do preço pago pela aquisição do bem.

A carta de arrematação conterá a descrição do imóvel, com referência à sua matrícula ou individuação e aos seus registros, a cópia do auto de arrematação e a prova do pagamento do imposto de transmissão, além da indicação da existência de eventual ônus real ou gravame (art. 901, § 2º). Perceba-se que fala a lei processual da necessidade de comprovação do pagamento do imposto de transmissão, decorrência lógica do caráter derivado (e não originário) da aquisição do bem que é adquirido na execução.

Seja o leilão presencial ou eletrônico, uma vez assinado o auto pelo juiz, pelo arrematante e pelo leiloeiro será a arrematação considerada perfeita, acabada e irretratável, ainda que posteriormente se venha a julgar procedente a pretensão deduzida

Parte Especial • Cap. 20 • Espécies de execução fundadas em título extrajudicial **411**

pelo executado em seus embargos ou em demanda anulatória do leilão, caso em que seu prejuízo será indenizado (art. 903).

Pode, porém, a arrematação ser invalidada se realizada por preço vil ou com algum outro vício; ser reputada ineficaz se não tiver havido a intimação de credor pignoratício, hipotecário ou anticrético; ou resolvida, se não for pago o preço ou se não for prestada a caução (art. 903, § 1º). Para que se repute inválida ou ineficaz a arrematação, ou para que seja ela resolvida, é preciso que o juiz seja provocado a examinar o ponto pelo executado no prazo de dez dias (art. 903, § 2º). Passado este prazo, a carta de arrematação será expedida, juntamente com a ordem de entrega (de bem móvel) ou o mandado de imissão na posse (se o bem for imóvel), tudo nos termos do art. 903, § 3º.

Isto não significa, porém, que não possa o executado impugnar a arrematação depois daquele prazo de dez dias. Ultrapassado o prazo, porém, só será possível o ajuizamento de demanda anulatória autônoma, em cujo processo o arrematante figurará como litisconsorte passivo necessário (art. 903, § 4º). Citado, o arrematante poderá, no prazo de que dispõe para contestar a demanda anulatória, desistir da arrematação (art. 903, § 5º, III), caso em que lhe deverá ser devolvido o valor que depositou.

É possível, ainda, que o arrematante desista da arrematação. Para isto, porém, precisa ele demonstrar, no prazo de dez dias, que existia ônus real ou gravame sobre o bem que não fora mencionado no edital de leilão ou se, antes de expedida a carta de arrematação ou a ordem de entrega, o executado alegar ser caso de invalidação, ineficácia ou resolução da arrematação (art. 903, § 5º, I e II). Desistindo o arrematante, o valor que depositou lhe será imediatamente restituído (art. 903, § 5º), o que permite afirmar que só após o decurso desses prazos será possível ao exequente levantar o dinheiro que tenha sido obtido como produto da alienação do bem penhorado.

A fim de evitar que o executado alegue a existência de vício da arrematação com o único intuito de provocar a desistência do arrematante e, por conseguinte, protelar a execução, estabelece a lei processual que se considera ato atentatório à dignidade da justiça a alegação infundada de vício com o objetivo de ensejar a desistência do arrematante. Neste caso, deverá o executado ser condenado, sem prejuízo da reparação de perdas e danos, ao pagamento de multa, devida ao exequente, a qual será fixada pelo juiz em montante não superior a vinte por cento do valor atualizado do bem (art. 903, § 6º).

20.4.5 Satisfação do Crédito

A satisfação do crédito exequendo se dá pela entrega de dinheiro ou pela adjudicação dos bens penhorados (art. 904).

Da adjudicação já se tratou, motivo pelo qual não há necessidade de voltar agora ao ponto. Importa, porém, examinar como se dá a satisfação do crédito exequendo através da entrega, ao exequente, de dinheiro.

Esta modalidade de satisfação do crédito será empregada quando o bem penhorado for dinheiro ou, tendo sido penhorado bem diverso de dinheiro, quando este tenha sido alienado (por iniciativa particular ou em leilão judicial), caso em que o dinheiro obtido com a arrematação será entregue ao credor no valor necessário para a satisfação. Também será esta a forma de satisfação do crédito exequendo no caso de expropriação de frutos e rendimentos do bem penhorado.

Estabelece, então, o art. 905 que "[o] juiz autorizará que o exequente levante, até a satisfação integral de seu crédito, o dinheiro depositado para segurar o juízo ou o produto dos bens alienados, bem como do faturamento de empresa ou de outros frutos e rendimentos de coisas ou empresas penhoradas". Esta autorização será dada quando a execução for movida só a benefício do exequente singular, a quem, por força da penhora, cabe o direito de preferência sobre os bens penhorados e expropriados (art. 905, I); ou se não houver sobre os bens expropriados outros privilégios ou preferências instituídos anteriormente à penhora (art. 905, II).

Importante notar que no caso de se ter penhorado bem diverso de dinheiro e tendo sido este transformado em pecúnia, terão ocorrido duas expropriações diferentes. A primeira delas, chamada *expropriação liquidativa*, consiste na retirada, do patrimônio do executado, do bem penhorado, o qual é transformado em dinheiro através do pagamento feito pelo seu adquirente. Este dinheiro, pago pelo bem arrematado, porém, pertence ao executado.

Em seguida, ocorrerá a *expropriação satisfativa*, isto é, a expropriação do dinheiro necessário para satisfazer o crédito do exequente (e, havendo saldo, este não será expropriado e deverá ser restituído ao executado, nos termos do art. 907).

Ao receber o mandado de pagamento, o exequente dará ao executado, por termo nos autos, quitação do valor que lhe tenha sido pago (art. 906). A expedição do mandado de pagamento poderá ser substituída por transferência eletrônica do valor depositado em conta vinculada ao juízo da execução para outra, indicada pelo próprio exequente (art. 906, parágrafo único).

Havendo pluralidade de credores ou exequentes, o dinheiro deverá ser distribuído entre eles consoante a ordem das respectivas preferências (art. 908). Para isto, será instaurado um *concurso de preferências* (também chamado concurso especial ou particular de credores), em que os exequentes e credores formularão suas pretensões (versando unicamente sobre o direito de preferência e a anterioridade da penhora) ao juiz da execução. Este, após ouvir todos os interessados, decidirá a ordem em que os pagamentos serão feitos (art. 909).

Nesta decisão, o juiz deverá observar as ordens legais de preferência, estabelecidas pelo Direito Material. Não havendo, porém, título legal de preferência (o que acontecerá se todos os credores forem quirografários), o dinheiro será distribuído entre os credores observando-se a anterioridade de cada penhora (art. 908, § 2º).

20.5 Execução Contra a Fazenda Pública

O art. 910 regula o processo de execução por quantia certa, fundado em título executivo extrajudicial, contra a Fazenda Pública. É que muitas vezes acontecerá de a Fazenda Pública não cumprir suas obrigações pecuniárias e o credor ter à sua disposição um título extrajudicial, como seria, por exemplo, uma nota de empenho, documento público produzido pelo próprio devedor que representa obrigação certa, líquida e exigível.

Em casos como este, portanto, será instaurado processo de execução fundado em título extrajudicial, o que se fará pelo ajuizamento, pelo demandante, de uma petição inicial (que deverá preencher todos os requisitos exigidos para qualquer petição inicial de processo de execução por quantia certa, por força do que dispõe o art. 910, § 3º, combinado com o art. 534).

Estando em termos a petição inicial, a Fazenda Pública será citada para opor embargos no prazo de trinta dias (art. 910), fazendo instaurar-se, assim, um processo cognitivo autônomo (sobre o qual se falará mais adiante, em capítulo destinado especificamente a tratar das defesas do executado).

Nos seus embargos, a Fazenda poderá alegar qualquer defesa que lhe seria lícito deduzir em uma contestação, caso se estivesse em um processo de conhecimento (art. 910, § 2º). Caso alegue excesso de execução, terá a Fazenda Pública o ônus de declarar de imediato o valor que entende correto, sob pena de não conhecimento dessa sua arguição (art. 910, § 3º, combinado com o art. 535, § 2º). Neste caso, assim como no de embargos parciais, a parte não questionada será, desde logo, objeto de cumprimento, devendo-se expedir o precatório ou a requisição de pequeno valor quanto à parte não impugnada (arts. 910, § 3º, e 535, § 4º).

Não sendo opostos os embargos à execução, ou caso sejam eles rejeitados (e fique a decisão que os rejeite cobertos pela coisa julgada), será expedido o precatório ou a requisição de pequeno valor em favor do exequente, conforme o valor da obrigação (art. 910, § 1º). Deverá, evidentemente, ser observado o regime estabelecido pelo art. 100 da Constituição da República. Além disso, e por força do disposto no art. 910, § 3º, será observado o § 3º do art. 535.

20.6 Execução de Alimentos

Regula o CPC, nos arts. 911 a 913, a execução de prestação alimentícia fundada em título executivo extrajudicial. Tem-se, aqui, processo executivo autônomo em que se busca a satisfação de crédito consistente em quantia certa, motivo pelo qual o procedimento padrão das execuções de obrigações pecuniárias será aplicado em caráter subsidiário.

O processo da execução de alimentos fundada em título extrajudicial se instaura, evidentemente, pelo ajuizamento de uma petição inicial, a qual deverá conter todos os requisitos de qualquer petição inicial de execução por quantia certa. Estando a petição inicial corretamente elaborada, o juiz mandará citar o executado para que, no prazo de três dias, efetue o pagamento das parcelas vencidas antes da instauração do processo e também das que se vencerem no seu curso. No mesmo prazo, porém, será lícito ao executado provar que tais parcelas já estavam pagas ou apresentar justificativa acerca da impossibilidade de efetuar o pagamento (art. 911).

Somente a comprovação de fato que gere a impossibilidade absoluta de pagar justificará o inadimplemento e será aceita pelo juiz (art. 911, parágrafo único, e art. 528, § 2º). Aceita a justificativa apresentada, o processo ficará suspenso até que cesse a impossibilidade de efetuar o pagamento.

Não sendo suspensa a execução em razão da aceitação da justificativa apresentada pelo executado, nem sendo caso de a extinguir (por ter sido efetuado o pagamento no prazo de três dias ou por ter o executado comprovado que as prestações exigidas já estavam pagas), o juiz mandará protestar o título executivo extrajudicial e, além disso, decretará a prisão do devedor, pelo prazo de um a três meses (arts 911, parágrafo único, e 528, § 3º), aplicando-se a esta prisão todo o regime estabelecido para a prisão civil do devedor de alimentos nos §§ 3º a 7º do art. 528 (art. 911, parágrafo único).

Quando o executado for servidor público, militar, diretor ou gerente de empresa, bem como empregado sujeito à legislação trabalhista, o exequente poderá requerer que se utilize, como técnica executiva, o desconto em folha de pagamento de pessoal (art. 912). Neste caso, o juiz oficiará à autoridade, empresa ou empregador responsável pelo pagamento, determinando, sob pena de configuração do crime de desobediência, o desconto a partir da primeira remuneração posterior do executado, a contar do protocolo do ofício (art. 912, § 1º). Este ofício deverá conter os nomes e o número de inscrição no CPF do exequente e do executado, a importância a ser descontada mensalmente, a conta na qual deve ser feito o depósito e, se for o caso, o tempo de sua duração (art. 912, § 2º).

De todo modo, sempre será possível ao exequente que não pretenda ver o executado correr o risco de ser preso a possibilidade de postular a execução pelo procedimento padrão, abrindo mão deste procedimento especial que foi criado em seu favor, caso em que se observará o disposto nos arts. 824 e seguintes (art. 913). Neste caso, porém, se a penhora recair sobre dinheiro, eventual concessão de efeito suspensivo aos embargos do executado não impedirá que o exequente levante, mensalmente, a importância das prestações que forem se vencendo (art. 913, parte final).

21

DEFESAS DO EXECUTADO

21.1 Impugnação ao Cumprimento de Sentença

Prevê o CPC, no art. 525, um meio de defesa posto à disposição do executado nas execuções fundadas em título executivo extrajudicial. É a *impugnação ao cumprimento de sentença*. O instituto está tratado no capítulo do Código que regula o procedimento destinado ao cumprimento definitivo da sentença que reconhece a exigibilidade de obrigação de pagar quantia certa. Não obstante sua localização, porém, é esta a defesa adequada também no caso de cumprimento provisório de sentença que reconhece obrigação pecuniária (art. 520, § 1º), assim como nas hipóteses de cumprimento de sentença que condena ao cumprimento de obrigações de fazer, não fazer ou entregar coisa (art. 536, § 4º, e art. 538, § 3º). Pode-se dizer, então, que seja qual for a natureza da obrigação, a defesa do executado no procedimento de cumprimento de sentença se dá por meio de impugnação. E isto será correto mesmo nos casos de cumprimento de sentença contra a Fazenda Pública (art. 535).

O oferecimento, pelo executado, de impugnação ao cumprimento de sentença provoca a instauração de um *incidente processual*, não se configurando, portanto, um novo processo, autônomo em relação àquele em que a atividade executiva se desenvolve. Trata-se de mero incidente do mesmo processo em que a execução é realizada. Por conta disso, o ato do juiz que decide a impugnação será, via de regra, decisão interlocutória (e, por isso, impugnável por agravo de instrumento, na forma do art. 1.015, parágrafo único). Será sentença, porém, o provimento judicial que, ao decidir a impugnação, acarretar a extinção do procedimento executivo (art. 203, § 1º), recorrível por apelação.

O prazo para oferecimento de impugnação, nos termos do art. 525, é de quinze dias (ou trinta, quando se trate de cumprimento de sentença contra a Fazenda Pública, nos termos do art. 535). Tratando-se de obrigação de pagar quantia certa, o termo inicial do prazo será o dia do fim do prazo de quinze dias para pagamento voluntário a que se refere o art. 523, como se depreende do texto do art. 525. Em outros termos, tratando-se de obrigação pecuniária o executado será intimado para, em quinze dias, efetuar o pagamento voluntário e, decorrido este prazo sem que o pagamento tenha sido feito, inicia-se automaticamente, independentemente de penhora ou de nova intimação, o prazo para que o executado ofereça sua impugnação (art. 525).

Tratando-se de cumprimento de sentença que tenha condenado a Fazenda Pública a pagar dinheiro, o prazo de trinta dias correrá da intimação da Fazenda, na pessoa de seu representante judicial, para apresentar defesa (art. 535).

Nos casos de obrigação de fazer, de não fazer ou de entregar coisa, o prazo de quinze dias terá início com o fim do prazo para que o executado cumpra voluntariamente a obrigação. Aplica-se, pois, aqui o mesmo sistema que se adota quando a obrigação é pecuniária: intima-se o devedor para que cumpra a sentença em certo prazo e, decorrido este prazo, independentemente de nova intimação, corre o prazo para oferecimento de impugnação.

Na impugnação, o executado só pode alegar algumas matérias, expressamente enumeradas no art. 525, § 1º (e, no caso da Fazenda Pública, as elencadas no art. 535). O exame das matérias suscitáveis através da impugnação revelam um sistema bastante coerente: é que ao executado só é lícito alegar, nesta altura, matérias que não poderiam ter sido alegadas no processo de conhecimento no qual se formou o título executivo judicial. Em outros termos, só se admite que o executado, em sede de impugnação, alegue defesas que digam respeito a fatos ou circunstâncias posteriores à formação do título executivo. Pode-se, por exemplo, alegar o pagamento da dívida, desde que se trate da alegação de pagamento superveniente à sentença. A única exceção a esta regra é a da possibilidade de alegação de falta ou nulidade de citação se, na fase de conhecimento, o processo correu à revelia (exceção perfeitamente justificável quando se considera que a falta ou nulidade de citação contamina de forma absoluta o processo, já que se está aí diante da mais terrível de todas as violações ao princípio constitucional do contraditório, e mesmo assim só poderá a matéria ser alegada se o processo tiver corrido à revelia do demandado, já que seu comparecimento espontâneo supre o vício da citação, conforme dispõe o art. 239, § 1º). Quanto ao mais, não se pode admitir a alegação, em sede de impugnação, de matérias que já foram, ou que poderiam ter sido, alegadas no processo de conhecimento, e isto decorre da eficácia preclusiva da coisa julgada (art. 508) e, no caso específico da impugnação ao cumprimento provisório de sentença (caso em que ainda não se pode falar de coisa julgada e, por conseguinte, de sua eficácia preclusiva), em razão da vedação do *bis in idem*, já que não se pode admitir a alegação, em impugnação de sentença, de matérias que ainda podem ser deduzidas no processo de conhecimento que ainda estará pendente.

Justificado o rol de matérias presente no art. 525, § 1º (e no art. 535), impende examinar quais são as matérias que podem ser alegadas em impugnação ao cumprimento de sentença.

A primeira matéria dedutível em impugnação ao cumprimento de sentença é a "falta ou nulidade da citação se, na fase de conhecimento, o processo correu à revelia" (art. 525, § 1º; art. 535, I). Como já visto, esta é a única matéria prévia à formação do título executivo que pode ser alegada em sede de impugnação ao cumprimento de sentença. É que, não tendo sido regularmente citado o demandado no processo de conhecimento (ou, como diz o texto legal, na fase de conhecimento do processo, o que nem sempre será correto, pois em alguns casos – como no da execução fundada em decisão estrangeira homologada pelo STJ – haverá mesmo dois processos, um de conhecimento, e outro, autônomo, de execução), e tendo corrido o processo à sua revelia, o vício não terá sido sanado. E este vício é, como se disse anteriormente, o mais grave dentre todos os vícios resultantes da violação do contraditório, já que terá havido uma absoluta privação do direito do demandado de participar do processo e influir na formação do resultado que lhe é desfavorável. Trata-se, pois, de vício absolutamente insanável pelo trânsito em julgado da sentença que tenha sido proferida nesse processo defeituoso, e que pode ser alegado a qualquer tempo, mesmo depois do decurso do prazo para ajuizamento de ação rescisória. É este, possivelmente, o único vício capaz de sobreviver a tudo isso, motivo pelo qual é possível chamá-lo de *vício transrescisório*.

A segunda matéria de defesa que pode ser deduzida na impugnação é a "ilegitimidade de parte" (art. 525, § 1º, II; art. 535, II). Trata-se da possibilidade de alegar ilegitimidade da parte *em sede de execução*. Destaque-se este ponto: não se trata de permitir a alegação, na impugnação ao cumprimento da sentença, de que faltava legitimidade a alguma das partes *no processo de conhecimento*. Esta é matéria que já foi, ou poderia ter sido, deduzida no processo cognitivo. Aqui se cogita da possibilidade de alegação, em impugnação, de ausência de legitimidade para figurar no procedimento executivo.

Pense-se, por exemplo, no caso de se ter postulado a condenação de um devedor ao pagamento de uma dívida e, proferida a sentença, buscar-se executá-la contra um fiador que não tenha participado do processo. Ocorre que a lei, expressamente, estabelece que "[o] cumprimento da sentença não poderá ser promovido em face do fiador, do coobrigado ou do corresponsável que não tiver participado da fase de conhecimento" (art. 513, § 5º). Assim, promovida a execução contra o fiador neste caso, poderá ele alegar na impugnação que não tem legitimidade para ser demandado na execução.

A terceira matéria que pode ser deduzida na impugnação é a "inexequibilidade do título ou inexigibilidade da obrigação" (art. 525, § 1º, III; art. 535, III). É que pode acontecer de se ter instaurado o procedimento do cumprimento de sentença quando o título ainda não tinha eficácia executiva (pense-se, por exemplo, no caso de estar ainda pendente de apreciação um recurso interposto contra a sentença condenatória e que tenha sido recebido com efeito suspensivo), ou de não ser exigível a obrigação (por estar, por exemplo, sujeita a termo ou condição suspensiva).

Considera a lei como sendo caso de inexigibilidade da obrigação o caso em que o dever jurídico cuja execução se postula tenha sido reconhecido em decisão judicial fundada em lei ou ato normativo considerado inconstitucional pelo STF, ou fundado em aplicação ou interpretação da lei ou do ato normativo tido pelo STF como incompatível com a Constituição da República, provenha a decisão do Supremo Tribunal do exercício de controle concentrado ou difuso de constitucionalidade (art. 525, § 12; art. 535, § 5º). É preciso, porém, que não tenha havido, pelo STF, modulação de efeitos da sua decisão que seja capaz de excluir de seu campo de incidência decisões como a exequenda (art. 525, § 13; art. 535, § 6º). É que, em atenção à segurança jurídica, pode o STF modular no tempo os efeitos de sua decisão proferida em sede de controle de constitucionalidade, de modo a evitar que seus efeitos alcancem todos os casos, inclusive os pretéritos. Pense-se, por exemplo, no caso de o STF declarar a inconstitucionalidade da lei que institui certo tributo. Por uma questão de segurança jurídica, pode o Supremo Tribunal estabelecer que não obstante a inconstitucionalidade, o tributo só deixará de ser cobrado no exercício seguinte, de modo que eventual sentença que tenha reconhecido a obrigação de pagar aquele mesmo tributo em relação a algum exercício anterior não seria alcançada pelos efeitos do pronunciamento exarado em sede de jurisdição constitucional.

De toda maneira, essa matéria só poderá ser alegada em impugnação ao cumprimento de sentença se a decisão do STF for anterior ao trânsito em julgado da decisão exequenda (art. 525, § 14; art. 525, § 7º). Anterior, frise-se, ao *trânsito em julgado da sentença*, ainda que não seja anterior ao momento em que a sentença tenha sido prolatada. Caso a decisão do STF seja posterior ao trânsito em julgado da sentença exequenda, a matéria só poderá ser deduzida em ação rescisória, e neste caso o prazo de dois anos para exercício do direito à rescisão (art. 975) só começará a correr a partir do trânsito em julgado da própria decisão do STF (art. 525, § 15; art. 535, § 8º).

Outra matéria que pode ser deduzida em sede de impugnação ao cumprimento de sentença é "penhora incorreta ou avaliação errônea" (art. 525, § 1º, IV). Esta é matéria que não aparece no rol das dedutíveis no caso de impugnação oferecida pela Fazenda Pública (art. 535), o que é perfeitamente compreensível quando se considera que na execução contra ente público não se admite penhora.

É que pode ter havido, antes do oferecimento da impugnação, a realização de uma penhora viciada (como seria, por exemplo, a penhora de um bem absolutamente impenhorável) ou a errônea avaliação do bem penhorado. Recorde-se, aqui, que não é preciso já ter havido penhora para que a impugnação seja oferecida e admitida (art. 525, *caput*). Pode, porém, acontecer de a penhora e a avaliação serem realizadas antes do oferecimento da impugnação e, neste caso, caberá ao executado alegar, desde logo, nesta oportunidade, os vícios que entenda haver nesses dois atos executivos.

Pode também o executado alegar, na impugnação, a existência de excesso de execução ou a ocorrência de cumulação indevida de execuções (art. 525, § 1º, V; art. 535, IV).

Ocorre o excesso de execução (art. 917, § 2º) quando o exequente pleiteia quantia superior à do título; quando a execução recai sobre coisa diversa daquela declarada no título; quando ela se processa de modo diferente do que foi determinado no título; quando o exequente, sem cumprir a prestação que lhe corresponde, exige o adimplemento da prestação do executado; ou quando o exequente não prova que a condição se realizou.

Quando se trata de obrigação pecuniária, o caso mais comum de excesso de execução é aquele em que o exequente postula o recebimento de quantia superior à reconhecida no título. Neste caso, incumbe ao executado, em sua impugnação, declarar desde logo o valor que entende correto, apresentando demonstrativo discriminado e atualizado do cálculo que efetuou para encontrar esse valor (art. 525, § 4º; art. 535, § 2º). Caso isto não seja feito, a impugnação será liminarmente rejeitada se este fosse seu único fundamento ou, havendo outro, não será examinada a alegação de excesso (art. 525, § 5º; art. 535, § 2º, *in fine*).

A cumulação indevida de execuções acontece quando não atendido o disposto no art. 780. Pense-se, por exemplo, no caso em que alguém tenha sido condenado, na mesma sentença, a cumprir duas obrigações de naturezas distintas (por exemplo, cumprir uma obrigação de fazer e reparar perdas e danos). Pois em casos assim, por serem distintos os procedimentos, não é possível cumular as duas execuções, devendo-se realizar cada uma delas separadamente. Caberá ao credor, evidentemente, escolher qual das duas pretende executar primeiro e qual prefere reservar para ver cumprida em momento posterior. Optando o credor, porém, por cumular as duas execuções, poderá o executado oferecer impugnação sustentando a cumulação indevida das execuções.

É também através da impugnação que o executado pode alegar a "incompetência absoluta ou relativa do juízo da execução" (art. 525, § 1º, VI; art. 535, V). Pense-se, por exemplo, no caso de ter o exequente optado por não promover o procedimento de cumprimento de sentença que condenou a pagar quantia no juízo em que tramitou a fase de conhecimento do processo, mas em outro local. Pois, neste caso, poderá ele optar por juízo do foro do domicílio do executado ou por juízo do foro onde estejam os bens sobre os quais irá recair a atividade executiva (art. 516, parágrafo único). Pois no caso de ter sido o procedimento instaurado perante juízo de outro foro, distinto de todos esses indicados pela lei, haverá uma incompetência territorial, relativa, a qual deverá ser alegada por meio da impugnação, sob pena de preclusão e consequente prorrogação da competência do juízo perante o qual se tenha postulado a execução.

Também se pode cogitar do caso em que se tenha postulado a execução de decisão estrangeira homologada pelo STJ perante algum órgão do Judiciário Estadual, caso em que haverá incompetência absoluta (sendo tal competência dos juízos federais, nos termos do art. 109, X, da Constituição da República), o que também poderá ser alegado por via da impugnação. Neste caso, porém, por se tratar de incompetência absoluta, a matéria poderá ser suscitada posteriormente, não havendo preclusão pelo fato de não ter sido a mesma alegada na impugnação.

Por fim, admite-se a alegação, através da impugnação, de "qualquer causa modificativa ou extintiva da obrigação, como pagamento, novação, compensação, transação ou prescrição, desde que supervenientes à sentença" (art. 525, § 1º, VII; estabelecendo o art. 535, VI que, no caso de execução voltada contra a Fazenda Pública, o fato extintivo ou modificativo da obrigação teria de ser superveniente ao trânsito em julgado da sentença). Apresenta a lei processual, aqui, a possibilidade de o executado apresentar defesa fundada no direito material, deduzindo algum fato superveniente à sentença (ou ao seu trânsito em julgado, no caso da execução contra a Fazenda Pública) que tenha sido capaz de fazer desaparecer o direito substancial do exequente (como seria uma novação) ou de o modificar substancialmente (como se daria no caso de pagamento parcial, por exemplo). Impende que o fato agora alegado seja superveniente e, por isso, não tenha sido possível deduzi-lo no processo de conhecimento, razão pela qual só na impugnação poderá ele ser trazido à apreciação do órgão jurisdicional.

Deverá ser rejeitada liminarmente a impugnação que não verse sobre alguma das matérias expressamente enumeradas na lei. Também se rejeita liminarmente a impugnação intempestiva ou manifestamente protelatória (art. 918, I e III, aplicável em sede de cumprimento de sentença, como reconhecido pelo enunciado 545 do FPPC).

A impugnação não é, ao menos como regra geral, dotada de efeito suspensivo, motivo pelo qual seu oferecimento não impede o prosseguimento do procedimento destinado ao cumprimento da sentença (art. 525, § 6º). Esta, porém, é regra que não se aplica no caso de ser executada a Fazenda Pública, caso em que só poderá prosseguir a execução se o executado não oferecer impugnação tempestivamente ou ter suas alegações rejeitadas (art. 535, § 3º).

Nas execuções em geral (excetuada, aqui, a que se move contra a Fazenda Pública, que se submete quanto ao ponto a regime próprio, sendo sempre dotada de efeito suspensivo), admite-se que, garantido o juízo com penhora, caução ou depósito suficientes, decisão judicial atribua efeito suspensivo ao incidente. Esta medida de natureza nitidamente cautelar não pode ser deferida de ofício, dependendo, pois, de requerimento do executado (mais uma vez, art. 525, § 6º).

Além disso, a atribuição de efeito suspensivo à impugnação ao cumprimento de sentença exige o preenchimento de dois outros requisitos (art. 525, § 6º): a relevância dos fundamentos da impugnação (o que nada mais é do que a exigência de *fumus boni iuris*, isto é, da probabilidade de que o executado tenha razão) e o risco de que o prosseguimento da execução seja manifestamente suscetível de causar ao executado grave dano, de difícil ou incerta reparação, o bom e velho *periculum in mora*. A atribuição de efeito suspensivo à impugnação, porém, não impede a prática de atos de substituição, reforço (*rectius*, ampliação) ou redução da penhora e da avaliação de bens (art. 525, § 7º). Em outros termos, a atribuição de efeito suspensivo à impugnação oferecida pelo executado serve, tão somente, para impedir a prática dos atos expropriatórios e daqueles que sejam seus consectários (como, por exemplo, a entrega de dinheiro ao exequente).

Pode acontecer de se atribuir *efeito suspensivo parcial* (por exemplo, quanto a uma parte do valor exequendo, ou apenas quanto a um dos bens penhorados). Pois, neste caso, incumbirá ao juiz estabelecer os precisos limites desse efeito suspensivo, determinando o prosseguimento da execução quanto ao restante (art. 525, § 8º).

Pode também acontecer de haver mais de um executado e se atribuir efeito suspensivo à impugnação oferecido apenas por um (ou alguns) deles. Neste caso, a

Parte Especial • Cap. 21 • Defesas do executado **421**

suspensão só alcançará os atos executivos a serem praticados em detrimento daqueles que ofereceram impugnação (ou aqueles cuja impugnação foi recebida com efeito suspensivo), não beneficiando os demais executado. Excetua-se esta regra geral, porém, no caso de um executado (ou alguns deles) ter impugnado com base em fundamento que a todos interesse (art. 525, § 9º), como se daria, por exemplo, no caso de um dos executados apenas oferecer impugnação, versando esta sobre a nulidade absoluta do título executivo (matéria que evidentemente interessaria a todos os sujeitos do processo).

Atribuído efeito suspensivo à impugnação, admite-se que o exequente requeira seu prosseguimento, o que dependerá não só de decisão a ser proferida pelo juízo da execução, mas também de prestação, pelo exequente, de caução suficiente e idônea a ser fixada pelo juiz (art. 525, § 10).

Recebida a impugnação, e resolvido eventual requerimento de atribuição de efeito suspensivo, deverá ser ouvido o exequente (no prazo de quinze dias, por força do princípio da isonomia) e, depois de concluída eventual instrução probatória, proferida a decisão judicial acerca da defesa do executado.

Não se pode deixar de dizer, por fim, que todas as matérias que surjam depois do momento oportuno para que o executado ofereça sua impugnação (como seriam as relativas à validade da penhora posteriormente realizada, ou a algum vício dos atos executivos posteriormente efetivados) devem ser deduzidas por petição simples (que nada mais é do que uma *objeção de não executividade*, conhecida no jargão forense por *exceção de pré-executividade*). Para tanto, dispõe o executado do prazo de quinze dias, a contar da comprovada ciência do fato ou da intimação do ato que se pretenda impugnar (art. 525, § 11).

21.2 Embargos do Executado

Quando a execução se funda em título executivo extrajudicial, a defesa do executado se dá através da oposição de *embargos do executado* (arts. 914 a 920). Trata-se de um mecanismo de defesa distinto da impugnação ao cumprimento de sentença, especialmente pelo fato de ter natureza de *processo de conhecimento autônomo*. Dito de outro modo, o oferecimento, pelo executado, de seus embargos faz instaurar um novo processo, autônomo em relação ao processo executivo. E este novo processo, de natureza cognitiva, será o meio empregado para a análise e decisão acerca da defesa oferecida pelo executado (doravante chamado *embargante*, enquanto o exequente será, nesta sede, denominado *embargado*).

O CPC chama este meio de defesa do executado de *embargos à execução*. A expressão *embargos do executado*, aqui empregada, aparece nos textos do art. 903 e do art. 1.012, III. Emprega-as o texto da lei processual como sinônimas, e assim tal texto deve ser mesmo interpretado. A preferência por usar embargos do executado, e não embargos à execução, porém, tem uma razão.

É que, em alguns casos, a defesa do executado se opõe à execução considerada em seu todo. É o que se dá, por exemplo, no caso em que o fundamento dos embargos é o pagamento da dívida, ou qualquer outra causa de extinção da obrigação. Em outras hipóteses, porém, os embargos não se destinam a atacar toda a execução, mas apenas algum ato executivo (como se dá, *e.g.*, no caso de embargos destinados unicamente a impugnar a penhora, que seria incorreta). Assim, nem sempre os embargos são propriamente opostos à execução (considerada em sua integralidade). Seja como for, porém, a legitimidade para opor embargos é do executado e, portanto, tenham os embargos por objetivo impugnar toda a execução, ou apenas algum ato executivo, sempre serão eles embargos *do executado*. Daí a preferência por esta outra terminologia.

Os embargos do executado são cabíveis independentemente de prévia garantia do juízo (art. 914), e devem ser distribuídos por dependência ao juízo da execução (art. 914, § 1º), que tem competência funcional – e, portanto, absoluta – para deles conhecer. É preciso, porém, observar o caso especial da execução que tramita por carta precatória. É que, neste caso, os embargos tanto podem ser apresentados no juízo deprecante como no juízo deprecado, mas a competência para deles conhecer será, em regra, do juízo deprecante. Só será competente o juízo deprecado para conhecer dos embargos do executado se versarem eles, unicamente, sobre vícios ou defeitos da penhora, da avaliação ou da alienação dos bens *efetuadas no juízo deprecado* (art. 914, § 2º). Em outros termos, se os embargos se voltarem *unicamente* contra atos executivos praticados pelo juízo deprecado, deste será a competência (funcional) para deles conhecer. Nos demais casos, a competência será do juízo deprecante. Nestas hipóteses, oferecidos os embargos em um juízo e sendo competente o outro, deverá o órgão que recebeu os embargos encarregar-se de sua remessa ao juízo competente.

Distribuídos os embargos, deverão eles ser autuados em apartado, tramitando o processo em apenso aos autos da execução.

O prazo para oferecimento dos embargos do executado é de quinze dias, contados da mesma forma como se contam os prazos para oferecimento de contestação no processo de conhecimento. (art. 915). Havendo mais de um executado, o prazo para cada um deles embargar é independente, contando-se a partir da respectiva juntada aos autos da prova de sua citação. Só não será assim no caso de executados que sejam cônjuges ou companheiros, hipótese em que o prazo será comum, a ser contado a partir da juntada do último comprovante de citação (art. 915, § 1º). No caso de embargos opostos pela Fazenda Pública na execução contra ela movida, o prazo é de trinta dias (art. 910).

Tratando-se de execução por carta, porém, há uma regra específica acerca da contagem do prazo para oferecimento de embargos. É que nesta hipótese o prazo correrá da juntada, nos autos da carta precatória, da certificação de citação quando a competência para deles conhecer for do próprio juízo deprecado (art. 915, § 2º, I). Correrá, porém, o prazo a partir da juntada, nos autos de origem, perante o juízo deprecante,

Parte Especial • Cap. 21 • Defesas do executado **423**

da comunicação da citação, a ser feita por meio eletrônico, pelo juiz deprecado ao juiz deprecante (art. 915, § 2º, II, e § 4º).

Em qualquer caso de execução movida em face de dois ou mais executados, a formação do litisconsórcio não implica – ainda que tenham eles advogados distintos – duplicação de prazos para oferecimento de embargos do executado, afastada que é, expressamente, a aplicação da regra prevista no art. 229 (art. 915, § 3º).

Pode o executado, no prazo para oferecer embargos, em vez de apresentar defesa, optar por reconhecer expressamente o crédito do exequente e, juntamente com tal reconhecimento, comprovar o depósito de trinta por cento do valor integral da execução (acrescido de custas e honorários advocatícios). Neste caso, admite-se que o executado requeira o pagamento parcelado do saldo da dívida, em até seis parcelas mensais, acrescidas de correção monetária e juros de um por cento ao mês (art. 916). É uma espécie de *moratória judicial*, sendo direito do executado o pagamento parcelado (desde que, evidentemente, preencha os requisitos legais: reconhecer expressamente o débito; formular o requerimento no prazo dos embargos; comprovar, neste mesmo prazo, ter efetuado o depósito de trinta por cento do valor total da dívida). Este requerimento, feito no prazo de que o executado dispõe para embargar, acarreta o integral reconhecimento da dívida exequenda, com a consequente renúncia ao direito de opor embargos do executado (art. 916, § 6º). Não se admite, então, que o executado requeira o pagamento parcelado e, além disso, oponha embargos, comportamento contraditório que viola o princípio da boa-fé objetiva (art. 5º).

Neste caso, o exequente será intimado para se manifestar, no prazo de cinco dias, sobre o preenchimento dos pressupostos (art. 916, § 1º). Não tem o exequente o direito de discordar do pagamento parcelado. Só pode ele discutir se os pressupostos legais foram ou não preenchidos. Além disso, deve-se admitir que o exequente suscite perante o juízo da execução discussão acerca do número de parcelas em que será dividido o pagamento ainda restante, já que o texto normativo estabelece que tal pagamento se dará em *até* seis parcelas. Caso todos os pressupostos estejam presentes, é direito do executado pagar parceladamente.

Deferido o pagamento parcelado, o exequente poderá levantar os valores já depositados, sendo suspensos os atos executivos (art. 916, § 3º). Enquanto não apreciado o requerimento do executado, porém (e tal apreciação pode, na prática, demorar algum tempo), incumbirá ao devedor depositar as parcelas que forem se vencendo, ficando desde logo autorizado o levantamento, pelo exequente, das quantias depositadas (art. 916, § 2º).

Indeferido o pagamento parcelado (por não ter sido preenchido algum requisito legal), a execução retomará seu curso normal, mantido o depósito que o executado tenha efetuado, o qual deverá ser convertido em penhora (art. 916, § 4º).

Caso o parcelamento tenha sido deferido e, não obstante isto, o executado deixe de depositar tempestivamente qualquer das parcelas, ocorrerá o vencimento antecipado das prestações subsequentes, devendo prosseguir a execução, com o imediato reinício dos atos executivos (art. 916, § 5º, I). Além disso, será imposta ao executado, em favor do exequente, multa de dez por cento sobre o valor das prestações não pagas (aí incluídas as que antecipadamente se vencerem), nos termos do art. 916, § 5º, II.

Este instituto da moratória judicial não se aplica, nem subsidiariamente, ao cumprimento de sentença, por força de expressa previsão legal neste sentido (art. 916, § 7º).

Optando o executado, porém, por oferecer embargos, poderá ele alegar as matérias indicadas no art. 917.

Em primeiro lugar, poderá o executado alegar inexequibilidade do título ou inexigibilidade da obrigação (art. 917, I). Assim é que o embargante poderá sustentar, em seus embargos, que o título de que se valeu o exequente-embargado não tem eficácia executiva (por lhe faltar algum requisito legal) ou que a obrigação ainda não é exigível (por estar sujeita a termo, por exemplo).

Pode também o embargante alegar que houve penhora incorreta ou avaliação errônea (art. 917, II). Aqui vale recordar – como já se fez em relação à impugnação ao cumprimento de sentença – que o oferecimento da defesa pelo executado não pressupõe a prévia garantia do juízo, mas, caso esta tenha ocorrido, ser-lhe-á possível alegar, desde logo, nos embargos, que houve vício da penhora ou erro no valor da avaliação. Caso a penhora ou a avaliação ocorram depois do oferecimento dos embargos, a matéria poderá ser suscitada por simples petição, no prazo de quinze dias a contar da ciência, pelo executado, do ato (art. 917, § 1º).

Pode, ainda, o embargante alegar excesso de execução ou cumulação indevida de execuções (art. 917, III). Caso nos embargos se deduza a alegação de excesso de execução, afirmando-se que o exequente pretende receber valor superior ao verdadeiramente devido, terá o embargante o ônus de declarar, na petição inicial, o valor que admite como correto, apresentando demonstrativo discriminado e atualizado de seu débito (art. 917, § 3º), sob pena de não conhecimento desta alegação. Assim, se for este o único fundamento dos embargos, serão eles liminarmente rejeitados (art. 917, § 4º, I). Havendo outro fundamento além desse, os embargos serão processados, mas a alegação de excesso de execução não será apreciada (art. 917, § 4º, II).

Nos casos de execução para entrega de coisa, admite-se que o executado ofereça *embargos de retenção por benfeitorias* (art. 917, IV). Trata-se da defesa através da qual o executado sustenta ter direito de reter a coisa cuja entrega é exigida até que seja indenizado pelas benfeitorias, necessárias ou úteis, que tenha feito no bem. É que, nos termos do art. 1.219 do Código Civil, "[o] possuidor de boa-fé tem direito à indenização das benfeitorias necessárias e úteis, bem como, quanto às voluptuárias, se não lhe forem pagas, a levantá-las, quando o puder sem detrimento da coisa, *e poderá exercer o direito de retenção pelo valor das benfeitorias necessárias e úteis*".

Oferecidos embargos por retenção de benfeitorias, poderá o exequente-embargado postular a compensação de seu valor com o dos frutos ou dos danos que sejam considerados devidos pelo executado-embargante. Neste caso, incumbirá ao juiz determinar a realização de prova pericial para apuração de ambos os valores (art. 917, § 5º). Poderá, ainda, o exequente requerer, a qualquer tempo, sua imissão na posse da coisa, desde que preste caução ou deposite o valor devido pelas benfeitorias necessárias ou úteis ou a quantia resultante da compensação (art. 917, § 6º).

É por meio de embargos que o executado pode alegar, em sua defesa, a incompetência, absoluta ou relativa, do juízo da execução (art. 917, V). A incompetência absoluta, porém, pode ser alegada a qualquer tempo, por petição simples dirigida ao juízo da execução. No caso da incompetência relativa, porém, não sendo a questão suscitada nos embargos haverá a prorrogação da competência, de modo que o juízo que fosse relativamente incompetente passará, em razão da inércia do executado que deixa de suscitar o ponto, a ser competente para a causa.

Por fim, pode o executado alegar, em seus embargos, "qualquer matéria que lhe seria lícito deduzir como defesa em processo de conhecimento" (art. 917, VI). É que, não tendo havido processo cognitivo prévio à formação do título, não estarão presentes os fatores que levam à limitação da cognição existente na impugnação ao cumprimento de sentença. É preciso, então, permitir que o executado alegue, agora, toda e qualquer matéria de defesa que poderia ter alegado se tivesse sido demandado em um processo de conhecimento.

Tendo os embargos natureza de processo cognitivo autônomo em relação à execução, impende que o embargante elabore petição inicial capaz de preencher todos os requisitos formais exigidos por lei. É preciso, então, que o executado elabore petição inicial capaz de preencher os requisitos indicados no art. 319. Além disso, a petição deve vir acompanhada de cópias das peças processuais relevantes, as quais poderão ser declaradas autênticas pelo próprio advogado que as junta, sob sua responsabilidade pessoal (art. 914, § 2º).

Deduzidos os embargos, o juiz os rejeitará liminarmente (art. 918) quando intempestivos; nos casos de indeferimento da petição inicial e de improcedência liminar do pedido; quando manifestamente protelatórios.

A intempestividade dos embargos acarreta sua rejeição liminar, com a prolação de sentença terminativa, extinguindo-se o processo sem resolução do mérito. É que o prazo de quinze dias para oferecimento dos embargos é um *prazo extintivo do interesse-adequação*. Dito de outro modo, ultrapassado esse prazo os embargos deixam de ser a via processual adequada para que o executado deduza seus argumentos de defesa. Daí não resulta, todavia, a perda do direito material. Não se está diante de um prazo decadencial (ou prescricional). O que se tem aí é um prazo meramente processual.

Significa isto dizer que, não oferecidos os embargos no prazo legal, perde o executado a possibilidade de se opor à execução por meio de embargos. Nada impede, porém, que se valha ele de outras vias processuais para buscar tutela jurisdicional em seu favor. Pense-se, por exemplo, no caso de se promover a execução de dívida já paga. O fato de não ter o executado oferecido embargos (e, por conta disso, ter prosseguido a execução, quiçá com a satisfação do crédito exequendo) não o impede de, posteriormente, ajuizar demanda através da qual se veicule a pretensão de declaração da inexistência da obrigação (ou, mesmo, de repetição do indébito). Daí a importância de se ter claro que a rejeição liminar dos embargos intempestivos se dá por sentença que não resolve o mérito da causa.

Além disso, aplicam-se ao processo dos embargos todas as hipóteses que a lei processual prevê como sendo de indeferimento da petição inicial (art. 330). Evidentemente, também se aplica aqui a exigência de que, antes de indeferir a petição inicial, o juiz dê ao demandante (aqui chamado de embargante) oportunidade de corrigir o defeito da petição (art. 321, *caput* e parágrafo único).

Também é aplicável aos processos dos embargos o dispositivo que prevê a improcedência liminar do pedido (art. 332). Assim, embargos que veiculem pretensão contrária a enunciado de súmula do STF ou do STJ; ou que estejam em conflito com acórdão proferido pelo STF ou pelo STJ em julgamento de recursos repetitivos; ou ainda que sejam contrários a entendimento firmado em incidente de resolução de demandas repetitivas ou de assunção de competência; ou, por fim, embargos que contrariem enunciado de súmula de tribunal de justiça sobre direito local. Pois em todos esses casos, após ouvir o embargante especificamente sobre a possibilidade de aplicar as regras que versam sobre improcedência liminar, o juiz proferirá, desde logo, sentença que porá fim ao processo *com resolução do mérito*. Só não haverá necessidade de ouvir previamente o embargante quando este, em sua petição inicial, já tenha se manifestado de forma específica sobre o ponto (como se daria, por exemplo, no caso em que embargante, em sua petição inicial, se desse ao trabalho de sustentar a inaplicabilidade, ao caso concreto, de certo enunciado de súmula do STJ). Afinal, neste caso já terá havido contraditório prévio e efetivo (art. 9º).

Há, porém, um caso especial de improcedência liminar do pedido que é específico dos embargos do executado. É a hipótese de rejeição liminar por serem os embargos manifestamente protelatórios. É o que se dá, por exemplo, quando o embargante se limita a suscitar uma tese estapafúrdia (como seria, *e.g.*, sustentar a impossibilidade de se atender à pretensão executiva deduzida por um locador de imóvel, ao fundamento de que a cobrança de aluguel seria inconstitucional por violar o direito fundamental à moradia). Pois neste caso, incumbe ao juiz proferir (depois de ouvir o embargante sobre o ponto, se for o caso, em respeito ao princípio constitucional do contraditório) sentença julgando liminarmente improcedentes os embargos do executado e, com isso, protegendo a parte contrária do abuso do direito de demandar. Adite-se a isto o fato de que o oferecimento de embargos manifestamente protelatórios constitui *ato atentatório à dignidade da justiça* (art. 918, parágrafo único), o que implica a imposição de multa de até vinte por cento do valor da causa (art. 77, § 1º). Esta multa, registre-se, é devida ao Estado ou à União, conforme o processo tramite perante a Justiça Estadual ou a Justiça Federal.

Não sendo caso de rejeição liminar, os embargos do executado serão recebidos, estabelecendo a lei processual que tal recebimento se dará *sem efeito suspensivo* (art. 919).

Pode haver, porém, atribuição de efeito suspensivo por decisão judicial (efeito suspensivo *ope iudicis*), a requerimento do embargante, quando presentes os requisitos para concessão de tutela provisória (de urgência ou da evidência), *e desde que a execução já esteja garantida por penhora, depósito ou caução suficientes* (art. 919, § 1º). O requerimento de atribuição de efeito suspensivo aos embargos do executado pode ser formulado a qualquer tempo (FPPC, enunciado 546).

A decisão que atribui efeito suspensivo aos embargos do executado poderá ser, a requerimento da parte interessada, modificada ou revogada, a qualquer tempo, se tiverem cessado as circunstâncias que a motivaram (art. 919, § 2º).

Se o efeito suspensivo tiver sido atribuído parcialmente, dizendo respeito apenas a uma parcela do objeto da execução, esta prosseguirá com a prática de atos executivos que digam respeito à outra parte, não alcançada pelo efeito suspensivo atribuído (art. 919, § 3º). E no caso de concessão de efeito suspensivo a embargos oferecidos por um só dos executados, a execução poderá prosseguir contra os executados que não tenham embargado, salvo se o fundamento dos embargos for comum aos demais (art. 919, § 4º).

De todo modo, a concessão de efeito suspensivo não impedirá a efetivação de atos de substituição, de reforço (*rectius*, ampliação) ou de redução da penhora, nem a avaliação dos bens. Em outras palavras, significa isto dizer que a atribuição de efeito suspensivo aos embargos do executado impede, tão somente, a prática de atos de expropriação e satisfação do crédito exequendo.

Recebidos os embargos, o exequente será ouvido, nos termos do art. 920, I, no prazo de quinze dias (devendo, para tanto, ser *citado* na pessoa de seu advogado, através dos meios usualmente empregados para a intimação dos patronos das partes, não sendo necessário que a procuração outorgada ao advogado lhe atribua poderes especiais para receber citação).

Decorrido o prazo para que o embargado ofereça resposta, o juiz julgará desde logo a causa ou, se necessária uma maior dilação probatória, colherá as provas necessárias, realizando audiência de instrução e julgamento se necessário (art. 920, II). Encerrada a instrução probatória (ou se esta se mostrou desnecessária), o juiz prolatará a sentença (art. 920, III).

22

SUSPENSÃO E EXTINÇÃO DO PROCESSO DE EXECUÇÃO

22.1 Suspensão

Como já se pôde ver, quando do exame da suspensão do processo em geral, considera-se estar suspenso um processo quando ocorre sua paralisação total e temporária. Pois há casos específicos de suspensão dos procedimentos executivos, previstos no art. 921, e que são aplicáveis tanto aos processos de execução que têm por fundamento título executivo extrajudicial, como nos procedimentos destinados à execução forçada dos deveres jurídicos reconhecidos nos títulos executivos judiciais (cumprimento de sentença).

Isto não significa, porém, que não se possa suspender o procedimento executivo nos casos previstos na Parte Geral do CPC. E é exatamente isto o que resulta do art. 921, I, que determina a suspensão da execução "nas hipóteses dos arts. 313 e 315, no que couber".

Interessa mais, aqui, porém, o exame das causas de suspensão do processo específicas da execução, enumeradas nos incisos II a V do art. 921. É o que se passa a fazer.

Suspende-se o processo de execução quando são recebidos embargos do executado com efeito suspensivo (art. 921, II). Evidentemente, a mesma norma se aplica quando é recebida com efeito suspensivo a impugnação ao cumprimento de sentença (art. 525, § 6º). É preciso, porém, recordar aqui alguns pontos importantes, a fim de sistematizar o exame da matéria.

Vale, em primeiro lugar, recordar que o efeito suspensivo atribuído à defesa do executado pode ser total ou parcial. Sendo total, evidentemente, provocará uma paralisação completa de todo o procedimento executivo, que ficará verdadeiramente suspenso. A atribuição de efeito suspensivo parcial, porém, provocará tão somente a *suspensão imprópria* do procedimento executivo. É que, nesses casos, não haverá uma paralisação total e temporária da execução, mas somente se estabelecerá a existência de impedimento à prática de alguns atos executivos (aqueles que digam respeito à parcela do objeto da execução em relação à qual o efeito suspensivo tenha sido atribuído). É o que se extrai do § 8º do art. 525, por força do qual, "[q]uando o efeito suspensivo atribuído à impugnação disser respeito apenas a parte do objeto da execução, esta prosseguirá quanto à parte restante", e do art. 919, § 3º, que afirma que "[q]uando o efeito suspensivo atribuído aos embargos disser respeito apenas a parte do objeto da execução, esta prosseguirá quanto à parte restante".

Também é preciso distinguir entre suspensão própria e suspensão imprópria nos casos em que, havendo litisconsórcio passivo na execução (ou seja, sendo dois ou mais os executados), apenas um ou alguns deles oferecerem defesa que seja recebida com efeito suspensivo. É que neste caso a suspensão do procedimento executivo só será própria (isto é, só haverá a paralisação total e temporária da execução) se o fundamento deduzido nessa defesa for comum a todos os executados. Na hipótese de o fundamento da defesa a que se tenha atribuído efeito suspensivo for de interesse apenas de quem a tenha apresentado, não haverá paralisação total da execução (suspensão imprópria), não se podendo praticar apenas os atos executivos que pudessem alcançar o patrimônio daquele executado que deduziu a defesa a que, por decisão judicial, se emprestou efeito suspensivo (art. 525, § 9º; art. 919, § 4º).

Importante também deixar claro qual o momento a partir do qual se opera a suspensão (seja ela própria ou imprópria) resultante da atribuição de efeito suspensivo, total ou parcial, à defesa do executado. É que a suspensão não impede a prática de atos destinados a substituir, ampliar ou reduzir a penhora, nem obsta a avaliação dos bens penhorados (art. 525, § 7º; art. 919, § 5º). Assim, a suspensão de que trata a lei se opera, apenas, a partir do momento em que o processo esteja na altura em que são praticados os atos expropriatórios. Enquanto durar a suspensão, não será possível a prática de atos de expropriação de bens ou de satisfação do crédito exequendo.

Outra causa de suspensão do procedimento executivo é a verificação de que o executado não foi localizado ou não tem bens penhoráveis (art. 921, III). Neste caso, o procedimento deverá ser suspenso pelo prazo de um ano (art. 921, § 1º), sendo certo que durante esse período de tempo não corre contra o exequente – e em favor do executado – qualquer prazo prescricional e os autos devem permanecer em cartório.

Caso se verifique, durante esse prazo de um ano, que o executado adquiriu bens penhoráveis (ou quando se descobre bens penhoráveis que o executado já possuía, mas que não haviam sido encontrados anteriormente), a execução voltará a tramitar. Decorrido, porém, o prazo de um ano sem que sejam encontrados bens penhoráveis do executado, os autos serão arquivados (art. 921, § 2º), sem que isto implique a extinção da execução. Arquivados os autos, sempre será possível ao exequente requerer seu desarquivamento para prosseguir com a execução, demonstrando que foram encontrados bens penhoráveis (art. 921, § 3º).

Ultrapassado o prazo de um ano de suspensão do procedimento executivo a que se refere o § 1º do art. 921, começa automaticamente a correr o prazo de *prescrição intercorrente* (art. 921, § 4º). A prescrição intercorrente é um fenômeno análogo à prescrição *stricto sensu*, mas que desta se diferencia por ocorrer quando o processo já está em curso (não tendo, pois, havido o decurso do prazo prescricional sem que o titular do direito lesado tenha ajuizado sua demanda, o que caracterizaria a prescrição propriamente dita). Assim, paralisado o procedimento executivo *nos exatos termos previstos nos §§ 1º e 4º do art. 921*, configurar-se-á a prescrição intercorrente, e o exequente se verá privado de seu crédito em razão do decurso do tempo, pouco importando se o procedimento executivo teve início com base em título executivo judicial ou extrajudicial (FPPC, enunciado 194).

Dado relevante é que, nos termos da redação atribuída pela Lei nº 14.195/2021 ao art. 921, § 4º, o termo inicial da prescrição intercorrente seria a ciência da primeira tentativa infrutífera de localização do devedor ou de bens penhoráveis, e que esse prazo ficaria suspenso pelo prazo máximo de um ano, na forma do § 1º do mesmo artigo. Essa redação, porém, é muito ruim. Ora, não se pode admitir que o termo inicial do prazo se dê numa determinada data (por exemplo, a da primeira tentativa infrutífera de localizar o devedor), mas esse prazo só comece a correr um ano depois por estar suspenso. O que há, aí, não é uma suspensão do prazo prescricional, mas uma causa impeditiva da prescrição (nos mesmos termos do que se tem nos arts. 197 a 199 do Código Civil). A prescrição intercorrente não corre pelo prazo máximo de um ano a contar da data da primeira tentativa infrutífera de localização do executado ou de bens penhoráveis. Passado esse um ano, começa, aí, sim, a correr o prazo prescricional.

O prazo da prescrição intercorrente é o mesmo prazo da prescrição antecedente (art. 206-A do Código Civil).

A prescrição intercorrente pode ser proclamada *ex officio*, mas se faz necessário, em atendimento à exigência constitucional de contraditório prévio e efetivo, que o juiz, antes de reconhecê-la, ouça as partes no prazo de quinze dias (art. 921, § 5º). Proclamada a prescrição intercorrente, será extinto o procedimento executivo, "sem ônus para as partes", o que deve ser interpretado no sentido de que, nesse caso, não haverá condenação ao pagamento de honorários advocatícios.

Também haverá suspensão do processo "se a alienação dos bens penhorados não se realizar por falta de licitantes e o exequente, em 15 (quinze) dias, não requerer a adjudicação nem indicar outros bens penhoráveis" (art. 921, IV). Esgotado o prazo de duração do leilão judicial eletrônico sem que tenha sido apresentado lanço válido (ou realizados dois leilões judiciais presenciais – art. 886, V – sem que qualquer interessado tenha apresentado lanço válido), poderá o exequente, ou qualquer outro legitimado, requerer a adjudicação do bem penhorado no prazo de quinze dias (art. 878; art. 921, IV). Não havendo requerimento de adjudicação neste prazo, e não sendo indicado – por qualquer das partes – outros bens penhoráveis, a execução deverá ser suspensa até que algum legitimado a adjudicar se disponha a fazê-lo ou até que outros bens penhoráveis sejam indicados. Neste caso, registre-se, não se cogita de prescrição intercorrente, não correndo qualquer prazo prescricional durante o tempo de suspensão do processo.

Também se suspende o processo de execução por título extrajudicial (mas não o procedimento de cumprimento de sentença, já que o instituto não lhe é aplicável, por força do disposto no art. 916, § 7º), quando for deferido o pagamento parcelado a que se refere o art. 916 (art. 921, V). Esta suspensão não poderá ultrapassar seis meses, prazo máximo para o pagamento parcelado da dívida exequenda e, durante a paralisação do processo, deverá o executado pagar as prestações mensais que tenham sido estabelecidas. Deixando o executado de pagar qualquer prestação, haverá o vencimento antecipado das parcelas subsequentes e o prosseguimento do processo executivo, com a imposição de multa ao executado (de dez por cento sobre a soma das prestações não pagas) e o imediato reinício dos atos executivos (art. 916, § 5º).

Por fim, admite-se a suspensão convencional do procedimento executivo, que ocorrerá quando o exequente conceder ao executado prazo para que cumpra voluntariamente a obrigação (art. 922). Importante ter claro que não se aplica, em sede executiva, a regra resultante da interpretação do art. 487, III, *b*. Em outros termos: se no curso de um processo de conhecimento as partes chegarem à autocomposição de seu litígio, o processo será extinto com resolução do mérito; se no curso de um procedimento executivo as partes fizerem um acordo de que resulte prazo para que o devedor quite seu débito, suspende-se a execução até o cumprimento integral da obrigação. Também não se aplica à suspensão convencional do procedimento executivo a disposição contida no art. 313, § 4º, que limita o tempo da suspensão convencional a seis meses. Seja lá qual for o prazo concedido pelo exequente ao executado (ainda que longo, já tendo sido visto na prática caso em que as partes ajustaram o pagamento em sessenta parcelas mensais), o processo ficará suspenso aguardando o cumprimento integral do acordo.

Caso o acordo não seja cumprido (seja por ter decorrido o prazo, seja por se ter ajustado que o não cumprimento de alguma parcela implicaria o vencimento antecipado das demais ou o desfazimento do ajuste), voltará o procedimento executivo a tramitar normalmente, a partir do ponto em que havia sido suspenso (art. 922, parágrafo único).

Durante a suspensão do procedimento executivo nenhum ato processual poderá ser praticado (art. 923). Admite-se, porém, como é próprio do regime da suspensão do processo (314), a prática de atos urgentes, que deverão ser requeridos ao próprio juiz da causa. Só no caso de estar o processo suspenso por ter sido arguido o impedimento ou a suspeição do juiz é que os atos urgentes não poderão ser requeridos ao próprio juiz da causa (uma vez que sua imparcialidade está a ser questionada). Neste caso, eventuais atos urgentes deverão ser requeridos ao substituto legal do juiz cujo impedimento ou suspeição se alegou (art. 146, § 3º).

22.2 Extinção

Procedimentos executivos extinguem-se por sentença (arts. 203, § 1º, e 925). E à execução se aplicam, no que couber, os casos de extinção do processo previstos no art. 485 (um dos quais, o indeferimento da petição inicial, está expressamente referido no art. 924, I). Além deles, porém, outros casos há de extinção que são específicos dos procedimentos executivos.

Assim é que será extinta a execução quando a obrigação exequenda for satisfeita (art. 924, II). Pode ocorrer a satisfação por força de pagamento voluntariamente feito pelo executado ou por terceiro (art. 304, *caput* e parágrafo único, do CC), ou por ato do próprio juízo da execução (art. 904). Seja lá como for, satisfeita a obrigação exequenda, deverá ser extinto o próprio procedimento executivo.

O art. 924, III, por sua vez, estabelece que será extinta a execução se "o executado obtiver, por qualquer outro meio, a extinção total da dívida". É que pode haver extinção da obrigação sem que tenha sido satisfeito o credor. Pense-se, por exemplo, nos casos de novação (art. 360 do CC), de compensação (art. 368 do CC; art. 156, II, do CTN); ou da remissão (art. 385 do CC). Aliás, é absolutamente desnecessário o disposto no inciso IV do art. 924, eis que a renúncia ao crédito por parte do exequente implica a extinção da obrigação, estando a hipótese já inserida no inciso anterior.

Também se extingue a execução se ocorrer a prescrição intercorrente (art. 925), o que exige a perfeita observância do procedimento e dos prazos previstos nos §§ 1º a 5º do art. 921. E não é só o reconhecimento da prescrição intercorrente que acarreta a extinção da execução. Também a prescrição *stricto sensu*, que se consuma antes de instaurada a execução, acarreta a extinção do procedimento executivo.

Pode, ainda, haver a extinção da execução em razão do acolhimento da defesa do executado (embargos do executado ou impugnação ao cumprimento de sentença).

O que importa ter claro é que, em sede de execução, não há cogitar-se em extinção *com ou sem resolução do mérito*. Não é disso que se trata aqui, pois não se está diante de um procedimento cognitivo. Nos procedimentos executivos deve-se falar em extinção *com ou sem satisfação do crédito*. Só se poderá falar em resolução do mérito (e, pois, na formação de coisa julgada material) se tiverem sido oferecidos embargos do executado (os quais têm natureza de processo de conhecimento autônomo) ou se tiver sido apresentada impugnação ao cumprimento de sentença (que instaura um *incidente cognitivo* no procedimento executivo destinado ao cumprimento de sentença).

23

PROCESSOS NOS TRIBUNAIS E MEIOS DE IMPUGNAÇÃO DAS DECISÕES JUDICIAIS

Tema da maior importância para o sistema processual civil brasileiro, a que o CPC dedica todo um Livro (o Livro III da Parte Especial), é o dos processos nos tribunais. Aí são regulados não só os meios de impugnação das decisões judiciais (recursos e demandas autônomas de impugnação de decisões), como outros incidentes processuais – de que é exemplo o conflito de competência – e processos de competência originária dos tribunais, como o da ação rescisória ou o da reclamação. É também regulado no Livro III da Parte Especial do CPC o sistema de precedentes judiciais estabelecido para o direito processual civil (e, por aplicação subsidiária, também para os outros ramos do direito processual) brasileiro. Regula-se, ainda, neste mesmo Livro, uma série de questões gerais relacionadas ao desenvolvimento dos processos nos tribunais (o que se faz sob a epígrafe "Da ordem dos processos no tribunal").

Este capítulo, então, se iniciará pelo exame do sistema brasileiro de precedentes. Em seguida, será examinada a ordem dos processos no tribunal. Serão, em seguida, examinados – na ordem em que aparecem no CPC – diversos incidentes processuais que se desenvolvem perante os tribunais e processos de sua competência originária. Por fim, ter-se-á o estudo dos recursos, estudo este que se fará em duas partes (a primeira destinada ao exame da assim chamada *teoria geral dos recursos*; a segunda voltada à análise dos recursos em espécie).

23.1 Padrões Decisórios

O direito processual civil brasileiro desenvolveu, em um longo processo evolutivo, um sistema de padronização decisória que culminou, do ponto de vista normativo, com a edição do CPC de 2015. É preciso examinar esse sistema, respeitadas, sempre, as características gerais desse trabalho.

Deve-se deixar claro, em primeiro lugar, que a expressão "padrão decisório" (que aparece no texto legal, como se pode ver pelo disposto no § 5º do art. 966) designa um gênero que compreende duas espécies, o precedente e o enunciado de súmula.

Inicia-se por buscar definir o que seja um precedente. É a partir desse conceito que todo o sistema de padronização decisória do direito processual civil brasileiro deverá ser compreendido.

Precedente é um pronunciamento judicial, proferido em um processo anterior, que é empregado como base da formação de outra decisão judicial, prolatada em processo posterior. Dito de outro modo, sempre que um órgão jurisdicional, ao proferir uma decisão, parte de outra decisão, proferida em outro processo, empregando-a como base, a decisão anteriormente prolatada terá sido um *precedente*.

A técnica de decidir a partir de precedentes, empregando-os como princípios argumentativos, é uma das bases dos sistemas jurídicos anglo-saxônicos, ligados à tradição jurídica do *common law*. Isto não significa, porém, que o ordenamento jurídico brasileiro, historicamente vinculado à tradição jurídica romano-germânica (conhecida como *civil law*), tenha "migrado" para o *common law*. Muito ao contrário, o que se tem no Brasil é a construção de um sistema de formação de decisões judiciais com base em precedentes (e enunciados de súmula) adaptados às características de um ordenamento de *civil law*.

Diferentes dos precedentes são os enunciados de súmula. Estes são pequenos textos (chamados de verbetes ou enunciados) que consolidam entendimentos dominantes na jurisprudência de certo tribunal, e que são identificados a partir do exame de diversos acórdãos. Assim é que, para pensar em um exemplo bastante simples, depois de o STJ ter decidido por diversas vezes que pessoas jurídicas podem sofrer danos morais compensáveis, esse entendimento veio a ser consolidado no enunciado nº 227 da súmula de sua jurisprudência dominante ("[a] pessoa jurídica pode sofrer dano moral").

Decidir com base em precedentes e enunciados de súmula é uma forma de assegurar o respeito a uma série de princípios constitucionais formadores do modelo constitucional de processo brasileiro. O sistema brasileiro de padronização decisória busca assegurar, precipuamente, isonomia e segurança jurídica. É que, como se poderá ver ao longo desta exposição, o direito processual civil brasileiro conhece dois tipos de padrões decisórios (os *vinculantes* e os *não vinculantes*, também chamados de persuasivos ou argumentativos). E os da primeira espécie – evidentemente os mais importantes na construção do sistema – destinam-se a garantir que casos iguais recebam respostas jurídicas iguais (isonomia), o que confere previsibilidade às decisões judiciais (segurança jurídica).

A compreensão do sistema brasileiro de padronização decisória, porém, impõe que se estabeleça uma distinção entre o conceito de precedente, já apresentado, e o de *jurisprudência* (a que o CPC faz referência em diversos dispositivos, de que é importante exemplo o art. 926).

Pois *jurisprudência* é um conjunto de decisões judiciais, proferidas pelos tribunais, sobre uma determinada matéria, em um mesmo sentido.

Perceba-se, então, que há uma diferença *quantitativa* fundamental entre *precedente* e *jurisprudência*. É que falar sobre precedente é falar de *uma decisão judicial*, proferida em um determinado caso concreto (e que servirá de base para a prolação de futuras decisões judiciais). Já falar de jurisprudência é falar de um grande número de decisões judiciais, que estabelecem uma linha constante de decisões a respeito de certa matéria, permitindo que se compreenda o modo como os tribunais interpretam determinada norma jurídica.

Parte Especial • Cap. 23 • Processos nos tribunais e meios de impugnação das decisões judiciais **437**

A distinção é relevante porque – como se verá melhor adiante – o sistema brasileiro de padronização decisória é construído para que haja uniformidade de decisões em causas idênticas (notadamente, ainda que não exclusivamente, no que diz respeito às assim chamadas *demandas repetitivas*). De outro lado, a jurisprudência serve de base para a uniformização de entendimento a respeito de temas que se manifestam em causas diferentes.

Pense-se, por exemplo, nas causas ligadas ao Direito de Família (ou, como alguns preferem, Direito das Famílias). Evidentemente, não se pode cogitar nessa área de demandas repetitivas ou seriais. Esta é uma área do Direito em que, sem qualquer sombra de dúvida, se pode afirmar que *cada caso é um caso*. Pois não obstante isso, há temas que aparecem frequentemente nas causas de família. Pense-se, por exemplo, nos inúmeros processos em que se discute se há comunhão de aquestos nos casamentos celebrados pelo regime da separação obrigatória de bens; ou nos processos em que se discute se deve ou não haver a prisão civil do devedor de alimentos quando este efetua o pagamento parcial da dívida exequenda. Pois em casos assim é fundamental, para a unidade do ordenamento jurídico, que se verifique a existência de *linhas decisórias constantes*, ou seja, de jurisprudência firme, o que permite assegurar-se a coerência das decisões judiciais acerca da matéria. Não se terá, aí, decisão fundada em um precedente, mas a prolação de decisões que respeitarão a jurisprudência formada acerca do ponto.

Evidentemente, porém, há ligação entre o conceito de precedente e o de jurisprudência. Afinal, a identificação de uma linha de jurisprudência constante se faz a partir do exame de um conjunto de decisões judiciais, e cada uma destas decisões poderá ser considerada, quando analisada individualmente, um *precedente*.

Impõe-se, porém, ter claro que falar de precedente é falar de uma decisão determinada, a qual serve de base para a formação de outra decisão, proferida em processo posteriormente julgado. De outro lado, falar de jurisprudência é falar de conjunto de decisões formadoras de uma linha constante de entendimento acerca de determinado tema.

Vale aqui, então, lembrar que os enunciados de súmula (que são extratos da jurisprudência dominante de um tribunal) não são precedentes. Afinal, se o precedente é uma decisão – proferida em processo anterior ao que agora se busca julgar – e o enunciado de súmula não é uma decisão, mas algo que se constrói a partir de diversas decisões, então o enunciado de súmula não é um precedente. Pode-se dizer, portanto, que precedentes e enunciados de súmula são espécies de um gênero: os padrões decisórios (expressão que se encontra, por exemplo, no texto do art. 966, § 5º). E como se verá, por meio de precedentes e de enunciados de súmula se busca, no ordenamento jurídico brasileiro, a construção de mecanismos de padronização decisória, visando principalmente (mas não exclusivamente) o gerenciamento de casos e questões repetitivas.

A jurisprudência dos tribunais deve ser *estável*, *íntegra* e *coerente* (art. 926).

A exigência de *estabilidade* da jurisprudência indica que linhas de decisões constantes e uniformes a respeito de determinadas matérias não podem ser simplesmente abandonadas ou modificadas arbitrária ou discricionariamente. Em outros termos, não pode um órgão jurisdicional decidir uma matéria a cujo respeito exista jurisprudência constante simplesmente ignorando essa linha decisória, promovendo uma flutuação de entendimentos que contraria a exigência de segurança jurídica. A estabilidade da jurisprudência exige, também, que seus próprios padrões decisórios sejam observados, inclusive por seus órgãos fracionários (FPPC, enunciados 316 e 453).

Imagine-se, por exemplo, que um tribunal tenha entendimento firmado a respeito da não incidência, em determinada situação, de um tributo estadual. Pois a exigência de estabilidade presta-se a evitar que cada órgão jurisdicional integrante desse tribunal decida a matéria de uma forma diferente, ignorando sua própria jurisprudência firme. Não se extraia daí, porém, uma impossibilidade de modificação de entendimentos, o que provocaria um indesejável engessamento do Direito. É evidente que linhas jurisprudenciais constantes podem ser modificadas (e os §§ 3º e 4º do art. 927 expressamente referem tal possibilidade). Isto, porém, exige fundamentação adequada e específica, de modo que sejam respeitados os princípios da segurança jurídica, da proteção da confiança e da isonomia (art. 927, § 4º). Perceba-se: ao afastar-se da jurisprudência constante do tribunal, não basta ao órgão jurisdicional fundamentar a decisão do caso concreto em que tal afastamento acontece: impõe a lei processual uma fundamentação *específica e adequada* acerca das razões que levam o órgão jurisdicional a se afastar da jurisprudência firme, modificando-a (ou a abandonando por completo). E no caso do Supremo Tribunal Federal e dos tribunais superiores, esta alteração de entendimento jurisprudencial pode se dar com *modulação temporal de efeitos*, o que é uma exigência de respeito ao interesse social e à segurança jurídica.

Pense-se, por exemplo, no caso de haver firme jurisprudência no sentido de que determinada atividade empresarial não se sujeita ao pagamento de imposto sobre serviços. Isto, evidentemente, gera na sociedade – especialmente naqueles que desenvolvem tal atividade empresarial – a segurança de que não estarão sujeitos ao pagamento do imposto. Ora, uma mudança de entendimento jurisprudencial acerca do ponto implica, a rigor, a previsão de uma nova hipótese de incidência tributária (afinal, se a norma jurídica não é o texto da lei, mas a interpretação que ao texto se atribui, a construção de uma nova interpretação é, a rigor, a criação de uma nova norma jurídica). Sendo certo que a incidência de uma nova hipótese de incidência tributária deve respeitar princípios constitucionais como o da anterioridade tributária (art. 150, III, *a*, da Constituição da República), deve-se considerar que a modificação de entendimento jurisprudencial acerca da incidência do tributo deve se dar com a expressa afirmação, pelo STF ou pelo STJ, de que a nova interpretação (e, pois, a nova norma) só se aplicará a casos futuros, ocorridos após a decisão que se tenha afastado da jurisprudência anteriormente firmada.

Não se pense, porém, que em todos os casos de modificação de jurisprudência haverá modulação de efeitos. Basta pensar – para continuar com exemplos extraídos do Direito Tributário – na hipótese de se ter o afastamento de uma linha de jurisprudência constante acerca de norma que impõe penalidade a contribuinte infrator de alguma obrigação tributária. Pois é reconhecida a existência de uma regra da retroatividade benigna, aplicável nos casos em que se deixa de considerar determinada conduta como infração, ou quando se lhe comina sanção menos severa (art. 106, II, *a e c*, do CTN).

Neste caso, portanto, a modificação de uma linha de jurisprudência firme, constante, não deve vir acompanhada de qualquer modulação temporal de efeitos, de modo a aplicar-se o novo entendimento também a casos anteriormente ocorridos (mas, evidentemente, ainda não julgados, o que, aliás, resulta expressamente do art. 106, II, do CTN).

Caberá, então, a cada tribunal, quando ocorrer uma alteração de sua jurisprudência firme, constante (ou, como diz o texto do § 3º do art. 927, "dominante"), expressamente estabelecer se haverá ou não modulação temporal dos efeitos do novo entendimento.

Isso é especialmente importante quando se trata da jurisprudência acerca dos requisitos de admissibilidade dos recursos. Pense-se, por exemplo, na possibilidade de haver uma modificação do entendimento da jurisprudência firme de um tribunal superior acerca do modo como deve ser preenchido determinado requisito de admissibilidade de um recurso que a ele seja dirigido. Caso o novo entendimento seja mais restritivo, isto é, caso a nova orientação do tribunal torne mais difícil o acesso àquela Corte, não se pode admitir que esse novo entendimento seja aplicável a recursos anteriormente interpostos, nos quais o requisito tenha sido preenchido pelo recorrente nos termos do que, na época da interposição do recurso, era considerado adequado. Aplicar retroativamente o novo entendimento, em casos assim, implicará uma quebra da confiança legítima que o jurisdicionado deposita no Judiciário, o que contrariaria o princípio da boa-fé objetiva que rege todo o sistema processual brasileiro (art. 5º), além de afrontar diretamente o direito fundamental à segurança jurídica.

Uma vez identificada uma linha de jurisprudência firme, constante, a respeito de algum tema, caberá ao tribunal que a tenha firmado editar um *enunciado de súmula* (art. 926, § 1º). A súmula de jurisprudência dominante é um *resumo da jurisprudência dominante de um tribunal*. Tal resumo é formado por *verbetes* ou *enunciados*, os quais indicam o modo como aquele tribunal decide certas matérias. Tome-se, como exemplo, o enunciado nº 510 da súmula da jurisprudência dominante do Superior Tribunal de Justiça ("A liberação de veículo retido apenas por transporte irregular de passageiros não está condicionada ao pagamento de multas e despesas"). Pois tal enunciado é um extrato do quanto decidido em casos nos quais esta questão foi expressamente enfrentada e resolvida por aquele Tribunal Superior.

Perceba-se que na súmula da jurisprudência dominante do tribunal não se deve indicar apenas o enunciado, mas também as decisões em que tal matéria foi enfrentada e decidida, o que permite o conhecimento das circunstâncias que levaram à formação daquele entendimento e os fundamentos que lhe servem de base (no caso do verbete 510 da súmula de jurisprudência dominante do STJ, por exemplo, são citados os julgamentos proferidos nos seguintes processos: ArRg no REsp 1303711/RJ; REsp 1124687/GO; AgRg no Ag 1230416/DF; AgRg no REsp 1156682/TO; AgRg no REsp 1124832/GO; REsp 1148433/SP; REsp 1144810/MG; AgRg no REsp 1129844/RJ; AgRg no REsp 1027557/RJ; AgRg no REsp 919347/DF; REsp 843837/MG; REsp 790288/MG; REsp 792555/BA; AgRg nos EDcl no REsp 622971/RJ; REsp 622965/RJ; REsp 648083/RJ). Pois estes pronunciamentos, indicados na súmula, são *precedentes*, decisões proferidas em casos anteriores nos quais se estabeleceu a fundamentação que justifica a conclusão segundo a qual "a liberação de veículo retido apenas por transporte irregular de passageiros não está condicionada ao pagamento de multas e despesas" (que é o texto do enunciado 510).

O enunciado de súmula, portanto, diga-se uma vez mais, não é um precedente. Trata-se de um *extrato* de diversos pronunciamentos, isto é, algo que se extrai de diversas decisões sobre a mesma matéria. Tais decisões podem, até mesmo, basear-se em fundamentos determinantes distintos, mas em todas elas se identificou a mesma conclusão (a de que "a liberação de veículo retido apenas por transporte irregular de passageiros não está condicionada ao pagamento de multas e despesas"). Assim, é perfeitamente possível imaginar a existência de uma jurisprudência firme, constante, ensejadora de um enunciado de súmula, e que se apoia em distintos precedentes, baseados em fundamentos determinantes distintos. Decidir com base em um enunciado de súmula, portanto, não é o mesmo que decidir com apoio em precedente. O enunciado de súmula, insista-se, é um *extrato da jurisprudência dominante de um tribunal*.

Cada tribunal, então, deve editar sua súmula de jurisprudência dominante, nela incluindo verbetes que enunciem suas linhas de jurisprudência constante (com a expressa referência aos precedentes que lhe deram origem). Esta exigência de indicação dos precedentes que serviram de base para a redação do enunciado de súmula resulta do § 2º do art. 926, segundo o qual "[a]o editar enunciados de súmula, os tribunais devem ater-se às circunstâncias fáticas dos precedentes que motivaram sua criação". E isto se dá para garantir que a utilização posterior do enunciado de súmula como elemento argumentativo se dê em casos nos quais as mesmas questões sejam debatidas. Evita-se, assim, que o enunciado de súmula seja tratado como se fosse um texto de lei (o que, evidentemente, ele não é). Impende ter claro que o enunciado de súmula é um extrato de entendimento firmado em decisões de casos concretos, os quais envolvem circunstâncias fáticas peculiares e que são construídas a partir do debate de certos temas (que não necessariamente terão sido os mesmos temas debatidos no caso posterior). A aplicação desses enunciados, portanto, deve ser feita levando em conta os precedentes que o formaram (e, por conta da exigência de integridade e coerência, também os que se formaram depois da aprovação do enunciado: FPPC, enunciado 166).

Veja-se, por exemplo, o caso do enunciado 467 da Súmula do STJ (segundo o qual "[p]rescreve em cinco anos, contados do término do processo administrativo, a pretensão da Administração Pública de promover a execução da multa por infração ambiental"). Pois a leitura dos precedentes indicados na Súmula do STJ permite verificar que em todos eles a questão discutida era a incidência, para determinação do prazo prescricional na hipótese, do Código Civil ou da regra específica da prescrição quinquenal dos créditos da Administração (prevista no art. 1º do Decreto 20.910/1932), em todos os pronunciamentos se tendo afirmado a prevalência desta sobre aquele. É preciso ter claro que era esta a questão discutida nos julgamentos de que se extraiu o enunciado, a fim de evitar, por exemplo, que se queira empregar tal enunciado como argumento capaz de justificar, por exemplo, o reconhecimento de prescrição em um

Parte Especial • Cap. 23 • Processos nos tribunais e meios de impugnação das decisões judiciais **441**

caso no qual, dentro do quinquênio, tenha ocorrido alguma causa de suspensão ou de interrupção do prazo de prescrição (afinal, suspensão e interrupção de prescrição são temas estranhos aos precedentes de que se extraiu o enunciado 467 da Súmula do STJ e, pois, não podem ser resolvidos com base no que consta desse verbete).

Devem os tribunais, portanto, na organização de suas súmulas de jurisprudência dominante, indicar não só os enunciados que as compõem, mas também os pronunciamentos que indicam a formação de uma linha de jurisprudência constante. Só assim será possível determinar o alcance exato da norma que se buscou consolidar no verbete sumular.

A elaboração das súmulas dos tribunais se dará na forma prevista nos seus Regimentos Internos (art. 926, § 1º). Também aos Regimentos Internos incumbe regular o procedimento a ser observado para alteração ou cancelamento de enunciados de súmula. Tal procedimento, porém, deverá (e não simplesmente *poderá*, como consta da literalidade do texto do § 2º do art. 927) prever a realização de audiências públicas e a participação de *amici curiae*, a fim de ampliar-se o contraditório na rediscussão da tese firmada, ampliando-se, deste modo, a legitimidade da alteração ou do cancelamento do enunciado sumular.

É imperioso, ainda, apontar-se a distinção entre a *súmula vinculante* e as demais súmulas de tribunais. Afinal, esta distinção se revelará importante mais à frente, na análise do disposto no art. 927 do CPC.

O art. 103-A da Constituição da República estabelece que "[o] Supremo Tribunal Federal poderá, de ofício ou por provocação, mediante decisão de dois terços dos seus membros, após reiteradas decisões sobre matéria constitucional, aprovar súmula que, a partir de sua publicação na imprensa oficial, terá efeito vinculante em relação aos demais órgãos do Poder Judiciário e à administração pública direta e indireta, nas esferas federal, estadual e municipal, bem como proceder à sua revisão ou cancelamento, na forma estabelecida em lei". Os enunciados da súmula vinculante "terão por objetivo a validade, a interpretação e a eficácia de normas determinadas, acerca da quais haja controvérsia atual entre órgãos judiciários ou entre esses e a administração pública que acarrete grave insegurança jurídica e relevante multiplicação de processos sobre questão idêntica" (art. 103-A, § 1º, da Constituição da República).

Assim, preenchidos os requisitos constitucionais (controvérsia atual entre órgãos judiciários ou entre esses e a administração pública; risco de grave insegurança jurídica e de relevante multiplicação de processos sobre a mesma questão jurídica), e a partir de *reiteradas decisões*, o Supremo Tribunal Federal edita enunciados de súmula que vinculam todos os órgãos do Poder Judiciário e da Administração Pública direta ou indireta (federal, estadual, distrital ou municipal), de modo que tais órgãos judiciários ou administrativos não podem deixar de aplicar o entendimento consolidado em verbete de súmula vinculante.

Veja-se, por exemplo, o enunciado nº 12 da Súmula Vinculante do STF: "A cobrança de taxa de matrícula nas Universidades Públicas viola o disposto no art. 206, IV, da Constituição Federal". Ora, por força desse enunciado não se admite que qualquer órgão da Administração Pública crie essa taxa de matrícula, assim como não se pode admitir que um órgão jurisdicional decida no sentido de que sua cobrança é válida.

Os demais enunciados de súmula, porém (chamados tradicionalmente de *enunciados de súmula persuasivos*), não têm essa mesma eficácia. Mais adiante, no exame do que consta do art. 927, será possível expor mais claramente qual é o papel da súmula não vinculante no Direito brasileiro.

À jurisprudência, porém, não basta ser estável. Exige o art. 926 que ela seja íntegra e coerente.

Entende-se por *jurisprudência íntegra* aquela que é construída levando-se em consideração a história institucional das decisões acerca de determinada matéria. Significa isto dizer que um tribunal, ao proferir decisão sobre um determinado tema, deve levar em conta toda a evolução histórica das decisões proferidas, anteriormente, sobre o mesmo tema. É aqui que se pode empregar a conhecida metáfora do romance em cadeia de que fala Ronald Dworkin.

Imagine-se que um grupo de romancistas resolve escrever um livro em conjunto, observado o seguinte método. Um deles escreverá o primeiro capítulo, e o enviará a outro integrante do grupo, o qual ficará responsável por escrever o segundo capítulo. Em seguida, esses dois capítulos serão encaminhados a um terceiro integrante do grupo, que escreverá o terceiro capítulo, e assim sucessivamente, até que o último do grupo escreva o capítulo derradeiro da obra (e há livros que realmente foram escritos assim, como é o caso do romance policial *A Morte do Almirante – The Floating Admiral –*, que tem entre seus coautores Agatha Christie, G. K. Chesterton e Dorothy L. Sayers, entre outros conhecidos escritores de romances policiais). Pois, em um caso assim, o autor de cada capítulo (com exceção do primeiro, evidentemente) precisa, para que a obra coletiva faça sentido, interpretar tudo o que se escreveu antes do momento de sua participação para poder elaborar o capítulo que lhe incumbe.

Pois assim é, também, com a produção de uma decisão judicial. Cada juiz ou tribunal, ao proferir uma decisão, deve levar em conta as decisões anteriormente proferidas acerca daquela mesma matéria, de modo a tratá-las como se fossem os capítulos anteriores de um romance em cadeia. E a decisão que agora será proferida é o novo capítulo, que precisa formar com as anteriores um todo íntegro, respeitando-se, deste modo, a história institucional das decisões a respeito daquela matéria. Só assim se poderá considerar íntegra a jurisprudência dos tribunais.

Resulta, pois, do dever de integridade a exigência de que os juízes e tribunais, ao decidirem, levem em consideração tudo quanto já se decidiu anteriormente sobre a mesma matéria, notadamente os padrões decisórios (referidos no art. 927) acerca do tema. Consequência disso é que, por força do dever de integridade, ficam os órgãos jurisdicionais obrigados a utilizar as técnicas de distinção e superação dos precedentes sempre que isto se faça necessário para adequar seu entendimento às características do caso concreto ou à interpretação contemporânea do ordenamento jurídico (FPPC, enunciado 457).

Além de íntegra, como visto, a jurisprudência deve ser *coerente*. Significa isto dizer que em casos semelhantes deve ser assegurada uma isonômica aplicação principiológica (FPPC, enunciado 454: "Uma das dimensões da coerência a que se refere o *caput* do

Parte Especial • Cap. 23 • Processos nos tribunais e meios de impugnação das decisões judiciais **443**

art. 926 consiste em os tribunais não ignorarem seus próprios precedentes [dever de autorreferência]"). Casos análogos devem receber decisões fundadas nas mesmas normas (especialmente, nos mesmos princípios). A coerência garante isonomia e é a chave para a integridade (FPPC, enunciado 455: "Uma das dimensões do dever de coerência [é] o dever de não-contradição, ou seja, o dever de os tribunais não decidirem casos análogos contrariamente às decisões anteriores, salvo distinção ou superação"). O dever de coerência e integridade impede que as decisões judiciais sejam construídas de forma discricionária ou arbitrária, a partir de posturas voluntaristas. Não cabe ao juiz ou ao tribunal simplesmente optar por uma decisão que lhe pareça a "melhor" ou a "mais justa". O papel do órgão jurisdicional é (assegurado o contraditório) proferir a decisão constitucionalmente legítima para o caso concreto, o que só será possível se observadas a coerência e a integridade do ordenamento jurídico (equivocado, pois, o enunciado 456 do FPPC, que afirma que o dever de decidir conforme o ordenamento jurídico seria uma dimensão do dever de integridade, já que tal dever resulta do dever de preservação da coerência da jurisprudência). A ideia central de um ordenamento jurídico íntegro e coerente é a concretização da isonomia substancial, impedindo-se deste modo decisões construídas de forma solipsista pelo juiz, a partir de seus próprios e pessoais valores (decidindo conforme sua consciência). A decisão deve ser construída – em contraditório, sempre – a partir do que anteriormente já se decidiu a respeito daquela mesma matéria (integridade), de forma a assegurar que em casos análogos se apliquem os mesmos princípios (coerência). Só assim se terá observado de forma plena a exigência, constante do *caput* do art. 926, de que a jurisprudência, além de estável, seja íntegra e coerente.

Até aqui, porém, falou-se de jurisprudência e de súmulas de jurisprudência. Impende tratar, agora, dos *precedentes*.

Pede-se vênia, então, para repetir-se o conceito de precedente, anteriormente apresentado: *precedente é um pronunciamento judicial, proferido em um processo anterior, que é empregado como base da formação de outra decisão judicial, prolatada em processo posterior. Significa isto dizer que, sempre que um órgão jurisdicional, ao proferir uma decisão, partir de outra decisão, proferida em outro processo, empregando-a como base, a decisão anteriormente prolatada terá sido um precedente.*

Deve-se destacar, aqui, que nem toda decisão judicial é precedente (mesmo que não vinculante). Só são assim consideradas aquelas decisões em que é possível estabelecer um fundamento determinante que será observado, posteriormente, com caráter vinculante ou meramente persuasivo, na formação da decisão a ser proferida em um caso subsequente (FPPC, enunciado 315: "Nem todas as decisões formam precedentes vinculantes").

O Direito Brasileiro conhece dois tipos de precedente: o *precedente vinculante* e o *precedente não vinculante* (persuasivo ou argumentativo). A distinção é importante, uma vez que precedentes vinculantes, como a própria denominação indica, são de aplicação obrigatória, não podendo o órgão jurisdicional a ele vinculado, em casos nos quais sua eficácia vinculante se produza, deixar de aplicá-lo e decidir de forma distinta. Já os precedentes não vinculantes são meramente argumentativos, e não podem ser ignorados pelos órgãos jurisdicionais, os quais, porém, podem decidir de modo distinto, desde que isto se faça através de um pronunciamento judicial em que se encontre uma fundamentação específica para justificar a não aplicação do precedente.

Em outras palavras: havendo um precedente vinculante, e se deparando o órgão jurisdicional a ele vinculado com um novo caso ao qual tal precedente se aplica, não é legítimo decidir de modo diferente. Não sendo, porém, vinculante o precedente, é admissível decisão conflitante, desde que isso se faça com justificativa adequada que demonstre a razão pela qual é constitucionalmente legítimo decidir-se de outro modo.

O mesmo raciocínio, registre-se, é válido também para os enunciados de súmula, que podem ser vinculantes ou não vinculantes.

Impende, então, definir quais são os padrões decisórios vinculantes e quais são os não vinculantes. E é preciso, desde logo, afastar-se a ideia – que poderia resultar de uma leitura isolada do art. 927 – de que todos os pronunciamentos ali indicados (decisões do STF em controle concentrado de constitucionalidade; enunciados de súmula vinculante; acórdãos em incidente de assunção de competência ou de resolução de demandas repetitivas e em julgamento de recursos extraordinário e especial repetitivos; enunciados de súmula do STF em matéria constitucional e do STJ em matéria infraconstitucional; orientação do plenário ou do órgão especial dos tribunais) seriam padrões decisórios vinculantes. Não é isto que resulta de uma interpretação sistemática do ordenamento brasileiro (mas, em sentido contrário, FPPC, enunciado 170).

É que a eficácia vinculante não resulta do disposto no art. 927 do CPC. E é equivocado, *data venia*, pensar que tal eficácia resultaria do fato de que o texto normativo do *caput* desse dispositivo afirma que os juízes e tribunais *observarão* o que consta dos incisos do aludido artigo de lei.

A exigência, contida no *caput* do art. 927, de que os órgãos jurisdicionais observarão o que ali está elencado indica, tão somente, a exigência de que tais decisões ou enunciados sumulares sejam levados em conta pelos juízes e tribunais em suas decisões. Em outras palavras, o art. 927 cria, para juízes e tribunais, um *dever jurídico*: o de levar em consideração, em suas decisões, os pronunciamentos ou enunciados sumulares indicados nos incisos do art. 927. Daí não resulta, porém, qualquer eficácia vinculante. Esta, quando existente, resultará de outra norma, resultante da interpretação de outro dispositivo legal (e que atribua expressamente tal eficácia). Não existindo essa outra norma, atributiva de eficácia vinculante, e a decisão ou o enunciado sumular será meramente persuasivo, argumentativo (e, portanto, não vinculante), o que gerará, para juízes e tribunais – obrigados a observá-los em suas decisões – um ônus argumentativo: o de inserir, na decisão que deles se afaste, uma fundamentação específica e adequada para tal afastamento, não sendo legítimo simplesmente que o juiz ou tribunal ignore aquele precedente ou enunciado sumular como se o mesmo não existisse.

Assim é que têm eficácia vinculante as decisões e enunciados sumulares indicados nos incisos I a III do art. 927; e são meramente argumentativas as decisões e verbetes sumulares de que tratam os incisos IV e V do mesmo artigo.

As decisões do STF em controle concentrado de constitucionalidade (art. 927, I) têm eficácia vinculante por força do disposto no art. 102, § 2º, da Constituição da República, segundo o qual "[a]s decisões definitivas de mérito, proferidas pelo Supremo Tribunal Federal, nas ações diretas de inconstitucionalidade e nas ações declaratórias de constitucionalidade produzirão eficácia contra todos e efeito vinculante, relativamente aos demais órgãos do Poder Judiciário e à administração pública direta e indireta, nas esferas federal, estadual e municipal".

A eficácia vinculante dos enunciados de súmula vinculante (art. 927, II) provém do art. 103-A da Constituição da República, segundo o qual terão eles "efeito vinculante em relação aos demais órgãos do Poder Judiciário e à administração pública direta e indireta, nas esferas federal, estadual e municipal".

A eficácia vinculante dos acórdãos proferidos em incidente de assunção de competência (art. 927, III) vem estabelecida no art. 947, § 3º, segundo o qual "[o] acórdão proferido em assunção de competência vinculará todos os juízes e órgãos fracionários" (exceto se houver revisão de tese, ressalva esta que nada faz além de dizer uma obviedade: superado o entendimento anteriormente fixado, não terá ele mais eficácia vinculante).

Os acórdãos proferidos no julgamento do incidente de resolução de demandas repetitivas (art. 927, III) também têm eficácia vinculante, a qual decorre do disposto no art. 985, por força do qual, "[j]ulgado o incidente, a tese jurídica [nele firmada] *será aplicada*: I – a todos os processos individuais ou coletivos que versem sobre idêntica questão de direito e que tramitem na área de jurisdição do respectivo tribunal, inclusive àqueles que tramitem nos juizados especiais do respectivo Estado ou região; II – aos casos futuros que versem idêntica questão de direito e que venham a tramitar no território de competência do tribunal" (também aqui com a óbvia ressalva da possibilidade de vir a ser posteriormente revista a tese). Também é preciso, aqui, fazer referência ao disposto no art. 987, § 2º, que prevê a eficácia vinculante da decisão que eventualmente venha a ser proferida pelo STF ou pelo STJ no julgamento de recurso extraordinário ou especial interposto contra o acórdão proferido pelo tribunal de segunda instância no julgamento do incidente de resolução de demandas repetitivas, caso em que, "[a] preciado o mérito do recurso, a tese jurídica adotada pelo Supremo Tribunal Federal ou pelo Superior Tribunal de Justiça será aplicada no território nacional a todos os processo individuais ou coletivos que versem sobre idêntica questão de direito".

Já os acórdãos prolatados no julgamento de recursos extraordinários ou especiais repetitivos (pelo STF ou pelo STJ, respectivamente) têm eficácia vinculante por força do disposto nos arts. 1.039 e 1.040, segundo os quais, uma vez publicado o acórdão paradigma, "os órgãos colegiados declararão prejudicados os demais recursos versando sobre idêntica controvérsia ou os decidirão aplicando a tese firmada" e, além disso, se negará seguimento aos recursos extraordinários ou especiais que estivessem sobrestados na origem quando o acórdão recorrido coincidir com a tese firmada (art. 1.040, I); o órgão que tenha proferido o acórdão recorrido que contrarie a tese firmada reexaminará o caso para aplicação da tese (art. 1.040, II); os processos ainda não julgados seguirão "para julgamento e aplicação da tese firmada pelo tribunal superior" (art. 1.040, III).

Vê-se, pois, claramente, que para as decisões do STF em controle concentrado de constitucionalidade e para os enunciados de súmula vinculante (que, perdoe-se a insistência, não são precedentes, mas extratos de jurisprudência), há norma constitucional a estabelecer a eficácia vinculante. Para as decisões proferidas no julgamento do incidente de assunção de competência e no julgamento de casos repetitivos (gênero que, nos termos do art. 928, engloba o incidente de resolução de demandas repetitivas e os recursos extraordinário e especial repetitivos), há norma infraconstitucional atributiva de eficácia vinculante. Tais pronunciamentos e enunciados de súmula, portanto, *vinculam* formalmente.

Já os enunciados de súmula (não vinculante) do STF em matéria constitucional, e do STJ em matéria infraconstitucional (art. 927, IV) e a orientação do plenário ou do órgão especial dos tribunais (art. 927, V) não são vinculantes, mas meramente argumentativos ou persuasivos.

Nos casos em que haja um precedente ou enunciado de súmula dotado de eficácia vinculante, ficam os órgãos jurisdicionais submetidos à autoridade do órgão de que provenha o precedente ou enunciado de súmula vinculante *obrigados* a aplicar, a casos idênticos, a mesma solução firmada anteriormente (deve-se, como se costuma dizer nos países de língua inglesa, *to treat like cases alike*, isto é, tratar casos análogos de forma análoga).

Assim, por exemplo, se um Tribunal Regional Federal julgar um incidente de resolução de demandas repetitivas e, no acórdão, firmar uma tese a respeito da forma como determinada questão jurídica deve ser solucionada, todos os demais casos em que aquela mesma questão seja discutida, e que se tenham instaurado perante o mesmo TRF ou perante juízo federal integrante da região a que aquele tribunal corresponde, terão solução idêntica, estando os órgãos colegiados e monocráticos que integram aquele tribunal, assim como os juízes federais de primeira instância daquela região, vinculados à tese firmada no acórdão paradigma. Do mesmo modo, no caso de ter sido a decisão proferida por um Tribunal de Justiça, estarão a ela vinculados todos os órgãos colegiados e monocráticos do próprio tribunal, assim como os juízes de primeira instância daquele Estado (ou, se for o caso, do Distrito Federal). Perceba-se, então, que cada tribunal fica vinculado aos precedentes vinculantes dele próprio emanados (FPPC, enunciado 169).

O mesmo raciocínio se aplicará (mas agora com o efeito vinculante abrangendo juízes estaduais e federais de todo o território nacional) se a decisão proferida no julgamento de caso repetitivo provier do STF ou do STJ.

Já no caso de decisões proferidas pelo STF no exercício do controle concentrado de constitucionalidade de leis ou de atos normativos, assim como na hipótese de enunciados de súmula vinculante, estarão vinculados todos os órgãos jurisdicionais brasileiros.

A tese firmada em precedente vinculante (assim como em enunciado de súmula vinculante) pode ser modificada ou superada. Isto exigirá, porém, procedimento próprio,

Parte Especial • Cap. 23 • Processos nos tribunais e meios de impugnação das decisões judiciais **447**

em que deverá haver a realização de audiências públicas, assegurada a participação de *amici curiae*, de forma a se garantir uma ampliação do contraditório que confira legitimidade democrática à alteração do entendimento vinculativo (art. 927, § 2º). A alteração ou superação da tese firmada no padrão decisório vinculante, assim como se dá no caso de alteração de entendimento consolidado em jurisprudência constante, poderá ter seus efeitos modulados no tempo, de forma a preservar o interesse social e a segurança jurídica (art. 927, § 3º). A revisão ou superação da tese firmada em padrão decisório vinculante exige, sempre, fundamentação adequada e específica, de forma a que se justifique expressamente a razão da dita revisão ou superação, sempre levando em consideração os princípios da segurança jurídica, da proteção da confiança e da isonomia (art. 927, § 4º).

Para facilitar a aplicação dos padrões decisórios vinculantes, os tribunais deverão organizar sistemas eletrônicos que permitam sua divulgação ampla, através da Internet, organizando-os por questão jurídica decidida (art. 927, § 5º).

Impende ter claro, porém, que a existência de padrões decisórios vinculantes não dispensa o juiz ou tribunal de, diante de casos idênticos, nos quais se tenha de aplicar a tese já firmada, respeitar o princípio do contraditório e fundamentar adequadamente a decisão judicial. Não é por outra razão, aliás, que o § 1º do art. 927 estabelece que "[o]s juízes e tribunais observarão o disposto no art. 10 e no art. 489, § 1º, quando decidirem com fundamento neste artigo". É que o precedente (ou o enunciado de súmula) não é "o fim da história". Ele é um "princípio argumentativo". Em outros termos, no julgamento da nova causa, incumbe ao juiz ou tribunal partir do padrão decisório anteriormente firmado para, demonstrando através de fundamentação analítica que os fundamentos determinantes daquela decisão anterior são aplicáveis ao caso presente, justificar sua aplicação, julgando-se o novo caso do mesmo modo que o anterior. Vale, aqui, recordar que, nos termos do art. 489, § 1º, V, considera-se não fundamentada a decisão judicial que "se limitar a invocar precedente ou enunciado de súmula, sem identificar seus fundamentos determinantes nem demonstrar que o caso sob julgamento se ajusta àqueles fundamentos".

Isto exige uma consideração especial: nos sistemas jurídicos vinculados à tradição de *common law*, quem diz que uma decisão judicial é precedente é o juiz do caso seguinte. Explique-se melhor: quando, em um ordenamento jurídico ligado à tradição anglo-saxônica, um tribunal julga uma causa, não se sabe se aquela decisão será ou não, no futuro, tida por precedente. Apenas quando, posteriormente, surge um segundo caso cujas circunstâncias são análogas às do caso anterior é que o órgão jurisdicional a quem incumba a função de julgar este segundo caso afirmará que aquela primeira decisão é um precedente.

No direito processual civil brasileiro a situação é diferente. É que a lei já estipula, com antecedência, quais são as decisões judiciais que terão eficácia de precedente vinculante (assim como diz quais são os enunciados de súmula dotados de eficácia vinculante). Dessa maneira, quando um tribunal vai exercer controle concentrado de constitucionalidade, vai decidir um incidente de assunção de competência ou vai julgar casos repetitivos, por exemplo, já se sabe, de antemão, que a decisão que ali será proferida *será um precedente vinculante*. Pode-se, assim, dizer que no Direito brasileiro, diferentemente do que acontece em outros ordenamentos, o precedente é criado "para ser precedente vinculante". Pode-se mesmo dizer que tais pronunciamentos são "precedentes de propósito" (ou, como já tive oportunidade de dizer, em tom de brincadeira, em conferências que proferi sobre o ponto, "precedentes vinculantes dolosos", já que formados "com a intenção de serem precedentes vinculantes").

Isto resulta não só do fato de que existe a previsão expressa em lei da eficácia vinculante de algumas decisões judiciais, mas também da circunstância de que existem procedimentos especificamente voltados à criação desses precedentes vinculantes (o procedimento destinado ao julgamento das ações diretas de inconstitucionalidade e das ações declaratórias de constitucionalidade, regido pela Lei nº 9.869/1999; o procedimento destinado à edição de enunciado de súmula vinculante, previsto na Lei nº 11.417/2006; o procedimento do incidente de assunção de competência, regido pelo art. 947; o procedimento do incidente de resolução de demandas repetitivas, regido pelos arts. 976 a 986; e, por fim, o procedimento destinado ao julgamento dos recursos especiais e extraordinários repetitivos, regulado pelos arts. 1.036 a 1.041).

Isso, porém, não dispensa os juízes e tribunais de, observado o contraditório efetivo e substancial que é inerente ao processo cooperativo (e que se destina, *in casu*, a permitir às partes debater sobre a aplicabilidade ou não do precedente ao caso concreto), proferir decisão adequada e analiticamente fundamentada, em que se justifique o motivo da aplicação do precedente ao caso em julgamento, demonstrando-se que os fundamentos determinantes daquele são mesmo aplicáveis ao novo caso sob apreciação.

Do mesmo modo, deve ser fundamentada a decisão que deixa de aplicar o padrão decisório por ser o caso agora em julgamento distinto, o que torna o padrão existente inaplicável. É por isso que no art. 489, § 1º, VI, se lê que é nula por vício de fundamentação a decisão judicial que "deixar de seguir [precedente] invocado pela parte, sem demonstrar a existência de distinção no caso em julgamento" (FPPC, enunciado 174: "A realização de distinção compete a qualquer órgão jurisdicional, independentemente da origem do precedente invocado").

Pense-se, por exemplo, no caso de se ter um precedente vinculante no qual se tenha firmado tese a respeito de questão relacionada ao ISS. Pois não seria adequado aplicar-se este precedente a um processo no qual se discutem questões relacionadas ao IPTU ou ao ICMS. É essencial, pois, ao adequado funcionamento de um sistema de decisões baseadas em padrões decisórios vinculantes que se reconheça ao juiz o poder de fazer distinções (as quais, evidentemente, terão de ser precedidas do efetivo contraditório), evitando-se a aplicação errônea do precedente ou do enunciado de súmula.

Todo sistema fundado em padrões decisórios precisa, pois, para funcionamento adequado e compatível com a exigência de constante evolução do ordenamento jurídico, reconhecer a possibilidade de distinções e superações. A distinção (que se costuma designar pelo termo inglês *distinguishing*) assegura a aplicação dos precedentes e enunciados de súmula apenas a casos em que se repitam as circunstâncias que

Parte Especial • Cap. 23 • Processos nos tribunais e meios de impugnação das decisões judiciais **449**

justificaram sua criação (FPPC, enunciado 306: "O precedente vinculante não será seguido quando o juiz distinguir o caso sob julgamento, demonstrando, fundamentadamente, tratar-se de situação particularizada por hipótese fática distinta, a impor solução jurídica diversa"). A superação (muito conhecida pela designação inglesa *overruling*) evita o engessamento do Direito e reconhece que os padrões decisórios são criados a partir de certas circunstâncias fáticas e jurídicas que precisam permanecer presentes para que possam eles continuar a ser aplicados.

Pense-se, por exemplo, em um precedente que tenha sido fixado a partir da interpretação de determinado dispositivo legal que venha, posteriormente, a ser revogado. Isto evidentemente pode ser (pode, e não deve, já que a norma revogadora pode ter o mesmo sentido da norma revogada) motivo suficiente para a superação do precedente. O mesmo se dá quando há alterações outras, como são, por exemplo, as modificações culturais (bastando, para isso, ver como se transformou a concepção da sociedade brasileira acerca do conceito de família ao longo do tempo). Havendo, pois, justificados motivos, o padrão decisório pode – e deve – ser superado, modificando-se a tese nele firmada, de modo que ele perderá sua eficácia vinculante para casos futuros (FPPC, enunciado 322: "A modificação de precedente vinculante poderá fundar-se, entre outros motivos, na revogação ou modificação da lei em que ele se baseou, ou em alteração econômica, política, cultural ou social referente à matéria decidida").

Perceba-se, porém, que a superação do padrão decisório não acarreta a rescisão do julgamento. Em outras palavras, aquela decisão ou enunciado de súmula que servia como padrão decisório vinculante era, também, o julgamento de um (ou o extrato do julgamento de vários) caso(s) concreto(s). Superado o padrão decisório, não será mais aquela tese aplicada no julgamento de casos futuros, mas o caso concreto que por meio daquela decisão se julgou continuará submetido àquela mesma decisão. É que não se confunde a eficácia vinculante (para outros processos) de um pronunciamento judicial com sua eficácia decisional (para o caso concreto que tal pronunciamento resolve).

Merece exame, aqui, porém, o caso – segundo o texto da lei excepcionalíssimo – de um pronunciamento judicial que tenha eficácia de precedente sem julgar qualquer caso concreto. Trata-se da hipótese prevista no art. 976, § 1º (em que, instaurado o incidente de resolução de demandas repetitivas, ocorre a desistência da ação ou o abandono unilateral do processo, o que impede a resolução do mérito do caso concreto, mas não impede o tribunal de fixar a tese, proferindo um acórdão que terá eficácia de precedente vinculante), assim como da hipótese a que se refere o art. 998, parágrafo único, por força do qual ocorre a desistência de recurso extraordinário cuja repercussão geral já tenha sido reconhecida ou que já tenha sido afetado para julgamento de recursos repetitivos, caso em que o STF ou o STJ não julgarão o caso concreto mas, ainda assim, fixarão a tese. Nesses casos, então, haverá o precedente vinculante mas não terá havido julgamento de caso concreto (e, pois, nessas excepcionais hipóteses, os tribunais atuarão como *tribunais de teses*, limitando-se a fixar em abstrato o entendimento a ser posteriormente observado em futuras decisões). Pois é exatamente a atribuição pela lei aos tribunais dessa função de atuação como "tribunais de teses" que deve levar à afirmação da inconstitucionalidade dessa previsão. No Direito brasileiro, pelo menos, tribunais julgam casos, e não fixam teses (com a única ressalva, dos Tribunais Eleitorais, que podem atuar como órgãos de consulta, na forma do disposto no art. 23, XII, e no art. 30, VIII, do Código Eleitoral). É o que se entende a partir do disposto nos arts. 102, III, e 105, III, da CRFB, que expressamente preveem a chegada, ao STF e ao STJ, de *causas* que tenham sido decididas anteriormente por outros tribunais. O Judiciário julga *causas*, casos concretos, e não são órgãos de consulta destinados a fixar teses. Dito de outro modo, e com o perdão da obviedade, tribunais não fixam teses *em tese*. Assim, deve-se considerar que, no caso de ocorrer a desistência da ação ou o abandono unilateral do processo selecionado para ser julgado como caso-piloto (isto é, como o caso que servirá para a definição dos fundamentos determinantes do precedente vinculante a ser formado), a única solução constitucionalmente legítima é selecionar-se outro caso concreto e usá-lo no lugar do originariamente afetado.

Tem-se, pois, um sistema de padrões decisórios vinculantes que é criado para assegurar que casos iguais recebam decisões iguais. Impende, porém, verificar o que, exatamente, tem eficácia vinculante em uma decisão que tenha força de precedente. Em outros termos, é preciso responder à seguinte pergunta: o que vincula no precedente vinculante?

E não é difícil verificar que a resposta a esta pergunta *não pode ser* que a eficácia vinculante decorreria da parte dispositiva da decisão. É que o dispositivo contém, tão somente, o julgamento do caso concreto e, pois, só vincula àqueles que efetivamente eram as partes do processo em que tal decisão tenha sido proferida. Em outras palavras: quando um tribunal produz uma decisão que terá eficácia de precedente vinculante, não interessa – salvo para as partes daquele processo – saber se o pedido foi julgado procedente ou improcedente, se o recurso foi provido ou desprovido, se o autor ganhou ou perdeu a causa. Isto só é relevante para as próprias partes daquele processo. A eficácia vinculante não existe para que em todos os casos futuros todos os autores ganhem, ou para que todos os pedidos sejam julgados improcedentes. A eficácia vinculante existe para que, diante de um novo caso idêntico ao anterior, a nova decisão seja baseada nos mesmos fundamentos determinantes.

O que tem eficácia vinculante, pois, são os *fundamentos determinantes* da decisão judicial que seja dotada de efeito vinculante. É preciso, então, fixar o que se deve entender por fundamentos determinantes, expressão que o CPC emprega duas vezes (no art. 489, § 1º, V, para exigir que na fundamentação da decisão que invoca precedente se justifique sua aplicação pela demonstração de que seus fundamentos determinantes se ajustam ao caso sob julgamento; e no art. 979, § 2º, onde se estabelece que o cadastro a ser organizado pelo CNJ para registro dos incidentes de resolução de demandas repetitivas instaurados nos tribunais indique os fundamentos determinantes das decisões que tenham sido proferidas). Nada há, porém, no texto normativo que

Parte Especial • Cap. 23 • Processos nos tribunais e meios de impugnação das decisões judiciais **451**

permita afirmar com clareza o que é, exatamente, que se entende por fundamentos determinantes da decisão judicial.

Deve-se considerar como fundamentos determinantes de uma decisão aqueles fundamentos da decisão judicial colegiada que tenham sido expressamente acolhidos ao menos pela maioria dos integrantes da turma julgadora (FPPC, enunciado 317). Outros fundamentos, que não contem com a expressa adesão pelo menos da maioria dos juízes que integram o colegiado não são determinantes e, por isso, não têm eficácia vinculante. E tais fundamentos determinantes precisam, necessariamente, ter sido objeto de contraditório prévio e substancial (FPPC, enunciado 2: "Para a formação do precedente, somente podem ser usados argumentos submetidos ao contraditório").

É tradicional, no estudo dos precedentes, chamar-se o fundamento determinante da decisão de *ratio decidendi* e o fundamento não determinante de *obiter dictum* (FPPC, enunciado 318: "Os fundamentos prescindíveis para o alcance do resultado fixado no dispositivo da decisão (*obiter dicta*), ainda que nela presentes, não possuem efeito de precedente vinculante"). São, pois, as *rationes decidendi* de um precedente que podem ter eficácia vinculante, não os *obiter dicta*.

A definição aqui apresentada de fundamentos determinantes da decisão é relevante para determinar o modo como órgãos colegiados devem produzir seus julgamentos. É que no Brasil há uma tradição de julgamento colegiado *por adesão à conclusão*, quando o correto é que o julgamento se dê *por adesão à fundamentação*. Explique-se o ponto: tradicionalmente, no Brasil, o julgamento colegiado se faz somando-se as conclusões dos votos dos integrantes do órgão jurisdicional. Assim, por exemplo, se a turma julgadora é formada por três magistrados, e cada um deles dá provimento ao recurso por um fundamento diferente, somam-se as conclusões para dizer que o recurso foi provido por unanimidade. Isto, porém, leva a distorções de resultado.

Pense-se, por exemplo, em um julgamento, pelo Plenário do STF, de uma ação direta de inconstitucionalidade, em que três ministros afirmam expressamente que a lei é inconstitucional por um determinado vício formal (por exemplo, vício de iniciativa do projeto de lei), afastando, porém, a existência de inconstitucionalidade substancial. Três outros ministros, de sua vez, votam no sentido de ser a lei substancialmente inconstitucional (por exemplo, por violação de uma cláusula pétrea), afastando, porém, a existência de inconstitucionalidade formal. E cinco ministros votam no sentido de não haver na lei qualquer inconstitucionalidade. Pois a tradição do sistema de julgamentos colegiados brasileiro faz com que se somem os votos que afirmam a inconstitucionalidade formal com os votos que afirmam a inconstitucionalidade material para dizer que, por maioria de votos (seis contra cinco), a lei foi declarada inconstitucional. Parece evidente, porém, que este modo de julgar está errado. É preciso somar votos que se baseiam no mesmo fundamento. Assim, no exemplo figurado, resta claro que o fundamento da inconstitucionalidade formal teria sido rejeitado (por oito votos contra três), e o fundamento da inconstitucionalidade material também foi, por maioria, rejeitado (também aqui por oito votos contra três) e, portanto, a lei foi declarada constitucional.

452 O NOVO PROCESSO CIVIL BRASILEIRO • Câmara

Não só em matéria constitucional isto acontece. Figure-se o exemplo de um processo em que se postule a anulação de um negócio jurídico por três diferentes fundamentos (erro, dolo, coação). Imagine-se agora que, no primeiro grau de jurisdição, tenham sido rejeitados todos os três fundamentos, julgando-se improcedente o pedido formulado pelo autor. Interposta apelação, é esta julgada por uma turma composta por três magistrados: o primeiro a votar acolhe, expressamente, o pedido de anulação por entender ter se configurado erro (e afastando expressamente os demais fundamentos); o segundo a votar acolhe o pedido por entender ter havido dolo (rejeitados expressamente os demais fundamentos); e o terceiro acolhe o pedido por entender estar demonstrada a coação (afastados, também expressamente, os outros dois fundamentos). Pois tradicionalmente o que se veria nos tribunais brasileiros seria a afirmação de que "por unanimidade" se deu provimento ao recurso para o fim de anular o negócio jurídico, quando é evidente que, corretamente computados os votos, se pode verificar que todos os fundamentos foram rejeitados por maioria (e, portanto, por decisão não unânime se negou provimento ao recurso).

É preciso, pois, que se julgue em colegiado verificando-se quais fundamentos terão sido acolhidos expressamente ao menos pela maioria dos integrantes dos órgãos julgadores, já que estes serão os fundamentos determinantes (as *rationes decidendi*) do julgamento, e só eles poderão vir a ter – se for o caso – eficácia vinculante.

Impõe-se, pois, que no julgamento colegiado haja efetivo diálogo entre os votos. Proferido o primeiro voto (que é exarado pelo relator), impõe-se que os demais se manifestem, expressamente, sobre seus fundamentos. Pode acontecer, evidentemente, de outro integrante do colegiado nada ter a acrescentar, limitando-se a concordar com todos os fundamentos exarados pelo relator. Neste caso, a ele incumbirá, tão somente, dizer que está de acordo com aquele voto. Caso divirja, porém, deverá expor as razões da divergência, apontando não só os fundamentos com que não concorda, mas também apresentando os motivos que amparam suas conclusões (o que permitirá aos que votem a seguir se limitem a acompanhar o voto do relator ou o voto divergente quando não tenham outros fundamentos a deduzir).

Pode acontecer, porém, de algum integrante do colegiado concordar com a conclusão de voto anteriormente proferido, mas não com seus fundamentos (ou, pelo menos, não com todos os seus fundamentos). Pois neste caso se impõe ao prolator deste voto que diga, expressamente, com quais fundamentos do voto anterior concorda e de quais discorda, expondo os motivos que justificam sua conclusão. E proferido este voto incumbirá aos que já tiverem proferido seus votos declarar se aderem ou não aos novos fundamentos. Só assim todos os fundamentos terão sido objeto de manifestação expressa de todos os votantes e, pois, só assim se poderá dizer quais são os fundamentos expressamente acolhidos ao menos pela maioria dos integrantes do colegiado.

Produzida assim a decisão judicial, será perfeitamente possível ao juiz ou tribunal a que tenha sido atribuída a função de posteriormente julgar outro caso verificar não só quais foram os fundamentos determinantes do precedente mas, também, indicar se o novo caso, agora sob julgamento, se ajusta ou não àqueles fundamentos (art. 489, § 1º, V).

Parte Especial • Cap. 23 • Processos nos tribunais e meios de impugnação das decisões judiciais **453**

Assim, no caso de se ter estabelecido um precedente vinculante (art. 927, I e III, já que o inciso II faz alusão a enunciados de súmula vinculante e, perdoe-se a insistência, súmula não é precedente), caberá ao juiz do processo posterior identificar os fundamentos determinantes do precedente e, demonstrando que o novo caso se ajusta àqueles fundamentos, aplicá-los, julgando com base neles o caso que lhe foi submetido para apreciação (ou, ao contrário, demonstrando que o novo caso não se ajusta àqueles fundamentos determinantes, por serem outras as circunstâncias fáticas, promover a distinção entre os casos e negar aplicação ao precedente).

A mesma técnica deverá ser empregada quando se trate de enunciado de súmula vinculante (art. 927, II).

De outro lado, no caso de se ter precedente não vinculante (art. 927, IV e V), caberá ao juiz responsável pelo julgamento do novo caso, de qualquer maneira, dialogar com o precedente, apontando seus fundamentos determinantes e indicando de forma específica as razões pelas quais não os aplica (já que, neste caso, não há vinculação, mas existe um ônus argumentativo que exige uma fundamentação específica para justificar a decisão divergente).

E tudo isso, insista-se, com respeito às exigências de contraditório prévio e de fundamentação analítica (art. 927, § 1º).

23.2 Ordem dos Processos nos Tribunais

Todos os processos de competência originária, recursos ou outros incidentes processuais que se instaurem perante um tribunal deverão ser registrados no protocolo no dia de sua entrada, devendo ser imediatamente distribuídos (art. 929). O serviço de protocolo pode ser, por ato administrativo do próprio tribunal, descentralizado e delegado a ofícios de justiça de primeira instância (art. 929, parágrafo único).

A distribuição será feita nos termos do regimento interno do tribunal, observada a alternatividade entre os integrantes da Corte. Tal distribuição deve ser pública e realizada por sorteio eletrônico (art. 930). Uma vez distribuído um primeiro recurso no tribunal, o relator designado ficará prevento para eventual recurso subsequente que venha a ser interposto no mesmo processo ou em processo conexo (art. 930, parágrafo único). Esta prevenção, porém, deverá observar as regras regimentais. É que pode acontecer, por exemplo, de o relator a quem tenha sido distribuído o primeiro processo não integrar – provisória ou definitivamente – o órgão colegiado a que tenha sido atribuído o recurso anterior. Pense-se, por exemplo, no caso de estar o relator prevento de licença médica no momento da distribuição de um segundo recurso (caso de afastamento temporário), ou de ter ele se transferido para outro órgão colegiado (caso de afastamento definitivo). Pois nada impede que o regimento do tribunal, em casos assim, estabeleça que será afastada a prevenção do relator originário, distribuindo-se o novo recurso a outro integrante do mesmo órgão colegiado.

Esta observação é extremamente importante do ponto de vista prático. Pense-se, por exemplo, em um recurso de competência de Órgão Especial de um Tribunal de Justiça. É sabido que metade dos integrantes desses colegiados o integram por eleição, exercendo mandato (art. 93, XI, da Constituição da República). Pois no caso de ser o segundo recurso distribuído após o término do mandato do relator originariamente designado, não pode mais ele ser considerado prevento, já que não é mais integrante do órgão colegiado.

O mesmo se pode dizer naqueles casos em que o magistrado tenha se transferido de um órgão fracionário para outro. Pense-se, por exemplo, no caso de um Ministro do STJ que tenha se transferido de uma Turma para outra. Pois não pode ele continuar prevento para ser relator de recursos cujo julgamento incumbe a um órgão fracionário que não mais integra. Impõe-se, então, que os regimentos internos estabeleçam o modo como se dará a distribuição em casos como os figurados e outros que lhes sejam assemelhados.

Feita a distribuição, os autos serão imediatamente conclusos ao relator, que terá o prazo de trinta dias para restituí-los à Secretaria (art. 931). O relator, porém, tem muitas diferentes incumbências, não se limitando sua atuação à elaboração de um relatório. Daí a importância do exame do art. 932, o qual dispõe sobre os poderes do relator, que serão examinados adiante.

Verificando o relator, porém, a ocorrência de fato superveniente à decisão recorrida, ou a existência de questão apreciável de ofício ainda não examinada, e que devam ser considerados no julgamento do recurso, deverá intimar as partes para que se manifestem no prazo de cinco dias (art. 933), a fim de se assegurar o pleno respeito à garantia de contraditório prévio e efetivo (arts. 9º e 10).

Como essa constatação pode ocorrer só durante a sessão de julgamento, prevê a lei que neste caso o julgamento já iniciado será imediatamente suspenso a fim de que as partes se manifestem especificamente sobre o ponto (art. 933, § 3º), devendo-se entender ser, também aqui, de cinco dias o prazo para manifestação.

No caso de a constatação se dar quando, no curso do julgamento, algum integrante da turma julgadora tiver pedido vista dos autos, o juiz que a tenha solicitado deverá encaminhá-los ao relator – a quem incumbe, na forma do art. 932, I, dirigir e ordenar o processo no tribunal, para que este abra vista às partes para se manifestar em cinco dias. Em seguida, o processo será incluído em pauta para prosseguimento do julgamento, devendo a questão agora suscitada ser submetida à apreciação de todos os integrantes da turma julgadora, inclusive daqueles que já tenham proferido voto (art. 933, § 2º).

Se o relator verificar a ocorrência de algum vício sanável, inclusive daqueles que podem ser conhecidos de ofício, deverá determinar a realização ou renovação do ato processual, no próprio tribunal ou na primeira instância, intimadas as partes (art. 938, § 1º). Cumprida a diligência, sempre que possível, o feito prosseguirá em direção ao julgamento (art. 938, § 2º).

Percebendo o relator a necessidade de produção de provas que ainda não tenham sido colhidas, converterá o julgamento em diligência – a qual poderá ser realizada no próprio tribunal ou perante juízo de primeira instância –, decidindo-se o feito apenas depois de concluída a instrução (art. 938, § 3º).

Parte Especial • Cap. 23 • Processos nos tribunais e meios de impugnação das decisões judiciais **455**

Tendo o relator entregue os autos à Secretaria com relatório (art. 931), serão eles apresentados ao Presidente do órgão colegiado, que determinará a inclusão do feito na pauta de julgamentos a ser publicada no órgão oficial (art. 934). Entre a data de publicação da pauta e a da sessão de julgamento deve decorrer o prazo de pelo menos cinco dias, incluindo-se em nova pauta os processos que por qualquer razão não tenham sido julgados, salvo apenas aqueles cujo julgamento tenha sido expressamente adiado para a sessão seguinte (art. 935).

Entre a publicação da pauta e a realização da sessão de julgamento as partes têm direito de examinar os autos em cartório (art. 935, § 1º).

A pauta de julgamentos deve ser afixada na entrada da Sala de Sessões (art. 935, § 2º).

Iniciada a sessão de julgamento, devem ser apreciados primeiro os processos em relação aos quais haja expressa previsão, em lei ou no regimento interno, de preferência (art. 936, *caput*). Em seguida, os processos de competência originária, recursos, remessa necessária e outros incidentes serão julgados na seguinte ordem: primeiro, aqueles nos quais haja sustentação oral, observada a ordem dos requerimentos, que deverão ser apresentados até o início da sessão (art. 937, § 2º); em seguida, os feitos em que tenham sido formulados requerimentos de preferência, os quais devem ser apresentados até o início da sessão; depois, aqueles cujo julgamento já tenha sido iniciado em sessão anterior; e, por fim, os demais casos (art. 936, I a IV).

Na sessão de julgamento, incumbe ao relator fazer uma exposição da causa. Em seguida, o Presidente do órgão colegiado dará a palavra, sucessivamente, ao recorrente e ao recorrido – e, depois, se for o caso, ao Ministério Público – pelo prazo improrrogável de quinze minutos para cada um, para que sustentem suas razões (art. 937). Vale ressaltar que, não obstante fale a lei processual em ser improrrogável o prazo, tal restrição deve ser compreendida apenas no sentido de que não pode o Presidente do colegiado prorrogar o prazo de quinze minutos, o qual poderá, todavia, ser ampliado por negócio processual celebrado pelas partes.

As partes terão o direito à sustentação oral nos seguintes casos: apelação, recurso ordinário, recurso especial, recurso extraordinário, embargos de divergência, ação rescisória, mandado de segurança, reclamação, agravo de instrumento interposto contra decisão que verse sobre tutela provisória e em outras hipóteses expressamente previstas em lei ou no regimento interno do tribunal (art. 937, I a IX). Cabe, também, sustentação oral no agravo interno contra decisão do relator que extingue processo de ação rescisória, mandado de segurança ou reclamação (art. 937, § 3º).

Tratando-se da sessão de julgamento do incidente de resolução de demandas repetitivas, a sustentação oral é assegurada ao autor e ao réu do processo em que instaurado o incidente, assim como ao Ministério Público, pelo prazo de trinta minutos para cada um (art. 984, II, *a*). Em seguida, poderão sustentar oralmente os demais interessados que tenham se inscrito para fazê-lo, com antecedência mínima de dois dias, devendo neste caso o prazo de trinta minutos – que poderá ser ampliado tendo em vista o número de inscritos – ser dividido entre todos eles (art. 984, II, *b*, e § 1º).

Tendo o advogado domicílio profissional em cidade diversa daquela em que esteja sediado o tribunal, é prerrogativa sua realizar a sustentação oral por meio de videoconferência ou outro recurso tecnológico de transmissão de sons e imagens em tempo real (como são aqueles que usam a tecnologia conhecida como VoIP – *Voice over Internet Protocol*, ou Voz sobre IP). Exige a lei processual, porém, que o exercício dessa prerrogativa seja requerido até a véspera da sessão de julgamento (art. 937, § 4º).

Após as sustentações orais (ou caso estas não tenham sido apresentadas), inicia-se a tomada de votos dos integrantes do colegiado. Devem ser apreciadas, em primeiro lugar, as questões preliminares, só se passando ao exame do mérito se a solução daquelas não for incompatível com a apreciação das questões de fundo (art. 938). Ao órgão colegiado é permitido tomar providências que o relator não tenha tomado monocraticamente acerca da sanação de vícios ou conversão do julgamento em diligência para complementação da instrução probatória (art. 938, § 4º).

Rejeitadas eventuais questões preliminares, ou sendo com elas compatível o exame do mérito, a este se passará, devendo sobre ele pronunciarem-se todos os integrantes do órgão julgador, inclusive aqueles que tenham proferido voto vencido em relação à questão preliminar (art. 939).

Se, durante o julgamento, o relator ou algum outro juiz não se considerar habilitado a proferir imediatamente seu voto, poderá pedir vista dos autos, pelo prazo máximo de dez dias, prorrogáveis, a requerimento do próprio juiz, por mais dez (art. 940, § 1º). Após a vista, o recurso será reincluído em pauta para que prossiga seu julgamento na sessão seguinte à devolução (art. 940, *caput*).

Não sendo os autos devolvidos no prazo de dez dias (ou vinte, se tiver sido solicitada a prorrogação), o Presidente do órgão colegiado os requisitará para julgamento na sessão ordinária subsequente, com inclusão do feito em pauta (art. 940, § 1º). Neste caso, se o juiz que pediu vista ainda não estiver habilitado a votar, será ele substituído por outro magistrado, na forma prevista no Regimento Interno do tribunal (art. 940, § 2º).

Enquanto não tiver sido proclamado o resultado, os votos já proferidos podem ser alterados, salvo se seu prolator tiver sido afastado ou substituído (art. 941, § 1º).

Proferidos todos os votos, incumbirá ao Presidente proclamar o resultado do julgamento, designando o magistrado que redigirá o acórdão. Este será redigido pelo relator, salvo se tiver ele sido vencido, caso em que a redação ficará a cargo do primeiro magistrado a ter proferido voto vencedor (art. 941). Os prolatores de votos vencidos deverão declará-los expressamente, e tais votos serão considerados parte integrante do acórdão para todos os fins, inclusive para efeitos de prequestionamento (art. 941, § 3º). Todo acórdão conterá ementa, a qual é um sumário dos pontos abordados e resolvidos no acórdão (art. 943, § 1º). Lavrado o acórdão, a ementa deverá ser publicada no órgão oficial no prazo de dez dias (art. 943, § 2º). Caso a publicação não ocorra em trinta dias contados da sessão de julgamento, as notas taquigráficas o substituirão, para todos os fins legais, independentemente de revisão (art. 944). Neste caso, o presidente do órgão colegiado redigirá as conclusões e a ementa, mandando publicar o acórdão (art. 944, parágrafo único).

Votos, acórdãos e demais atos processuais praticados nos tribunais podem ser registrados em documentos eletrônicos, assinados digitalmente, na forma da lei (os quais poderão ser impressos para juntada aos autos se estes não forem eletrônicos), tudo na forma do art. 943.

Apelação e agravo são julgados, em colegiado, por três magistrados (art. 941, § 2º). A composição do colegiado para julgamento de outros recursos, incidentes processuais ou processos de competência originária será determinada pelos regimentos internos dos tribunais.

No caso de não ser unânime o resultado do julgamento da apelação, não poderá o Presidente do órgão colegiado proclamar desde logo seu resultado. Neste caso, aplica-se uma *técnica de complementação de julgamento* regulada pelo art. 942. Estabelece a lei processual que, neste caso, o julgamento deverá prosseguir em outra sessão, a ser designada, com a presença de outros julgadores, que serão convocados em termos previamente definidos no regimento interno do tribunal, em número suficiente para garantir a possibilidade de inversão do resultado inicialmente alcançado, assegurado às partes e a eventuais terceiros intervenientes o direito de apresentar nova sustentação oral, agora perante os novos integrantes da turma julgadora (art. 942). O julgamento, porém, terá prosseguimento imediato, na mesma sessão, se ali estiverem presentes outros magistrados, além dos integrantes da turma julgadora original, em número suficiente para a aplicação dessa técnica de complementação de julgamento (o que poderá acontecer naqueles tribunais, como é, *e.g.*, o caso do Tribunal de Justiça do Estado do Rio de Janeiro, cujos órgãos fracionários são compostos por cinco magistrados). Impende ter claro, porém, que o julgamento só poderá prosseguir imediatamente para aplicação da técnica de que trata o art. 942 se estiverem presentes todos os magistrados necessários para sua complementação. Há notícias de que haveria tribunais em que a sessão se inicia com a presença de quatro magistrados, e, no caso de haver divergência na deliberação da turma julgadora formada por três integrantes, seria colhido o voto do quarto magistrado, de modo que só seria suspenso o julgamento se, com a colheita deste quarto voto, o julgamento ficasse "empatado" (pois no caso de o quarto magistrado aderir ao entendimento da maioria já se poderia proclamar o resultado do julgamento). Assim não é, porém. O julgamento só pode prosseguir quando a turma julgadora estiver ampliada ao ponto de a ela terem sido integrados juízes "em número suficiente para garantir a possibilidade de inversão do resultado inicial". Assim, não será possível prosseguir o julgamento apenas com o acréscimo de mais um magistrado, sob pena de contrariar-se o expresso comando do texto normativo.

Este ponto precisa ser aqui cuidadosamente examinado: o julgamento, originariamente tomado pelo voto de três magistrados, deverá prosseguir com outros juízes "em número suficiente para garantir a possibilidade de inversão do resultado inicial".

Fica claro, então, que é preciso que haja mais dois magistrados para que prossiga o julgamento, passando o colegiado a ser formado por cinco juízes. Alguns tribunais têm colhido o voto de um quarto juiz e, caso este se manifeste em conformidade com o entendimento até ali majoritário, têm considerado encerrado o julgamento (já que se teria um resultado de 3x1, que não poderia mais ser alterado). Essa interpretação é manifestamente equivocada, e não é difícil entender as razões desse erro. Em primeiro lugar, isso viola a própria literalidade do texto. Fala a lei que o julgamento deve prosseguir com outros juízes em número suficiente para garantir a possibilidade de inversão do resultado inicial. Esse número, evidentemente, não é o de apenas um magistrado. Só ele não seria capaz de garantir a inversão do resultado e, portanto, só com ele o julgamento não poderia sequer ter prosseguido. Em segundo lugar, o CPC é expresso em dizer que até a proclamação do resultado final os votos podem ser alterados, o que significa dizer que o quinto voto pode levar a uma mudança de convencimento dos que votaram anteriormente (afinal, só não muda de opinião quem para de raciocinar). Aliás, não fosse assim e não faria sentido colher-se o terceiro voto num julgamento de recurso quando os dois primeiros votos já tivessem sido proferidos no mesmo sentido. É, pois, absolutamente inadmissível que o julgamento prossiga só com quatro, e não com cinco, integrantes na turma julgadora. Enquanto não forem colhidos os votos desses novos integrantes da turma julgadora, o resultado não poderá ser proclamado e, por conseguinte, aqueles que já tenham votado poderão rever seus votos já proferidos (art. 942, § 2º).

Essa mesma técnica de complementação de julgamento será aplicada quando houver, no órgão colegiado, julgamento não unânime em ação rescisória, quando a maioria tiver votado pela rescisão da sentença, caso em que o prosseguimento deverá se dar em órgão de maior composição, nos termos do regimento interno do tribunal (art. 942, § 3º, I); e em agravo de instrumento contra decisão de julgamento parcial do mérito, quando a maioria dos votos tiver sido pela sua reforma (art. 942, § 3º, II).

Perceba-se, aqui, um ponto importante: no caso de julgamento não unânime de ação rescisória, a técnica de complementação de julgamento só é empregada se a maioria tiver votado pela rescisão da decisão (mas não se a divergência disser respeito a alguma outra questão, distinta da referente à própria rescisão, ou se a maioria tiver votado no sentido de se julgar improcedente o pedido rescindente). Do mesmo modo, no agravo de instrumento contra decisão que julga parcialmente o mérito, só haverá o emprego da técnica de complementação do julgamento não unânime se a maioria tiver votado pela reforma da decisão agravada (mas não no caso de ter havido divergência sobre questão preliminar, ou se a maioria tiver votado pela anulação da decisão ou pelo desprovimento do recurso). Na apelação, porém, qualquer divergência, seja qual for a questão sobre a qual não tenha havido unanimidade, acarretará a aplicação da técnica de complementação do julgamento não unânime.

Outro aspecto importante diz respeito ao fato de que, no caso de apelação ou de agravo de instrumento, o emprego da técnica de complementação de julgamento não

Parte Especial • Cap. 23 • Processos nos tribunais e meios de impugnação das decisões judiciais **459**

unânime se dará no mesmo órgão colegiado em que tenha sido iniciada a apreciação do recurso (e tal órgão, se for o caso, será complementado por outros magistrados, convocados na forma prevista no regimento interno do tribunal). Já no caso de ação rescisória, a necessidade de emprego da técnica de complementação do julgamento não unânime implica a transferência da competência para outro órgão, de composição mais ampla, previsto no regimento interno do tribunal. Neste caso, será preciso verificar se o órgão mais amplo é ou não formado pelos integrantes do órgão colegiado que deu início ao julgamento. Figure-se, por exemplo, caso de o julgamento ter sido iniciado em uma das Turmas do STJ, prevendo seu regimento interno que a competência será transferida, nessa hipótese, para a Sessão. Ora, como os integrantes da Turma também compõem a Sessão, bastará tomar os votos faltantes. Pode acontecer, porém, de o regimento interno determinar a transferência da competência para órgão com formação completamente distinta (por exemplo, seria possível que o regimento interno de um Tribunal de Justiça previsse que a competência seria transferida de uma Câmara para o Órgão Especial, sendo possível que nenhum integrante daquela seja membro deste). Nesta hipótese, o julgamento deverá ser reiniciado, e os votos proferidos no órgão de menor composição não deverão ser computados. Para que o sistema funcione adequadamente, então, será preciso que neste último caso o resultado não unânime seja proclamado e disso se lavre acórdão, do qual constará expressamente que a competência para o julgamento da ação rescisória estará transferida para o órgão de composição mais ampla.

Tenha-se claro, porém, que a técnica de complementação de julgamentos não unânimes *não se aplica* no julgamento de incidente de assunção de competência ou do incidente de resolução de demandas repetitivas, no julgamento de remessa necessária e nos julgamentos não unânimes proferidos pelo Plenário ou pelo Órgão Especial dos tribunais (art. 942, § 4º).

Havendo, no mesmo processo, apelação e agravo de instrumento para serem julgados, este será apreciado antes daquele (art. 946), ainda que ambos os recursos sejam apreciados na mesma sessão de julgamentos (art. 946, parágrafo único).

23.2.1 Poderes do Relator

Entre os integrantes do colegiado, exerce papel de extrema relevância o relator, cujos poderes são objeto de regulamentação expressa na lei processual. Pois ao relator incumbe, em primeiro lugar, "dirigir e ordenar o processo no tribunal, inclusive em relação à produção de prova, bem como, quando for o caso, homologar autocomposição das partes" (art. 932, I). É que, na instrução do processo (seja ele ou não de competência originária do tribunal), o relator atua como se fosse o juiz único da causa até estar ela em condições de receber julgamento (o qual caberá, *em regra*, ao órgão colegiado).

Assim, por exemplo, nos processos de competência originária do tribunal (como é, por exemplo, o caso do processo da "ação rescisória"), o relator atua ao longo do processo como se fosse o juiz de primeiro grau. A ele incumbe, por exemplo, verificar se a petição inicial precisa ser emendada; é dele a incumbência de determinar a citação do réu; ao relator incumbe atuar na instrução probatória, deferindo ou indeferindo provas, determinando o modo como se distribuirão os ônus probatórios; é dele a função de proferir a decisão de saneamento e organização do processo *etc*.

Já nos recursos e na remessa necessária será também do relator a função de conduzir todo o procedimento até que esteja ele em condições de receber julgamento (por exemplo, determinando a intimação de algum interessado, admitindo a intervenção de *amicus curiae*, ou convertendo o julgamento em diligência para que alguma prova seja colhida).

Além disso, no caso de as partes alcançarem uma solução consensual para o litígio, caberá ao relator – e não ao colegiado – a verificação da validade do negócio jurídico e, se for o caso, sua homologação.

É também do relator a competência para apreciar e decidir os requerimentos de tutela provisória, tanto em recursos como em processos de competência originária (art. 932, II), o que afasta a interpretação literal do art. 299, parágrafo único, que parece afirmar a competência do órgão colegiado nesses casos. Pois é do relator (admitido recurso de agravo interno para o colegiado) a competência para decidir sobre o requerimento de tutela provisória, seja ela tutela de urgência ou tutela da evidência.

É, ainda, do relator a competência para decidir o incidente de desconsideração da personalidade jurídica, nos casos em que este tenha sido originariamente instaurado perante o tribunal (art. 932, VI), assim como a ele incumbe determinar, se for o caso, a intimação do Ministério Público para intervir no processo (art. 932, VII).

Mais importantes, porém, são os casos em que ao relator é atribuído o poder de julgar o recurso de forma unipessoal, dispensando-se o julgamento colegiado. É o que se tem nos casos previstos nos incisos III, IV e V do art. 932, que prevê os casos em que os recursos serão decididos de forma monocrática (isto é, por decisão unipessoal do relator).

Pois incumbe ao relator, monocraticamente, não conhecer de recurso inadmissível, prejudicado ou que não tenha impugnado especificamente os fundamentos da decisão recorrida (art. 932, III).

É, pois, do relator a competência para o exame da admissibilidade dos recursos. Caso lhe pareça inadmissível o recurso (por lhe faltar qualquer dos requisitos de admissibilidade, tema de que se tratará mais adiante, quando do estudo dos recursos), deverá decidir monocraticamente, dele não conhecendo (isto é, declarando sua inadmissibilidade). Entre os casos de inadmissibilidade, porém, encontra-se aquele em que o recurso não impugna de forma específica os fundamentos da decisão recorrida (fenômeno bastante comum na prática, em que o recorrente muitas vezes se limita a repetir os argumentos que anteriormente expôs em sua petição inicial ou contestação, sem impugnar de forma específica os fundamentos que justificaram a decisão

Parte Especial • Cap. 23 • Processos nos tribunais e meios de impugnação das decisões judiciais **461**

recorrida). Pois neste caso não se terá observado o requisito da regularidade formal do recurso (o qual, como se verá oportunamente, exige que o recurso seja arrazoado de forma adequada, com a precisa indicação dos fundamentos pelos quais se impugna a decisão recorrida) e, portanto, será tido por inadmissível.

Em qualquer caso, porém, o relator só poderá decidir pela inadmissibilidade do recurso após dar ao recorrente prazo de cinco dias para sanar o vício (desde que este seja sanável, evidentemente), nos termos do art. 932, parágrafo único (FPPC, enunciado 82: "É dever do relator, e não faculdade, conceder o prazo ao recorrente para sanar o vício ou complementar a documentação exigível, antes de inadmitir qualquer recurso, inclusive os excepcionais").

Esta competência do relator para examinar a admissibilidade do recurso, evidentemente, não retira do colegiado o poder de também proceder a esse exame, seja nos casos em que lhe caiba julgar o recurso, seja na apreciação de agravo interno contra a decisão monocrática do relator.

Também é do relator a competência para, por decisão monocrática, declarar prejudicado o recurso, o que acontece sempre que o recurso perde sua utilidade. Pense-se, por exemplo, no caso de se ter interposto agravo de instrumento contra uma decisão interlocutória e, posteriormente, venha a notícia de que o juízo de primeiro grau se retratou e reconsiderou a decisão agravada. Pois neste caso o agravo de instrumento já não tem mais qualquer utilidade, estando, pois, prejudicado.

Tem, ainda, o relator o poder de julgar, de forma monocrática, o mérito dos recursos em alguns casos (incisos IV e V do art. 932).

É do relator a incumbência de decidir monocraticamente o mérito do recurso, *negando-lhe provimento*, quando for ele contrário a súmula do STF, do STJ ou do próprio tribunal, a acórdão proferido no julgamento de casos repetitivos ou de incidente de assunção de competência. E é também do relator a competência para, respeitado o contraditório (e, pois, ouvido o recorrido), *dar provimento a recurso* quando a decisão recorrida for contrária à súmula do STF, do STJ ou do próprio tribunal, a julgamento de casos repetitivos ou de incidente de assunção de competência. É preciso, aqui, porém, fazer algumas considerações.

Ao relator incumbe, então, negar provimento a recurso que contrarie precedente vinculante (art. 932, IV, *b* e *c*), assim como lhe incumbe dar provimento a recurso no caso de a decisão recorrida contrariar precedente vinculante (art. 932, V, *b* e *c*). Nestes casos, diante da eficácia vinculante do precedente, e demonstrando o relator, na fundamentação de sua decisão monocrática, que os fundamentos determinantes do precedente se ajustam ao caso concreto que lhe foi distribuído, a ele incumbirá – sendo desnecessária a atuação do colegiado neste caso – aplicar a tese fixada no precedente vinculante e julgar o mérito do recurso, seja para lhe negar provimento, seja para lhe dar provimento.

O mesmo raciocínio se aplica no caso de haver, sobre a matéria objeto do recurso, enunciado de súmula vinculante, hipótese contemplada no art. 932, IV, *a*, e V, *a*. Será do relator, nesses casos, a competência para, aplicando a tese consolidada no enunciado de súmula vinculante, julgar o mérito do recurso.

É preciso, porém, levar em conta o fato de que os incisos IV e V do art. 932 permitem ao relator julgar o mérito do recurso de forma unipessoal também com base em enunciados de súmula não vinculante. Pois aqui é preciso ter claro que o relator só poderá decidir monocraticamente se sua decisão for *no mesmo sentido da tese sumulada*. Não havendo vinculação, porém, é preciso afirmar que não se admite, sob pena de nulidade, a decisão monocrática do relator que contrarie entendimento sumulado. Caso pretenda o relator se manifestar em sentido contrário àquele que esteja consolidado no verbete sumular, deverá ele levar a causa ao órgão colegiado e ali proferir seu voto.

Pois apenas nestes casos (decisão fundada em precedente vinculante ou enunciado de súmula) é que se admite o julgamento de mérito do recurso por decisão monocrática do relator, exigindo-se o julgamento colegiado em todos os demais casos. Necessário se faz, então, para conferir legitimidade às decisões monocráticas de mérito, que o relator demonstre o alinhamento de seu pronunciamento judicial com algum daqueles padrões decisórios enumerados na lei processual, isto é, enunciados de súmula ou precedentes vinculantes (FPPC, enunciado 462).

Outra observação importante a respeito do julgamento monocrático de mérito do recurso diz respeito ao que consta no inciso V do art. 932. É que o texto normativo expressamente estabelece que o relator dará provimento ao recurso, nos casos ali indicados, "depois de facultada a apresentação de contrarrazões". É preciso, porém, receber esta assertiva com cuidado.

É que existem casos em que o recurso se volta contra decisão proferida antes da citação do réu e, portanto, que deve ser proferida sem sua prévia oitiva (*inaudita altera parte*). Pense-se, por exemplo, no caso de ter o autor requerido a concessão de tutela de urgência, afirmando a necessidade de que tal decisão seja proferida imediatamente, sem prévia oitiva do réu. Indeferida a tutela de urgência, admite-se agravo de instrumento (art. 1.015, I). Parece evidente que em caso assim o provimento do recurso não exige prévia oitiva do recorrido. Afinal, não há qualquer sentido em exigir-se a oitiva prévia do recorrido quando o que se discute no recurso é se seria ou não o caso de se decidir *inaudita altera parte* (FPPC, enunciado 81).

Raciocínio análogo se aplica ao agravo de instrumento contra decisão que, antes da citação, indefere requerimento de gratuidade de justiça formulado pelo autor (art. 1.015, V). Também aqui o julgamento do recurso, ainda que favorável ao recorrente, deve dar-se sem prévia oitiva da parte contrária, pois o que discute é, precisamente, se é ou não o caso de se deferir desde logo, *inaudita altera parte*, a medida postulada pelo recorrente.

Evidentemente que, tanto nos casos apontados como em outros que lhes sejam análogos, a decisão proferida sem prévia oitiva da parte contrária não impede que esta,

Parte Especial • Cap. 23 • Processos nos tribunais e meios de impugnação das decisões judiciais **463**

posteriormente, se manifeste sobre o ponto e postule – ao próprio juízo de primeiro grau – a modificação ou revogação do que tenha sido previamente decidido. E ao juízo de primeiro grau caberá, examinando os novos argumentos, trazidos agora pela outra parte, decidir se mantém, modifica ou revoga a decisão anteriormente proferida pelo tribunal (cabendo, de eventual nova decisão, novo recurso). Só assim se respeitará de forma plena o princípio do contraditório, sem comprometer-se a lógica do sistema, que admite, em casos excepcionais, a prolação de decisões *inaudita altera parte*.

Por fim, deve-se dizer que além de todas essas incumbências atribuídas ao relator pela lei processual, também o regimento interno pode lhe atribuir outras funções (art. 932, VIII).

23.3   Incidente de Assunção de Competência

Um dos procedimentos previstos no CPC para a criação de precedentes vinculantes é o *incidente de assunção de competência*, regulado no art. 947. Trata-se de incidente processual a ser instaurado quando o julgamento de recurso, de remessa necessária ou de processo de competência originária de tribunal *de segunda instância* envolver relevante questão de direito, com grande repercussão social, sem repetição em múltiplos processos.

Trata-se, pois, de mecanismo a ser usado fora do estrito âmbito dos casos repetitivos (tanto assim que, por força do disposto no art. 928, o julgamento do incidente de assunção de competência não integra a categoria dos julgamentos de casos repetitivos: FPPC, enunciado 334: "Por força da expressão 'sem repetição em múltiplos processos', não cabe o incidente de assunção de competência quando couber julgamento de casos repetitivos"). Há, porém, questões de direito – material ou processual – que, se manifestando fora daquele estrito campo, têm grande repercussão social e podem gerar divergência jurisprudencial, o que deve ser evitado para assegurar-se a estabilidade, integridade e coerência da jurisprudência. Assim é que, nos termos do disposto no § 4º do art. 947, o incidente de assunção de competência deve ser empregado "quando ocorrer relevante questão de direito a respeito da qual seja conveniente a prevenção ou a composição de divergência entre câmaras ou turmas do tribunal".

Perceba-se, assim, que o texto do § 4º do art. 947 complementa o teor de seu *caput*, permitindo que se verifique exatamente qual o campo de incidência da assunção de competência. Esta deve ser utilizada quando houver questão de direito repetitiva que surge em processos de causas distintas, que não podem ser consideradas demandas seriais.

Pense-se, por exemplo, na interpretação dos requisitos para a desconsideração da personalidade jurídica. Esta é uma questão de direito que pode surgir em processos completamente diferentes, muito distantes de qualquer tentativa de caracterização das demandas repetitivas. Basta pensar na possibilidade de se ter suscitado questão atinente ao preenchimento dos requisitos da desconsideração da personalidade jurídica em uma execução de alimentos devidos por força de relação familiar e em outro processo, em que se executa dívida de aluguel garantida por fiança. Estas duas demandas não são, evidentemente, repetitivas, mas a questão de direito que nelas surgiu é a mesma: quais os requisitos para a desconsideração da personalidade jurídica nas causas em que incide o disposto no art. 50 do Código Civil.

Pois para casos assim, a fim de prevenir ou compor divergências entre câmaras ou turmas do tribunal (isto é, divergências *intra muros*, internas a um mesmo tribunal), produzindo-se uma decisão que terá eficácia de precedente vinculante, é que se deve utilizar o incidente de assunção de competência.

O incidente de assunção de competência pode ser suscitado de ofício pelo relator (ou de qualquer outro integrante do órgão colegiado fracionário), ou por requerimento de parte, do Ministério Público ou da Defensoria Pública (art. 947, § 1º). Ao colegiado, então, incumbirá votar para decidir se estão ou não presentes os requisitos da instauração do incidente e, caso seus componentes entendam – por maioria ou por unanimidade – pela sua presença, será instaurado o incidente.

Neste caso, a competência para julgar o processo de competência originária, a remessa necessária ou o recurso será assumida por outro órgão, mais amplo, indicado pelo regimento interno do tribunal. A este órgão, então, caberá, reconhecendo a presença dos requisitos de admissibilidade do incidente, assumir competência que originalmente não lhe cabia e julgar o caso concreto (art. 947, § 2º). Fixe-se bem este ponto: o órgão que assume competência não se limita a fixar a tese para que esta seja posteriormente aplicada pelo órgão originariamente competente. A ele cabe, como indica o próprio nome do incidente, *assumir a competência* e, assim, julgar o caso concreto.

A decisão proferida pelo órgão que assume competência, como dito, terá eficácia de precedente vinculante. É o que resulta da interpretação do § 3º do art. 947, por força do qual "[o] acórdão proferido em assunção de competência vinculará todos os juízes e órgãos fracionários, exceto se houver revisão de tese". Deve-se, então, considerar que o incidente de assunção de competência é um dos integrantes de um *microssistema de formação de precedentes vinculantes* (composto, também, pelos julgamentos de casos repetitivos) que se insere no corpo do CPC. Pois a admissão da existência desse microssistema implica a necessidade de que as disposições relativas aos institutos que o compõem sejam invocadas para complementar a regulamentação dos demais institutos que o integram.

Assim, é preciso reconhecer a possibilidade de, antes do julgamento do processo de competência originária, remessa necessária ou recurso em que se tenha suscitado o incidente de assunção de competência, ser admitida a intervenção de *amici curiae* (art. 983) e a realização de audiência pública (art. 983, § 1º). Ter-se-á, deste modo, a possibilidade de ampliação do contraditório, com a participação de entes ou pessoas dotados de representatividade adequada, que fornecerão mais subsídios para a formação da decisão, legitimando-se, deste modo, sua eficácia vinculante (FPPC, enunciado 201: "Aplicam-se ao incidente de assunção de competência as regras previstas nos arts. 983 e 984").

Parte Especial • Cap. 23 • Processos nos tribunais e meios de impugnação das decisões judiciais **465**

O julgamento do recurso, remessa necessária ou processo de competência originária, então, passará a incumbir a órgão mais amplo do que o originariamente competente. A este órgão mais amplo caberá, no início da sessão, decidir se estão ou não presentes os requisitos para a assunção de competência (ou, como diz a lei processual, se há "interesse público na assunção de competência". Caso se decida pela inadmissibilidade da assunção, deverá o feito ser restituído ao órgão de origem, que prosseguirá no julgamento. Admitido o incidente, porém, o órgão mais amplo, indicado no regimento interno, julgará o caso concreto (observando o procedimento previsto no art. 984: FPPC, enunciado 201), produzindo decisão cujos fundamentos determinantes vincularão todos os magistrados e órgãos fracionários vinculados àquele tribunal. Essa eficácia vinculante só cessará se e quando ocorrer revisão da tese (art. 947, § 3º), com a superação do precedente, o que exige a instauração de procedimento próprio, em que também deverá ser admitida a participação de *amici curiae* e a realização de audiência pública (art. 927, § 2º, aplicável por força da existência do microssistema de formação de precedentes vinculantes).

23.4   Incidente de Arguição de Inconstitucionalidade

O reconhecimento da inconstitucionalidade de leis ou atos normativos nos tribunais exige respeito à *cláusula de reserva de plenário*, prevista no art. 97 da Constituição da República, por força da qual só se pode afirmar a inconstitucionalidade de lei ou ato normativo com o voto da maioria absoluta dos integrantes do tribunal ou de seu órgão especial. Nos casos em que os tribunais estaduais exercem controle concentrado de constitucionalidade (art. 125, § 2º, da Constituição da República), este já é de competência do Plenário ou do Órgão Especial, o que assegura a observância da exigência constitucional de reserva de plenário. Fica, porém, por resolver a questão atinente ao controle incidental, difuso, de constitucionalidade, o qual pode ser exercido em qualquer processo, recurso, remessa necessária ou outro incidente processual.

Pois no caso de ser suscitada, para fins de controle difuso, a inconstitucionalidade de lei ou ato normativo, será o caso de verificar se é preciso instaurar-se o *incidente de arguição de inconstitucionalidade*. Este, porém, só fará sentido quando o feito em que suscitada a questão constitucional for de competência de órgão fracionário do tribunal. É que nos casos de competência do Tribunal Pleno ou do Órgão Especial já estará assegurada a observância da cláusula de reserva de plenário, ainda que se trate de controle difuso de constitucionalidade.

A questão constitucional pode ser suscitada de ofício (caso em que será preciso ouvir as partes e o Ministério Público, que também estão legitimados a suscitar a questão constitucional). Após o pleno e efetivo contraditório, o órgão fracionário competente para conhecer da causa decidirá. Pode o órgão fracionário rejeitar a arguição de inconstitucionalidade. É que – e este é ponto importante para a adequada compreensão do sistema – não se exige a reserva de plenário para a afirmação de que uma lei ou outro ato normativo é *constitucional*. Apenas para a afirmação da inconstitucionalidade é que se exige o *full bench*, ou seja, a manifestação do Tribunal Pleno ou de seu Órgão Especial.

Assim sendo, rejeitada a arguição de inconstitucionalidade, e proclamada a constitucionalidade da lei ou ato normativo, prosseguirá normalmente o julgamento perante o órgão fracionário (art. 949, I). Deve, também, ser rejeitada a arguição de inconstitucionalidade se já houver pronunciamento destes, ou do Plenário do Supremo Tribunal Federal, sobre essa mesma questão constitucional (art. 949, parágrafo único).

De outro lado, acolhida a arguição – e dada a incompetência do órgão fracionário para afirmar a inconstitucionalidade –, será lavrado acórdão e, suspenso o julgamento, a questão constitucional será submetida ao Tribunal Pleno ou ao seu Órgão Especial, onde houver (art. 949, II).

Acolhida a arguição de inconstitucionalidade, instaura-se o incidente que leva para o Plenário ou para o Órgão Especial do tribunal a questão constitucional a ser resolvida. O incidente deve ser distribuído a um relator, remetendo-se cópia do acórdão do órgão fracionário a todos os integrantes do Pleno ou do Órgão Especial (art. 950).

Distribuído o incidente ao relator, as pessoas jurídicas de direito público responsáveis pela edição do ato questionado poderão manifestar-se, se assim o requererem, observados os prazos e condições estabelecidos pelo regimento interno do tribunal (art. 950, § 1º). Também poderão se manifestar as partes legitimadas ao ajuizamento das ações de controle direto de constitucionalidade, arroladas no art. 103 da Constituição da República, no prazo previsto no regimento interno, sendo-lhes garantida a possibilidade de apresentar memoriais ou de requerer a juntada de documentos (art. 950, § 2º). Além disso, pode também ser admitida a intervenção de *amici curiae* (art. 950, § 3º).

Concluída a instrução, o relator entregará os autos à Secretaria do Tribunal Pleno ou do Órgão Especial, devendo o Presidente do tribunal designar a sessão de julgamento. Neste será examinada tão somente a questão constitucional, sendo certo que a declaração de inconstitucionalidade da lei ou ato normativo exige o voto, neste sentido, da maioria absoluta (isto é, do primeiro número inteiro superior à metade) dos votos dos integrantes do Tribunal Pleno ou do Órgão Especial. Assim, por exemplo, no caso de ser o incidente julgado por órgão colegiado composto por vinte e cinco membros (como é, por exemplo, o caso do Órgão Especial do Tribunal de Justiça do Estado do Rio de Janeiro), a declaração da inconstitucionalidade exige treze votos (primeiro número inteiro superior à metade dos integrantes do colegiado). Pense-se, então, na hipótese de haver onze votos no sentido de ser a lei formalmente inconstitucional; cinco votos no sentido de haver inconstitucionalidade material; e nove votos no sentido de inexistir qualquer inconstitucionalidade na lei. Neste caso, embora a maioria dos votos (onze) tenha sido no sentido da inconstitucionalidade formal, a lei deverá ser declarada constitucional (já que não houve maioria absoluta dos votos no sentido de reconhecer a inconstitucionalidade, e lembrando que os votos devem ser computados confrontando-se os fundamentos, e não apenas a conclusão).

Parte Especial • Cap. 23 • Processos nos tribunais e meios de impugnação das decisões judiciais **467**

Decidido o incidente de arguição de competência, será lavrado acórdão e os autos, em seguida, retornarão ao órgão fracionário para complementação do julgamento do caso concreto.

Aqui é importante perceber que não se tem, propriamente, duas decisões judiciais. Tem-se uma só decisão, um só pronunciamento, *subjetivamente complexo*. A um órgão (o Tribunal Pleno ou o Órgão Especial) incumbe resolver a questão constitucional; a outro (o órgão fracionário) compete resolver todas as demais questões, levando em consideração o modo como o Plenário ou o Órgão Especial tenha resolvido a prejudicial de constitucionalidade.

Assim, apenas quando o órgão fracionário completar o julgamento do caso concreto é que se terá um pronunciamento judicial recorrível. Contra o acórdão do Pleno ou do Órgão Especial que resolve o incidente de arguição de inconstitucionalidade não se admite qualquer recurso, salvo, apenas, embargos de declaração.

23.5 Conflito de Competência

Como já se pôde ver em passagem anterior deste estudo, ocorre o conflito de competência quando dois ou mais juízos se declaram competentes para o mesmo processo (conflito positivo); quando dois ou mais juízos se declaram incompetentes para o mesmo processo (conflito negativo); ou quando entre dois ou mais juízos surge controvérsia acerca da reunião ou separação de processos (art. 66, I a III). A solução do conflito depende da instauração de um incidente processual – a que a lei dá também o nome de *conflito de competência* – a ser decidido por tribunal, e que tem seu procedimento regulado pelos arts. 951 a 958 (sendo certo que o art. 959, que integra o mesmo capítulo do CPC, não trata do conflito de competência, mas de conflito de atribuições entre órgão do Poder Judiciário e órgão administrativo).

O julgamento do conflito de competência cabe, em regra, ao tribunal a que estejam vinculados os juízos em conflito. Assim, por exemplo, havendo conflito de competência entre juízos estaduais de Alagoas, seu julgamento caberá ao Tribunal de Justiça daquele Estado. Do mesmo modo, havendo conflito de competência entre um juízo federal de Pernambuco e outro do Rio Grande do Norte, a competência para julgar o incidente será do Tribunal Regional Federal da Quinta Região (art. 108, I, *e*, da Constituição da República).

Pode ocorrer, porém, de se instaurar conflito de competência entre órgãos jurisdicionais que não se submetem ao mesmo tribunal. Neste caso, é preciso verificar as disposições constitucionais e legais sobre a matéria.

É do Supremo Tribunal Federal a competência para julgar os conflitos de competência entre o STJ e qualquer outro tribunal, entre tribunais superiores, ou entre estes e qualquer outro tribunal (art. 201, I, *o*, da Constituição da República). É do Superior Tribunal de Justiça, ressalvados os casos de competência do STF, julgar conflitos de competência entre quaisquer tribunais, bem como entre tribunal e juízo a ele não vinculado ou entre juízos vinculados a tribunais diversos (art. 105, I, *d*, da Constituição da República).

Instaurado conflito de competência entre juízos ou tribunais integrantes da Justiça do Trabalho, a competência para dirimi-lo será dos tribunais trabalhistas (inclusive do TST, que deverá julgar conflitos instaurados entre juízos trabalhistas subordinados a Tribunais Regionais do Trabalho distintos, assim como os conflitos entre os Tribunais Regionais do Trabalho ou entre um destes e juízo trabalhista que não lhe seja vinculado), nos termos do art. 114, V, da Constituição da República.

No caso da Justiça Eleitoral, os conflitos de competência entre juízos do mesmo Estado serão julgados pelo TRE (art. 29, I, *b*, do Código Eleitoral, que fala equivocadamente em "conflito de jurisdição"). E no caso de conflito de competência entre Tribunais Regionais Eleitorais ou entre um TRE e juízo eleitoral de outro Estado, a competência para julgar o conflito de competência é do TSE (art. 22, I, *b*, do Código Eleitoral, que também usa a equivocada terminologia "conflito de jurisdição").

Ao Superior Tribunal Militar compete julgar conflito de competência entre Conselhos de Justiça Militar, entre Juízes-Auditores, ou entre estes e aqueles (art. 6º, II, *g*, da Lei nº 8.457/1992), mas a Justiça Militar, como sabido, só julga causas penais, o que afasta a necessidade de maiores considerações sobre o ponto neste trabalho.

Do mesmo modo, por serem o Direito Processual Eleitoral e o Direito Processual Trabalhista ramos autônomos do Direito Processual, estranhos ao estrito campo do Direito Processual Civil, os casos submetidos às Justiças Especializadas não devem ser examinados neste estudo.

O conflito de competência pode ser suscitado, nas hipóteses previstas no art. 66, por qualquer das partes, pelo Ministério Público (nos processos em que atua como parte ou como fiscal da ordem jurídica) ou por um dos juízos em conflito.

Não permite a lei processual que a parte que anteriormente arguiu a incompetência relativa de um juízo depois suscite conflito de competência (art. 952). De outro lado, porém, a instauração do conflito de competência não impede que a parte que não o suscitou alegue a incompetência do juízo (art. 952, parágrafo único).

O conflito será suscitado diretamente ao tribunal competente para julgá-lo (art. 953). No caso de ser suscitado por juízo, isto se dará através de ofício encaminhado ao tribunal (art. 953, I). Sempre vale lembrar que incumbe ao juízo suscitar o conflito quando, tendo sido para ele declinada a competência, não a acolher, salvo na hipótese de vir ele a declinar da competência para um terceiro juízo (art. 66, parágrafo único).

No caso de ser o conflito suscitado por alguma das partes ou pelo Ministério Público, isto se fará por petição (art. 953, II).

Parte Especial • Cap. 23 • Processos nos tribunais e meios de impugnação das decisões judiciais 469

Tanto o ofício do juízo suscitante quanto a petição da parte ou do MP deverá ser instruído com os documentos necessários à prova do conflito (art. 953, parágrafo único). A ausência de documento não implica, porém, a inadmissibilidade do incidente, devendo o relator determinar ao suscitante que complemente sua instrução.

Distribuído o conflito no tribunal a um relator, este determinará a oitiva dos juízos em conflito ou, se um deles for o suscitante, a oitiva do suscitado (art. 954). As informações serão prestadas ao relator no prazo que este assine (art. 954, parágrafo único). Mesmo não sendo prestadas as informações, porém, o conflito de competência será julgado (art. 956).

Não tendo sido o conflito suscitado pelo Ministério Público, deverá este ser ouvido apenas quando o incidente se tenha instaurado em processo no qual atue como fiscal da ordem jurídica (art. 951, parágrafo único; art. 178), no prazo de cinco dias (art. 956).

No caso de conflito positivo de competência, deverá o relator, de ofício ou mediante requerimento de qualquer das partes, determinar o sobrestamento do processo. Neste caso, assim como no de conflito negativo, deverá ainda o relator designar um dos juízos para decidir, em caráter provisório, eventuais requerimentos de medidas urgentes (art. 955).

Depois de colher as informações dos juízos (ou do juízo suscitado, se outro juízo for o suscitante) e de receber a manifestação do Ministério Público, se for o caso, o relator deverá verificar se é caso de julgamento monocrático ou colegiado do incidente.

Haverá julgamento monocrático, unipessoal, do conflito de competência pelo relator (art. 955, parágrafo único), quando sua decisão fundar-se em enunciado de súmula do STF, do STJ ou do próprio tribunal; ou quando a decisão tiver por fundamento tese firmada em julgamento de casos repetitivos ou em incidente de assunção de competência, já que as decisões que fixam essas teses são precedentes vinculantes. Não se enquadrando o caso concreto em qualquer dessas hipóteses, o julgamento será colegiado.

Na decisão que julga o conflito de competência, seja ela unipessoal do relator ou um acórdão proferido pelo colegiado, será declarado qual o juízo competente, devendo ainda haver pronunciamento expresso acerca da validade dos atos que tenham sido anteriormente praticados pelo juízo incompetente (art. 957). Serão, então, os autos do processo encaminhados ao juízo cuja competência tenha sido declarada (art. 957, parágrafo único).

No caso de conflito entre órgãos fracionários do mesmo tribunal, ou entre magistrados que o integrem (em caráter permanente ou em exercício temporário de funções), o procedimento do conflito de competência será o previsto no regimento interno (art. 958).

23.6 Homologação de Decisão Estrangeira e Concessão de *Exequatur* à Carta Rogatória

O estudo da homologação de sentenças estrangeiras e da concessão do *exequatur* às cartas rogatórias é tema que, inserido em um ponto de confluência entre o Direito Processual Civil e o Direito Internacional, integra aquilo que já se convencionou chamar de Direito Processual Internacional. Trata-se de tema da maior relevância, principalmente em razão da internacionalização das relações jurídicas, econômicas e sociais (e chamada "globalização") e que se vincula, diretamente, à existência de um sistema global de cooperação jurisdicional internacional (de que o CPC trata nos arts. 26 a 41).

Sentenças estrangeiras só produzem efeitos no Brasil após sua homologação pelo Superior Tribunal de Justiça (art. 961), cuja competência está fixada no art. 105, I, *i*, da Constituição da República. Excetuam-se, apenas, a sentença de divórcio consensual, a qual produz efeitos no Brasil independentemente de homologação (art. 961, § 5º). Neste caso, competirá a qualquer juízo examinar a validade da decisão estrangeira, em caráter principal ou incidental, se essa questão vier a ser suscitada em processo de sua competência (art. 961, § 6º). A dispensa da homologação para que a sentença de divórcio consensual produza efeitos acarreta, ainda, a possibilidade de se postular, independentemente de carta rogatória, medidas de urgência à autoridade brasileira, mas neste caso incumbirá ao juízo brasileiro a que se tenha postulado tal medida reconhecer, expressamente, a validade da sentença estrangeira que tenha homologado o divórcio consensual (art. 962, § 4º).

Feita essa única ressalva, porém, sentenças estrangeiras só produzem efeitos no Brasil depois de homologadas pelo STJ. E esta homologação é, em regra, postulada através de um processo autônomo, de jurisdição contenciosa, instaurado através da propositura de "ação de homologação de sentença estrangeira" (art. 960). Diz-se que é assim *em regra*, já que, excepcionalmente, pode haver previsão em tratado que autorize outra forma de se postular a homologação de sentença estrangeira, como seria, por exemplo, a utilização de carta rogatória (como se dá, por exemplo, nos casos submetidos ao Protocolo de Las Leñas, promulgado no Brasil pelo Decreto nº 6.891/2009, e do qual são partes, além do Brasil, os integrantes do Mercosul, a República da Bolívia e a República do Chile, e que prevê, em seu art. 19, a possibilidade de se postular a homologação de sentença estrangeira por meio de carta rogatória).

Não só sentenças podem ser homologadas no Brasil. Também atos estrangeiros que não tenham natureza jurisdicional, mas que correspondam a pronunciamentos que no Brasil teriam tal natureza, são passíveis de homologação (art. 961, § 1º, *in fine*). Figure-se, como exemplo, o célebre caso do decreto real de divórcio do Direito sueco (em que o ato que decreta o divórcio é, como o nome indica, um decreto do monarca do Reino da Suécia).

Decisões interlocutórias estrangeiras (ou atos estrangeiros que correspondam ao que, no Brasil, seria uma decisão interlocutória) podem, também, produzir efeitos no Brasil, mas nessa hipótese não se fala em homologação, sendo tão somente o caso de o STJ conceder *exequatur* a carta rogatória (art. 960, § 1º; art. 961), competência que também lhe cabe originariamente (art. 105, I, *i*, da Constituição da República). Isto inclui as decisões interlocutórias estrangeiras concessivas de tutela de urgência (art. 962), mas nesta hipótese também é necessária a concessão do *exequatur* à carta rogatória (art. 962, § 1º). Permite-se, porém, a concessão – não só neste como em qualquer outro caso em que tal se faça necessário – de medidas de urgência pelo relator do processo de concessão do *exequatur* (art. 961, § 3º, que prevê expressamente a concessão de tutela de urgência no processo de homologação de sentença estrangeira, mas é também aplicável aos processos de concessão de *exequatur* a rogatórias).

O processo da homologação de sentença estrangeira é regido pelos tratados internacionais em vigor no Brasil, além de normas regimentais internas do STJ (as quais, atualmente, encontram-se consolidadas nos artigos 216-A a 216-N do Regimento Interno do STJ). No caso de sentença arbitral estrangeira, a homologação observará também o disposto na Lei de Arbitragem, sendo apenas subsidiária a aplicação dos dispositivos do CPC (art. 960, § 3º; arts. 34 a 40 da Lei nº 9.307/1996).

No processo de homologação de sentença estrangeira não se reexamina o conteúdo da decisão homologanda. Tem-se, aí, o que se costuma chamar de *juízo de delibação*, isto é, um exame limitado à verificação da presença de certos requisitos formais, essenciais para que se homologue a sentença oriunda de órgão jurisdicional estrangeiro (ou de órgão administrativo que pratique ato que no Brasil teria natureza jurisdicional). O mesmo sistema, da delibação, se aplica também ao processo de concessão de *exequatur* às cartas rogatórias (havendo, inclusive, previsão expressa quanto ao ponto no que concerne às rogatórias para viabilizar o cumprimento, no Brasil, de decisão estrangeira concessiva de medida jurisdicional de urgência: art. 962, § 3º).

Impende, pois, verificar quais são os requisitos necessários à homologação, no Brasil, da decisão estrangeira. Presentes tais requisitos a homologação será deferida, e os efeitos da sentença estrangeira serão importados para o Brasil, aqui podendo produzir-se de forma plena.

O primeiro requisito da homologação é que tenha ela sido proferida por autoridade competente (art. 963, I). Ao Superior Tribunal de Justiça, porém, incumbe tão somente examinar se o Estado estrangeiro de onde provém a sentença homologanda tinha, na hipótese, competência internacional. Não é por outra razão, aliás, que expressamente afirma a lei processual que não será homologada decisão estrangeira proferida nos casos de competência internacional exclusiva da autoridade judiciária brasileira (art. 964). Pelo mesmo motivo, nega-se *exequatur* a cartas rogatórias oriundas de processos estrangeiros instaurados em casos de competência internacional exclusiva da autoridade judiciária brasileira (art. 964, parágrafo único). Tendo o Estado de origem competência internacional para proferir a sentença homologanda, pois, ter-se-á por preenchido este primeiro requisito, pouco importando se o órgão prolator da sentença tinha ou não competência interna, tema que é estranho ao juízo de delibação.

O segundo requisito é que, no processo que tramitou perante o órgão jurisdicional estrangeiro, tenha o demandado sido regularmente citado. É irrelevante saber se ficou ele revel ou não. O que se exige como requisito da homologação é que a citação tenha sido validamente feita (art. 963, II). A propósito, sempre é bom recordar que se o demandado tinha domicílio no Brasil, deve ele ter sido aqui citado por carta rogatória (salvo no caso de dispensa estabelecida em tratado internacional de que o Brasil seja parte).

O terceiro requisito é que a sentença homologanda seja eficaz no Estado de origem (art. 963, III). Não se exige, é bom ter claro, que a sentença já tenha transitado em julgado, ou que seja ela irrecorrível. O requisito da homologação é que a sentença estrangeira já produza, no Estado de origem, os efeitos que para o Brasil se pretende importar.

O quarto requisito é de caráter negativo: não se homologa no Brasil sentença estrangeira que ofenda coisa julgada já formada no Brasil (art. 963, IV). Assim, já existindo coisa julgada sobre sentença proferida no Brasil, não pode sentença estrangeira que a ofenda ser aqui homologada. Pense-se, por exemplo, no caso de se ter proferido no Brasil sentença que anulou um contrato, já tendo sido formada a coisa julgada material sobre ela. Posteriormente, se busca homologar no STJ sentença estrangeira que condena uma das partes a cumprir obrigação prevista naquele contrato já anulado. Pois esta sentença estrangeira nitidamente ofende a coisa julgada brasileira, motivo pelo qual a homologação deve ser denegada.

Exige-se, ainda, que a sentença estrangeira que tenha sido proferida em outro idioma esteja acompanhada de tradução oficial, salvo disposição expressa em tratado internacional que a dispense (art. 963, V).

Por fim, impõe a lei processual como requisito (negativo) da homologação que a sentença estrangeira não ofenda a ordem pública brasileira. Tem-se considerado que ofende a ordem pública brasileira a sentença estrangeira que contraria a Constituição da República, leis administrativas, processuais, penais, de organização judiciária, fiscais, de polícia, de proteção de incapazes, que tratam da organização da família, que estabelecem condições e formalidades para certos atos, de organização econômica (referentes a salários, moeda ou regime de bens), além daquilo que seja praticado em fraude à lei (STJ, SEC 802/US, rel. Min. José Delgado, j. em 18/8/2005). Assim, por exemplo, não seria possível homologar-se sentença estrangeira que negasse proteção a um incapaz afirmando a validade dos negócios jurídicos por ele celebrados.

Além desses requisitos estabelecidos por lei, há mais um requisito, previsto no art. 216-C do Regimento Interno do STJ: estar a sentença autenticada pelo cônsul brasileiro do Estado de origem.

Parte Especial • Cap. 23 • Processos nos tribunais e meios de impugnação das decisões judiciais **473**

Presentes todos esses requisitos, portanto, será homologada a sentença estrangeira, sem que o STJ promova qualquer reexame de seu conteúdo, já que se está, aqui, diante de mero *juízo de delibação*.

A concessão do *exequatur* às cartas rogatórias exige o preenchimento de todos esses requisitos estabelecidos para a homologação da sentença estrangeira e, além disso, no caso de se tratar de carta rogatória destinada a viabilizar a efetivação de medida de urgência deferida *inaudita altera parte*, que se assegure, no processo de origem, o contraditório posterior (art. 962, § 2º; art. 963, parágrafo único).

O pedido de homologação de sentença estrangeira, assim como o de concessão de *exequatur* a cartas rogatórias, deve ser dirigido ao Presidente do Superior Tribunal de Justiça (art. 216-A do Regimento Interno do STJ).

No caso de "ação de homologação de sentença estrangeira", deve a parte interessada ajuizar petição inicial, que terá de preencher todos os requisitos estabelecidos pelo CPC e, além disso, ser instruída com certidão ou cópia autêntica do texto integral da sentença estrangeira e outros documentos indispensáveis, todos devidamente traduzidos (se produzidos em outro idioma, claro) e autenticados (art. 216-C do Regimento Interno do STJ).

Estando em termos a petição inicial, será citada a parte contrária para manifestar-se no prazo de quinze dias, podendo contestar o pedido de homologação (art. 216-H do Regimento Interno do STJ). A contestação só pode versar sobre a autenticidade dos documentos, sobre a interpretação da decisão homologanda e sobre a presença ou ausência dos requisitos necessários à homologação (art. 216-H, parágrafo único, do Regimento Interno do STJ).

Havendo contestação ao pedido de homologação, o processo será distribuído a um dos integrantes da Corte Especial, cabendo ao relator os demais atos de instrução do processo (art. 216-K do Regimento Interno do STJ).

O Ministério Público será sempre ouvido, no prazo de dez dias, podendo impugnar o pedido de homologação (art. 216-L do Regimento Interno do STJ).

Não tendo havido qualquer impugnação (nem de parte, nem do MP), o pedido de homologação será julgado pelo Presidente do STJ (art. 216-A do Regimento Interno do STJ). Tendo sido oferecida alguma impugnação, a competência para o julgamento do pedido de homologação passa a ser da Corte Especial do Superior Tribunal de Justiça (art. 216-K do Regimento Interno do STJ), admitida a decisão monocrática nas hipóteses em que haja jurisprudência consolidada da Corte Especial a respeito do tema (art. 216-K, parágrafo único, do Regimento Interno do STJ).

Homologada a sentença estrangeira, sua execução se dará perante o juízo federal competente (art. 109, X, da Constituição da República), mediante provocação da parte interessada, observando-se as regras estabelecidas para o cumprimento das sentenças nacionais (art. 965). O pedido de execução deverá ser instruído com cópia autenticada da decisão homologatória proferida pelo STJ (art. 965, parágrafo único), admitida a decisão monocrática nas hipóteses em que haja jurisprudência consolidada da Corte Especial a respeito do tema (art. 216-K, parágrafo único, do Regimento Interno do STJ).

É bastante semelhante o procedimento a ser observado para concessão do *exequatur* às cartas rogatórias. A diferença fundamental está em que, requerida tal concessão, não se cogita de citação dos interessados, mas tão somente de sua intimação (art. 216-Q do Regimento Interno do STJ). Esta intimação deverá, porém, ser dispensada quando dela puder resultar a ineficácia da cooperação internacional (como se daria, por exemplo, em caso no qual a rogatória tenha por objeto a apreensão de valores depositados em conta bancária, caso em que a prévia intimação poderia acarretar o desaparecimento da verba), conforme prevê o art. 216-Q, § 1º, do Regimento Interno do STJ.

Concedido o *exequatur*, a carta rogatória será remetida para cumprimento pelo juízo federal competente (art. 109, X, da Constituição da República; art. 216-V do Regimento Interno do STJ; art. 965).

23.7 Ação Rescisória

Chama-se ação rescisória à demanda através do qual se busca desconstituir decisão coberta pela coisa julgada, com eventual rejulgamento da causa original. Em outros termos, já se tendo formado a coisa julgada (formal ou material), o meio adequado para – nos casos expressamente previstos em lei – desconstituir-se a decisão que já tenha sido alcançada por tal autoridade é a propositura de ação rescisória. Esta, ao ser julgada (originariamente por tribunais, não sendo possível sua propositura perante juízos de primeira instância), pode levar à desconstituição da coisa julgada já formada e, eventualmente (mas nem sempre), levará também a que se rejulgue, no próprio processo da ação rescisória, a causa original.

É certo que o *caput* do art. 966 prevê a rescindibilidade de decisões *de mérito* transitadas em julgado, o que poderia levar à impressão de que só nos casos em que formada a coisa julgada material poderia ser ajuizada uma ação rescisória. Não se pode, porém, desconsiderar o que consta do § 2º, inciso I, do mesmo art. 966, que prevê a possibilidade de rescisão de sentenças terminativas transitadas em julgado que impeçam nova propositura da mesma demanda. Daí se extrai, pois, a possibilidade de rescisão de decisão judicial sobre a qual recaia tão somente a coisa julgada formal, não havendo coisa julgada material (que, como sabido, só se forma sobre decisões de mérito, nos estritos termos do art. 502).

Prevê, ainda, o art. 966, § 2º, II, a possibilidade de rescisão de "decisão transitada em julgado que, embora não seja de mérito, impeça [admissibilidade] do recurso correspondente". Este dispositivo, de péssima redação, deve ser interpretado no sentido de se admitir a rescisão de decisões de inadmissibilidade de recurso. Pense-se, por exemplo, no caso de se ter proferido sentença de mérito e, contra tal sentença, ter

Parte Especial • Cap. 23 • Processos nos tribunais e meios de impugnação das decisões judiciais **475**

sido interposta apelação. Figure-se, agora, que o juízo de primeira instância tenha proferido decisão declarando inadmissível a apelação (decisão esta para a qual o juízo de primeiro grau não tem competência funcional, já que, nos termos do disposto no art. 1.010, § 3º, não pode o juízo de primeiro grau apreciar a admissibilidade da apelação, apreciação esta que cabe ao tribunal). Ocorre que esta decisão interlocutória não é agravável (como se vê do rol exaustivo do art. 1.015), motivo pelo qual se teria aí uma decisão – que não é de mérito, tampouco pode ser considerada uma sentença terminativa capaz de impedir a repropositura da demanda – irrecorrível, contra a qual se deve admitir o ajuizamento de ação rescisória. Assim, desconstituída essa decisão pelo tribunal, a apelação irregularmente inadmitida voltaria a tramitar, seguindo seu curso perante o tribunal *ad quem*.

Podem, então, ser tidas por rescindíveis as decisões de mérito alcançadas pela coisa julgada material; as decisões terminativas alcançadas pela coisa formal; e as decisões de inadmissibilidade de recurso que se tenham tornado irrecorríveis, sempre que presente alguma das hipóteses previstas na lei como ensejadoras de rescindibilidade.

Frise-se que não só sentenças, mas também decisões interlocutórias podem ser rescindíveis, sempre que se enquadrem em alguma das hipóteses previstas no art. 966 (FPPC, enunciado 336: "Cabe ação rescisória contra decisão interlocutória de mérito").

De outro lado, não são impugnáveis por ação rescisória "atos de disposição de direitos, praticados pelas partes ou por outros participantes do processo e homologados pelo juízo, bem como os atos homologatórios praticados no curso da execução", os quais estão sujeitos à anulação nos termos da lei civil. Assim, pois, não é admissível ação rescisória para impugnar ato de autocomposição que tenha sido homologado pelo juízo mas que estivesse eivado de algum vício (como, por exemplo, uma transação celebrada sob coação), ou um acordo celebrado no curso da execução. Nestes casos, o meio processual adequado para buscar-se o reconhecimento do vício é o ajuizamento de demanda anulatória (art. 966, § 4º).

Os casos de rescindibilidade são os previstos nos incisos do art. 966, que precisam ser examinados.

O primeiro caso de rescindibilidade é o da decisão "proferida por força de prevaricação, concussão ou corrupção do juiz" (art. 966, I).

Prevaricação é "retardar ou deixar de praticar, indevidamente, ato de ofício, ou praticá-lo contra disposição expressa de lei, para satisfazer interesse ou sentimento pessoal" (art. 319, do Código Penal). Concussão é "exigir, para si ou para outrem, direta ou indiretamente, ainda que fora da função ou antes de assumi-la, mas em razão dela, vantagem indevida" (art. 316 do Código Penal). E corrupção passiva é "solicitar ou receber, para si ou para outrem, direta ou indiretamente, ainda que fora da função ou antes de assumi-la, mas em razão dela, vantagem indevida, ou aceitar promessa de tal vantagem" (art. 317 do Código Penal). Pense-se, por exemplo, no juiz que exige dinheiro de uma das partes para proferir sentença que lhe favoreça (e que terá, assim, cometido o crime de concussão).

Pois tendo o juiz prolator da decisão, para proferi-la, cometido qualquer um desses crimes, é rescindível o pronunciamento judicial viciado. No caso de julgamento colegiado, será rescindível a decisão judicial se o crime tiver sido cometido por magistrado que tenha proferido voto vencedor (mas não se o magistrado autor do ilícito penal tiver proferido voto vencido, caso em que o beneficiário do voto não terá logrado êxito no processo apesar do ilícito penal cometido).

Vale registrar, aqui, aliás, que se o juiz cometeu um desses crimes para proferir decisão, mas esta veio a ser substituída, por força de recurso, por outra decisão (ainda que de mesmo teor), não será possível a rescisão, já que a decisão viciada não terá transitado em julgado, substituída que terá sido por outra decisão, prolatada em grau de recurso, e que não está eivada de qualquer vício.

A prática do crime pode ter sido apurada em processo penal (em que o magistrado tenha sido condenado) ou incidentemente no próprio processo da ação rescisória. Importante ter claro, porém, que a condenação do magistrado em sede penal pela prática de algum desses crimes vincula o tribunal que julgará a ação rescisória, o qual não poderá negar a existência do ilícito penal. De outro lado, a apuração, no processo da ação rescisória, da prática do crime, não acarreta efeitos penais imediatos, devendo o tribunal, tão somente (além de rescindir a decisão viciada, claro), extrair peças dos autos para o Ministério Público, a fim de que este tome as medidas penais que repute cabíveis, nos termos do art. 40 do Código de Processo Penal.

Segundo caso de rescindibilidade é o da decisão "proferida por juiz impedido ou por juízo absolutamente incompetente" (art. 966, II).

Apenas a decisão proferida por juiz impedido (arts. 144 e 147) é rescindível, não a prolatada por juiz suspeito (art. 145). E no caso de o juiz impedido integrar órgão colegiado que tenha proferido a decisão, só será esta rescindível se o magistrado impedido tiver proferido voto vencedor, nos mesmos termos do quanto foi dito anteriormente acerca do juiz que comete crime de prevaricação, concussão ou corrupção.

Também aqui, aliás, é bom registrar que a decisão proferida por juiz impedido pode vir a ser substituída, em grau de recurso, por outra (ainda que de mesmo teor) e, nesse caso, não poderá aquela ser rescindida por não ter sido alcançada pela coisa julgada, a qual incidirá sobre a decisão que a substituiu, prolatada em sede de recurso.

Assim, também, é rescindível a decisão proferida por juízo absolutamente incompetente, mas não a prolatada por juízo relativamente incompetente. Assim, por exemplo, ajuizada demanda perante juízo que seja relativamente incompetente e vindo este a proferir sentença de improcedência liminar da demanda, esta, não obstante prolatada por juízo incompetente, não poderá ser rescindida por este fundamento, já que a incompetência não era absoluta.

Parte Especial • Cap. 23 • Processos nos tribunais e meios de impugnação das decisões judiciais   477

Terceiro caso de rescindibilidade é o da decisão que resulta "de dolo ou coação da parte vencedora em detrimento da parte vencida ou, ainda, de simulação ou colusão entre as partes, a fim de fraudar a lei" (art. 966, III).

O dolo a que se refere este dispositivo legal é o *dolo processual*, o qual é conceito mais amplo do que o de dolo substancial, estabelecido pela lei civil. Haverá dolo processual sempre que uma das partes, agindo sem observar o dever de lealdade e de boa-fé, tentar influir no convencimento do julgador para obter um resultado que lhe seja favorável. Trata-se de dolo que tem por destinatário o órgão julgador (e não a parte adversária, que restará vencida). Tem-se, aí, pois, uma causa de rescindibilidade que resulta diretamente do dever de atuar no processo com boa-fé. Pense-se, por exemplo, no caso de um servidor público ir a juízo postular sua aposentadoria com base em regra que permite a contagem em dobro do tempo referente a férias não gozadas e, no curso do processo, goza um desses períodos de férias mas não relata este fato nos autos. Tal conduta, violadora da boa-fé, deve ser reputada como ensejadora de dolo processual, a induzir o órgão jurisdicional em erro e, assim, é causa de rescindibilidade da decisão que lhe tenha reconhecido o direito à aposentadoria levando em conta o tempo referente àquele período de férias que acabou sendo gozado.

O mesmo inciso do art. 966 prevê a rescisão da decisão judicial que é fruto de coação da parte vencedora em detrimento da vencida. Pense-se, por exemplo, no caso de ter uma das partes coagido a outra a confessar um fato, assegurando assim resultado favorável. Ou no caso de uma das partes ter coagido o juiz a julgar em seu favor. Pois nesses casos a decisão viciada, fruto da coação, é rescindível.

Ainda nesse inciso III do art. 966 há previsão da rescisão de decisão judicial que é fruto de simulação ou colusão entre as partes. Trata do tema o art. 142, por força do qual há colusão quando se verifica que "autor e réu se serviram do processo para praticar ato simulado ou conseguir fim vedado por lei". A rigor, a lei processual sequer precisaria valer-se, em seu texto, da cláusula "simulação ou colusão", já que a colusão engloba a simulação. Trata-se, porém, de texto que foi elaborado com o propósito de encerrar antiga divergência doutrinária acerca do alcance do termo colusão, já que havia, ao tempo da codificação processual anterior, quem considerasse que a simulação não estaria inserida no conceito de colusão.

Pense-se, por exemplo, no caso de se valerem as partes de um processo para obter uma falsa declaração de paternidade de forma a garantir ao falso filho o recebimento ilegal de uma pensão previdenciária. Pois neste caso terá havido colusão processual, a justificar a rescisão da decisão judicial viciada.

Perceba-se que há relevante distinção entre a colusão (aqui incluída a simulação) e o dolo. É que este é sempre *unilateral*, enquanto aquela é *bilateral*, exigindo a atuação, em conluio, de ambas as partes.

É rescindível a decisão que "ofender a coisa julgada" (art. 966, IV). Tem-se, aí, um mecanismo de preservação da coisa julgada que se tenha formado em outro processo, evitando-se deste modo que tal autoridade reste infirmada por sentença posteriormente proferida. Assim, formada a coisa julgada, não se pode admitir que em outro processo se volte a decidir aquilo que já havia sido definitivamente resolvido. Caso isso aconteça, ofende-se a coisa julgada anteriormente formada, e a nova decisão judicial é rescindível.

Ofende a coisa julgada a nova decisão que tenha sido proferida em conformidade com a anterior, tanto quanto a nova decisão que com aquela é desconforme. Em ambos os casos, o novo provimento judicial, ofensivo da autoridade de coisa julgada, é rescindível. Não se tem, porém, ofensa à coisa julgada apenas quando se redecide causa já decidida. Também é rescindível, por ofensa à coisa julgada, o pronunciamento que decide demanda distinta mas o faz com desrespeito a coisa julgada anteriormente formada (como se dá, por exemplo, quando a coisa julgada se formou sobre pronunciamento judicial que tenha resolvido causa prejudicial, e a segunda decisão a desrespeita resolvendo causa prejudicada). Pense-se, por exemplo, no caso de existir decisão transitada em julgado que afirma a existência de relação de paternidade e, posteriormente, outra decisão rejeita pretensão a receber alimentos ao fundamento de que aquela relação de paternidade não existe. Esta segunda decisão, julgando demanda distinta, terá ofendido a coisa julgada formada sobre o primeiro pronunciamento judicial.

Além disso, ofende a coisa julgada o julgamento de recurso inadmissível erradamente admitido (como se dá, por exemplo, no caso de o tribunal julgar o mérito de apelação intempestivamente interposta), já que tal julgamento terá ofendido a coisa julgada já formada sobre a decisão contra a qual nenhum recurso admissível foi interposto.

É, também, rescindível a decisão judicial que "violar manifestamente norma jurídica" (art. 966, V). Gera rescindibilidade, pois, a violação do sentido atribuído a um texto normativo por via interpretativa, uma vez que a norma jurídica não se confunde com o texto, sendo a rigor o resultado da interpretação que ao texto se atribui.

A norma violada pode ser de direito material ou de direito processual. Assim, por exemplo, é rescindível pronunciamento judicial que tenha sido proferido sem respeitar os limites da demanda (decisão *ultra* ou *extra petita*), o que vai contra o disposto no art. 492. Do mesmo modo, é rescindível decisão que, por exemplo, admita compensação entre uma dívida de natureza civil vencida e outra vincenda, o que contraria o disposto no art. 369 do Código Civil.

Importante é afirmar que também é rescindível a decisão judicial que, tendo transitado em julgado, contrarie tese anteriormente firmada em enunciado de súmula vinculante ou em precedente vinculante. É que essas teses firmadas são resultado de interpretações atribuídas a textos normativos e, portanto, são normas jurídicas. Ainda que assim não se considere, porém, e se afirme (equivocadamente, mas se enfrenta o ponto aqui apenas para argumentar) que a afronta ao precedente vinculante (ou ao enunciado de súmula vinculante) não é violação à norma, ainda assim será preciso considerar rescindível a decisão judicial, pois terá sido violada a própria norma atributiva da eficácia vinculante a tais precedentes e enunciados de súmula. É que, como já se viu, no sistema jurídico brasileiro (diferentemente do que se tem nos ordenamentos ligados à tradição do *common law*), a eficácia vinculante de enunciados de súmula vinculante e de alguns precedentes judiciais resulta diretamente de previsão normativa (constitucional ou legal) e, por conta disso, o desrespeito a tal eficácia vinculante implica violação de norma jurídica. É, pois, rescindível a decisão judicial nesses casos. E não se contraria o padrão decisório vinculante apenas quando o pronunciamento judicial deixa de seguir a tese nele fixada. Também quando o padrão decisório é mal aplicado, o que ocorre quando se adota a tese nele fixada quando não era o caso, em razão de alguma diferença entre o acórdão paradigma e o caso posteriormente julgado, aquele padrão decisório é violado. E é exatamente por isso que o § 5º do art. 966 (acrescentado pela Lei nº 13.256/2016) estabelece que "[c]abe ação rescisória, com fundamento no inciso V do *caput* deste artigo, contra decisão baseada em enunciado de súmula ou acórdão proferido em julgamento de casos repetitivos que não tenha considerado a existência de distinção entre a questão discutida no processo e o padrão decisório que lhe deu fundamento". Assim, por exemplo, se a decisão rescindenda aplicou, em uma causa que versava sobre IPTU, um acórdão prolatado em julgamento de recursos repetitivos em que se enfrentaram questões referentes ao ICMS, e não se observou a distinção entre um caso e outro (ou, como se diz frequentemente quando se faz alusão à teoria dos precedentes, não se realizou o *distinguishing*), será possível desconstituir a decisão transitada em julgado através de ação rescisória.

É rescindível pronunciamento judicial transitado em julgado que se fundar "em prova cuja falsidade tenha sido apurada em processo criminal ou venha a ser demonstrada na própria ação rescisória" (art. 966, VI). Trata-se, aqui, de admitir a rescisão de pronunciamento judicial que tem por fundamento *prova falsa*, fundamento este que, evidentemente, terá induzido o órgão julgador em erro.

É preciso ter claro que, na hipótese aqui examinada, o provimento rescindendo precisa ter sido fundado na prova falsa. Em outros termos, significa isto dizer que a prova falsa precisa ter sido fundamento da decisão rescindenda. Resulta daí a necessidade de se verificar se o resultado do julgamento teria sido o mesmo se aquela prova falsa não tivesse sido levado em conta. Caso se verifique haver outras provas capazes de levar à mesma conclusão, a qual teria sido mantida, não será rescindível a decisão judicial.

É, por exemplo, rescindível decisão judicial que defere aposentadoria com base em carteira de trabalho de que constam anotações falsas.

Não importa, para a verificação da rescindibilidade, a natureza do meio de prova cuja falsidade se constata. Pode ser o caso de um documento falso, de um falso testemunho, de uma falsa perícia, enfim, qualquer que seja o meio falso de prova, sendo ele fundamento necessário da decisão transitada em julgado será esta rescindível.

Também não interessa se o caso é de falsidade ideológica ou material. Ambas acarretam a rescindibilidade.

A falsidade pode ter sido apurada em processo criminal. Neste caso, porém, é preciso que a sentença penal tenha transitado em julgado, não se admitindo, então, que no processo da ação rescisória volte a ser discutida a falsidade da prova. Também se admite que a falsidade seja apurada no próprio processo da ação rescisória, caso em que a afirmação de que a prova é falsa ou autêntica será mero fundamento da decisão que julga o pedido de rescisão.

Prevê o inciso VII do art. 966 a rescindibilidade da decisão judicial quando "obtiver o autor [da ação rescisória], posteriormente ao trânsito em julgado, prova nova cuja existência ignorava ou de que não pôde fazer uso, capaz, por si só, de lhe assegurar pronunciamento favorável". Significa isto, então, que se aquele que ficou vencido na causa original obtiver, posteriormente, prova que lhe assegure, *por si só*, resultado favorável, poderá obter a rescisão da decisão que lhe foi desfavorável.

Prova nova, registre-se, não é o mesmo que prova superveniente. Pelo contrário, a prova nova a que se refere o dispositivo legal é, necessária e inevitavelmente, uma prova *velha*. A esta conclusão se chega pela verificação de que o texto normativo se refere a uma "prova nova" *cuja existência se ignorava*. Ora, só se pode ignorar a existência – perdoe-se a obviedade – do que existe. Assim, só se pode admitir a apresentação da prova nova se esta já existia ao tempo da prolação da decisão.

A novidade da prova diz respeito ao processo. Prova nova, aí, significa *prova inédita*, não tendo sido produzida no processo original.

Diz o texto da lei que a prova nova precisa ter sido obtida "posteriormente ao trânsito em julgado". Tal dispositivo não pode ser interpretado literalmente, porém. É que pode acontecer de a prova nova ser obtida antes do trânsito em julgado, mas depois do último momento em que teria sido lícito à parte produzir a prova no processo. Pense-se, por exemplo, na hipótese de a prova nova ter sido obtida quando pendente de julgamento apenas um recurso extraordinário (no qual é inadmissível a produção de qualquer meio de prova). Pois, neste caso, deve-se reputar rescindível a decisão, já que não levou em conta prova que já existia, capaz por si só de assegurar à parte que restou vencida julgamento favorável, mas que não era conhecida ou não pôde ser usada ao tempo em que admissível a produção da prova, e que foi obtida quando já não poderia mais ser trazida aos autos. A não se pensar assim, ter-se-á de explicar uma situação paradoxal: seria melhor para a parte continuar ignorando a existência da prova (ou não ter a possibilidade de utilizá-la) até o trânsito em julgado do que a obter antes da formação da coisa julgada, mas em momento no qual já não era mais possível carreá-la aos autos.

Registre-se, ainda, que só será possível a rescisão da decisão judicial com base em prova nova se esta é, sozinha, capaz de garantir a quem ficou vencido na causa originária a reforma daquela decisão. Nenhuma outra prova, portanto, poderá ser produzida, no processo da ação rescisória (e com relação aos elementos que foram levados em consideração no julgamento rescindindo), a não ser a própria prova nova só agora obtida.

Por fim, é rescindível a decisão judicial que "for fundada em erro de fato verificável do exame dos autos" (art. 966, VIII). É rescindível, portanto, a decisão judicial que seja resultado de um erro de fato emergente dos autos, que salte aos olhos pelo exame da documentação constante dos autos (como se dá, por exemplo, quando a decisão afirma não ter havido pagamento mas se encontra nos autos o recibo de quitação).

Afirma o § 1º do art. 966 que "[h]á erro de fato quando a decisão rescindenda admitir fato inexistente ou quando considerar inexistente fato efetivamente ocorrido". Daí se vê, então, que o erro de fato consiste em se considerar um fato como existente quando, na verdade, ele não ocorreu ou, ao contrário, tratar como inexistente um fato efetivamente ocorrido. Fundamental, porém, é que o erro de fato seja perceptível pelo mero exame dos autos, sem necessidade de recurso a qualquer outro elemento.

Há, porém, um ponto que torna um pouco mais complexo o tema que ora se examina. É que, nos termos do que consta da parte final do § 1º do art. 966, é "indispensável, em ambos os casos, que o fato não represente ponto controvertido sobre o qual o juiz deveria ter se pronunciado". Deve-se interpretar este preceito no sentido de que, em primeiro lugar, o fato existente que a decisão rescindenda desconsiderou, ou o fato inexistente que aquela decisão reputou ocorrido, não tenha sido objeto de controvérsia entre as partes. Assim, diante do que consta dos autos, e sendo o ponto incontroverso, o normal seria que o juiz percebesse que o fato efetivamente ocorreu (ou que não ocorreu). Acontece que, por um equívoco de percepção, o juiz não se deu conta do ponto incontroverso. Além disso, porém, é preciso que não tenha havido, no pronunciamento rescindendo, qualquer pronunciamento acerca do fato (e isto é o que se entende por o fato representar um ponto "sobre o qual o juiz deveria ter se pronunciado"). Isso porque a ação rescisória não tem por objeto levar a um *reexame de prova*. Não se presta, pois, a ação rescisória a impugnar decisão em que tenha havido equivocada valoração do material probatório. A finalidade da ação rescisória, no caso em exame, é a desconstituição de pronunciamento judicial que seja fruto de percepção equivocada do que consta dos autos.

Impende, então, que o órgão julgador *não tenha percebido aquele elemento constante dos autos* e, silenciando a seu respeito, tenha proferido decisão que com ele é incompatível.

Assim, se o órgao julgador fez alusao ao elemento constante dos autos mas, ao valorá-lo, chegou a conclusão errada (reputando inexistente um fato que ocorreu, ou considerando existente um fato que não aconteceu), a decisão, ainda que injusta, não é rescindível. De outro lado, se o elemento constante dos autos passou despercebido do órgão julgador, que – em razão desse erro de percepção – julgou erradamente, é rescindível o pronunciamento.

É preciso, então, que o erro de fato que serve de fundamento para a ação rescisória tenha manifesto nexo de causalidade com o resultado alcançado. Em outras palavras, é preciso que fosse outro o resultado do processo se o órgão julgador não tivesse aquela equivocada percepção do que constava dos autos, para só então admitir-se como rescindível o pronunciamento judicial.

Do exame de todos esses casos de rescindibilidade, fica claro que a ação rescisória não tem por objeto impugnar decisões judiciais ao fundamento de que seriam elas injustas. Não é disso que se trata. Através da ação rescisória impugna-se provimento judicial que tem, na sua formação, um grave vício (ter sido proferida por juiz que, para a prolatar, cometeu crime de concussão; ofender coisa julgada; ter sido proferida por juiz impedido; violar manifestamente norma jurídica; basear-se em prova falsa *etc.*). Tem-se, pois, na ação rescisória um mecanismo voltado a expurgar do ordenamento decisões judiciais gravemente viciadas. Eventual justiça ou injustiça da decisão judicial pode ser objeto de discussão por meio dos recursos, mas não através de ação rescisória.

A ação rescisória pode ser proposta por quem foi parte no processo original ou por seus sucessores (a título universal ou singular); por terceiros juridicamente interessados; pelo Ministério Público (se não foi ouvido no processo em que deveria ter intervindo, quando a decisão rescindenda é efeito de simulação ou colusão ou em outros casos em que se imponha sua atuação) ou por aquele que não foi ouvido no processo de que deveria ter obrigatoriamente participado, como seria o caso de algum litisconsorte necessário não citado. Estes são, nos termos do art. 967, os legitimados ativos para o ajuizamento da ação rescisória.

De outro lado, a legitimidade passiva para a demanda rescisória é de *todos aqueles que, tendo sido partes no processo original, não figurem como autores da ação rescisória.* Isto pode levar, então, à existência de litisconsórcio necessário passivo, no processo da ação rescisória, entre pessoas que, no processo original, ocuparam posições antagônicas. Basta pensar que, proposta a ação rescisória por um terceiro juridicamente interessado, serão litisconsortes passivos necessários no processo da ação rescisória o autor e o réu da demanda original.

Nos casos previstos no art. 178, o Ministério Público que não seja autor ou réu da ação rescisória deverá ser intimado a intervir como fiscal da ordem jurídica (art. 967, parágrafo único).

É competente para conhecer da ação rescisória o tribunal prolator da decisão rescindenda. Assim, por exemplo, pretendendo o autor rescindir decisão do STF, é naquele Tribunal de Superposição que a ação rescisória deverá ser proposta (art. 102, I, *j*, da Constituição da República). Do mesmo modo, quando se pretender rescindir decisão do STJ, será competente para conhecer da ação rescisória aquele Tribunal Superior (art. 105, I, *e*, da Constituição da República). Também é por força de disposição constitucional que se afirma a competência dos Tribunais Regionais Federais para conhecer de ação rescisória de seus julgados (ou dos juízes federais da região), como se vê no art. 108, I, *b*, da Constituição da República.

De tudo isso se extrai um sistema: cada tribunal é competente para conhecer de ação rescisória contra seus próprios julgados (e, no caso de ação rescisória voltada contra apenas um capítulo de decisão, é preciso ver qual o tribunal que proferiu o capítulo rescindendo: FPPC, enunciado 337). Sendo a ação rescisória de competência

Parte Especial • Cap. 23 • Processos nos tribunais e meios de impugnação das decisões judiciais **483**

originária de tribunais (e não é por outra razão que sua regulamentação se encontra no Livro do CPC que trata "dos processos nos tribunais"), será competente para conhecer de ação rescisória contra decisão proferida por juízo de primeira instância o tribunal que, em tese, teria sido competente para rever aquela decisão em grau de recurso.

Inicia-se o processo da ação rescisória com o ajuizamento de petição inicial, a qual deverá preencher todos os requisitos genericamente exigidos para as petições iniciais em geral (art. 968). Além disso, exige a lei processual que o autor cumule, na petição inicial ao pedido de rescisão, e *se for o caso*, o pedido de novo julgamento do processo (art. 968, I). Explique-se melhor este ponto.

Quando se estabeleceu o conceito de ação rescisória, afirmou-se que esta teria por objeto a desconstituição de pronunciamento judicial transitado em julgado e, *eventualmente*, o rejulgamento da causa. Assim, em toda ação rescisória deverá ser postulada, antes de tudo, a rescisão da decisão judicial (e à apreciação deste pedido pelo tribunal dá-se o nome de juízo rescindente ou *iudicium rescidens*). Em alguns casos, porém, acolhido o pedido de rescisão, torna-se necessário promover-se um rejulgamento do processo original (e a este rejulgamento a ser promovido pelo tribunal se dá o nome de juízo rescisório ou *iudicium rescissorium*). Incumbe ao autor, então, *se for o caso*, formular os dois pedidos – o de rescisão da decisão e o de rejulgamento do processo original – em cumulação sucessiva (o que implica dizer que o segundo pedido só poderá ser apreciado se o primeiro vier a ser acolhido).

Não se cogitará, evidentemente, de rejulgamento do processo original nos casos em que a decisão rescindenda for terminativa. Nestes casos, procedente o pedido de rescisão, deverá o tribunal determinar o prosseguimento do processo original para que nele se resolva o mérito da causa.

Tampouco será o caso de rejulgar o processo original quando a decisão rescindenda for pronunciamento de inadmissibilidade de recurso que deveria ter sido admitido. Neste caso, procedente o pedido de rescisão, deverá o tribunal determinar que se prossiga com o recurso incorretamente inadmitido, para que seja ele apreciado pelo órgão competente.

Apenas quando se trate, portanto, de ação rescisória voltada a impugnar pronunciamento de mérito é que se poderá cogitar do rejulgamento do processo original. Mesmo assim, não em todos os casos. Pense-se, por exemplo, no caso de se propor ação rescisória contra pronunciamento que, ofendendo a coisa julgada, rejulgou demanda já definitivamente resolvida. Pois, neste caso, rescindida a segunda decisão, não se poderia rejulgar aquele segundo processo, sob pena de ofender-se a coisa julgada novamente. É preciso, então, verificar caso a caso se haverá ou não necessidade de, rescindida a decisão, rejulgar o processo original. Havendo tal necessidade, deverão ser formulados os dois pedidos em cumulação sucessiva.

No caso de ação rescisória proposta com apoio no disposto no § 5º do art. 966, a petição inicial tem um requisito específico: "trata-se da exigência de que se demonstre, já na inicial, de forma fundamentada, tratar-se de situação particularizada por hipótese fática distinta ou questão jurídica não examinada, a impor outra solução jurídica" (art. 966, § 6º, acrescentado pela Lei nº 13.256/2016). O não cumprimento desta exigência formal específica acarretará a inépcia da petição inicial, sendo essencial, porém, antes de se proferir decisão terminativa do processo da ação rescisória, que se dê ao autor oportunidade de correção do vício.

Quando do ajuizamento da petição inicial, deverá ainda o autor da ação rescisória promover o depósito de valor correspondente a cinco por cento sobre o valor da causa, que se converterá em multa caso a ação rescisória seja, *por decisão unânime*, considerada inadmissível ou improcedente (art. 968, II). Este depósito, porém, em hipótese alguma, será superior ao equivalente a mil salários mínimos (art. 968, § 2º). A ausência desse depósito implicará – se não sanado o vício em oportunidade que ao autor deve ser assegurada pelo relator – o indeferimento da petição inicial e, consequentemente, a extinção do processo sem resolução do mérito (art. 968, § 3º).

Não se aplica, porém, esta exigência de depósito prévio à União, aos Estados, ao Distrito Federal, aos Municípios, às suas autarquias e fundações de direito público, ao Ministério Público, à Defensoria Pública e aos que tenham obtido o benefício da gratuidade de justiça (art. 968, § 1º). Estes ficam, registre-se, liberados do ônus do depósito prévio, mas não se livram de pagar a multa ao final se a ação rescisória por eles proposta for, por unanimidade de votos, declarada inadmissível ou improcedente.

Pode acontecer, ainda, de se verificar que o autor da ação rescisória tenha postulado a rescisão de decisão que não pode ser rescindida. Isto pode se dar por duas razões: a uma, por se tratar de decisão que não apreciou o mérito da causa e não impede a repropositura da demanda (art. 968, § 5º, I), ou seja, é decisão terminativa que não é alcançada pela coisa julgada formal; a duas, por se tratar de decisão que foi substituída por outro pronunciamento, posteriormente proferido (art. 968, § 5º, II). Nestes casos, deverá o relator determinar ao autor que emende a petição inicial, sob pena de seu indeferimento, adequando o objeto da ação rescisória. Emendada a petição inicial (e, se isso tiver sido verificado após a apresentação de contestação pelo réu da ação rescisória, depois também de se assegurar ao réu a complementação dos fundamentos de sua defesa), os autos serão remetidos – se for o caso – ao tribunal competente para conhecer da ação rescisória (art. 968, § 6º).

Não sendo caso de indeferimento da petição inicial (art. 968, § 3º) ou de improcedência liminar do pedido (art. 968, § 4º), o processo da ação rescisória seguirá regularmente. Deverá, então, o relator ordenar a citação do réu, fixando prazo nunca inferior a quinze dias, nem superior a trinta dias, para oferecimento de resposta. Após o decurso desse prazo, será observado o procedimento comum do processo de conhecimento (art. 970). A escolha do relator deverá recair, sempre que possível, em juiz que não tenha participado do julgamento rescindendo (art. 971, parágrafo único).

Vale aqui registrar que, só determinando a lei a observância do procedimento comum depois do decurso do prazo para oferecimento da contestação, não se cogitar,

Parte Especial • Cap. 23 • Processos nos tribunais e meios de impugnação das decisões judiciais **485**

aqui, da realização da audiência preliminar de mediação ou conciliação, a qual, a rigor, não teria mesmo espaço para ser realizada, tendo em vista a impossibilidade de celebração de autocomposição sobre a matéria objeto da controvérsia (art. 334, § 4º, II).

Caso os fatos alegados pelas partes do processo da ação rescisória dependam de produção de outros meios de prova além da prova documental, o relator poderá colher essas provas ou determinar, através de carta de ordem, que o juízo prolator da decisão rescindenda as colha, fixando prazo entre um e três meses para a devolução dos autos (art. 972). Admite-se, porém, que a carta de ordem seja distribuída a outro juízo (FPPC, enunciado 340), bastando pensar, por exemplo, no caso de se fazer necessária a colheita de prova em comarca distinta daquela em que tramitou o processo. Concluída a instrução probatória, as partes terão prazos sucessivos de dez dias para apresentar suas razões finais (art. 973). Em seguida, os autos serão conclusos ao relator, procedendo-se ao julgamento colegiado (art. 973).

No julgamento, sendo admissível a ação rescisória e, portanto, sendo o caso de examinar-se seu mérito, será julgado o pedido de rescisão (*iudicium rescidens*). Julgado procedente o pedido de rescisão, o tribunal, se for o caso, passará ao juízo rescisório (*iudicium rescissorium*) e determinará a restituição do depósito de cinco por cento sobre o valor da causa efetuado pelo autor. O depósito também será restituído se o processo da ação rescisória for julgado extinto sem resolução de mérito ou se o pedido de rescisão for julgado improcedente por decisão *não unânime*.

Caso o processo da ação rescisória seja extinto sem resolução do mérito ou se o pedido de rescisão for julgado improcedente por decisão unânime, o tribunal deverá determinar a reversão, em favor do réu, da importância depositada (art. 974).

Em qualquer caso, deverá também o tribunal fixar a responsabilidade pelo pagamento de despesas processuais e de honorários advocatícios (art. 974, parágrafo único, *in fine*).

Ponto que não pode deixar de ser mencionado diz respeito ao fato de que a propositura de ação rescisória não é capaz, por si só, de suspender os efeitos da decisão rescindenda (art. 969). Significa isto dizer que, a princípio, mesmo que pendente o processo da ação rescisória a decisão rescindenda permanece plenamente eficaz, produzindo normalmente todos os seus efeitos (e não só os condenatórios, como poderia parecer pela leitura do texto normativo do art. 969, que se limita a fazer alusão ao "cumprimento" da decisão). É, porém, expressamente permitida a concessão de tutela provisória – de urgência ou da evidência – de modo a suspender os efeitos da decisão rescindenda até o julgamento da ação rescisória. Não se pode, porém, aqui cogitar de estabilização da tutela antecipada, já que não haveria qualquer sentido em se admitir que uma estabilidade mais frágil do que a coisa julgada prevalecesse sobre esta (que, evidentemente, já estará formada, ou não seria caso de cabimento de ação rescisória).

O direito à rescisão de decisões judiciais está sujeito a um prazo decadencial de dois anos, prazo este que corre a partir do momento do trânsito em julgado da última decisão proferida no processo. Perceba-se: o termo inicial do prazo decadencial não é o do trânsito em julgado da decisão rescindenda, mas o momento do trânsito em julgado da última decisão a ser proferida no processo.

Pense-se, por exemplo, no caso de se ter, contra uma sentença de mérito, interposto apelação inadmissível por não terem sido recolhidas as custas recursais. Declarada a inadmissibilidade da apelação, já terá ocorrido o trânsito em julgado da sentença de mérito (já que contra ela não se terá interposto qualquer recurso admissível). Pode acontecer, porém, de contra a decisão que não conheceu da apelação se interpor algum recurso (recurso especial, por exemplo). Imagine-se, agora, que o recurso especial seja desprovido por decisão unipessoal do relator. Contra tal pronunciamento, então, interpõe a parte agravo interno, o qual é desprovido. Tendo sido esta a última decisão proferida no processo, é do momento do seu trânsito em julgado que correrá o prazo de dois anos para exercício do direito à rescisão da sentença.

No caso de o prazo para exercício do direito à rescisão terminar durante férias forenses, recesso, feriados ou em dia em que não haja expediente forense, fica ele automaticamente prorrogado para o primeiro dia útil imediatamente subsequente (art. 975, § 1º).

No caso de ação rescisória fundada em descoberta de prova nova, o termo inicial do prazo é a data da descoberta da prova, observado, porém, por razões de segurança jurídica, o limite máximo de cinco anos contados do trânsito em julgado da última decisão proferida no processo (art. 975, § 2º). Dito de outro modo, nesse caso específico o prazo de dois anos será contado da data em que descoberta a prova nova que não pôde ser usada ou cuja existência era ignorada, não podendo, porém, o termo final do prazo ir além de cinco anos após o trânsito em julgado da última decisão proferida no processo.

Na hipótese de ação rescisória fundada em simulação ou colusão, o termo inicial do prazo para ajuizamento da ação rescisória por terceiro prejudicado ou pelo Ministério Público que não interveio no processo é o momento da ciência da simulação ou da colusão (art. 975, § 3º). Neste caso, porém, não há limite máximo de tempo a contar do trânsito em julgado da última decisão proferida no processo (como havia na hipótese anterior). Assim, a ação rescisória poderia ser proposta muito tempo depois do término do processo, o que gera uma imensa insegurança jurídica. Registre-se, porém, que esta regra de dilação do termo inicial do prazo para exercício do direito à rescisão não alcança aqueles que foram partes no processo original.

Outra situação, distinta das anteriores, é a prevista nos arts. 525, § 15, e 535, § 8º. Trata-se do caso em que, após o trânsito em julgado de uma decisão judicial, o Supremo Tribunal Federal (pouco importando se no exercício de controle concentrado ou difuso de constitucionalidade) tenha declarado a inconstitucionalidade da lei ou ato normativo em que aquela sentença se baseou, ou tenha afirmado ser incompatível com a Constituição a interpretação que à lei ou ao ato normativo se tenha dado naquela decisão anterior. Pois, neste caso, a decisão anteriormente proferida com base em lei ou ato normativo inconstitucional, ou com aplicação de interpretação inconstitucional de lei ou ato normativo, é considerada rescindível (por ofensa à norma constitucional), e o prazo para exercício do direito à rescisão corre do trânsito em julgado da decisão proferida pelo STF. Mais uma vez, está-se diante de caso em que a lei fixa o termo inicial do prazo decadencial para exercício do direito à rescisão mas não estabelece seu limite máximo, o que faz com que a ação rescisória possa vir a ser proposta muito tempo depois do trânsito em julgado da última decisão proferida no processo original, o que é motivo de insegurança jurídica.

Parece, então, que em alguns casos o sistema processual, para viabilizar a rescisão de determinadas decisões, abriria mão da segurança jurídica, já que estabelece um termo inicial móvel para que comece a correr o prazo para exercício do direito à rescisão, mas não estabelece um limite máximo de tempo para que este direito venha a ser exercido. Isto, porém, contraria a necessidade de preservação do direito fundamental à segurança jurídica (art. 5º, *caput*, da Constituição da República). Vale destacar, aliás, que o próprio CPC faz alusão, em sete diferentes ocasiões (art. 525, § 13; art. 535, § 6º; art. 927, § 3º; art. 927, § 4º; art. 976, II; art. 982, § 3º e art. 1.029, § 4º) à necessidade de preservação da segurança jurídica. Por tal razão, deve-se considerar que a interpretação meramente literal, por força da qual se chega à conclusão de que não há limite temporal para que se exerça o direito à rescisão (desde que a ação rescisória seja proposta dentro do prazo de dois anos, cujo termo inicial, móvel, pode ocorrer a qualquer momento, sem qualquer limite) não é a interpretação constitucionalmente adequada, nem a que se conforma com o próprio sistema do CPC. Afinal, não se pode esquecer do comando contido no art. 1º, por força do qual "o processo civil será [interpretado] conforme [as] normas fundamentais [estabelecidas] na Constituição da República Federativa do Brasil, observando-se as disposições deste Código".

Por conta disso, propõe-se aqui uma aplicação analógica do disposto no art. 205 do Código Civil, que trata do limite máximo dos prazos prescricionais (mas sendo legítima essa aproximação entre prescrição e decadência, já que o próprio CPC promove essa aproximação em algumas ocasiões, como se dá, por exemplo, no art. 240). Assim, deve-se considerar que, por força da segurança jurídica inerente à própria existência dos institutos da prescrição e da decadência, nos casos previstos no art. 975, § 3º, e nos arts. 525, § 15, e 535, § 8º, o direito à rescisão só poderá ser exercido até dez anos após o trânsito em julgado da última decisão proferida no processo em que se prolatou a decisão rescindenda.

23.8   Incidente de Resolução de Demandas Repetitivas

Outro procedimento destinado à produção de decisões judiciais que terão eficácia vinculante, integrando, assim, o microssistema de formação de precedentes vinculantes, é o incidente de resolução de demandas repetitivas, conhecido pela sigla IRDR. Trata-se de mecanismo a ser usado para assegurar solução uniforme a *demandas repetitivas*, como o próprio nome indica, motivo pelo qual é preciso, antes de tudo, examinar-se este conceito.

É preciso, então, recordar aqui que o processo civil moderno começou a se desenvolver em uma época em que prevalecia uma visão individualista de mundo, tendo recebido os influxos do liberalismo individualista. Esta visão, porém, já há bastante tempo deixou de prevalecer. Vive-se, hoje, em uma sociedade transformada, em que os interesses são coletivizados. Afinal, já há muito tempo se sabe que a sociedade contemporânea é uma sociedade de massa, que tem entre suas características principais a *despersonalização do indivíduo*, forçado pela própria sociedade a ser igual a todos os demais. É o fenômeno da *indiferenciação dos indivíduos*.

Em uma sociedade assim, é absolutamente natural que surjam, com muita frequência, *interesses individuais homogêneos*, assim entendidos, nos precisos termos do Código de Defesa do Consumidor, os interesses individuais "decorrentes de origem comum" (art. 81, parágrafo único, III, do CDC). Pense-se, por exemplo, nos diversos consumidores lesados por um defeito de fabricação em série de um certo modelo de automóveis; nos servidores públicos lesados por não ter o Estado inserido no cálculo de suas remunerações uma determinada gratificação a que fariam jus; ou, ainda, nos moradores de uma certa localidade lesados por uma obstrução da rede de esgotamento sanitário. Além destes, evidentemente, muitos outros exemplos poderiam ser aqui lembrados, todos eles típicos da sociedade contemporânea.

Pois há uma intensa ligação entre os interesses individuais homogêneos e o fenômenos da *repetição de demandas*. É certo que o Direito brasileiro, há já algumas décadas, admite a utilização do processo coletivo como meio para produção de resultados capazes de alcançar a todos os titulares de interesses individuais homogêneos lesados ou ameaçados (art. 81, parágrafo único, III, do CDC), do mesmo modo como tais processos coletivos podem ser empregados na defesa de interesses difusos ou coletivos (os chamados *interesses essencialmente transindividuais*). Ocorre que, quando se trata de interesses individuais homogêneos, há, além do *núcleo de homogeneidade* que os une, uma *margem de heterogeneidade* que os afasta.

Veja-se, então, que existe, entre interesses individuais homogêneos, um *núcleo de homogeneidade*: o *an debeatur* (a própria existência das relações obrigacionais idênticas); o *quis debeatur* (o devedor, que é sempre comum em todas essas relações) e o *quid debeatur* (o objeto da obrigação, que é sempre igual em todas as relações obrigacionais homogêneas). Há, porém, inevitavelmente uma *margem de heterogeneidade*: o *cui debeatur* (o credor, que varia de uma relação obrigacional para outra) e o *quantum debeatur* (a quantidade devida ao credor pelo devedor, já que cada titular de interesse individual faz jus a receber um valor que lhe é pessoalmente devido, e não se confunde com os valores devidos a outros credores).

Pois é exatamente em função dessa margem de heterogeneidade que os processos coletivos jamais funcionaram bem como mecanismos de proteção de interesses individuais homogêneos (diferentemente do que acontece em relação aos interesses difusos e coletivos). É que no processo coletivo que tenha por fim a tutela jurisdicional de interesses individuais homogêneos só se pode exercer cognição sobre o que integra o núcleo de homogeneidade desses interesses, o que faz com que a sentença de procedência necessariamente se limite a uma condenação genérica (art. 95 do CDC), onde se encontrará, tão somente, o reconhecimento da existência do dever jurídico do demandado de reparar danos que eventualmente venham a ser identificados posteriormente, e que tenham sido sofridos por credores ainda não conhecidos. Resulta daí, necessariamente, uma multiplicação de processos individuais de liquidação e execução, em que se buscará verificar quem são os credores lesados e qual o valor da indenização a que cada um deles, individualmente, faz jus.

Junte-se a isto o fato de que no Brasil há – e sempre houve – uma amplíssima liberdade do titular do interesse individual para ajuizar sua própria demanda condenatória, a qual convive com o processo coletivo (nos termos do art. 104 do CDC), e também o fato de que o profissional da Advocacia no Brasil foi treinado para o processo individual, e não para o processo coletivo (o que resulta do modo como esses temas são abordados nas Faculdades de Direito), e se pode compreender os motivos pelos quais há, no país, uma massificação de demandas individuais idênticas submetidas ao Poder Judiciário: as *demandas repetitivas*.

Entende-se, então, por demandas repetitivas aquelas demandas idênticas, seriais, que, em grandes quantidades, são propostas perante o Judiciário. Diz-se que elas são idênticas por terem objeto e causa de pedir idênticas, ainda que mudem as partes.

Perceba-se que se trata de fenômeno inconfundível com o da conexão. Nesta, duas ou mais demandas têm *a mesma* causa de pedir ou *o mesmo* objeto. Se dois acionistas de uma companhia ajuízam demandas individuais e autônomas para postular a anulação de uma certa assembleia geral, essas duas demandas terão *o mesmo objeto* (já que em ambas se busca a invalidação *do mesmo ato*). Se um condomínio edilício ajuíza, em face de dois diferentes condôminos, demandas de cobrança de quotas condominiais atrasadas, essas demandas não têm o mesmo objeto (já que em cada uma delas se busca o pagamento de uma dívida diferente), ainda que tenham elas objetos iguais. Não se pode, pois, confundir os conceitos de *igual* (que pressupõe a existência de dois ou mais entes que, comparados, se revelam idênticos) e de *mesmo* (que pressupõe a existência de um só ente, que se manifesta mais de uma vez). Pede-se vênia, aqui, para apresentar dois exemplos simples que permitem perceber bem a diferença: aberta uma caixa de fósforos, é possível riscar e acender dezenas de palitos de fósforos *iguais*, mas não se conseguiria riscar e acender duas vezes *o mesmo* palito de fósforo; costuma-se dizer que toda mulher teme pela possibilidade de ir a uma festa com *o mesmo vestido* que outra, mas isto é impossível pois se ambas fossem à festa com *o mesmo vestido* uma delas estaria nua, e se deve considerar que o receio, na verdade, é o de se ter, em uma festa, mulheres usando *vestidos iguais*.

Pois bem: a conexão exige, para configurar-se, que duas ou mais demandas tenham *o mesmo objeto* ou *a mesma causa de pedir*. Não é disso, definitivamente, que se trata quando se está diante de demandas repetitivas. Imagine-se, por exemplo, que uma operadora de telefonia celular não presta, aos seus clientes, de forma adequada o serviço de Internet móvel, que é interrompida injustificadamente a todo instante. Pois cada consumidor irá a juízo contra a operadora de telefonia reclamando da interrupção do serviço a ele prestado (e, pois, as causas de pedir são *iguais*, mas não se trata da mesma causa de pedir), e cada um deles pedirá a condenação da ré a reparar o dano que individualmente sofreu (e, pois, os pedidos são *iguais*, mas não se trata do mesmo pedido).

Tem-se, aí, demandas repetitivas ou seriais.

Muito frequentemente, porém, essas demandas repetitivas receberam, do Judiciário brasileiro, tratamentos diferentes, o que levou a incompreensíveis quebras de isonomia. É que muitos juízes e tribunais, em nome de uma suposta "liberdade decisória", davam a casos rigorosamente iguais soluções completamente diferentes. Inaugurou-se, então, no Brasil o que se chegou a chamar de *jurisprudência lotérica*, já que o resultado do processo muitas vezes dependia da distribuição por sorteio e, dependendo do juízo para o qual o processo fosse distribuído, o resultado final poderia variar completamente.

Por conta disso, o CPC de 2015 criou um mecanismo destinado a assegurar que casos iguais recebam resultados iguais: o IRDR (incidente de resolução de demandas repetitivas), que pode ser instaurado perante os tribunais de segunda instância (Tribunais de Justiça e Tribunais Regionais Federais ou do Trabalho: FPPC, enunciado 343). Também nos Tribunais de Superposição, STF e STJ, o IRDR pode ser instaurado, mas tão somente nos casos em que as demandas repetitivas lhes cheguem por força de sua competência originária ou através de recursos ordinários (já que nos casos em que a repetição lhes chega por meio de recursos excepcionais o que se deve fazer para padronizar os julgamentos é empregar a técnica de julgamento dos recursos extraordinários ou especiais repetitivos).

O IRDR é um incidente processual destinado a, através do julgamento de um caso piloto, estabelecer um precedente dotado de eficácia vinculante capaz de fazer com que casos idênticos recebam (dentro dos limites da competência territorial do tribunal) soluções idênticas, sem com isso esbarrar-se nos entraves típicos do processo coletivo, a que já se fez referência. Através deste incidente, então, produz-se uma decisão que, dotada de eficácia vinculante, assegura isonomia (já que casos iguais serão tratados igualmente) e segurança jurídica (uma vez que, estabelecido o padrão decisório a ser observado, de forma vinculativa, pelos órgãos jurisdicionais em casos idênticos, será possível falar-se em *previsibilidade do resultado do processo*).

Para a instauração do incidente de resolução de demandas repetitivas é preciso que sejam preenchidos alguns requisitos *cumulativos* (art. 976).

O primeiro requisito é o da existência de *efetiva repetição de processos que contenham controvérsia sobre a mesma questão unicamente de direito* (art. 976, I). Verifica-se, aí, em primeiro lugar, que o IRDR não pode ser instaurado em caráter preventivo, exigindo que já exista uma efetiva repetição de processos. Além disso, fica claro que o incidente se destina à definição de um padrão decisório para as questões de direito, e não para

Parte Especial • Cap. 23 • Processos nos tribunais e meios de impugnação das decisões judiciais **491**

as questões fáticas (as quais, evidentemente, podem variar de um caso concreto para outro). Não é preciso, porém, que o número de processos instaurados já seja muito grande, bastando haver repetição de processos de que já se possa inferir o caráter repetitivo daquele tipo de demanda (FPPC, enunciado 87).

O segundo requisito é a existência de *risco de ofensa à isonomia e à segurança jurídica* (art. 976, II). Vê-se, aí, que o IRDR só deve ser instaurado quando se verifica a existência de decisões divergentes. Enquanto as demandas idênticas estiverem a ser, todas, decididas no mesmo sentido, não há utilidade (e, pois, falta interesse) na instauração do incidente de resolução de demandas repetitivas. Insista-se neste ponto: *o IRDR não é um mecanismo preventivo.*

Terceiro requisito, que não está expresso na lei mas resulta necessariamente do sistema é que já haja pelo menos um processo pendente perante o tribunal (seja recurso, remessa necessária ou processo de competência originária do próprio tribunal: FPPC, enunciado 344). É que, como se verá melhor adiante, uma vez instaurado o IRDR, o processo em que tal instauração ocorra será afetado para julgamento por órgão a que se tenha especificamente atribuído a competência para conhecer do incidente, o qual julgará o caso concreto como uma verdadeira *causa-piloto*, devendo o julgamento desse caso concreto ser, além de decisão do caso efetivamente julgado, um precedente que funcionará como padrão decisório para outros casos, pendentes ou futuros. Assim, por força da exigência legal de que o tribunal não se limite a fixar a tese, mas julgue, como causa-piloto, o processo em que instaurado o incidente, impõe-se que já haja pelo menos um processo pendente perante o tribunal, sob pena de se promover uma inadequada e ilegítima supressão de instância.

Há, ainda, um requisito negativo (art. 976, § 4º): não se admite a instauração do incidente de resolução de demandas repetitivas se algum tribunal superior, ou o Supremo Tribunal Federal, já tiver, no âmbito de sua competência, afetado recurso (de revista, especial ou extraordinário) para definição da tese sobre a mesma questão repetitiva. Afinal, se já está instaurado um procedimento destinado a estabelecer um precedente que terá eficácia vinculante em todo o território nacional, não há utilidade (e, pois, interesse) na instauração de um procedimento que só permitiria a produção de um padrão decisório a ser empregado em um Estado ou Região.

Só será instaurado o IRDR se estiverem presentes todos os seus pressupostos de admissibilidade, mas é preciso ter claro que sua eventual inadmissão não impede que, posteriormente, e uma vez satisfeito o requisito que antes faltava, o incidente venha a ser novamente suscitado (art. 976, § 3º).

O incidente de resolução de demandas repetitivas não está sujeito a pagamento de custas (art. 976, § 5º).

São legitimados a provocar a instauração do IRDR qualquer juiz ou relator que tenha, sob sua direção, processo instaurado por ajuizamento de demanda repetitiva (art. 977, I); qualquer das partes daqueles processos (art. 977, II); o Ministério Público e a Defensoria Pública (art. 977, III).

Veja-se que é perfeitamente possível que o incidente seja provocado por alguém que não atua no processo em que ele será instaurado. Pode ocorrer, por exemplo, de o IRDR ser instaurado por ofício emanado de juiz de primeira instância, o qual será extraído dos autos de um processo que tramite perante o juízo em que aquele magistrado atua. Não será nesse processo, porém, que o incidente será instaurado (já que, como visto, será ele instaurado necessariamente em processo que já tramita perante o tribunal). Do mesmo modo, pode ocorrer de a parte de um processo requerer a instauração do incidente e este vir a ser instaurado em outro processo. Problema sério para ser enfrentado (e para o qual o capítulo do CPC que regula a matéria não dá solução), então, é o da definição do caso concreto em que o IRDR será instaurado. A única possível solução para o problema, legítima em razão do reconhecimento da existência de um microssistema de formação de precedentes vinculantes, é a aplicação, à hipótese, e com as adaptações necessárias, do disposto no art. 1.036, § 6º (que trata da seleção de recursos especiais ou extraordinários repetitivos para afetação ao órgão que criará o acórdão paradigma a ser empregado como padrão decisório e que, portanto, terá eficácia vinculante): é preciso que se escolha processo que, pendente perante o tribunal, preencha todos os seus requisitos de admissibilidade – de forma a viabilizar o julgamento do mérito – e que contenham "abrangente argumentação e discussão a respeito da questão a ser decidida". Impende, então, que o tribunal verifique qual é o processo que, *representativo da controvérsia*, permitirá a mais completa discussão da questão de direito a ser resolvida.

No caso de ser o incidente suscitado por juiz ou relator, isto se fará através de ofício encaminhado ao Presidente do Tribunal. Partes, Ministério Público e Defensoria Pública requererão sua instauração por petição, também esta dirigida ao Presidente do Tribunal (art. 977, I a III). Tanto o ofício como a petição devem ser instruídos com os documentos necessários à demonstração do preenchimento dos pressupostos de admissibilidade do incidente (art. 977, parágrafo único).

O IRDR deverá, então, ser distribuído ao órgão colegiado indicado no regimento interno do tribunal, que deve ser o mesmo que detém competência para a uniformização de sua jurisprudência (art. 978), o que deve ser interpretado no sentido de que deverá caber ao mesmo órgão colegiado a competência para conhecer do incidente de resolução de demandas repetitivas e do incidente de assunção de competência. Será, porém, do Plenário ou do Órgão Especial a competência sempre que o julgamento da causa-piloto (e, por conseguinte, do IRDR) exigir a solução de questão constitucional, respeitando-se, deste modo, a cláusula de reserva de plenário (art. 97 da Constituição da República).

Este órgão colegiado, competente para fixar o padrão decisório através do IRDR, não se limitará a estabelecer a tese. A ele competirá, também, julgar o caso concreto (recurso, remessa necessária ou processo de competência originária do tribunal), nos termos do art. 978, parágrafo único. Daí a razão pela qual se tem, aqui, falado que o processo em que se instaura o incidente funciona como verdadeira *causa-piloto*. É que este processo será usado mesmo como piloto (empregado o termo no sentido, encontrado nos dicionários, de "realização em dimensões reduzidas, para experimentação ou melhor adaptação de certos processos tecnológicos"; "que é experimental, inicial, podendo vir a ser melhorado ou continuado"; "que serve de modelo e como experiência"; "qualquer experiência inovadora que sirva de modelo ou exemplo"), nele se proferindo uma decisão que servirá de modelo, de padrão, para a decisão posterior de casos idênticos (e que, evidentemente, poderá depois ser melhorado ou continuado).

Distribuído o incidente, haverá uma primeira sessão de julgamento, a ser realizada pelo órgão colegiado competente, e que será destinada *única* e *exclusivamente* a que se decida sobre sua admissibilidade (art. 981). Será este, então, o momento de se verificar a presença dos pressupostos de admissibilidade do IRDR. A decisão sobre a admissibilidade do incidente é necessariamente colegiada, vedada a decisão monocrática (FPPC, enunciado 91). Vale aqui afirmar que se tem admitido, corretamente, a existência de fungibilidade entre o IRDR e o IAC (incidente de assunção de competência), o que resulta do reconhecimento de uma "zona cinzenta" entre os casos de cabimento de um e de outro desses incidentes. Por conta disso, deve-se admitir o IRDR em caso em que seria adequada a utilização do IAC (e vice-versa).

Admitido o incidente (por decisão majoritária ou unânime), estará o mesmo instaurado, o que deve receber ampla e específica divulgação e publicidade, por meio de registro eletrônico junto ao Conselho Nacional de Justiça (art. 979), o que permitirá que pessoas e entidades de todo o país tomem conhecimento da instauração do IRDR. Incumbe, assim, aos tribunais manter banco eletrônico de dados, atualizado com informações específicas sobre as questões de direito submetidas ao incidente de resolução de demandas repetitivas, devendo comunicar imediatamente sua instauração ao CNJ para inclusão no cadastro nacional (art. 979, § 1º). Esse cadastro, a ser feito duplamente (no tribunal de origem do incidente e no CNJ), deverá conter, no mínimo, os fundamentos determinantes da decisão (que admitiu o incidente) e os dispositivos normativos a ela relacionados (art. 979, § 2º).

Além disso, uma vez admitido o incidente, o relator determinará a suspensão de todos os processos pendentes, individuais ou coletivos, que tramitem no Estado (se o IRDR se tiver instaurado perante Tribunal de Justiça) ou Região (se a instauração se der perante Tribunal Regional), nos termos do art. 982, I. A suspensão deverá ser comunicada aos órgãos jurisdicionais competentes (art. 982, § 1º), onde serão sobrestados os processos já em curso, assim como aqueles que venham a instaurar-se antes do julgamento de mérito do IRDR, e que tenham sido instaurados por demandas idênticas. Durante a suspensão desses processos, eventual requerimento de tutela de urgência deverá ser dirigido ao juízo perante o qual tramita o processo suspenso (art. 982, § 2º).

Ademais, deverá o relator, sempre que houver necessidade, requisitar informações a juízos perante os quais tramitam processos em que se discute a matéria objeto do incidente, que – em razão de seu dever de cooperação judiciária – as prestarão no prazo de quinze dias (art. 982, II).

Deverá, ainda, o relator determinar a intimação do Ministério Público para manifestar-se na qualidade de fiscal da ordem jurídica, no prazo de quinze dias (art. 982, III), salvo nos casos em que o próprio MP tenha sido o requerente da instauração do incidente (art. 976, § 2º).

Instaurado o incidente, e com o objetivo de garantir a segurança jurídica, qualquer dos legitimados a provocar a instauração do IRDR poderá requerer ao STF ou ao STJ (conforme haja, na hipótese, questão constitucional ou questão federal a resolver) a *suspensão de todos os processos individuais ou coletivos em curso no território nacional que versem sobre a mesma matéria* (art. 982, § 3º). Tal requerimento, frise-se, pode inclusive ser formulado por quem é parte em processo idêntico em curso fora do Estado ou Região a que corresponde o tribunal em que instaurado o incidente (art. 982, § 4º). Expandida a suspensão para todo o território nacional, a decisão que a tenha decretado deixará de produzir efeitos se, contra o acórdão que venha a julgar o IRDR, não se interpuser recurso extraordinário ou especial (art. 982, § 5º).

Incumbe ao relator ouvir as partes e demais interessados (aqui incluídos todos aqueles que são partes em processos idênticos), inclusive pessoas, órgãos e entidades com interesse na controvérsia (que poderão intervir como *amici curiae*), no prazo comum de quinze dias. Poderão eles, então, requerer a juntada de documentos, bem como a realização de diligências que reputem necessárias para a elucidação da questão de direito controvertida (art. 983). Para complementar a instrução do incidente, poderá também ser realizada audiência pública, para colheita de depoimentos de pessoas com experiência e conhecimento na matéria (art. 983, § 1º). Tem-se, aí, pois, uma ampliação do contraditório – com a possibilidade de participação de interessados e *amici curiae* e com a realização de audiências públicas – que confere legitimidade constitucional à decisão que se irá proferir para servir como padrão decisório dotado de eficácia vinculante.

Ao final, será ouvido o Ministério Público, também no prazo de quinze dias (art. 983, parte final).

Pode acontecer de, durante a instrução, haver desistência (do recurso ou da ação) ou abandono do processo. Isto, porém, ainda que acarrete a impossibilidade de julgamento do mérito do caso concreto, não impedirá a fixação da tese e, por conseguinte, do padrão decisório (art. 976, § 1º). Para isto, impõe a lei processual que o Ministério Público assuma a titularidade do incidente, atuando nele como parte (art. 976, § 2º).

Concluída a instrução, o relator pedirá a designação de dia para julgamento (art. 983, § 2º). Prevê a lei processual (art. 980) que o IRDR seja julgado no prazo de um ano, tendo, para isso, preferência no andamento sobre todos os demais processos, ressalvados, apenas, aqueles que envolvam réus presos ou os processos de *habeas corpus* (se, evidentemente, o órgão colegiado competente para conhecer do IRDR for, também, competente para conhecer dessas outras causas). Superado o prazo de um

Parte Especial • Cap. 23 • Processos nos tribunais e meios de impugnação das decisões judiciais **495**

ano, cessa a suspensão dos processos individuais e coletivos que versam sobre idêntica matéria, salvo decisão fundamentada do relator em sentido contrário (art. 982, parágrafo único).

O julgamento do incidente será, então, realizado pelo órgão colegiado competente, em sessão de julgamento em cuja pauta o processo tenha sido incluído. Nessa sessão, o relator fará, de início, a exposição da matéria, relatando-a (art. 984, I). Em seguida, haverá oportunidade para apresentação de sustentações orais. O autor e o réu do processo em que se instaurou o incidente poderão falar, cada um dispondo do prazo de trinta minutos (e sempre valendo recordar que no julgamento não haverá apenas a fixação da tese, mas também o julgamento do caso concreto). Em seguida, poderá falar o Ministério Público, também por trinta minutos (art. 984, II, *a*).

Depois, será possível a apresentação de sustentações orais por outros interessados, desde que tenham se inscrito com pelo menos dois dias de antecedência (art. 984, II, *b*). Entre esses interessados será dividido um prazo comum de trinta minutos, podendo esse prazo ser ampliado em razão do número de inscritos (art. 984, § 1º).

Após as sustentações orais, serão colhidos os votos dos integrantes do colegiado. No acórdão deverão ser examinados *todos os fundamentos suscitados* concernentes à tese jurídica discutida, sejam eles favoráveis ou contrários à conclusão a que o colegiado tenha chegado (art. 984, § 2º). É preciso, então, que em todos os votos haja expressa manifestação sobre todos os fundamentos suscitados, de modo que se possa identificar quais foram os fundamentos efetivamente acolhidos pela maioria dos integrantes do órgão julgador (e que serão, pois, os fundamentos determinantes, *rationes deci-dendi*, do acórdão, viabilizando assim sua futura aplicação como precedente vinculante). Em razão disso, é extremamente importante que na ementa – que o acórdão conterá (art. 943, § 1º) – haja a expressa indicação de quais foram os fundamentos examinados, com menção de quais foram acolhidos e quais foram rejeitados, de modo a facilitar a correta pesquisa e aplicação do precedente vinculante (FPPC, enunciado 305: "No julgamento de casos repetitivos, o tribunal deverá enfrentar todos os argumentos contrários e favoráveis à tese jurídica discutida, inclusive os suscitados pelos interessados").

Contra o julgamento do mérito do incidente caberá, conforme haja questão constitucional ou infraconstitucional, recurso extraordinário ou especial (art. 987). Excepcionalmente nesse caso, o recurso extraordinário e o recurso especial têm efeito suspensivo e, no caso específico do recurso extraordinário, há presunção absoluta de existência da repercussão geral da questão constitucional (art. 987, § 1º). Julgado o mérito do recurso extraordinário (pelo STF) ou do recurso especial (pelo STJ), a decisão aí proferida servirá como padrão decisório dotado de eficácia vinculante *em todo o território nacional*, devendo ser aplicada em todos os processos individuais ou coletivos que versem sobre a mesma questão de direito (art. 987, § 2º).

O resultado do julgamento deve receber ampla e específica divulgação e publicidade, também devendo ser registrado pelo CNJ (art. 979), motivo pelo qual também o julgamento deve ser inserido no banco de dados do tribunal (art. 979, § 1º). Tanto no tribunal de origem como no CNJ deverá haver expressa menção aos fundamentos determinantes da decisão e os dispositivos legais a ela relacionados (art. 979, § 2º).

A decisão proferida no julgamento do incidente de resolução de demandas repetitivas, como já dito, julga a causa-piloto (salvo se tiver havido desistência ou abandono, caso em que se limita à fixação da tese). Além disso, porém, tal decisão estabelece um padrão decisório a ser empregado, posteriormente, como precedente vinculante. Daí a razão pela qual estabelece a lei processual que, uma vez julgado o IRDR, a tese jurídica fixada na decisão será aplicada (art. 985) a todos os processos individuais ou coletivos que versem sobre causas idênticas e que tramitem na área de atuação do respectivo tribunal (Estado ou Região, conforme o caso), inclusive àqueles que tramitam perante os Juizados Especiais (art. 985, I) e, ainda, aos casos futuros que versem sobre a mesma questão de direito e que venham a tramitar no território de competência do respectivo tribunal (art. 985, II).

Quanto aos casos futuros, aliás, vale recordar que sempre que se demandar contra precedente vinculante fixado em incidente de resolução de demandas repetitivas, será caso de se proferir julgamento de improcedência liminar (art. 332, III). De outro lado, sempre que se vier a demandar postulando-se algo que tenha apoio em tese fundada em julgamento de IRDR, podendo as alegações ser comprovadas apenas documentalmente, será caso de concessão de tutela da evidência (art. 311, II), a qual poderá até mesmo ser deferida *inaudita altera parte* (art. 311, parágrafo único).

Além disso, se a decisão do incidente versar sobre questão relativa a prestação de serviço concedido, permitido ou autorizado (como são, por exemplo, os serviços de telefonia, fornecimento de água e esgotamento sanitário, entre muitos outros), o resultado do julgamento deverá ser comunicado ao órgão, ente ou agência responsável pela regulação do setor, para que fiscalize sua efetiva aplicação por parte dos entes sujeitos à regulação (art. 985, § 2º). Esta é medida que pode vir a ter importantíssima função, já que o respeito à tese fixada no precedente pelos prestadores dos serviços pode ser um poderoso fator de diminuição de processos, contribuindo para o desafogamento do Poder Judiciário.

Não observada a tese fixada no precedente vinculante, caberá reclamação (art. 985, § 1º), tema que será apreciado adiante.

A tese fixada no acórdão paradigma terá eficácia vinculante até que seja revista (art. 985, II, parte final; art. 986). Tal revisão – que deverá ser precedida de procedimento em que se assegure o amplo e efetivo contraditório típico dos procedimentos destinados à produção de precedentes vinculantes, com intervenção de *amici curiae* e realização de audiência pública – poderá ser realizada pelo mesmo tribunal que fixou o padrão decisório, de ofício ou mediante requerimento (art. 986). Um detalhe importante é que o texto normativo do art. 986 só faz expressa alusão à legitimidade do Ministério Público e da Defensoria Pública para provocar a instauração do procedimento destinado à revisão da tese, não se referindo às partes dos processos em que a matéria

Parte Especial • Cap. 23 • Processos nos tribunais e meios de impugnação das decisões judiciais **497**

é discutida. Não se pode, porém, negar a possibilidade de que as partes provoquem o tribunal. É que, como cediço, *tudo que pode ser feito de ofício pode ser requerido pelas partes*. Assim, tendo a lei expressamente autorizado a instauração de ofício do procedimento de revisão da tese, torna-se, por conseguinte, possível a qualquer parte, de qualquer processo em que a matéria seja objeto de discussão, requerer ao tribunal que instaure tal incidente de revisão (FPPC, enunciado 473: "A possibilidade de o tribunal revisar de ofício a tese jurídica do incidente de resolução de demandas repetitivas autoriza as partes a requerê-la").

23.9 Reclamação

A reclamação é um processo de competência originária de tribunais, que pode ter por finalidade a preservação de sua competência ou a garantia da autoridade de suas decisões. Prevista na Constituição da República (e, por isso, tradicionalmente chamada de *reclamação constitucional*), ali se afirma seu cabimento, perante o STF (art. 102, I, *l*, e art. 103-A, § 3º) e perante o STJ (art. 105, I, *f*). Pois o CPC ampliou o cabimento da reclamação, que passa a poder ser ajuizada perante qualquer tribunal (art. 988, § 1º, primeira parte).

Estabelece a lei processual (art. 988, I a IV) os casos de cabimento da reclamação. O primeiro deles, nos mesmos termos das disposições constitucionais, é o da reclamação cujo objeto é "preservar a competência do tribunal" (art. 988, I). Pense-se, por exemplo, no caso de ser instaurado processo em que sejam partes, de um lado, a União e, de outro, um Estado da Federação. Pois nesse caso, é competente para conhecer originariamente da causa o Supremo Tribunal Federal (art. 102, I, *f*). Pois se o processo se desenvolver perante outro órgão jurisdicional qualquer, terá havido usurpação da competência do STF e, pois, será possível o ajuizamento de reclamação.

Caso interessante de cabimento da reclamação é aquele em que o juízo de primeiro grau profere decisão de inadmissão de apelação. É que, por força do disposto no art. 1.010, § 3º, não é de competência do juízo de primeira instância exercer juízo de admissibilidade da apelação. Tal exame cabe, originariamente, ao tribunal de segundo grau. Assim, decisão do juízo de primeira instância que declare inadmissível a apelaçao é ato de usurpação de competência do tribunal de segundo grau. Ocorre que tal decisão, de natureza interlocutória, não é impugnável por agravo de instrumento (art. 1.015), motivo pelo qual a reclamação será, na hipótese, a *única via processual* adequada para impugnar-se aquele ato jurisdicional praticado por órgão desprovido de competência para praticá-lo (em sentido equivalente, FPPC, enunciado 208: "Cabe reclamação, por usurpação da competência do Superior Tribunal de Justiça, contra a decisão de juiz de 1º grau que inadmitir recurso ordinário, no caso do art. 1.027, II, 'b'").

Também se admite reclamação, perante qualquer tribunal, para garantir a autoridade das decisões do tribunal (art. 988, II). Imagine-se a seguinte hipótese: um tribunal de segunda instância deixa de conhecer de um recurso por reputá-lo inadmissível. Esta decisão vem a ser reformada pelo Superior Tribunal de Justiça que, em sede de recurso especial, determina ao tribunal de segunda instância que julgue o mérito daquele recurso. O tribunal intermediário, então, retoma o julgamento do recurso original e dele, uma vez mais, não conhece, por entendê-lo inadmissível pelo mesmo fundamento já afastado pelo STJ. Pois neste caso há nítido desrespeito à autoridade de decisão de tribunal superior, o que pode ser impugnado por via de reclamação.

Outro caso pode ser figurado: juízo de primeira instância indefere inversão do ônus da prova requerida pelo autor. Desta decisão se interpõe agravo de instrumento (art. 1.015, XI), que vem a ser provido, determinando o tribunal uma nova distribuição dos ônus probatórios. O juízo de primeiro grau, então, emite pronunciamento em que comunica às partes que julgará a causa sem a inversão do ônus da prova, por entender não ser o caso de invertê-lo. Este pronunciamento, como parece claro, desrespeita a autoridade da decisão do tribunal, e pode ser impugnado por via de reclamação.

Entre os casos de cabimento da reclamação para garantia da autoridade das decisões de tribunal está, evidentemente, o da reclamação destinada a garantir a observância de enunciado de súmula vinculante ou de decisão proferida pelo STF em controle concentrado de constitucionalidade (art. 988, III, na redação da Lei nº 13.256/2016). Trata-se, a rigor, de hipótese que sequer precisaria estar prevista em separado, já que está evidentemente englobada na hipótese anterior. Afinal, as decisões proferidas pelo STF no exercício do controle concentrado de constitucionalidade têm eficácia vinculante e *erga omnes* (art. 102, § 2º, da Constituição da República). Assim, qualquer decisão judicial que venha a ser proferida, em qualquer processo, e que desconsidere o quanto decidido pelo STF em processo de controle concentrado de constitucionalidade desrespeita a autoridade daquela decisão é, pois, impugnável por meio de reclamação. O mesmo se diga em relação às decisões que violem enunciado de súmula vinculante, hipótese em que o cabimento da reclamação já está expressamente previsto na Constituição da República (art. 103-A, § 3º, da Lei Maior).

A última hipótese expressamente prevista de cabimento da reclamação é a da que tem por objeto "garantir a observância de acórdão proferido em julgamento de incidente de resolução de demandas repetitivas ou de incidente de assunção de competência" (art. 988, IV, na redação da Lei nº 13.256/2016). Também este inciso, a rigor, é desnecessário. É que a reclamação que tem por objeto garantir a observância de precedente oriundo de julgamento de incidente de resolução de demandas repetitivas ou de incidente de assunção de competência nitidamente se insere na hipótese prevista no inciso II do art. 988, já que a reclamação terá, na hipótese, o objetivo de preservar a autoridade da decisão do tribunal.

De toda maneira, vale esclarecer que da decisão judicial ou ato administrativo que contrariar enunciado de súmula vinculante, negar-lhe vigência ou o aplicar indevidamente, caberá reclamação ao STF (art. 7º da Lei nº 11.417/2006). A reclamação, aqui, é cabível não só contra atos jurisdicionais mas também contra atos administrativos, mas neste último caso se exige, para admissão da reclamação, o prévio esgotamento das vias administrativas (art. 7º, § 1º, da Lei nº 11.417/2006).

Do mesmo modo, no caso de inobservância de precedente vinculante, originário do julgamento de casos repetitivos ou de incidente de assunção de competência (e que pode se dar de três maneiras: pela prolação de decisão contrária ao precedente, pela negativa de vigência do precedente – afirmando-se, por exemplo, que seria caso de uma modulação de efeitos que não havia sido determinada – ou pela sua inadequada aplicação, utilizando-se o precedente como fundamento de decisão de causa distinta, a que não é ele aplicável), será admissível a reclamação como mecanismo de impugnação da decisão judicial. Vale realçar, aliás, que nos termos do § 4º do art. 988, "as hipóteses dos incisos III e IV [do art. 988] compreendem a aplicação indevida da tese jurídica e sua não aplicação aos casos que a ela correspondam". Dito de outro modo, desrespeita-se a eficácia vinculante de um enunciado de súmula vinculante ou de um precedente vinculante tanto nos casos em que não sejam eles aplicados quando deveriam sê-lo, como naqueles casos em que eles não deveriam ser aplicados mas o são.

A reclamação pode ser ajuizada por qualquer parte interessada ou pelo Ministério Público (art. 988, *caput*), e será dirigida ao tribunal cuja competência se pretende preservar ou cuja decisão se quer ver respeitada (art. 988, § 1º). Dentro da estrutura interna do tribunal, será competente para conhecer da reclamação o órgão (seja ele o Tribunal Pleno, Órgão Especial ou órgão fracionário) cuja competência se busca preservar ou cuja autoridade se pretenda garantir (art. 988, § 1º, parte final).

Não será admissível reclamação ajuizada para impugnar decisão judicial já transitada em julgado (art. 988, § 5º, I, na redação da Lei nº 13.256/2016, enunciado 734 da súmula não vinculante do STF). Assim, é preciso que a reclamação seja proposta dentro do prazo para interposição de recurso contra a decisão impugnada, ou quando ainda pendente de julgamento tal recurso. O fato de ser tal recurso, posteriormente, declarado inadmissível ou improcedente não prejudica a apelação (art. 988, § 6º), que ainda assim poderá ser julgada. Provido que seja o recurso, porém, e anulada ou reformada a decisão impugnada, a reclamação estará prejudicada. No caso específico de reclamação contra decisão que contraria precedente fixado em recurso extraordinário (repetitivo ou não, sendo certo que o texto normativo fala em "recurso extraordinário com repercussão geral reconhecida", mas sendo a repercussão geral da questão constitucional um requisito de admissibilidade, *não há julgamento de mérito em recurso extraordinário sem que se tenha reconhecido a repercussão geral*) ou em recurso especial repetitivo, só se admite o emprego desta via processual após o esgotamento das vias ordinárias (art. 988, § 5º, II, na redação da Lei nº 13.256/2016). Em outros termos, caso se profira decisão que contrarie algum desses precedentes, será preciso primeiro exaurir as instâncias ordinárias (com a interposição de todos os recursos aí admissíveis, como a apelação, por exemplo) e, depois, caso mantido o julgado contrário ao padrão decisório, aí sim impetrar-se a reclamação.

A petição inicial da reclamação deve ser instruída com toda a prova documental necessária, e será dirigida ao Presidente do tribunal (art. 988, § 2º). Será ela, então, imediatamente autuada e distribuída ao relator do processo principal (se possível), nos termos do § 3º do art. 988. Ao despachar a reclamação, o relator deverá requisitar informações à autoridade a quem tenha sido imputada a prática do ato impugnado, que as prestará no prazo de dez dias (art. 989, I) e, se necessário, ordenará a suspensão do processo ou do ato impugnado, a fim de evitar que da produção de efeitos do ato atacado resulte dano irreparável (art. 989, II).

Além disso, o relator da reclamação deverá determinar a citação dos beneficiários do ato reclamado, que figurarão necessariamente como demandados no processo da reclamação, dispondo do prazo de quinze dias para apresentar contestação (art. 989, III). Além deles, porém, qualquer outro interessado poderá ingressar no processo da reclamação para impugnar a pretensão do reclamante (art. 990).

Não sendo reclamante o Ministério Público, deverá ele ser ouvido na qualidade de fiscal da ordem jurídica, dispondo do prazo de cinco dias para se manifestar, o qual correrá após o decurso do prazo para informações e para oferecimento de contestação pelos beneficiários do ato impugnado (art. 991).

O julgamento de procedência do pedido formulado na reclamação cassará a decisão exorbitante ou determinará medida adequada à solução da controvérsia (art. 992). Perceba-se que, não sendo a reclamação um recurso, não terá ela o efeito de reformar o ato reclamado. O tribunal, ao julgar procedente a reclamação, poderá, no máximo, invalidar o ato impugnado, cassando-o. Além disso, incumbe ao tribunal determinar as medidas que sejam necessárias para preservar sua competência ou garantir a autoridade de suas decisões. Assim, por exemplo, poderá o tribunal determinar que lhe sejam remetidos os autos do processo (para que possa exercer sua competência), ou que seja prolatada nova decisão (respeitando o precedente ou enunciado de súmula vinculante que não tinha sido observado no ato impugnado), ou, ainda, determinar que sejam praticados quaisquer outros atos que se revelem necessários para garantir a autoridade de sua decisão, o que mostra ter sido adotado um sistema de *atipicidade* das medidas empregáveis para garantir o cumprimento da decisão tomada no julgamento da reclamação.

Para assegurar plena eficiência ao julgamento da reclamação, incumbe ao Presidente do tribunal (ou do órgão fracionário competente para julgar a reclamação) determinar o imediato cumprimento da decisão, independentemente da lavratura do acórdão, e à luz apenas da minuta de julgamento. A lavratura do acórdão deverá realizar-se posteriormente à determinação das medidas necessárias para dar cumprimento à decisão proferida no julgamento da reclamação (art. 993).

23.10 Recursos

Dentre todos os processos e incidentes processuais que podem instaurar-se perante um tribunal, têm imensa relevância – até pela frequência com que utilizados na prática, em número muito superior ao de qualquer outro mecanismo de impugnação de decisões judiciais – os recursos. A eles o CPC dedica todo um título (o Título II do Livro III da Parte Especial), formado por cinquenta e um artigos (do art. 994 ao art. 1.044).

Parte Especial • Cap. 23 • Processos nos tribunais e meios de impugnação das decisões judiciais **501**

O estudo dos recursos se dá em duas fases: a primeira, corresponde ao exame do que se costuma chamar de *teoria geral dos recursos*. Aí são examinados conceitos e institutos (como o próprio conceito de recurso, os efeitos dos recursos e os requisitos de admissibilidade dos recursos) que são necessários para a compreensão do sistema recursal. Na segunda fase, são estudados os *recursos em espécie*, quando então são analisadas todas as modalidades de recursos admitidas regidas pelo direito processual civil brasileiro.

23.10.1 Teoria Geral dos Recursos

Recurso é *o meio voluntário de impugnação de decisões judiciais capaz de produzir, no mesmo processo, a reforma, a invalidação, o esclarecimento ou a integração do pronunciamento impugnado.*

Em primeiro lugar, pois, é preciso ter claro que o recurso é um mecanismo de utilização *voluntária*. É que o recurso é uma manifestação de insatisfação. Recorre contra uma decisão aquele que, insatisfeito com ela, pretende provocar seu reexame. Assim, não existe recurso obrigatório e, por isso, mesmo, não se poderia considerar recurso a remessa necessária (art. 496) a que certas decisões judiciais se submetem.

Além disso, impende ter claro que o recurso se destina a impugnar decisões judiciais. Atos que não provêm de um órgão jurisdicional não são atacados por recurso. E só são recorríveis pronunciamentos judiciais decisórios (e, exatamente por isso, o art. 1.001 estabelece que "[d]os despachos não cabe recurso").

Frise-se, aqui, porém, e desde logo, um ponto: só se admite recurso para impugnar decisão judicial, mas nem todo pronunciamento judicial pode ser impugnado mediante recurso. Existem decisões judiciais que são *irrecorríveis*. É o caso, por exemplo, da decisão que releva a pena de deserção (art. 1.007, § 6º). É também o caso da decisão do relator do recurso especial que reputa prejudicial um recurso extraordinário (art. 1.031, § 2º).

Não se confunde, porém, a *decisão irrecorrível* (como essas que acabam de ser indicadas) com a *decisão irrecorrível em separado*. É que há decisões contra as quais não se admite um recurso próprio, autônomo, interponível imediatamente, mas isto não significa dizer que sejam elas irrecorríveis. O que acontece nesses casos é que será preciso esperar a prolação de algum outro pronunciamento judicial, contra o qual será cabível um recurso que permitirá, também, que se impugne aquela decisão anterior (a qual, portanto, não pode ser recorrida *em separado*). É o que se tem, por exemplo, com as decisões interlocutórias proferidas nos processos que tramitam nos Juizados Especiais Cíveis, contra as quais não se admite recurso em separado, mas que podem ser impugnadas no mesmo recurso que ataca a sentença.

No sistema do CPC este fenômeno se manifesta no caso das decisões interlocutórias não agraváveis. Como se poderá ver melhor adiante, admite-se um recurso denominado agravo de instrumento contra as decisões interlocutórias enumeradas no art. 1.015. Contra as decisões interlocutórias que não se encontrem naquele rol (ou em algum outro dispositivo que afirme expressamente ser determinada decisão interlocutória *recorrível por agravo de instrumento*) não se admite o agravo de instrumento mas, uma vez proferida a sentença, a apelação que venha a ser interposta poderá impugnar também a decisão interlocutória que, anteriormente proferida, não podia ser atacada por recurso em separado (art. 1.009, § 1º). Este, porém, é ponto a que se retornará mais adiante.

Os recursos impugnam decisões judiciais *no mesmo processo* em que proferida a decisão recorrida. Significa isto dizer que a interposição do recurso não acarreta a instauração de novo processo, mas seu prolongamento. O processo que se instaura perante o tribunal competente para apreciar o recurso é, pois, *o mesmo processo* em que a decisão impugnada foi proferida. Reside aqui a diferença fundamental entre o *recurso* e a *demanda autônoma de impugnação*.

É que os recursos não são os únicos meios previstos no sistema processual para impugnar decisões judiciais. Existem também demandas autônomas de impugnação, como a reclamação ou a ação rescisória. Pois a diferença fundamental entre o recurso e a demanda autônoma de impugnação está precisamente neste ponto. Assim, não são recursos, por exemplo, a reclamação ou a ação rescisória.

Põe-se, então, a questão de saber quais são os recursos. Pois o direito processual civil brasileiro adota, quanto ao ponto, um sistema de *taxatividade recursal*, por força do qual só existem (e têm tal natureza) os recursos expressamente previstos em lei. São, pois, cabíveis no sistema processual brasileiro os seguintes recursos (art. 994): apelação, agravo de instrumento, agravo interno, embargos de declaração, recurso ordinário, recurso especial, recurso extraordinário, agravo em recurso especial ou extraordinário e embargos de divergência. Além destes, evidentemente, outros recursos podem ser encontrados, criados por leis extravagantes (como é o caso dos embargos infringentes previstos no art. 34 da Lei nº 6.830/1980, cabível em certos processos de execução fiscal). Todos eles, porém, têm esta característica comum: são incidentes do mesmo processo em que se proferiu a decisão recorrida.

Através de um recurso, quatro resultados podem ser alcançados: a *reforma*, a *invalidação*, o *esclarecimento* ou a *integração* da decisão judicial impugnada. Para saber quando deverá o recorrente postular e o tribunal determinar a produção de cada um desses resultados, impende saber qual o fundamento pelo qual a decisão recorrida foi impugnada (e qual o vício da decisão identificado no julgamento do recurso).

O recurso produz a *reforma* da decisão impugnada nos casos em que ocorre um *error in iudicando* (expressão latina tradicionalmente empregada para designar o "erro de julgamento"). Este se define como o *equívoco na conclusão da decisão recorrida*. Em outras palavras, ocorre *error in iudicando* quando a decisão recorrida tenha adotado conclusão errada. Pense-se na decisão que condenou o réu a cumprir obrigação que não era verdadeiramente devida; na decisão que anulou contrato que não tinha qualquer vício; na decisão que declarou a falsidade de um documento que é autêntico (ou vice-versa);

no pronunciamento que afirmou ser o réu pai do autor quando essa paternidade não existe; na sentença que pronuncia uma prescrição que na verdade não se consumou *etc*. Em todos esses casos, a decisão adotou conclusão equivocada e, portanto, terá ela sido proferida com *error in iudicando*.

Aliás, é extremamente importante observar que o *error in iudicando* – ao contrário do que erradamente se vê muitas vezes afirmado na prática dos tribunais – não se refere apenas aos erros no julgamento do mérito da causa. Há, também, *errores in iudicando* em matéria processual. Basta pensar no caso da decisão que declara correto o valor da causa que está errado; no pronunciamento que indefere a produção de uma prova que precisa ser produzida; na decisão que inverte o ônus da prova quando os requisitos de tal inversão não estão presentes; no pronunciamento que afirma faltar alguma "condição da ação" quando estão todas presentes *etc*. Nestes casos, não obstante processual a matéria objeto da decisão, o que há é *error in iudicando* (e não *error in procedendo*, conceito de que se tratará adiante). Em todos os exemplos indicados o juízo terá *decidido mal* a questão submetida à sua apreciação e, portanto, cometido um erro de julgamento, um *error in iudicando*.

Pois nos casos em que há *error in iudicando* o resultado do julgamento do recurso é a *reforma* da decisão recorrida. Incumbe ao órgão competente para julgar o recurso, neste caso, proferir uma nova decisão, cuja conclusão seja distinta daquela adotada pelo pronunciamento recorrido e, portanto, que não contenha o erro de julgamento ali identificado.

Diferente será o resultado produzido pelo recurso quando se identificar um *error in procedendo* (isto é, um erro de atividade). Nos *errores in procedendo* não há qualquer relevância em se verificar se a conclusão adotada pelo pronunciamento recorrido está correto ou equivocado. O que se tem, nesses casos, é um vício na atividade de produção da decisão judicial. Pense-se, à guisa de exemplo, em uma decisão não fundamentada. Pode até ser que tal decisão tenha adotado conclusão correta, mas isto não importa. A decisão não fundamentada é viciada no seu modo de produção, incompatível com o ordenamento processual e, pois, inválida. O mesmo se tem no caso de decisão produzida por juízo incompetente; na decisão proferida sem respeito ao princípio do contraditório; no pronunciamento judicial contrário à boa-fé objetiva (como é o caso da decisão que indefere a produção de a prova requerida pelo autor e julga improcedente o pedido por insuficiência de provas); na sentença que indefere a petição inicial sem ter sido indicada com precisão a emenda à inicial que o autor deveria fazer para regularizá-la *etc*. Nesses casos – e em muitos outros – há vício de atividade, capaz de invalidar a decisão judicial, ainda que a conclusão nela adotada seja correta. Presente, pois, o *error in procedendo*, motivo pelo qual caberá ao órgão competente para julgar o recurso invalidar a decisão, cassando-a para que outra venha a ser produzida sem o vício que contaminou o pronunciamento recorrido.

O resultado produzido pelo recurso é o *esclarecimento* nos casos em que a decisão é obscura ou contraditória. Este – diga-se desde logo – é resultado que só através de um recurso pode ser produzido: embargos de declaração (art. 1.022, I).

Pode acontecer de uma decisão judicial ser obscura, isto é, pode-se ter uma decisão judicial cujo texto é, no todo ou em parte, incompreensível. Pense-se, por exemplo, em uma decisão judicial que contenha expressões ambíguas. Ou em casos nos quais o texto do pronunciamento judicial é mal escrito, de forma a dificultar ou mesmo impossibilitar sua compreensão. Pois em tais casos ter-se-á decisão obscura. De outro lado, tem-se decisão contraditória naqueles casos em que o pronunciamento judicial contém postulados incompatíveis entre si. Destaque-se que a contradição de que aqui se trata é, necessariamente, uma *contradição interna* à decisão (como se dá no caso em que no mesmo pronunciamento judicial se encontra a afirmação de que certo fato está provado e também a afirmação de que este mesmo fato não está provado; ou no caso em que a decisão afirma que uma das partes tem razão para, em seguida, afirmar que a mesma parte não tem razão; ou ainda no caso em que o pronunciamento judicial assevera que o autor tem o direito alegado e por tal motivo seu pedido é improcedente). Não é contraditória a decisão judicial que esteja em desacordo com algum elemento externo a ela. Uma decisão que não leva em conta o teor de um documento constante dos autos, por exemplo, não é contraditória (ainda que esteja errada). Do mesmo modo, não é contraditória uma decisão que contraria precedente judicial. Só há contradição sanável por esclarecimento quando haja absoluta incompatibilidade entre afirmações *contidas* na decisão judicial, internas a ela.

Pois nesses casos o órgão judicial incumbido de apreciar o recurso não tem a função de rejulgar a matéria, mas de esclarecer o conteúdo daquilo que já foi decidido, sanando a obscuridade ou a eliminando a contradição anteriormente existente. Não se vai, portanto, redecidir. Vai-se reexprimir o que já havia sido decidido (mas não estava suficientemente claro).

Por fim, o recurso produzirá a *integração* de uma decisão judicial quando esta contiver alguma omissão, não tendo se manifestado a respeito de algo que deveria ter sido expressamente enfrentado no pronunciamento judicial.

O recurso que normalmente se revela capaz de produzir este resultado é, também, o de embargos de declaração (art. 1.022, II). Não se trata, porém, de um resultado que apenas este recurso possa produzir (ao contrário do que se dá, como visto, com o esclarecimento). É que no caso de ser a decisão recorrida *citra petita* (isto é, de ter a decisão recorrida deixado de examinar alguma demanda que tenha sido proposta, como se dá no caso de ter o autor cumulado três pedidos e a sentença só ter julgado dois deles), o recurso interposto contra tal decisão (seja ele qual for) irá suprir a omissão (ou, se for necessário, determinar ao juízo inferior que a supra), como se pode ver, em relação à apelação, no art. 1.013, § 3º, III. Tem-se, nesses casos, uma complementação da atividade decisória, integrando-se a decisão já proferida.

Com os recursos, portanto, pode-se produzir um desses quatro resultados: reforma, invalidação, esclarecimento ou integração do pronunciamento judicial impugnado.

Fica, então, esclarecido o conteúdo da definição anteriormente apresentada: recurso *é o meio voluntário de impugnação de decisões judiciais capaz de produzir, no mesmo processo, a reforma, a invalidação, o esclarecimento ou a integração do pronunciamento impugnado.*

Interposto um recurso, é preciso verificar se o pedido nele formulado pode ser julgado. É que o julgamento de um recurso (como, de resto, de qualquer ato processual postulatório) se desdobra em duas fases: *juízo de admissibilidade* e *juízo de mérito.*

No juízo de admissibilidade deve-se promover a verificação da presença dos requisitos de admissibilidade do recurso, pressupostos necessários para que se possa passar ao exame do mérito. É o caso, por exemplo, da tempestividade do recurso (ou seja, da verificação de ter sido o recurso interposto dentro do prazo).

O juízo de admissibilidade é preliminar ao juízo de mérito. E que fique claro que se emprega o termo *preliminar*, aqui, no seu sentido mais preciso. Quer-se dizer, então, que o juízo de admissibilidade é necessariamente prévio ao juízo de mérito e, dependendo do resultado a que se chegue em sua apreciação, não será possível passar-se ao exame do mérito do recurso. Este só poderá ser apreciado se o juízo de admissibilidade tiver sido positivo, isto é, se o recurso for reputado admissível.

Quando um recurso é admissível diz-se que ele será *conhecido*. Não conhecer de um recurso (expressão encontrada em algumas passagens do CPC, como no art. 76, § 2º, I, no art. 101, § 2º ou no art. 932, III), portanto, significa o mesmo que o declarar inadmissível.

Positivo que seja o juízo de admissibilidade (ou seja, conhecendo-se do recurso), será realizado o juízo de mérito do recurso, caso em que se examinará o pedido (de reforma, invalidação, esclarecimento ou integração da decisão judicial) formulado pelo recorrente. Caberá, então, ao órgão julgador *dar provimento* (ou seja, acolher o pedido formulado pelo recorrente) ou *negar provimento* (isto é, rejeitar a pretensão recursal) ao recurso (expressões que o CPC só emprega nos incisos IV e V do art. 932, mas são de uso corrente na prática dos tribunais).

É preciso, aqui, então, tratar do juízo de admissibilidade dos recursos, examinando os requisitos necessários para que se possa conhecer de um recurso. Necessário, porém, deixar claro que há requisitos de admissibilidade genéricos (como a tempestividade ou a regularidade formal) e requisitos específicos, exigidos apenas para um ou para poucos recursos (como a repercussão geral da questão constitucional, exigida apenas para a admissibilidade do recurso extraordinário, ou o prequestionamento, requisito que se faz necessário tão somente para a admissibilidade do recurso especial e do recurso extraordinário). Neste ponto do estudo, porém, só se tratará dos requisitos genéricos. Os requisitos específicos serão examinados adiante, quando da análise de cada uma das espécies recursais.

Necessário, ainda, afirmar que os requisitos de admissibilidade dos recursos nada mais são do que manifestações, em grau de recurso, das "condições da ação" e dos pressupostos processuais. Este é ponto que merece um aprofundamento.

É preciso, então, dizer – em primeiro lugar – que *a interposição do recurso é uma forma de exercício do direito de ação*. Aquele que recorre se dirige a um órgão jurisdicional e, por fundamentos que deduz, formula pedido cujo objeto é a produção de uma decisão que lhe favoreça. Pois isto nada mais é do que exercer o direito de ação. Afinal, como se teve chance de dizer em passagem anterior deste trabalho, *sempre que alguém atua no processo ocupando uma posição ativa, buscando influenciar na formação do seu resultado, estar-se-á diante de um ato de exercício do direito de ação.*

Ora, se recorrer é uma forma de exercício do direito de ação, então o exame do mérito pressupõe a presença das "condições da ação", requisitos do legítimo exercício do direito de ação. Em outros termos, só será considerado admissível o recurso se estiverem presentes a legitimidade e o interesse. É preciso, porém, verificar como essas "condições" se manifestam em sede recursal. São, pois, requisitos de admissibilidade dos recursos as "condições do recurso" (legitimidade para recorrer e interesse em recorrer).

Além disso, a interposição do recurso provoca a necessidade de que se desenvolva, perante o órgão competente para seu julgamento, uma atividade processual. Em outras palavras, o julgamento do recurso exige que, perante o tribunal competente para apreciá-lo, se desenvolva um *processo* (que é, como sabido, *o mesmo processo* em que se proferiu a decisão recorrida). Pois a apreciação do mérito do recurso exige que o processo se desenvolva, perante o tribunal, de forma regular, o que impõe a observância de alguns requisitos, necessários para o desenvolvimento válido e regular do processo, os *pressupostos processuais*. Também aqui, porém, é preciso verificar como os pressupostos processuais se manifestam em sede de recurso. A admissibilidade do recurso, portanto, exige o preenchimento dos *pressupostos recursais* (investidura do órgão *ad quem*, capacidade processual, regularidade formal da interposição do recurso).

Por fim, é sempre preciso recordar que o exame do mérito exige que não esteja presente nenhum *impedimento processual*, assim compreendidos os fatos cuja existência é impeditiva da admissibilidade da resolução do mérito. Pense-se, por exemplo, na litispendência, na coisa julgada ou na convenção de arbitragem. Pois também em grau de recurso não pode estar presente algum *impedimento recursal* (aceitação da decisão, desistência do recurso e renúncia ao direito de recorrer).

Em síntese: para que seja admissível um recurso (e, dele conhecendo, o tribunal possa passar ao juízo de mérito), é preciso que estejam presentes as "condições do recurso" e os pressupostos recursais, e que não esteja presente qualquer impedimento recursal.

Inicia-se o exame dos requisitos genéricos de admissibilidade dos recursos pelas "condições do recurso": *legitimidade para recorrer* e *interesse em recorrer*.

Parte Especial • Cap. 23 • Processos nos tribunais e meios de impugnação das decisões judiciais **507**

Legitimidade para recorrer é a aptidão que deve ter aquele que interpõe o recurso para, naquele caso concreto, impugnar a decisão judicial. Pois, nos termos do art. 996, têm legitimidade para recorrer as partes, o terceiro prejudicado e o Ministério Público.

Em primeiro lugar, portanto, estão legitimadas a recorrer *as partes*. Fala o texto da lei, é certo, em "parte vencida", mas o fato de ter ela sido ou não vencida diz respeito a outra "condição", o interesse, e ao ponto se tornará à frente. As partes do processo estão legitimadas a recorrer. Duas observações, porém, precisam ser feitas.

Em primeiro lugar, é preciso dizer que o conceito de partes a ser empregado aqui é bastante amplo, de forma a compreender todos os sujeitos parciais do processo. Em outros termos, estão legitimadas a recorrer as *partes do processo* (e não só as partes da demanda, isto é, o demandante e o demandado). Assim, todo aquele que participa do processo como sujeito do contraditório (como é o caso do assistente, por exemplo), pode recorrer na qualidade de parte. Vale registrar, porém, que o *amicus curiae*, embora seja parte do processo em que intervém, só pode recorrer da decisão que aprecia o incidente de resolução de demandas repetitivas (art. 138, § 3º) e, por integrar o mesmo microssistema, também está ele legitimado a recorrer da decisão proferida no julgamento de recursos (especiais ou extraordinários) repetitivos ou do incidente de assunção de competência. Além disso, o *amicus curiae* só está legitimado a opor embargos de declaração.

A segunda observação necessária é a de que não basta ser parte para que se esteja legitimado a recorrer. Impõe-se, também, verificar que interesse pretende o recorrente ver protegido com seu recurso. É que, ao menos como regra geral, só se tem legitimidade para postular em juízo na defesa de interesses próprios (legitimidade ordinária), admitida a defesa, em nome próprio, de interesses alheios nos casos previstos no ordenamento jurídico (legitimidade extraordinária, prevista no art. 18). Assim, e ressalvados os casos de legitimidade extraordinária, só terá a parte legitimidade para recorrer na defesa de seus próprios interesses. Pense-se, por exemplo, no caso em que uma sociedade é demandada e se instaura o incidente de desconsideração da personalidade jurídica para que se possa responsabilizar também um sócio. Pois da decisão que julga procedente o requerimento incidente de desconsideração da personalidade jurídica só tem legitimidade para recorrer o sócio cujo patrimônio será atingido (e, pois, cuja esfera jurídica individual é afetada pela decisão), mas não a sociedade. O recurso por esta interposto é inadmissível por não ter a sociedade *legitimidade para recorrer, em nome próprio, na defesa de interesse alheio.*

Também se considera legitimado a recorrer o *terceiro prejudicado*. Trata-se da afirmação de que terceiros, afetados por decisões judiciais, podem recorrer. O recurso de terceiro é uma modalidade de intervenção voluntária de terceiro (já que através de seu recurso um terceiro ingressa voluntariamente em um processo de que não participava).

É que pode acontecer de terceiros, estranhos ao processo, serem afetados por decisões judiciais capazes de atingi-los com seus efeitos. É o caso, por exemplo, de um sublocatário, que pode ser alcançado por decisão judicial que decreta o despejo, ou do advogado, que vê a decisão fixar honorários em seu favor, deles sendo credor, mas que não é parte no processo em que a decisão é proferida (mas mero representante de quem é parte, o seu cliente).

Pois se um terceiro é titular de direito (ou está extraordinariamente legitimado a defender direito de outrem) que pode vir a ser afetado pela decisão judicial, deve-se admitir que interponha recurso contra tal decisão. Não é por outra razão, aliás, que o parágrafo único do art. 996 estabelece que "[c]umpre ao terceiro demonstrar a possibilidade de a decisão sobre a relação jurídica submetida à apreciação judicial atingir direito de que se afirme titular ou que possa discutir em juízo como substituto processual".

Por fim, o Ministério Público está legitimado a recorrer nos processos em que é parte (pela óbvia razão de que as partes estão legitimadas a recorrer), mas também nos casos em que intervém no processo como fiscal da ordem jurídica.

Além de legitimidade, exige-se ainda que o recorrente tenha *interesse em recorrer*. Este se conceitua como a utilidade do recurso interposto. É que através do recurso deve o recorrente postular decisão capaz de lhe proporcionar *situação jurídica mais favorável* do que aquela que lhe é proporcionada pela decisão recorrida.

Pense-se, por exemplo, no caso de ter sido proferida sentença de total improcedência do pedido. Pois se contra tal sentença se insurge o réu, postulando sua reforma para que o processo seja extinto sem resolução do mérito, lhe faltará interesse em recorrer, já que a providência postulada não melhora (ao contrário, piora) sua situação jurídica.

É preciso, então, que através do recurso se busque uma providência útil, assim compreendida aquela que é capaz de proporcionar ao recorrente uma melhoria de situação jurídica (em comparação com a situação proporcionada pela decisão recorrida). Só assim estará presente o interesse em recorrer.

O interesse em recorrer se desdobra em dois elementos: *interesse-necessidade* e *interesse-adequação*. Em outros termos, é preciso que o recurso interposto seja *necessário* e *adequado*.

O recurso é necessário (e, pois, está presente o interesse-necessidade) se é *o único meio capaz de proporcionar, no mesmo processo, o resultado pretendido*. Assim, se houver outro meio além do recurso que se apresente como capaz de, no mesmo processo, produzir o resultado prático pretendido pelo recorrente, o recurso não se afigurará necessário e, portanto, faltará interesse em recorrer.

Pense-se, por exemplo, no caso de o réu ter sido condenado, em um processo de procedimento comum, a pagar certa quantia. Caso o réu recorra para pedir a reforma da sentença, seu recurso será evidentemente útil (já que por intermédio dele o apelante estará a postular uma melhoria de situação jurídica). Será, também, necessário, já que no caso de o réu não recorrer a sentença que o condenou transitará em julgado, tornando-se imutável e indiscutível.

Compare-se esta situação com aquela do réu que, em processo no qual se observa o procedimento monitório, toma ciência de que foi proferida decisão determinando, sem sequer ouvi-lo previamente, que efetue pagamento de quantia determinada no prazo de quinze dias (art. 701). Pois neste caso faltará interesse em recorrer contra tal decisão, uma vez que o réu pode, ao tomar ciência do provimento jurisdicional, opor "embargos à ação monitória" (art. 702), o que provocará a suspensão do processo judicial (art. 702, § 4º) até que se decida se a obrigação realmente existe ou não. Há, pois, outro meio além do recurso, previsto para ser usado dentro do mesmo processo, e que é capaz de proporcionar a utilidade pretendida (qual seja, a declaração de que a obrigação efetivamente não existe). Não é, portanto, necessário o recurso e, por conseguinte, falta interesse em recorrer contra tal decisão.

Além de necessário, o recurso deverá ser *adequado*. Este, porém, é ponto que exige maior atenção.

No sistema processual brasileiro existe a previsão de várias espécies recursais distintas. Apelação, agravo de instrumento, agravo interno, recurso especial e recurso extraordinário são alguns desses recursos em espécie. E existe, sempre, a previsão dos casos em que a utilização de cada uma dessas espécies recursais é adequada. Assim, por exemplo, é adequada a interposição de apelação (e, portanto, de nenhum outro recurso) para impugnar uma sentença proferida por juízo de primeira instância. Já o recurso contra decisões monocráticas proferidas nos tribunais é o agravo interno. Veja-se, então, que se um juiz de primeira instância indefere a petição inicial de um processo, o recurso adequado é a apelação, mas se o relator indefere a petição inicial de um processo de competência originária do tribunal, o recurso adequado é o agravo interno.

Pois é preciso que se tenha interposto o recurso adequado para que este possa vir a ser admitido e, por conseguinte, julgado no mérito. A interposição de recurso inadequado implica, a princípio, sua inadmissibilidade por ausência de interesse recursal. Esta não é, porém, uma visão absoluta. É que por força do princípio da primazia da resolução do mérito (art. 4º) deve-se sempre buscar sanar os vícios processuais que podem ser sanados. E isto se aplica, também, à admissibilidade dos recursos. Daí por que se pode afirmar a existência de duas regras que resultam daquele princípio (da primazia da resolução do mérito): a *da convertibilidade dos recursos* e a *da fungibilidade dos recursos*.

A regra da *convertibilidade dos recursos* se aplica em dois casos apenas. A interposição de recurso especial em caso em que seria admissível o recurso extraordinário acarreta a conversão daquele neste, na forma do art. 1.032. Do mesmo modo, a interposição de recurso extraordinário em caso em que seria adequada a interposição de recurso especial também acarreta a conversão, nos termos do art. 1.033. Há, aí, a *conversão* de um recurso em outro.

Com estes casos não se confunde a hipótese de apresentação de recurso rotulado como embargos de declaração que, na verdade, tem conteúdo de agravo interno (art. 1.024, § 3º). Neste caso, o que se deve fazer é reconhecer que o verdadeiro recurso interposto foi o agravo interno (e não embargos de declaração, apesar do rótulo equivocado), determinando-se a intimação do recorrente para complementar sua petição de forma a atender ao disposto no art. 1.021, § 1º).

Já a regra da fungibilidade se aplica nos demais casos (FPPC, enunciado 104). Sempre que um recurso inadequado for interposto no lugar do recurso adequado será possível admitir o "recurso errado" no lugar do "recurso certo" (sem que haja necessidade de conversão) se não houver erro grosseiro na sua interposição nem má-fé do recorrente. Em primeiro lugar, é preciso recordar a possibilidade de haver dúvida quanto ao recurso adequado. A dúvida de que aqui se trata, porém – e é preciso ter isto bem claro –, é a que resulta de divergência doutrinária ou jurisprudencial acerca do ponto. Havendo divergência acerca do recurso adequado para impugnar determinado tipo de decisão judicial, será possível admitir-se (já que fungíveis entre si) qualquer dos recursos cujo cabimento seja sustentado por alguma das correntes doutrinárias ou jurisprudenciais em disputa. Perceba-se que não se trata, aqui, de converter um recurso em outro, mas de admitir o "recurso errado" no lugar do "recurso correto".

É preciso, porém, que também não haja má-fé daquele que interpôs o recurso inadequado. Não seria possível, por exemplo, aplicar a regra da fungibilidade recursal em um caso no qual, com o único intento de ver admitido recurso manifestamente intempestivo, a parte interpusesse, contra decisão monocrática de relator, um agravo interno em caso no qual sua intenção é nitidamente daquelas que só por embargos de declaração se poderia deduzir. E isto porque, como sabido, o prazo para opor embargos de declaração é de cinco dias, enquanto o prazo para interpor qualquer outro recurso é de quinze dias.

Além das "condições do recurso", legitimidade para recorrer e interesse recursal, a admissibilidade dos recursos exige a presença dos *pressupostos recursais*, os quais são manifestações, em sede de recurso, dos pressupostos processuais (sobre os quais já se falou neste estudo).

O primeiro pressuposto recursal é que o órgão jurisdicional a que se dirige o recurso, chamado juízo *ad quem* (na maioria dos casos um tribunal), esteja *investido de jurisdição*. Como já se teve oportunidade de examinar em passagem anterior deste trabalho, a investidura de jurisdição do órgão julgador é a atribuição, por ele recebida da Constituição da República, de atuar em determinado tipo de causa. Pois é por força de norma constitucional que compete aos tribunais regionais federais julgar, em grau de recurso, as causas decididas pelos juízes federais ou pelos juízes estaduais investidos de jurisdição federal (art. 108, II); assim como resulta diretamente da Constituição que será incumbência dos Tribunais Regionais do Trabalho julgar os recursos em matéria trabalhista (art. 111, II, e art. 114 da Constituição da República). E isto vale para todos os tribunais.

Pode acontecer, porém, de um recurso ser dirigido a tribunal não investido de jurisdição. Basta pensar no caso de tramitar um processo perante juízo estadual investido

Parte Especial • Cap. 23 • Processos nos tribunais e meios de impugnação das decisões judiciais 511

de jurisdição federal e se vir a interpor agravo de instrumento contra alguma decisão interlocutória perante o Tribunal de Justiça. Acontece que, como já visto, o órgão *ad quem* investido de jurisdição nesse caso é o Tribunal Regional Federal. Ausente, pois, um pressuposto recursal, o que não deverá acarretar a imediata inadmissibilidade do recurso. Neste caso, por força do princípio da primazia da resolução do mérito, deverá o tribunal não investido de jurisdição determinar a remessa dos autos ao tribunal investido da função de julgar aquele recurso, sanando-se, deste modo, o vício.

O segundo pressuposto recursal é a capacidade processual. É que para o recurso ter o seu mérito apreciado é essencial que *o recorrente* tenha capacidade processual plena. Exige-se dele não só que tenha capacidade de ser parte e capacidade para estar em juízo (e, no caso de não estar esta presente, deverá ele ser representado ou assistido), mas também que tenha capacidade postulatória. Daí a razão pela qual é preciso tomar cuidado com o caso de alguém que é parte em processo que tramita perante Juizado Especial Cível sem se fazer representar por advogado (o que é expressamente permitido em alguns casos, nos termos do art. 9º da Lei nº 9.099/1995). É que mesmo nesses casos a admissibilidade dos recursos exige a representação por profissional habilitado a advogar (art. 40, § 2º, da Lei nº 9.099/1995).

Pode também acontecer de se verificar, em grau de recurso (seja nas instâncias ordinárias, seja nas instâncias excepcionais), que o recorrente não está regularmente representado por advogado (ou que, por qualquer outra razão, é processualmente incapaz). Pois neste caso, deverá ser determinada a correção do vício, em prazo que será assinado pelo relator, sob pena de não conhecimento do recurso (art. 76, § 2º, I). Perceba-se, porém, que se a incapacidade processual (ou o defeito de representação) for do recorrido, e este não corrigir o vício, será determinado o desentranhamento dos autos de suas contrarrazões, julgando-se o mérito do recurso. Pode-se então afirmar, com segurança, que apenas a capacidade processual *do recorrente* é requisito de admissibilidade do recurso.

O terceiro e último pressuposto recursal é a *regularidade formal* da interposição do recurso. Apenas recursos regularmente interpostos podem ter seu mérito apreciado.

Sem entrar aqui em detalhes que dizem respeito a certos recursos em espécie (como é o caso da apresentação de peças para instrução do agravo de instrumento), e limitando a exposição aos requisitos genéricos de admissibilidade dos recursos, a regularidade formal exige *tempestividade*, *preparo*, *forma* e *motivação* do recurso interposto.

É preciso, então, e em primeiro lugar, que o recurso tenha sido interposto dentro do prazo previsto. Como regra geral, este prazo é de quinze dias (art. 1.003, § 5º, que ressalva o prazo para oposição de embargos de declaração, que é de cinco dias). Há casos, porém, em que se aplica alguma regra ensejadora de benefício de prazo (como se dá, por exemplo, no caso de ser o recorrente assistido pela Defensoria Pública, em que o prazo é computado em dobro, nos termos do art. 186). Impende, porém, recordar que o prazo pode vir a ser ampliado pelo juiz, por força das características do caso concreto, como forma de assegurar o amplo exercício das garantias constitucionais do

512 O NOVO PROCESSO CIVIL BRASILEIRO • Câmara

processo (art. 139, VI), além de ser admissível a modificação dos prazos por força de negócio processual atípico (art. 190).

Recurso intempestivo é inadmissível, e este é um dos poucos vícios processuais absolutamente insanáveis. Basta ver que, nos termos do art. 1.029, § 3º, o STF e o STJ podem "desconsiderar vício formal *de recurso tempestivo* ou determinar sua correção". Impende, pois, que seja tempestivo o recurso para que seu mérito possa ser apreciado. É que decorrido o prazo para a interposição do recurso sem que este tenha sido apresentado ocorre uma insuperável preclusão (preclusão temporal), desaparecendo por completo a possibilidade de que o ato venha a ser praticado validamente.

Exige-se, ainda – ao menos como regra geral –, o *preparo* do recurso. No jargão do direito processual civil, chama-se preparo ao adiantamento das custas relativas a um determinado ato processual. Pois a maioria dos recursos exige, para sua admissibilidade, o recolhimento de custas. A lei processual, é certo, isenta de preparo alguns recursos (os interpostos pelo Ministério Público, pela União, pelo Distrito Federal, pelos Estados, pelos Municípios, suas respectivas autarquias, pelos que gozam de isenção legal – art. 1.007, § 1º –; os embargos de declaração – art. 1.023, *in fine* – e o agravo em recurso especial ou extraordinário – art. 1.042, § 2º – são recursos que o CPC, expressamente, isenta de preparo), mas a regra geral é que o preparo seja exigido para que se possa conhecer de um recurso.

Incumbe ao recorrente, *no ato de interposição do recurso*, exigir o preparo que seja exigível (art. 1.007). Caso tenha o recorrente, ao interpor o recurso, requerido a concessão de gratuidade de justiça, estará dispensado de comprovar o preparo, incumbindo ao relator, neste caso, apreciar o requerimento e, caso o indefira, fixar prazo para a comprovação do recolhimento (art. 99, § 7º).

Pode acontecer de se interpor um recurso com a comprovação de que se realizou preparo em valor insuficiente. Neste caso, o recorrente deverá ser intimado para depositar a diferença no prazo de cinco dias (art. 1.007, § 2º), sob pena de deserção (termo tradicionalmente empregado na linguagem do direito processual civil para designar a inadmissibilidade de recurso por vício relativo ao preparo).

Outra hipótese possível é a de ser interposto o recurso sem que se comprove preparo algum. Neste caso, o recorrente deverá ser intimado para, em prazo a ser fixado judicialmente (e, não havendo assinação judicial do prazo, este é de cinco dias, nos termos do art. 218, § 3º), comprovar o recolhimento do valor *em dobro* (art. 1.007, § 4º). Registre-se, aqui, a existência de enunciado do Fórum Permanente de Processualistas Civis (FPPC, enunciado 97) no sentido de que este prazo sempre será de cinco dias, o que não parece correto diante do teor do já citado art. 218, § 3º.

Perceba-se que, neste caso, não sendo comprovado o depósito integral do valor dobrado do preparo, será vedada sua complementação (art. 1.007, § 5º).

Exige, ainda, a regularidade da interposição do recurso que este seja interposto pela *forma correta*. É que a lei processual exige, para a interposição do recurso, que

Parte Especial • Cap. 23 • Processos nos tribunais e meios de impugnação das decisões judiciais **513**

este seja apresentado por *petição* (como se vê, por exemplo, nos arts. 1.010, 1.016, 1.021, 1.023, 1.030 e 1.042, § 2º). Petição é, tradicionalmente, o nome dado a uma peça escrita através da qual são praticados atos postulatórios. É preciso, porém, ter claro que a lei não exige expressamente que o ato seja praticado pela forma escrita e, por força do *princípio da instrumentalidade das formas* (art. 188), ainda que houvesse esta exigência ela seria relativizada, reputando-se válido o ato que, realizado por modo diverso do prescrito em lei, se revela capaz de atingir sua finalidade essencial. Este é ponto que merece destaque, especialmente por força da relevância que têm, para o direito processual civil brasileiro, os meios eletrônicos. Ora, nada impede que a petição seja elaborada sob a forma de um arquivo audiovisual, em que o advogado aparece argumentando (oralmente) e apresentando elementos gráficos e de mídia que queira destacar. Não é isto, porém, prática frequente. O que se vê na prática é, simplesmente, a apresentação de um arquivo de imagem de um texto escrito, o que significa dizer que, até agora, o que se fez no Brasil em matéria de informatização foi, simplesmente, uma substituição de suporte dos autos, que deixam (gradualmente, pelo menos) de ser impressos e passam a ser eletrônicos. Mas a mesma petição que antigamente se lia em uma folha de papel agora é lida na tela de um monitor.

De todo modo, a admissibilidade do recurso exige que seja ele interposto por petição. Não se admite o recurso por cota (ou termo) nos autos, prática autorizada pelo Código de Processo Penal (art. 578 do CPP).

E a petição de interposição do recurso deve ser *motivada*. A admissibilidade do recurso exige que, na petição de interposição, sejam apresentados os fundamentos pelos quais se recorre. Não é por outro motivo, aliás, que a peça de interposição de recurso é tradicionalmente chamada de *razões* (e a peça através da qual o recorrido impugna o recurso é conhecida como *contrarrazões*). Não basta, porém, que o recorrente afirme fundamentos quaisquer. É preciso que estes se prestem a impugnar a decisão recorrida. Por isso é que a lei processual expressamente declara inadmissível o recurso "que não tenha impugnado especificamente os fundamentos da decisão recorrida" (art. 932, III, parte final). É muito frequente, na prática, que haja uma petição veiculando ato postulatório e, indeferido este, seja interposto recurso que é mera reprodução daquela petição anteriormente apresentada, sem a apresentação de fundamentos que ataquem, especificamente, o pronunciamento recorrido. Neste caso se deve considerar que o recurso está apenas *aparentemente fundamentado*, mas isto não é suficiente para assegurar a admissibilidade do recurso. É preciso, portanto, que o recurso veicule fundamentação específica, na qual se apontam os motivos pelos quais a decisão recorrida é impugnada, sob pena de não conhecimento.

Vistas as "condições do recurso" e os pressupostos recursais, requisitos de admissibilidade dos recursos, faz-se necessário recordar que o mérito do recurso só poderá ser apreciado se não estiver presente qualquer *impedimento recursal* (desistência do recurso, renúncia ao direito de recorrer, aceitação da decisão).

514 O NOVO PROCESSO CIVIL BRASILEIRO • Câmara

O primeiro impedimento recursal é a *desistência*. Trata-se do ato pelo qual o recorrente *abre mão de ver julgado recurso já interposto*. Este ato não depende da anuência do recorrido (que não teria interesse em se opor à desistência, uma vez que a decisão recorrida prevalecerá, e ela lhe é favorável) nem dos litisconsortes do recorrente (art. 998). Manifestada a desistência do recurso, caberá ao relator homologá-la, por decisão unipessoal.

Regra importante, e que se coaduna com o sistema de precedentes que o CPC estabeleceu para o ordenamento jurídico brasileiro, é a que se obtém com a interpretação do parágrafo único do art. 998: no caso de recurso extraordinário cuja repercussão geral já tenha sido reconhecida pelo STF, assim como no caso de recurso especial ou extraordinário repetitivo que já tenha sido afetado para julgamento por esta especial técnica de criação de precedentes vinculantes, a desistência do recurso não obsta a análise da questão de direito discutida no recurso de que se tenha desistido. Perceba-se que neste caso o STF e o STJ atuarão como "tribunal de teses", isto é, caberá à Corte de Superposição simplesmente definir a tese que, em casos futuros, será utilizada como precedente vinculante, *sem julgar o caso concreto*.

Do ponto de vista prático a regra é importantíssima. Basta pensar que na eventualidade de a tese fixada pelo STF ou pelo STJ vir a ser favorável àquilo que o recorrente sustentava no recurso de que desistiu, será ela aplicável aos casos futuros em que a mesma questão de direito seja discutida, mas não poderá a mesma tese ser aplicada ao próprio caso concreto que deu origem ao processo em que fixada (FPPC, enunciado 213), uma vez que esse caso concreto, em razão da desistência do recurso, não terá sido julgado pelo Tribunal (e isto porque, em razão da desistência, a decisão recorrida terá transitado em julgado no momento da desistência).

O segundo impedimento recursal é a *renúncia ao direito de recorrer* (art. 999), ato pelo qual se abre mão do direito de interpor recurso contra uma determinada decisão. Difere a renúncia da desistência pelo momento em que a vontade é manifestada. Como visto, a desistência diz respeito a recurso já interposto, enquanto a renúncia é manifestada diante da decisão proferida, sem que o recurso já tenha sido interposto. Em outras palavras, desiste-se de recurso já interposto, e se renuncia ao direito de vir a interpor recurso. O efeito prático, porém, é o mesmo: impedir-se o exame do mérito do recurso. A renúncia, como expresso no art. 999, independe da aceitação da outra parte (que não teria interesse em se opor à renúncia, já que esta terá como efeito tornar firme uma decisão que lhe é favorável).

O terceiro impedimento recursal expressamente previsto em lei é a aceitação da decisão (art. 1.000). Aquele que, expressa ou tacitamente, aceita o que ficou decidido não pode, posteriormente, interpor recurso contra a decisão que já aceitou. É o caso, por exemplo, daquele que, tendo sido condenado a cumprir uma obrigação, a cumpre sem qualquer tipo de ressalva ou reserva (art. 1.000, parágrafo único). O reconhecimento deste impedimento recursal é manifestação do princípio da boa-fé objetiva (art. 5º), que tem entre seus corolários a vedação a comportamentos contraditórios

Parte Especial • Cap. 23 • Processos nos tribunais e meios de impugnação das decisões judiciais **515**

(*nemo venire contra factum proprium*). Aceitar a decisão, expressa ou tacitamente, acarreta a perda da possibilidade de praticar ato incompatível com essa aceitação, como é a interposição de recurso contra a decisão que já se aceitou. Haverá, aí, uma *preclusão lógica*, fenômeno gerador da estabilização da decisão proferida e aceita.

Além destes três impedimentos recursais, todos previstos em lei, não se pode deixar de recordar a possibilidade de, mediante negócio processual atípico (art. 190), celebrar-se um *pacto de não recorrer*, cuja existência impedirá a apreciação do recurso que eventualmente venha a ser interposto.

Vistos os requisitos de admissibilidade dos recursos, cujo preenchimento (ou, no caso dos impedimentos recursais, ausência) se revela essencial para que se chegue à apreciação do mérito do recurso, é chegado o momento de se passar ao exame dos *efeitos dos recursos*.

Dividem-se estes em dois grupos: *efeitos da interposição* e *efeitos do julgamento*.

Os efeitos da interposição são três: *impeditivo, devolutivo* e *suspensivo*. Já os efeitos do julgamento são dois: *substitutivo* e *anulatório*. Passa-se à sua análise.

Efeitos da interposição são aqueles que se produzem (ou que podem produzir-se) pelo simples fato de ter sido interposto um recurso.

A interposição de um recurso pode produzir até três efeitos. O primeiro destes é o *efeito impeditivo*. É que a interposição de recurso *admissível* produz, como consequência, um *impedimento à preclusão da decisão recorrida ou ao seu trânsito em julgado*. Trata-se, pois, de um efeito estabilizador da decisão.

É que, uma vez interposto recurso admissível – isto é, recurso que preencha todos os seus requisitos de admissibilidade –, a decisão recorrida não se estabiliza, não se torna firme (não havendo que se falar nem em preclusão da matéria decidida nem em formação – se for o caso – de coisa julgada). Evidentemente, porém, este efeito só se produz se o recurso for admissível, mas não se é ele inadmissível. Basta pensar no caso de um recurso intempestivamente interposto contra uma sentença de mérito. É evidente que, neste caso, não poderia o recurso intempestivo impedir a formação de uma coisa julgada que, no momento de sua interposição, *já estava formada*. No caso, porém, de se interpor *recurso admissível*, tal interposição será capaz de impedir que se torne preclusa a matéria e, no caso de sentença apta (em tese) a alcançar a autoridade de coisa julgada, formal ou material, esta não se formará (já que a decisão impugnada por recurso admissível não transitou, nem transitará, em julgado, o que é consequência do efeito substitutivo do recurso, a ser examinado mais adiante, já se podendo adiantar, porém, que neste caso a coisa julgada só poderá, em tese, formar-se sobre a decisão que venha a ser proferida no julgamento do recurso, e não mais pela própria decisão recorrida).

O efeito impeditivo, vale o registro, é o *único efeito da interposição* que todas as espécies recursais são, em tese, capazes de produzir. Certamente por isso é frequente, na linguagem processual, fazer-se alusão aos recursos que produzem, além deste, também os outros dois efeitos (devolutivo e suspensivo), afirmando-se que eles são dotados de "duplo efeito".

Veja-se agora, então, o *efeito devolutivo*. Pois a compreensão deste efeito exige que se recorde que, como regra geral, o recurso é julgado por órgão distinto daquele que tenha proferido a decisão recorrida. Excetuam-se desta regra geral, porém, alguns poucos casos (como se dá com os *embargos de declaração* ou com os *embargos infringentes para o mesmo juízo*, regulados estes últimos no art. 34 da Lei de Execuções Fiscais). Pode-se, então, afirmar que (ressalvados casos excepcionais) o recurso *transfere, para outro órgão jurisdicional, o conhecimento da matéria impugnada*.

Dito de outro modo, a interposição do recurso produz o efeito de transferir para outro órgão jurisdicional, distinto daquele que proferiu a decisão recorrida, a competência para decidir a matéria que tenha sido objeto da impugnação por ela deduzida. Aqueles recursos cujo julgamento de mérito cabe ao próprio órgão prolator da decisão recorrida *não produzem efeito devolutivo*. É que só há *devolução*, na linguagem processual, quando há transferência da competência para conhecer da matéria para órgão jurisdicional distinto daquele que prolatou a decisão recorrida, chamado juízo *ad quem*.

O recurso só devolve ao juízo *ad quem* o conhecimento daquilo que tenha sido expressamente impugnado (*tantum devolutum quantum appellatum*). Assim, por exemplo, se foi emitido um pronunciamento judicial em capítulos (por exemplo, uma sentença que contém mais de uma decisão), o recurso só devolve ao tribunal o conhecimento daqueles capítulos que tenham sido expressamente impugnados (e o art. 1.002 é expresso em afirmar que o recurso pode impugnar a decisão no todo ou em parte). Pense-se, *e.g.*, em uma sentença que tenha condenado o vencido a indenizar a parte vencedora por danos materiais que tenha suportado e, além disso, o tenha condenado a compensar danos morais. Pois se versar o recurso apenas sobre os danos morais, o capítulo referente aos danos materiais não terá sido devolvido ao tribunal e, por conseguinte, não poderá ser reapreciado (sobre ele, neste exemplo, já se tendo formado a coisa julgada). E não é por outra razão que, no trato da apelação, estabelece o art. 1.013, § 1º, que o que dele consta se aplica "desde que relativ[o] ao capítulo impugnado".

Efeito da restrição do efeito devolutivo à matéria impugnada é a vedação da *reformatio in peius*, isto é, da reforma da decisão recorrida que piora a situação de quem recorreu em benefício daquele que não recorreu.

Imagine-se, por exemplo, o caso de uma sentença que tenha condenado o vencido a pagar ao vencedor a quantia de cem mil reais. Pois se só o vencido recorrer, postulando a redução (ou a supressão completa) da condenação, não poderá o tribunal, ao julgar o recurso, ampliar a condenação, determinando o pagamento de quantia superior aos cem mil reais reconhecidos como devidos na decisão rescindenda. É que eventual diferença (para mais) entre o valor da condenação e o que seria efetivamente devido não terá sido impugnado pelo credor e, portanto, o capítulo da decisão que afirma não ser tal valor devido já estará coberto pela autoridade de coisa julgada (o que impede seu reexame).

Parte Especial • Cap. 23 • Processos nos tribunais e meios de impugnação das decisões judiciais **517**

O terceiro e último efeito que a interposição de um recurso pode produzir é o *efeito suspensivo*. É que a interposição de um recurso pode ser um obstáculo à produção de efeitos da decisão recorrida. Pense-se, por exemplo, no caso da apelação (dotada de efeito suspensivo) que se interponha contra uma sentença que anula um casamento. Pois a interposição do recurso faz com que a sentença seja ineficaz (e, por conseguinte, antes de seu julgamento o casamento permanece apto a produzir efeitos, mantidas as partes no estado de casadas). Do mesmo modo, se é dotado de efeito suspensivo o recurso interposto contra decisão de cunho condenatório, não se admitirá, antes de seu julgamento, a instauração da fase de cumprimento provisório da sentença (e é exatamente por isto que o art. 520 estabelece que "[o] cumprimento provisório da sentença *impugnada por recurso desprovido de efeito suspensivo* será realizado da mesma forma que o cumprimento definitivo"). É que só no caso de ser o recurso contra a decisão condenatória *desprovido de efeito suspensivo* será possível promover-se, desde logo, a execução (provisória) da decisão judicial.

No direito processual civil brasileiro a regra geral é que o recurso não tenha efeito suspensivo (art. 995, *caput*). Há, porém, recursos dotados de efeito suspensivo *ope legis* (isto é, por determinação legal). É o que se dá naqueles casos em que a lei expressamente estabelece ser o recurso dotado de efeito suspensivo, como se tem na hipótese da apelação (art. 1.012) e dos recursos especial e extraordinário interpostos contra a decisão proferida no julgamento do incidente de resolução de demandas repetitivas (art. 987, § 1º).

Nos casos em que não se produz o efeito suspensivo de forma automática, por força de lei, ainda assim tal efeito pode ser atribuído ao recurso *ope iudicis*, ou seja, através de uma decisão judicial (art. 995). É que a lei processual autoriza *o relator* a, em decisão monocrática, atribuir efeito suspensivo a recurso que a princípio não o produziria, sempre que se verificar que da imediata produção de efeitos da decisão recorrida resulte risco de dano grave, de difícil ou impossível reparação (*periculum in mora*), e desde que esteja demonstrado ser provável que o recurso venha a ser provido (*fumus boni iuris*). A atribuição de efeito suspensivo ao recurso, pois, é uma modalidade de *tutela de urgência*, de natureza evidentemente cautelar, já que não antecipa o resultado a ser obtido com o julgamento do mérito do recurso, limitando-se a impedir que a decisão recorrida produza desde logo seus efeitos.

É importante, aqui, estabelecer uma distinção entre os casos de efeito suspensivo *ope legis* e *ope iudicis*. Naqueles casos em que o efeito suspensivo produz-se por força de lei (efeito suspensivo *ope legis*), a decisão recorrível *nasce ineficaz*. Significa isto dizer, em outros termos, que prolatada a sentença ela já não é capaz de produzir seus efeitos e, nesta hipótese, a interposição do recurso não produz, propriamente, a suspensão dos efeitos da decisão recorrida (já que tais efeitos já estavam suspensos). Em casos assim, nos quais o recurso é dotado de efeito suspensivo *ope legis*, a interposição do recurso não suspende os efeitos da decisão recorrida, mas *prolonga sua suspensão*, fazendo com que a decisão recorrida permaneça incapaz de produzir efeitos. Pode-se dizer, então, que, nesses casos de efeito suspensivo *ope legis*, este não é propriamente um efeito da interposição do recurso, mas um *efeito da recorribilidade* (já que o mero fato de ser recorrível a decisão já obsta a produção de efeitos da decisão). Nesta situação, caso o recurso venha a ser interposto tempestivamente, a decisão recorrida permanecerá ineficaz até que o recurso seja julgado. De outro lado, porém, se o recurso é, por força de lei, desprovido de efeito suspensivo, a decisão por ele impugnável produz seus efeitos desde o momento em que se torna pública (como se dá nos casos previstos no § 1º do art. 1.012, que expressamente faz referência a "produzir efeitos imediatamente após a sua publicação a sentença" que se enquadra em algum dos casos ali enumerados). Nestas hipóteses, atribuído o efeito suspensivo por decisão judicial (efeito suspensivo *ope iudicis*), a decisão – que vinha produzindo efeitos – deixará de produzi--los. Pois em casos assim, o efeito suspensivo é, mesmo, um efeito da interposição do recurso, pois só a partir da decisão concessiva da eficácia suspensiva é que a decisão judicial estará com sua eficácia suspensa.

Além dos efeitos da interposição, há que se falar dos *efeitos do julgamento*. Este é o nome dado às consequências que se podem produzir pelo fato de ter havido o *julgamento do mérito do recurso*. Os efeitos do julgamento de mérito do recurso, como classicamente afirmado, podem ser dois: a *anulação* ou a *substituição* da decisão rescindenda.

Nos casos em que se reconhece um *error in procedendo* a decisão deve ser anulada, cassada, isto é, desconstituída. Já nos demais casos o efeito que se produz é a *substituição da decisão recorrida por outra*, proferida no julgamento do recurso. Este efeito substitutivo se produz, inclusive, no caso de se negar provimento ao recurso. É que nesta hipótese a decisão prolatada pelo órgão *a quo* é substituída por outra (igual) proferida pelo juízo *ad quem* (art. 1.008). Este é um ponto extremamente importante: ao negar provimento ao recurso, o tribunal não confirma a decisão recorrida – embora esta seja uma forma de expressão muito frequente na prática forense –, mas a substitui por outra decisão, de idêntico teor. E não se trata, aqui, de "trocar seis por meia dúzia", como comumente se diz. Há, neste caso, uma nova decisão, que substitui a anterior. Caso o recorrente permaneça insatisfeito, terá de recorrer contra a nova decisão, prolatada no julgamento do recurso (e não contra a originariamente proferida, que foi substituída). Do mesmo modo, se não for interposto novo recurso, será a decisão proferida no julgamento do recurso – e não a decisão originariamente recorrida – que será alcançada pela coisa julgada, e só contra ela será possível ajuizar-se ação rescisória.

Pode-se, então, dizer que o art. 1.008 merece um complemento, devendo ser lido como se ali constasse que "[o] julgamento proferido pelo tribunal substituirá a decisão impugnada no que tiver sido objeto de recurso, *ressalvados os casos de anulação*".

Para encerrar-se o estudo da teoria geral dos recursos, é preciso agora examinar o instituto conhecido como *recurso adesivo* (art. 997, §§ 1º e 2º).

Pode acontecer de ser emitido um pronunciamento judicial em que haja capítulos favoráveis a ambas as partes (e, por conseguinte, desfavoráveis a ambas as partes). Pense-se, por exemplo, no caso de ter o autor postulado a condenação do réu a pagar

100, pretendendo o réu ver declarado que nada deve. Pois se a sentença der pela procedência parcial do pedido, condenando o réu a pagar 70, ter-se-á uma sentença com dois capítulos (um que condena a pagar 70, outro que declara que 30 não são devidos). Tem-se, aí, o fenômeno da *sucumbência recíproca*.

Em casos assim, evidentemente, ambas as partes terão interesse em recorrer, e permite a lei que ambas interponham seus recursos independentemente (art. 997). Há, porém, um interessante mecanismo destinado a evitar a interposição de recursos que a princípio não eram queridos: o *recurso adesivo*.

É que pode acontecer de uma das partes, mesmo vencida, considerar que a decisão proferida não lhe é de todo ruim e, neste caso, só pretender recorrer se a outra parte também tiver recorrido. Pois neste caso se reconhece a existência de uma *segunda oportunidade recursal*. Em caso de sucumbência recíproca, pode qualquer das partes não recorrer no prazo de que normalmente disporia, limitando-se a esperar para ver se a parte contrária interpõe o seu recurso. Caso ninguém recorra, terá a decisão transitado em julgado. Na hipótese, porém, de uma das partes recorrer, poderá a parte contrária valer-se da segunda oportunidade recursal, interpondo seu recurso no prazo de que dispõe para oferecer contrarrazões (art. 997, § 2º, I). Fala o texto normativo, neste caso, em "recurso adesivo". É preciso observar, porém, dois detalhes: *primeiro*, a denominação "recurso adesivo", embora tradicional no direito brasileiro – já tendo sido adotada anteriormente, ao tempo do CPC de 1973 – não é a mais adequada, pois o que se tem aí é, verdadeiramente, um *recurso subordinado* (enquanto o recurso da outra parte será o recurso principal ou independente); *segundo*, recurso adesivo não é uma espécie de recurso (como a apelação ou o agravo de instrumento), mas uma forma de interposição de certos recursos. Assim, se for proferida uma sentença que produza sucumbência recíproca, poderá o autor ou o réu interpor apelação principal e a outra parte interpor sua apelação de forma adesiva. Não se tem, porém, propriamente uma *adesão* (não obstante o texto do § 1º do art. 997), já que o "recorrente adesivo" não adere propriamente ao recurso independente (pois não o apoia, não pretende, seja ele provido), mas interpõe recurso em que busca obter resultado que lhe é favorável (e, por consequência, é desfavorável àquele que interpôs o recurso principal).

O "recurso adesivo" é, pois, subordinado ao recurso principal (art. 997, § 2º, parte inicial). O exame de seu mérito depende não só do preenchimento de todos os requisitos de admissibilidade que a espécie recursal interposta normalmente exigiria (art. 997, § 2º), mas além disso exige, também, que se possa julgar o mérito do recurso principal (art. 997, § 2º, III). Deste modo, sempre que o tribunal deixar de conhecer do recurso principal (por ter havido desistência, ou por ser ele por qualquer razão reputado inadmissível) estará, automaticamente, fechada a porta para o exame do mérito do recurso adesivo, do qual não se conhecerá. Prevalecerá, assim, a decisão recorrida (o que para o recorrente adesivo não é de todo ruim, já que, como visto, não pretendia ele, a princípio, recorrer contra aquela decisão, só o tendo feito porque o recurso principal foi interposto pela parte adversária).

Apenas demandantes e demandados podem recorrer adesivamente (art. 997, § 1º, que fala em "autor e réu", afirmando que ao recurso "interposto por qualquer deles" poderá "o outro" aderir). O Ministério Público na qualidade de fiscal da ordem jurídica e terceiros eventualmente prejudicados não podem interpor recurso adesivo.

A forma adesiva de interposição de recurso só é admissível na apelação (e, por extensão, no recurso ordinário constitucional previsto no art. 1.027, II, *b*, que – como se poderá ver adiante – é uma verdadeira apelação, interponível por qualquer das partes, mas que recebe outro nome por ser o seu julgamento atribuído ao STJ, e não ao tribunal de segunda instância), no recurso extraordinário e no recurso especial (art. 997, § 2º, II). Outros recursos, como o agravo de instrumento ou o agravo interno, não podem ser interpostos adesivamente, só sendo admissíveis se interpostos em caráter independente.

23.10.2 Recursos em Espécie

O direito processual civil brasileiro reconhece diversas espécies recursais. Só o art. 994 enumera nove (apelação, agravo de instrumento, agravo interno, embargos de declaração, recurso ordinário, recurso especial, recurso extraordinário, agravo em recurso especial ou extraordinário e embargos de divergência). E há outros, previstos em outros textos normativos (como é o caso dos embargos infringentes previstos no art. 34 da Lei de Execuções Fiscais).

Os recursos em espécie podem ser divididos em dois grandes grupos: *recursos ordinários* e *recursos excepcionais*. Chamam-se recursos ordinários aqueles em que pode haver controvérsia tanto sobre matéria fática como sobre questões de direito. E são recursos excepcionais aqueles em que não se admite debate sobre matéria fática, vedado o reexame de provas, e apenas as questões de direito podem ser discutidas.

São recursos excepcionais apenas três: o recurso extraordinário, o recurso especial e os embargos de divergência. Nestes, o tribunal recebe os fatos como foram eles afirmados na decisão recorrida, não procedendo a qualquer tipo de reexame das provas. Nos demais recursos (inclusive no agravo em recurso especial ou extraordinário, em que é preciso reexaminar questões fáticas para se poder verificar se era ou não caso de *distinguishing*, isto é, de distinção entre o caso sob julgamento e o caso que deu origem ao precedente), chamados ordinários, será possível ao tribunal *ad quem* reexaminar questões fáticas eventualmente suscitadas.

Neste segmento do estudo, serão apreciadas todas as espécies recursais reguladas pelo CPC.

23.10.2.1 *Apelação*

A apelação é o recurso por excelência. E isto se diz por ser a apelação o recurso responsável por permitir o pleno exercício do *duplo grau de jurisdição*. É que através da apelação se permite um amplo e integral reexame da causa que, tendo sido submetida a julgamento no primeiro grau de jurisdição, poderá agora ser reapreciada por órgão de segundo grau.

Nos termos do art. 1.009, apelação é o recurso cabível contra sentença. Esta, porém, é definição incompleta, como se percebe pela leitura dos parágrafos daquele mesmo artigo legal.

É que, no sistema processual brasileiro inaugurado pelo CPC de 2015, também há decisões interlocutórias apeláveis. E como ainda não se examinou, neste trabalho, o agravo de instrumento – recurso normalmente admitido contra decisões interlocutórias proferidas pelos juízos de primeira instância –, é preciso examinar melhor este ponto.

Como se verá adiante, o art. 1.015 estabelece um sistema de *taxatividade das decisões interlocutórias agraváveis*. Significa isto dizer que uma decisão interlocutória só será impugnável por agravo de instrumento se houver disposição legal que a declare agravável. Não havendo tal disposição de lei, a decisão interlocutória não poderá ser impugnada por agravo de instrumento.

Daí não se extraia, porém, que tais decisões não agraváveis seriam decisões interlocutórias irrecorríveis. Definitivamente não. *Contra as decisões interlocutórias não agraváveis é admissível a interposição de apelação*. É o que se conclui da interpretação do § 1º do art. 1.009, por força do qual "[as] questões resolvidas na fase de conhecimento, se a decisão a seu respeito não comportar agravo de instrumento, não são cobertas pela preclusão e devem ser suscitadas em preliminar de apelação, eventualmente interposta contra a decisão final, ou nas contrarrazões".

As decisões interlocutórias não agraváveis, pois, não são irrecorríveis. Elas são, isto sim, *irrecorríveis em separado*, ou seja, não se admite um recurso separado, autônomo, de interposição imediata com o objetivo de impugná-las. São elas, porém, impugnáveis na apelação (ou em contrarrazões de apelação).

No caso de a impugnação à interlocutória se dar em sede de contrarrazões, o capítulo deste ato destinado a atacar a decisão interlocutória terá natureza recursal (ou, em outras palavras, será uma apelação interposta na mesma peça em que oferecidas as contrarrazões à apelação da parte contrária), a ele se aplicando todas as normas incidentes sobre os recursos (como, por exemplo, a que versa sobre a possibilidade de desistência do recurso, que se "extrai" do art. 995). Esta impugnação, ato de natureza recursal, terá de ser tempestiva e fundamentada, sob pena de não conhecimento.

Vários exemplos poderiam ser aqui figurados. Pense-se na decisão que indefere a produção de prova testemunhal. Nesse caso, incabível o agravo de instrumento, o interessado em impugnar o pronunciamento interlocutório terá o ônus de, na apelação que eventualmente interponha, ou nas contrarrazões à apelação por outrem interposta, impugnar de forma específica aquela decisão, sob pena de não poder ela ser objeto de reapreciação pela instância superior.

Questão importante é a de saber se esta regra se aplica às decisões interlocutórias que versem sobre questões de ordem pública, sobre as quais não incide preclusão (art. 485, § 3º). Pense-se, por exemplo, no caso de se ter proferido decisão interlocutória que expressamente rejeite uma arguição de existência de coisa julgada. Trata-se de decisão não impugnável por agravo de instrumento. Seria preciso, em um caso assim, a expressa impugnação da decisão interlocutória em sede de apelação (ou de contrarrazões)? Ou estaria o tribunal de segundo grau de jurisdição autorizado a examinar a matéria de ofício, independentemente de ter havido essa expressa impugnação?

Considerando o disposto no art. 485, § 3º, por força do qual "[o] juiz conhecerá de ofício da matéria constante dos incisos IV, V, VI e IX, em qualquer tempo e grau de jurisdição, enquanto não ocorrer o trânsito em julgado", parece evidente que essas matérias poderão ser objeto de apreciação *ex officio* pelo tribunal de segundo grau, independentemente de terem sido objeto de impugnação específica em sede de apelação ou de contrarrazões, mesmo que sobre elas tenha havido decisão interlocutória. Quanto às demais matérias, porém, as quais podem ser alcançadas pela preclusão, havendo decisão interlocutória contra a qual não caiba agravo de instrumento, só poderá o tribunal de segundo grau pronunciar-se se tiver sido oferecida impugnação específica, na apelação ou em contrarrazões.

A apelação, então, poderá ser interposta para impugnar a sentença ou as decisões interlocutórias não agraváveis. É, pois, perfeitamente possível que a parte apele sem oferecer à sentença qualquer impugnação, limitada sua irresignação ao conteúdo de alguma decisão interlocutória não agravável. Pense-se, por exemplo, em um processo em que se postula bem jurídico que não tenha conteúdo patrimonial apreciável, tendo o autor indicado, na petição inicial, que o valor da causa seria de um milhão de reais. Figure-se, agora, a possibilidade de o juízo de primeiro grau, por decisão interlocutória não agravável, ter reduzido o valor da causa para mil reais. Proferida a sentença que acolheu o pedido do autor, declarando ser o réu seu pai, e fixando honorários advocatícios em dez por cento sobre o valor da causa, não terá o autor interesse em recorrer contra a sentença, mas é evidente seu interesse (ou, ao menos, o interesse de seu advogado) em apelar para impugnar a decisão interlocutória que reduziu o valor da causa (afinal, é evidente que dez por cento de mil reais é muito menos do que dez por cento de um milhão de reais).

É importante esta afirmação de que a apelação pode ser interposta apenas com o objetivo de impugnar decisões interlocutórias não agraváveis, para evitar-se um problema de ordem prática. É que pode acontecer de se ter a equivocada ideia de que só seria possível impugnar-se a decisão interlocutória não agravável na apelação se esta impugnasse *também* a sentença. Pois se fosse assim, em um caso como o há pouco figurado (da demanda cujo objeto não tenha conteúdo patrimonial apreciável), em que a parte vencedora não terá, como óbvio, interesse em impugnar a sentença, talvez também não pretenda fazê-lo o vencido. Basta pensar, por exemplo, em se estar diante de uma sentença que, com apoio em uma perícia genética (o assim chamado "exame de DNA"), tenha declarado uma paternidade. Pois neste caso o autor – vencedor – não terá interesse em apelar contra a sentença, e o réu talvez considere que de

Parte Especial • Cap. 23 • Processos nos tribunais e meios de impugnação das decisões judiciais **523**

nada adiantaria apelar contra a sentença, já que muito provavelmente o julgamento do tribunal também se apoiaria no laudo pericial (e sendo preciso levar em conta, aqui, o fato de que a interposição deste recurso poderia acarretar o aumento do valor dos honorários sucumbenciais, por força do disposto no art. 85, § 11). Pode-se cogitar de outro exemplo: em um processo em que o autor tenha formulado dois pedidos cumulados, pode ter sido proferida decisão de saneamento e organização do processo (art. 357) em que se tenha afirmado não ter o demandante interesse de agir com relação a um dos pedidos formulados, excluindo-o do processo. Esta decisão interlocutória não é impugnável por agravo de instrumento. Prosseguindo o processo, profere-se sentença de procedência do outro pedido (o único a ser julgado). Neste caso, não tem o autor interesse em apelar para impugnar a sentença, mas é perfeitamente possível que ele apele para impugnar a decisão interlocutória (ainda mais quando se considera que a decisão que afirma a ausência de interesse processual é daquelas que impedem a repropositura da demanda, por força do disposto no art. 486, § 1º).

É, então, absolutamente fundamental admitir-se a interposição de apelação para impugnação da decisão interlocutória, somente.

Resulta daí uma relevante consequência: é que se a parte que poderia ter interposto apelação autônoma para impugnar a decisão interlocutória não o fizer, deixando para impugná-la em contrarrazões de apelação, esta será um recurso subordinado (gênero a que se integra outra espécie, o *recurso adesivo*), devendo-se aplicar à hipótese, no que couber, o regime estabelecido para os casos de interposição adesiva de apelação.

Deste modo, não admitindo, por qualquer motivo, a apelação, não poderá o tribunal conhecer do pedido recursal formulado em sede de contrarrazões. Além disso, essas contrarrazões com natureza recursal deverão preencher todos os requisitos de admissibilidade da apelação (inclusive quanto a preparo, se este for exigido pela legislação local), sob pena de não ser admissível a análise da pretensão recursal nela veiculada (o que, evidentemente, não excluirá o exame das contrarrazões *propriamente ditas*, assim entendido o ato de impugnação ao recurso interposto pela outra parte).

Registre-se, ainda, que – senão sempre, pelo menos na maioria das vezes – o desprovimento do recurso principal tornará prejudicada a apelação interposta de forma subordinada nas contrarrazões. Pense-se, por exemplo, no caso de ter a parte vencedora recorrido, na peça de contrarrazões, contra uma decisão interlocutória que indeferiu a produção de certa prova. Ora, desprovido o recurso principal, interposto pela parte vencida, não haverá mais interesse em verificar se a parte vencedora tinha ou não direito à produção da prova, já que mesmo sem ela terá obtido êxito quanto ao mérito da causa. Deverá o órgão julgador do recurso, em casos assim, declarar prejudicado o recurso subordinado.

Em caso de haver pedido de natureza recursal nas contrarrazões, incumbirá à Secretaria do juízo de primeiro grau abrir vista ao apelante principal para, no prazo de quinze dias, manifestar-se sobre as contrarrazões do apelado (art. 1.009, § 2º). Ter-se-á, aí, *contrarrazões às contrarrazões*.

A apelação é, portanto, recurso adequado para impugnar sentença e decisões interlocutórias não agraváveis (e as contrarrazões de apelação podem assumir a natureza de recurso "adesivo" destinado a impugnar decisões interlocutórias não agraváveis).

Interpõe-se o recurso de apelação através de petição escrita, dirigida ao juízo de primeiro grau de jurisdição. A petição de interposição da apelação deve conter, em primeiro lugar, a indicação dos nomes e qualificações do(s) apelante(s) e do(s) apelado(s). Já havendo nos autos, porém, tais elementos, eles não precisam ser repetidos. Aqui impende recordar que, normalmente, apelante e apelado, por já serem partes no processo, já tiveram seus nomes e suas qualificações completas indicadas em atos anteriores, como a petição inicial (art. 319, II). Seria, assim, excessivo e inútil formalismo exigir a indicação de nomes e qualificações que já constam dos autos.

Deverá também a petição de interposição da apelação conter a exposição do fato e do direito, o que significa dizer que incumbe ao apelante o ônus de apresentar um relato dos aspectos fáticos e jurídicos envolvidos na causa. A esta exposição se fará seguir, necessariamente, a apresentação das razões do pedido de reforma ou de decretação da nulidade da sentença apelada. Vale, aqui, recordar que a apelação – como se dá, aliás, com a quase totalidade dos recursos – pode ter por objeto a reforma da sentença (quando o fundamento do recorrente consistir na indicação da existência de um *error in iudicando*) ou sua anulação (se o fundamento for a existência de *error in procedendo*). Assim, é ônus do apelante descrever o erro – *in iudicando* ou *in procedendo* – que considera estar presente na sentença, narrando os motivos pelos quais o pronunciamento apelado deve ser reformado ou anulado. No caso de apelar-se contra a sentença ao fundamento de ser ela *citra petita* (isto é, de não ter sido julgado algo que fora demandado), deverá o apelante pedir a *integração* do pronunciamento recorrido, a fim de que o tribunal supra aquela lacuna e julgue o que no primeiro grau de jurisdição não foi julgado.

Por fim, a petição de interposição da apelação deverá conter o pedido de nova decisão. Em outros termos, incumbe ao apelante declarar, expressamente, que decisão pretende ver proferida pelo tribunal *ad quem*, cabendo-lhe indicar, com precisão, se pretende a reforma, a decretação da nulidade da sentença ou a integração. Ou, ainda, se formula tais pedidos de forma cumulada, o que é perfeitamente admissível.

Uma vez oferecido o recurso, deverá ser intimado o recorrido para apresentar suas contrarrazões no prazo de quinze dias. Como se trata de um caso de vista obrigatória, o ato deve ser praticado pela serventia do juízo, independentemente de despacho, nos termos do art. 203, § 4º.

Pode ocorrer de, conjuntamente com as contrarrazões, o apelado oferecer outro recurso, interposto pela forma adesiva (art. 997, § 1º). Neste caso, incumbirá à secretaria do órgão jurisdicional *a quo* abrir vista ao apelante principal, para que tenha oportunidade para contra-arrazoar a apelação adesiva no prazo de quinze dias. Também será aberta uma oportunidade para nova manifestação do apelante (em quinze dias) quando, ainda que não tenha sido interposta apelação adesiva, tenha o apelado, em

Parte Especial • Cap. 23 • Processos nos tribunais e meios de impugnação das decisões judiciais **525**

contrarrazões, impugnado alguma decisão interlocutória, nos termos do disposto no art. 1.009, § 1º. Tendo o apelado praticados ambos os atos (isto é, interposto apelação adesiva e impugnado decisão interlocutória nas contrarrazões), o prazo para manifestação do apelante será um só, de quinze dias, para manifestar-se tanto sobre o recurso adesivo como acerca da impugnação ao pronunciamento interlocutório.

Tendo sido a sentença de extinção do processo sem resolução do mérito – aqui incluído o caso de indeferimento da petição inicial – ou de improcedência liminar do pedido, a apelação torna possível o exercício, pelo juízo de primeiro grau, de *juízo de retratação* (arts. 331, 332, § 3º, e 485, § 7º). Impende, porém, que o juízo *a quo* verifique se a apelação interposta é tempestiva. É que este é o único dos vícios capazes de levar à inadmissibilidade do recurso que se reputa absolutamente insanável e, pois, se a apelação tiver sido interposta intempestivamente se deverá reputar já transitada em julgado a sentença. Assim, sendo intempestiva a apelação não poderá haver retratação (FPPC, enunciado 293). Tempestivo que seja o recurso, porém, o juízo de primeiro grau poderá retratar-se ainda que identifique algum outro vício formal na apelação (como, por exemplo, ausência de preparo), já que todos os demais vícios são sanáveis (e não cabe ao juízo de primeiro grau decidir sobre a admissibilidade do recurso nem praticar os atos necessários à correção dos vícios).

Observado este procedimento, devem os autos ser encaminhados ao órgão *ad quem*, independentemente de juízo de admissibilidade (FPPC, enunciado 99). O controle da admissibilidade da apelação é feito exclusivamente pelo órgão *ad quem*, incumbindo seu exame, em primeiro lugar, ao relator (a quem incumbe, monocraticamente, negar seguimento a recursos inadmissíveis, nos termos do art. 932, III) e, posteriormente, pelo órgão colegiado competente para julgá-lo, o qual poderá não conhecer do apelo. A lamentar, apenas, não se ter autorizado o juízo de primeiro grau a fazer um controle da tempestividade da apelação (que ele não pode fazer nem nos casos em que exerce juízo de retratação, limitando-se, nesta hipótese, a afirmar que deixa de se retratar por ser intempestivo o recurso mas, ainda assim, determinando a remessa dos autos ao tribunal). Nos termos do que consta do CPC, apelações manifestamente intempestivas – muitas vezes interpostas com finalidade exclusivamente protelatória – poderão vir a ser oferecidas, caso em que não poderá o juízo de primeiro grau deixar de recebê-las, só sendo permitido ao relator, no tribunal de segunda instância, proferir juízo negativo de admissibilidade.

Chegando o recurso ao tribunal, deverá imediatamente ser distribuído ao relator. Este, normalmente, será escolhido livremente através de distribuição por sorteio (art. 930). Casos há, porém, em que o relator já está previamente determinado por *prevenção* (art. 930, parágrafo único).

Efetuada a distribuição, os autos serão imediatamente levados à conclusão do relator, que poderá julgá-lo monocraticamente (nos casos do art. 932, III a V, como expressamente afirma o art. 1.011, I) ou devolver os autos à Secretaria com relatório (art. 931), já deixando elaborado o voto que proferirá na sessão do órgão colegiado (art. 1.011, II).

A apelação, em regra, será recebida *com efeito suspensivo* (art. 1.012). Em outros termos, a apelação continua – em regra – a funcionar como um obstáculo a que a sentença produza seus efeitos imediatamente, só podendo tais efeitos se produzir, ordinariamente, após o julgamento em segundo grau de jurisdição (ou, no caso de não ser interposta apelação admissível, após o trânsito em julgado da sentença). Excepcionalmente, porém, há casos em que a apelação será recebida *sem efeito suspensivo*, produzindo a sentença seus efeitos *desde que publicada*, isto é, desde o momento em que tornado público o seu teor (art. 1.012, § 1º).

Nas excepcionais hipóteses em que a apelação é, pois, desprovida de efeito suspensivo, a sentença começará a produzir efeitos a partir do momento em que seja publicada (isto é, tornada pública). Não se deve confundir, aqui, os conceitos de *publicação* (ato de tornar pública) e de *intimação* da sentença (ato pelo qual se dá ciência a alguém do teor da sentença). Mesmo antes de intimadas as partes, a sentença tornada pública já produzirá efeitos. Para se perceber a importância deste ponto, basta figurar um exemplo: no caso de uma sentença em que se *conceda* tutela antecipada para o fim de determinar o cancelamento de um registro cartorário, será possível – antes mesmo de intimadas as partes – o juízo praticar os atos necessários à efetivação do aludido cancelamento (que poderá, por exemplo, ser realizado por meios eletrônicos pela própria Secretaria do juízo, desde que disponha de meios para tanto) e só depois promover-se a intimação das partes.

O primeiro caso de apelação sem efeito suspensivo *ope legis* é o do recurso interposto contra sentença que homologa divisão ou demarcação de terras (art. 1.012, § 1º, I).

O procedimento especial da "ação de demarcação de terras particulares" (ou simplesmente "ação demarcatória") caracteriza-se por ser bifásico. Na primeira fase, destinada a verificar a efetiva existência do direito do demandante à demarcação de suas terras, profere-se uma *primeira sentença* (de que trata o art. 581) impugnável por apelação a ser recebida *com efeito suspensivo*. Transitada em julgado esta primeira sentença, inicia-se uma segunda fase, chamada "dos trabalhos de campo", em que a demarcação é efetivada. Concluídos os trabalhos de campo, o juízo proferirá nova sentença, homologatória da demarcação (art. 587), impugnável esta por sentença desprovida de efeito suspensivo (art. 1.012, § 1º, I).

Já o procedimento da "ação de divisão de terras particulares" não é bifásico. Neste há, apenas, uma sentença – exatamente a que homologa a divisão de terras (art. 597, § 2º), impugnável por apelação a ser recebida *sem efeito suspensivo* (art. 1.012, § 1º, I).

Também se recebe sem efeito suspensivo a apelação interposta contra sentença que condena ao pagamento de prestação alimentícia (art. 1.012, § 1º, II). Não obstante a clareza do texto da lei (que fala em sentença que *condena a pagar alimentos*), há entendimento segundo o qual a norma atribuída ao dispositivo ora comentado alcança também a apelação contra a sentença que julga demanda de *revisão de alimentos*, seja

Parte Especial • Cap. 23 • Processos nos tribunais e meios de impugnação das decisões judiciais **527**

para majorá-los, seja para reduzi-los. O correto, porém, é interpretar-se de forma estrita a exceção criada por este inciso II do art. 1.012, § 1º, à regra geral, excluindo-se a produção do efeito suspensivo da apelação tão somente no caso de sentença condenatória ao pagamento de alimentos.

Será também recebida sem efeito suspensivo a apelação interposta pelo embargante no processo de embargos do executado. Sempre que a sentença extinguir aquele processo sem resolução do mérito ou julgar o pedido formulado pelo embargante improcedente será admissível apelação sem efeito suspensivo (art. 1.012, § 1º, III). Só terá efeito suspensivo *ope legis*, assim, a apelação que eventualmente seja interposta pelo embargado, contra a sentença de procedência dos embargos.

É, ainda, desprovida de efeito suspensivo *ope legis* (art. 1.012, § 1º, IV) a apelação interposta contra a sentença que, nos termos do art. 7º da Lei nº 9.307/1996, julga procedente o pedido de instituição de arbitragem (naqueles casos em que, tendo sido celebrada uma cláusula compromissória, surja o litígio e alguma das partes se recuse a instituir o processo arbitral, caso em que incumbirá ao Judiciário proferir uma decisão substitutiva da declaração de vontade das partes). Assim, publicada a sentença já será possível a instalação do tribunal arbitral, que poderá começar a atuar desde logo.

O inciso V do art. 1.012, § 1º, estabelece que será recebida sem efeito suspensivo *ope legis* a apelação interposta contra sentença que confirma, concede ou revoga a tutela provisória.

Assim, a apelação será recebida sem efeito suspensivo nos caso em que tenha sido deferida a tutela provisória antes da sentença, seja esta de procedência (a qual *confirma* a tutela provisoriamente deferida), seja de improcedência (a qual *revoga* a tutela provisória). Do mesmo modo, será recebida sem efeito suspensivo a apelação quando a concessão da tutela provisória tiver ocorrido na própria sentença.

Deve-se ter claro, porém, que apenas no que concerne ao capítulo da sentença que versa sobre a tutela provisória é que a apelação será desprovida de efeito suspensivo (salvo, evidentemente, o caso de tal efeito não se produzir por força de outra regra, como seria o caso de não ter havido concessão de tutela provisória quanto a alimentos, mas estes terem sido fixados em sentença). Assim, por exemplo, no caso de o autor ter formulado dois pedidos (A e B) e ter havido concessão de tutela provisória apenas quanto a um deles (A), a sentença que acolha os dois pedidos, julgando-os procedentes, será impugnável por apelação a ser recebida *sem efeito suspensivo* no que concerne à impugnação do capítulo que tenha julgado o pedido A e *com efeito suspensivo* no que diz respeito ao capítulo da sentença que tenha julgado o pedido B.

É preciso, porém, perceber que o inciso V do art. 1.012, § 1º, não faz alusão apenas às tutelas de urgência. Ao se referir à tutela provisória, o dispositivo ora mencionado engloba tanto a tutela de urgência como a tutela da evidência.

Ocorre que um dos casos de tutela da evidência (que pode ser deferida liminarmente, por meio de decisão interlocutória, ou na sentença) é aquele em que "[as] alegações de fato p[odem] ser comprovadas apenas documentalmente e h[á] tese firmada em julgamento de casos repetitivos ou em súmula vinculante" (art. 311, II). O que se extrai daí é que nos processos em que a prova documental tenha sido a única produzida com o objetivo de convencer da veracidade das alegações feitas pelo demandante e a decisão de procedência do pedido fundar-se em enunciado de súmula vinculante ou em julgamento de casos repetitivos (assim entendido, nos termos do disposto no art. 928, o proferido em sede de incidente de resolução de demandas repetitivas ou em recursos especial ou extraordinário repetitivos), ter-se-á – desde que o interessado tenha postulado expressamente, já que a tutela provisória não pode ser concedida de ofício – uma *sentença concessiva de tutela da evidência* (e, pois, uma sentença concessiva de tutela provisória).

Resulta daí, pois, que nesses casos a apelação deverá ser recebida *sem efeito suspensivo*.

Figure-se um exemplo: A demanda em face do Banco B, que na qualidade de endossatário-mandatário levou a protesto um título de crédito mesmo tendo ciência de que o pagamento já fora efetuado. Havendo prova documental suficiente de que o protesto foi feito pelo endossatário-mandatário depois de ter conhecimento de que o pagamento já fora efetuado, a sentença julga o pedido procedente e condena o Banco B a reparar os danos causados ao demandante. Pois esta sentença tem apoio em julgamento por amostragem de recursos especiais repetitivos (STJ, REsp 1063474/RS, rel. Min. Luis Felipe Salomão, v.u., j. em 28.9.2011), o que significa que se estaria, aí, diante de uma sentença concessiva de tutela da evidência, impugnável por apelação desprovida de efeito suspensivo.

Considerando o imenso número de casos enquadráveis na hipótese prevista neste art. 1.012, § 1º, V, pode-se afirmar que serão muitas as hipóteses em que a apelação, na prática, não terá efeito suspensivo *ope legis*.

Por fim, não terá efeito suspensivo por determinação legal a apelação interposta contra sentença que decreta a interdição (art. 1.012, § 1º, VI). Assim sendo, uma vez publicada a sentença que decreta a interdição, já poderá o curador do incapaz começar a atuar na defesa de seus interesses, respeitando os limites estabelecidos na própria sentença que o tenha constituído (art. 755, I).

Em todos esses casos em que a apelação não tem, por força de lei, efeito suspensivo, admite-se que, desde o momento em que tornada pública a sentença, seus efeitos já comecem a se produzir, admitindo-se inclusive que a parte vencedora promova, desde logo, seu cumprimento provisório (art. 1.012, § 2º). Admite-se, porém, em todos esses casos – e em outros expressamente previstos em lei, como é o caso da apelação interposta nos processos regidos pela Lei nº 8.245/1991, que rege a locação de imóveis urbanos, e que não tem efeito suspensivo por força do disposto em seu art. 58, V –, que o apelante requeira a atribuição de tal efeito por decisão judicial (efeito suspensivo *ope iudicis*). Pois, neste caso, o requerimento de atribuição de efeito suspensivo será dirigido ao tribunal se, já interposta a apelação, ainda não foi designado seu relator, caso em que será o requerimento distribuído a um magistrado

Parte Especial • Cap. 23 • Processos nos tribunais e meios de impugnação das decisões judiciais **529**

que ficará prevento para ser o relator da apelação (art. 1.012, § 3º, I). De outro lado, já havendo relator designado, a este será diretamente formulado o requerimento de concessão de efeito suspensivo à apelação (art. 1.012, § 3º, II). Em ambos os casos será possível conceder-se *ope iudicis* efeito suspensivo à apelação se ficar demonstrada a probabilidade de provimento do recurso ou se, relevante a fundamentação da apelação, houver risco de dano grave ou de difícil reparação (art. 1.012, § 4º). Perceba-se que a atribuição de efeito suspensivo à apelação por decisão do relator pode ser uma modalidade de tutela de urgência (se houver risco de dano grave ou de difícil reparação, isto é, se existir *periculum in mora*, caso em que também se exige a "relevância da fundamentação do recurso", ou seja, o *fumus boni iuris*), mas pode também ser uma forma de prestação de tutela da evidência, já que se admite a concessão do efeito suspensivo simplesmente quando se "demonstrar a probabilidade de provimento do recurso", prescindindo-se deste modo do *periculum in mora*. Basta, pois, ser provável o provimento da apelação para que já se deva deferir o requerimento de atribuição de efeito suspensivo *ope iudicis* à apelação.

A apelação é recurso que tem uma especial característica: seu efeito devolutivo é *mais amplo* do que o dos outros recursos. É que, enquanto os demais recursos se limitam a devolver ao tribunal aquilo que tenha sido expressamente decidido e impugnado (*tantum devolutum quantum appellatum*), a apelação devolve, *além disso*, uma série de outras questões ao tribunal. Esta maior extensão do efeito devolutivo da apelação resulta diretamente da lei (art. 1.013).

Inicia-se a regulamentação do efeito devolutivo da apelação, no texto legal, pela afirmação de que a apelação devolve ao tribunal o conhecimento da matéria impugnada (art. 1.013, *caput*). Este é, apenas, o ponto de partida para a compreensão do efeito devolutivo da apelação. Registre-se, uma vez mais, que no caso de conter a sentença diversos capítulos e não sendo todos eles impugnados (isto é, sendo o recurso *parcial*), apenas os capítulos expressamente atacados pela apelação serão devolvidos ao tribunal, enquanto os não impugnados ficarão, desde logo, cobertos pela autoridade de coisa julgada (FPPC, enunciado 100: "Não é dado ao tribunal conhecer de matérias vinculadas ao pedido transitado em julgado pela ausência de impugnação").

A apelação, porém, devolve ao tribunal muito mais do que o conteúdo da sentença que tenha sido expressamente impugnado pelo apelante. Como já se viu, a apelação também devolve ao tribunal o conhecimento das questões resolvidas antes da sentença, por decisão interlocutória não agravável, e que tenham sido expressamente impugnadas na apelação (ou nas contrarrazões).

Dentro dos limites da impugnação (e, portanto, apenas em relação a capítulos da sentença que tenham sido impugnados), serão também objeto de apreciação e julgamento pelo tribunal todas as questões suscitadas e discutidas no processo, ainda que não tenham sido solucionadas (art. 1.013, § 1º). Pense-se, deste modo, no caso de ter sido discutida no processo alguma questão que deveria ter sido apreciada e resolvida na sentença (e que diga respeito ao conteúdo impugnado da sentença e que foi devolvido ao tribunal pela apelação). Não tendo sido a questão enfrentada na sentença, será esta omissa, o que permitirá a oposição de embargos de declaração. Tenham ou não sido opostos os embargos declaratórios, porém, incumbirá ao tribunal de segundo grau manifestar-se a respeito da questão sobre a qual a sentença se omitiu.

Estende-se o efeito devolutivo da apelação, ainda, aos fundamentos não acolhidos pela sentença (art. 1.013, § 2º). Imagine-se o caso de ter uma das partes da demanda (demandante ou demandado) apresentado diversos fundamentos distintos em seu favor, cada um deles suficiente, em tese, para lhe assegurar resultado favorável. Incumbe ao órgão jurisdicional, neste caso, enfrentar expressamente na sentença todos os fundamentos que pudessem infirmar a conclusão alcançada na decisão (art. 489, § 1º, IV). *A contrario sensu*, não tem o juízo o dever de apreciar expressamente fundamentos que levariam à mesma conclusão a que a sentença tenha chegado (ou que, isoladamente considerados, não seriam capazes de infirmar aquela conclusão).

Assim, por exemplo, se o demandante formulou pedido baseado em dois fundamentos (A e B), cada um deles suficiente para justificar uma decisão favorável, e o juiz acolheu o primeiro deles, não haverá necessidade de examinar o segundo. De outro lado, rejeitado o primeiro fundamento, terá o juiz o dever de examinar o segundo (que poderá ser acolhido, evidentemente). Acolhido algum deles, a parte favorecida pela decisão não terá interesse em apelar (ao menos para impugnar a sentença, sempre podendo haver interesse em apelar para impugnar alguma decisão interlocutória não agravável), ainda que outro fundamento tenha sido expressamente rejeitado (ressalvado, apenas, o caso em que a mudança do fundamento da decisão possa produzir resultados mais favoráveis à parte vencedora, como acontece no caso em que o pedido formulado em ação popular é julgado improcedente por insuficiência de provas, hipótese em que a mudança do fundamento que justifica a improcedência proporciona ao demandado uma melhor situação jurídica). A apelação interposta pela parte contrária, porém, devolverá ao tribunal o conhecimento de todos os demais fundamentos (tenham eles sido apreciados pelo juízo *a quo* ou não). Por conta disso, será perfeitamente possível que, no julgamento de segundo grau de jurisdição, chegue-se à mesma conclusão alcançada na sentença de primeiro grau, mas por fundamento diverso.

A extensão do efeito devolutivo da apelação, porém, não vai ao ponto – ao menos como regra geral – de admitir que seja suscitada originariamente no tribunal questão de fato que não tenha sido deduzida no primeiro grau de jurisdição. Só se admite que tais questões sejam suscitadas originariamente em grau de apelação na excepcional hipótese de o apelante provar que deixou de fazê-lo por motivo de força maior (art. 1.014).

Como regra geral, portanto, não se admite o *ius novorum*, isto é, a inovação dos fundamentos fáticos em sede de apelação. Poderá o apelante, evidentemente, suscitar questões que, por expressa previsão legal, podem ser deduzidas a qualquer tempo (como se dá com a prescrição ou a decadência). Também poderá o apelante suscitar questões de direito, em relação às quais não há – ao menos nas instâncias ordinárias

– preclusão. Fundamentos fáticos novos, porém – e pouco importando se são fatos essenciais ou não –, só podem ser suscitados na apelação se ficar demonstrado que não foram deduzidos no primeiro grau de jurisdição por motivo de força maior.

Daí se vê, portanto, que a apelação não é um novo processo, mas um mecanismo hábil a permitir o reexame daquilo que tramitou perante o primeiro grau de jurisdição. Incumbe ao tribunal, ao rejulgar a causa, fazê-lo a partir das mesmas bases em que se tenha apoiado o julgamento de primeiro grau, analisando as mesmas questões de fato e valorando as mesmas provas. O surgimento de questões fáticas novas é absolutamente excepcional, só podendo ocorrer se tal matéria não foi deduzida no primeiro grau de jurisdição por motivo de força maior.

A apelação, por força de seu extenso efeito devolutivo, acaba por permitir que o tribunal *ad quem* pronuncie-se, em certas circunstâncias, sobre o mérito da causa sem que este tenha sido resolvido no primeiro grau, quando a sentença não o apreciou por inteiro ou se o pronunciamento sobre o mérito foi inválido. Pois, nestes casos, permite-se ao tribunal, uma vez reconhecido o vício da sentença, prosseguir no julgamento e emitir pronunciamento de mérito válido, sem que haja necessidade de retorno do processo ao juízo de origem. A este fenômeno pode dar-se o nome de *efeito translativo da apelação* (devendo ficar registrado que apenas a apelação – e o recurso ordinário, que exerce função de apelação – pode produzir este efeito), o qual é, na verdade, um mero corolário do efeito devolutivo extenso da apelação.

Assim é que, por força do efeito translativo da apelação (previsto no art. 1.013, § 3º), fica o tribunal de segundo grau incumbido de decidir desde logo o mérito, desde que este esteja já em condições de receber imediato julgamento (motivo pelo qual é comum, na prática forense, falar-se em "causa madura" nessas hipóteses) e tenha ocorrido alguma das hipóteses previstas no texto legal.

Opera-se o efeito translativo da apelação, em primeiro lugar, se o tribunal *reformar sentença terminativa* (art. 1.013, § 3º, I). Significa isto dizer que, tendo o juízo de primeiro grau proferido sentença que não contém a resolução do mérito, e considerando o tribunal *ad quem* ter havido *error in iudicando*, sendo o caso de adentrar-se no mérito da causa, deverá ser reformada a sentença terminativa e, em prosseguimento do julgamento da apelação, o tribunal resolverá o mérito da causa, desde que este já esteja em condições de receber imediato julgamento, ou seja, não havendo necessidade de produção de mais provas ou prática de outros quaisquer atos que só perante o juízo de primeiro grau poderiam ser realizados.

Também se opera o efeito translativo da apelação (desde que a causa esteja "madura", isto é, em condições de receber imediato julgamento) quando o tribunal, na apreciação da apelação, decreta a nulidade da sentença por não ser ela congruente com os limites do pedido ou da causa de pedir (ou seja, se a sentença for *extra petita*, nos termos do art. 1.013, § 3º, II). Neste caso, o tribunal anulará a sentença e rejulgará o mérito, mas agora de forma congruente com os limites da demanda. Não se aplica o dispositivo, porém, à sentença *ultra petita*, pois neste caso tudo o que incumbe ao tribunal fazer é invalidar o excesso, ou seja, aquilo que tenha ido além dos limites do que foi demandado.

No caso de ser *citra petita* a sentença (isto é, de não ter sido apreciado algum dos pedidos formulados pelo demandante), e nos termos do art. 1.013, § 3º, III, deverá o tribunal promover a integração do pronunciamento judicial, resolvendo aquela parcela do mérito da causa que não tenha sido apreciada pela sentença apelada. Perceba-se que, neste caso (e partindo da premissa de que aquilo que foi julgado está correto, evidentemente), nada haverá a reformar ou anular, sendo o caso, tão somente, de integrar a decisão judicial.

Também se opera o efeito translativo da apelação quando o tribunal "decretar a nulidade de sentença por falta de fundamentação" (art. 1.013, § 3º, IV). Assim, ao reconhecer que a sentença apelada não atende à exigência constitucional (art. 93, IX da Constituição da República) e legal (arts. 11 e 489, § 1º) de fundamentação substancial e analítica, incumbe ao tribunal cassar o pronunciamento apelado e, em prosseguimento do julgamento, reapreciar o mérito da causa (se, evidentemente, o processo estiver em condições de receber imediato julgamento, ou seja, se a causa estiver "madura"). Tenha-se claro que neste caso o tribunal *anula a sentença viciada por falta de fundamentação analítica e substancial* e, em continuação do julgamento, se pronuncia sobre o mérito. É caso, pois, de anulação da sentença, e não de sua reforma (ou de se manter a conclusão por fundamento distinto). Manda a boa técnica, portanto, que em casos assim o tribunal se pronuncie expressamente no sentido de *anular a sentença e, em prosseguimento, resolver o mérito da causa* (seja no sentido da procedência, seja no da improcedência do pedido: FPPC, enunciado 307: "Reconhecida a insuficiência da sua fundamentação, o tribunal decretará a nulidade da sentença e, preenchidos os pressupostos do § 3º do art. 1.013, decidirá desde logo o mérito da causa").

Por fim, o efeito translativo se opera quando, reformada a sentença que tenha reconhecido a decadência ou a prescrição, o tribunal verifique já haver condições para imediata apreciação do restante do mérito da causa (art. 1.013, § 4º), caso em que também não haverá necessidade de se determinar o retorno dos autos ao juízo de primeiro grau. Neste caso, incumbirá ao tribunal de segundo grau pronunciar-se, desde logo, sobre o *restante do mérito* (já que decadência e prescrição são questões que já integram o mérito, motivo que leva a falar-se, aqui, em exame do "restante do mérito").

Embora já se tenha visto, sempre vale recordar que no caso de o julgamento colegiado da apelação não ser unânime pode haver necessidade de aplicar-se a técnica de complementação dos julgamentos não unânimes estabelecida pelo art. 942.

23.10.2.2 *Agravo de instrumento*

Agravo de instrumento é o recurso adequado para impugnar algumas decisões interlocutórias, expressamente indicadas em lei como sendo recorríveis *em separado*. O art. 1.015 estabelece um rol taxativo (mas não exaustivo, já que há uma cláusula de encerramento no inciso XIII que prevê a possibilidade de outras disposições legais

Parte Especial • Cap. 23 • Processos nos tribunais e meios de impugnação das decisões judiciais **533**

preverem outros casos de cabimento de agravo de instrumento). Assim, só é impugnável por agravo de instrumento a decisão interlocutória que, proferida por juízo de primeira instância, venha a se enquadrar em alguma das hipóteses previstas nos incisos do art. 1.015 ou que seja declarada agravável por alguma outra disposição legal. Registre-se, porém, que a existência de um rol taxativo não implica dizer que todas as hipóteses nele previstas devam ser interpretadas de forma literal ou estrita. É perfeitamente possível realizar-se, aqui – ao menos em alguns incisos, que se valem de fórmulas redacionais mais "abertas" –, interpretação extensiva ou analógica.

O que não se pode admitir, porém, por ser absolutamente contrária ao sistema jurídico, é a "taxatividade mitigada" que foi afirmada pelo Superior Tribunal de Justiça no julgamento dos recursos especiais n. 1.696.396 e 1.704.520, ambos da relatoria da Min. Nancy Andrighi. O STJ entendeu que a taxatividade do rol do art. 1.015 deveria ser "mitigada" quando o não cabimento do agravo de instrumento fosse capaz de gerar a inutilidade de se impugnar a decisão apenas em sede de apelação. Seria, por exemplo, o caso de um agravo de instrumento contra uma decisão que determinasse a expedição de uma carta rogatória para realizar a citação do réu em um caso no qual o autor considerasse já ter havido citação válida (o exemplo é extraído de um caso real). certamente não haveria qualquer utilidade em discutir isso só em sede de apelação, quando a rogatória já teria sido expedida e cumprida, com toda a perda de tempo e dinheiro que isso provocaria, já que eventual provimento do recurso posteriormente interposto não seria capaz de impedir a expedição da rogatória já cumprida. Não se questiona, aqui, que a ideia sustentada pelo STJ é interessante (e está, por exemplo, expressamente prevista no Código de Processo Civil português). O problema é que mitigar a taxatividade implica dizer que o rol, na verdade, não é taxativo, contrariando a lei (e, por via oblíqua, o princípio constitucional da legalidade, que é também norma fundamental do processo civil, como se vê do art. 8°). A opção legislativa pode ter sido ruim, equivocada, mas não é papel do Judiciário corrigi-la, alterando a lei. Opções legislativas ruins, mas que não sejam inconstitucionais (e essa, claramente, não é), devem ser respeitadas pelo Judiciário e discutidas na sede própria, o Congresso Nacional. A decisão do STJ, com todas as vênias devidas, só serviu para gerar insegurança, já que não se consegue mais saber quais são as decisões interlocutórias que admitem agravo de instrumento, e isso tem levado a que muitos advogados interponham agravo de instrumento contra toda e qualquer decisão interlocutória que se venha a proferir. A decisão do STJ, porém, foi proferida no julgamento de recursos especiais repetitivos e, por isso, é dotada de eficácia vinculante para todos os órgãos dos Judiciários Estaduais e da Justiça Federal, de modo que não podem eles, até que seja revista a tese pelo próprio STJ, deixar de considerar o rol do art. 1.015 como sendo de "taxatividade mitigada", aplicando a seguinte tese: "o rol do artigo 1.015 do CPC é de taxatividade mitigada, por isso admite a interposição de agravo de instrumento quando verificada a urgência decorrente da inutilidade do julgamento da questão no recurso de apelação".

534 O NOVO PROCESSO CIVIL BRASILEIRO • Câmara

As decisões interlocutórias que não se enquadram no rol taxativo, sendo não agraváveis, são irrecorríveis *em separado*, só podendo ser objeto de impugnação em apelação ou em contrarrazões de apelação. E este é um ponto que precisa ser destacado: a afirmação de que certa decisão interlocutória não é agravável não implica dizer que é ela irrecorrível. Contra as decisões interlocutórias não agraváveis será admissível a interposição de apelação (autônoma ou inserida na mesma peça que as contrarrazões).

Admite-se agravo de instrumento, em primeiro lugar, contra decisão interlocutória que verse sobre tutela provisória (art. 1.015, I). Assim, deferida ou indeferida a tutela provisória – de urgência ou da evidência – será cabível a interposição desde logo do agravo de instrumento. O mesmo se diga da decisão que revoga ou modifica a tutela provisória anteriormente deferida.

Enquadra-se entre as decisões agraváveis por versar sobre tutela provisória aquele pronunciamento judicial que, diante de um requerimento de concessão de medida *inaudita altera parte* (isto é, sem prévia oitiva da outra parte), decreta que o requerimento só será examinado após manifestação da parte contrária. É que, no caso de se requerer a concessão da medida *inaudita altera parte*, o ato do juízo de primeiro grau afirmando que só apreciará o requerimento após manifestação do réu equivale, rigorosamente, ao *indeferimento da concessão sem prévia oitiva da parte contrária da medida*. Pode até ser que ao juízo posteriormente viesse a parecer ser o caso de deferir-se a medida. Certo é, porém, que o demandante pretendia obtê-la *inaudita altera parte* e isto não foi conseguido. Isto é, por si só, suficiente para justificar o interesse recursal (FPPC, enunciado 29 "É agravável o pronunciamento judicial que postergar a análise do pedido de tutela provisória ou condicionar sua apreciação ao pagamento de custas ou a qualquer outra exigência").

Também se admite agravo de instrumento contra decisões interlocutórias que versem sobre o mérito do processo. É que no sistema processual inaugurado pelo CPC de 2015 existe a possibilidade de cindir-se a apreciação do mérito da causa (que o dispositivo chama de "mérito do processo"), de forma que uma parcela seja apreciada em decisão interlocutória enquanto outra parcela será resolvida na sentença. É o que se dá nos casos de *julgamento antecipado parcial do mérito* (art. 356) ou se houver um julgamento de *improcedência liminar parcial* (que não está expressamente prevista no art. 332, mas é evidentemente possível, bastando pensar no caso de se formular diversos pedidos e o juízo liminarmente afirmar que alguns deles não podem ser apreciados por já se ter operado a decadência ou a prescrição, caso em que há um julgamento de improcedência liminar parcial). Pois, nestes casos, proferida decisão interlocutória, será adequada a utilização do agravo de instrumento como recurso destinado a impugnar tais pronunciamentos (o que está expressamente estabelecido pelo § 5º do art. 356).

Deve-se considerar, ainda, admissível o agravo de instrumento contra decisão que determina os limites dentro dos quais se contém o mérito de um processo. É o que se dá, por exemplo, no caso de o juízo de primeiro grau indeferir a modificação do

Parte Especial • Cap. 23 • Processos nos tribunais e meios de impugnação das decisões judiciais **535**

pedido pretendida pelo demandante. Ora, ao decidir no sentido de que o demandante não pode alterar seu pedido, está o juízo da causa a estabelecer quais serão os limites dentro dos quais o mérito será resolvido (que, no exemplo figurado, serão aqueles originariamente estabelecidos pelo demandante, e não os que resultariam da modificação do pedido). Ora, parece evidente que este é um pronunciamento judicial que *versa sobre o mérito*, razão pela qual o recurso de agravo de instrumento deve ser reputado admissível.

Admite-se agravo de instrumento contra decisão que rejeita alegação de convenção de arbitragem (art. 1.015, III). Só a decisão que rejeita tal alegação, evidentemente, é agravável, pois se o juízo acolher a alegação de existência de convenção de arbitragem será proferida sentença terminativa (art. 485, VII), motivo pelo qual o recurso adequado seria a apelação.

É agravável a decisão que resolve o incidente de desconsideração da personalidade jurídica (art. 1.015, IV). Pouco importa, aqui, se a decisão foi no sentido de reputar a instauração do incidente inadmissível ou se, admitido este, foi ou não acolhido o pedido de desconsideração. De qualquer modo será admissível o agravo de instrumento.

Também é impugnável por agravo de instrumento a decisão que rejeita requerimento de gratuidade de justiça ou acolhe o requerimento de sua revogação (art. 1.015, V). É irrecorrível, portanto, a decisão que concede o benefício da justiça gratuita, assim como também é irrecorrível a decisão que rejeita a impugnação à gratuidade que a outra parte tenha oferecido.

Deve-se, porém, reputar agravável (pelo postulante à concessão do benefício de gratuidade) o pronunciamento interlocutório que defere a gratuidade apenas em parte, como se dá no caso de se deferir apenas um abatimento ou o parcelamento do recolhimento das custas processuais (art. 98, §§ 5º e 6º). Tais decisões equivalem – para fins de interesse recursal – à negativa de concessão do benefício, já que este não terá sido deferido com o alcance pretendido.

É, ainda, agravável a decisão que versar sobre exibição ou posse de documento ou coisa (art. 1.015, VI), pouco importando se o requerimento formulado pela parte tenha sido deferido ou indeferido. Importante frisar que não há exibição de documento ou coisa apenas nos casos previstos nos arts. 396 a 404, mas também em outras situações, como se dá no art. 420, que faz alusão à exibição integral de livros empresariais e documentos do arquivo.

Cabe agravo de instrumento contra decisão interlocutória que determina a exclusão de litisconsorte (art. 1.015, VII). Não se admite, porém, agravo de instrumento contra decisão que rejeita o requerimento de exclusão do litisconsorte. De outro lado, é agravável a decisão interlocutória que rejeita o requerimento de limitação do litisconsórcio multitudinário (art. 1.015, VIII), mas não cabe agravo de instrumento contra a decisão que defere tal requerimento e determina o desmembramento do processo.

É agravável a decisão que admite ou inadmite intervenção de terceiros (art. 1.015, IX). Esta é regra aplicável a todas as modalidades de intervenção de terceiro, menos à intervenção do *amicus curiae*, já que nesta hipótese a decisão que admite a intervenção é irrecorrível (por força do disposto no art. 138). Em todas as outras modalidades de intervenção de terceiro, porém, será admissível a interposição de agravo de instrumento tanto contra o pronunciamento interlocutório que admite o ingresso do terceiro no processo quanto contra aquele que o indefere.

Admite-se agravo de instrumento contra decisão interlocutória que concede, modifica ou revoga efeito suspensivo em embargos do executado (art. 1.015, X). Há, aí, três situações distintas. Na primeira delas, o juízo da execução terá concedido efeito suspensivo aos embargos do executado, acarretando assim a paralisação total e temporária do processo executivo (art. 919, § 1º). Neste caso, deve-se admitir o agravo de instrumento do exequente-embargado para que possa ele buscar o prosseguimento da execução.

Também é agravável a decisão interlocutória que modifica o efeito suspensivo anteriormente atribuído aos embargos do executado (art. 919, § 2º). Pense-se, por exemplo, no caso de ter o juízo originariamente determinado a paralisação total da execução e, posteriormente, seja emitido novo pronunciamento reduzindo o efeito suspensivo apenas para assegurar que não sejam praticados atos executivos em relação a um dos executados (art. 919, § 4º). Pois neste caso se admite agravo de instrumento, que pode ser interposto pelo exequente (que pretenda obter decisão autorizando a prática de atos executivos contra outros executados, ainda protegidos pelo efeito suspensivo) como por aqueles executados que não estão mais albergados pelo efeito suspensivo anteriormente deferido em maior extensão.

É, ainda, agravável a decisão interlocutória que revoga efeito suspensivo anteriormente atribuído a embargos do executado (art. 919, § 2º), caso em que o executado terá todo interesse em recorrer.

Duas observações, porém, impõem-se aqui. A primeira é que não há sentido em admitir agravo de instrumento contra a decisão que revoga o efeito suspensivo anteriormente deferido aos embargos do executado e não admitir a interposição dessa mesma espécie recursal contra a decisão interlocutória que *indefere a atribuição de efeito suspensivo aos embargos do executado*. Pois também esta decisão deve ser reputada agravável. E nem se diga que isto seria contraditório com a afirmação, há pouco feita, de que o rol de decisões agraváveis é taxativo. Taxatividade não se confunde com vedação à interpretação, a qual, muitas vezes, não poderá ser literal, sob pena de se construir um sistema jurídico verdadeiramente esquizofrênico.

A outra observação que se impõe acerca da regra do art. 1.015, X, é que esta é exclusiva para os embargos do executado, não se aplicando aos casos de impugnação ao cumprimento de sentença. É que para estas decisões, proferidas nesse outro modelo de procedimento executivo, há disposição específica a permitir o agravo de instrumento: o art. 1.015, parágrafo único.

Parte Especial • Cap. 23 • Processos nos tribunais e meios de impugnação das decisões judiciais **537**

É impugnável por agravo de instrumento a decisão interlocutória que versa sobre *redistribuição do ônus da prova*, nos termos do art. 373, § 1º (art. 1.015, XI). Cabe o recurso tanto contra as decisões que mudam o modo como o ônus probatório é distribuído (isto é, nos termos da lei, o *redistribuem*), como contra a decisão que indefere requerimento de redistribuição do ônus da prova, mantendo-o como normalmente ele seria fixado por lei. É que o texto da lei fala do cabimento do agravo de instrumento contra decisões que "versem sobre redistribuição" do ônus da prova, e não apenas contra decisões "que o redistribuem".

Ademais, admite-se agravo de instrumento contra qualquer outra decisão interlocutória que a lei processual expressamente declare agravável, como se dá, por exemplo, no caso da decisão que receba a petição inicial após o desenvolvimento da fase preliminar do procedimento da "ação de improbidade administrativa" (art. 17, § 10, da Lei nº 8.429/1992).

Além disso tudo, também é admissível agravo de instrumento contra *qualquer decisão interlocutória* proferida nas fases de liquidação de sentença ou de cumprimento de sentença, assim como no processo de execução ou no processo de inventário e partilha (art. 1.015, parágrafo único).

Como visto, os casos de cabimento do agravo de instrumento estão previstos em rol taxativo, mas que admite interpretações que se afastam de sua literalidade. O que não se pode é admitir que, por meio de "interpretação", sejam incluídas no rol das decisões agraváveis pronunciamentos que claramente não o integram. É o caso, por exemplo, da decisão que versa sobre competência, ou a que resolve algo relacionado ao valor da causa. Nesses casos realmente não cabe o agravo de instrumento. E há uma razão importante para isso, diretamente ligada ao direito fundamental à segurança jurídica (Constituição da República, art. 5º, *caput*). É que o CPC estabelece dois regimes distintos de preclusão para as decisões interlocutórias (art. 1.009, § 1º). Quando a decisão é impugnável por agravo de instrumento, este recurso precisa ser desde logo interposto, sob pena de restar precluso o pronunciamento contra o qual não se recorreu. De outro lado, quando a decisão não é impugnável por agravo de instrumento, nao há preclusão imediata, e esta só se forma se a decisão não vier a ser posteriormente impugnada por via de apelação. Pois aí está exatamente o problema: caso se considere impugnável por agravo de instrumento uma decisão que não consta do rol do art. 1.015, será preciso também considerar, no caso de o agravo não ter sido interposto, ter-se formado a preclusão. E daí resulta a violação ao direito à segurança jurídica. É que será perfeitamente possível imaginar que, proferida a decisão, a parte não interponha agravo por não ter encontrado a decisão na lista dos pronunciamentos impugnáveis por agravo de instrumento. Nesse caso, deixando ela para impugnar aquela decisão interlocutória na apelação, será surpreendida pelo tribunal *ad quem*, que não conhecerá do recurso (ou pelo menos deste capítulo do recurso) por entender que a matéria já estava preclusa em razão da não interposição do agravo de instrumento. Isto certamente produziria uma tremenda insegurança jurídica, a contrariar o que consta expressamente do art. 5º da Constituição da República.

O agravo de instrumento é recurso que, diferentemente dos outros, se interpõe diretamente perante o tribunal *ad quem*. A petição de interposição deve indicar os nomes das partes (agravante e agravado), a exposição do fato e do direito, as razões do pedido de reforma ou invalidação da decisão agravada, o pedido de reforma ou invalidação, além do nome e endereço completo dos advogados das partes.

Quanto à indicação das partes, exige a lei apenas que se apontem seus nomes, e não suas qualificações (as quais, por certo, já constam dos autos). Tratando-se, porém, de recurso de terceiro, deverá este apresentar sua qualificação completa.

Deverá também a petição de interposição do agravo de instrumento conter a exposição do fato e do direito. Incumbe, pois, ao agravante o ônus de apresentar um relato dos aspectos fáticos e jurídicos envolvidos na causa e que sejam relevantes para o reexame da decisão interlocutória agravada. A esta exposição se fará seguir, necessariamente, a apresentação das razões do pedido de reforma ou de decretação da nulidade da decisão interlocutória recorrida. Vale, aqui, lembrar que o agravo de instrumento pode ter por objeto a reforma da decisão interlocutória (quando o fundamento do recorrente consistir na indicação da existência de um *error in iudicando*) ou sua anulação (se o fundamento for a existência de *error in procedendo*). Assim, é ônus do agravante descrever o erro – *in iudicando* ou *in procedendo* – que considera estar presente na decisão, narrando os motivos pelos quais o pronunciamento agravado deve ser reformado ou anulado.

Por fim, a petição de interposição do agravo de instrumento deverá conter o pedido de nova decisão. Em outros termos, incumbe ao agravante declarar, expressamente, que decisão pretende ver proferida pelo tribunal *ad quem*, cabendo-lhe indicar, com precisão, se pretende a reforma ou a decretação da nulidade da decisão interlocutória.

A petição de interposição do agravo deve ser instruída pelo recorrente com documentos que são chamados de "peças". Esta exigência, porém, só é feita quando os autos do processo não são eletrônicos, dado o que consta do § 5º do art. 1.017 (o qual, não obstante isso, permite ao agravante anexar documentos que, não constando dos autos, repute úteis para a compreensão da controvérsia). Sendo, porém, os autos impressos (os impropriamente chamados "autos físicos"), tem o agravante a incumbência de instruir seu recurso com as peças, as quais se dividem em dois grupos: obrigatórias (art. 1.017, I) e facultativas (art. 1.017, III).

São peças obrigatórias as cópias da petição inicial, da contestação, da petição que ensejou a decisão agravada, da própria decisão recorrida, da certidão da respectiva intimação ou outro documento oficial que comprove a tempestividade e das procurações (além de eventuais substabelecimentos) que tenham sido outorgadas aos advogados do agravante e do agravado. Caso alguma dessas peças obrigatórias não exista, incumbirá ao advogado declarar sua inexistência, sob pena de sua responsabilidade pessoal (art. 1.017, II).

Parte Especial • Cap. 23 • Processos nos tribunais e meios de impugnação das decisões judiciais **539**

De outro lado, são peças facultativas quaisquer outras que o agravante repute úteis. Na falta de qualquer peça, mesmo que obrigatória, deverá o relator (se os autos não forem eletrônicos, já que nestes não há qualquer exigência de juntada de peças, devendo estas estar disponíveis no sistema informatizado, nos termos do art. 1.017, § 5º), conforme dispõe o art. 1.017, § 3º, combinado com o art. 932, parágrafo único, determinar a intimação do agravante para sanar o vício, juntando a peça faltante, sob pena de não conhecimento do recurso. Isto se aplicará não só nos casos em que falte peça obrigatória, mas também naquelas hipóteses em que falte peça que, não sendo obrigatória ("peça facultativa"), seja essencial para a compreensão da matéria discutida no recurso (pense-se, por exemplo, no caso de agravo de instrumento contra decisão que, entre seus fundamentos, tenha feito referência ao teor de uma certidão exarada pela secretaria do juízo, caso em que a juntada de cópia dessa certidão pode se revelar essencial para a compreensão dos fundamentos da decisão recorrida).

A petição de interposição do recurso será acompanhada do comprovante de preparo, quando exigido, aí incluído o porte de retorno (art. 1.017, § 1º). Aplicam-se, aqui, por evidente, todas as disposições gerais acerca do preparo, inclusive quanto aos casos de preparo insuficiente ou ausente (art. 1.007 e §§).

No prazo do recurso (que é de quinze dias, nos termos do art. 1.003, § 5º), o agravo de instrumento será interposto por protocolo diretamente realizado no tribunal *ad quem* (art. 1.017, § 2º, I); ou por protocolo da petição na própria comarca, seção ou subseção judiciária (art. 1.017, § 2º, II). Pode, ainda, o recurso ser interposto por via postal, com aviso de recebimento (art. 1.017, § 2º, III), por meios de transmissão de dados (art. 1.017, § 2º, IV) ou por outra forma prevista em lei (art. 1.017, § 2º, V).

No caso de interposição por meio de sistema de transmissão de dados (tipo fac-símile ou outro análogo), as peças só terão de ser juntadas quando vier o original, na forma prevista na Lei nº 9.800/1999.

Interposto o agravo de instrumento, poderá o agravante requerer a juntada, aos autos do processo que tramita em primeira instância, de cópia da petição de interposição do recurso, do comprovante de sua interposição e do rol dos documentos que o tenham instruído. Tal providência tem por fim provocar o juízo de retratação, instando-se assim o juízo *a quo* a reexaminar a decisão interlocutória agora impugnada. Caso o juízo de primeiro grau reconsidere seu pronunciamento, deverá comunicar tal fato imediatamente ao relator, que declarará prejudicado o recurso.

Sendo o juízo de retratação de interesse do recorrente, é de se considerar que o juízo de primeiro grau só poderá exercê-lo mediante provocação. Significa isto dizer, em outras palavras, que se não for efetivada a comunicação a que se refere o art. 1.018, não poderá o juízo de primeiro grau retratar-se.

Não sendo eletrônicos os autos, a comunicação a que se refere este artigo deixa de ser mera faculdade, destinada a provocar o exercício do juízo de retratação, e se transforma em um ônus. É o que se conclui pela leitura dos §§ 2º e 3º do art. 1.018. Neste caso, incumbirá ao agravante tomar a providência a que se refere o *caput* do artigo no prazo de três dias a contar da interposição do recurso. É que assim se viabiliza o exercício, pelo agravado, do direito de defesa (que não teria qualquer prejuízo no caso de autos eletrônicos, já que nessa hipótese todas as peças estariam disponíveis para o agravado), facilitando-se seu acesso à petição de interposição e aos demais dados necessários para a elaboração de suas contrarrazões. Isto nada mais é do que uma manifestação do *princípio da cooperação* (art. 6º), exigência de um processo comparticipativo como deve ser o processo do Estado Democrático de Direito. Assim, caso o agravante não se desincumba deste ônus, poderá o agravado alegar tal fato como preliminar em suas contrarrazões e, comprovado que realmente o agravante não cumpriu adequadamente a providência referida neste artigo, o tribunal não conhecerá do agravo de instrumento.

Trata-se de vício formal do agravo de instrumento, portanto, que tem por consequência sua inadmissão. É, porém, vício que não pode ser reconhecido de ofício, já que o § 3º exige sua arguição pelo agravado, o que atrai a aplicação do "princípio do prejuízo". Em outros termos, no caso de não ser cumprido pelo agravante o disposto no art. 1.018, só será tido por inadmissível o agravo de instrumento (processado em autos não eletrônicos) se o agravado, além de arguir e provar que a providência não foi tomada pelo agravante, demonstrar que disso resultou algum prejuízo para sua defesa. É que a falta de apresentação da comunicação de interposição do agravo de instrumento a que se refere o art. 1.018, nos casos de processos que tramitam em autos não eletrônicos, tem – como visto – dupla função: abrir caminho para o exercício, pelo órgão *a quo*, do juízo de retratação e, além disso, viabilizar o exercício, pelo agravado, do seu direito de defesa. Ora, parece óbvio que o não cumprimento do disposto no art. 1.018 não traz, por tornar inviável a reconsideração da decisão, prejuízo para quem quer que seja, salvo para o próprio agravante. Não faria sentido, então, deixar-se de conhecer do recurso simplesmente por não ter o agravante provocado um juízo de retratação que só a ele próprio beneficiaria.

Impende considerar, porém, que a comunicação de interposição do agravo de instrumento prevista no art. 1.018 tem, também, a finalidade de viabilizar o pleno exercício do direito de defesa. Pois é exatamente por isso que não se trata como ônus a apresentação dessa comunicação quando o processo tramita em autos eletrônicos. É que neste caso todas as peças dos autos estão disponíveis para todos os seus sujeitos, o que torna inútil aquela comunicação. Pois o mesmo raciocínio deve ser aplicado quando, não obstante os autos não sejam eletrônicos, a ausência dessa comunicação não acarreta qualquer prejuízo ao recorrido, que consegue apresentar sua defesa. Pense-se, por exemplo, em um processo que tramita em algum juízo cível localizado no fórum central da Comarca do Rio de Janeiro. Sendo certo que as secretarias dos juízos cíveis localizados no fórum central, assim como as secretarias das Câmaras, estão localizadas todas no mesmo complexo de edifícios (não havendo sequer a necessidade de sair do edifício ou atravessar a rua para que se chegue de uma sala a outra), não há qualquer razão para se considerar prejudicado o exercício do direito de defesa. O mesmo, evidentemente, não ocorreria se o processo tramitasse em primeira instância perante a Justiça Federal do Amapá e o agravo de instrumento viesse a ser interposto perante o Tribunal Regional Federal da Primeira Região (com sede em Brasília, a quase mil e oitocentos quilômetros de distância). Neste caso, o não cumprimento do disposto no art. 1.018 pode mesmo inviabilizar o exercício do direito de defesa pelo agravado.

Isto que acaba de ser sustentado encontra apoio na disposição segundo o qual só se reconhece invalidade que não possa ser decretada de ofício (e a lei processual claramente exige alegação para que se reconheça este vício) se esta tiver causado prejuízo (art. 282, § 1º), além de ter o respaldo do *princípio da primazia da resolução do mérito* (art. 4º).

Caso o juízo *a quo* comunique ao relator que reformou inteiramente a decisão agravada, o recurso estará prejudicado, o que será declarado pelo relator em decisão monocrática (arts. 1.018 e 932, III).

Interposto o agravo de instrumento, deverá imediatamente ser ele distribuído a um relator, a quem incumbe, antes de tudo, verificar se seria caso de aplicação do disposto no art. 932, III (não conhecer, por decisão monocrática, de recurso inadmissível, prejudicado ou que não tenha impugnado especificamente os fundamentos da decisão recorrida) e IV (negar provimento, por decisão monocrática, a recurso contrário a: (a) súmula do STF, do STJ ou do próprio tribunal de segundo grau; (b) acórdão proferido pelo STF ou pelo STJ em julgamento de recursos repetitivos; (c) entendimento firmado em incidente de resolução de demandas repetitivas ou de assunção de competência).

Não sendo, pois, o caso de rejeitar-se liminarmente o recurso por decisão unipessoal, incumbirá ao relator verificar se é caso de atribuir efeito suspensivo ao agravo de instrumento, ou de deferir, em tutela antecipada, total ou parcialmente, a pretensão recursal, casos em que a decisão deverá ser imediatamente comunicada ao juízo *a quo*.

Além de decidir sobre a tutela provisória, incumbe ao relator ordenar a intimação do agravado para oferecer contrarrazões no prazo de quinze dias. A intimação se fará na pessoa do advogado do recorrido e, caso não haja advogado constituído, pessoalmente ao agravado (por carta com aviso de recebimento). Detalhe interessante é que o inciso II do art. 1.019 estabelece que a intimação feita através do advogado deve realizar-se por carta com aviso de recebimento. Isto, porém, não impede a realização da intimação do patrono da parte pelos meios ordinários, por meio eletrônico (art. 270) ou pelo órgão oficial (art. 272). É possível, também, que o advogado do agravante providencie a intimação do advogado do agravado, nos termos do art. 269, §§ 1º e 2º, juntando-se aos autos, posteriormente, cópia do ofício de intimação e do aviso de recebimento.

No mesmo ato, determinará o relator a intimação do Ministério Público (nos processos em que este intervenha) para manifestar-se após a oportunidade para que o agravado ofereça contrarrazões (art. 1.019, III).

Após cumprir todas essas providências, será possível ao relator decidir monocraticamente o recurso (art. 932, III a V), inclusive para lhe dar provimento (no caso de ser a decisão recorrida contrária a: (a) súmula do STF, do STJ ou do próprio tribunal de segundo grau; (b) acórdão proferido pelo STF ou pelo STJ em julgamento de recursos repetitivos; (c) entendimento firmado em incidente de resolução de demandas repetitivas ou de assunção de competência). Não sendo caso de decisão unipessoal, deverá o relator levar o agravo de instrumento a julgamento colegiado.

Nos casos em que não seja possível o julgamento monocrático do agravo de instrumento (art. 932, III a V), deverá o relator pedir dia para julgamento do recurso. O despacho do relator pedindo dia para julgamento deverá ser proferido dentro do prazo de um mês, contado da intimação do agravado para oferecer suas contrarrazões, prazo este que tem por objetivo assegurar a duração razoável do procedimento do agravo de instrumento.

Proferido este despacho, o agravo de instrumento será incluído em pauta, na forma prevista nos arts. 934 e 935, devendo ser julgado por um colegiado formado por três juízes (art. 941, § 2º), ressalvado o caso de instaurar-se o incidente de assunção de competência (art. 947). No caso específico do agravo de instrumento contra decisão interlocutória de mérito, caso seja esta *reformada* por decisão não unânime, será aplicada a técnica de complementação do julgamento não unânime (art. 942, *caput* e § 3º, II).

23.10.2.3 *Agravo interno*

Chama-se agravo interno ao recurso cabível contra decisão monocrática proferida no tribunal pelo relator (art. 1.021) ou pelo Presidente (que, em alguns casos, é chamado a proferir decisões monocráticas, como se dá no caso do pedido de suspensão de segurança previsto no art. 15 da Lei nº 12.016/2009). É recurso cabível no prazo de quinze dias (art. 1.003, § 5º), mesmo naqueles casos em que houvesse disposição legal ou regimental estabelecendo prazo distinto, já que o art. 1.070 estabelece que "[é] de 15 (quinze) dias o prazo para a interposição de qualquer agravo, previsto em lei ou em regimento interno de tribunal, contra decisão de relator ou outra decisão unipessoal proferida em tribunal".

Todas as decisões monocráticas proferidas nos tribunais são impugnáveis por agravo interno, inclusive as que proveem sobre a atribuição de efeito suspensivo a recursos ou que decidem sobre tutela provisória nos processos de competência originária do tribunal (FPPC, enunciado 142). Só não será impugnável por agravo interno uma decisão monocrática quando a lei expressamente a declare irrecorrível, como se dá, por exemplo, com a decisão do relator de recurso especial que, reputando prejudicial o recurso extraordinário também interposto, determina a remessa dos autos ao STF (art. 1.031, § 2º).

Este recurso será sempre julgado pelo órgão colegiado a que o relator (ou o Presidente) se vincula, e em cujo nome atuou, qual verdadeiro porta-voz, ao decidir monocraticamente.

Na petição de interposição do agravo interno incumbe ao agravante impugnar, de forma específica, os fundamentos da decisão agravada (art. 1.021, § 1º). Será, portanto, reputado inadmissível o agravo interno se ali se limitar o recorrente a reproduzir os fundamentos do recurso anteriormente interposto (e monocraticamente julgado). Sua petição recursal, nesta hipótese, será tida por inepta, o que implica o não conhecimento do agravo interno.

O agravo interno é interposto por petição dirigida ao relator (ou ao Presidente, se for este o prolator da decisão agravada, passando a atuar então como relator do agravo interno). A este incumbe determinar a intimação do agravado para manifestar-se em contrarrazões no prazo de quinze dias (art. 1.021, § 2º). Decorrido este prazo, tenham as contrarrazões sido oferecidas ou não, o relator poderá retratar-se, reconsiderando a decisão monocrática. Não havendo retratação, o agravo interno será incluído na pauta de julgamento, para apreciação pelo órgão colegiado em sessão (art. 1.021, § 3º). No acórdão que negue provimento ao agravo interno, não se admite a mera reprodução da decisão recorrida (art. 1.021, § 3º), exigindo-se o exame dos argumentos especificamente invocados pelo agravante para impugnar a decisão monocrática.

Sendo o agravo interno declarado manifestamente inadmissível ou improcedente, por decisão unânime (FPPC, enunciado 359: "A aplicação da multa prevista no art. 1.021, § 4º, exige que a manifesta inadmissibilidade seja declarada por unanimidade"), o tribunal, fundamentadamente, imporá ao agravante multa, em favor do agravado, que será fixada entre o mínimo de um por cento e o máximo de cinco por cento sobre o valor atualizado da causa (art. 1.021, § 4º). Neste caso, só poderá o agravante multado interpor outros recursos se previamente efetuar o depósito do valor da multa. Excetuam-se, apenas, a Fazenda Pública e os beneficiários da justiça gratuita. Estes ficam isentos do ônus de adiantar o valor da multa para poder recorrer novamente, mas não se exoneram do dever jurídico de, ao final do processo, pagar a multa (e se não o fizerem poderão ser executados com apoio na decisão que condenou ao pagamento da multa), conforme dispõe o art. 1.021, § 5º.

23.10.2.4 *Embargos de declaração*

Embargos de declaração são o recurso cabível contra pronunciamentos judiciais obscuros, contraditórios ou omissos (art. 1.022). Recurso que pode ser oposto contra qualquer pronunciamento judicial decisório, seja ele monocrático ou colegiado, proferida por qualquer juízo ou tribunal, é o único recurso cujo prazo de interposição é de cinco dias (e não de quinze dias, como os demais), nos termos do art. 1.023.

Os embargos de declaração podem ser opostos para "esclarecer obscuridade ou eliminar contradição" (art. 1.022, I); "suprir omissão de ponto ou questão sobre o qual devia se pronunciar o juiz de ofício ou a requerimento" (art. 1.022, II); ou "corrigir erro material" (art. 1.022, III).

Pode acontecer de uma decisão judicial ser obscura, tendo seu texto sido elaborado de forma total ou parcialmente incompreensível ou ambígua. Neste caso, os embargos de declaração se apresentam como meio hábil a permitir que se confira ao pronunciamento judicial a *clareza* que deve ser compreendida como requisito de qualquer ato judicial decisório. Também é possível que haja na decisão judicial alguma contradição sanável por embargos de declaração. Entende-se por contraditório o pronunciamento judicial quando *contém postulados incompatíveis entre si*. Tenha-se claro, porém, que só é contraditória a decisão quando há, *dentro dela*, afirmações incompatíveis (como se dá, por exemplo, quando no mesmo pronunciamento judicial se afirma que determinado fato *está provado* e, em seguida, se assevera que aquele mesmo fato *não está provado*; ou quando se diz que o mesmo ato é tempestivo e intempestivo; ou ainda quando se afirma que o autor tem razão e por isso se julga seu pedido improcedente). A finalidade dos embargos de declaração, neste caso, é esclarecer o verdadeiro sentido da decisão proferida. Assim, cabe ao órgão jurisdicional afirmar se o fato está provado ou não, se o ato é tempestivo ou não, se o pedido é procedente ou improcedente. Não é por meio de embargos de declaração, porém, que se pode impugnar uma decisão por ser ela incompatível com algo que lhe seja externo (como se vê com frequência na prática forense, em que embargos de declaração são opostos com o fim de impugnar decisões que seriam "contraditórias com a prova dos autos" ou "contraditórias com a jurisprudência dos tribunais superiores"). Nestes casos os embargos de declaração não são adequados, e outras espécies recursais deverão ser empregadas para impugnar a decisão judicial.

Nos casos de obscuridade ou contradição os embargos de declaração terão por finalidade, portanto, o *esclarecimento* do verdadeiro teor da decisão já proferida.

Diferente disso é o que se tem nos casos de embargos de declaração opostos ao fundamento de a decisão judicial conter uma *omissão*. Neste caso, a finalidade dos embargos de declaração é a *integração* da decisão judicial. Havendo omissão, portanto, deverá o órgão jurisdicional reabrir a atividade decisória e se pronunciar a respeito daquilo que já deveria ter sido enfrentado na decisão originariamente proferida.

Estabelece o parágrafo único do art. 1.022 que se considera omissa decisão judicial que "deixe de se manifestar sobre tese firmada em julgamento de casos repetitivos ou em incidente de assunção de competência aplicável ao caso sob julgamento" (inciso I), ou que "incorra em qualquer das condutas descritas no art. 489, § 1º" (inciso II). Evidentemente, porém, não é só nestes casos que se terá por omissa a decisão judicial. Pense-se, por exemplo, em uma sentença que não tenha um capítulo definindo a responsabilidade pelo pagamento de despesas processuais e honorários advocatícios, hipótese não contemplada no parágrafo único do art. 1.022 mas, evidentemente, caso de decisão omissa. Deve-se entender o disposto no aludido parágrafo, portanto, no sentido de que *também se considera omissa* a decisão que eventualmente se enquadre nas hipóteses ali previstas.

Por fim, estabelece a lei processual ser cabível a oposição de embargos de declaração para correção de erro material. Deve-se entender por erro material aquele que não interfere no conteúdo da decisão judicial (como, por exemplo, o erro na grafia de um nome, ou o fato de, por lapso, se ter chamado o autor de réu ou vice-versa). A correção desse tipo de erro não depende da interposição de qualquer recurso (nem mesmo de embargos de declaração), podendo se dar – de ofício ou a requerimento da parte – a qualquer tempo, mesmo depois do trânsito em julgado (FPPC, enunciado 360). Não é por outra razão que o art. 494, I, expressamente estabelece que "publicada a sentença, o juiz só poderá alterá-la [para] corrigir-lhe, de ofício ou a requerimento da parte, inexatidões materiais ou erros de cálculo". Admite-se, porém, que a parte "aproveite" seus embargos de declaração para postular a correção de erro material contido no pronunciamento judicial.

Pode acontecer de os embargos de declaração veicularem pretensão que, caso acolhida, acarrete a modificação da decisão embargada. Tem-se aí o que se costuma chamar de *embargos de declaração com efeitos modificativos* (também chamados *embargos de declaração com efeitos infringentes*). É preciso, porém, ter claro que a modificação da decisão embargada só é possível em um caso: no de embargos de declaração opostos contra decisão omissa. É que pode acontecer (mas evidentemente não acontecerá sempre) de, ao sanar a omissão, o órgão jurisdicional verificar que a conclusão anteriormente apontada, no pronunciamento embargado, ter sido equivocada. Pense-se, *e.g.*, no caso de ter sido proposta demanda em que se exige o cumprimento de obrigação, tendo o demandado apresentado dois fundamentos de defesa autônomos (novação e compensação, por exemplo). Imagine-se, agora, que o juízo tenha rejeitado expressamente a alegação de novação, mas tenha se omitido a respeito da alegação de compensação e, assim, proferido sentença de procedência do pedido do autor. Opostos os embargos de declaração, deverá ser sanada a omissão, pronunciando-se agora o órgão jurisdicional sobre a alegação de compensação (que, se acolhida, levará à modificação da conclusão anterior, julgando-se improcedente o pedido do autor). Em razão da estreiteza do cabimento dos embargos de declaração, porém, é só em hipóteses como a figurada que se pode admitir que os embargos de declaração tenham efeitos modificativos.

Os embargos de declaração são cabíveis no prazo de cinco dias (art. 1.023), devendo ser opostos por petição dirigida ao próprio órgão prolator da decisão embargada. Na petição, deverá o embargante indicar o erro, obscuridade, omissão ou contradição que pretende ver sanado. A não indicação do ponto equivocado, obscuro, contraditório ou omisso na peça de interposição do recurso implica sua inadmissibilidade, sendo então o caso de não se conhecer do recurso.

Não há exigência de preparo nos embargos de declaração (art. 1.023, *in fine*), razão pela qual não se cogita, aqui, de recolhimento de custas.

O procedimento para apreciação dos embargos de declaração é extremamente simples. E isto se dá porque, ao menos como regra geral, seja qual for a decisão que se profira, isto não acarretará qualquer modificação do anteriormente julgado. E exatamente por tal razão é que só se cogita de abrir-se prazo para que a parte embargada ofereça contrarrazões quando o pedido formulado nos embargos de declaração for tal que, se eventualmente vier a ser acolhido, isto acarrete a modificação da decisão embargada (ou seja, quando nos embargos de declaração tiver sido formulado um *pedido infringente*). Neste caso, o órgão jurisdicional, ao receber os embargos de declaração, deverá intimar o embargado para oferecer contrarrazões em cinco dias (art. 1.023, § 2º).

Ultrapassado o prazo para oferecimento de contrarrazões (ou se não for o caso de abrir-se oportunidade para elas), o juízo de primeira instância os julgará em cinco dias (art. 1.024). Tratando-se de embargos de declaração opostos contra decisão monocrática proferida no tribunal, o julgamento será feito de forma unipessoal pelo próprio prolator da decisão embargada (art. 1.024, § 2º), também aqui se exigindo que a decisão seja proferida no prazo de cinco dias (embora este prazo seja impróprio, o que significa que seu decurso não gera automática preclusão temporal).

No caso de embargos de declaração opostos contra acórdão, serão eles apresentados em mesa (isto é, não serão incluídos na pauta de julgamento) na sessão imediatamente subsequente (à sua oposição ou, se for o caso, ao oferecimento das contrarrazões), cabendo seu julgamento ao órgão colegiado. Não sendo os embargos de declaração julgados na primeira sessão, deverá o recurso ser incluído em pauta para ser apreciado em sessão de julgamento (art. 1.021, § 1º). Merecem exame especial os efeitos (da interposição e do julgamento) dos embargos de declaração.

A interposição dos embargos de declaração não produz efeito devolutivo. É que, como visto anteriormente, este efeito só se produz quando a apreciação do recurso cabe a órgão distinto daquele que tenha proferido a decisão recorrida e, no caso dos embargos de declaração, seu julgamento *sempre* caberá ao próprio órgão prolator da decisão embargada.

Os embargos de declaração também não produzem efeito suspensivo (art. 1.026). Assim, no caso de serem eles opostos contra decisão que seria desde logo eficaz (como se dá, por exemplo, com as sentenças mencionadas no art. 1.012, § 1º), o mero fato de terem sido interpostos embargos de declaração não é suficiente para obstar a produção de efeitos do pronunciamento judicial. Admite-se, porém, a atribuição *ope iudicis* de efeito suspensivo, por decisão do juízo de primeira instância ou do relator, se demonstrado ser provável que os embargos venham a ser providos ou, sendo relevante a fundamentação, houver risco de dano grave ou de difícil reparação (art. 1.026, § 1º). Perceba-se que há, aí, duas situações distintas. O efeito suspensivo pode ser atribuído pelo simples fato de ser provável o provimento do recurso (em verdadeira *tutela da evidência recursal*). É, porém, possível também que se atribua efeito suspensivo aos

Parte Especial · Cap. 23 · Processos nos tribunais e meios de impugnação das decisões judiciais **547**

embargos de declaração por ser "relevante a fundamentação" (*fumus boni iuris*) e haver perigo de dano iminente (*periculum in mora*), em verdadeira *tutela de urgência recursal*.

No caso de os embargos de declaração serem opostos contra decisão que é impugnável por recurso dotado de efeito suspensivo *ope legis*, a inexistência do efeito suspensivo dos embargos de declaração não é capaz de autorizar o cumprimento provisório da decisão, já que sua eficácia está suspensa por conta do recurso posteriormente interponível (FPPC, enunciado 218).

Há, ainda, um efeito da interposição dos embargos de declaração que é típico desta espécie recursal e essencial para o correto funcionamento do sistema. Trata-se do *efeito interruptivo*. É que, como se vê do art. 1.026, a oposição de embargos de declaração interrompe o prazo para interposição de qualquer outro recurso (por ambas as partes, não obstante o silêncio da lei quanto ao ponto). E interrompido o prazo, voltará este a correr *por inteiro* a partir do momento em que as partes sejam intimadas da decisão proferida nos embargos de declaração.

É preciso ter claro, porém, que este efeito interruptivo só se produz se os embargos de declaração forem *tempestivos* (ainda que venham eles a ser reputados inadmissíveis por alguma outra razão). É que, opostos intempestivamente os embargos, não se pode admitir a interrupção do prazo para oferecimento de outros recursos, sob pena de se estimular a apresentação de embargos intempestivos com o único propósito de se ganhar mais tempo para a interposição de outro recurso contra a mesma decisão. Pode acontecer, porém, de uma das partes opor embargos de declaração intempestivos e, conclusos os autos, criar-se embaraço para que a outra parte interponha seu próprio recurso. Neste caso, deve-se considerar que, embora não se tenha produzido o efeito interruptivo, o prazo para interposição de outro recurso *pela outra parte*, que não deu causa ao obstáculo, estará suspenso, nos termos do art. 221. Ocorrendo tal situação, o prazo voltará a correr a partir do momento em que os autos se tornem novamente disponíveis, apenas pelo tempo que faltava para sua complementação (art. 221, parte final).

Uma vez julgados os embargos de declaração, há um efeito do julgamento que precisa ser examinado: trata-se da consequência que tal julgamento produz sobre outros recursos, anteriormente interpostos, contra a decisão embargada.

É que pode acontecer de, antes do julgamento dos embargos de declaração opostos por uma das partes, a outra parte (ou um terceiro) ter interposto outro recurso (apelação, por exemplo) contra a decisão. Em primeiro lugar, é preciso recordar que tal recurso não poderá ser reputado intempestivo (já que o CPC expressamente exclui qualquer possibilidade de reconhecimento da assim chamada "intempestividade por prematuridade", consistente na prática de ato processual antes do início do prazo para sua realização, como se verifica pela leitura do art. 218, § 4º). É preciso, porém, verificar qual será o efeito do julgamento dos embargos sobre aquele recurso anteriormente interposto.

Pois no caso de a decisão proferida no julgamento dos embargos de declaração não ter produzido qualquer alteração na conclusão da decisão embargada, o recurso anteriormente interposto pela parte contrária será reputado admissível, independentemente de qualquer ato de ratificação (art. 1.024, § 5º). De outro lado, porém, se o julgamento dos embargos de declaração implicar modificação da decisão embargada, deverá garantir-se a quem tenha anteriormente interposto recurso contra a decisão previamente prolatada o prazo de quinze dias para complementar ou alterar suas razões recursais, nos exatos limites da modificação produzida (art. 1.024, § 4º). Caso esta complementação não ocorra, porém, ainda assim será caso de apreciar-se aquele recurso. É que pode acontecer de o recorrente não ter a intenção de promover qualquer complementação ou alteração de suas razões, e seu silêncio deverá ser interpretado como uma ratificação do recurso anteriormente interposto, que deverá ser julgado nos termos em que originariamente apresentado. Deverá, neste caso, o órgão julgador verificar se o recurso está prejudicado (o que pode acontecer em razão de eventual incompatibilidade entre o recurso interposto e o teor final da decisão, já alterada pelo julgamento dos embargos de declaração) ou não.

Outro efeito do julgamento dos embargos de declaração é a produção do *prequestionamento ficto* (art. 1.025). Como se verá adiante, na análise dos recursos excepcionais, o prequestionamento (e não "pré-questionamento", como equivocadamente grafado no texto do art. 1.025) é um requisito específico de admissibilidade do recurso especial e do recurso extraordinário. Não é este o momento adequado para tratar-se do tema, a que se voltará adiante, mas é preciso dizer desde logo que, nos termos do art. 1.025, serão considerados "incluídos no acórdão os elementos que o embargante suscitou, para fins de [prequestionamento], ainda que os embargos de declaração sejam inadmitidos ou rejeitados, caso o tribunal superior considere existentes erro, omissão, contradição ou obscuridade".

Não se pode deixar de abordar, também, a possibilidade de os embargos de declaração serem recebidos como agravo interno (art. 1.024, § 3º). É que muito frequentemente se vê, na prática, a interposição de recurso contra decisão monocrática de relator sob o rótulo de embargos de declaração quando, na verdade, tudo o que se pretende é a reforma ou invalidação da decisão monocrática. É preciso, então, ter claro que não é o rótulo, o *nomen iuris*, atribuído à peça oferecida pela parte, que determina a natureza do ato praticado. Sempre que, contra uma decisão monocrática proferida em tribunal, apresentar-se recurso em que se postula sua reforma ou invalidação, sem qualquer alusão à existência de obscuridade, contradição, omissão ou erro material, mas com fundamento consistente na alegação de *error in iudicando* ou de *error in procedendo*, não se estará diante de verdadeiros embargos de declaração, mas de um *agravo interno*. Neste caso, deverá o relator determinar a intimação do recorrente para, no prazo de cinco dias, complementar as razões recursais, adaptando sua petição ao recurso que verdadeiramente se interpôs, o agravo interno (art. 1.024, § 3º) e, se for o caso, comprovando também o recolhimento das custas.

Parte Especial • Cap. 23 • Processos nos tribunais e meios de impugnação das decisões judiciais **549**

Por fim, é preciso examinar o caso do oferecimento de embargos de declaração com propósito manifestamente protelatório, conduta evidentemente violadora do princípio da boa-fé (art. 5º). É que pode a parte pretender valer-se indevidamente do efeito interruptivo dos embargos de declaração, opondo este recurso apenas com o propósito de retardar o andamento do processo. Pois, neste caso, caberá ao órgão julgado, por decisão (evidentemente) fundamentada, condenar o embargante a pagar ao embargado uma multa, que não excederá de dois por cento sobre o valor atualizado da causa (art. 1.026, § 2º). Caso o embargante reitere essa conduta violadora da boa-fé, opondo *novos embargos de declaração também protelatórios*, a multa será elevada a até dez por cento sobre o valor atualizado da causa (art. 1.026, § 3º). Neste caso (de reiteração dos embargos protelatórios), a admissibilidade de qualquer outro recurso ficará condicionada ao prévio depósito dessa multa, salvo no caso de ser embargante a Fazenda Pública ou algum beneficiário da gratuidade de justiça, que não precisarão promover o depósito prévio da multa, mas deverão de qualquer modo pagá-la ao final do processo (art. 1.026, § 3º, *in fine*).

De qualquer modo, tendo havido oposição de dois embargos de declaração protelatórios em sequência, não será admitida a oposição de novos embargos de declaração contra a mesma decisão (art. 1.026, § 4º), de modo que começará desde logo a correr o prazo para interposição de outra espécie recursal contra a decisão judicial. Neste caso, eventual oposição de novos embargos de declaração será reputada absolutamente ineficaz (FPPC, enunciado 361).

23.10.2.5 *Recursos para o STF e para o STJ*

O Judiciário brasileiro tem, como notório, um órgão de cúpula, sobreposto a todos os demais órgãos jurisdicionais: o Supremo Tribunal Federal. Além disso, existe um tribunal que se sobrepõe aos tribunais de segunda instância da Justiça Estadual e da Justiça Federal: o Superior Tribunal de Justiça. Estes tribunais têm competências originárias (arts. 102, I, e 105, I, da Constituição da República) e recursais (arts. 102, II e III, e 105, II e III, da Constituição da República). E ao CPC incumbe regulamentar os recursos que tais tribunais têm competência para apreciar.

Os recursos que podem ser dirigidos ao STF e ao STJ são o recurso ordinário, o recurso especial, o recurso extraordinário, o agravo em recurso especial ou extraordinário e os embargos de divergência. É deles que se passa a tratar.

23.10.2.5.1 Recurso ordinário constitucional

Os arts. 102, II, e 105, II, da Constituição da República estabelecem a competência do Supremo Tribunal Federal e do Superior Tribunal de Justiça para conhecer de *recurso ordinário*. Sendo este o nome dado a um gênero de recursos (aqueles em que podem ser suscitadas tanto questões de fato como questões de direito), e tendo sido esta espécie recursal de que aqui se trata regulada diretamente na Constituição da República, tornou-se tradicional dar-se a este recurso o nome de *recurso ordinário constitucional* (o que permite, também, distinguir-se esta espécie de recurso de outro recurso ordinário, o trabalhista, que corresponde, naquele sistema processual, à apelação).

Incumbe ao Supremo Tribunal Federal julgar, nos termos do art. 1.027, I, mediante recurso ordinário, os mandados de segurança, *habeas data* e mandados de injunção de competência originária dos tribunais superiores (STJ, TST, TSE e STM), quando a decisão tiver sido denegatória (o que engloba tanto os casos de extinção do processo sem resolução do mérito quanto os de improcedência do pedido). Também se admite recurso ordinário para o STF em *habeas corpus* de competência originária dos tribunais superiores, e também aqui apenas se denegatória a decisão (art. 102, II, da Constituição da República). O CPC não faz alusão expressa ao *habeas corpus*, o que é provavelmente devido ao fato de que se trataria de um processo penal, e não civil, mas não se pode esquecer a possibilidade de se ter *habeas corpus* civil (nos casos de prisão civil, como a do devedor inescusável de alimentos).

Sendo, pois, instaurado perante tribunal superior um processo de *habeas corpus*, mandado de segurança, mandado de injunção ou *habeas data* de competência originária, e sendo o resultado desfavorável ao impetrante (extinção sem resolução do mérito ou improcedência do pedido), dessa decisão será cabível a interposição de recurso ordinário constitucional para o STF.

De outro lado, compete ao Superior Tribunal de Justiça julgar, mediante recurso ordinário constitucional, os processos de mandado de segurança de competência originária de Tribunal Regional Federal ou Tribunal de Justiça, quando denegatória a decisão (e, evidentemente, também aqui se incluem as decisões meramente terminativas, que não resolvem o mérito da causa, e as de improcedência do pedido), nos termos do art. 1.027, II, *a*.

Tanto neste caso, de recurso ordinário constitucional para o STJ, como naqueles de recurso ordinário para o STF, ter-se-á um processo de competência originária de tribunal (de segunda instância ou superior, conforme o caso) e, da decisão desfavorável ao demandante se admite um recurso ordinário (isto é, um recurso que permite sejam suscitadas questões de fato e questões de direito), o qual exercerá função equivalente à da apelação, já que será capaz de permitir o reexame integral da causa.

Mais evidente ainda é a aproximação entre o recurso ordinário constitucional e a apelação quando se verifica ser também de competência do STJ conhecer de recurso ordinário constitucional nos processos em que são partes, de um lado, Estado estrangeiro ou organismo internacional e, de outro, Município ou pessoa, natural ou jurídica, residente ou domiciliada no Brasil (art. 1.027, II, *b*). Estes processos são de competência originária dos juízos federais de primeira instância (art. 109, II, da Constituição da República) e, contra a sentença (ou contra as decisões interlocutórias não agraváveis) será admitido recurso ordinário constitucional para o STJ. Como facilmente se percebe, trata-se de uma "apelação com outro nome", uma *apelação constitucional*, que só não é chamada de apelação por não ser submetida a julgamento pelo tribunal de segunda instância (que é, a rigor, o tribunal de apelações), mas ao Superior

Tribunal de Justiça. Esta Corte de superposição atua, neste caso, como órgão de segundo grau de jurisdição, julgando a apelação (ainda que chamada por outro nome, recurso ordinário constitucional) e, também, os agravos de instrumento, cabíveis nos casos previstos no art. 1.015 (art. 1.027, § 1º).

Sendo o recurso ordinário constitucional uma verdadeira apelação, a ele se aplica todo o regime desta espécie recursal (FPPC, enunciado 357: "Aplicam-se ao recurso ordinário os arts. 1.013 e 1.014"), inclusive – e principalmente – no que concerne à produção dos efeitos devolutivo, translativo e suspensivo. Estabelece expressamente a lei processual a aplicação, em sede de recurso ordinário constitucional, do disposto no art. 1.013, § 3º (que trata do efeito translativo da apelação). Não se pense, porém, que esta disposição serviria para, interpretada *a contrario sensu*, afastar a incidência das demais normas integrantes do regime da apelação. Assim, por exemplo, se no processo em que são partes um Estado estrangeiro e pessoa domiciliada ou residente no Brasil a sentença confirmar, conceder ou revogar tutela provisória, o recurso ordinário deverá ser recebido sem efeito suspensivo (art. 1.012, § 1º, V). Há, porém, no CPC uma disposição que *reforça* a incidência, no recurso ordinário constitucional, da norma que disciplina o efeito translativo da apelação, o que evita a possibilidade de o STF ou o STJ afirmarem que nos casos ali mencionados não se deveria julgar desde logo o mérito da causa, fazendo-se necessário o retorno dos autos ao juízo de origem para seu exame.

Afirma o texto legal que se aplica ao recurso ordinário constitucional o disposto no art. 1.029, § 5º (que correspondia, no seu texto original, e em linhas gerais, ao art. 1.012, § 3º, que integra o regime jurídico da apelação), o que só reforça o que foi dito anteriormente acerca do efeito suspensivo do recurso ordinário constitucional (e dos casos em que tal efeito não se produz). É preciso observar, porém, que a partir da edição da Lei nº 13.256/2016 surgiu aqui um problema: é que o § 5º do art. 1.029 foi alterado para tornar-se compatível com o sistema por aquela lei estabelecido, segundo o qual o juízo de admissibilidade dos recursos excepcionais – entre os quais não está o recurso ordinário constitucional – passaria a ser realizado originariamente nos tribunais recorridos. Isto, porém, não se aplica ao recurso ordinário constitucional, que continua a submeter-se a juízo de admissibilidade apenas no STJ ou STF. Deve-se considerar, então, que há uma absoluta incompatibilidade entre a nova redação do § 5º do art. 1.029 e a redação original do art. 1.027, § 2º, parte final. Daí resulta, pois, uma inevitável revogação tácita dessa parte final, não mais sendo aplicável ao recurso ordinário o disposto no art. 1.029, § 5º. Consequência disto é que passa a ser aplicável o art. 1.012, § 3º, já que – como resulta da interpretação do disposto no art. 1.028 – ao recurso ordinário se aplicam as normas que regem a apelação.

A admissibilidade do recurso ordinário constitucional depende do preenchimento dos mesmos requisitos exigidos para a admissibilidade da apelação (art. 1.028, que não obstante sua literalidade, não se aplica apenas ao caso previsto na alínea *b* do art. 1.027, II, mas a todos os casos de cabimento do recurso ordinário constitucional), o que é mero corolário da já afirmada natureza de apelação que este recurso ostenta.

O recurso ordinário constitucional é interposto perante o órgão jurisdicional prolator da decisão recorrida. Colhidas as contrarrazões (ou decorrido o prazo sem que estas tenham sido apresentadas), será ele remetido ao STF ou ao STJ, independentemente de juízo de admissibilidade (art. 1.028, §§ 2º e 3º).

No Supremo Tribunal Federal e no Superior Tribunal de Justiça serão observadas as normas procedimentais resultantes da Lei nº 8.038/1990 (que regula expressamente o procedimento do recurso ordinário constitucional em sede de *habeas corpus* e de mandado de segurança, como se vê por seus arts. 30 a 35) e nos Regimentos Internos daquelas Cortes de superposição.

23.10.2.5.2   Recurso extraordinário e recurso especial

O recurso extraordinário e o recurso especial são, por excelência, *recursos excepcionais*, isto é, recursos em que apenas questões de direito podem ser suscitadas. Neles não se admite qualquer discussão sobre matéria fática (o que explica o conteúdo do enunciado 279 da súmula do STF e do enunciado 7 da súmula do STJ, ambos a afirmar o não cabimento desses recursos *para simples reexame de prova*). O RE e o REsp (abreviaturas tradicionalmente empregadas para fazer alusão a essas duas espécies recursais) são cabíveis nos casos previstos na Constituição Federal (art. 1.029; arts. 102, III, e 105, III, da Constituição da República), e têm por objetivo permitir que o STF e o STJ profiram decisões em causas que envolvem, respectivamente, questões constitucionais ou questões federais.

Compete ao Supremo Tribunal Federal julgar, mediante recurso extraordinário, e ao STJ mediante recurso especial, as causas apontadas no texto constitucional. Tanto para o STF como para o STJ, porém, só se abre o acesso por via desses recursos para *causas decididas em única ou última instância* (art. 102, III, e art. 105, III, da Constituição da República). Daí se extraem algumas informações extremamente importantes acerca da admissibilidade do RE e do REsp.

Em primeiro lugar, é preciso ter claro que o RE e o REsp só são admissíveis depois de esgotados os recursos admissíveis nas instâncias ordinárias (o que resulta da exigência de que a causa já tenha sido decidida *em única ou última instância*). Assim, por exemplo, se é proferida por juízo de primeira instância uma sentença que contraria dispositivo da Constituição Federal, não se poderá admitir a interposição de recurso extraordinário, já que cabível a apelação. Impõe-se, assim, o esgotamento das instâncias ordinárias para que se abram as portas das instâncias excepcionais. Isto pode acabar por exigir a interposição de diversos recursos antes de se poder chegar ao STF ou ao STJ. Pense-se, por exemplo, no caso de ter o relator de uma apelação, por decisão monocrática, declarado inadmissível por intempestividade o recurso, dele não tendo conhecido, por ter computado de forma equivocada o prazo, sem considerar que este é computado apenas levando-se em conta os dias úteis, e o contando como se fosse computado em dias corridos. Não obstante essa decisão contrarie frontalmente o disposto em lei federal (art. 219 do CPC), não será possível interpor, contra tal pronunciamento, recurso especial. É que contra a decisão monocrática do relator é admissível agravo interno e, não tendo sido este recurso interposto, não terá sido esgotada a instância ordinária (o que é o mesmo que dizer que o relator não é, no exemplo dado, a "última instância"). Só depois do esgotamento dos recursos ordinários, portanto, é que se pode cogitar da admissibilidade do recurso extraordinário ou do recurso especial.

Há, porém, uma diferença fundamental entre o cabimento do RE e o do REsp. É que ao tratar do cabimento do recurso especial, o texto constitucional expressamente estabelece que é preciso ter sido a decisão recorrida proferida em única ou última instância "pelos Tribunais Regionais Federais ou pelos tribunais dos Estados, do Distrito Federal e Territórios" (art. 105, III, da Constituição da República), limitação esta que não aparece no dispositivo que trata do cabimento do recurso extraordinário (art. 102 da Constituição da República). Assim, só é admissível a interposição de recurso especial contra decisões proferidas pelos Tribunais Regionais Federais ou pelos Tribunais de Justiça. É por esta razão que não se admite recurso especial contra decisões proferidas pelas Turmas Recursais dos Juizados Especiais (enunciado 203 da súmula do STJ). De outro lado, porém, o recurso extraordinário pode ser interposto contra decisões proferidas por quaisquer órgãos jurisdicionais (inclusive contra decisões dos tribunais superiores, como o próprio STJ, e as Turmas Recursais dos Juizados Especiais). Admite-se até mesmo recurso extraordinário contra decisão proferida por juízo singular de primeira instância nos casos em que estes atuam como instância ordinária única (o que se dá, por exemplo, nas execuções fiscais de pequeno valor, nos termos do art. 34 da Lei de Execuções Fiscais).

Da exigência de que o recurso seja interposto contra *causas decididas* em única ou última instância algo mais se extrai, porém: o requisito do *prequestionamento*. Este é requisito específico de admissibilidade do recurso extraordinário e do recurso especial e, pois, se não estiver presente ficará inviável a apreciação do mérito do recurso, o qual não poderá ser admitido.

Prequestionamento é a exigência de que o recurso especial ou extraordinário verse sobre matéria que tenha sido expressamente enfrentada na decisão recorrida. É que só se admite o recurso extraordinário (ou o recurso especial) a respeito de *causas decididas* (para usar-se aqui a terminologia empregada no texto constitucional). Significa isto dizer que o RE e o REsp só podem versar sobre o que tenha sido *decidido*, não sendo possível, nestas duas espécies recursais, inovar suscitando-se matéria (ou fundamento) que não tenha sido suscitado e apreciado na decisão recorrida.

Pense-se, por exemplo, em um processo em que não tenha sido suscitada, nas instâncias ordinárias, a prescrição. Não obstante a existência de dispositivo legal a estabelecer que a prescrição pode ser deduzida *em qualquer grau de jurisdição* (art. 193 do CC), deve-se compreender tal disposição no sentido de que essa matéria pode ser deduzida originariamente a qualquer tempo *nas instâncias ordinárias*. Não tendo sido a matéria submetida ao debate em contraditório nas instâncias ordinárias, porém, não será possível deduzi-la originariamente em grau de recurso extraordinário ou especial, por não se tratar de matéria "decidida", ou seja, por faltar prequestionamento.

Pode ocorrer, porém, de a matéria ter sido suscitada e, por isso, dever ser apreciada (na única ou na última instância), tendo, porém, o órgão jurisdicional se omitido quanto ao ponto. Neste caso, faz-se necessária a oposição de embargos de declaração *com fins de prequestionamento*, isto é, embargos de declaração cujo objeto é o suprimento da omissão, provocando-se um pronunciamento expresso acerca da matéria que se pretende submeter à apreciação do STF ou do STJ através de recurso extraordinário ou de recurso especial (e que tinha, mesmo, sido suscitada). Pois neste caso, opostos os embargos de declaração com fins de prequestionamento, considera-se preenchido o requisito do prequestionamento ainda que o órgão jurisdicional não supra a omissão, não admitindo ou rejeitando os embargos. É o que se chama *prequestionamento ficto* (art. 1.025).

Além do prequestionamento, que é requisito específico de admissibilidade tanto do recurso extraordinário como do recurso especial, existe outro requisito específico de admissibilidade (do recurso extraordinário, apenas) que resulta de norma constitucional: a *repercussão geral da questão constitucional* (art. 102, § 3º, da Constituição da República).

Consiste a repercussão geral na existência de relevância da questão constitucional discutida do ponto de vista econômico, político, social ou jurídico "que [ultrapasse] os interesses subjetivos do processo" (art. 1.035, § 1º). Em outros termos, só se admite o recurso extraordinário se a questão constitucional nele discutida tiver *transcendência* do ponto de vista subjetivo, interessando sua solução não só às partes do processo em que a matéria tenha sido suscitada, mas sendo capaz de alcançar a sociedade como um todo (ou parcela relevante e significativa dela).

Assim é, por exemplo, que se reconhece a repercussão geral da questão constitucional em recurso extraordinário em que se discute o direito dos pais de educar seus filhos em casa, sem matriculá-los em colégios (RE 888815) ou sobre a legitimidade da cobrança de multa moratória de 30% pelo não pagamento de ISS (RE 882461). De outro lado, não têm repercussão geral questões como a da verificação dos requisitos necessários para a concessão de auxílio-doença (ARE 821296) ou a da responsabilidade civil por danos morais em razão de ofensa à imagem (ARE 739382), em que não se reconhece a existência de uma questão constitucional que, por razões econômicas, políticas, sociais ou jurídicas, transcenda dos interesses das partes do processo.

Há presunção absoluta de repercussão geral da questão constitucional sempre que o recurso extraordinário for interposto contra decisão que contraria enunciado de súmula ou jurisprudência dominante do STF (art. 1.035, § 3º, I). Também haverá tal presunção absoluta de repercussão geral quando o acórdão recorrido tenha afirmado a *inconstitucionalidade* de tratado internacional ou de lei federal com observância da cláusula de reserva de plenário (art. 1.035, § 3º, III). Nos demais casos, caberá ao recorrente demonstrar a existência da repercussão geral da questão constitucional, cabendo ao Supremo Tribunal Federal decidir pela presença ou não deste requisito específico de admissibilidade do recurso extraordinário.

Antes da decisão do STF sobre a presença da repercussão geral será admitida a intervenção de *amici curiae* (art. 1.035, § 4º), o que amplia subjetivamente o contraditório e, com isso, aumenta a legitimidade democrática da decisão que, sobre esta preliminar, se profira.

O Supremo Tribunal Federal só pode deixar de conhecer do recurso extraordinário por ausência de repercussão geral da questão constitucional se neste sentido se manifestarem pelo menos dois terços de seus membros. É necessário, então, que pelo menos oito ministros do STF (já que dois terços de 11 corresponde a 7,333... e, portanto, sete votos correspondem a menos de dois terços) se pronunciem pela ausência de repercussão geral. Não havendo oito votos pela ausência de repercussão geral se considerará presente este requisito de admissibilidade e será possível (desde que presentes os demais requisitos de admissibilidade, evidentemente) julgar-se o mérito do recurso extraordinário.

Proferida decisão sobre a repercussão geral, a súmula do pronunciamento (isto é, o resumo do que tenha sido decidido) constará de ata, que será publicada no órgão oficial, e valerá como acórdão (art. 1.035, § 11). Esta decisão é irrecorrível (art. 1.035, *caput*).

Negada a existência de repercussão geral, eventuais recursos extraordinários que estejam pendentes ainda no tribunal de origem (isto é, que ainda não tenham sido encaminhados ao STF) e que versem sobre a mesma questão constitucional terão seguimento negado (art. 1.035, § 8º).

Reconhecida a repercussão geral da questão constitucional, o ministro relator determinará a suspensão de todos os processos pendentes, individuais ou coletivos, que versem sobre a mesma questão constitucional, e que estejam em trâmite no território nacional (art. 1.035, § 5º). Caso entre estes processos haja algum em que já tenha sido interposto recurso extraordinário, a suspensão do feito se dará junto à Presidência ou Vice-Presidência do tribunal de origem, e neste caso se admitirá à parte interessada que requeira (ao Presidente ou ao Vice-Presidente do tribunal *a quo*) que exclua da suspensão e desde logo inadmita recurso extraordinário que tenha sido interposto intempestivamente (devendo, antes da decisão, ouvir o recorrido no prazo de cinco dias), nos termos do art. 1.035, § 6º.

Reconhecida a repercussão geral da questão constitucional, o recurso extraordinário deverá ser julgado no prazo de um ano, tendo preferência sobre todos os demais processos, ressalvados apenas aqueles processos penais em que o réu esteja preso e os pedidos de *habeas corpus* (art. 1.035, § 9º). Não ocorrendo o julgamento em um ano, cessa a suspensão dos demais processos, que retomarão seu curso normal (o que estava originariamente previsto no art. 1.035, § 10, revogado pela Lei nº 13.256/2016, sendo certo que esta regra continua a incidir por força do disposto no art. 980, parágrafo único – com a ressalva da "decisão fundamentada do relator em sentido contrário" –, aplicável aos recursos repetitivos, como se vê pelo enunciado 345 do FPPC).

É cabível o recurso extraordinário nos casos previstos no art. 102, III, da Constituição da República (sempre contra decisões proferidas em única ou última instância).

Em primeiro lugar, estabelece o texto constitucional que o recurso extraordinário é cabível contra decisão que "contrariar dispositivo desta Constituição", ou seja, da própria Constituição Federal. É preciso, porém, ter claro que a admissibilidade do recurso extraordinário não depende propriamente de ter a decisão recorrida contrariado norma constitucional. Afinal, saber se houve ou não tal contrariedade é questão que integra o próprio mérito do recurso. Para que se admita o recurso extraordinário o que se pode exigir é que haja uma *alegada contrariedade à Constituição da República"*.

É preciso que a contrariedade à norma constitucional alegada pelo recorrente tenha sido *direta*. Em outros termos, é preciso que o recorrente alegue ter a decisão recorrida afrontado diretamente norma constitucional, sem que o exame da matéria dependa da apreciação de qualquer norma infraconstitucional.

É por isso, por exemplo, que se reputa inadmissível recurso extraordinário em que se alega violação ao princípio constitucional da legalidade por não ter sido respeitada alguma norma legal. É que neste caso seria preciso, para se saber se houve ou não afronta à norma constitucional, examinar a norma infraconstitucional. Do mesmo modo, não se pode considerar admissível recurso extraordinário em que se alegue violação ao princípio do devido processo ou ao princípio do contraditório por ter sido descumprido algum comando oriundo de lei processual.

De outro lado, é admissível recurso extraordinário contra decisão que determinou que em execução contra sociedade de economia mista o pagamento fosse feito por precatório (por afronta ao art. 100 da Constituição, que implanta regime inextensível às sociedades de economia mista). Também se admite recurso extraordinário contra decisão que, em processo de desapropriação, considerou que a cobertura vegetal do imóvel desapropriado não deveria ser levada em consideração no cálculo do valor da indenização (por violação do disposto no art. 5º, XXIV, da Constituição da República, que estabelece o direito à justa e prévia indenização em dinheiro nos casos de desapropriação). Como se vê, só é admissível o recurso extraordinário quando a decisão recorrida viola diretamente norma constitucional.

É muito frequente, porém, ver-se na prática a interposição de recurso extraordinário em casos em que a parte alega uma violação *indireta ou reflexa* à Constituição da República (isto é, uma violação a norma constitucional cuja análise depende do exame de normas infraconstitucionais). Pois neste caso, deve-se remeter o feito ao Superior Tribunal de Justiça, convertendo-se o recurso extraordinário em recurso especial (art. 1.033).

Outra hipótese de cabimento do recurso extraordinário (art. 102, III, *b*, da Constituição da República) é o da decisão que declara a inconstitucionalidade de tratado ou lei federal. Este é caso em que, como já visto, há mesmo uma presunção absoluta de

Parte Especial • Cap. 23 • Processos nos tribunais e meios de impugnação das decisões judiciais **557**

repercussão geral da questão constitucional (art. 1.035, § 3º, III). Assim, sempre que a decisão proferida em única ou última instância afirmar a inconstitucionalidade de um tratado internacional ou de uma lei federal, será admissível o recurso extraordinário, mecanismo que permitirá ao STF dar a palavra final acerca da constitucionalidade (ou não) daqueles atos normativos.

Também se admite recurso extraordinário contra decisão que "julgar válida lei ou ato de governo local contestado em face [da] Constituição [Federal]" (art. 102, III, *c*, da Constituição da República). Pode acontecer de em um processo ter-se suscitado o controle de constitucionalidade de algum ato de governo (como, por exemplo, um Decreto) local ou de uma lei local (ou seja, ato de governo ou lei que emane de Estado, do Distrito Federal ou de algum Município). Pois neste caso, se a decisão proferida na única ou última instância ordinária reputar o ato local inconstitucional não será admissível o recurso extraordinário. Será, porém, cabível o recurso se a decisão que esgota as instâncias ordinárias tiver afirmado a *validade* do ato (de modo que se permitirá ao STF dar a palavra final sobre a compatibilidade de tal ato com a Constituição da República, exercendo deste modo sua função de guardião da Constituição da República).

Por fim, é admissível o recurso extraordinário contra decisão que "[julga] válida lei local contestada em face de lei federal" (art. 102, III, *d*). É que pode acontecer de em algum processo se verificar a existência de um conflito entre lei federal e lei estadual, distrital ou municipal, o que é, sempre, uma *questão constitucional*. Isto se dá porque no caso de conflito entre lei federal e lei local sempre haverá a necessidade de saber qual das duas terá sido elaborada com invasão da área de atuação da outra. Leis federais não podem disciplinar matérias para as quais o Estado, o Distrito Federal ou o Município tem competência para legislar (e vice-versa). Ademais, nos casos de competência legislativa concorrente (entre União e Estados) a lei federal só pode estabelecer normas gerais, cabendo ao Estado legislar sobre as normas especiais (art. 24, §§ 1º e 2º da Constituição da República). Não havendo lei federal, os Estados exercerão competência legislativa plena, mas neste caso a superveniência da lei federal suspende a eficácia da lei estadual naquilo que lhe seja contrária (art. 24, §§ 3º e 4º da Constituição da República). Pode, então, surgir dúvida sobre se a lei local invadiu a área de atuação da lei federal, ou vice-versa. Pois se a decisão proferida em única ou última instância tiver afirmado a validade da lei local (e, por conseguinte, tiver reputado inválida a lei federal), será admissível o recurso extraordinário. A recíproca, porém, não é verdadeira, e não se admite o recurso extraordinário contra decisão que tenha considerado válida a lei federal e inválida a lei local.

Vistos os casos de cabimento do recurso extraordinário, passa-se ao exame dos casos de cabimento do recurso especial, estabelecidos nas três alíneas do art. 105, III, da Constituição da República.

Pois será admissível recurso especial contra decisões proferidas em única ou última instância pelos Tribunais Regionais Federais ou pelos Tribunais de Justiça em três casos, o primeiro dos quais é o da decisão que "contrariar tratado ou lei federal, ou negar-lhes vigência" (art. 105, III, *a*, da Constituição Federal). Há aí, a rigor, duas situações distintas, mas a ambas se aplica o mesmo raciocínio aqui desenvolvido a respeito do cabimento do recurso extraordinário fundado na alínea *a* do art. 102, III. Em outras palavras, o que se quer aqui afirmar é que o cabimento do recurso especial depende, tão somente, de uma *alegação de contrariedade ou negativa de vigência a tratado ou lei federal*. Saber se a lei federal ou o tratado internacional foi mesmo contrariado, ou se teve sua vigência negada, constitui questão de mérito (e, assim, no caso de a decisão recorrida ter mesmo contrariado tratado lei federal, ou lhes negado vigência, o recurso especial deverá ser provido; e no caso contrário deve-se negar provimento ao recurso).

Existem, porém, neste primeiro permissivo constitucional, duas situações distintas: a *contrariedade* e a *negativa de vigência* de tratado ou de lei federal.

Contrariar a lei federal ou o tratado internacional é decidir de modo distinto daquele que resulta da interpretação da lei ou do tratado. Pense-se, por exemplo, em uma decisão que indefere a petição inicial sem ter sido dada ao autor oportunidade para emendá-la (o que contraria o disposto no art. 320). Pois neste caso o recurso é admissível por contrariedade à lei.

Situação diferente é a da negativa de vigência à lei federal (ou ao tratado). Pense-se, por exemplo, no caso se ter proferido decisão que aplique lei já revogada, por considerar que a lei revogadora ainda estava no período de *vacatio legis* quando este, na verdade, já acabara. Pois neste caso se terá negado vigência a lei federal, erro que deve ser corrigido por meio de recurso especial.

O segundo caso de cabimento de recurso especial é o da decisão que julga válido ato de governo local (como é o caso de um decreto do Governador do Estado, ou do Prefeito Municipal), contestado em face de lei federal (art. 105, III, *b*). Perceba-se que aqui se enfrenta um problema de legalidade (afinal, atos administrativos não podem contrariar a lei, que lhes é hierarquicamente superior). Pois no caso de a decisão que esgota as instâncias ordinárias (no âmbito da Justiça Federal ou da Justiça Estadual) ter considerado o ato de governo local válido, caberá ao STJ rever tal decisão por meio de recurso especial (mas a recíproca não é verdadeira, e não se admitirá recurso especial se a decisão de segunda instância tiver afirmado a *invalidade* do ato de governo local contestado em face da lei federal).

Por fim, admite-se recurso especial fundado em *dissídio jurisprudencial* (art. 105, III, *c*, da Constituição da República). Tem-se, aí, a norma constitucional por força da qual se pode afirmar ser o Superior Tribunal de Justiça responsável por uniformizar a interpretação da lei federal, estabelecendo qual deve ser a interpretação que se repute correta.

Assim, sempre que uma decisão de TRF ou de TJ esgotar as instâncias ordinárias e der a lei federal interpretação divergente da que lhe tenha dado *qualquer outro tribunal*, será possível impugná-la por meio de recurso especial. Veja-se, porém, que se o objetivo do recurso especial neste caso é a uniformização de entendimentos entre os diversos tribunais brasileiros, deve-se reputar necessário que a divergência jurisprudencial

Parte Especial • Cap. 23 • Processos nos tribunais e meios de impugnação das decisões judiciais **559**

seja *atual*, de modo que não se pode admitir recurso especial em que se invoca entendimento já superado de outro tribunal, tendo este fixado sua jurisprudência no mesmo sentido do acórdão recorrido (o que se verifica pela leitura do enunciado 83 da súmula do STJ).

Fundando-se o recurso especial no dissídio jurisprudencial, incumbe ao recorrente fazer prova da divergência entre o acórdão recorrido e a decisão paradigma (assim entendida a decisão que, proferida por *outro tribunal*, tenha dado à lei federal interpretação divergente). Para isso, deverá o recorrente apresentar certidão, cópia ou citação do repositório de jurisprudência, oficial ou credenciado – inclusive em mídia eletrônica –, em que tenha sido publicado o acórdão divergente, ou ainda com a reprodução de julgado disponível na Internet, com indicação da respectiva fonte. Além disso, exige-se do recorrente que promova o *confronto analítico* entre as duas decisões, indicando as circunstâncias que identifiquem ou assemelhem os casos confrontados (art. 1.029, § 1º). Significa isto, em outras palavras, que não é suficiente a mera reprodução de acórdãos ou de ementas. Exige-se uma comparação efetiva entre os fatos da causa em que se proferiu a decisão recorrida e os daquela em que proferida a decisão paradigma, de forma que permita verificar que realmente exista uma divergência na interpretação da lei, aplicada de formas diferentes no caso paradigma e na decisão recorrida a situações idênticas ou semelhantes.

O ônus de realizar o confronto analítico, imposto ao agravante, gera para o Superior Tribunal de Justiça um dever: o de verificar o confronto analítico feito, a fim de estabelecer se o caso recorrido e o caso paradigma são, mesmo, idênticos ou semelhantes e neles se aplicou de modos divergentes a mesma lei federal. Por conta disso, não se permite que o recurso especial fundado na existência do dissídio jurisprudencial seja declarado inadmissível com base na genérica afirmação de que as circunstâncias fáticas são diferentes. Exige-se do STJ que demonstre, de forma analítica, a existência da distinção (o que estava expresso no art. 1.029, § 2º, revogado pela Lei nº 13.256/2016, mas sendo tal exigência de fundamentação analítica ainda necessariamente digna de observação por força do que dispõe o art. 93, IX, da Constituição da República), o que está em perfeita consonância com a exigência de fundamentação substancial e analítica de todas as decisões judiciais (art. 489, § 1º, especialmente em seu inciso III, que reputa inválido por falta de fundamentação o pronunciamento judicial que "[invoca] motivos que se prestariam a justificar qualquer outra decisão").

O recurso especial, pois, versará sempre sobre uma *questão federal*, enquanto o recurso extraordinário versa sobre questão constitucional. Pode, todavia, ocorrer de ser interposto recurso especial e o relator, no STJ, entender que a matéria nele versada constitui, na verdade, questão constitucional. Pois neste caso deverá haver a *conversão do recurso especial em recurso extraordinário* (art. 1.032). Para isso, deverá o relator do recurso especial determinar a intimação do recorrente para, no prazo de quinze dias, demonstrar a existência de repercussão geral da questão constitucional, manifestando-se sobre esta. Cumprida a diligência, serão os autos remetidos ao STF para exame do recurso extraordinário. Admite-se, porém, que o STF divirja da posição do STJ quanto ao ponto, considerando não ter natureza constitucional a questão suscitada no recurso (ou se tratar de mera questão de violação reflexa à Constituição), caso em que os autos serão devolvidos ao STJ para julgamento do recurso especial (art. 1.032, parágrafo único).

A petição de interposição do recurso extraordinário ou especial deverá, nos termos do art. 1.029, conter a exposição do fato e do direito, a demonstração do cabimento do recurso interposto e as razões do pedido de reforma ou invalidação da decisão recorrida. No caso de a parte interpor simultaneamente ambos os recursos, deverá fazê-lo em petições distintas.

O recurso extraordinário e o recurso especial devem ser interpostos perante o tribunal que tenha proferido a decisão recorrida, devendo a petição ser dirigida ao Presidente ou Vice-Presidente do tribunal (conforme disponha seu próprio regimento interno). A Secretaria do tribunal, em seguida, providenciará a intimação do recorrido para oferecer contrarrazões e, findo o prazo (que é de quinze dias), os autos serão encaminhados ao Presidente ou Vice-Presidente do tribunal recorrido para exercício do juízo de admissibilidade (art. 1.030, *caput,* na redação da Lei nº 13.256/2016).

Incumbe ao Presidente ou Vice-Presidente do tribunal recorrido, então, proceder a um primeiro exame da admissibilidade do recurso excepcional. E o texto normativo estabelece que será caso de negar seguimento "a recurso extraordinário que discuta questão constitucional à qual o Supremo Tribunal Federal não tenha reconhecido a existência de repercussão geral ou a recurso extraordinário interposto contra acórdão que esteja em conformidade com entendimento do Supremo Tribunal Federal exarado no regime de repercussão geral" (art. 1.030, I, *a*, na redação da Lei nº 13.256/2016); assim como "a recurso extraordinário ou a recurso especial interposto contra acórdão que esteja em conformidade com entendimento do Supremo Tribunal Federal ou do Superior Tribunal de Justiça, respectivamente, exarado no regime de julgamento de recursos repetitivos" (art. 1.030, I, *b*, na redação da Lei nº 13.256/2016). Nestes dois casos, nos termos do § 2º do art. 1.030 (acrescentado pela Lei nº 3.256/2016), a decisão que não admite o recurso excepcional só poderá ser impugnada por meio de agravo interno. Isto, evidentemente, não exclui o cabimento de embargos de declaração (cabíveis contra *qualquer decisão,* como expressamente consta do art. 1.022). É preciso, porém, compatibilizar isto com o modelo constitucional de processo, sob pena de se criar um sistema de absoluto "engessamento" do Direito.

É que se aos textos aqui mencionados se atribuir a interpretação segundo a qual as matérias sobre as quais o STF já tenha se pronunciado "no regime da repercussão geral", ou em casos nos quais se tenha negado a existência de repercussão geral, assim como no que concerne às matérias que já tenham sido enfrentadas pelo STF ou pelo STJ pela técnica de julgamento dos recursos excepcionais repetitivos, não seria mais possível chegar-se ao tribunal de superposição. Esta interpretação, porém, faria com que aqueles Tribunais perdessem uma competência que só a eles se pode reconhecer:

Parte Especial • Cap. 23 • Processos nos tribunais e meios de impugnação das decisões judiciais **561**

a de promover a superação de seus próprios entendimentos, alavancando a evolução do ordenamento jurídico.

Imagine-se, por exemplo, que o STF tenha declarado a inexistência de repercussão geral acerca de determinada questão constitucional. Não seria possível que, tempos depois, diante de novos argumentos – e até mesmo diante do fato de terem surgido muitos novos casos, posteriores àquele primeiro – se viesse a considerar presente a repercussão geral que antes não existia? A resposta, evidentemente, tem de ser afirmativa. E o mesmo se diga sobre aquelas matérias em que o STF ou o STJ já tenha se pronunciado *no mérito* (tenha sido ou não aplicável o regime dos recursos repetitivos). É preciso abrir caminho para novos acessos ao STF ou ao STJ, sob pena de não poder mais evoluir o Direito, superando-se entendimentos anteriormente fixados (*overruling*, na tradicional expressão em língua inglesa).

Ora, nenhum sistema que se funde em precedentes pode ser compatível com tal "engessamento". Figure-se o que seria o ordenamento jurídico norte-americano se, por exemplo, o precedente estabelecido em 1896 no julgamento do caso Plessy v. Ferguson (em que se estabeleceu a chamada "teoria dos iguais, mas separados", por força da qual era possível separar pessoas brancas e negras, desde que elas tivessem tratamentos iguais, tendo sido este caso julgado no sentido de autorizar que houvesse vagões de trem separados – desde que idênticos – para brancos e negros) não pudesse ter sido superado pelo julgamento, em 1954, de Brown *v.* Board of Education of Topeka (que eliminou qualquer possibilidade de segregação entre brancos e negros nos EUA), ao argumento de que aquela matéria já tinha sido apreciada pela Suprema Corte. Mesmo no Brasil há casos célebres, como a superação do entendimento original do STF acerca da eficácia da decisão proferida em mandado de injunção. Pois para assegurar a possibilidade de superação de entendimentos já fixados, é preciso – como anteriormente afirmado – dar ao texto do CPC interpretação compatível com o ordenamento constitucional brasileiro.

Para isto, é preciso verificar se o recurso especial ou extraordinário interposto para discutir matéria já examinada pelo STF ou pelo STJ é mera reprodução do que já foi apreciado pelo Tribunal de Superposição, ou se ali se sustentou fundamento para a superação do entendimento já firmado. Tendo sido sustentada a existência de fundamento para a superação, deverá o recurso especial ou extraordinário ser admitido (não obstante a literalidade do texto do inciso I, *a* e *b*, do art. 1.030, na redação da Lei nº 13.256/2016). Caso o recurso não seja admitido, será possível impugnar-se tal decisão por meio de agravo interno, para que o tribunal recorrido, por seu Pleno ou Órgão Especial, reaprecie a questão. Negado provimento ao agravo interno, porém, deverá admitir-se novo recurso (especial ou extraordinário, conforme o caso), a fim de viabilizar a subida da causa ao Tribunal de Superposição competente.

No caso do recurso especial, seu cabimento será possível diante da contrariedade ao disposto nos arts. 947, § 3º, e 985, II, ambos aplicáveis aos recursos repetitivos (enunciado 345, FPPC). E no caso do recurso extraordinário, este será cabível por contrariedade ao art. 102, *caput*, da Constituição da República, já que negar ao STF o reexame de matérias já decididas quando houver fundamento para a superação de entendimentos iria contra a atribuição constitucional daquele Tribunal de atuar como guardião da Constituição. Em síntese, pois, negada a admissibilidade de recurso especial ao fundamento de que a matéria já foi decidida pelo STJ, e havendo no recurso fundamento para a superação do precedente, poderá ser interposto novo recurso especial. E no caso do recurso extraordinário não ser admitido por tal fundamento, será possível interpor novo recurso extraordinário.

O inciso II do art. 1.030 (na redação da Lei nº 13.256/2016) determina, por sua vez, que o Presidente ou Vice-Presidente do tribunal recorrido, ao examinar o recurso excepcional, o remeta ao órgão prolator da decisão recorrida para retratar-se, sempre que este tenha desrespeitado precedente dotado de eficácia vinculante.

No caso de o recurso versar sobre matéria já reconhecida como repetitiva, deverá o Presidente ou Vice-Presidente do tribunal de origem sobrestá-lo até que o STF ou o STJ fixe o paradigma (art. 1.030, III, na redação da Lei nº 13.256/2016), após o qual deverá ser aplicado o disposto no inciso I ou II, conforme o caso. Neste caso, a decisão do Presidente ou Vice-Presidente será impugnável por agravo interno (art. 1.030, § 2º, na redação da Lei nº 13.256/2016, cabendo ao próprio tribunal recorrido, por seu Pleno ou pelo Órgão Especial, verificar se o caso em exame era mesmo idêntico àquele afetado para julgamento pelo regime dos recursos repetitivos).

De outro lado, caso o Presidente ou Vice-Presidente do tribunal de origem verifique que o recurso excepcional versa sobre matéria repetitiva, mas ainda não houve a afetação de tal matéria, deverá selecionar o recurso como representativo da controvérsia, nos precisos termos do art. 1.030, IV (na redação da Lei nº 13.256/2016).

Por fim, não sendo caso de aplicação de qualquer das disposições anteriormente referidas, incumbirá ao Presidente ou Vice-Presidente do tribunal de origem exercer o juízo de admissibilidade do recurso especial ou extraordinário, verificando se foram ou não preenchidos os requisitos necessários para que seu mérito possa ser examinado pelo STJ ou STF (art. 1.030, V, na redação da Lei nº 13.256/2016). Caso se profira, nesta hipótese, juízo negativo de admissibilidade será admissível agravo para o STJ ou STF, conforme o recurso inadmitido seja especial ou extraordinário (art. 1.030, § 1º, na redação da Lei nº 13.256/2016).

Admitido um dos dois recursos excepcionais aqui examinados, será ele encaminhado – caso seja admitido – ao tribunal competente (STF ou STJ, conforme o caso). Pode acontecer, porém, de haver no mesmo processo questões constitucionais e questões federais, sendo por isso possível que tenha havido a interposição simultânea (ou "conjunta", como se lê no texto do art. 1.031) de ambos os recursos. Neste caso, e admitidos ambos os recursos excepcionais, deverão os autos ser remetidos ao Superior Tribunal de Justiça. É que, ao menos como regra geral, deverá acontecer primeiramente o julgamento, pelo STJ, do recurso especial. Concluído este julgamento, os autos serão então remetidos ao STF para exame do recurso extraordinário, se este não

Parte Especial • Cap. 23 • Processos nos tribunais e meios de impugnação das decisões judiciais **563**

estiver prejudicado (art. 1.031, § 1º). Não haverá remessa dos autos ao STF, por exemplo, se ao julgar o recurso especial o STJ tiver reformado integralmente, ou anulado, a decisão recorrida, casos em que não haverá mais qualquer utilidade na apreciação do recurso extraordinário. Caso ainda haja utilidade na apreciação do recurso extraordinário, este será julgado pelo STF.

Pode, porém, acontecer de, admitidos ambos os recursos – e, por isso, tendo os autos sido encaminhados ao STJ –, verificar o relator do recurso especial que o extraordinário versa sobre questão prejudicial (a qual, por sua própria natureza, precisa ser resolvida antes da questão principal). Pois neste caso, por meio de decisão irrecorrível, o relator do recurso especial sobrestará seu processamento junto ao STJ, determinando a remessa dos autos ao STF (art. 1.031, § 2º). Caberá, nesta hipótese, ao STF julgar primeiro o recurso extraordinário e, em seguida, remeter os autos ao STJ para exame do recurso especial, se este não estiver prejudicado.

Há, porém, outra hipótese a considerar: recebidos os autos no STJ, e tendo o relator do recurso especial determinado que os autos fossem encaminhados para apreciação do recurso extraordinário pelo STF em razão da prejudicialidade, pode ocorrer de o relator do recurso extraordinário não considerar que este versa sobre questão prejudicial, discordando do entendimento do relator do recurso especial. Neste caso, deverão os autos ser devolvidos ao STJ, para que ocorra em primeiro lugar a apreciação do recurso especial. A decisão do relator do recurso extraordinário que, rejeitando a prejudicialidade deste, determina o retorno dos autos ao STJ é, também, irrecorrível (art. 1.031, § 3º).

Tendo o recurso – especial ou extraordinário – chegado ao tribunal competente para sua apreciação, será apreciado tanto em relação à sua admissibilidade quanto, se positivo o juízo de admissibilidade, em seu mérito. Vale aqui registrar um detalhe importante: o fato de se atribuir competência ao tribunal recorrido para, através de seu Presidente ou Vice-Presidente, exercer juízo de admissibilidade de recurso especial ou extraordinário não retira do STJ e do STF o poder de proceder a um novo exame da admissibilidade dos recursos cujo mérito lhes incumbe julgar. Além disso, o STF e o STJ não ficam vinculados ao juízo positivo de admissibilidade emitido pelo tribunal inferior, sendo perfeitamente possível que aqueles Tribunais de Superposição decidam no sentido de não conhecer do recurso que havia sido admitido no tribunal de origem.

Ao realizar o juízo de admissibilidade do recurso especial ou extraordinário, incumbe aos tribunais de superposição relevar vícios formais de recursos tempestivamente interpostos (e só dos tempestivamente interpostos, pois sendo intempestivo o recurso a decisão recorrida terá transitado em julgado) que não sejam graves (art. 1.029, § 3º). Esta é mais uma regra através da qual se manifesta o *princípio da primazia da resolução do mérito* (art. 4º). Observe-se que, não obstante o fato de o texto normativo valer-se da forma verbal *poderá* ("[o] Supremo Tribunal Federal ou o Superior Tribunal de Justiça poderá desconsiderar vício formal de recurso tempestivo ou determinar sua correção, desde que não o repute grave"), não se trata de uma faculdade do tribunal, mas de um dever jurídico, imposto tanto pelo princípio da primazia da resolução do mérito quanto pela regra de que aqui se cuida. Deverá, pois, o tribunal desconsiderar o vício – se isto for possível – ou determinar sua correção, fixando prazo para que o recorrente o faça e, em seguida, pronunciar-se sobre o mérito do recurso (e, no caso de ser fixado prazo para correção do vício, o decurso do prazo estabelecido sem que o vício seja sanado acarretará o não conhecimento do recurso: FPPC, enunciado 220).

No caso de haver julgamento de mérito do recurso, o STF e o STJ deverão ir além da mera fixação da tese jurídica aplicável, incumbindo-lhes julgar o caso concreto, aplicando o direito (art. 1.034). É que o STJ e o STF não são meros "tribunais de teses", nem atuam como tribunais de cassação (limitando-se a invalidar decisões que reputem equivocadas para que os tribunais inferiores rejulguem as causas). A eles cabe atuar, em sede de recursos excepcionais, como *tribunais de revisão*, rejulgando as causas que lhes são submetidas através de recurso especial ou recurso extraordinário. E tanto isto é verdade que, admitido o recurso especial ou extraordinário, o capítulo da decisão que tenha sido impugnado é inteiramente devolvido ao tribunal, devendo este examinar todos os fundamentos necessários para seu completo reexame. Não é por outra razão, aliás, que a lei processual estabelece que "[a]dmitido o recurso extraordinário ou o recurso especial por um fundamento, devolve-se ao tribunal superior o conhecimento dos demais fundamentos para a solução do capítulo impugnado".

Além do efeito devolutivo, é preciso também examinar o efeito suspensivo dos recursos especial e extraordinário. É que estes recursos, em regra, não são dotados de efeito suspensivo. Há, porém, um caso em que o recurso especial e o recurso extraordinário são recebidos com efeito suspensivo por força de lei (efeito suspensivo *ope legis*): é a hipótese em que o recurso é interposto contra decisão proferida em sede de incidente de resolução de demandas repetitivas (art. 987, § 1º).

Nos demais casos, porém, a ausência de efeito suspensivo *ope legis* não impede a concessão do efeito suspensivo por decisão judicial (efeito suspensivo *ope iudicis*). É que pode o recorrente requerer a atribuição de efeito suspensivo a recurso especial ou extraordinário que a princípio não o produziria. Este requerimento deve ser dirigido ao STJ ou ao STF (conforme se trate de recurso especial ou de recurso extraordinário), no período compreendido entre a interposição do recurso e a prolação da decisão que o admite. Neste caso, o requerimento será dirigido ao tribunal de origem (art. 1.029, § 5º, III, na redação da Lei nº 13.256/2016). Na hipótese de ser o requerimento de atribuição de efeito suspensivo formulado entre a publicação da decisão que admite o recurso excepcional e sua distribuição, a petição deverá ser dirigida ao STJ ou ao STF, conforme o caso, e ali será designado um relator para exame do requerimento de efeito suspensivo, o qual ficará prevento para o próprio recurso (art. 1.029, § 5º, I, na redação da Lei nº 3.256/2016). Sendo o requerimento formulado após a distribuição do recurso especial ou extraordinário ao relator, a este será dirigido o requerimento (art. 1.029, § 5º, II). Será, também, o requerimento de atribuição de efeito suspensivo ao recurso dirigido ao Presidente ou ao Vice-Presidente do tribunal recorrido, apenas no caso de ter sido o recurso lá sobrestado por força da aplicação da técnica do julgamento por

Parte Especial • Cap. 23 • Processos nos tribunais e meios de impugnação das decisões judiciais **565**

amostragem de recursos especiais ou extraordinários repetitivos (art. 1.029, § 5º, III, na redação da Lei nº 13.256/2016). A atribuição de efeito suspensivo ao recurso especial é medida concessiva de tutela de urgência, de natureza cautelar, razão pela qual tem como pressupostos a existência de *fumus boni iuris* (probabilidade de que o recurso especial ou extraordinário venha a ser provido) e de *periculum in mora* (risco iminente de dano para o direito material ou para o resultado útil do processo).

23.10.2.5.2.1 Julgamento de recursos extraordinário e especial repetitivos

O CPC regula, em seus arts. 1.036 a 1.041, mais uma técnica destinada a viabilizar a criação de precedentes vinculantes, a serem usados como padrões decisórios que terão de ser seguidos pelos órgãos jurisdicionais brasileiros quando do exame de casos nos quais se discutam as mesmas questões de direito já definidas, e diante de circunstâncias fáticas equivalentes. Trata-se, além disso, de uma técnica destinada a permitir o gerenciamento das assim chamadas *causas repetitivas*, capaz de evitar que o STF e o STJ, tribunais que não só têm competência sobre todo o território nacional, mas também se caracterizam por serem formados por pequeno número de magistrados (onze no STF, trinta e três no STJ), fiquem exageradamente assoberbados pela chegada de excessivo número de recursos excepcionais, versando as mesmas questões de direito.

Por conta disso, sempre que se verifique a existência de *multiplicidade de recursos extraordinários ou especiais* com fundamento na mesma questão de direito, deverá aplicar-se esta técnica especial, através da qual se promove um *julgamento por amostragem* (art. 1.036).

A técnica do julgamento de recursos extraordinários ou especiais repetitivos pode começar a ser empregada a partir de atos praticados nos tribunais de origem, perante os quais os recursos excepcionais são interpostos. É que o Presidente ou Vice-Presidente do tribunal de origem (não só de TRF ou TJ, como diz o texto do art. 1.036, § 1º, que parece ter sido escrito com os olhos postos no recurso especial, já que o recurso extraordinário pode vir a ser interposto contra decisões proferidas por outros tribunais, como é o caso dos Tribunais Regionais do Trabalho e dos Tribunais Superiores), verificando a existência dessa multiplicidade de recursos excepcionais que versam sobre a mesma questão de direito, deverá selecionar *dois ou mais recursos* representativos da controvérsia, e os encaminhar ao STF ou ao STJ para fins de afetação, determinando no mesmo ato a suspensão de todos os processos em trâmite em sua área de atuação (Estado, no caso de Tribunal de Justiça; Região, no caso dos Tribunais Regionais Federais ou do Trabalho; ou em todo o território nacional, no caso dos Tribunais Superiores). Serão, então, por força da decisão proferida pelo Presidente ou Vice-Presidente do tribunal de origem, suspensos todos os processos individuais ou coletivos que tramitem na área de atuação daquele tribunal (art. 1.036, § 1º).

Proferida esta decisão pelo Presidente ou Vice-Presidente do tribunal de origem, poderá o interessado requerer, à mesma autoridade, que exclua da decisão de sobrestamento recurso especial ou extraordinário que tenha sido interposto intempestivamente, caso em que o recorrente deverá ser ouvido no prazo de cinco dias para que, em seguida, se profira decisão (art. 1.036, § 2º).

A escolha feita no tribunal de origem dos recursos representativos da controvérsia não vinculam as Cortes de superposição, podendo o relator do recurso extraordinário ou especial selecionar outros recursos que mais bem representem a questão de direito controvertida (art. 1.036, § 4º).

Pode também acontecer de os recursos especiais ou extraordinários (sobre uma mesma questão de direito) começarem a chegar em grande número ao STJ ou ao STF) sem que tenha havido qualquer decisão de Presidente ou Vice-Presidente de tribunal recorrido selecionando recursos representativos da controvérsia. Pois neste caso incumbirá ao relator, no STF ou no STJ, selecionar *dois ou mais recursos* representativos da controvérsia para julgamento da questão de direito (art. 1.036, § 5º).

Questão importante é a de saber que recursos devem ser selecionados para aplicação dessa técnica especial de julgamento por amostragem. A lei processual estabelece expressamente a exigência de que sejam selecionados "recursos admissíveis que contenham abrangente argumentação e discussão a respeito da questão a ser decidida" (art. 1.036, § 6º). Vê-se, assim, que só recursos admissíveis podem ser selecionados, o que é essencial para que se possa promover o exame do mérito, sob pena de frustrarem-se os objetivos a alcançar com o emprego desta especial técnica processual. Afinal, não se conseguiria produzir o precedente vinculante sobre a questão de direito comum a todos os recursos especiais ou extraordinários repetitivos, nem seria possível gerenciar toda aquela multiplicidade de causas, se a decisão final fosse de não conhecimento dos recursos selecionados.

Não basta, porém, que o recurso extraordinário ou especial seja admissível para poder ser selecionado. Impõe-se, também, que ele contenha "abrangente argumentação e discussão a respeito da questão a ser decidida". Em outras palavras, devem ser selecionados recursos (no mínimo dois, como visto) que permitam o exame aprofundado de todos os argumentos que podem ser invocados no exame daquelas questões de direito.

Incumbe ao relator, no STF ou no STJ, proferir decisão no sentido de ser ou não o caso de afetar aqueles recursos selecionados para julgamento pela técnica dos recursos repetitivos. Deve ele manifestar-se, então, proferindo *decisão de afetação* (ou, ao contrário, negando a afetação dos recursos).

Negada a afetação, o relator comunicará a decisão ao Presidente ou Vice-Presidente do tribunal que tenha enviado os recursos, a fim de que seja revogada a decisão por ele proferida, que determinou a suspensão dos processos em curso na área de atuação do tribunal de origem (art. 1.037, § 1º).

Interessa aqui, porém, examinar com mais detalhes a *decisão de afetação*. Pois nesta decisão o relator, além de expressamente determinar a utilização da técnica do

Parte Especial • Cap. 23 • Processos nos tribunais e meios de impugnação das decisões judiciais **567**

julgamento de recursos repetitivos, deverá *identificar com precisão a questão a ser submetida a julgamento* (art. 1.037, I). É que se faz necessário determinar, com absoluta precisão, qual é a questão repetitiva que serve de base para todos os múltiplos recursos especiais e extraordinários, e que é objeto de discussão em todos os processos que ficarão suspensos à espera do pronunciamento do STJ ou do STF. A identificação da questão a ser submetida a julgamento pela técnica dos recursos repetitivos é ainda mais importante quando se considera o fato de que os recursos selecionados podem versar *também* sobre outras questões de direito, as quais também têm de ser examinadas, mas que, não sendo repetitivas, não podem ser solucionadas através da técnica de que aqui se cogita. Exatamente por isso a lei processual estabelece ser "vedado ao órgão colegiado decidir, para os fins do art. 1.040, questão não delimitada na decisão a que se refere o inciso I do *caput*" (art. 1.040, § 2º). Neste caso, proferido o julgamento por amostragem dos recursos repetitivos, os processos afetados serão examinados, em momento posterior, pelo próprio tribunal, para exame das demais questões, proferindo-se um acórdão específico para cada processo (art. 1.037, § 7º).

Ainda na decisão de afetação, deverá o relator dos recursos especiais ou extraordinários repetitivos *determinar a suspensão do processamento de todos os processos pendentes, individuais ou coletivos, que versem sobre a questão e tramitem no território nacional* (art. 1.037, II). Manifesta-se, aqui, uma técnica de gerenciamento de causas repetitivas, através da qual se aguardará a formação de uma decisão paradigma, a qual terá eficácia de precedente vinculante, e que será, posteriormente, empregada como base para a formação das decisões que serão proferidas para os casos equivalentes (*to treat like cases alike*).

Determinada a suspensão dos processos, serão disto comunicados, para que tomem as devidas providências, os juízes e relatores dos processos em trâmite em todo o território nacional, os quais, por sua vez, determinarão a intimação das partes dos processos suspensos para que tomem conhecimento do sobrestamento (art. 1.037, § 8º).

Intimadas as partes da suspensão dos demais processos em que se discute a mesma questão de direito, poderá o interessado requerer o reconhecimento de que o processo de que participa foi indevidamente suspenso, buscando estabelecer uma *distinção* entre os casos afetados para julgamento pela técnica dos recursos repetitivos e o caso concreto de que participa, a fim de excluir tal processo do rol dos feitos suspensos – já que, sendo o processo distinto, a ele não se aplicará o padrão decisório a ser formado através do procedimento de julgamento dos recursos excepcionais repetitivos –, voltando o mesmo a tramitar regularmente (art. 1.037, § 9º). Este requerimento será dirigido ao juízo de primeira instância se ali estiver sobrestado o processo; ao relator do tribunal de origem, se ali o processo tiver sido suspenso, ainda que já tenha sido julgado e esteja pendente recurso especial ou extraordinário que tenha sido sobrestado antes de ser remetido ao STF ou ao STJ; ou ao relator, no tribunal superior, de recurso especial ou extraordinário que já tivesse sido para lá remetido quando da decisão de sobrestamento (art. 1.037, § 10, I a IV). Formulado o requerimento de distinção, deverá ser ouvida a parte contrária no prazo de cinco dias (art. 1.037, § 11) e, em seguida, proferida decisão.

Reconhecida a distinção, o processo voltará a tramitar regularmente, sob a condução do juiz ou relator, salvo no caso de haver recurso especial ou extraordinário já interposto mas ainda não remetido ao STJ ou ao STF, caso em que a decisão será comunicada ao Presidente ou Vice-Presidente do tribunal de origem, a este incumbindo determinar seja o recurso especial ou extraordinário encaminhado ao tribunal superior competente (art. 1.037, § 12).

Da decisão que resolver o requerimento de distinção (tenha esta sido reconhecida ou não) caberá agravo de instrumento, se proferida por juízo de primeira instância, ou agravo interno, se proferida por relator (art. 1.037, § 13).

Por fim, a decisão de afetação poderá conter a determinação de que Presidentes ou Vice-Presidentes dos tribunais de origem (que, no caso do STJ, só podem ser os Tribunais Regionais Federais e Tribunais de Justiça, mas no caso do STF pode ser qualquer tribunal) providenciem a remessa de *um recurso* representativo da controvérsia ali pendente, para que tais outros recursos sejam reunidos aos já afetados, permitindo-se deste modo uma mais ampla compreensão dos aspectos da questão e dos fundamentos deduzidos sobre a mesma (art. 1.037, III).

Pode, em tese, ocorrer de mais de um relator (no STF ou no STJ) proferir decisão de afetação em casos envolvendo a mesma questão de direito. Neste caso, os recursos repetitivos serão todos reunidos para apreciação conjunta, ficando prevento (e, portanto, devendo atuar como relator em todos os processos) aquele que primeiro tenha proferido decisão de afetação (art. 1.037, § 3º).

Proferida a decisão de afetação, os recursos repetitivos deverão ser julgados no prazo de um ano, tendo eles, em seu processamento, preferência sobre todos os demais processos, ressalvados apenas aqueles que envolvam réu preso e os pedidos de *habeas corpus* (art. 1.037, § 4º). Não ocorrendo o julgamento no prazo de um ano (a contar da publicação da decisão de afetação), cessam automaticamente a afetação e a suspensão de processos, que, em todo o território nacional, retomarão seu curso normal (o que constava, no texto original do CPC, do art. 1.037, § 5º, revogado pela Lei nº 13.256/2016, mas ainda se aplica por força do disposto no art. 980, parágrafo único, que é aplicável aos recursos repetitivos, nos termos do enunciado 345 do FPPC, mas agora com a ressalva – constante do citado parágrafo único do art. 980 – de "decisão fundamentada do relator em sentido contrário"). Cessando a suspensão, porém, permite-se a *outro* relator proferir nova decisão de afetação de dois ou mais recursos representativos da controvérsia (art. 1.037, § 6º), caso em que será aplicada a técnica de julgamento dos recursos repetitivos sem que os demais processos nos quais se discute a mesma questão de direito tenham seus andamentos suspensos.

Afetados os recursos que serão julgados pela técnica dos recursos repetitivos, incumbe ao relator conduzir o procedimento a ser observado até o julgamento pelo órgão colegiado que, segundo o Regimento Interno do STF ou do STJ, será competente

Parte Especial • Cap. 23 • Processos nos tribunais e meios de impugnação das decisões judiciais **569**

para decidir. Pois para ampliar o debate, de modo a permitir o mais amplo (do ponto de vista subjetivo e objetivo) contraditório sobre os fundamentos que podem vir a ser deduzidos a respeito da matéria a ser objeto da decisão, prevê a lei processual a possibilidade de intervenção de *amici curiae* (art. 1.038, I) e a realização de audiência pública, esta para colher depoimentos de pessoas com experiência e conhecimento na matéria (art. 1.038, II), tudo com o fim de melhor instruir o procedimento. Além disso, o relator deverá requisitar informações aos tribunais inferiores a respeito da controvérsia (art. 1.038, III). É que em algum tribunal pode ter sido proferida decisão em sentido diverso das teses que já foram sustentadas perante o STJ ou o STF, ou alguma parte pode ter deduzido argumento diferente daqueles já suscitados perante o tribunal de superposição. Tudo isto amplia a discussão em torno da matéria, permitindo que a decisão sobre a questão repetitiva seja fruto de cognição completa e de um debate amadurecido, o que amplia a legitimidade democrática da decisão que, afinal, será empregada como padrão decisório, servindo de base para a formação de decisões que serão proferidas em outros processos, em que haja equivalência das circunstâncias envolvidas, de modo que os fundamentos determinantes da decisão formada para ser precedente vinculante sejam aplicáveis também a estes outros casos. Os tribunais deverão encaminhar suas informações no prazo de quinze dias, preferencialmente por meio eletrônico (art. 1.038, § 1º).

Para completar esta ampliação do contraditório, exige a lei processual a oitiva do Ministério Público antes da realização da sessão de julgamento (art. 1.038, III, parte final). Terá o MP o prazo de quinze dias para apresentar seu parecer, preferencialmente por meio eletrônico (art. 1.038, § 1º).

Transcorrido o prazo para manifestação do Ministério Público, será elaborado relatório, do qual todos os integrantes do órgão colegiado receberão cópia. Em seguida, os recursos afetados serão incluídos em pauta para sessão de julgamento, devendo este ocorrer com preferência sobre todos os demais processos, ressalvados apenas aqueles que envolvam réu preso e os pedidos de *habeas corpus* (art. 1.038, § 2º).

Não dispõe a lei expressamente sobre o modo como se desenvolverá a sessão de julgamento dos recursos repetitivos, o que leva necessariamente à aplicação das regras estabelecidas para a sessão de julgamento do incidente de resolução de demandas repetitivas, já que este forma com aqueles um *microssistema dos julgamentos de casos repetitivos* (FPPC, enunciado 345). Assim, incumbirá ao relator fazer a exposição da questão afetada a julgamento pela técnica dos recursos repetitivos (art. 984, I). Em seguida, será admitida a sustentação oral das partes dos processos afetados e do Ministério Público, pelo prazo de trinta minutos para cada um (art. 984, II, *a*). Depois será possível que outros interessados apresentem suas sustentações orais, desde que inscritos com pelo menos dois dias de antecedência, dividindo-se entre os inscritos o prazo comum de trinta minutos (art. 984, II, *b*), o qual poderá ser ampliado em razão do número de inscritos (art. 984, § 1º).

570 O NOVO PROCESSO CIVIL BRASILEIRO • Câmara

Ultrapassada esta fase, serão colhidos os votos. O acórdão deverá abranger a análise de todos os fundamentos da tese jurídica discutida, sejam eles favoráveis (art. 1.038, § 3º, na redação da Lei nº 13.256/2016) ou contrários (por força do disposto no art. 984, § 2º, aplicável aos recursos repetitivos, nos termos do enunciado 345 do FPPC), inclusive os suscitados pelos interessados (FPPC, enunciado 305: "No julgamento de casos repetitivos, o tribunal deverá enfrentar todos os argumentos contrários e favoráveis à tese jurídica discutida, inclusive os suscitados pelos interessados"). Significa isto dizer, em outras palavras, que não bastará ao tribunal apontar os fundamentos que embasam a tese fixada como paradigma, mas também se exige que da fundamentação do acórdão constem os motivos que levaram à rejeição dos argumentos contrários à conclusão adotada. É fundamental, então, que em todos os votos haja expressa manifestação sobre todos os argumentos suscitados, de modo que se possa identificar quais foram os argumentos efetivamente acolhidos pela maioria dos integrantes do órgão julgador (e que serão, pois, os fundamentos determinantes, *rationes decidendi*, do acórdão, viabilizando, assim, sua futura aplicação como precedente vinculante). Em razão disso, é fundamental que na ementa – que o acórdão conterá (art. 943, § 1º) – haja a expressa indicação de quais foram os argumentos examinados, com menção de quais foram acolhidos e quais foram rejeitados, de modo a facilitar a correta pesquisa e aplicação do precedente vinculante.

Caso no julgamento de recursos extraordinários repetitivos o STF se pronuncie no sentido de que a questão constitucional afetada não tem repercussão geral, todos os recursos extraordinários que eventualmente já tivessem sido interpostos sobre a matéria, e que estivessem sobrestados, serão automaticamente inadmitidos (art. 1.039, parágrafo único), sendo possível esta decisão de inadmissão no próprio tribunal de origem (se lá estiver ainda o processo, evidentemente), sem que haja necessidade de remessa do processo ao Supremo Tribunal Federal.

Julgados os recursos repetitivos, o acórdão será utilizado, como vem sendo dito, como precedente vinculante, a fixar um padrão decisório a partir do qual serão decididos os demais casos em que se tenha suscitado a mesma questão de direito. Assim é que, em relação aos recursos especiais ou extraordinários que estivessem sobrestados (já estando o processo no STJ ou no STF), deverá verificar-se se a decisão recorrida está ou não em conformidade com o precedente fixado. Caso a decisão recorrida tenha sido proferida no mesmo sentido do precedente, o recurso especial ou extraordinário que tenha sido interposto será declarado prejudicado. Caso contrário, o recurso especial ou extraordinário será provido, para aplicação da tese firmada (art. 1.039).

O acórdão paradigma produz, porém, efeitos perante processos que ainda não tivessem chegado ao STF ou ao STJ (e este é, sem dúvida, sua eficácia mais importante, tanto do ponto de vista da padronização decisória que permite assegurar isonomia e segurança jurídica, quanto no que concerne ao gerenciamento das causas repetitivas). Assim é que, publicado o acórdão paradigma, o Presidente ou Vice-Presidente do tribunal de origem negará seguimento a todos os recursos especiais ou extraordinários que lá estivessem sobrestados, quando a decisão recorrida coincidir com a orientação fixada no precedente vinculante (art. 1.040, I), evitando-se, deste modo, que tais processos tenham de subir até o STJ ou STF.

Caso a decisão recorrida não estivesse em conformidade com o acórdão paradigma, os recursos especiais e extraordinários sobrestados no tribunal de origem serão restituídos ao órgão prolator daquela decisão, para reexame do recurso, processo de competência originária ou remessa necessária (art. 1.040, II). Incumbirá ao tribunal de origem, neste caso, reconsiderar a decisão anterior, adequando o julgamento da causa à tese fixada no precedente vinculante (*to treat like cases alike*). Nesta hipótese, alterado o acórdão divergente, o tribunal de origem, se for o caso, decidirá as demais questões, ainda não decididas, cujo enfrentamento se tenha tornado necessário em razão da modificação da decisão anterior (art. 1.041, § 1º). Versando o recurso especial ou extraordinário sobre outras questões além das que tenham sido enfrentadas no acórdão agora proferido (em juízo de retratação) pelo tribunal de origem, deverá ele ser encaminhado ao STJ ou STF, independentemente de ratificação do recurso, desde que admitido pelo Presidente ou Vice-Presidente do tribunal recorrido, para que estas outras questões possam ser examinadas (art. 1.041, § 2º, na redação da Lei nº 13.256/2016).

Sendo o acórdão divergente mantido pelo tribunal de origem (o que só será possível se o tribunal fundamentar sua decisão no sentido de que as circunstâncias da causa são distintas, a ela não se aplicando os fundamentos determinantes da decisão, nos termos do art. 489, § 1º, VI), o recurso especial ou extraordinário será remetido ao STJ ou STF, desde que admitido (art. 1.041, art. 1.030, V, *c*, na redação da Lei nº 13.256/2016).

Quanto aos processos que tenham sido suspensos em primeiro ou segundo grau de jurisdição, retomarão eles seu curso normal, a fim de que no julgamento seja aplicada a tese fixada no precedente vinculante (art. 1.040, III). Caso o processo esteja ainda em primeiro grau de jurisdição e o precedente vinculante tenha fixado tese contrária ao interesse do demandante, fica este autorizado a, antes de proferida a sentença, desistir da ação, provocando assim a extinção do processo sem resolução do mérito (art. 1.040, § 1º). Neste caso, ainda que apresentada a contestação, a extinção do processo não depende do consentimento do réu (art. 1.040, § 3º) e, caso ocorra antes do oferecimento da contestação, ficará o autor isento da obrigação de pagar custas processuais e honorários advocatícios (art. 1.040, § 2º).

Embora não o diga expressamente o texto legal, o precedente vinculante fixado através da técnica dos recursos excepcionais repetitivos será aplicado, também, aos casos futuros, ainda não instaurados. Deste modo, sempre que se verificar que as circunstâncias fáticas de um novo caso concreto são equivalentes às do caso paradigma, deverá o órgão jurisdicional, fundamentadamente, proferir sua decisão a partir dos fundamentos determinantes do precedente, cuja observância é obrigatória.

Por fim, deve-se dizer que no caso de o precedente vinculante fixado através da técnica do julgamento de recursos excepcionais repetitivos versar sobre questão relativa a prestação de serviço público objeto de concessão, permissão ou autorização (como se dá, por exemplo, com serviços como telefonia ou fornecimento de energia elétrica), o resultado do julgamento será comunicado ao órgão, ente ou agência reguladora competente para fiscalizar a efetiva aplicação, por parte dos entes sujeitos a regulação, da tese adotada (art. 1.040, IV). Este é, certamente, o mais importante efeito da decisão paradigma quando se pensa neste sistema como um método de gerenciamento de causas repetitivas. É que o ente regulador deverá, a partir da fixação do precedente vinculante, produzir ato normativo de natureza administrativa, cuja observância pelos entes sujeitos a regulação é obrigatória, impondo a adaptação do serviço ao que tenha sido decidido pelo Superior Tribunal de Justiça ou pelo Supremo Tribunal Federal. Diz-se que este efeito é tão importante porque, como sabido, as sanções que os entes reguladores podem impor aos que prestam serviços sujeitos a regulação são muito pesadas, com previsão de multas elevadas e até mesmo, em casos extremos, de perda da concessão, permissão ou autorização. Pois isto deverá, em termos práticos, produzir o resultado de promover a adaptação das condutas dos prestadores de serviços aos entendimentos firmados nos precedentes vinculantes, de modo que haverá, como consequência inevitável, uma diminuição da litigiosidade em relação a tais condutas. Daí a importância da padronização decisória – especialmente a promovida nos tribunais de superposição – para o gerenciamento das causas repetitivas, o que pode ter como consequência uma diminuição da litigiosidade e, por conseguinte, do acervo de processos em curso no país, assegurando que haja mais tempo e melhor estrutura para cuidar dos outros processos, instaurados em casos singulares (não repetitivos), o que evidentemente contribui para a melhoria da qualidade dos resultados produzidos através do processo e, pois, para a eficiência do sistema processual.

23.10.2.5.3 Agravo em recurso especial e em recurso extraordinário

Como já se pôde ver, a partir da Lei nº 13.256/2016, estabeleceu-se um sistema por força do qual compete ao Presidente ou ao Vice-Presidente do tribunal recorrido (conforme o estabelecido no respectivo Regimento Interno) exercer o juízo de admissibilidade dos recursos extraordinários e especiais ali interpostos. Pois contra algumas decisões de inadmissibilidade (algumas, mas não todas, frise-se) há um recurso que pode ser utilizado, o *agravo em recurso especial e em recurso extraordinário*.

Como já visto, identificando-se no tribunal de origem a existência de múltiplos recursos sobre a mesma questão de direito (constitucional ou federal), caberá ao Presidente ou Vice-Presidente selecionar dois recursos para serem encaminhados ao tribunal de superposição e promover a suspensão dos demais recursos já interpostos sobre a mesma matéria (além de determinar a suspensão de todos os outros processos em trâmite na área de atuação do respectivo tribunal e que versem sobre a mesma questão de direito, como já se teve oportunidade de ver). Além disso, quando a verificação da existência de

Parte Especial • Cap. 23 • Processos nos tribunais e meios de impugnação das decisões judiciais **573**

multiplicidade de recursos se der no STJ ou no STF, assim como nos casos em que, provocado por outro tribunal, o relator na Corte de superposição tiver proferido a decisão de afetação, ao Presidente ou Vice-Presidente do tribunal de origem caberá encaminhar um recurso representativo da controvérsia para ser reunido àqueles previamente selecionados.

Depois de julgados os recursos repetitivos e fixado o acórdão paradigma, caberá ainda ao Presidente ou Vice-Presidente do tribunal de origem tomar diversas outras providências. Caso o STF tenha decidido por negar a repercussão geral da questão constitucional, deverá ser negado seguimento ao recurso extraordinário no tribunal de origem. Já na hipótese de o STF ou o STJ ter julgado o mérito dos recursos repetitivos, deverá o Presidente ou Vice-Presidente do tribunal de origem verificar, entre os recursos ali sobrestados, quais foram interpostos contra decisões proferidas no mesmo sentido do precedente vinculante e quais decisões dele divergiram. Nos processos em que a decisão recorrida esteja em conformidade com o precedente vinculante, o recurso especial ou extraordinário deverá ser declarado prejudicado no próprio tribunal de origem. Já naqueles em que a decisão seja divergente da tese fixada no acórdão paradigma, deverá o Presidente ou Vice-Presidente do tribunal de origem restituir o processo ao órgão prolator da decisão recorrida para exercício do juízo de retratação.

Vê-se, pois, que são muitas as variantes, e diversas – e extremamente relevantes – as decisões que podem ser proferidas pelo Presidente ou Vice-Presidente do tribunal de origem neste gerenciamento dos recursos repetitivos. E contra tais decisões se prevê um recurso, regulado pelo art. 1.042, chamado *agravo em recurso especial e em recurso extraordinário*, que pode ser interposto no prazo de quinze dias (art. 1.003, § 5º). Não é, porém, admissível este agravo em recurso especial e em recurso extraordinário quando a decisão de inadmissibilidade do recurso excepcional fundar-se na aplicação de entendimento fixado em decisão proferida sob o regime da repercussão geral ou em julgamento de recursos repetitivos (art. 1.042, *caput*, na redação da Lei nº 13.256/2016).

Cabe agravo em recurso especial ou em recurso extraordinário, portanto, contra decisão do Presidente ou Vice-Presidente de tribunal que declarar inadmissível o recurso especial ou extraordinário com base em qualquer outro fundamento que não scja o fato de estar a decisão recorrida em conformidade com precedente fixado sob o regime da repercussão geral da questão constitucional ou dos recursos repetitivos (sendo certo que para julgar o mérito de recursos extraordinários repetitivos o STF precisa reconhecer a presença da repercussão geral da questão constitucional, requisito de admissibilidade desta espécie recursal).

A petição de interposição do agravo em recurso especial ou extraordinário deve ser dirigida ao próprio Presidente ou Vice-Presidente do tribunal de origem que tenha prolatado a decisão agravada, não estando sujeita a qualquer tipo de preparo (art. 1.042, § 2º). Caso pretenda a parte interpor dois agravos (um em recurso especial, outro em recurso extraordinário), deverá fazê-lo separadamente, apresentando uma petição para cada um dos agravos (art. 1.042, § 6º). O agravo em recurso especial ou extraordinário se processa nos mesmos autos em que proferida a decisão agravada (FPPC, enunciado 225).

Ao agravo em recurso especial e em recurso extraordinário se aplica todo o regime da repercussão geral e dos recursos repetitivos (art. 1.042, § 2º, na redação da Lei nº 13.256/2016). Significa isto dizer que o agravo pode ficar suspenso aguardando a definição de um paradigma pelo Tribunal de Superposição, assim como é possível o exercício, pelo prolator da decisão recorrida (Presidente ou Vice-Presidente do tribunal recorrido), de juízo de retratação.

A Secretaria do tribunal, uma vez interposto o agravo, deverá providenciar a intimação do agravado para apresentar suas contrarrazões no prazo de quinze dias (art. 1.042, § 3º) e, decorrido este prazo, deverá o Presidente ou Vice-Presidente do tribunal de origem reexaminar o caso para dizer se mantém sua decisão ou se a reconsidera, exercendo juízo de retratação (art. 1.042, § 4º). Não havendo retratação, e não sendo caso de sobrestamento do recurso por força da aplicação do regime da repercussão geral ou dos recursos repetitivos, o agravo será remetido ao STF ou ao STJ, conforme o caso (art. 1.042, § 4º, *in fine*). Tendo sido interpostos simultaneamente dois agravos (um em recurso especial, outro em recurso extraordinário), os autos serão remetidos ao Superior Tribunal de Justiça (art. 1.042, § 7º) e, concluído por este o julgamento do agravo (e, se for o caso, do recurso especial), os autos serão remetidos ao Supremo Tribunal Federal para apreciação do agravo em recurso extraordinário, salvo se este recurso estiver prejudicado (art. 1.042, § 8º).

No julgamento do agravo poderá haver a apreciação conjunta do próprio recurso especial ou extraordinário, caso em que será assegurado o direito das partes de realizarem suas sustentações orais (art. 1.042, § 5º). Quanto ao mais, será observado o disposto no regimento interno do STF ou no do STJ.

23.10.2.5.4 Embargos de divergência

Os embargos de divergência são um importantíssimo mecanismo de preservação da estabilidade, integridade e coerência da jurisprudência do Superior Tribunal de Justiça e do Supremo Tribunal Federal, estando em perfeita sintonia com o disposto no art. 926. Afinal, trata-se de recurso destinado a eliminar divergências jurisprudenciais internas ao STF ou ao STJ, harmonizando entendimentos e estabelecendo quais as teses que deverão prevalecer quando houver algum dissídio jurisprudencial.

O recurso é cabível contra decisões proferidas pelos órgãos fracionários do STF (as duas Turmas) ou do STJ (as três Sessões e as seis Turmas). Não se cogita de embargos de divergência contra decisões proferidas pela Corte Especial do STJ ou pelo Plenário do STF por razões evidentes, já que tais órgãos representam a composição total dessas Cortes e, por isso, já indicam o entendimento prevalecente em tais tribunais.

Os embargos de divergência, como quase todos os outros recursos, são admissíveis no prazo de quinze dias (art. 1.003, § 5º).

É embargável o acórdão de órgão fracionário que, em recurso extraordinário ou em recurso especial (ou em agravo interno ou agravo em recurso especial ou extraordinário: FPPC, enunciado 230), divergir do julgamento de *qualquer outro órgão do mesmo tribunal*. Pouco importa se são ambos os acórdãos – o embargado e o invocado como paradigma – de mérito (art. 1.043, I), ou se um acórdão é de mérito e o outro relativo ao juízo de admissibilidade (art. 1.043, III), desde que a mesma matéria tenha sido em ambas enfrentada e resolvida de maneiras divergentes.

Perceba-se, então, que a divergência deve dar-se, a princípio, entre o acórdão proferido por um órgão fracionário (e que será embargado) e outra decisão, proferida por qualquer outro órgão do tribunal (fracionário ou não). É que decisões do mesmo órgão, normalmente, não poderão ser invocadas como paradigma para o cabimento dos embargos de divergência, já que revelarão superação do entendimento anterior. Há, porém, um caso em que se admite a utilização, como acórdão paradigma, de outro acórdão *do mesmo órgão fracionário*: é a hipótese em que tenha havido, entre a prolação do acórdão paradigma (do mesmo órgão fracionário) e a do acórdão divergente (contra o qual se pretende agora interpor embargos de divergência) uma substancial alteração de composição, com a modificação de *mais da metade de seus membros* (art. 1.043, § 3º).

A divergência entre o acórdão embargado e o paradigma pode se dar ainda que um deles (qualquer um) tenha sido proferido no julgamento de recurso e o outro na apreciação de processo de competência originária (art. 1.043, § 1º), tenha sido a divergência verificada na interpretação de norma de direito processual ou de direito substancial (art. 1.043, § 2º). O que importa para o cabimento do recurso é que a divergência tenha se dado entre decisões proferidas no mesmo tribunal – STF ou STJ – e, ao menos como regra (com a única ressalva do disposto no § 3º do art. 1.043), entre órgãos distintos da Corte. Busca-se, pois, com os embargos de divergência, eliminar dissídios jurisprudenciais internos do STF ou do STJ – chamados tradicionalmente de dissídios *intra muros* –, de modo a assegurar a estabilidade, integridade e coerência da jurisprudência dessas que são as duas mais importantes Cortes do sistema jurisdicional civil brasileiro.

A admissibilidade do recurso exige que o recorrente comprove a existência da divergência, o que fará com a apresentação de certidão, cópia ou citação de repositório oficial ou credenciado de jurisprudência, inclusive em mídia eletrônica, onde tenha sido publicado o acórdão divergente, ou com a reprodução de julgado disponível na Internet, indicando-se a respectiva fonte, e com a realização de confronto analítico entre o acórdão embargado e o acórdão paradigma, de modo que se apontem, com precisão, as circunstâncias que identificam ou assemelham os casos confrontados (art. 1.043, § 4º). Trata-se, pois, da mesma técnica de comprovação do dissídio jurisprudencial exigido para o caso de recurso especial fundado na divergência quanto à aplicação da lei federal (art. 1.029, § 1º).

No exame dos embargos de divergência, não pode o tribunal – seja o STF, seja o STJ – reputar inadmissível o recurso com base na afirmação genérica de que as circunstâncias fáticas no caso em que proferido o acórdão recorrido e no acórdão paradigma são diferentes, exigindo-se a demonstração efetiva da distinção (o que constava expressamente do art. 1.043, § 5º, revogado pela Lei nº 13.256/2016, mas ainda é aplicável por força do art. 489, § 1º, além do art. 93, IX, da Constituição da República).

O procedimento dos embargos de divergência é o estabelecido no regimento interno do STJ ou do STF (art. 1.044). A interposição dos embargos de divergência no STJ interrompe o prazo para interposição de recurso extraordinário por qualquer das partes (art. 1.044, § 1º).

Caso o julgamento proferido em sede de embargos de divergência no STJ não modifique a conclusão do acórdão embargado, eventual recurso extraordinário que tenha sido anteriormente interposto pela parte contrária será processado e julgado independentemente de ratificação (art. 1.044, § 2º). De outro lado, tendo havido modificação do julgado embargado, deve-se aplicar por analogia o disposto no art. 1.024, § 4º, garantindo-se à parte que já interpusera seu recurso extraordinário o prazo de quinze dias para, nos exatos limites da modificação operada, complementar ou alterar suas razões. Não sendo feita essa complementação ou alteração, deve-se reputar o silêncio da parte como manifestação tácita da vontade de ver seu recurso julgado nos exatos termos em que originariamente interposto, caso em que caberá ao STF verificar se o recurso extraordinário está prejudicado ou não.